四川省公

四川省国、省干线公路一览表

类别	路线编号	路线名称	里程（千米）	主要控制点
已建成高速公路		国家高速公路	7554.547	（重复里程未计入）
	G5	京昆高速	981.483	广元、绵阳、成都、雅安、西昌、攀枝花
	G42	沪蓉高速	356.365	垫江、广安、南充、遂宁、成都
	G65	包茂高速	305.014	安康、达州、邻水、重庆
	G75	兰海高速	330.890	广元、南充、重庆
	G76	厦蓉高速	420.470	叙永、泸州、隆昌、内江、成都
	G93	成渝环线高速	579.614	成都、绵阳、遂宁、重庆－合江、泸州、宜宾、乐山、雅安、成都
	G0511	德都高速	90.793	德阳、什邡、彭州、都江堰
	G0512	成乐高速	97.440	青龙、眉山、乐山
	G4201	成都绕城高速	85.000	武侯、青羊、郫县、新都、金牛、成华、龙泉驿、锦江、高新
	G4215	蓉遵高速	796.342	江家、黄家、兴隆、大林、文公、富加、宝飞、汪洋、纸厂沟、威远桐油村、连界西、新场东、双河口、威远西、界牌东、万家桥、瓦市镇西、富顺东、东神寺、宋营山隧道、瓦子场北、西藩庵、黄港寺、尧坝、二里、九支、赤水河（川黔界）、赤水高速
	G5012	恩广高速	313.097	元坝、旺苍、巴州、达州、通川魏兴、罗江、盘石、七里、长田、拜江、讲治、狮子岩
	G5515	张南高速	146.200	大竹、渠县、营山、南充
待建高速公路		国家高速公路		
	G85	银昆高速	460.377	巴中、南充、广安、重庆、内江、宜宾、昭通
	G0611	张汶高速	380.500	若尔盖、松潘、汶川
	G0615	德马高速	144.838	阿坝县、马尔康
	G4216	蓉丽高速	573.287	仁寿、会东、攀枝花西区
	G4217	蓉昌高速	667.556	高新区、郫县、都江堰、汶川
	G4218	雅叶高速	445.096	雅安、天全、泸定、康定、理塘
	G5013	渝蓉高速	175.000	安岳、简阳、成都
	G7611	都香高速	365.584	金阳、西昌
	G8513	平绵高速	233.000	九寨沟、平武、绵阳
	G8515	广泸高速	106.650	广安、武胜、永川、泸州
已建成高速公路		地方高速公路	1442.472	（重复里程未计入）
	G108	京昆线	50.897	朝天区、利州区
	S1	成绵复线高速	103.505	成都、新都、什邡、绵竹、安县、涪城
	S7	成巴高速	307.885	巴中东兴场、恩阳、柳林、下八庙、仪陇碧泉、日兴、五福、新政、度门、铁佛堂、东观、西充李桥、龙亭、三台、中江、金堂、螺狮坝立交
	S6	成都双流机场高速	11.980	双流
	S8	邛名高速	109.107	大邑王泗、桑园、平乐、名山新店
	S11	遂内高速	157.758	白马、东兴、安岳、船山
	S40	遂洪高速	244.389	遂宁西宁、横山、白马、保石、三星、乐至、童家、中和、豫江、迎接、丰裕、北斗老鹰沟、仁寿、东坡、丹棱、洪雅、止戈
	S41	绵阳绕城高速	33.675	涪城区磨家、三台永明
	S44	乐峨高速	10.780	峨眉山
	S66	隆乐高速	164.048	贡井区、荣县、井研、乐山市中区
	SD40	第二环线	2.994	利州区
	SA56	南充绕城高速	19.944	南充高坪
	SR06	遂回高速	2.616	船山区
	S4702	成都第二绕城高速	222.894	双流、新津、崇州、温江、郫县
在建高速公路		在建高速里程合计	1548	
		成安渝高速公路	175	成都市龙泉驿区、简阳市、乐至县、安岳县
		自隆路	20	自贡市
		遂广路	10	广安区
		南大梁高速公路（剩余段）	6	达州市渠县
		巴中至广安（川渝界）	194	经开区、巴州区、恩阳区、仪陇县、营山县
		宜叙路	70	长宁县、兴文县、叙永县
		叙古路	66	叙永县、古蔺县
		乐自高速公路乐山城区连接线	24	乐山市凌云乡
		仁沐新高速公路	50	眉山市仁寿县、乐山市井研县
		巴陕路（南江至川陕界）	34	南江县
		雅康高速公路	133	天全县、泸定县、康定市
		汶马高速公路	174	汶川县、理县、马尔康市
		成都经济区环线简阳至蒲江段	127	简阳市、仁寿县、彭山区、东坡区、蒲江县
		宜宾至筠连高速公路	176	高县、翠屏区、筠连县
		宜宾绕城高速	32	翠屏区、宜宾县
		绵阳至西充高速公路	124	三台县、盐亭县、西充县
		内江城市过境高速公路	48	白马镇、椑木镇、永安镇、凯北镇、田家镇、双才镇
		攀枝花至大理高速公路	40	攀枝花仁和区
		营（山）达（州）高速公路	93	营山县、达州市渠县、达川区
	路线编号	路线名称	里程（千米）	主要控制点
国省道		国道	20223.42	
	G108	北京－昆明	1277.060	棋盘关（陕西界）、朝天、广元、剑阁、梓潼、绵阳、罗江、新都、德阳、广汉、双流、新津、邛崃、名山、雅安、荥经、石棉、西昌、德昌、会理、拉鲊路（云南界）
	G210	满都拉至防城港	388.383	铁匠垭（陕西界）、万源、达川、大竹、邻水、重庆界
	G212	兰州－龙邦	456.415	姚渡（甘肃界）、广元、昭化、苍溪、阆中、南部、西充、南充、万隆镇（重庆界）
	G213	策克至磨憨	903.336	郎木寺（甘肃界）、若尔盖、松潘、茂县、汶川、都江堰、郫县、成都、仁寿、井研、五通桥、犍为、沐川、屏山新市镇
	G215	马鬃山－宁洱	893.713	石渠、德格、白玉、巴塘、得荣
	G227	张掖至孟连	1512.286	壤塘、色达、炉霍、新龙、理塘、稻城、木里、盐源、米易、盐边、仁和区
	G244	乌海－江津	457.965	南江、巴州区、恩阳区、仪陇、蓬安、营山、高坪区、岳池、华蓥
	G245	巴中至金平	1421.858	巴州区、恩阳区、仪陇、南部、盐亭、三台、中江、金堂、青白江、新都、郫县、温江、双流、新津、彭山、东坡区、青神、夹江、峨眉山、峨边、金口河、甘洛、越西、昭觉、西昌、德昌、会理
	G246	遂宁－麻栗坡	326.565	船山区、安居区、泸县、龙马潭区、江阳区、纳溪区、江安、翠屏区、长宁、珙县、高县、筠连
	G247	景泰至昭通	812.368	九寨沟、平武、北川、江油、安县、涪城区、三台、射洪、大英、船山区、安居区、安岳、资中、威远、贡井区、大安区、自流井区、宜宾县、翠屏区
	G248	兰州－马关	1392.147	若尔盖、红原、马尔康、金川、丹巴、道孚、康定、九龙、冕宁、西昌、普格、宁南
	G317	成都至噶尔	944.419	成都绕城高速、郫县、都江堰、汶川、理县、马尔康、炉霍、甘孜、德格、岗托（西藏界）
	G318	上海－聂拉木	1335.819	石桥铺（重庆界）、大竹、渠县、南充、蓬溪、遂宁、乐至、成都、温江、崇州、大邑、简阳、龙泉驿、邛崃、名山、雅安、天全、泸定、康定、雅江、理塘、巴塘、竹巴龙（西藏界）
	G319	高雄至成都	189.182	彭家坡口（重庆界）、安岳、乐至、简阳、成都绕城高速
	G321	广州－成都	504.975	渔山寨（贵州界）、叙永、泸州、泸县、隆昌、内江、资中、资阳、简阳、成都绕城高速
	G345	启东至那曲	299.549	若尔盖、石渠
	G347	南京－德令哈	1150.961	万源、通江、巴州区、恩阳区、阆中、剑阁、安县、江油、北川、茂县、黑水、红原、阿坝县
	G348	利川至炉霍	899.172	隆昌、富顺、自流井区、沿滩区、贡井区、荣县、井研、乐山市中区、沐川、马边、美姑、昭觉、西昌、盐源
	G350	利川－炉霍	1094.552	邻水、华蓥、广安区、岳池、武胜、蓬溪、船山区、大英、中江、旌阳区、什邡、彭州、都江堰、映秀、小金、丹巴、道孚、炉霍
	G351	台州至小金	549.747	安岳、乐至、雁江区、仁寿、东坡区、丹棱、洪雅、雨城区、芦山、宝兴、小金
	G352	张家界－巧家	179.256	古蔺、叙永
	G353	宁德至福贡	1056.229	合江、江阳区、江安、屏山、雷波、金阳、布拖、宁南、会东、会理、盐边、仁和区
	G356	泉州－西昌	293.348	金阳、布拖、昭觉、西昌
	G542	广元至万州	463.423	利州区、昭化区、旺苍、南江、巴州区、平昌、通川区、开江
	G543	青川－平武	126.728	青川、平武
	G544	九寨沟至川主寺	139.592	九寨沟、松潘
	G545	茂县－德阳	117.922	茂县、绵竹、旌阳区
	G546	纳溪至习水	71.380	纳溪区、合江、古蔺
	G547	宜宾－兴文	138.915	翠屏区、高县、长宁、兴文
	G548	炉霍至色达	144.646	色达
	G549	石棉－得荣	659.748	石棉、九龙、稻城、乡城、得荣
	G550	越西至冕宁	81.744	越西、喜德、冕宁
		省道	2717.715	
	S101	成彭路	43.400	青白江、金堂、郫县
	S103	成美路	108.215	双流、新津、东坡区、夹江、峨眉山、沙湾区、马边
	S104	成都－五通桥	24.033	乐山市中区、五通桥区
	S105	成青路	81.550	安县、北川
	S106	川西环线	161.832	浦江、邛崃、大邑、崇州、都江堰、彭州、乐至、丹棱
	S201	通宣路	284.732	通江、平昌、达川区、宣汉
	S202	广开路	30.660	开江
	S203	仪华路	77.669	蓬安、岳池、华蓥
	S204	南营路	121.599	南部、蓬安、营山、渠县
	S205	九涪路	24.847	江油、涪城区
	S206	连隆路	217.474	安岳、东兴区、内江市中区、大安区、自流井区、沿滩区、富顺、南溪区、翠屏区、高县、筠连县
	S207	资泸路	78.204	资中、自流井区、富顺、江阳区
	S208	马金路	54.609	昭觉、金阳
	S210	马飞路	154.786	马尔康、小金
	S211	红石路	209.344	丹巴、康定、泸定、石棉
	S213	凉拉路	5.856	会理
	S214	昭渡路	35.399	米易
	S216	稻攀路	145.782	盐源、盐边、仁和区
	S217	安乡线	269.528	石渠、德格、乡城
	S301	九红路	105.456	松潘、红原
	S305	峨洪路	58.978	乐山市中区、夹江、洪雅
	S306	乐汉线	74.837	乐山市中区、峨眉山、犍为
	S307	泸盐路	159.938	宜宾县、屏山、雷波、昭觉、美姑、西昌、盐源
	S308	合纳路	29.637	合江、江安、珙县
	S309	古蔺路	157.284	古蔺、叙永、兴文、珙县
	SR06	遂回公路	2.616	船山区

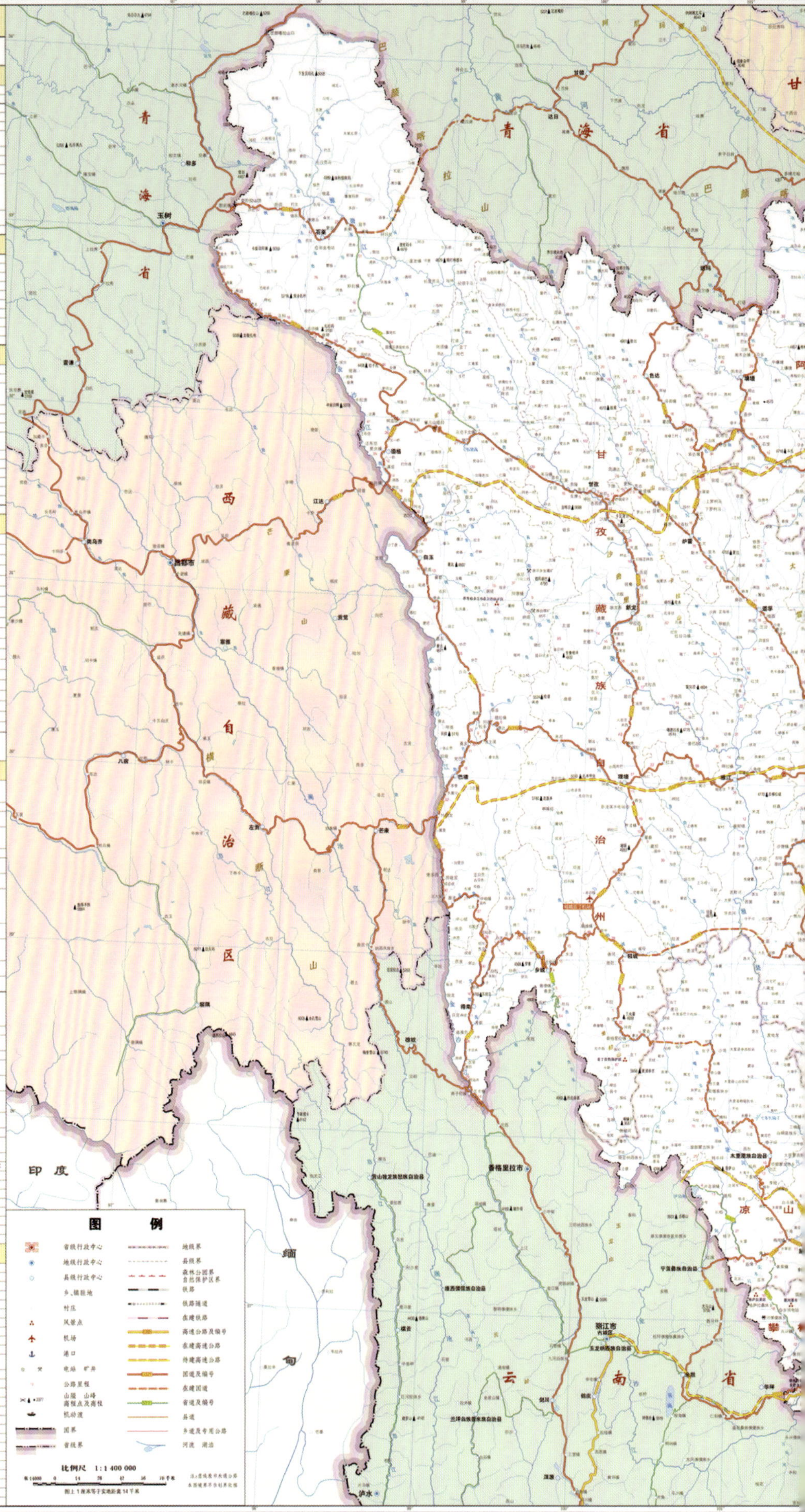

成都地图出版社　四川省交通运输厅　编制

路交通图

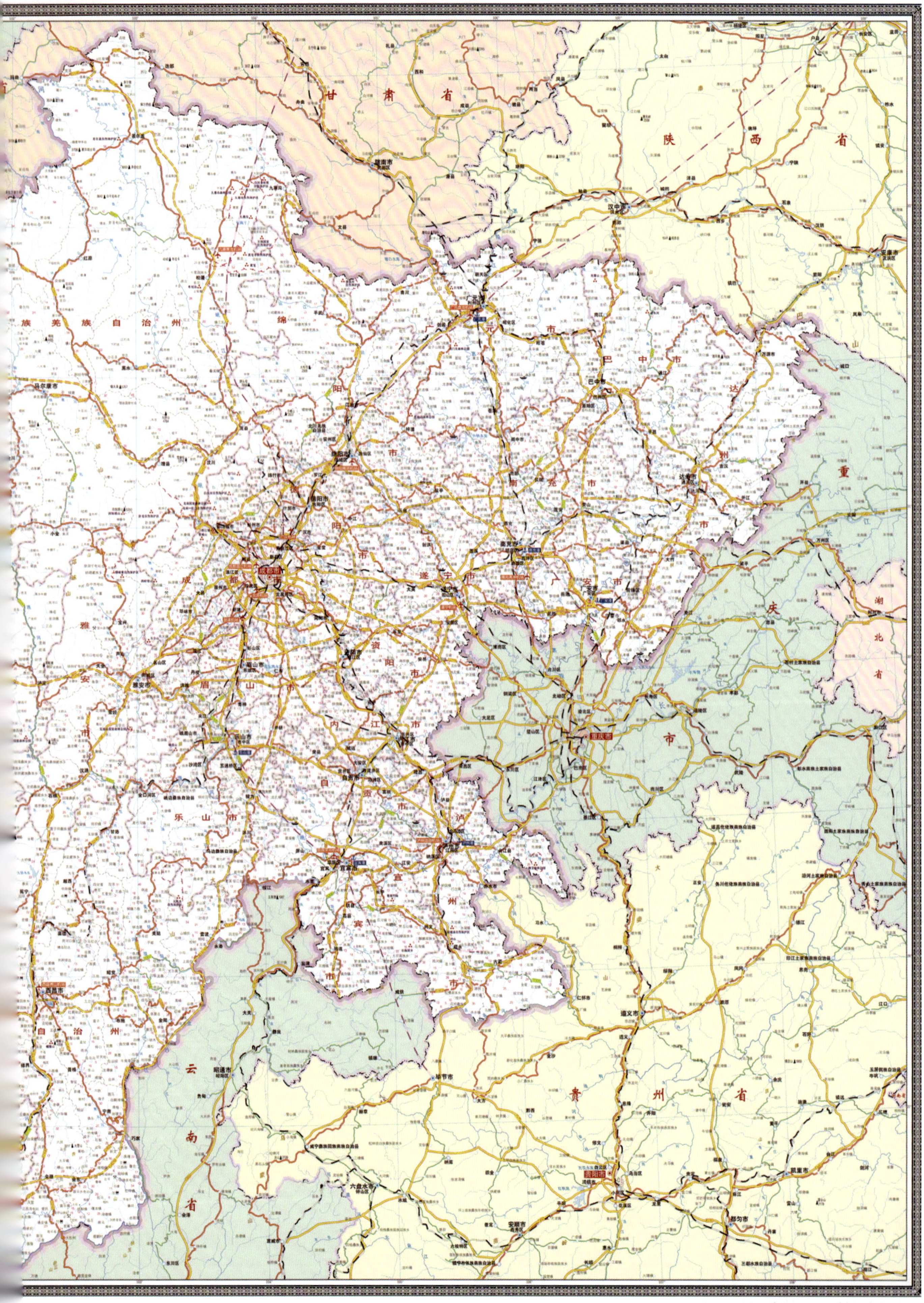

2016年7月

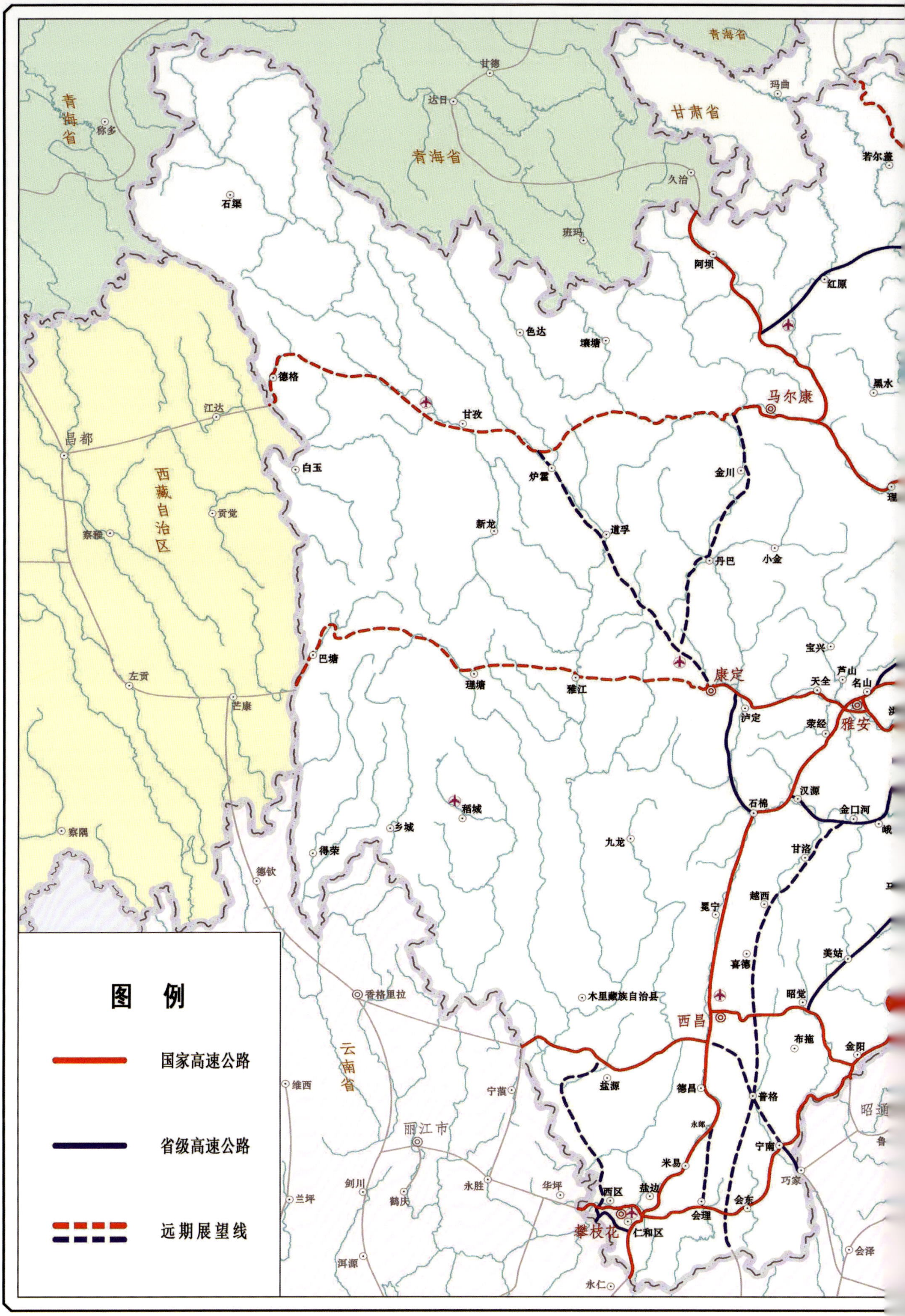

四川省发展改革委员会　四川省交通运输厅　编制

四川省高速公路网布局规划示意图

四川省"十三五"

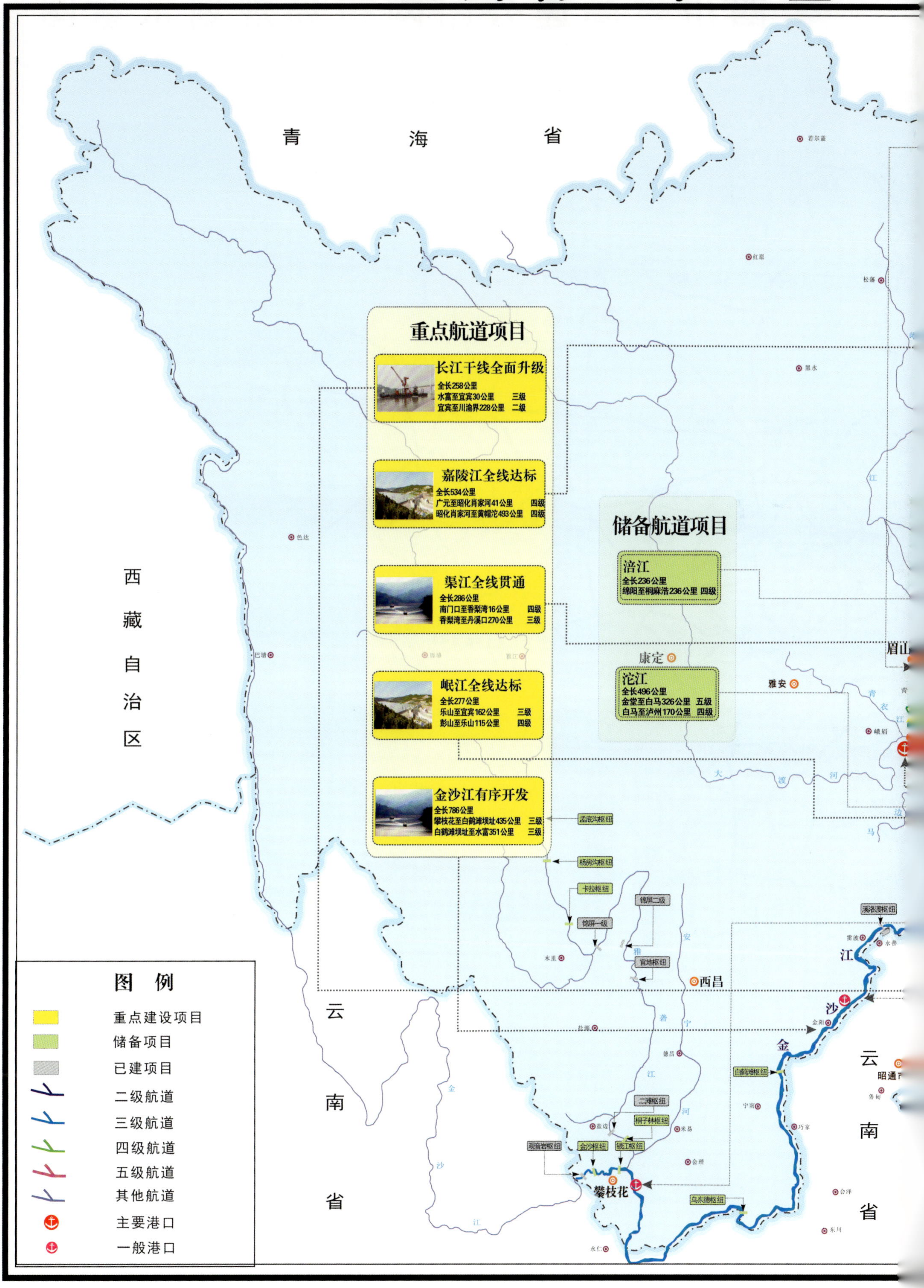

四川省交通运输厅航务管理局 编制

内河水运发展规划图

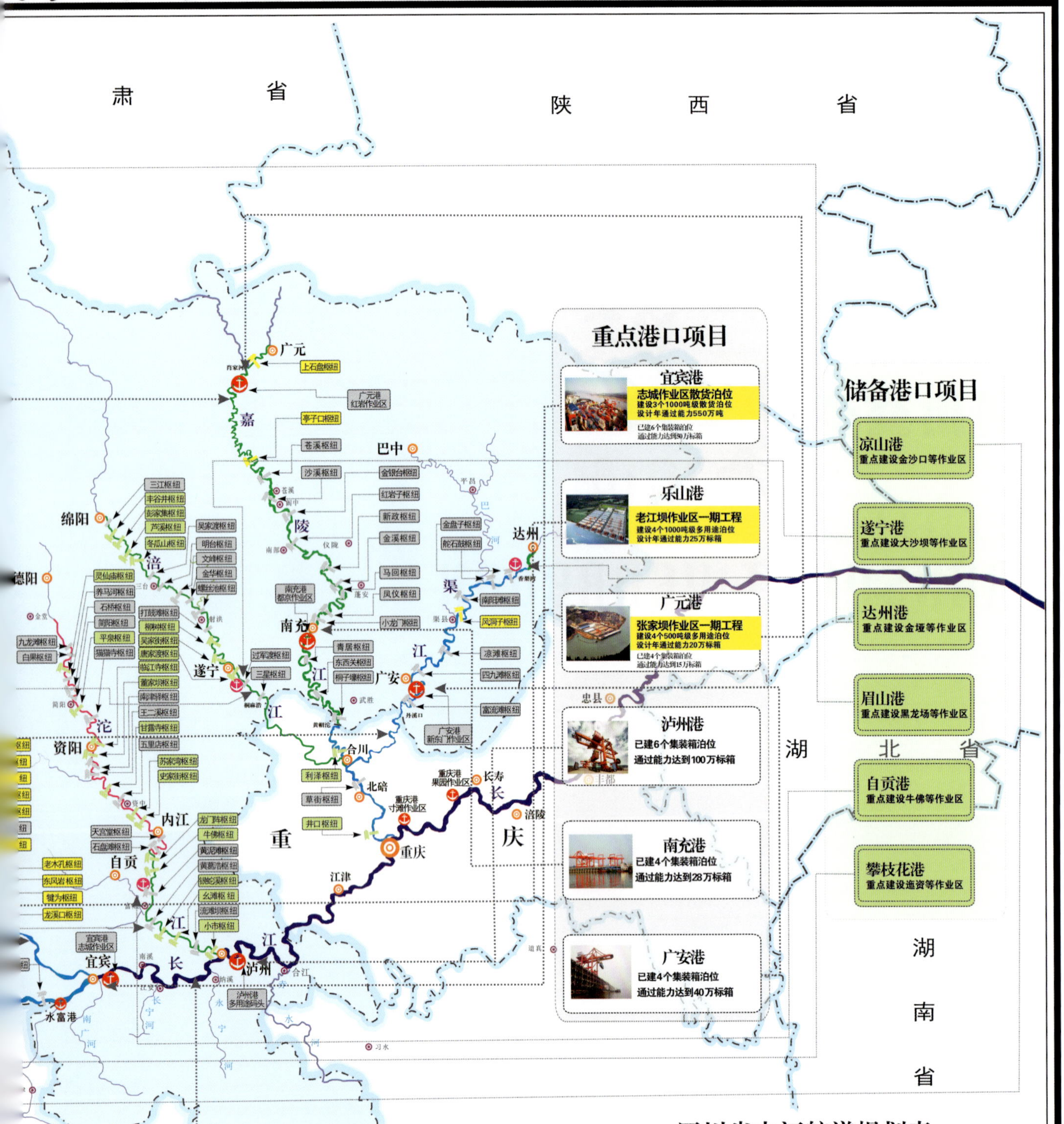

四川省内河航道规划表

序号	航道名称	起讫点	里程	2015年现状等级	2020年规划等级
1	长江干线	水富～宜宾	30	四级	三级
		宜宾～重庆（川渝界）	228	三级	二级
2	岷江	乐山～宜宾	162	四级	三级
		彭山～乐山	115	六级	四级
3	嘉陵江	广元～昭化肖家河	41	七级	四级
		昭化肖家河～黄桷沱（川渝界）	493	四级（未全线达标）	四级
4	渠江	南门口～香梨湾	16	四级	四级
		香梨湾～丹溪口（川渝界）	270	四级、七级	三级
5	金沙江	攀枝花～白鹤滩坝址	435	六级、七级	三级（远期）
		白鹤滩坝址～水富	351	三级（未全线达标）	三级
6	涪江	绵阳～桐麻湾（川渝界）	236	六级、七级	四级（推进建设）
7	沱江	金堂～白马	326	六级、七级	五级（远期）
		白马～泸州	170	五级、六级	四级（推进建设）

2016年7月

四川交通年鉴 2010

SICHUAN TRANSPORT YEARBOOK

四川交通年鉴

SICHUAN 2018
TRANSPORT YEARBOOK

四川省交通运输厅交通史志总编室 编

四川科学技术出版社

图书在版编目（CIP）数据

四川交通年鉴. 2018 / 四川省交通运输厅交通史志总编室编. --成都：四川科学技术出版社，2018.11
ISBN 978-7-5364-9234-9

Ⅰ.①四… Ⅱ.①四… Ⅲ.①交通运输业－四川－2018－年鉴 Ⅳ.①F512.771-54

中国版本图书馆CIP数据核字（2018）第240262号

四川交通年鉴2018

出品人　钱丹凝
编　者　四川省交通运输厅交通史志总编室
责任编辑　戴　林
封面设计　益　人
责任出版　鸥晓春
出版发行　四川科学技术出版社
成都市槐树街2号　邮政编码 610031
官方微博：http://e.weibo.com/sckjcbs
官方微信公众号：sckjcbs
传真：028-87734035
成品尺寸　210mm×285mm
印　张　27.25　字数960千
印　刷　深圳市精一瑞兰印刷有限公司
版　次　2018年11月第1版
印　次　2018年11月第1次印刷
定　价　248.00元
ISBN 978-7-5364-9234-9

* 本书如有缺页、破损、装订错误，请寄回印刷厂调换。
* 如需购本书，请与本社邮购联系。
地址/成都市槐树街2号　电话/（028）87734035
邮政编码/610031

《四川交通年鉴》编委会

主　　任	汪　洋
副 主 任	黄英权　张　琪　赵长利 张　勇　徐文葛　杜世相 陈乐生　胡洪波　王　波 寇小兵　蒲继生
委　　员	李永亮　刘孝明　彭　涛 刘洁梅　陈光华　王东平 曾　宇　罗玉宏　刘四昌 范双成　易　术　谭举鸿 吉随旺　谢能剑　黄　丽 吴　丹　柏吉琼　屈洪斌 罗　廷　许　磊　陈亚莉 冯书明　王茂奎　胡　旭 吴　波　朱　江　周翠琼 但　伦　颜晓平　张贤翠 何志远　姜洪武　李宏琳 李　可　王子开
特邀编委	雷洪金　孙　云　冯文生 贺晓春　唐　勇　李永林 周黎明　熊国斌

《四川交通年鉴》编辑部

主　　编	黄　丽
副 主 编	岑　松　杨正宏
编辑部副主任	蒋君兰　王　谦
编　　辑	程　倩　张　璐　蒋君兰　王　谦 邱骊丹　杨　颖　钟　文
版式设计	四川省经典记忆文化传播有限公司

四川交通年鉴 2018

《四川交通年鉴·2018》分部主任、特约撰稿人

分部主任

蒲朝勇　厅公路局

任胜平　厅航务局（省地方海事局、省船舶检验局）

刘　剑　厅运管局

张　钧　厅高管局（厅高速公路交通执法总队）

特约撰稿人

陈超超　厅办公室

田耀楠　厅办公室

张清垚　厅法规处

肖　瑶　厅规划处

吴佳沁　厅财务处

唐潇潇　厅人教处

陈　跃　厅建管处

宋薇平　厅运输处

胡　旭　厅公路管理处

黄静兰　厅城客处

陈泓冰　厅安监处

陈　博　厅安监处

邹　增　厅审计处

马婧然　厅信访处

杨　倬　厅行政审批处

谢富刚　厅科信处

彭　烺　厅外经外事处

徐宇昕　厅纪检组

李　军　厅公安处

单　贝　厅离退休处

廖迎春　厅直机关党委

李鹏程　省交战办

刘友春　厅公路局

郝苑苑　厅公路局

易　翥　厅航务局（省地方海事局、省船舶检验局）

杨钱梅　厅航务局（省地方海事局、省船舶检验局）

蒋大轩　厅运管局

蒋智力　厅运管局

李洪平　厅高管局（厅高速公路交通执法总队）

李济杉　厅高管局（厅高速公路交通执法总队）

唐开川　省交通运输工会

陈亮吉　省交通运输工会

谭　静　四川交职院

匡成刚　厅公路设计院

何　芳　厅交通设计院

罗婷婷　厅结算中心

鲜晓丽　厅质监局

谭举鸿　厅造价站

张浩庆　厅造价站

程　鸿　监理处

冯元龙　大件处

刘涛声　交通宣传中心

王成贵　厅信息中心

王雪岭　川高公司

王兰洁　成渝公司

钟　艺　成渝分公司

林　云　成雅分公司

简　梅　成仁分公司

朱泠颖　成乐运营分公司

文凤玲　遂广遂西公司

杨榆彬　省港航公司

肖宇涵　川西公司

雷　蕾　成南公司

罗林章　川北公司

黄　陶　川东公司

黄进舟　川南公司

郭高州　攀西公司

石　峰　成绵公司

凌　静　雅西公司

廖　静　雅康公司

罗祖红　汶马公司

张晓洁　雅眉乐公司

卿林佳　成德南公司

马取贵　成都市交通运输委员会

戴慧琳　自贡市交通运输局

陈江涛　攀枝花市交通运输局

曾志刚　泸州市交通运输局

周　琴　泸州市交通运输局

郭青利　德阳市交通运输局

黄　宇　绵阳市交通运输局

冯传斌　广元市交通运输局

鲁丕华　广元市交通运输局

胡藉文　遂宁市交通运输局

彭高华　内江市交通运输局

丁瑞瑞　乐山市交通运输委员会

程传磊　南充市交通运输局

谢胜东　南充市交通运输局

胥思伟　宜宾市交通运输局

李自东　达州市交通运输局

文雪琨　广安市交通运输局

吴德权　广安市交通运输局

郭　亮　巴中市交通运输局

李艳梅　巴中市交通运输局

崔炳龙　雅安市交通运输局

魏　平　眉山市交通运输局

左燕洁　资阳市交通运输局

郑科志　阿坝州交通运输局

唐　源　甘孜州交通运输局

钟其富　凉山州交通运输局

编辑说明

一、《四川交通年鉴》是反映四川交通各方面发展情况的大型专业年鉴，是逐年编纂连续出版的资料性工具书。2018卷是继1987年创刊以来的第32部。全书90余万字、400多幅图片，反映2017年四川交通的基本面貌、发展状况和取得的新成就、新经验以及出现的新问题和新探索。由四川科学技术出版社出版，国内外公开发行。

二、本年鉴框架结构一般分三个层次：类目、分目、条目。全书设《特载》《概况》《大事记》《交通基础设施建设》《交通运输》《交通管理》《交通行政机关》《交通科技教育文化》《市州交通》《荣誉榜》《附录》等11个类目。根据年鉴编纂出版有关规定，将原《统计资料》并入《附录》。由于内容和体裁特点，《特载》《大事记》只设两个层次。条目为全书的主要表现形式。

三、本年鉴基本内容分为综合情况、动态信息和辅助资料三部分。主要记述上一年度信息资料，特殊资料、背景资料等适当上溯下延。全书注重体现专业特点、年度特色和时代特征，力求在充分反映成绩和经验的同时，如实反映存在的问题和不足。

四、本年鉴注重收录图片资料，分彩插和内文配图两种形式编录，力求全书图文并茂。彩插以专题化、系列化的形式，重点反映四川交通运输大事、要事和主要建设成就，为了突出年度特色，在卷首专题图片部分特设《2017交通成就》《数字交通》《四川交通要闻》《交通精准扶贫》《抓党建强保障》等板块；内文配图以文系图，形象直观地补充反映相关内容。

五、本年鉴稿件和资料由四川省交通运输厅机关各处（室）、厅直有关单位和各市（州）交通运输局（委）及四川省交通投资集团有限公司所属有关单位提供，并经各单位（部门）领导审核和保密审查。主要统计数据以省交通运输厅业务主管部门提供的统计资料为准。

六、本年鉴注重提高实用性，刊载有四川省公路交通图、四川省高速公路网布局规划示意图、四川省“十三五”内河水运发展规划图。

七、为行文简洁，在目录前特制《有关机构（单位）全称简称对照表》和《四川省高速公路全称简称对照表》，在《附录》类目刊载《常用缩略语注释》。

八、本年鉴具有双重检索功能，书前列有中英文目录，书后配有主题索引。

有关机构（单位）全称简称对照表

全　称	简　称
中华人民共和国交通运输部	交通运输部
中华全国总工会	全国总工会
中华人民共和国住房和城乡建设部	住建部
发展和改革委员会	发展改革委
经济委员会	经委
纪律检查委员会	纪委
国有资产监督管理委员会	国资委
精神文明建设指导委员会	文明委
中国共产党四川省委员会	中共四川省委
四川省（市、县）人民政府	省（市、县）政府
四川省人民代表大会常务委员会	省人大常委会
中国人民政治协商会议四川省委员会	省政协
中共四川省委直属机关工作委员会	省直机关工委
四川省安全生产监督管理局	省安监局
四川省质量技术监督局	省质监局
亚洲开发银行	亚行
国家开发银行	开行
中国工商银行	工行
四川省交通运输厅	省交通运输厅
四川省人力资源和社会保障厅	省人力资源社会保障厅
四川省国土资源厅	省国土资源厅
四川省交通运输工会委员会	省交通运输工会
四川省交通运输厅公路局	厅公路局
四川省交通运输厅航务管理局	厅航务局
四川省交通运输厅道路运输管理局	厅运管局
四川省交通运输厅高速公路管理局 四川省交通厅高速公路交通执法总队	厅高管局 （厅高速公路交通执法总队）
四川交通职业技术学院	四川交职院
四川省交通运输厅工程质量监督局	厅质监局
四川省交通厅公路规划勘察设计研究院	厅公路设计院
四川省交通运输厅交通勘察设计研究院	厅交通设计院
四川省交通运输厅高速公路监控结算中心	厅结算中心
四川省交通运输厅交通建设工程造价管理站	厅造价站
四川省重点公路工程监理处 四川公路工程咨询监理公司	监理处 监理公司
四川省大件公路管理处	大件处
四川省交通宣传中心	交通宣传中心
四川省交通运输厅信息中心	厅信息中心
四川省交通运输厅交通史志总编室	厅史志总编室
四川兴蜀公路建设发展有限责任公司	兴蜀公司
四川省交通运输厅办公室	厅办公室
四川省交通运输厅精神文明办公室	厅文明办
四川省交通运输厅政策法规处	厅法规处
四川省交通运输厅综合规划处	厅规划处
四川省交通运输厅财务处	厅财务处
四川省交通运输厅人事教育处	厅人教处

全　称	简　称
四川省交通运输厅建设管理处	厅建管处
四川省交通运输厅公路管理处	厅公路管理处
四川省交通运输厅行政审批处	厅行政审批处
四川省交通运输厅运输管理处	厅运输处
四川省交通运输厅安全监督处	厅安监处
四川省交通运输厅城市公共客运指导处	厅城客处
四川省交通运输厅审计处	厅审计处
四川省交通运输厅科技和信息化处	厅科信处
四川省交通运输厅外经外事处	厅外经外事处
四川省纪委驻厅纪检组	驻厅纪检组
四川省交通运输厅公安处	厅公安处
四川省交通运输厅信访处	厅信访处
四川省交通运输厅离退休人员工作处	厅离退休处
中共四川省交通运输厅直属机关委员会	厅直机关党委
四川省交通运输厅战备办公室	厅战备办
四川省国防动员委员会交通战备办公室	省交战办
四川省交通投资集团公司	省交投集团
四川高速公路建设开发总公司	川高公司
四川成渝高速公路股份有限公司	成渝公司
四川成渝高速公路股份有限公司成渝分公司	成渝公司成渝分公司
四川成渝高速公路股份有限公司成雅分公司	成渝公司成雅分公司
四川成渝高速公路股份有限公司成仁分公司	成渝公司成仁分公司
四川成渝高速公路股份有限公司成乐公司	成渝公司成乐公司
四川遂广遂西高速公路有限责任公司	遂广遂西公司
四川省港航开发有限责任公司	省港航公司

全　称	简　称
四川嘉陵江凤仪航电开发有限公司	凤仪公司
四川岷江港航电开发有限公司	岷江公司
四川港航嘉陵江金沙航电开发有限公司沙溪分公司	沙溪公司
四川港航嘉陵江金沙航电开发有限公司	金沙公司
四川泸州港务有限公司	泸州港务公司
四川广安承平港务有限公司	承平港务公司
四川长江水运有限公司	长运公司
四川南充都京港务有限公司	都京公司
四川汶马高速公路有限责任公司	汶马公司
四川雅康高速公路有限责任公司	雅康公司
四川川西高速公路有限责任公司	川西公司
四川成南高速公路有限责任公司	成南公司
四川省川北高速公路股份有限公司	川北公司
四川川东高速公路有限责任公司	川东公司
四川攀西高速公路开发股份有限公司	攀西公司
四川成绵高速公路有限公司	成绵公司
四川省川南高等级公路开发股份有限公司	川南公司
四川雅西高速公路有限责任公司	雅西公司
四川成德南高速公路有限责任公司	成德南公司
四川雅眉乐高速公路有限责任公司	雅眉乐公司
成都市交通运输委员会	成都市交委
乐山市交通运输委员会	乐山市交委
阿坝藏族羌族自治州交通运输局	阿坝州交通运输局
甘孜藏族自治州交通运输局	甘孜州交通运输局
凉山彝族自治州交通运输局	凉山州交通运输局

四川省高速公路全称简称对照表

全称	简称
成都至重庆高速公路	成渝高速公路
成都至绵阳高速公路	成绵高速公路
成都城北出口高速公路	成都城北出口高速公路
成都至乐山高速公路	成乐高速公路
内江至宜宾高速公路	内宜高速公路
成都机场高速公路	成都机场高速公路
成都至雅安高速公路	成雅高速公路
隆昌至纳溪高速公路	隆纳高速公路
泸沽至黄联关高速公路	泸黄高速公路
西昌卫星基地高速公路	西昌卫星基地高速公路
广安至邻水高速公路	广邻高速公路
达州至重庆高速公路	达渝高速公路
成都至都江堰高速公路	成灌高速公路
广元至南充高速公路	广南高速公路
成都绕城高速公路	成都绕城高速公路
遂宁至回马高速公路	遂回高速公路
成都至南充高速公路	成南高速公路
绵阳至广元高速公路	绵广高速公路
南充至广安高速公路	南广高速公路
成都至温江至邛崃高速公路	成温邛高速公路
成都至彭州高速公路	成彭高速公路
南充绕城高速公路	南充绕城高速公路
宜宾至水富高速公路	宜水高速公路
遂宁至重庆高速公路	遂渝高速公路

全称	简称
西昌至攀枝花高速公路	西攀高速公路
南充至重庆高速公路	南渝高速公路
邻水至垫江高速公路	邻垫高速公路
攀枝花至田房高速公路	攀田高速公路
都江堰至映秀高速公路	都映高速公路
广元至巴中高速公路	广巴高速公路
邛崃至名山高速公路	邛名高速公路
乐山至宜宾高速公路	乐宜高速公路
绵阳至遂宁高速公路	绵遂高速公路
雅安至西昌高速公路	雅西高速公路
广元至陕西高速公路	广陕高速公路
达州至陕西高速公路	达陕高速公路
成都至绵阳高速公路复线	成绵高速公路复线
内江至遂宁高速公路	内遂高速公路
成都至自贡至泸州至赤水高速公路	成自泸赤高速公路
映秀至汶川高速公路	映汶高速公路
纳溪至贵州高速公路	纳黔高速公路
达州至万州高速公路	达万高速公路
广元至甘肃高速公路	广甘高速公路
乐山至雅安高速公路	乐雅高速公路
巴中至南充高速公路	巴南高速公路
成都至德阳至南部高速公路	成德南高速公路
宜宾至重庆高速公路	宜渝高速公路
乐山至自贡高速公路	乐自高速公路

全　称	简　称
巴中至达州高速公路	巴达高速公路
遂宁至资阳至眉山高速公路	遂资眉高速公路
南充至大竹至梁平高速公路	南大梁高速公路
巴中至陕西高速公路	巴陕高速公路
丽江至攀枝花高速公路	丽攀高速公路
绵阳绕城高速公路	绵阳绕城高速公路
成都第二绕城高速公路	成都二绕高速公路
遂宁至西充高速公路	遂西高速公路
遂宁至广安高速公路	遂广高速公路
自贡至隆昌高速公路	自隆高速公路
内江至威远至荣县高速公路	内威荣高速公路
宜宾至叙永高速公路	宜叙高速公路
巴中至广安至重庆高速公路	巴广渝高速公路
成都至安岳至重庆高速公路	成安渝高速公路
叙永至古蔺高速公路	叙古高速公路
仁寿至沐川至新市镇高速公路	仁沐新高速公路
雅安至康定高速公路	雅康高速公路
汶川至马尔康高速公路	汶马高速公路
宜宾至彝良高速公路	宜彝高速公路
宜宾绕城高速公路	宜宾绕城高速公路
绵阳至西充高速公路	绵西高速公路
成都第三绕城高速公路	成都三绕高速公路
攀枝花至大理高速公路	攀大高速公路
营山至达州高速公路	营达高速公路
苍溪至巴中高速公路	苍巴高速公路
镇巴至广安高速公路	镇广高速公路
泸州至重庆高速公路	泸渝高速公路
泸州至永川高速公路	泸永高速公路

全　称	简　称
峨眉至汉源高速公路	峨汉高速公路
南充至潼南高速公路	南潼高速公路
乐山至汉源高速公路	乐汉高速公路
石棉至泸定高速公路	石泸高速公路
宜宾至攀枝花高速公路	宜攀高速公路
西昌至昭通高速公路	西昭高速公路
西昌至香格里拉高速公路	西香高速公路
永郎至会理高速公路	永会高速公路
华坪至丽江高速公路	华丽高速公路
银川至昆明高速公路	银昆高速公路
绵阳至九寨沟高速公路	绵九高速公路
北京至昆明高速公路	京昆高速公路
四川南充至重庆潼南高速公路	南潼高速公路
巴中至万源高速公路	巴万高速公路
重庆至广安高速公路	渝广高速公路
苍溪至巴中高速公路	苍巴高速公路
四川马尔康县至青海久治县高速公路	川青高速公路
四川西昌至云南昭通高速公路	西昭高速公路
德昌永郎至会理高速公路	永会高速公路
宜宾至叙永高速公路	宜叙高速公路
攀枝花至宁南段高速公路	攀宁高速公路
攀枝花至盐源高速公路	攀盐高速公路
宜宾至威信高速公路	宜威高速公路
宜宾至新市高速公路	宜新高速公路
泸州至古蔺至金沙高速公路	泸古金高速公路
遂宁至德阳高速公路	遂德高速公路
康定至新都桥高速公路	康新高速公路

Contents 目 录

特 载

概 况

四川概况

四川交通历史与现状

大事记

交通基础设施建设

港口建设

公路水路勘察设计

交通运输

道路运输

水路运输

交通管理

交通规划

建设管理

运输管理

安全管理

高速公路管理暨交通执法

公路管理

航务管理

道路运输管理

工程质量监督管理

交通审计

交通行政审批

交通公安

交通战备

交通行政机关

四川省交通运输厅

纪检工作

机关党建

工会工作

交通科技教育文化

交通科技

交通教育

文明行业创建

交通信息化建设

交通宣传

交通史志年鉴

市州交通

成都市交通

自贡市交通

攀枝花市交通

泸州市交通

德阳市交通

绵阳市交通

广元市交通

遂宁市交通

内江市交通

乐山市交通

南充市交通

宜宾市交通

达州市交通

广安市交通

巴中市交通

雅安市交通

眉山市交通

资阳市交通

阿坝藏族羌族自治州交通

人物选介

附录

政策法规选编

统计资料

机构及领导名录

Main Contents

TRANSPORT ACHIEVEMENT 2017

2017 交通成就

1 “项目年”交通建设取得重大突破

公路水路建设完成投资1 499亿元，比上年增长14.4%，连续8年超千亿高位增长。

高速公路实现市州全通达：雅康高速雅泸段等7个项目（路段）301公里建成通车，全省高速公路通车总里程6 820公里，甘孜藏区结束不通高速公路的历史；成都至宜宾等12个高速公路项目1 396公里开工建设，总投资2 391亿元，年度新开工项目里程和投资规模创历史之最；宜攀高速公路单体投资（886亿元）创全国之最；全省高速公路建成和在建总里程达9 785公里。

普通国省干线公路建设成就超级工程：世界海拔最高的特长公路隧道国道317线雀儿山隧道建成通车，打通川藏北线最大瓶颈；新（改）建普通国省干线公路1 996公里，实施大中修工程1 537公里。

水运建设积极推进：岷江港航电犍为枢纽实现右岸截流，龙溪口等4个航电枢纽开工建设；嘉陵江亭子口枢纽以下达到四级航道标准。

枢纽建设加快实施：综合客运枢纽建成和在建项目达39个，覆盖90%高铁站；纳入交通运输部规划9个货运枢纽（物流园区）建成3个，其余6个全部开工建设。

2 交通精准脱贫取得重大突破

全省新（改）建农村公路2.7万公里，新增71个乡镇通油路、2 547个建制村通硬化路，乡镇和建制村通畅率达99%和97%；新增3 820个建制村通客车，全省乡镇和建制村通客车率达到97%和83%；年度计划脱贫摘帽的16个县和3 700个村实现交通高水平脱贫。“交通+特色产业”“交通+旅游”扶贫蓬勃发展。“四好农村路”成果丰硕，创建全国示范县3个，省政府命名省级示范县14个；新建渡改桥110座。

3 运输服务提质增效取得重大突破

出台鼓励多式联运发展专项意见，成都铁路口岸多式联运“一单制”在全国推行；推进无车承运人试点，整合车辆5万辆；成立长江上游航运联盟，建立航运资源共建共享共商平台。全年累计完成公路货运量15.8亿吨、货物周转量1 677亿吨公里，比上年增长8.3%和7.1%；完成水路货物周转量254亿吨公里、集装箱吞吐量93万标箱，比上年增长13.9%、15.9%。犍为县、涪城区成为全国首批城乡交通运输一体化示范县（区）创建城市，成都、自贡等四市入选全国首批“公交都市”创建城市，网约车管理规范推进，成都共享单车管理经验在全国推广。创建“五好”高速公路9条、全国百佳示范服务区5对、全国优秀服务区22对；减免高速公路通行费逾70亿元；高速公路实现“营改增”电子发票开具；推进“厕所革命”，新（改）建厕所210座。

4 重点领域改革取得重大突破

设立四川交通投资基金；创新实施高速公路打捆招商模式，全年招商成功项目4个541公里，吸引社会投资1 018亿元；依法确定成南扩容、成乐扩容项目投资人，推动总投资540亿元项目落地。增加地方铁路质量安全监管职责，正式对川南城际等3个地方铁路项目实施监管。加大简政放权力度，省市县三级行权事项分别精简78%、43%、31%；服务四川自贸区建设，授权下放许可事项13项。

数字交通

2017年四川农村公路建设情况

新（改）建农村公路：**27 109**公里

建设完成投资：**268.5**亿元

通车总里程：**28.2**万公里

（注：因省道网线位规划调整，部分农村公路调整为省道。）

2017年四川高速公路建设情况

高速公路建设完成投资：**648.4**亿元

通车总里程：**6 820**公里（居全国第**2**、西部第**1**）

2017年四川公路里程年底到达数（公里）

公路总里程：**329 950**

国道：**18 083**　　省道：**23 490**　　县道：**21 955**

乡道：**50 231**　　村道：**204 582**　　专用公路：**4 789**

2017年四川交通建设完成投资（亿元）

1 499

2017年四川水路客货运输量

旅客运输量：**2 364**万人次　旅客周转量：**2.23**亿人公里

货物运输量：**7 750**万吨　货物周转量：**255.5**亿吨公里

2017年四川公路客货运输量

旅客运输量：**9.4**亿人次　旅客周转量：**521.3**亿人公里

货物运输量：**15.8**亿吨　货物周转量：**1 676.8**亿吨公里

2017年四川内河航运建设情况

内河水运完成投资：**57.2**亿元

航道总里程：**11 725**公里

2017年四川客货站场建设情况

客货站场建设完成投资：**56.9**亿元

客运站总数：**1 564**个　货运站总数：**17**个

简易站及招呼站总数：**19 900**个

智慧交通及其他专项建设完成投资：**22.9**亿元

四川交通要闻 SICHUAN JIAOTONG YAOWEN

01

2017年1月6日，全省交通运输工作会议召开。省政府副省长杨洪波出席会议并讲话，省政府副秘书长黄小平主持会议，省交通运输厅党组书记、厅长汪洋作题为《把握黄金时期 当好发展先行 努力建设人民群众满意交通》的工作报告。

2017年1月6日，全省交通运输工作会议在成都召开。左图为出席会议的省政府副省长杨洪波（中）、省政府副秘书长黄小平（右），省交通运输厅厅长汪洋（左），右图为会议现场

相关链接：2017年是实施“十三五”规划的重要一年，是深化供给侧结构性改革，构建现代综合交通运输体系，推进交通运输转型升级、提质增效的攻坚之年；也是打好交通脱贫攻坚战，不断扩大战果的关键一年，围绕构建安全、便捷、高效、绿色、经济的现代综合交通运输体系总体目标，扎实推动8个方面重点工作。

扎实推动“项目年”重大部署落地落实，加快高速公路、普通国省道、运输站场建设，保持建设投资高位稳定运行，全年确保完成投资1 200亿元；扎实推动交通扶贫攻坚“头等大事”再创佳绩；扎实推动行业重点领域改革不断深化，深化交通运输综合执法、行政审批制度、投融资体制改革，推进道路运输市场化改革；扎实推动行业治理能力全面提升，加强法治交通建设，着力建设品质工程，完善市场监管机制；扎实推动交通运输服务水平再上台阶，提升通行服务水平，推进城乡交通运输一体化发展，促进现代物流运输发展，加快科技教育发展；扎实推动智慧交通和绿色交通发展取得突破；扎实推动安全生产和行业稳定持续向好；扎实推动党的建设和精神文明建设巩固深化。

1	2
	3
4	

1 汶马高速公路是国家高速公路网上海至成都高速公路成都到昌都联络线（国道4217线）中的重要路段。项目起于映汶高速公路止点，与国道317线平行布线，经桃坪、理县、古尔沟、米亚罗，穿越鹧鸪山后沿梭磨河下行，止于马尔康市卓克基。建成通车后，从成都可一路高速直接通达阿坝州州府马尔康。图为2017年在建中的汶马高速公路C15标段狮子坪隧道便桥

2 成安渝高速公路（国道5013线渝蓉高速公路），东起重庆沙坪坝区陈家桥街道，经重庆绕城高速公路，连接重庆璧山区、铜梁区、大足区及四川安岳县、乐至县、简阳市，西至四川成都绕城高速公路。项目全长253.56公里，全线采用双向六车道高速公路标准，设计行车时速100公里，是连接渝蓉两地之间路径最短、技术标准最高的高速公路。成安渝高速公路于2017年9月30日全线通车

3 2017年，成德南高速公路推进全国“百佳服务区”创建，以此为契机，不断深化管理细节、丰富服务手段、提高服务质量，让广大司乘人员乐意来感受服务，并保持形成常态化的服务

4 叙古高速公路，起于泸州市叙永县震东镇灯盏坪枢纽互通，与宜叙高速公路连接，途经古蔺县箭竹乡、德耀镇、古蔺镇、永乐镇、太平镇，止于古蔺县二郎镇，随后跨越赤水河，接贵州省的仁（怀）赤（水）高速公路。项目全长65.739公里，设计行车时速80公里，采用双向四车道高速公路标准，路基宽24.5米。叙古高速公路古蔺城区至太平互通段于2017年1月通车

1	4
2	5
3	6

1 宜叙高速公路，起于宜宾市翠屏区牟坪镇绥庆村，终点为泸州市叙永县龙凤镇双桥村，接纳黔高速公路。途经宜宾市翠屏区、长宁县、兴文县，泸州市叙永县，全长114.07公里，总投资102亿元。该项目是中国白酒金三角核心区域内的重要连接通道，是四川省高速公路网规划中经贵州至珠三角北部湾的一条重要南向出川省际大通道。图为宜叙高速公路绥庆互通2017年面貌　周　超 摄

2 成都三绕高速公路简蒲段，起于禾丰互通与成安渝高速公路连接，途经简阳市、仁寿县、彭山县、眉山东坡区，止于蒲江县天华互通立交桥，分别与成安渝、成渝、成自泸、成乐和成雅高速公路互通。项目全长126.33公里，设计行车时速100公里。该路段于2017年12月28日开通

3 巴陕高速公路（国道85线），起于四川省巴中市巴州区，经南江县止于川陕两省交界处的米仓山隧道，全长117.5公里，共设有东兴场枢纽、巴中、下两、南江南、南江北、沙滩、关坝等7座互通式立交及1个服务区和1个停车区。全线桥隧比高达78.2%，项目估算总投资137.14亿元。该项目是国道85线银昆高速公路重要组成部分，是成都经巴中南江至陕西汉中高速公路的重要组成部分，是巴中至昆明高速公路的起始路段，也是继广陕、达陕高速公路后，四川北向出川的第三条高速公路通道。图为巴陕高速公路桥亭互通，于2017年11月18日通车　杨继波 摄

4 国道318线折多山段。折多山位于四川省甘孜州境内，海拔4 270米，是康巴第一关。图为该路段2017年面貌

5 省道217线理塘至稻城段。图为该路段2017年面貌

6 省道205线九寨沟至黄土梁公路。图为该路段2017年面貌

1	4
2	5
3	6

1 凉山州会东县老君滩景山村通村公路。图为该路段2017年面貌

2 金川县农村公路。图为该路段2017年面貌

3 达州市渠县李馥乡凤凰村通村公路。图为该路段2017年面貌

4 2017年1月21日，总投资4 000余万元、历时两年修建的广安市岳池县苟角镇红星渡改大桥建成并试通车。红星渡改大桥位于岳池县全民水库上游，桥梁全长607米，建成后结束了水库两岸群众50余年渡船过河的历史，畅通了苟角、鱼峰、天平等乡（镇）10万余群众的出行路

5 2017年2月，甘孜州康定市日吾村溜索改桥建成的新桥，溜索改桥不仅改变了老百姓的出行方式，更打通了制约当地经济社会发展的瓶颈，成为边远山区群众脱贫奔康的助推器

6 2017年1月，冕宁县健美乡已完工的溜索改桥和正在修建的通乡路

泸州港
45t HDHM

中国大唐

1	6
2 3	
4 5	7

1 广元港，位于四川省广元市，是四川第三大港口。广元港作为千里嘉陵江第一港，是广安—南充—广元港口群的重要组成部分、四川省重要港口之一、西北内陆地区通过嘉陵江联系长江黄金水道的重要水运口岸。图为该港2017年面貌

2 金沙江航道。图为该港2017年面貌

3 泸州港，地处长江、沱江、赤水河等干、支流交汇处，川滇黔渝结合部、四川盆地南部城市泸州市，是中国（四川）自有贸易试验区川南临港片区的重要组成部分，是国家二类水运口岸，四川唯一的全国28个内河主要港和四川第一大港。图为该港2017年面貌

4 亭子口水利枢纽，以防洪、灌溉及城乡供水、发电为主，兼顾航运，并具有拦沙减淤等效益的综合利用工程，是国务院《关于加强长江近期防洪建设的若干意见》中确定的为完善长江防洪体系的6大防洪水库工程之一，也是四川省灾后恢复重建项目和拉动内需的重点项目。图为该港2017年面貌

5 2017年，海事执法人员进行海事跨区巡航执法

6 近年来，四川创新发展运输组织模式，积极打造多式联运，先后打造中欧班列多式联运提单、“公路+高铁+航空”多式联运，货物运输流程简化、物流运行效率提高。图为通过空铁联运到达机场的货物

7 泸州港铁水联运

02

2017年4月22日，中共四川省委书记王东明，省委副书记、省长尹力，在成都会见来川调研的交通运输部部长李小鹏。双方围绕继续推动完善四川现代综合交通运输体系，加快公路、铁路和航道航线建设，大力提升民族地区、贫困地区交通基础设施水平等交换了意见。副省长杨洪波，副省长、省委秘书长王铭晖参加会见。

1 2017年4月21日，交通运输部部长李小鹏（中）一行在海拔4 114米的梦笔山垭口看望慰问高原养路工人

2 2017年4月22日，交通运输部部长李小鹏（前中）一行在汶马高速公路调研

03

2017年6月24日，针对当天发生的四川省茂县叠溪镇山体垮塌事件，交通运输部党组书记杨传堂批示：请应急办迅速了解情况，在当地党委政府领导下，交通运输部门与有关方面密切配合抢救被埋人员，保证运输通道畅通。有关情况及时报告，如需部里支持及时落实。部长李小鹏批示：请公路局、运输司高度重视，指导四川省厅和地方交通部门在当地党委政府领导下，全力做好抢险救援工作，保障道路畅通，要科学施救，注意人员安全，防止新的灾害发生。部应急办要密切跟踪，重要情况随报。收到部领导批示后，四川省交通运输厅党组书记、厅长汪洋庚即批示：请各有关部门迅速传达落实书记、部长批示，全力做好抢险救援和保通保畅工作。

1
2

1 2017年6月24日，中共四川省委书记王东明（中）深入茂县叠溪镇新磨村抢险一线视察情况，在现场听取情况汇报后充分肯定四川交通抢通保通保运工作："关键时刻，就是需要你们这样的专业队伍！"同时，要求救援施工要统一指挥，分段作业，机具设备要合理调度；要在专家指导下，科学施救，防范次生灾害发生，特别是夜间作业要科学；要做好进出救援现场道路交通疏导和现场管制，确保抢险救援生命线畅通

2 2017年6月26日上午，交通运输部公路局副局长王太（前排中）率6人组成的工作组赶到茂县叠溪镇新磨村救援现场，在省交通运输厅副厅长张琪陪同下，对滑坡损毁路段全程踏勘查看，了解便道状况。同时要求便道的抢通保通要科学合理，避免次生灾害再次造成人员伤亡和便道损毁；4支抢通保通队伍要按照现场指挥部的统一要求分段施工，注意作业安全；在保障救援便道的基础上进一步完善便道路面，提高便道应急通行保障能力

相关链接：2017年6月24日凌晨5时45分左右，四川省阿坝州茂县叠溪镇新磨村，一个曾经美丽无比、盛产李子和花椒的村庄，瞬间被垮塌的山体吞没。灾情就是命令！按照交通运输部和中共四川省委、省政府主要领导指示批示要求，省交通运输厅和地方交通运输部门立即行动，全面启动应急救援，全力做好抢险救灾和道路抢通保通工作。

第一时间组织施工力量投入抢险救援。就近组织汶马高速公路施工力量，包括挖掘机、推土机、平板拖车等机具设备，立即赶赴现场投入抢险救援。会同国土、水利等救援力量，迅速抢通受灾现场道路。联络四川路桥集团等施工企业，组织一批应急救援机具设备和人员做好准备、随时待命，根据现场救援需要及时调配。

确保救援通道安全畅通。协调配合公安交警，做好成都绕城、成灌、都汶等高速公路交通管制，停止所有涉路施工，建立救援绿色通道，确保成都通往灾区的高速公路畅通。同时做好汶川经茂县至救援现场，以及九黄机场经川主寺、松潘至救援现场等两条救援通道保通工作，组织应急抢通机具和人员赴沿线地质灾害易发点进行值守，确保断道及时抢通，保障救援通道安全畅通。

迅速安排人员转移。排查是否有客运班车和旅游包车受困，组织应急客运力量待命，根据排查情况和救援需要及时疏散受困群众；立即暂停灾区附近班线，待营运条件符合安全标准再行开通。

做到应急救援保障，同时开展灾后重建。考虑到灾害区域形成堰塞湖或导致道路中断等多种情况，启动水上交通突发事件应急预案，6艘应急救援冲锋舟、2辆应急救援车及必要的救生设备迅速到位。厅公路设计院派出地质、路基、桥梁等专家组，赶赴现场参与抢险，同时全面收集灾区资料，重点开展重建方案研究。

1 2	4
3	5 6

1 2 “6·24”茂县山体滑坡抢险现场　时 赟 摄

3 2017年6月24日，在交通抢险队伍的不懈努力下，受灾现场便道（2.4公里）初步打通。该通道主要用于抢险救援机具通行以及受困人员疏散

4 “6·24”茂县特别重大山体滑坡灾害发生后，厅航务局迅速启动水上交通防汛减灾工作。图为绵阳市游仙区于2017年6月28日举行水上突发安全事件应急救助演练

5 6 工作人员踏勘现场，研究抢险和重建方案

2017年7月3日，省政府命名成都市郫都区、泸州市江阳区、南充市顺庆区、宜宾市江安县、乐山市犍为县、遂宁市安居区、巴中市平昌县、成都市大邑县、达州市达川区、广安市岳池县、广元市剑阁县、德阳市罗江县、南充市西充县、绵阳市安州区14个县（区）为四川省第一批“四好农村路”省级示范县（区）。

2017年10月16日—17日，全省“四好农村路”建设现场会在宜宾市召开。会议宣读了省政府命名首批14个“四好农村路”省级示范县（区）的决定并现场授牌。图为副省长杨洪波（左）为江安县代表授牌

相关链接：中共十八大以来，全省交通运输系统深入学习贯彻习近平总书记交通强国重要战略思想和“四好农村路”重要指示精神，紧紧围绕构建现代综合交通运输体系发展目标，以“四好农村路”建设为抓手，推进建管养运全面协调发展，全省农村公路发展取得历史性突破。

全省“四好农村路”示范县（区）创建走在全国前列。中共四川省委、省政府高度重视，在示范县（区）创建方面出台激励支持政策，对成功创建的示范县（区）进行命名授牌，并给予专项补助资金。制定标准规范，建立工作体系，以示范县（区）创建为重要抓手，形成“党政主导、交通牵头、部门协同、群众参与”的良好工作格局，全面推进“四好农村路”建设。各地积极踊跃争创“四好农村路”示范县（区），2017年，经严格考评，省政府命名了第一批14个省级示范县（区）。其中，成都市郫都区、巴中市平昌县和宜宾市江安县还成功创建为全国示范县（区）。2017年，四川省是创建全国示范县最多的省份之一，受到交通运输部高度肯定，并在全国“四好农村路”养护现场会上作经验交流发言。

1
2
3

1 成都市郫都区青杠树村公路　刘贵明 摄
2 巴中市平昌县青凤镇龙井至红宝村道，助推333公顷芍药基地大发展　陈　键 摄
3 宜宾市江安县夕佳山镇至铜盆村公路

1 泸州市江阳区升级改造后的最美乡村公路——泰兆路

2 南充市农村公路　赵辉雄 摄

3 遂宁市安居区农村公路　陈　键　张冰姿 摄

4 成都市大邑县通户道路

05

2017年7月11日，四川交职院学生杨文浩获得第44届世界技能大赛“汽车技术”项目国家集训基地选拔赛第一名，并代表中国出征10月在阿联酋阿布扎比举行的第44届“汽车技术”项目世界技能大赛。

1 2

3 4

1 杨文浩在重庆培训基地备战第44届世界技能大赛

2 中国选手站在阿布扎比第44届世界技能大赛领奖台上

3 4 在被誉为“世界技能奥林匹克”的第44届世界技能大赛上，代表中国出征的杨文浩与37个国家和地区国际技能优秀选手同台竞技，勇夺“汽车技术”项目银牌，实现中国内地在这个赛项上奖牌零的突破。图为比赛现场

06

2017年7月21日，交通运输部与四川省在成都举行工作座谈会，共同研究推进部省合作有关事项。交通运输部部长李小鹏，中共四川省委副书记、省长尹力出席会议并讲话。

2017年7月21日，交通运输部与四川省在成都举行工作座谈会，共同研究推进部省合作有关事项。交通运输部部长李小鹏，四川省省长尹力出席会议并讲话。交通运输部副部长戴东昌、刘小明，四川省副省长杨洪波，国家铁路局、中国民航局负责人，省交通运输厅党组书记、厅长汪洋及省级有关部门负责人等参加会议

相关链接：2017年7月21日，在座谈会上，尹力代表中共四川省委、省政府感谢交通运输部长期以来对四川经济社会发展的关心支持，并介绍了四川经济社会和交通运输发展有关情况。四川着眼构建西部综合交通枢纽，全面融入“一带一路”（详见《附录》）互联互通大通道、长江经济带综合立体交通走廊国家区域发展新格局，扎实推进现代综合交通运输体系建设。2017年以来，四川交通建设投资、交通扶贫攻坚、交通供给侧结构性改革、交通重点领域改革创新、交通管理服务水平提升及交通领域安全等重点工作有效推进，有力支持和服务了四川经济社会发展。下一步，四川将继续抓好部省合作协议落实，加大力度组织实施好“十三五”综合交通运输发展规划。希望交通运输部在深度贫困地区交通项目规划建设，机场、铁路、港口建设发展等方面继续给予四川支持。

李小鹏指出，近年来，四川交通运输基础设施不断完善，交通运输服务水平不断提升，交通运输领域改革不断深化，在全国交通运输发展中起到了示范和引领作用。希望四川继续深化交通运输供给侧结构性改革，努力实现转型升级发展；大力推进农村公路建设，为脱贫攻坚做出更大贡献；更加强有力地推动交通基础设施投资增长，确保完成既定目标任务；继续狠抓交通安全生产，做好防汛减灾应急准备，保安全、保畅通、保服务；进一步推动交通运输创新、开放发展，在建设综合交通运输体系、改革交通运输投融资体制机制等方面迈出新的步伐，在推进“一带一路”和长江经济带建设中，做出更加积极的贡献。交通运输部将一如既往地支持四川交通运输更好更快发展。

中央电视台纪录片频道（9套）于2017年10月18日—22日播出五集纪录片《超级工程（第三季）纵横中国》。其中，交通专集于10月20日在央视9套首播。节目重点播出了四川省甘孜州雀儿山隧道建设情况和成都传化物流公路港、宜宾港运营情况，既有对四川民族地区交通建设成就的展示，也有对四川运输行业崛起的充分报道，是一次对中共十八大以来四川交通运输建设成就的立体直观呈现。图为成都传化物流公路港、雀儿山隧道、宜宾港视频截图

07

2017年7月21日，中俄总理定期会晤委员会运输合作分委会第二十一次会议在中国四川成都举行。会议由交通运输部部长李小鹏和俄罗斯联邦运输部部长索科洛夫共同主持，铁路、汽车运输和公路、民航、口岸、过境运输、海运河运等分委会6个工作组分别进行了工作汇报。双方就积极落实中俄两国领导人达成的重要共识，深入推进中俄交通运输领域互联互通全方位合作进行深入探讨

会议现场

相关链接：中俄运输合作分委会第二十一次会议在蓉召开，会议积极落实两国领导人重要共识，深入推进互联互通全方位合作。李小鹏指出，中俄运输合作分委会机制成立20多年来，双方本着坦诚务实的态度，开展了一系列卓有成效的合作，建立起了彼此信任的伙伴关系，使交通运输领域成为中俄全面战略协作伙伴关系中务实合作的重点和亮点。自上次会议以来，双方在铁路、公路、水运、民航、口岸及过境运输领域合作取得积极进展。希望双方继续本着互信、互谅、共商、共享的原则精神，努力用好分委会这个重要且有效的机制平台，既谋当下，更筑长远。

索科洛夫指出，中俄运输合作分委会机制成立以来成效显著，双方交通运输主管部门在双边、多边国际场合保持着密切沟通，两国交通运输领域合作大有可为。俄方高度重视两国领导人就进一步深化全面战略协作伙伴关系、继续开展欧亚经济联盟与“一带一路”建设的对接达成的重要共识，期待与中方在国际运输、跨境基础设施建设等方面不断取得更多成果。

08

2017年8月8日21时19分，阿坝州九寨沟县发生7.0级地震。按照省政府抗震救灾指挥部启动的一级应急响应和《省交通运输厅2017年地震重点危险区专项应急预案》，立即成立“8·8”九寨沟地震抗震救灾交通运输应急指挥部并启动一级应急响应，迅速完善组织、强化保障。省交通运输厅党组书记、厅长汪洋任总指挥，厅党组副书记、副厅长周道平任副总指挥，其他厅领导任副指挥长，指挥部下设综合协调、抢通保通、应急运输、灾害评估、宣传信息、后勤保障等6个工作组。

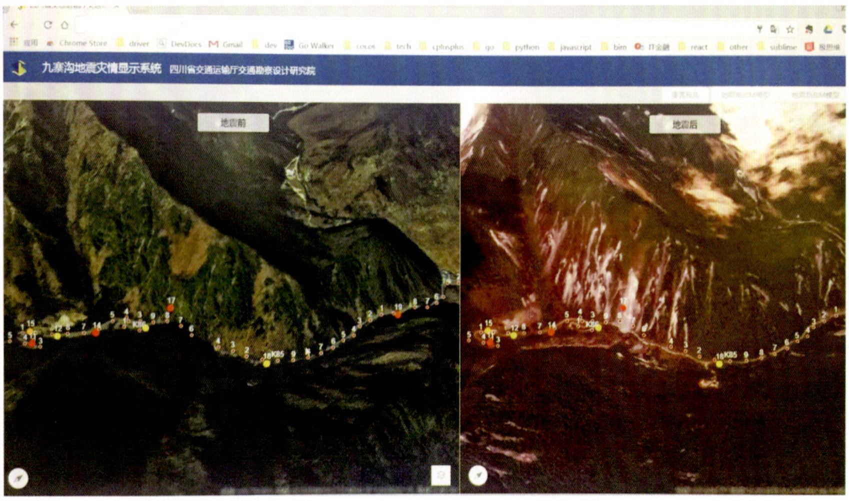

九寨沟地震灾情BIM（是一种能将设计、规划、施工及运营维护等不同工程阶段的工序，利用计算机绘图软件绘出的三维模型）在线显示系统，这是四川省交通运输系统首次在抢险救灾中使用BIM技术。通过BIM技术3D建模与回传数据相结合，实现虚拟再现灾区景象，可供交通运输部，中共四川省委、省政府，省交通运输厅及相关单位实时在线查询，为道路抢通保通工作提供有力支撑。图为该系统显示的九寨沟震前震后对比图

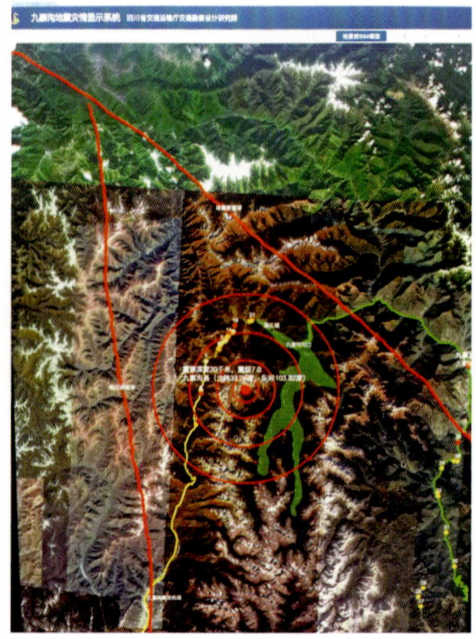

灾情显示系统

相关链接：“8·8”九寨沟地震发生后，交通运输部立即进入应急值班工作状态，部党组书记杨传堂、部长李小鹏、副部长戴东昌等实时多次指导四川交通抗震救灾工作。

交通运输部党组书记杨传堂与省交通运输厅进行视频连线时指出，要认真贯彻落实习近平总书记、李克强总理重要指示批示精神，在抢险救灾中坚持人民群众利益至上，不获全胜决不收兵。要求：一要继续全力保通保畅，确保应急物资运输和人员疏散；二要继续抓好隐患排查，分类处置；三要做好力量储备，防止次生灾害；四要继续加强交通管制；五要继续发扬连续作战、不畏艰辛的良好作风。强调在确保安全的情况下适度加快保通工作进度，尽快拿出恢复重建方案。

交通运输部部长李小鹏主持召开专题会议，决定启动交通运输二级应急响应，派员参加国家减灾委工作组，并成立应对四川九寨沟7.0级地震灾害应急领导小组，指导交通应急抢险救援。一是指导四川省交通运输厅在当地党委、政府统一领导下做好应急抢险救援保通各项工作，保证救援力量能够进得去、被困群众能够出得来；二是落实科学救援措施，保障救灾人员和设备安全，避免次生灾害发生；三是加强与地震、民政等多部门协同联动，密切关注和评估灾情发展态势。李小鹏两次与省交通运输厅党组书记、厅长汪洋视频连线，了解交通抗震救灾情况。汪洋汇报了交通运输部门应急部署、抢通保通进展、游客疏散等情况。

2017年8月9日凌晨1时和上午10时，交通运输部部长李小鹏两次与省交通运输厅党组书记、厅长汪洋视频连线，了解交通抗震救灾情况

2017年8月11日上午，中共四川省委书记王东明（中），省长尹力（二排左二），省委常委、农工委主任曲木史哈（二排左一）一行到绵阳平武客运站视察“8·8”地震抗震救灾工作。在详细了解绵阳迅速调集运力转运九寨沟游客的情况后，王东明、尹力予以高度肯定并看望慰问坚守在救灾工作一线的交通运输系统工作人员

1
2
3

1 2017年8月13日上午，副省长杨洪波（前左三）到川九路上寺寨保通工程处治现场检查指导抢通保通工作。省交通运输厅副厅长张琪（前右二）汇报了公路抢通保通工作情况、沿线灾害隐患处治方案及进度安排。杨洪波充分肯定交通部门开展的抢通保通工作组织周密、方案完善、成效明显

2 2017年8月16日，省交通运输厅厅长汪洋（前）率队一线指挥抗震救灾、抢通保通工作

3 四川路桥有限责任公司在抢险救灾中再次彰显攻坚克难、甘于奉献、勇于胜利的新时代路桥精神，他们被中共四川省委书记王东明誉为应急抢险的王牌、抗震救灾的铁军。图为安装中的钢架桥

四川路桥
抗震救灾

- 1 抢险救灾现场
- 2 钢棚洞拼装现场
- 3 调查川九路受损情况
- 4 2017年8月8日21时19分，四川九寨沟县发生7.0级地震。正值旅游旺季的九寨沟，数万人滞留，尤其是2万多名散客和外来务工人员，急需应急运力转运。灾区游客的安危，时刻牵动着四川交通运输人的心，一场阿坝、绵阳、成都的接驳运输就此展开。图为九寨沟县城等待转运的游客
- 5 灾情就是命令！按照中共四川省委、省政府和中共绵阳市委、市政府的安排部署，绵阳市交通运输系统迅速组织力量，开展抢通保畅、转移游客和保障服务工作。图为工作人员为受灾游客服务
- 6 成绵复线高速公路抗震救灾志愿服务点
- 7 地震发生后，成都东站汽车客运站抗震救灾志愿者迅速集结完毕

09

2017年9月26日，世界上海拔最高超特长公路隧道——雀儿山隧道建成通车。

1 雀儿山隧道洞口

2 3 000多名参建人员克服高原、高寒、缺氧、工效低，山高、路远、料少、运输难，隧道长、断面小、通风难，地质情况复杂、围岩级别变化快等诸多难题，创造了在海拔4 300米以上恶劣条件下的施工奇迹。图为工人正在吸氧

2017年9月26日，世界海拔最高超特长公路隧道——雀儿山隧道通车　周显仁 摄

相关链接：雀儿山被称为“山鹰飞不过的山峰”，有“冬过雀儿山，如闯鬼门关”的说法。川藏公路的雀儿山路段曾是中国最危险的公路。因为地势陡峭、道路狭窄、缺氧、极寒，川藏公路的雀儿山段常被称为“川藏第一险”。雀儿山隧道于2010年11月30日至2017年9月26日，在艰难中掘进了5年。隧道工程位于国道317线（川藏北线）甘孜至德格岗托之间，是翻越雀儿山的关键性工程。雀儿山隧道海拔4 300米，线路全长约13公里（隧道长7.1公里），其中，隧道正洞全长7 079米，平导洞长7 108米，隧道东口海拔4 378.72米，西口海拔4 239.50米，隧道采用二级公路标准，为单洞双向行车，项目投资11.5亿元，是目前世界上海拔4 000米以上建设的最大规模公路隧道。隧道通车后，绕避了原公路3处共长达4.7公里的雪崩易发危险路段，6处共2.2公里泥石流路段，以及大量的冻土、冰害等安全隐患严重的路段，车辆只需10多分钟就可穿过最高海拔达6 000多米的雀儿山。

项目起于国道317线三道班、德格县玛尼干戈镇K336+200处，路线顺沟前进，于K340+951进洞，洞口高程4 378米；止于国道317线六道班、德格县柯洛洞乡独木岭村，在隆降沟左侧100米左右K348+034出洞，高程4 232米，路线全长12.997公里，最大埋深700米。项目由中铁一局集团第四工程有限公司、中国建筑第五工程局有限公司中标承建。

10

2017年4月5日，雅康高速公路泸定大渡河兴康特大桥首根主缆索股架设成功，大桥上部构造主体工程施工正式启动。12月31日，雅安至康定高速公路（国道4218线）雅安至泸定段并入四川高速公路网试通车运行，结束四川藏区不通高速公路的历史，全省21个市（州）全部通高速公路。

2017年4月5日，雅康高速公路泸定大渡河兴康特大桥首根主缆索股架设成功，大桥上部构造主体工程施工正式启动　段　鎏 摄

雅康高速公路泸定大渡河兴康特大桥架设主缆　王　杰 摄

雅康高速公路泸定河兴康特大桥　谢治明 摄

相关链接：兴康特大桥被誉为“川藏第一桥”，是一座建设在高海拔、高地震烈度带、复杂风场环境下的超大跨径钢桁梁悬索桥。全桥长1 411米，主跨1 100米，采用钢混叠合桥道系，总造价超过10亿元。

作为中国公路界的“超级工程”，创下多个“之最”：在建川藏第一大跨径钢桁梁悬索桥；在建世界第一长隧道式锚碇，雅安岸隧道式锚碇长159米；四川省内首次利用无人机牵引先导索过江；国内首次在高海拔峡谷地区、复杂强劲风场条件下，采用缆索吊装系统架设千米级钢桁梁；首次将防曲钢支撑用作悬索桥的中央扣；首次将波形钢腹板与混凝土顶底板的组合结构作为桥塔横梁……

兴康特大桥在建设中应用了不少新工艺、新技术、新设想。比如，将大桥主缆和钢桁梁锁在一起的中央扣，就首次采用半钢半柔性材质，既够硬、能将两者紧紧扣住，又较软、遇地震时能有效缓解震动波。大桥建设中涉及到的技术创新和科技攻关项目超过10项。泸定大渡河兴康特大桥的名字寓意深刻，公路桥梁的命名以地名居多，泸定大渡河代表着大桥所在的位置，“兴康”二字与地名无关，代表的是美好的祝愿：振兴康巴藏区。

1 2	5 6
3 4	7

1 雅康高速公路大杠山隧道24道弯的施工便道

2 雅康高速公路升航互通BIM效果图

3 雅康高速公路对岩互通全貌　高月谨 摄

4 雅康高速公路二郎山隧道

5 6 雅康高速公路

7 雅康高速公路泸定互通全景　高月谨 摄

相关链接：雅康高速公路雅安草坝至泸定段试通车运行，四川藏区结束了无高速公路的历史。作为首条由四川盆地向青藏高原快速攀升的高速公路，雅康高速公路穿越深山峡谷的横断山区，全线几乎“脚不沾地”，地形、地质条件极其复杂，生态、气候条件极其脆弱、恶劣，工程施工极其困难。雅康高速公路全长135公里，高差却近2 000米，相当于翻越一座华山，平均每公里“爬坡”14米。全线桥隧比高达82%，是截至目前国内在建高速公路桥隧比最高、施工难度最大的项目之一，并有长达50公里隧道群，穿越高山峡谷，施工便道布设于悬崖峭壁上。

项目需穿越龙门山断裂、安宁河断裂等多条区域大断裂带，滑坡、崩塌、泥石流多，仅一条二郎山特长隧道就穿过13条断裂带。因穿越不同的气候垂直分布带，高海拔路段的雨、雪、冰、雾、风等恶劣气候影响时间长，在雅康高速公路，可一条路感受四季，早晚温差达15度。

（本栏目图片供稿：除署名外，其余由厅史志总编室、交通宣传中心提供）

交通精准扶贫

JIAO TONG JINGZHUN FUPIN

2017年，四川交通聚焦“四大片区”特别是藏区、彝区深度贫困县，锁定通乡畅村“两个100%”目标和年度脱贫任务，强化资金倾斜、技术帮扶、督导推进，全力办好脱贫攻坚“头等大事”。

脱贫基础更加牢固

●2017年全省交通精准扶贫专项工程计划完成投资514亿元，其中高速公路252亿元。截至10月，全省交通精准扶贫完成投资640亿元，其中，高速公路完成投资228亿元。12月，雅康高速公路雅安草坝至泸定段试通车运行，全省21个市（州）实现全部通达高速公路。新（改）建农村公路2.7万公里，新增71个乡（镇）通油路、2 547个建制村通硬化路，乡（镇）和建制村通畅率达99%和97%。新增3 820个建制村通客车，全省乡（镇）和建制村通客车率达97%和83%。年度脱贫摘帽的16个县和3 700个村实现交通脱贫。

1	4
2	5
3	6

1 2017年12月31日，雅康高速公路泸定收费站面貌　高月谨 摄

2 2017年10月25日，在建中的雅康高速公路泸定大渡河兴康特大桥　吴国潮 摄

3 2017年12月，汶马高速公路汶川段建设场景　阿坝州交通运输局 供稿

4 2017年8月29日，在建的汶马高速公路C9标段甘堡特大桥

5 国道4216线宜宾新市至攀枝花沿江高速公路金江枢纽效果图

6 2017年5月12日，国道4216线宜宾新市至攀枝花沿江高速公路项目投资协议签约仪式在成都举行，图为签约仪式现场。该项目分为屏山新市镇至金阳、金阳至宁南、宁南至攀枝花3个路段，总里程452公里，总投资886亿元，是截至目前全国投资规模最高的单体高速公路项目。国道4216线宜宾新市至攀枝花沿江高速公路穿越凉山州，经凉山州集中连片贫困区、少数民族地区和革命老区等四川贫困人口主要分布区域，属于乌蒙山集中连片特困地区。项目于2017年10月11日集中开工

1 2017年1月18日，国道108线会理县鱼鲊金沙江大桥工程顺利通过交工验收　凉山州交通运输局 供稿
2 2017年7月30日，建成后的国道348线昭觉县城过境公路　凉山州交通运输局 供稿
3 2017年3月20日，拆除重建的省道307线盐源咆桥施工场景　凉山州交通运输局 供稿
4 省道208线嘉陵段李渡至龙蟠公路　何文德 摄

●成功创建“四好农村路”全国示范县（区）3个，省政府命名省级示范县（区）14个。完成中共四川省委、省政府“民生工程”和交通运输部更贴近民生实事目标。新建成渡改桥110座。县乡村三级物流体系不断健全，涌现出平昌县“货运班车”、攀枝花市“客车附搭与邮政合作”等农村物流发展新模式。

1 2017年10月16日—17日，全省“四好农村路”建设现场会在宜宾召开。图为会议现场

2 巴中市平昌县交通连片扶贫环线公路

3 脱贫攻坚道路——平昌县道路硬化覆盖到社 彭乔木 摄

4 巴中市平昌县白衣镇蒿坪村脱贫攻坚道路

1 2 3	4 5	6 7 9	8 10	11

1 宜宾市江安县农村公路　厅公路局 供图

2 宜宾市江安县迎安镇凤鸣村村道

3 甘孜州理塘县理觉路　吴秀敏 摄

4 甘孜州通乡通村路——理塘县理章理觉项目施工现场

5 甘孜州九龙县三岩龙县通乡油路建设　吴秀敏 摄

6 凉山州会东县嘎吉镇茂吉村通村公路

7 玉带绕山间——凉山州会东县农村公路

8 眉山市丹棱县老峨山区奔康大道

9 泸州市江阳区农村公路　周显仁 摄

10 南充市西充县莲池灵宝宫新农村村道

11 广安市岳池县白庙镇农村公路

●2013年以来，省交通运输厅与省扶贫和移民工作局通过调查走访，积极贯彻实施连片贫困地区交通扶贫政策，确立77座溜索改桥工程。至2016年底，除凉山州金阳县、布拖县两座跨金沙江等3座特大桥外，已建成74座。2017年，由布拖县公路局及金阳县农村公路建设办公室担任业主、兴蜀公司担任代建单位、四川省公路桥梁建设集团有限公司负责施工的凉山州两座大规模、高风险“溜索改桥”工程——布拖县冯家坪溜索改桥及金阳县对坪一村西营组溜索改桥分别于4月12日和4月26日完成主拱合龙，预计2018年3月建成通车、4月完成交工验收。桥建成将提高金沙江两岸川滇两省约8万名居民出行安全水平，促进区域经济社会发展需要。

1 3 7 8
2 9 10
4 6
5

1 兴蜀公司建设管理的布拖冯家坪金沙江溜索改桥主拱圈劲性骨架吊装　兴蜀公司 供图

2 凉山州冕宁县新兴乡姑鲁沟村溜索改桥

3 兴蜀公司金阳对坪和布拖冯家坪金沙江“溜索改桥”建设进入吊装施工阶段　兴蜀公司 供图

4 西昌市冕宁县健美乡“溜索改桥”——新旧桥对比

5 纳溪区渠坝河沟子渡改桥箱梁

6 广元市溜索改桥项目——广吉大桥

7 8 阿土列尔村的钢梯不仅安全得到保障，还可以坐在上面歇息　阿克鸠射 摄

9 10 古路村及新建的索道

相关链接：“悬崖村”“天梯村”交通出行改善

“悬崖村”指凉山州昭觉县支尔莫乡的阿土列尔村，海拔1 400～1 600米。从山底小学到山顶村庄的海拔高差近1 000米。村民出行需徒步三四公里并攀爬落差800米悬崖、越过十几段陡峭的藤（钢）梯。钢梯2016年8月启动修建，州、县两级财政共投入100万元，使用钢管约1 500根、40多吨，固定扣件6 000多个，11月钢梯完工投入使用。用人力背上山的钢管牢牢焊入悬崖，一共组成21段、767级台阶。与原来的藤梯相比，钢梯直上直下，比藤梯好走、安全，还节约路程。喷完防锈油漆后寿命可达10～20年。以前攀爬藤梯上山进村，当地村民需1个半小时，外地人至少需3个小时。钢梯修好后村民上山可节约半个小时，下山亦更快。据悉，当地还将建设“悬崖村”至省道307线的简易道路，进一步解决人马通行、物资运输问题。

“天梯村”指雅安市汉源县永利乡古路村。曾经进出古路村的“路”为一条条铺悬于绝壁上、用扁担藤和木棍编成的藤梯。修建成昆铁路时，铁道兵见村民们进出山困难，将藤梯改成了铁梯。2002年政府出资10万元，古路村村民们投工投劳，于绝壁上凿出一条长8公里、不到1米宽的骡马路。全村人第一次有了能踏踏实实踩的路，却依然险峻无比。从山下去往最远的古路村5组，年轻人需要走上5个钟头。2013年“4·20”芦山地震后，交通运输部门初步估算古路村修路总投资需4 600万元。县财政能力有限，资金难以落实。古路村100多户400多村民世居于此，山下无土地，异地搬迁不太可能；修路对环境生态亦会带来影响，未来的古路村出路在哪里？2014年，在精准扶贫工作推动下，汉源县政府出资300多万元，将村里骡马道安装安全护栏，硬化路面，凿上台阶，昔日绝壁小道成为一条相对安全的观光道。“天梯村”人气越来越旺。2016年8月，一条跨度750米的索道建成。物资通过索道从对面通公路的山头运到斑鸠嘴只需3分钟，在过去需动用几十头骡马在绝壁上走上两三个小时。该索道成为当地人心中的“天路”，未来的希望。2017年3月8日上午，中共中央总书记、国家主席、中央军委主席习近平来到十二届全国人大五次会议四川代表团参加审议时，十分关心古路村是否通路，仔细询问了村民出行改善相关情况。

内生动力显著增强

●旅游路、资源路、产业路建设加快推进，“交通+特色产业”“交通+旅游”扶贫蓬勃发展。

1	4
2	5
3	6

1 遂宁农环线——蓬溪县现代农业园区
2 遂宁农环线——船山区永和农业园区
3 遂宁农环线——大英县现代农业园区
4 巴中巴药产业道路
5 巴中花椒产业道路
6 巴中茶叶产业道路

1 2 3 4 5 6

1 巴中平昌旅游集散中心

2 宜宾市江安县麻衣村村道助推当地产业发展　厅公路局 供

3 宜宾市江安县公路服务园区道路　厅公路局 供

4 南充市嘉陵区里坝农田水利产业道路　何文德 摄

5 成都市大邑县王泗食品园区道路

6 在建的泸州市沱江旅游道路

定点扶贫扎实有效

●根据中共四川省委、省政府安排，省交通运输厅牵头联系乐山市沐川县、参与帮扶乐山市金口河区。坚持“面上整体推进”与“点上解决难题”相结合，统筹交通行业力量，定点精准扶贫创造新经验、取得新成效，赢得群众广泛赞誉。省交通运输厅定点帮扶沐川县实现高水平脱贫。中共四川省委、省政府授予省交通运输厅“五个一”帮扶力量先进帮扶单位。

1 2017年2月14日—16日，根据中共四川省委、省政府安排部署，省交通运输厅厅长汪洋带队赴乐山市金口河区开展脱贫攻坚专项督导

2 2017年1月11日，四川交通职业技术学院与沐川县人民政府签署校地战略合作协议

3 乐山市金口河区新建村火草坪的新农村路

（本栏目图片供稿：除署名外，其余由厅史志总编室、交通宣传中心提供）

党的建设全面深化

●2017年，省交通运输厅始终把政治建设摆在首位，牢固树立“四个意识”，坚定维护以习近平同志为核心的党中央权威和集中统一领导。坚持以上率下、系统联动，在全行业掀起学习宣传贯彻党的十九大精神热潮。扎实推进“两学一做”学习教育常态化制度化，省交通运输厅党组作为省直部门唯一代表，在全省推进“两学一做”学习教育常态化制度化工作会议上交流发言。

2017年6月29日，省交通运输厅召开推进“两学一做”学习教育常态化制度化工作会议　朱姜郦　摄

2017年11月15日，省交通运输厅党组举办学习贯彻党的十九大精神处级干部读书班，深入学习宣传贯彻党的十九大精神

党风廉政建设强力推进

●2017年，省交通运输厅落实“三项整改”回头看和省级正风肃纪专项整改，按照“四种形态”，严肃查处厅直系统违规违纪问题，给予党纪政纪处分8人、诫勉谈话7人、组织调整4人，批评教育29人。落实“两为主”、推进“三转”，全面加强纪检干部队伍建设，在省交通运输厅召开省直机关纪检组织和队伍建设现场会，省纪委肯定交通经验。

1 2 3

1 2017年5月17日，省纪委在省交通运输厅召开省直机关纪检组织和队伍建设工作现场会议，深入贯彻落实中央纪委 “两为主” “三转” 工作部署，交流、推动省直机关纪检组织和队伍建设工作，促进省直机关纪检工作有效开展。省纪委省监察厅、省直机关工委有关领导，省直部门分管组织人事负责人，省纪委驻省直单位42个派驻纪检组组长，省交通运输厅班子成员、相关处室和直属单位负责人等220余人参加会议

2 3 会议现场

政风行风建设见成效

●2017年，省市县三级联动开展交通政风行风建设“五大行动”，年度测评排名升位，群众口碑日益良好，社会知晓度和美誉度持续提升。

2017年6月16日，全省交通运输政风行风建设“五大行动”动员部署会　朱姜郦 摄

2017年5月8日，省交通运输厅召开交通运输系统政风行风测评情况通报会

（本栏目图片供稿：除署名外，其余由厅史志总编室、交通宣传中心提供）

特载

TE ZAI

2018

四川交通年鉴

部省领导关怀四川交通运输

2017年12月28日，中共四川省委书记王东明对四川省交通运输厅“四好农村路”建设批示：要认真学习贯彻习近平总书记重要批示精神，按照李克强总理和高丽、汪洋等领导同志要求，认真总结近年来行之有效的做法和经验，仔细查找短板和薄弱环节，不断完善工作机制和措施，充分调动基层、农民和各方面积极性，进一步加大工作力度，加快建设农村公路特别是深度贫困县农村公路，同时管好、护好、运营好已建成公路，为实施乡村振兴战略、打赢脱贫攻坚战和加快推进农业农村现代化提供坚强保障。请省政府专题研究，省委常委会择时听取汇报。

2018年1月16日，中共四川省委书记王东明对2017年交通运输工作批示：过去一年，在交通运输部的有力指导和大力支持下，省交通运输厅和全省交通运输系统，扎实工作、攻坚克难，推动交通投资再创新高，交通基础设施不断完善，交通助力脱贫攻坚取得明显成效，值得充分肯定。要再接再厉，不断完善工作机制和措施，扎实推进“项目年”交通建设；要高质量建设“四好农村路”特别是深度贫困县农村公路，为实施乡村振兴战略、打赢脱贫攻坚战提供更好的交通保障；要积极对接国家交通战略规划，加强汇报争取和沟通协调，加快构建现代综合交通运输体系，为决胜全面小康、建设经济强省作出新的更大贡献。

2018年1月16日，省人民政府省长尹力对2017年交通运输工作批示：2017年，全省交通运输系统贯彻落实省委省政府决策部署，大力推进交通建设投资、交通扶贫攻坚、交通供给侧结构性改革、交通管理服务水平提升等重点工作，作出了新的作为，取得了良好成效。2018年是全面贯彻落实党的十九大精神的开局之年。全省交通运输系统要大力弘扬“两路精神”，积极创建交通强国先行示范省，科学谋划、大力推进交通强省建设，扎实开展全省综合交通三年攻坚会战，推动全省交通建设全面提升突破。要深入推进部省合作协议事项落地落实，加大力度组织实施好“十三五”综合交通运输发展规划，加快构建现代综合交通运输体系。要围绕畅通进出川大通道和构建川内大网络，狠抓交通运输项目工作，在补齐短板、提升功能、完善网络上下功夫，为决胜全面小康、建设经济强省当好先行。

2018年1月16日，省人民政府副省长杨洪波对2017年交通运输工作批示：2017年，全省交通运输系统认真贯彻落实省委、省政府决策部署，扎实工作，开拓创新，各项工作“稳中有进，稳中向好”，特别是高速公路建设取得重大突破，21个市（州）全部通高速公路，交通脱贫攻坚成效显著，值得祝贺！2018年，全省交通运输系统要深入贯彻落实中共十九大精神，按照省委、省政府决策部署，始终专注发展定力，努力推进“交通强省”建设。要持续加大交通建设力度，全力推进交通重点项目建设。要大力推进农村公路改善提升、提升管理服务水平、盘活用好路网资源，高质量建设“四好农村路”。要加快构建现代综合交通运输体系，推动各种运输方式深度融合，打造现代综合交通运输升级版。要持续深化交通运输领域重点改革攻坚，完善治理体系，优化发展环境。要着力强化科技创新引领，积极培育新业态，积蓄发展新动能。要狠抓安全生产，落实责任，排查隐患，加强监管，全力建设平安交通。要不断强化“四个意识”，抓好党风廉政建设，提升业务水平，打造高素质、专业化的干部队伍，为深入实施“三大发展战略”、奋力实现“两个跨越”，建设美丽繁荣和谐四川作出新的更大贡献。

（陈超超）

对标现代化　着力高质量
奋力开启新时代交通强省建设新征程

◎ 四川省交通运输厅党组书记、厅长　汪 洋

省交通运输厅党组书记、厅长汪洋作工作报告

召开2017年全省交通运输工作会议，主要是贯彻中共党的十九大和中央经济工作会议精神，全面落实省第十一次党代会、中共四川省委十一届二次全会、省委经济工作暨全省金融工作会议和全国交通运输工作会议部署，总结2017年及党的十八大以来全省交通运输工作，分析形势，部署今后一个时期特别是2018年交通运输工作。

2017年及过去五年全省交通运输工作

2017年，是全省交通运输抢抓重大机遇、应对重大挑战、经受重大考验、取得重大成果的极不平凡的一年。一年来，在中共四川省委、省政府、交通运输部的坚强领导下，全省交通运输系统以习近平新时代中国特色社会主义思想为指导，认真践行新发展理念，坚持稳中求进工作总基调，持续深化供给侧结构性改革，始终保持专注发展定力，统筹推进稳增长、促改革、调结构、惠民生、防风险等各项工作，推动全省交通运输持续快速转型发展，实现四个“重大突破”和四个“显著提升”。

（一）突出抓项目促投资，“项目年”交通建设取得重大突破

坚持抓大项目、大抓项目，充分发挥多元主体作用，充分调动多个积极性，加快续建一批，加紧开工一批，加力储备一批，全年公路水路建设完成投资1 499亿元，再创历史新高，比上年增长14.4%，连续8年超千亿高位增长。高速公路实现全省21个市州全通达。雅康高速雅泸段等7个项目（路段）301公里建成通车，全省高速公路通车总里程达6 820公里，甘孜州藏区结束不通高速公路的历史。成都至宜宾等12个项目、1 396公里开工建设，总投资2 391亿元，年度新开工项目里程和投资规模均创历史之最。宜攀高速公路单体投资（886亿元）创全国各省（自治区、直辖市）之最。全省高速公路建成和在建总里程达9 785公里。普通国省干线公路建设成就超级工程。世界海拔最高的特长公路隧道国道317线雀儿山隧道建成通车，打通川藏北线的最大瓶颈，中央电视台以“超级工程”向世界展示。新（改）建普通国省干线公路1 996公里，实施大中修工程1 537公里。国省干线公路服务保障水平持续提升。水运建设积极推进。岷江港航电犍为枢纽实现右岸截流，龙溪口等4个航电枢纽开工建设。嘉陵江亭子口枢纽以下达到四级航道标准。枢纽建设加快实施。综合客运枢纽建成和在建项目达39个，覆盖90%的高铁站。纳入部规划的9个货运枢纽（物流园区）已建成3个，其余6个全部开工建设。

（二）突出抓扶贫补短板，交通精准脱贫取得重大突破

坚持以人民为中心的发展思想，聚焦“四大片区”

特别是藏区、彝区深度贫困县，锁定通乡畅村“两个100%”目标和年度脱贫任务，坚持早谋划、早布置、早启动，强化资金倾斜，强化技术帮扶，强化督导推进，全力办好脱贫攻坚“头等大事”。脱贫基础更加牢固。全省新改建农村公路2.7万公里，新增71个乡（镇）通油路、2 547个建制村通硬化路，乡镇和建制村通畅率达99%和97%。新增3 820个建制村通客车，全省乡镇和建制村通客车率达97%和83%。年度计划脱贫摘帽的16个县和3 700个建制村实现交通高水平脱贫。内生动力显著增强。旅游路、资源路、产业路建设加快推进，“交通+特色产业”“交通+旅游”扶贫蓬勃发展，《人民日报》、央视《新闻联播》头版头条报道。定点扶贫扎实有效。坚持“面上整体推进”与“点上解决难题”相结合，统筹交通行业力量，定点精准扶贫创造新经验、取得新成效，赢得群众广泛赞誉。中共四川省委省政府授予省交通运输厅“五个一”帮扶力量先进帮扶单位。省交通运输厅定点帮扶沐川县实现高水平脱贫。“四好农村路”（详见《附录》）成果丰硕。坚持党政主导、示范引领，在全省掀起“四好农村路”建设热潮，成功创建全国示范县3个，省政府命名省级示范县14个。圆满完成中共四川省委省政府“民生工程”和交通运输部更贴近“民生实事”目标。新建成渡改桥110座。县乡村三级物流体系不断健全，涌现出平昌“货运班车”、攀枝花“客车附搭与邮政合作”等农村物流发展新模式。

（三）突出抓服务促转型，运输服务提质增效取得重大突破

坚持把物流降本增效、客运转型升级、服务优质高效作为主攻方向，优化供给体系，提高供给质量，推进运输服务高品质发展。货运组织优化整合。出台鼓励多式联运发展专项意见，成都铁路口岸多式联运“一单制”在全国推行。推进无车承运人试点，整合车辆5万辆。成立长江上游航运联盟，建立航运资源共建共享共商平台。全年累计完成公路货运量15.8亿吨、货物周转量1 677亿吨公里，比上年增长8.3%和7.1%；完成水路货物周转量254亿吨公里、集装箱吞吐量93万标箱，比上年增长13.9%、15.9%。道路客运创新转型。出台促进道路客运转型升级实施意见，发展铁路接续接驳客运班线821条，建立全省汽车客运站共享发展联盟。犍为县、涪城区成为全国首批城乡交通运输一体化示范县（区）创建城市。成都、自贡等四市入选全国首批“公交都市”创建城市。网约车管理规范推进。成都共享单车管理经验在全国推广。服务保障品质提升。启动实施“交通+旅游”融合发展专项行动计划，国道318线康定至雅江段等2个“交通+旅游”示范项目加快建设。创建“五好”高速公路9条、全国百佳示范服务区5对、全国优秀服务区22对。认真落实节假日、绿色通道和货车通行费优惠政策，减免高速公路通行费逾70亿元。高速公路实现开具“营改增”电子发票。按照“推进厕所革命，交通绝不掉队”原则，制订推进方案，落实支持政策，全行业新改建厕所210座。

（四）突出抓改革强动力，重点领域改革取得重大突破

坚持问题导向，遵循发展规律，着力破解体制机制障碍，在不断深化改革中强化动力变革。投融资改革创新推进。四川交通投资基金成功设立。创新实施高速公路打捆招商模式，有效推动全省高速公路“一盘棋”协调发展。全年招商成功项目4个、541公里，吸引社会投资1 018亿元。依法确定成南高速公路、成乐高速公路扩容项目投资人，推动总投资540亿元项目落地。综合交通管理体制改革积极推进。省政府成立综合交通运输协调领导小组，组织开展综合交通管理体制改革调研。厅增加地方铁路质量安全监管职责，正式对川南城际等3个地方铁路项目实施监管。行政审批制度改革纵深推进。加大简政放权力度，省市县三级行权事项分别精简78%、43%、31%。服务四川自贸区建设，授权下放许可事项13项。跨省大件运输并联许可走在全国前列，“放管服”改革得到交通运输部肯定。综合执法改革试点推进。攀枝花、宜宾、德阳等市组建成立综合执法机构，有效整合执法力量，交通基层执法能力建设得到加强。

（五）突出抓创新增活力，行业发展新动能显著提升

坚持创新引领、科技支撑、智慧驱动，推动行业新技术、新产业、新业态、新模式蓬勃发展。智慧交通建设收获新成果。建成全省交通运输网上行政审批服务平台，实现“一网通办”。实现交通、公安、旅游信息资源跨行业整合、共享应用。政府网站建设成效显著，政务新媒体影响力不断提升。高速公路ETC用户突破300万。全省224个三级以上客运站实现联网售票。20个市（州）政府所在地城市实现交通“一卡通”全国互联互通。雅西等12条高速公路建成雨雾天气行车诱导系统。双流区创新实施“互联网+养护”，开启智慧公路管理新模式。绿色交通发展取得新进展。出台绿色交通发展指导意见、工作方案和系列技术指南，绿色交通发展顶层设计更加完善。以中央环保督察为契机，污染防治“三大战役”攻坚突破，基本淘汰营运“黄标车”，取缔长江非法码头50座，机动车维修和港口船舶污染防治进一步加强。科技创新引领实现新提升。成功创建“公

路建养技术”“建筑信息模型（BIM）”两个国家级行业研发中心。BIM技术在交通项目设计、施工和抢险救灾中得到广泛应用。仁沐新、天府机场高速等品质工程示范项目建设取得明显成效。编制出台行业标准10项，创历年之最。全年获省部级科技奖9个。

（六）突出抓法治强管理，行业治理能力显著提升

坚持用法治思维和法治方式规范引领行业发展，抓立法保障、抓制度规范、抓规则约束，行业治理体系和治理能力现代化基础更牢。法治政府部门建设持续深化。《四川省农村公路条例》颁布实施，为农村公路发展提供法治保障。《四川省航道条例》提交省人大常委会审议。《四川省机动车驾驶员培训管理办法》修订出台。着力推进文明规范执法，在全国交通运输执法评议考核中迈入前三。全面完成行政处罚、行政检查和涉企收费事项的清理规范及排查整治，取消涉企收费2项，为企业减负776万元。行业管理更加规范。构建行业管理正面清单，116件规范性文件挂网公示。坚持规则先行，完善建设管理规范体系，制订出台项目招商引资、工程招投标、市场信用评价、施工分包管理等制度20项。规范高速公路投资模式选择，鼓励社会资本参与高速公路项目建设运营。规范高速公路管理，“一路四方”联动工作机制实现市（州）全覆盖，全面实现“一路一大队”执法管理和“一片一分队”应急处置。信用体系建设稳步推进。在全国率先出台《四川省高速公路投资人信用管理办法》，强化对所有高速公路项目投资人的全过程信用评价管理。制订《“信用交通省”创建工作实施方案》，建成交通建设和运输市场信用管理系统，覆盖建设单位5 237家、客货运及驾培维修企业8万家。“信用交通・四川”网站上线运行。

（七）突出抓安全促和谐，行业维稳保安能力显著提升

牢固树立安全发展理念，坚守安全红线，落实监管责任，筑牢安全防线，交通运输安全稳定形势持续向好。平安交通基础更实。出台公路水路行业安全生产领域改革发展实施意见，推动安全生产工作系统化、规范化、标准化。深入开展安全隐患大排查大整治，建成安全隐患 “两库一图”。在全国率先出台道路营运驾驶员记分管理办法。创新引进保险机构对营运车辆实施第三方监管。持续深化道路交通安全综合整治，高速公路基本实现违法超限货车“零驶入”，国省干线公路平均超限率有效控制在3%以内。实施水上交通安全监测巡航救助一体化专项工程，推进水上安全监管标准化管理，水上交通死亡人数连续11年控制在个位数。应急抢险迅速有力。成功应对茂县“6・24”叠溪特大山体滑坡、“8・6”石大关山体崩塌、“8・8”九寨沟7.0级地震等重大自然灾害，第一时间圆满完成抢通保通保运任务。制订完善地震危险区应急预案和行业各领域危化品处置应急预案。圆满完成交通战备任务。行业保持和谐稳定。坚持属地管理、“一岗双责”（详见《附录》）、依法处理，一批“老大难”信访问题得到有效解决，集访缠访现象显著减少。开展交通运输危机治理能力研究，出台《全省一、二级汽车客运站反恐怖防范标准》，行业反恐防范能力不断增强。

（八）突出抓党建强保障，行业凝聚力战斗力显著提升

党的建设全面深化。认真落实全面从严治党重大部署，管党治党责任进一步强化。始终把政治建设摆在首位，牢固树立“四个意识”，坚定维护以习近平同志为核心的党中央权威和集中统一领导。坚持以上率下、系统联动，在全行业迅速掀起党的十九大精神学习宣贯热潮。扎实推进“两学一做”学习教育常态化制度化，厅党组作为省直部门唯一代表，在全省推进“两学一做”学习教育常态化制度化工作会议上交流发言。党风廉政建设强力推进。落实“三项整改”回头看和省级正风肃纪专项整改，按照“四种形态”，严肃查处厅直系统违规违纪问题。落实“两为主”、推进“三转”，全面加强纪检干部队伍建设，省纪委在我厅召开省直机关纪检组织和队伍建设现场会，充分肯定交通经验。行业软实力建设硕果累累。省市县三级联动开展交通政风行风建设“五大行动”，年度测评排名明显升位，群众口碑日益良好，社会知晓度和美誉度持续提升。四川交职学院成功申报省优质高职院校立项建设单位，学校杨文浩同学获得第44届世界技能大赛“汽车技术”项目银牌，首批老挝留学生入学，开启国际合作办学新时代。“四川交通技师学院”挂牌成立。四川交通56次登上《人民日报》、央视《新闻联播》等中央主流媒体，向全国讲好交通故事，展示良好形象。文明行业创建、史志年鉴、统战群团等工作佳音频传，老干部、机关后勤等工作有力推进。

党的十八大以来，在中共四川省委省政府的坚强领导和交通运输部的大力支持下，全省交通运输行业团结拼搏、攻坚克难，改革创新、求实奋进，推动实现“蜀道难”到“蜀道通”向“蜀道畅”的跨越转变。全省交通总体发展水平西部领先，迈入大省行列。

过去五年，是交通基础设施跨越发展的五年。投入力度最大。全省公路水路建设投资连续五年超过1 200亿元，连续迈上1 300亿和1 400亿两个台阶，总额达到

6 693亿元，位居全国各省（自治区、直辖市）第一。发展速度最快。新建成高速公路2 486公里，总里程跃居全国第二。新改建农村公路12.3万公里，总里程居全国第一。新建成四级及以上高等级航道531公里，总里程增加一半。解决306个乡镇、1.5万个建制村通硬化路问题，乡镇和建制村通畅率较2012年分别提升6.5和31个百分点。新改建普通国省干线公路10 651公里，基本实现县县通二级（三州三级）及以上公路。建成路侧安保护栏3.2万公里，在全国率先实现国省县乡道临水临崖高差3米及以上路段路侧护栏全覆盖。新建渡改桥829座、溜索改桥77座，整治危病桥713座，结束“溜索时代”，惠及上千万群众。

过去五年，是交通服务水平整体提升的五年。出行更为便捷。乡镇、建制村通客车率较2012年分别提高2.5和7.1个百分点。全省公交车辆、公交营运里程、年客运量分别较2012年底提高23.1%、39.8%、3.7%，覆盖所有市（州）政府所在地城市和93%的县级城市。高速公路ETC从无到有，一年内实现开通运营、全国联网、收费站全覆盖“三大跨越”。货运更加高效。多式联运、甩挂运输、江海直达运输等加快发展，货运车型标准化、经营方式集约化、运输装备低碳化深入推进。五年来，累计完成货运量73.5亿吨、增长16.9%；货车平均吨位达6.3吨，发展新能源和清洁能源营运汽车7.3万辆，分别增长52.3 %、3.1 %。安全更有保障。大力实施道路交通安全综合整治三年攻坚，交通运输安全生产事故年均死亡人数较2012年下降8.5%。应急处置及时高效，经受住“4・20”芦山强烈地震、“7・9”特大洪涝灾害等重大自然灾害考验。

过去五年，是交通治理体系加快完善的五年。一批重点规划陆续出台。牵头制定全省《“十三五”综合交通运输发展规划》，省高网规划、省道网布局规划等30余项规划和专项实施方案出台实施，规划体系科学完善，引领作用充分发挥。一批重要法规颁布实施。先后制修订出台《四川省高速公路条例》《四川省道路运输条例》《四川省农村公路条例》等3部地方性法规和《四川省渡口管理办法》等5部省政府规章，为行业健康快速发展提供坚实的法治保障。一批重大改革持续深化。落实全面深化改革战略部署，以行政审批制度改革为突破口，扎实推进综合交通、公路建设、养护营运、投融资体制、道路运输、行政执法、信息化建设等多方面改革创新，交通运输发展动力活力不断增强。一批创新举措走在前列。项目计划安排“负面名单”管理、PPP（详见《附录》）“组合拳”抓招商、超前推进重点项目前期工作、高速公路通行费与建设质量和营运服务质量挂钩等一批创新举措在全国率先探索实施，创造四川经验、四川模式。

过去五年，是交通科技创新活力迸发的五年。科技研发成果斐然。创建5个行业重点科研基地，组织开展科技研发、成果推广应用项目近150项，获得省部级科技奖55项（次）。建成部级科技示范工程项目1个，新获批并启动项目2个。支撑发展作用显著。依托科研成果编制行业技术标准2项，完成地方标准19项。建成雀儿山隧道、映卧路、巴朗山隧道、理亚路等一批享誉国内外的超级工程和示范工程。智慧交通蓬勃发展。建成运行监测与应急指挥等信息系统23个，助力行业监管和政务服务水平不断提升。干线公路监控监测、“两客一危”（详见《附录》）卫星定位等系统建设全面加快实施，交通基础设施、运输工具等动态感知体系基本建立。信息化统筹建设管理机制有效运行，全省交通信息化建设“三集中”“一张网”“一张图”整合推进。

过去五年，是交通自身跨越发展的五年，更是先行引领作用不断彰显的五年。交通成为四川综合实力提升最显著的标志，成为引领经济强省建设最有力的支撑，成为老百姓得实惠最多的行业。回顾五年来的工作，我们深刻体会到，做好交通运输工作：必须坚持加强党的全面领导，以习近平新时代中国特色社会主义思想为指导，保证交通运输事业始终沿着正确方向前进；必须坚持以人民为中心的发展思想，建设人民满意交通，不断增强人民群众的获得感、幸福感、安全感；必须坚持适应把握引领经济发展新常态，认真践行新发展理念，坚定推进交通运输转型升级、提质增效；必须坚持使市场在资源配置中起决定性作用，更好发挥政府作用，充分激发市场主体活力，充分调动多个积极性；必须坚持问题导向，精准施策，适度超前，先行引领发展；必须坚持弘扬“两路”精神，打造勇担当、善作为的专业队伍，在攻坚克难中开创发展新局面。

总结成绩的同时，我们也要清醒看到，行业发展也还存在不少短板和薄弱环节。突出表现在：综合交通基础设施供给能力不足，转换衔接不畅，发展还不充分；综合运输服务供给质量不高，运输结构不优，物流成本偏高；区域城乡发展不平衡问题突出；行业创新能力不强，关键领域改革还需继续深化，支撑现代化发展能力不足；治理体系亟待完善，还不能满足高质量发展需要等。这些问题，必须高度重视，采取切实措施着力加以研究解决。

奋力开启新时代交通强省建设新征程

党的十九大提出建设交通强国的宏伟目标，这是以习

近平同志为核心的党中央对交通运输工作的充分肯定和殷切期望，也是新时代交通人为之奋斗的新使命。全国交通运输工作会议对开启建设交通强国新征程作出全面部署。省委十一届二次全会决定落实交通强国战略，大力推进交通强省建设。交通运输发展迎来了一个大有可为的历史机遇期。抓住历史机遇、勇担历史使命，我们要放眼世界，对标世界先进发达国家，追赶东部先进发达省份，高起点谋划、高标准研究布局交通强省建设，努力在建设交通强国新征程中先行示范，走在前列。

（一）准确把握新时代新变化，推动高质量发展

当前，全省交通运输发展正处于由高速增长阶段转向高质量发展阶段的重要关口。从发展基础看：历经十多年来的快速发展，投资高位运行，四川省交通基础设施总体规模迈入交通大省行列，运输服务保障能力大幅提升，行业治理体系日臻完善，改革创新能力显著增强，具备由高速增长阶段转向高质量发展阶段的坚实基础。从发展需求看：交通运输发展不平衡不充分的问题仍然十分突出，与经济社会发展和人民日益增长的美好生活需要还有较大差距。大众出行呈现多层次多样化个性化特征，大宗货物运输要求更加经济低碳，小批量、个性化运输需求快速增长，对运输供给的质量和效率提出了更高要求。从发展条件看：交通运输发展面临的土地、资金、环境等刚性约束进一步趋紧，以投资拉动为主的高速增长模式难以长久为继；新技术、新产业、新业态、新模式层出不穷，改革创新的动力正在释放，为交通运输提档升级提供了有利条件。适应新形势新变化，必须牢牢把握推动高质量发展的根本要求，在四个方面重点着力：一要着力推进交通运输质量变革、效率变革、动力变革。坚持质量第一、效益优先、创新引领、改革驱动，大力推动质量变革，实现四川交通由高速发展向高质量发展转型，由规模总量领先向全要素综合实力领先跨越，交通现代化发展水平由“跟跑”“并跑”向“领跑”转变；大力推动效率变革，着力提升全要素生产率，提高运输链综合效率；大力推动动力变革，着力深化改革添活力、创新驱动增动能、扩大开放拓空间，不断增强交通运输创新力和竞争力。二要着力服务人民、服务大局、服务基层。在服务人民中彰显交通生命力，在服务经济社会发展大局中找准位置、抓住机遇、推动发展，在服务基层中强基固本、行稳致远。三要着力建设人民满意交通。着力解决人民群众最关心最直接最现实的交通问题，全方位满足人民群众多样化、多层次、多方面的交通运输需求，不断增强人民群众的获得感、幸福感、安全感。四要着力建设现代化交通。坚持智慧化、绿色化、品质化、融合化、全球化发展，打造开放融合、共治共享、绿色智慧、文明守信的现代化交通运输体系。

（二）准确把握现代化发展新要求，高标准构建交通强省战略体系

对标建设现代化经济体系新要求，既要立足交通，又要跳出交通，准确把握交通强省的基本内涵。首先，要“自身强”，实现交通运输规模数量大、质量效率高、科技创新强、行业治理优，综合实力走在全国前列，达到国际一流。其次，要“引领强”，交通运输战略性、引领性、基础性、服务性功能得到充分发挥，全面适应并适度超前引领经济社会发展。最终，要“惠民强”，满足人民日益增长的美好生活需要，支撑全体人民实现共同富裕，使人民对交通的获得感更加充实、幸福感更可持续、安全感更有保障。

围绕“自身强、引领强、惠民强”要求，立足四川基本省情和发展实际，重点是要高标准打造“八大体系”：一要打造高质量的基础设施体系。统筹铁路、公路、水运、航空、邮政、物流等基础设施建设，构建“八射三联三枢纽”综合运输主骨架、立体互联的城际综合交通网、广覆盖的城乡基础交通网，建设适应新型运载工具的新一代基础设施，强化基础设施维护与改造升级，加快建立布局完善、互联互通、技术先进、耐久可靠的综合立体交通基础设施网络体系。二要打造高品质的运输服务体系。加快城乡交通一体化发展，提升运输服务均等化、便捷化水平；优化客运产品供给结构，推动旅客联程运输发展，提升客运服务品质，增加个性化、定制化等客运服务供给；构建与现代化经济体系相适应的现代物流运输供应链，推动交通物流“降本增效”，加快建立安全便捷、优质高效、智慧低碳、一体畅联的运输服务体系。三要打造高效率的现代治理体系。坚持使市场在资源配置中起决定性作用，更好发挥政府作用，构建统一开放、竞争有序的交通运输市场体系、完备的交通法规标准体系、先进的交通文化体系，加快建立政府、市场、社会等多方共建共治共享的现代治理体系。四要打造高水平的创新发展体系。坚持把创新摆在发展全局的核心位置，强化前瞻性基础研究，突出关键共性技术、颠覆性技术、现代工程技术创新，推动以信息技术为代表的先进技术在交通运输领域应用，加快建立以科技创新为引领、以智慧交通为主攻方向、以人才为支撑的创新发展体系。五要打造高标准的安全保障体系。树立安全发展理念，弘扬安全至上、生命第一的思想，推进交通运输领域安全生产改革发展，提升交通安全生产基础保障能力；健全应急管理体制机制，加强应急救援力量，提升交通应急保障能力，加快建立有效维护行业安全运行，有效支撑国家安全和社会稳定的安全发展体系。六要打造高和谐的绿色交通体系。践行“绿水青山就是金山银山”的理念，优化调整综合交通运输结构，加快绿色交通新理念新技术新能源应用，

推进交通节能减排和污染防治，加快建立与自然环境高度协调、和谐共处的绿色交通体系。七要打造高层次的开放合作体系。深度融入“一带一路”建设、长江经济带发展等国家战略，积极对接国家“十纵十横”综合运输大通道，整体提升对外互联互通水平，更高层次提升四川对外开放区位优势；坚持引进来和走出去并重，统筹国际国内两个市场，大力推进交通运输产能、技术装备、服务和专业人才“走出去”，培育一批富有国际竞争力的龙头企业，加快建立互联互通、互利共赢的开放合作体系。八要打造高融合的交通产业体系。顺应产业跨界融合的新趋势，推动交通与制造业、农业、旅游业、商贸业、信息业等关联产业深度融合，拓展“交通+”产业体系；大力发展通道经济、枢纽经济、临港经济，推动交通军民融合发展，加快建立深度融合、良性互动的交通产业体系。

（三）准确把握“两步走”战略新部署，打好综合交通三年攻坚战

按照“两个一百年”奋斗目标和交通强国建设“两步走”战略部署，结合治蜀兴川、建设经济强省战略安排，建设交通强省分两阶段实施：从2020年到2035年，奋斗十五年，基本实现交通运输现代化，基础设施、运输服务、技术装备、行业治理进入全国先进行列，实现由“蜀道通”到“蜀道畅”的跨越；从2035年到本世纪中叶，再奋斗十五年，全面建成现代化交通强省，交通综合实力、创新能力、治理能力、可持续发展能力、国际竞争力达到国内前列、世界先进，实现由“蜀道畅”到“全面强”的跨越。

“十三五”的未来三年，是综合交通运输发展的黄金时期。全省交通运输要适应新时代、聚焦新目标、落实新部署、抢抓新机遇，着力完善交通基础设施网络，全面巩固提升四川交通大省地位，为2020年全面建成小康社会，高质量建设交通强省打下更坚实的基础。经中共四川省委、省政府同意，2018年将启动实施全省综合交通三年攻坚会战。总体考虑，按照综合交通“规划一张网、建设一盘棋、管理一体化”的思路，围绕“八射三联三枢纽”加快建设大通道、大枢纽、大网络，集中力量攻坚推进一批铁路、公路、水运、航空、轨道交通等重大交通项目。到2020年，力争基本建成“互联贯通、功能完备、无缝对接、安全高效”的现代综合交通运输体系。具体到公路水路建设，重点实施“五个强力推动”：一是强力推动高速公路加密度。进一步加快进出川大通道、长江经济带综合立体交通走廊、深度贫困地区脱贫大通道、城市群城际大通道等高速公路项目建设，积极推进高速公路拥挤路段扩容改造，提高骨干运输通道通行服务保障能力。到2020年，全省高速公路通车总里程超过8 500公里，建成和在建总里程达到1.1万公里。二是强力推动干线公路上档次。紧紧围绕普通国省干线公路提档升级，以深度贫困地区为重点，加快推进县域出口公路、城际快速公路建设和瓶颈路段改造升级，逐步消除“断头路”和“瓶颈路”，努力增强普通国省道在重要城镇的过境能力，增强服务运输大通道集散功能，进一步提升县域间、高速公路与普通国道间互联互通水平。力争三年新（改）建国省干线公路9 000公里。到2020年，全省普通国道二级（三州三级）及以上比重达到95%。三是强力推动农村公路广覆盖。全面推进“四好农村路”建设，加快实施彝区藏区剩余乡镇通油路、建制村通硬化路建设，确保2019年提前实现通乡畅村“两个100%”兜底性目标。稳步推进人口集聚的撤并建制村通硬化路建设，实施深度贫困地区破损通乡油路维修整治。加快推动旅游路、资源路和产业路建设，着力实施村道加宽等村道改善工程。继续推进农村公路桥梁建设和渡口改桥工程，加强村道安保工程建设。支持有条件的地区推进通村联网和通组道路建设。加强农村公路管理养护，促进农村公路建管养运协调发展。四是强力推动内河航道破瓶颈。着力提升长江四川段黄金水道功能，加快岷江、嘉陵江川境段等高等级航道达标升级。加快广元港和乐山港重点作业区建设。完善港口集疏运体系，解决最后一公里问题。到2020年，全省四级及以上高等级航道总里程突破1 600公里，港口吞吐能力突破1.5亿吨，集装箱吞吐能力突破300万标箱。五是强力推动枢纽建设成体系。统筹综合运输通道布局，优化完善综合交通枢纽城市空间布局，打造成都国际性综合交通枢纽、泸州—宜宾及攀枝花全国性综合交通枢纽和一批区域综合交通枢纽。深入实施道路客运枢纽全覆盖工程，大力发展集多种运输方式于一体的综合客运枢纽。积极引导货运站场向物流园区转型升级，支持建设一批功能完善、服务高效的物流园区。到2020年，实现21个市（州）综合客、货运枢纽全覆盖，所有营运高铁站和民航机场均建有与之衔接的道路客运枢纽。

（该文为省交通运输厅党组书记、厅长汪洋在2018年1月18日召开的全省交通运输工作会议上的讲话摘要）

概况

GAI KUANG

2018

四川交通年鉴

四川概况

SICHUAN GAIKUANG

区　位　**地理区位**　四川简称“川”或“蜀”，地理位置东经97° 21＇~108° 31＇，北纬26° 03＇~34° 19＇，东西长1 075公里，南北宽921公里，东邻重庆，南连贵州、云南，西靠西藏，北接陕西、青海、甘肃。辖区面积48.5万平方公里，占全国土地总面积的5.05%，居新疆、西藏、青海、内蒙古之后，列全国第五位。四川以其独特的地理环境、丰富的自然资源以及开发较早的农耕经济而享有“天府之国”的美誉。

经济区位　四川四面环山，气候多样，资源和物产富足，历来是中国西部地区具有重要经济地位的省份。四川虽然存在不沿边、不靠海的先天不足，但亦有其独特条件和巨大潜力：从地理位置来看，四川作为西部10个省（自治区、直辖市）之一，与除新疆、宁夏外的其他7个省（自治区、直辖市）接壤，是中国西部地区人流、物流、信息流的重要通衢，是云、贵、藏、青、甘等省（自治区）经济发展的重要依托，是西南、西北和中部地区的重要连接点;从区域市场来看，四川是西部特别是西南地区各种经济要素和商品的重要集散地;从交通条件来看，四川是承接华南、华中，连接西南、西北，沟通中亚、东南亚的重要交汇点和交通走廊。四川特有的区位优势，使四川有条件成为辐射国内市场和“一带一路”国际经济格局的西部经济高地。

地貌特征　四川境内有青藏高原、云贵高原、横断山脉、秦巴山地和四川盆地五大地貌单元，地势西高东低，高差悬殊。以龙门山、邛崃山和大凉山主脊线为界，四川地貌可分为两大区域:东部是盆地，西部是大幅隆起的高原和山地。东部盆地周边山地海拔1 000~3 000米，盆底海拔200~750米，属中国地势划分的第二阶梯上相对凹陷部分；西部山地海拔多在4 000米以上，属中国地势划分的第一阶梯。四川山脉连绵，江河纵横。其盆地东南缘，长江两岸海拔在250米左右，西部的贡嘎山海拔为7 556米，高差超过7 300米。

地貌类型复杂多样是四川地貌的另一大特征。平原、丘陵、山地和高原4种内陆地貌类型齐全。平原分布于盆地西部及河流两岸；丘陵分布于盆地中部及盆东平行岭谷底部；山地主要分布于凉山州、甘孜州、阿坝州的东南部，高原分布于川西北的甘孜州和阿坝州境内。

气候特征　四川地处亚热带地区，东、西部地貌差异显著，气候复杂多样，尤以气候垂直特征明显，为中国气候带最多的省区之一。其中，川西高山峡谷地区以亚热带为基带，从下至上依次呈现暖温带、温带、寒温带和永冻带气候特征。这种复杂多样的气候为四川立体农业的发展提供了得天独厚的优越条件。

四川气温差异显著。根据热量、降水、日照的差异，大致可分为东部盆地、川西高原和川西南山地三大区域。东部盆地年平均气温在14℃~19℃之间，春季气温回暖早，夏季长但少酷热，秋季低温来得早，冬季温暖而少霜雪;川西高原地区年平均气温低于8℃，气候垂直变化明显，气温低，多霜雪，雨量小，日照丰富；川西南山地谷地年平均气温在15℃~20℃之间，山地年平均气温在5℃~15℃之间，冬暖夏凉，四季不分明。

资　源　**土地资源**　四川总面积48.5万平方公里，全省陆地总面积4 840.6万公顷，其中耕地面积397.61万公顷。

四川土壤类型丰富，垂直分布特征明显。平原、丘陵主要为水稻土、冲击土、紫色土等，是农作物的主要产区。高原、山地依海拔高度分别分布不同土壤，其中多数有利于不同作物的生长。占比重较大的紫色土富含钾、磷、钙、镁、铁、锰等元素，土质风化度低、土壤发育浅、肥力高，极利于农业生产。四川湿地资源极其丰富，主要类型有河流湿地、湖泊湿地、沼泽和沼泽化草甸湿地及库塘四大类。九寨沟高山湖泊群湿地、若尔盖高原泥炭地、黄龙钙化湿地群、泸沽湖湿地等湿地景观闻名全球。

水资源 四川大部分地区位于亚热带季风气候区，雨量充沛，河流水系发育良好，地表水、地下水和重复水储量巨大，其中以河川径流量最为丰富。境内流域面积50平方公里及以上河流共有2 816条，号称“千河之省”。水资源总量约2 616亿立方米（其中地下水资源量616亿立方米），为长江径流三大补给区之一。其中，岷江年径流量900立方米，为长江各大支流之冠。四川充足的水资源所蕴藏的水能，占全国四分之一。

嘉陵江航道 屠小宁 摄

生物资源 四川复杂的地形结构、气候类型和充裕的雨水为多种生物的生长繁衍提供了良好的自然条件，成为连缀华中、西南和青藏高原三大动植物区的走廊地带，古今动植物同存，数量种类繁多，素有“中国植物缩影”和“物种富乡”之誉，为全球25个生物多样性热点地区之一。仅高级植物就有1万余种，占中国植物总类的三分之一，居全国第二位，其中国家重点保护植物达63种。四川还是药用植物的主要产地和油料植物的生产基地，经济林木的栽培历史悠久。四川境内的野生动物种类占全国的46.4%，居全国第二位。其中有脊椎动物近1 300余种，占全国的45%以上。全省有国家一级保护动物32种、二级保护动物113种，分别占全国的34.3%和40.1% 。举世闻名、被誉为“国宝”的大熊猫就主要生活在四川。四川毛皮用动物和药用动物种类繁多。全省雉类资源亦极为丰富，雉科鸟类达20种，占全国雉科总数的40%，其中有许多珍稀濒危雉类，如雉鹑、四川山鹧鸪、绿尾虹雉等。近年来，四川省境内新记录鸟类19种。

矿产资源 四川地质构造复杂，地层发育完整，成矿条件有利，是中国少数矿藏资源极为丰富的省份之一。全省矿产种类齐全，储量丰富，已查明资源储量的矿种、矿区分别为101种和1 906处，其中有43种矿产的保有资源储量位居全国前5位。全省矿产资源分布相对集中，区域特征明显，地域组合较好，伴生矿种多，易于开采冶炼，为西部乃至全国的矿物原材料生产和加工大省。

旅游资源 四川拥有秀美的山川和独特的人文景观，是中国旅游资源种类繁多、门类齐全的省区之一。有世界自然与文化遗产5处，其中自然遗产3处（九寨沟、黄龙、四川大熊猫栖息地），自然和文化双重遗产1处（峨眉山—乐山大佛），文化遗产1处（青城山—都江堰）。列入联合国“世界生物圈保护区”的有4处（九寨沟、卧龙、黄龙、稻城亚丁）。国家级风景名胜区14处，省级风景名胜区75处，A级旅游景区255个，中国优秀旅游城市21座，自然保护区169个，其中，国家级自然保护区30个。卧龙、蜂桶寨、喇叭河、草坡、鞍子河、黑水河6个大熊猫自然保护区作为大熊猫世界自

稻城亚丁洛绒牛场 吕玲珑 摄

然遗产地最精华区域进入《世界自然遗产名录》。森林公园126处，其中，国家级森林公园37处。已发现地质遗迹220余处，有兴文和自贡2处世界级地质公园，国家级地质公园16处，其数量居全国前列。国家级历史文化名城8座，全国重点文物保护单位230处，省级文物保护单位969处。

人口民族宗教 四川是中国人口大省。据2017年全国人口变动情况抽样调查资料测算，全年出生人口93.0万人，人口出生率11.26‰；死亡人口58.0万人，人口死亡率7.03‰；人口自然增长率4.23‰。年末常住人口8 302.0万人，比上年末增加40.0万人。其中，城镇人口4 217.0万人，乡村人口4 085.0万人，城镇化率50.79%，比上年提高1.58个百分点。由于经济发展水平和自然条件原因，人口分布呈东多西少特征。

四川民族众多。除汉族外，还有55个少数民族，其中世居少数民族有彝、藏、羌、苗、回、土家、纳西等14个。四川拥有中国最大的彝族聚居区、第二大藏族聚居区、唯一的羌族聚居区，为全国第五大少数民族聚居的省份。

四川有佛教、道教、伊斯兰教、天主教、基督教5种宗教。佛教、道教分布较广；川西高原上的甘孜州、阿坝州和凉山州木里县是藏族聚居地，居民信仰藏传佛教；信仰伊斯兰教的回族群众主要分布在川西北和川西南的阿坝州、凉山州等地区；天主教、基督教的信众多分布在长江沿线的大中城市及农村。

历史沿革 四川是中国古人类文化发源地之一，也是中国经济开发较早的地区之一。旧石器时代晚期，中国境内最早原始人类之一的资阳人就生活在四川，并使用旧石器从事生产。古史传说的“蚕丛时代”即指四川古人类以养蚕著称的时代，“蜀”之得名亦与之有关。从新石器时代晚期到青铜器时代，两个较大的奴隶制国家——巴国和蜀国的人民就在今四川盆地东部和西部辛勤垦殖，创造了灿烂的“巴蜀文化”。20世纪80年代后期，广汉三星堆、新津宝墩、都江堰芒城、郫县古城、温江鱼凫城、成都金沙等一系列考古发掘证实，早在距今4800—4000年左右的成都平原，已逐渐形成分布密集、规模庞大的古城群。

公元前316年，秦灭巴、蜀，分置巴郡和蜀郡。从此，今四川地区进入中央王朝直接统治之下。战国秦昭王时，蜀守李冰父子兴建都江堰，灌溉成都平原，农业迅速发展，四川至今仍受其惠。秦末，刘邦以巴蜀为战略后方，出兵关中，建立汉朝。汉武帝元封五年（公元前106年），以今四川地域为中心，置益州，故四川又有“益州”之称。两汉时期，四川经济进一步发展，文翁兴学，开创西汉一代官学制度；牛耕、铁农具普遍使用，蜀酒已有特色；工矿业、手工业、商业相当发达。成都与洛阳、邯郸、临淄、宛城同为五都之一，世称“西都”。221年，刘备建立蜀汉政权，定都成都。263年，蜀汉为魏所灭。此后，四川先后成为两晋南北朝的统治区。在此期间，四川因多次卷入战祸，经济曾一度衰落，但其所受战乱较北方为轻，加之其间先后出现过几个较为安定的时期，故时有“天下多乱，惟蜀得免”之说，不断有人入蜀避乱，并带来技术和资财，为四川经济的再次发展提供了有利条件。隋炀帝大业三年（607年），废州置郡，实行郡县二级制，设蜀、巴等24郡。唐代实行道、州（府）、县三级制，今四川地区属剑南东、西两道和山南西道，故有“剑南三州”之称。其时四川经济进入再次发展的高潮，成都平原成为全国最发达的地区之一，时称“扬一益二”。907年，王建建立前蜀；934年，孟知祥建立后蜀。965年，北宋灭蜀。真宗咸平四年（1001年），分今四川地区为益州路（后改成都府路）、梓州路（后改为潼川府路）、利州路和夔州路，总称“川峡四路”，简称“四川路”，“四川”之名即由此而得。宋代是四川经济文化又一个大发展时期，确立都江堰岁修制度并沿袭至今，设置“茶马司”以茶易马，其蜀锦、麻纸、印刷和刻书均居当时先进行列，深井钻凿技术更是领先世界，交通运输和商业也较发达，世界上最早的纸币——交子始现成都，成都地位仅次于汴京和临安，被誉为“名都乐园”。元朝在各地置行中书省。至元二十三年（1286年），合并川峡四路置“四川等处行中书省”，简称“四川行省”，此为四川建省之始。1362年，红巾军将领明玉珍在川称帝，国号大夏。1371年，明军灭大夏，统一四川。明末农民起义军首领张献忠由湖广溯江而上，第五次入川，在成都建立大西政权。1659年，清军入川，四川归于清王朝版图。清王朝对四川采取一系列休生养民政策，使四川经济得以迅速恢复并发展，其中“湖广填四川”和“改土归流”政策影响尤为深远。其时红苕、玉米等新型粮食作物普遍种植，烟叶、蚕丝业继续发展，糖、酒业逐步兴盛，特别是以自贡为中心的盐场具有相当规模。

民国初年，四川出现长达近20年的军阀混战局面。第二次国内革命战争期间，中共四川省委先后组织领导20次武装起义。1932年，红四方面军主力入川，建立川陕革命根据地。抗日战争时期，四川成为抗日大后方和中国抗日的兵源、财源、粮食和物资基地。1949年12月，四川解放。1950年，四川划分为川西、川东、川北、川南4个行署和重庆市、西康省。1952年，四川恢复省制，重庆由直辖市改为省辖市。1955年，西康省撤销，金沙江以东各县并入四川。1997年，重庆又改设为直辖市。至2017年，四川省共有地级行政区划21个，其中副省级市1个、地级市17个、民族自治州3个；有县级

行政区划183个，其中市辖区52个、县级市17个、县110个、民族自治县4个。

经济建设 四川经济开发较早，历史上就以畜牧农耕、凿井煮盐、养蚕织锦著称。近年来，四川遭受了“5·12”汶川特大地震、“4·20”芦山强烈地震以及特大山洪泥石流等重大自然灾害，又经历了国际金融危机和国内经济下行，面对复杂的经济形势、多重矛盾交织、自然灾害频发的严峻考验，中共四川省委、省政府带领全省人民深入学习贯彻习近平新时代中国特色社会主义思想，认真落实习近平总书记对四川工作重要指示精神，贯彻省委决策部署，沉着应对多重困难挑战，牢牢把握稳中求进工作总基调，始终保持专注发展转型发展战略定力，统筹做好稳增长、促改革、调结构、惠民生、防风险各项工作，经济社会发展取得了新成绩，“两个跨越”向前迈出了一大步。2017年，全省实现地区生产总值36 980.5亿元，比上年增长8.1%。全年地方一般公共预算收入3 579.8亿元，比上年增长9.5%，其中税收收入2 430.0亿元，增长10.7%。一般公共预算支出8 686.1亿元，增长10.8%。完成全社会固定资产投资32 097.3亿元，增长10.2%。社会消费品零售总额17 480.5亿元，增长12.0%。粮食产量3 498.4万吨，增长0.4%。城镇居民人均可支配收入30 727元，增长8.4%；农村居民人均可支配收入12 227元，增长9.1%；居民消费价格上涨1.4%。

四川工业门类齐全，发电量、天然气等产品产量均居西部各省（自治区、直辖市）第一位，机械、电子等行业在全国占有重要地位。近年来，结构调整和产业发展取得重要进展，投资消费持续扩大。2017年，全省全部工业增加值11 517.3亿元，比上年增长8.3%，对经济增长的贡献率为37.5%。年末规模以上工业企业14 144户。全年规模以上工业增加值增长8.5%。在规模以上工业中，轻工业增加值比上年增长9.3%，重工业增加值增长8.0%。规模以上工业41个行业大类中有34个行业增加值增长。其中，电力、热力生产和供应业增加值比上年增长10.2%，酒、饮料和精制茶制造业增长13.7%，非金属矿物制品业增长6.1%，汽车制造业增长12.1%，农副食品加工业增长7.8%，化学原料和化学制品制造业增长4.1%，计算机、通信和其他电子设备制造业增长19.2%，石油和天然气开采业增长16.0%，医药制造业增长13.0%。全年规模以上工业企业实现主营业务收入42 423.4亿元，增长14.2%，盈亏相抵后实现利润总额2 610.6亿元，增长29.0%。其中，国有控股工业企业实现利润717.8亿元，增长73.1%；股份制企业2 177.4亿元，增长32.1%；外商及港澳台投资企业357.1亿元，增长18.3%。

四川现代农牧业发展显现成效。2017年，粮食作物播种面积644.1万公顷，比上年下降0.2%；油料作物播种面积133.7万公顷，增长2.3%；中草药材播种面积13.3万公顷，增长14.2%；蔬菜播种面积140.6万公顷，增长1.9%。粮食产量3 498.4万吨，比上年增长0.4%，其中小春粮食产量下降0.4%；大春粮食产量增长0.6%。经济作物中，油料产量323.5万吨，增长3.9%；烟叶产量20.2万吨，下降7.5%；蔬菜及食用菌产量4 523.0万吨，增长3.1%；茶叶产量28.3万吨，增长5.7%；园林水果产量895.0万吨，增长5.2%；中草药材产量51.2万吨，增长11.3%。全年肉猪出栏6 579.1万头，比上年下降5.0%；牛出栏267.3万头，下降0.5%；羊出栏1 780.4万只，增长1.4%；家禽出栏65 259.8万只，增长3.7%。禽蛋产量下降2.4%，牛奶产量增长1.5%。完成荒山荒（沙）地造林54.6万公顷。年末实有森林管护面积1 769.9万公顷。全省共有湿地公园64个，其中国家湿地公园29个。年末森林覆盖率38.03%，提高1.15个百分点。全年水产养殖面积22.0万公顷，增长2.4%；水产品产量154.4万吨，增长6.2%。全年新增农田有效灌溉面积7.1万公顷，年末有效灌溉面积287.6万公顷。全年新增综合治理水土流失面积47.7万公顷，累计945.7万公顷。年末农业机械总动力4 530.0万千瓦，新增80.0万千瓦。全年农村用电量189.4亿千瓦小时，增长3.4%。

四川是西部最大的市场和物资集散中心，商业机构门类齐、网点覆盖面广，为全国贸易大省。2017年，

宜宾港志城作业区 厅航务局 供稿

全省社会消费品零售总额17 480.0亿元，比上年增长12.0%，其中，商品零售额14 992.7亿元，增长12.0%。从限额以上企业（单位）主要商品零售额看，粮油、食品、饮料、烟酒类增长16.3%，服装、鞋帽、针纺织品类增长16.5%，日用品类增长19.5%，化妆品类增长16.6%，金银珠宝类增长15.4%，家用电器和音像器材类增长18.4%，中西药品类增长11.0%，家具类增长15.1%，建筑及装潢材料类增长10.5%，汽车类增长6.9%，石油及制品类增长10.6%。

建设中的雅康高速公路泸定大渡河兴康特大桥　　陈 龙 摄

四川招商引资和经贸合作取得重大成果，承接产业转移规模与质量明显提升，电子信息、汽车制造、油气化工等产业快速崛起。有效投资持续扩大，“项目年”扎实推进，基础设施项目投资增长17.2%，产业项目投资增长14.1%。民间投资增长7.7%。全年实际利用外资586.0亿元，比上年增长5.6%。新批外商直接投资企业579家，累计批准11 701家。外商投资实际到位资金561.0亿元，增长7.5%。落户四川的境外世界500强企业235家。年末驻川外国领事机构17家。全年对外承包工程新签合同金额79.2亿美元，比上年增长13.1%，完成营业额39.3亿美元，下降12.1%。新增境外投资企业95家，境外投资企业累计961家。全年在履约的国内省外投资项目9 357个（含往年结转项目），实际到位国内省外资金9 977.0亿元，增长3.8%。全年进出口总额4 605.9亿元，比上年增长41.2%。其中，出口额2 538.5亿元，增长37.4%；进口额2 067.4亿元，增长46.2%。全年以加工贸易方式进出口2 588.0亿元，增长43.5%，占全省进出口总额的56.2%；以一般贸易方式进出口1 397.2亿元，增长28.8%，占全省进出口总额的30.3%。

四川立足省情，积极推进旅游产业由资源优势向经济优势的转变，并将其作为支柱产业之一予以重点培育，提出发展大旅游、建设旅游经济强省的目标，制订一系列促进旅游业加快发展的政策措施，推动旅游业较快发展。2017年接待国内游客6.7亿人次，比上年增长6.2%。成功举办联合国世界旅游组织第22届大会，克服九寨沟地震影响，国内旅游收入8 825.4亿元，增长16.1%。接待入境游客336.2万人次，增长9.9%；实现旅游外汇收入14.5亿美元，增长16.7%。全省旅行社组织出境游客总人数为167.1万人，下降9.0%。全年实现旅游总收入8 923.1亿元，增长16.1%。

四川作为西部综合交通枢纽主体骨架地位正在形成。2017年，四川大力推进出川通道和交通枢纽建设。全年公路水路建设完成投资1 499亿元，再创历史新高，比上年增长14.4%，连续8年超千亿高位增长。高速公路实现市（州）全通达。雅康高速雅泸段等7个项目（路段）、301公里建成通车，全省高速公路通车总里程达到6 820公里，甘孜藏区结束了不通高速的历史。成都至宜宾等12个项目、1 396公里开工建设，总投资2 391亿元，全省高速公路建成和在建总里程达到9 785公里。世界海拔最高的特长公路隧道国道317线雀儿山隧道建成通车，打通了川藏北线的最大瓶颈，央视以“超级工程”向世界展示。新（改）建普通国省干线公路1 996公里，实施大中修工程1 537公里。岷江港航电犍为枢纽实现右岸截流，龙溪口等4个航电枢纽开工建设。嘉陵江亭子口枢纽以下达到四级航道标准。综合客运枢纽建成和在建项目达到39个，覆盖90%的高铁站。纳入部规划的9个货运枢纽（物流园区）已建成3个，其余6个全部开工建设。成都铁路口岸多式联运“一单制”在全国推行。推进无车承运人试点，整合车辆5万辆。成立长江上游航运联盟，建立航运资源共建共享共商平台。全年累计完成公路货运量15.8亿吨、货物周转量1 677亿吨公里，比上年增长8.3%和7.1%；完成水路货物周转量254亿吨公里、集装箱吞吐量93万标箱，比上年增长13.9%、15.9%。出台促进道路客运转型升级实施意见，发展铁路接续接驳客运班线821条，建立全省汽车客运站共享发展联盟。犍为县、涪城区成为全国首批城乡交通运输一体化示范县（区）创建城市。成都、自贡等四市入选全国首批“公交都市”创建城市。网约车管理规

范推进。成都共享单车管理经验在全国推广。启动实施“交通+旅游”融合发展专项行动计划，国道318线康定至雅江段等2个“交通+旅游”示范项目加快建设。创建“五好”高速公路9条、全国百佳示范服务区5对、全国优秀服务区22对。

四川形成以微波、光纤、卫星、程控电话、无线寻呼、图文传真等组成的现代通信体系，实现县以上城市电话自动化，市（州）以上城市交换程控化，省到市（州）通讯传输数字化。2017年四川邮电业务总量1 510.0亿元，比上年增长65.6%。其中，邮政业务总量269.3亿元，增长35.3%；电信业务总量1 240.7亿元，增长74.0%。年末拥有局用交换机容量（含接入网）713.9万门；移动电话交换机容量16 388.3万户。年末固定电话用户1 636.0万户，移动电话用户7 693 .6万户。固定电话普及率19.8部/百人，移动电话普及率93.1部/百人。固定互联网用户2 167.5万户，移动互联网用户6 898.5万户，长途光缆线路长度6.8万公里，本地网中继光缆线路长度77.5万公里。

科技文化教育 2017年，在川国家级重点实验室13个，省部级重点实验室197个，国家级工程技术研究中心16个，省级工程技术研究中心185个。全省有中国科学院院士24人，中国工程院院士36人。全省全年共申请专利167 484件，获得授权专利64 006件，其中申请发明专利64 642件，获得授权的发明专利11 367件。行政机关立案处理专利案件2 981件，审理结案2 960件，结案率99.3%。新增实施专利项目12 876项。有高新技术企业3 571家，国家级高新技术产业开发区8个、省级高新技术产业园区6个，国家级农业科技园区9个，国家级科技企业孵化器29个、省级科技企业孵化器96个，国家级大学科技园5个、省级大学科技园10个，国家级众创空间66个（其中专业化示范众创空间2个）、省级众创空间53个，国家级星创天地71个，国家级国际科技合作基地20个，省级国际科技合作基地48个。全年共登记技术合同12 853项，成交金额419.7亿元。完成省级科技成果登记3 329项。

悠久的历史赋予四川兼容并蓄、追求和谐的文化传统，光灿夺目的古蜀文明为四川社会主义先进文化建设积淀了丰厚底蕴。2017年，全省有文化系统内艺术表演团体51个，艺术表演场馆45个，公共图书馆204个，文化馆207个，美术馆40个，文化站4 578个。国家级文化和科技融合示范基地2个，国家级文化产业示范基地15个，省级文化产业示范园区11个，省级文化产业试验园区5个，省级文化产业示范基地59个。有博物馆252个，文物保护管理机构175个，全国重点文物保护单位230处、省级文物保护单位969处，市、县级文物保护单位6 565处。国家级非物质文化遗产名录139项、省级非物质文化遗产名录522项。有广播电视台166座、中短波发射台和转播台36座。广播综合覆盖率97.4%，电视综合覆盖率98.5%。有线电视用户1 029万户。全年出版地方报纸132种，出版量14.0亿份；出版期刊352种，出版量5 261.7万册；出版图书13 621种，出版量30 836万册；出版音像制品116种，电子出版物220种。纳入统计的档案馆243个，其中国家综合档案馆204个。国家综合档案馆全年向社会开放各类档案625.1万卷、179.7万件。

四川已形成初等教育、中等教育、高等教育相互衔接，普通教育、职业教育、成人教育协调发展的教育体系。2017年，全省有各级各类学校2.4万所，在校生1 546.0万人，教职工107.8万人，其中专任教师88.8万人。有小学5 721所，招生91.1万人，在校生551.8万人；初中3 722所，招生87.1万人，在校生249.1万人；普通高中754所，招生46.5万人，在校生141.3万人；特殊教育127所，招生2 650人，在校生1.5万人；中等职业教育学校520所，招生39.6万人，在校生97.4万人。职业技术培训机构4 486个，职业技术培训注册学员264.3万人次。有普通高校109所。普通本（专）科招生46.1万人，增长4.9%；在校生150.0万人，增长3.7%；毕业生38.6万人，增长6.6%。研究生培养单位37个，招生3.7万人，在校生10.2万人，毕业生2.6万人。成人高等学校14所，成人本（专）科在校生30.8万人；参加学历教育自学考试72.9万人次。

成都地铁控制室 交通宣传中心 供稿

（本栏目供稿人：交 鉴 钟 文）

（本栏目资料和数据主要参考《2017年四川省国民经济和社会发展统计公报》及相关部门官方网站）

四川交通历史与现状

SICHUAN JIAOTONG LISHI YU XIANZHUANG

古代交通 **陆路交通** 商周时期，四川陆路交通就有所开拓。“武王伐纣，蜀亦从行”（《华阳国志·序志》），“武王伐纣，实得巴蜀之师”（《华阳国志·巴志》）。在广汉三星堆和成都金沙遗址，出土过与中原地区玉器形制完全相同的玉璧、玉璋、玉琮等。这些都证明早在商周之际，四川盆地与外界已有密切的联系。在《蜀王本纪》和《华阳国志·蜀志》中保存的五丁开山、石牛开道、武都担土、山分五岭等神话传说，正是巴蜀先民辟山开道的有力说明。

古代四川与中原地区的联系要翻越秦岭和大巴山，故交通道路的开辟多选择在河谷，并修栈道以克服艰险。穿越秦岭的通道有4条：陈仓道、褒斜道、傥骆道、子午道；穿越大巴山的通道有3条：剑阁道、米仓道、洋巴道；从渭水上游翻越秦岭西段和岷山的通道有2条：仇池道和阴平道。

广元市凉水乡先秦古道拦马墙遗址　　厅史志总编室 供稿

秦汉三国时期，是古代巴蜀交通大发展并形成基本格局的时期。陆路交通最大的变化是，相当一部分道路，由过去只能供人、畜行走的窄道，转为可通马车的大道。两汉时期，蜀中较为重视修治道路。官府或征调民力大规模治路，或私人捐款修路建桥，并勒碑石记其事，一时蔚为风气。

巴蜀地区的交通，在前代奠定的基础上，经过南北朝和隋唐时期的发展，有了较大改善。州县之间，道路相通，往来便捷，北经关中，可以直入长安，达于中原。

宋代，成都到长安的川陕干道，仍是四川主要的陆路交通干线。该路经汉州（今四川广汉）、绵州（今四川绵阳）、剑州（今四川剑阁）、过剑门关而达利州（今四川广元），再经金牛道而达兴元府（今陕西汉中）。此外，由阆州、巴州而到汉中的米仓道，是四川通往陕西的另一条重要陆路干线。

元朝十分重视交通建设，在全国广阔的领域建立“站赤”制度，首次在西南边疆省区设置站赤。“元制站赤者，驿传之译名也。”（《元史·兵志》）陆站以成都辐射全川，有的达于外省，历史形成的几条主要交通干线基本沿用，个别有所调整。明代四川陆路交通在元代基础上进一步改善和发展，特别是藏族地区的交通发展，从此改变历史上由甘肃、青海入藏为主要通道的格局。

清代四川驿站，沿袭明制。驿站分东南西北四路，驿站管理以驿丞专司和地方州县管理两种形式进行。清代四川交通的一项突出成就，是康熙四十五年（1706年）建成川藏交通的大渡河上第一桥——泸定铁索桥。

在技术方面，巴蜀先民最突出的创造，就是在高山峡谷地带发明栈道建设技术。栈道有石栈和木栈两种，《四川通志》载：“考此特殊工程，有木栈与石栈之分。木栈施于森林茂盛山地，系斩伐原始森林，铺木

为路，或杂以土石。石栈则施于悬崖绝壁，无径可通之处，或缘岩凿孔，插木为桥。”蜀人在交通技术方面的另一贡献就是发明索桥。川西山区河流湍急、峡谷深陷，建桥相当困难，当地人民因地制宜发明了索桥，其制虽艰，但往来迅速，行旅方便。由于四川古代造索桥系用竹索，所以也称笮桥，其后演进，有溜筒等形制。

四川古道交通的嬗变与演进，绵延3 000余年，直至20世纪初引进欧美汽车和筑路新技术为标志的公路交通的出现，始以质的变化而告终。古代道路交通与近代公路交通，是历史发展过程中的两个不同阶段，四川古道交通，对促进区域内外经济和文化交流，社会发展作出了巨大贡献，也为近现代四川公路、铁路交通建设，提供了有益的借鉴。

水路交通 四川内河航运历史悠久。据《尚书·禹贡》记载，蜀国运往夏王朝的贡品，即沿嘉陵江转汉水、渭水、黄河而达夏都。战国时期，长江逐步发展成为进出川的重要交通路线。《史记·张仪列传》记载：“秦西有巴蜀，方船积粟，起于汶山，浮江已下至楚三千余里。”西汉以来，巴蜀造船技术发展迅速。唐宋时期，商品运输繁盛，万斛之舟来往于成都、维扬（今扬州）之间。清代，四川航运又有发展。重庆开埠以后，西方列强带来轮船和治河技术，四川内河航运开始变革，轮船运输业兴起。总体而言，四川内河航运仍依赖自然河道通航，天然港口靠船，航道缺乏整治，港口疏于建设，船舶修造工业薄弱，四川内河航运业仍十分落后。

现代交通 **公路交通** 四川公路交通始于1913年，川督兼民政长胡景伊倡修成都至灌县（今都江堰市）马路，至1925年冬建成，长55公里，次年开行汽车。1925—1949年，为四川公路交通初创阶段。20余年间，川、康两省建成公路8 742公里，但不少公路晴通雨阻。全省仅有汽车4 000余辆，由于公路和汽车数量少，全省陆路交通大部分地区仍依靠人力和畜力运输。

20世纪50年代，四川集中力量修建成阿、沐石、宜西、东巴、川藏等干线公路，少数民族地区交通状况大为改观。1958—1965年，国家对公路建设实行“依靠地方、依靠群众、普及为主”的方针，四川出现全民修路的热潮。各地新（改）建一批国防、经济干线，修通一批支农和调运“死角粮”的公路，新（改）建一批支援“三线”建设的重点公路和林业专用公路，公路数量大幅度增长。全省新建公路17 900公里，是“一五”时期总和的3倍还多；新增通汽车的县城40个；新建大中型桥梁34座，改渡为桥28处，基本形成以国省干线公路为骨架，以县乡公路、机耕道、架车路、驮运路为纵横经络的道路网。

1966—1976年，四川除白玉、得荣两县外，各县均通汽车。通车的人民公社达全省人民公社总数的75.5%；全省新建各种大桥295座44 072米，并建成第一座混凝土斜拉桥和主孔跨径116米的九溪沟石拱桥。

20世纪80年代，中共四川省委、省政府提出要像抓农业那样抓交通，并要求“全省动员、各方出力、艰苦奋斗，支援交通建设”。由眉山倡导并推广到全省的公路加宽改造，拉开公路技术改造的序幕，四川公路建设开始从“数量型”到“质量型”的转变。这一时期，四川公路建设的特点是既重视公路建设的数量，又强调公路的质量，尤其重视高等级公路的发展。通过多渠道筹集建设资金，在加宽干线公路，改造大中城市进出口公路，兴建高等级公路，修建大型公路桥梁，加快老、边、少地区的公路建设，加强已成公路的养护，建设“标美路”等方面做出显著成绩，为加快四川经济发展奠定了基础。1988年，全省实现县县通公路。

至1990年底，全省公路总里程达9.7万公里，居全国第一位，其中建成二级以上高等级公路717公里。5年新建和改造山区公路1万公里，新建桥梁1 820座6.9万米。重点整治干线油路700公里，建成标美路1 700公里、整形路4 100公里，公路好路率由1985年的37%提高到56.8%。公路运输站点进一步向农村延伸，全省1万多个公路运输站点的85%均分布在县城和县以下广大农村。

“八五”期间，通过采取“以工代赈”“公路建设大包干”和开展“交通发展年”等活动，全省新（改）建公路10 458公里，公路总里程达100 724公里。其中，等级路59 707公里、二级以上高等级公路2 876公里。公路好路率从“七五”期末的56.8%提高到74.2%。全省新（改）建县级以上汽车站111个。“八五”期间四川公路建设最突出的成果，是1995年9月建成通车的全长340.2公里的成渝高速公路。该路的建成结束四川没有高速公路的历史，对四川及整个西南地区经济社会的发展具有重大意义。内宜高速公路、二郎山隧道、万县长江大桥、涪陵长江大桥等重点建设项目的相继开工，成绵高速公路的部分通车，都是“八五”期间公路建设取得的重大成就。

“九五”期间，四川交通抓住国家实施西部大开发战略的契机，以空前的建设规模和超常规的发展速度，取得瞩目成就。全省以高速公路为主骨架的三级路网建设取得突破性进展，除建成成绵、成都城北出口、成都机场、内宜、成乐、成灌、国道108线西昌泸沽至黄联关段、隆纳、成雅、达渝罗江至大竹段、广邻等11条高速公路外，还有在建高速公路500公里。至2000年底，行政区划调整后的四川，公路总里程达108 529公里，居全国第二位，其中高速公路通车里程1 000公里，居西部第一、全国第六；二级以上公路9 000公里，比1995年净增6 617公里；高级、次高级路面铺装率33%，比1995年提高14%。全省99%的乡和86%的村通公路，基本形成

以成都为中心、以国省干线公路为骨架，连接城乡、沟通山区、贯通相邻省（自治区、直辖市）的公路交通网络。

“十五”期间，四川交通发展任务重，投资规模大，增长速度快，建设质量好。主要表现为：全省交通基础设施建设完成投资751.6亿元，比“九五”期间增长59%，超过新中国成立至“九五”期末完成投资的总和；建成成南、绵广、南广、达渝、成都绕城、成彭、成温邛等759公里高速公路，高速公路通达17个市（州）；全面完成47个项目、4 276公里三州通县油路建设任务，使三州州府所在地与各县城间全部以油路相连，行车时速平均提高1倍以上，实现三州交通事业一步跨越20年。至2005年底，全省公路总里程达11.5万公里，比“九五”期末增加2.4万公里。其中，高速公路通车里程1 759公里，新增759公里；二级以上公路1.3万公里，新增4 000公里；公路密度为每百平方公里23.5公里，增加5公里；高级、次高级路面铺装率42%，提高7.6个百分点。

“十一五”期间，按照中共四川省委九届四次全会确定的建设西部经济发展高地的战略定位和构建西部综合交通枢纽的战略部署，四川交通发展的主要任务是构建枢纽、打开通道、完善路网、支撑高地，变“蜀道难”为“蜀道通”。其具体目标：一是确保到2012年全省高速公路通车里程达到3 500公里，力争超过3 800公里；建成12条出川高速公路通道，初步形成贯通南北、连接东西、通江达海的西部公路交通枢纽，实现成都与周边多数省市中心城市朝发夕至，形成北抵环渤海、东达长三角、南至珠三角和北部湾等经济区及出海港口的22小时公路交通圈。二是到2012年基本完成7个干线公路出川通道和九寨、川东北、川南、川中、川西5条经济环线的改建任务，并改造国省干线公路8 348公里，力争实现全省国省干线公路中二级以上公路达到1.6万公里，占国省干线公路总里程的80%。三是加快实施“十一五”农村公路规划内剩余5万公里的农村公路建设任务，并到2011年改建农村断头公路17 355.8公里，使内江、眉山、攀枝花、遂宁、资阳、自贡、宜宾、广安等8个市提前实现 “油路到乡、公路到村”，眉山、自贡、遂宁、内江等平原微丘地区实现60%的村通水泥（油）路。四是加快实施国家公路运输枢纽总体规划和市县两级公路运输站场布局规划，力争超额完成建成1 700个农村客运站的“十一五”规划目标。

“十二五”时期，全省交通运输系统紧紧围绕构建畅通安全高效的现代综合交通运输体系总体目标，努力克服重大自然灾害和宏观经济下行等多重考验，开拓创新，砥砺奋进，迎来历史上发展速度最快、发展质量最好、发展成效最佳的时期，实现基础设施由“补欠账”到“促发展”，服务水平由“保基本”到“上档次”的重大转变，取得投资总量（6 081亿元）、BOT招商融资总量（1 774亿元）、高速公路新增通车里程（3 335公里）、公路网总里程（31.5万公里）、农村公路总里程（26.8万公里）和新（改）建里程（11.6万公里）、安

雅西高速公路　　厅史志总编室 供稿

保工程建设规模（2.44万公里）、争取交通运输部补助资金（949亿元）等多项指标在全国领先的优异成绩，为全省实施“三大发展战略”、实现“两个跨越”提供有力保障。

2015年是“十二五”规划收官之年，全省交通运输系统认真贯彻中共四川省委、省政府的决策部署，圆满完成各项任务。一是完成投资再创新高。全年完成投资1 305亿元，超过上年水平，继续位居全国第一。二是脱贫攻坚开局良好。研究制订总投资2 450亿元的精准扶贫专项方案和《大小凉山地区交通建设推进方案》等3个攻坚方案，为打好交通脱贫攻坚战奠定了良好基础。三是重大项目有力推进。绵西、营达等4条高速公路、长江宜宾至重庆航道“三升二”单滩整治、岷江港航电综合开发犍为枢纽等项目开工建设，成都二绕东段等9个高速公路项目506公里建成通车，全省高速公路通车里程突破6 000公里。四是普通公路加快发展。新（改）建国省干线公路2 400公里、农村公路2.6万公里，全面超额完成中共四川省委、省政府确定的“民生工程”目标任务。国省干线公路路况和管理养护水平不断提升，路面性能指数（PQI）提升到87.5，迎接交通运输部检查工作实现排名升位。五是灾后重建快速推进。国道108线雅安至荥经段、国道318线雅安至二郎山段和3条经济干线公路基本完成重建，国道351线多功至芦山县城段建成通车，农村公路累计建成1 390公里，为规划目标的96%，汽车客运站和水运项目全部完工。国道213线映秀至汶川段全面开工建设，省道303线巴朗山隧道全线贯通，绵茂路汉旺至清平段基本建成。六是服务能力明

显提高。高速公路ETC用户突破110万，日均通行超过26万辆次。改造高速公路收费站26处，4对高速公路服务区被评为全国百佳示范服务区，19对服务区被评为全国优秀服务区。泸州市入选交通运输部综合运输服务示范城市建设。港口集装箱吞吐能力较上年新增33万标箱，完成集装箱吞吐量62万标箱，比上年增长40%，其中铁水联运集装箱吞吐量2.5万标箱，比上年增长125%。七是安全形势稳中向好。大力开展道路交通安全综合整治深化巩固年行动，超限5吨以上货车违规进入高速公路数量大幅下降，普通公路超限率控制在4%以下，行业重大以上生产安全事故“零发生”。八是改革创新不断深化。积极推进9个方面30项改革工作，通过政府购买服务方式筹措交通建设资金，交通运输部PPP试点项目国道0511线德阳至都江堰段已签订投资协议及特许权协议。九是依法行政持续推进。推动出台《四川省高速公路条例》和《四川省港口管理条例实施办法》，研究完善7个方面32项管理制度。清理公布部门权力事项，启动行政审批网上服务平台建设。

2016年，省市合力推进138个交通重点项目建设，雅康、汶马等高速公路项目进展顺利，成安渝高速公路重启建设并实现二绕至省界段建成通车，全年建成高速公路项目6个、503公里，高速公路通车总里程达到6 519公里，提升三个位次跃居全国第二；绵九、峨汉等群众期盼已久的11个高速公路项目开工建设，新开工里程1 013公里、总投资1 490亿元，成功招商项目9个、1 055公里、引进社会投资1 500亿元，均超过2012年来4年总和；全省高速公路建成和在建里程超过8 600公里。加快推进普通国省道提档升级和大中修工程，完成新（改）建2 200公里、大中修2 000公里，全省普通国道二级及以上比重达到57%。汶川地震灾后发展振兴重点项目映秀至卧龙公路、巴朗山隧道及绵茂路汉旺至黑滩隧道段建成通车，雅安乐英至夹金山等芦山地震灾后重建“3+5”干线公路项目全部建成通车。

2017年，全省高速公路实现市（州）全通达。雅康高速公路雅泸段等7个项目（路段）、301公里建成通车，全省高速公路通车总里程达6 820公里，甘孜藏区结束不通高速的历史。成都至宜宾等12个项目、1 396公里开工建设，总投资2 391亿元，年度新开工项目里程和投资规模均创历史之最。宜攀高速公路单体投资（886亿元）创全国之最。全省高速公路建成和在建总里程达到9 785公里。普通国省干线公路建设成就超级工程。世界海拔最高的特长公路隧道国道317线雀儿山隧道建成通车，打通川藏北线的最大瓶颈，央视以“超级工程”向世界展示。新改建普通国省干线公路1 996公里，实施大中修工程1 537公里。国省干线公路服务保障水平持续提升。

公路运输 20世纪50年代，全省60%的县不通汽车，大部分地区依靠人力和畜力运输。全省仅有4 000余辆汽车，且大多是拼凑起来的“万国牌”，车辆性能差，运效低。

20世纪50年代后期，四川公路客货运输迅速发展。1960年，全省民用汽车拥有量达1.52万辆，完成社会客、货运量分别为1 503万人次和1 644万吨，比1949年分别增长2.1倍、77.3倍和42.8倍。

20世纪70年代，全省公路运输业有了更快的发展。1970年，全省民用机动车已达2.65万辆。其中，汽车2.59万辆，完成社会客、货运量2 283万人次和2 466万吨。到1978年，民用机动车发展到12.8万辆，其中汽车拥有量6.05万辆，比1949年分别增长25倍和11.3倍，社会客、货运量分别为7 185万人次和4 824万吨。

1997年初，全省民用机动车拥有量122.1万辆，其中汽车54.2万辆，比1978年分别增长8.5倍和8倍；完成社会客货运量11.83亿人次和4.3亿吨，比1978年分别增长15.4倍和8倍；全行业拥有经营业户31.3万户，从业人员达88.2万人。公路运输在全省综合运输体系中居主导地位，客运、货运、维修、搬运装卸、运输服务五大市场突飞猛进地发展，1996年驾驶员培训也纳入交通行业管理。

“八五”期间，四川实施“一长一短一点”（超长客运、出租汽车客运、汽车站点建设）发展战略，取得显著成效。“九五”期间，为进一步培育、发展、规范客运市场，又提出并实施“三大系统”（跨省超长客运系统、直达快速客运系统、农村客运系统）发展战略。“南下、北上、东进、西出”，建立以民工疏运为主的跨省超长客运系统。1993—1997年，跨省超长客运创营业收入10亿余元，

雅康高速公路二郎山特长隧道进口 雅康公司 供稿

其中，企业纯利润1亿元以上。截至1998年底，全省已开通20个省（自治区、直辖市）的跨省客运班车，省际客运班线发展到297条、1 584班，最长的班线成都—伊宁单程达3 445公里，全省民工年疏运量近200万人次。1998年以后发展以高速公路为龙头的直达快速客运系统。直达快速客运以成都—重庆、成都—绵阳、内江—自贡高速公路为载体，实行高速公路客运经营权有偿使用和客运线路专营，并将一流的车辆，一流的服务，一流的管理以及“航空式”优质文明服务引入公路运输。拓展以县城为中心，乡镇为结点，站场为依托，干支相连，乡村相通的农村客运系统。

德阳汽车客运北站　　厅史志总编室 供稿

2000年，四川道路运输能力明显增长，全省道路客运量增长逾20倍，旅客周转量增长近22倍，道路货运量增长逾15倍，货物周转量增长逾36倍。道路运输在四川综合运输体系中独占鳌头，承担社会新增客、货运量中的95%和55%。

2005年，迎来道路运输业发展的新时期，客运市场的内涵不断丰富，以高速公路为依托的全省快速客运网络辐射到18个市（州）；以旅游包车为主、旅游班车为辅的旅游客运网络形成，旅游客运车辆发展到2 563辆；跨省超长客运线路延伸到全国24个省（自治区、直辖市）；出租汽车发展到21个市（州）政府所在地和142个县级城市，车辆达3.18万辆；农村客运车辆发展到2.62万辆，乡村客车通达率分别达99%和88%。

2013年，全省客运车辆达5.2万辆，城市公交车、出租汽车发展到2.69万辆和4.29万辆。发展省际市际客运班线118条，新开通32条高速直达客运班线。通公路的乡镇、建制村客车通达率分别达到95%和77%，比上年分别提高2.5%和1%。全省营运货车58.5万辆，总吨位262万吨、比上年增长4.7%。集装箱车辆达到1 535辆，比上年增长5.2%。全省公路客、货运量分别完成27.69亿人次和17.33亿吨，比上年分别增长4%和9.4%。

2014年，全省公路客运量、货运量分别完成12.6亿人次和14.2亿吨，分别比上年增长2.1%和下降6.3%，旅客周转量、货物周转量分别完成630亿人公里和1 510.5亿吨公里，分别比上年增长5.2%和18.6%；道路货运加快转型升级，发展城际货运专线班车、集装箱等专业运输，推进甩挂运输试点。全省新增集装箱车辆111辆，总数达1 651辆。

2015年，四川道路运输客运量、旅客周转量、货运量、货物周转量、高速公路货运量分别完成12.34亿人次、632.82亿人公里、15.04亿吨、1 693.26亿吨公里、11.22亿吨，比上年分别增长-2.6%、0.4%、5.8%、12.1%、7.2%。

2016年，四川道路运输客运量、旅客周转量、货运量、货物周转量、高速公路货运量分别完成10.97亿人次、597.84亿人公里、14.60亿吨、1 565.31亿吨公里、12.25亿吨，比上年分别增长-11.53%、-10.99%、5.36%、5.72%、9.1%。

2017年，综合客运枢纽建成和在建项目达到39个，覆盖90%的高铁站。纳入部规划的9个货运枢纽（物流园区）已建成3个，其余6个全部开工建设。

内河航运　1950年，四川初建重庆港九龙坡码头。从1953年起，交通部和各级政府先后组织对长江干流和运输任务重的中小河流进行重点建设。由交通部投资整治长江“日航困难，夜航危险”的航段，配置“锁链”式航标，重庆至宜昌的轮船实现分段夜航，适应每年100多万吨粮食外调和大批工业品进川运输的需要；由省投资将金沙江屏山至新市镇、乌江涪陵至彭水、岷江乐山至宜宾开辟为轮船航道，同时大力开辟和整治小河支流，使其与干流衔接。从1952年至1957年，全省开辟与整治26条小河1 385公里。

1958—1960年，交通部长江航务局和四川省交通厅先后对长江干流航道进行大规模整治，并增加绞滩、航标、信号台等助航设施，同时还分别整治嘉陵江南充至重庆航段及渠江航道、乌江航道，并试点开辟金沙江航道，使重庆至宜宾段航标实现电气化、乌江绞滩实现机械化。1961年，四川航道里程17 181公里，比1957年净增5 073公里。此期，四川加快长江宜宾港、重庆港、涪陵港和万县港四大港口建设。扩大港口规模，增设泊位和锚地，增加缆车、浮吊、岸吊等设备，使其码头装卸条件大大改善，基本能适应运输需要。

1966—1976年，四川对长江大渡口至江津蓝家沱航道进行全面整治，将嘉陵江南充至广元木船航道开辟为轮船航道。交通部长江航务局在重庆蓝家沱、猫儿沱新建两个大型装卸作业区，四川省投资建成乐山王浩儿大件码头、四川维尼纶厂黄磏中转站码头、泸州天然气

化工厂尿素码头。同时，各地集体航运企业自力更生发展机动船舶，全省70%的木船实现机械化，由此带动水运制造业的迅速发展。20世纪80年代，四川逐步建成由60多家大、中、小企业组成的协作配套的水运制造业体系，实现船舶的自造自修。

20世纪80年代，随着改革开放的深入，四川内河航运发展迅速。至1996年，四川内河航运的发展变化主要表现为：轮船通航里程大幅度增加。1950年全省仅有长江干流和嘉陵江等约10%的航道能通行轮船。通过不断整治和渠化航道，到1996年全省轮船通航里程达4 724公里，比1950年增长近3倍。长江航道经过综合治理后，1 500吨～3 000吨级的大型船队可由上海直达重庆，长江川境段全面实现夜航。部分港口装卸实现机械化。机械化的装卸码头分别与铁路、公路相衔接，实行水陆联运。运输实现机动化。20世纪50年代初期，四川省地方航运部门仅有小轮船6艘（172吨、853客座、4 865千瓦），省内水路运输主要靠木船。1956年开始木船机动化改造，1996年，全省地方航运部门共有各种机动船1 127艘（24 515吨、109 654客座、221 035千瓦），运输驳船2 102艘（546 962吨），当年完成客运量和旅客周转量分别比1950年增长31.58倍和669倍，货运量和货物周转量分别比1950年增长14.72倍和33.07倍。客货轮加快更新换代。20世纪80年代船舶更新换代更为迅速。客轮船型愈加美观，机型愈发先进，设施日趋齐全；货轮全部使用大功率内燃机，拖带能力成倍提高。川江船舶动力装置实现内燃机化，机型实现系列化，船体实现钢质化，蒸气机、杂牌柴油机和木质轮船被淘汰，高速气垫船、水翼船发展迅速。水上旅游运输兴起。20世纪70年代末，长江水上旅游运输逐步兴起。其后大宁河、岷江、嘉陵江和乌江水上旅游运输发展迅速。至20世纪90年代中期，全省仅进出川旅游客运企业就发展到27家，旅游客船发展到122艘、5.24万客座。1996年，全省水上客运量达5 310万人次、旅客周转量达35.9亿人公里。水运制造业有长足发展。全省有大中小型造船厂60多个，既能建造适合行驶中小河流的拖轮、客轮、驳船，又能建造行驶长江等大河的大型客货轮、高档豪华旅游船舶和高速气垫船舶，实现船舶建造不出省。采用的“双尾”和“平头涡尾”新船型，船舶时速由27公里提高到32公里，达到国内先进水平。

嘉陵江桐子壕航电枢纽　　厅史志总编室 供稿

1997年，重庆市划归中央直辖，四川及时调整水运发展规划，一方面实施“以陆补水”政策，一方面加快水运基础设施建设，并积极探索水资源综合利用，走出一条“以电养航、滚动开发”“水陆并举、以副补航”的新路子。

“九五”期间，全省建成航电枢纽工程2个，渠化航道108公里，整治航道491公里、险滩73个，使全省3～7级航道达2 383公里，占航道总里程6 089公里的39.14%。2000年6月竣工的乐山大件码头，码头岸线长115米，设计750吨泊位1个。其直立式桥吊跨度39米、高28.5米，起重最大单件550吨，是当时国内内河起重和跨度最大的桥吊，被誉为“岷江大力神”。

“十五”期间，四川内河航运基础设施建设的重点是嘉陵江航道梯级开发，渠江渠化，二滩库区港口、南充港和宜宾菜园沱码头建设，并充分借用长江“黄金大通道”建成与高速公路衔接的水运主通道，以形成港航配套、干支相通、通江达海的水陆联运网络。2005年底，嘉陵江渠化开发初见成效，规划建设的13个航电枢纽已建成4个、在建7个，渠化四级航道112公里；建成渠江金盘子航电枢纽；完成岷江大件航道续建工程和岷江成都至乐山段航道整治工程，整治航道348公里；建成泸州集装箱码头、二滩库区港口、广安港、南充港一期工程等重点项目，新增港口泊位19个，全年港口新增吞吐能力318万吨、200万人次、集装箱2.5万标箱。建成农村渡口1 307个。

2008年，泸州港多用途码头二期工程进展顺利，泸州港二期续建工程及进港铁路、宜宾港志城作业区一期工程实现开工。长江干线宜宾以下全线实现千吨级船舶昼夜通航。嘉陵江航道渠化整治工程进展顺利，渠化四级航道216公里，建成新政等航电枢纽。

2009年，根据《泸州—宜宾—乐山港口群布局规划》《宜宾港总体规划》《乐山港总体规划》等规划，

加快推进泸州港二期续建工程和宜宾港志城作业区一期工程建设，泸州港多用途码头二期工程形成生产能力，全省港口集装箱吞吐能力从2007年的5万标箱提升到50万标箱；长江宜宾至泸州段整治工程完工，宜宾以下实现千吨级船舶昼夜通航；嘉陵江川境段13级航电枢纽已建成8级、在建5级；《岷江（乐山—宜宾段）航电开发规划》经省政府批准实施，岷江航电综合开发和作为成都经济区水运口岸的乐山港项目前期工作全面启动。

2010年，水运港口建设迈上新台阶。宜宾港用两年时间建成并开港试运营，全省港口集装箱吞吐能力由3年前的5万标箱提升到100万标箱。广安港及渠江广安段航运工程实现当年制订规划和提出项目、当年开工建设，提前2年实现全省港口集装箱吞吐能力建成和在建规模达到200万标箱的目标。岷江航电和港口综合开发确定建设、养护、运营一体化模式和业主组建原则，前期工作加快推进。嘉陵江沙溪、凤仪场枢纽实现设计蓄水，嘉陵江川境段规划的13级航电枢纽累计建成11级，在建2级。

2011年，“四江六港”水运主通道和重要港口建设加快推进。全年完成投资25亿元。岷江港航电综合开发前期工作全面加快。宜宾港后方陆域及港区配套设施工程完工。泸州港进港铁路建成投运。泸州港二期续建工程、广安港一期工程加快建设。南充港、广元港开工建设，全省港口集装箱吞吐能力建成和在建规模达到233万标箱。嘉陵江渠化工程和渠江广安段航运工程等水运主通道加快建设。积极推进长江川境段航道等级提升工程，水富至宜宾段三级航道整治工程完成工程可行性研究编制。组织开展岷江（成都—乐山段）、渠江（达州—广安段）、沱江、涪江、金沙江等5条重要河流水运资源调查工作。

2012年，省政府出台《关于加快长江等内河水运发展的实施意见》，泸州港建成全省首个百万标箱大港，嘉陵江渠化工程、渠江广安段航运工程、南充港、广元港等水运重点项目加快推进，岷江港航电综合开发前期工作取得实质性进展。

2013年，广安港新东门作业区、南充港都京作业区一期工程投入试运营，全省港口集装箱年吞吐能力达193万标箱。嘉陵江苍溪航电枢纽工程全面建成。岷江港航电综合开发前期工作积极推进。渠江广安段航道整治工程加快推进。

2014年，内河水运建设加快推进。广元港红岩作业区一期工程、宜宾港志城作业区重件泊位、南充港化工园区专用码头建成投运。渠江四九滩至丹溪口航道整治工程基本完成。眉山市岷江汉阳航电枢纽建成投运。积极推进岷江港航电综合开发和嘉陵江川境段航运配套工程建设。全省新增三级高等级航道里程71公里，四级及以上高等级航道里程达到1 015公里；新增港口集装箱吞吐能力25万标箱，港口集装箱年吞吐能力达218万标箱。

2015年，南充港都京作业区一期工程总投资完成投资2.5亿元，为年度计划的100%。广元港红岩作业区一期工程主体全部完成，港务大楼装修、智能生产设备安装、控制系统施工处于收尾工作。广安港新东门作业区一期工程完成投资0.58亿元。南充港河西作业区化工园区专用码头工程完成投资4亿元，为年度计划的100%，12月30日开港试运行。

2016年，全省新增四级航道190公里，四级及以上高等级航道超过1 500公里；岷江犍为枢纽加快推进，嘉陵江航运配套二期工程等4个项目开工建设。

2017年，岷江港航电犍为枢纽实现右岸截流，龙溪口等4个航电枢纽开工建设。嘉陵江亭子口枢纽以下达到四级航道标准。

铁路交通 四川修建铁路酝酿于清光绪二十九年（1903年）。时任四川总督的锡良奏准由四川自行集资修建成都经重庆至宜昌达汉口的川汉铁路，并于1904年1月在成都设立川汉铁路公司。辛亥革命终结清朝，川汉铁路停建。抗日战争时期，曾动工修建成渝铁路，但因财力物力困难未能铺设轨道。至1949年底，四川仅有一条全长67公里的准轨铁路——綦江铁路，专门为重庆钢铁厂运输煤焦和铁矿石，附带承担少量旅客和其他民用物资运输业务。

1952年7月，新中国第一条铁路成渝铁路全线建成通车，实现四川人民40年的愿望。1958年11月，第一条出川铁路宝成铁路建成通车。1959年11月，内昆铁路内江至安边段建成通车。1964年，中共中央制订加快西南“大三线”（战略后方基地）建设的重大决策，国务院把成昆、川黔、贵昆和襄渝铁路作为西南“大三线”建设的重点工程，组建西南铁路建设指挥部，调集铁道兵和铁路职工31万人参建。1965年7月，川黔铁路建成通车；1970年7月，成昆铁路建成通车；1973年10月，经陕西通往湖北的襄渝铁路全线通车。同时，配套建成一批铁路支线和专用线。

1975—1990年，四川铁路建设的重点为干线电气化改造。1975年7月，中国第一条电气化铁路宝成铁路实现全线电气化，襄渝铁路（达县以北）和成渝铁路也先后完成电气化改造。1990年，四川准轨铁路营运里程2 795公里，比中华人民共和国成立初期增长40倍，初步构成全省的铁路骨架，其中有4条干线出川，从东、南、北3个方向与全国铁路网连通。省内各类型牵引机车597辆，其中内燃、电力机车比重达73%，宝成、成渝、成昆、川黔线（四川境内段）的牵引动力全部实现电气化或内燃化。在成都铁路局所属的川铁路线中，50千克以上的重型钢轨占正线的90.4%；各类旅客列车

1 349辆，品类齐全，乘坐舒适，部分卧车还装有空调设备；四川开行直达北京、上海、广州、合肥、浦口、西安、太原、郑州、武汉、兰州、乌鲁木齐、贵阳、昆明等大城市和省内沿线市县之间的特快、直快或其他旅客列车。1990年与1953年相比，客运量由359万人次增加到4 094万人次，增长10.4倍；货运量由240.7万吨增加到6 022万吨，增长24倍。1990年，铁路运输所承担的客、货周转量分别占四川综合运输体系客、货周转量的31.9%和75.2%。

1991年12月，川黔铁路实现全线电气化；1992年6月，达成铁路开工建设；1992年12月，宝成铁路（四川境内）复线开工建设；1993年，成昆铁路（四川境内）电气化改造开工；1997年，达万铁路（四川境内72公里）开工建设；1998年，内昆铁路新建水富至梅花山段（川境内25公里）开工建设；1999年，内宜铁路电气化建设开工。

至2001年底，达成铁路和成昆铁路电气化改造工程、宝成铁路复线工程、成都铁路枢纽工程相继竣工投入营运，内昆铁路、达万铁路、筠连铁路和泸叙铁路正加紧建设，全省铁路营运里程达4 000多公里。2002年，四川境内的宝成、成渝、内昆、襄渝等干线铁路全部实现电气化；总投资5亿元，历时近8年的成都铁路西环线通过验收投入试营运，成都成为中国率先拥有中心城市铁路环线的省会城市。渝怀、遂渝、万宜3条新线开工。

2012年，四川铁路客运量、旅客周转量分别为7 997万人次、303亿人公里，货运量、货物周转量分别为8 867万吨、818亿吨公里。

2013年，四川加快成绵乐城际铁路、兰渝铁路等在建铁路项目。西成客专于3月实现开工建设；成蒲铁路于8月底完成招标实现开工建设；成兰铁路取得环保部变更环评批复，于9月份恢复施工，全面开工建设；成贵铁路、成昆铁路扩能改造成峨段和米攀段3个项目于12月底实现开工建设。川藏铁路成都（朝阳湖）至雅安段可行性研究报告审批前置要件齐备，初步设计完成审查；川藏铁路雅安至康定（新都桥）段及成都枢纽接轨方案的可行性研究报告完成初审，国土、环保等要件编制工作加快推进；成昆铁路扩能改造峨眉至米易段项目建设书获批复。

2014年，四川铁路客运量、旅客周转量分别为8 778万人次、277亿人公里，货运量、货物周转量分别为7 165万吨、678亿吨公里。

2015年，四川铁路客运量、旅客周转量分别为9 078万人次、272亿人公里，货运量、货物周转量分别为6 146万吨、686亿吨公里。

2016年，四川铁路客运量、旅客周转量分别为11 321万人次、303亿人公里，货运量、货物周转量分别为5 619万吨、605亿吨公里。

2017年，四川铁路客运量、旅客周转量分别为12 631万人次、318亿人公里，货运量、货物周转量分别为5 878万吨、627亿吨公里。

航空交通 1931年8月，中国航空公司重庆办事处成立，为四川最早的民用航空机构。同年10月21日，沪蓉航线汉口至重庆航段通航。1933年6月4日，重庆至成都航段通航，全长1 981公里的沪蓉航线贯通。1935年，中国航空公司先后开辟重庆至贵阳、重庆至昆明航线；欧亚航空公司开辟西安至成都航线。同时，中国航空公司在重庆珊瑚坝建设机场。成都、南充、内江等地修建简易机场。1938年10月，四川航线由战前的8条增至17条。抗战胜利后，四川开通飞往越南河内、缅甸仰光等国际航线。1946年7月，四川有简易机场28个。

1949年底，中国人民革命军事委员会民航局驻渝办事处在重庆成立。1950年8月1日，开通天津经北京、汉口到重庆的航线。陆续开通重庆至成都、昆明、贵阳等地的航线。至1954年，四川先后开通12条国内航线，分别以重庆或成都为起点，通达北京、天津、上海等12个大中城市。

1956年，民航重庆管理处迁至成都，1957年1月，更名为民航成都管理处。至1978年，四川拥有各型民航飞机31架。同时，四川从1955年开始组建民航飞行队伍，到1978年共有各类空勤人员469名。1959年、1966年，成都双流机场和重庆白市驿机场先后改（扩）建，“三线”建设时期又新建西昌青山机场。1955—1978年，四川开辟新航线72条，分别通往省外各主要大中城市和省内的成都、重庆、西昌、南充、达县、泸州等；共飞行86 242个班次，完成运输总周转量20 399.11万吨公里、旅客运输量198.1万人

2017年，成贵铁路金沙江大桥合龙 曹 宁 摄

次、货邮运输量111 785.6吨。1956年5月29日，四川使用CV-240型飞机飞越号称“世界屋脊”的喜马拉雅山脉，试航北京经成都至拉萨航线成功；1965年3月1日，四川使用伊尔-18型飞机正式开航该航线。成都双流国际机场1978年发运旅客第一次超过10万大关，达112 655人次。

1979—1998年，民航管理体制由军队领导为主的政企合一体制逐步改为企业体制。1986年9月19日，四川省航空公司（1992年更名为四川航空公司）成立。1987年10月15日，成都双流机场体制改革，独立经营核算。1998年，四川拥有波音、图-154、运-7、空客A321等各型运输和通用航空飞机59架。空勤人员总数增多，人员结构发生变化，飞行领航员、机械员、通信员较1978年前大为减少。1998年与1978年相比，空勤人员总数增加3.3倍，其中驾驶员增加2.6倍、乘务员增加15.2倍。同时，新建和改（扩）建一大批机场。成都双流国际机场改（扩）建后，3 600米的主跑道可供波音747-400型飞机起降；西昌青山机场改造后，成为可适应各类大型飞机起降的国家一级机场。此外，南充都尉坝、达川、宜宾、泸州等机场均进行了扩建；绵阳、广元和阆中等机场新建工程进展顺利。四川共开辟新航线323条，其中国内干线303条、地方航线13条、国际和地区航线7条，还开通成都至新加坡、泰国曼谷等国际航线以及成都至日本广岛、马来西亚吉隆坡等国际客货包机航线。1998年，四川经营飞行的航线达200余条，通达国内外70余个大中城市，仅成都飞往各地的航线就有53条。

成都天府国际机场建设现场　　成都市交委 供稿

1999年，泰国安琪尔航空公司开通曼谷至成都定期航线，成都双流国际机场首次接纳外航定期航班。2000年，中国西南航空公司引进波音737-800客机2架，新开辟成都—武汉—温州、成都—泰国普吉等国内、国际航线8条，至当年底，该公司已拥有以波音、空中客车为主体的飞机40架，开通飞行国际、地区和国内航线190多条，通航城市60余个，其航线总里程达21万公里，实现安全飞行10余万小时，并创造成都—拉萨航线安全飞行35年的纪录。2000年，四川航空公司在国内率先引进5架国产“新舟60”和5架巴西EMB145飞机，投入以中国西部地区为重点的支线航空运输，当年，该公司开通飞行国内航线130多条，形成以成都、重庆为基地，辐射全国各主要城市的干支线航空运输网络。此期，四川机场建设取得突破性进展。新建广元机场、绵阳机场、攀枝花机场、九寨黄龙机场、南充机场；成都双流国际机场扩建工程完工，成为中国五大航空港之一。2007年，四川民用航空完成的全社会客运量、货运量分别达1 713万人次、32万吨。2008年，20个国内航空公司和外国的航空公司开通飞行四川地区的航线，基本形成以成都双流机场为枢纽、涵盖省内和西藏的轮辐式航线网络。2009年，四川民用航空完成全社会客运量、货运量分别达1 947万人次、32万吨。2010年6月30日，四川与中国民用航空局在成都签订《关于加快推进四川民航发展的会谈纪要》。民航局与四川省政府承诺在四川省民用机场体系的完善、成都双流国际机场航空枢纽建设、支线机场建设和运营、基地航空公司发展、通用航空业务发展等方面，加大政策、资金的支持力度，共同协调解决四川民航建设、改革与发展等重大问题，积极推进四川省民航重大项目建设与发展。

2013年，民航方面围绕建设“一个枢纽，三个网络”的工作目标，进一步巩固和强化现有双流机场区域性枢纽机场优势地位，积极推进成都国家级国际航空枢纽和西部地区门户枢纽建设，加快成都新机场前期工作，推进支线机场项目建设。

南充机场扩建工程、阿坝红原机场、稻城亚丁机场建设推进顺利，其中稻城亚丁机场9月16日正式通航，阿坝红原机场于9月进行校飞，南充机场民航扩建工程完工。开展成都新机场前期工作，项目选址报告已获得国家民航局批复，项目预可行性研究报告、立项申报相关要件专题报告已编制完成，并经过中咨公司预评审，立项请示于12月底报国务院、中央军委审批。巴中机场、乐山机场、甘孜机场、达州机场迁建选址报告已获国家民航局选址批复，并已编制完成预可行性研究报告，其中巴中、甘孜机场预可行性研究报告已报国务院、中央军委。

2014年，四川民用航空完成全社会客运量、货运量分别为3 752万人次、45万吨。

2015年，四川民用航空完成全社会客运量、货运量分别为4 204万人次、46万吨。

2016年，四川民用航空完成全社会客运量、货运量分别为4 609万人次、49万吨。

2017年，四川民用航空完成全社会客运量、货运量分别为4 913万人次、52万吨。

（本栏目撰稿人：岑　松）

大事记

DA SHI JI

2018

四川交通年鉴

2017年四川交通运输大事记

1月

1日　叙古高速公路西互通至太平互通建成通车，标志着叙古高速公路正式全面向社会开通试运营。

6日　2017年全省交通运输工作会议召开。四川省副省长杨洪波出席会议并作重要讲话，省政府副秘书长黄小平主持会议，省交通运输厅党组书记、厅长汪洋作题为《把握黄金时期 当好发展先行 努力建设人民群众满意交通》的工作报告。

9日　2017年元旦节小长假期间（12月31日—1月2日），全省道路旅客运输运力充足，客流平稳，运行有序，未发生重大旅客投诉、旅客滞留和较大以上道路运输安全事故。全省日均投放客运班车5万余辆，三日累计发班32.51万班次，运输旅客791.62万人次，日均道路客运量263.87万人次。

12日　川东北首个外贸保税仓——广安外贸保税仓正式启用。广安外贸保税仓是川东北地区首家获批、首家验收、首家投入运营的保税仓。

Δ　南大梁高速公路賨人谷互通至杨家互通和月华互通至川渝省界段通车。

16日　金沙江上跨径最大的悬索桥——金东大桥成功合龙。

19日　省政府办公厅印发《四川省营运驾驶员记分管理办法》，将于6月1日起在全省正式施行。

2月

8日　省政府办公厅对2016年度全省政府系统办公室工作先进集体和先进个人进行了通报表扬。厅办公室、安全处（应急办）、信息中心分别被评为电子政务、政府信息公开和网站建设、政务信息报送、应急管理工作先进集体，屈争真同志被评为全省政府系统办公室工作先进个人。

Δ　成都市强力推进ETC不停车收费系统推广应用工作，即日起向车主提供ETC快捷免费安装服务，力争年底前成都本籍ETC用户达80%以上。

Δ　攀枝花市水路客运公司化改革全面完成，全市68户个体船主已全部注销，新增水路运输企业6家。

14日　四川省总工会对“2016年中国技能大赛——四川省职工职业技能大赛”各工种决赛中的第一名授予“四川省五一劳动奖章”荣誉称号，宜宾市航务局廖川和南充市蜀舟船舶修造公司陈凌获此殊荣。

16日　四川省人民政府办公厅出台《关于印发四川省“十三五”部分拟开工高速公路项目招商工作方案的通知》，按照效益搭配、区域打捆、规模适度、远近结合等原则，推动成绵扩容等8个项目（874公里）打捆招商。

21日　2017年全省道路水路春运结束。春运期间，全省累计疏运旅客11 991.82万人次，比上年降低9.80%。其中，完成道路旅客运量11 373.16万人次，比上年降低9.97%；完成水路客（渡）运量681.66万人次，比上年增加2.90%。高速公路路网日均车流量为201万辆次，比上年增加9.36%，其中高速公路ETC通道通行车辆1 919万辆次，占总流量的23.91%。全省“12328”电话受理有效业务23 262件，抽查回访满意率达97.20%。春运期间，未出现大规模旅客滞留，未发生水上交通安全责任事故和重大以上道路运输行车事故。

24日　2017年全省道路运输工作在成都召开。

27日　2017年全省公路工作会议在成都召开。

3月

1日　全省第一艘LNG燃料动力船舶在南充市改造成功，并正式投运。

Δ　甘孜州现有最长的通乡公路雅江县恶古桥至牙依河乡通畅工程获州发展改革委立项批复。项目全长107.514公里。

2日　省政府与交通运输部签订《关于加快四川省交通运输发展战略合作协议》，双方明确将以完善综合交通基础设施网络、打赢交通扶贫脱贫攻坚战、深化交通运输行业改革、强化技术和管理创新为合作重点，共同推进四川综合交通运输体系建设。

3日　《成都市关于鼓励共享单车发展的试行意见》正式施行，成都成为全国首个正式出台鼓励共享单车发展试行意见的城市。

15日　2017年一季度全省交通重点项目集中开工动员大会举行。主会场设在乐山市犍为县新民镇岩门村2组龙溪口枢纽左岸河漫滩，分会场设在宜宾市翠屏区宗场镇新屋村天堂组乐宜高速公路北侧。四川省副省长杨洪波出席主会场活动并宣布开工。省政府副秘书长黄小平主持开工。中共乐山市委副书记、市长张彤致辞。省交通运输厅党组成员、副厅长张琪表示省交通运输厅将持续推进省政府确定的123个重点交通项目建设，全年确保完成交通建设投资1 200亿元，为决胜全面小康、建设经济强省提供有力支撑。省交投集团总经理冯文生代表项目投资人和业主发言。省交通运输厅党组成员、总工程师陈乐生参加大会。

21日　汶马高速公路毛木初特长隧道右洞出口端顺利施工至合同桩号，成为汶马高速公路马尔康段4 000米以上隧道中第一座施工至合同桩号的隧道。该隧道右洞最大埋深约550米，右线全长4 268米。

24日　省政府办公厅出台《关于规范高速公路建设项目投资模式有关事宜的通知》，明确全省高速公路建设应优先采用市场化的方式确定投资人，鼓励采用打捆招商的方式支持贫困地区高速公路建设。

27日　省第十二届人大常委会第三十二次会议听取和审查《四川省农村公路条例（草案）》，省交通运输厅党组书记、厅长汪洋在会上就《条例》的立法背景、立法过程及主要内容作说明。

28日　四川交职院2017年度单独招生考试工作25日顺利完成。2017年度该院共投放招生计划2 400名，其中：普高计划1 610名，中职计划730名，特长类计划60名，招生计划投放比例达招生总计划的50%。

29日　中国交通报社2017年记者站工作会议暨通联工作会议在珠海举行。会上，交通宣传中心（中国交通报四川记者站）被评为2016年度最佳记者站，刘小明副部长为四川记者站颁发荣誉证书。交通宣传中心吴丹、周显仁被评为年度最佳站长（副站长），吴丹被评为年度优秀驻地记者，周显仁、李洁心、扎西美朵被评为年度优秀特约记者。

4月

5日　中共四川省委办公厅、省政府办公厅印发通报，对完成2016年度全省维护社会稳定和社会治安综合治理工作目标的优秀、先进单位进行表扬，省交通运输厅名列其中。

Δ　清明小长假期间，全省高速公路网出口总车流量803.8万辆，较2016年清明节（653.3万辆）增长22.9%；ETC车流量127.7万辆，占比15.9%。清明小长假首日全省高速公路网出口总车流量305.5万辆，首次单日突破300万辆，高速公路网整体运行平稳。

Δ　雅康高速公路泸定大渡河兴康特大桥首根主缆索股成功架设，大桥上部构造主体工程施工正式启动。

7日　厅办公室牵头，厅公路设计院和交通宣传中心联合摄制的“2016感动交通年度人物”参评电视汇报片《初心匠人》完成前期拍摄。

10日　中共四川省委、省政府召开四川省科学技术奖励大会，省交通运输厅公路设计院等单位承担的《山区桥梁人工集料混凝土的性能提升技术与应用》《公路隧道抗震及减震技术研究》《西部地区公路瓦斯隧道设计与施工技术》3项科技成果分别获二、三等奖。

12日　省人力资源社会保障厅、省档案局联合发布《关于表彰四川省档案工作先进集体先进个人的决定》，省交通运输厅办公室在2016年全省档案工作中获“四川省档案工作先进集体”称号。

21日　在中国公路勘察设计协会第六届第二次理事会上，省交通运输厅交通设计院5个项目分别获2016年度交通优秀勘察、优秀设计奖。其中，《国道213线川主寺至汶川公路灾后复建工程地质勘察》项目获公路交通优秀勘察一等奖；《省道217、216线理塘县城至稻城亚丁公路改建工程》获交通优秀设计一等奖。

22日　中共四川省委书记王东明，省委副书记、省长尹力，在成都会见到川调研的交通运输部部长李小鹏。双方围绕继续推动完善四川现代综合交通运输体系，加快公路、铁路和航道航线建设，大力提升民族地区、贫困地区交通基础设施水平等交换意见。副省长杨洪波，副省长、中共四川省委秘书长王铭晖参加会见。

26日　中共四川省委、省政府印发《关于表扬2016年脱贫攻坚“五个一”驻村帮扶先进集体和先进个人的决定》，省交通运输厅、四川兴蜀公路建设发展有限责任公司被表扬为“五个一”驻村帮扶先进集体。

Δ　兴蜀公司建设管理的凉山州最大跨径溜索改桥——金阳县对坪村金沙江大桥钢管拱劲性骨架顺利合龙。

5月

3日　省政府印发通知对2016年度安全生产工作考核情况进行通报，省交通运输厅被评为2016年度安全生产工作优秀单位。

Δ　交通运输部办公厅对2016年度交通运输政务信息工作先进单位和优秀政务信息员进行通报表扬。省交通运输厅获政务信息工作先进单位一等奖，厅办公室蒋林珂、厅公路局陈键被评为优秀政务信息员。

8日　7至8日，交通运输部党组书记杨传堂到宜宾市，就水运港口发展、海事体制改革等工作开展调研，并听取副省长杨洪波、长江航务局局长唐冠军有关交通工作汇报。

9日　全省交通运输系统职工参加交通运输部“2016年中国技能大赛——第八届全国交通运输行业职业技能竞赛”取得优异成绩。阿坝州公路管理局金川公路管理分局房清松、阿坝州公路管理局汶川公路管理分局邱正、绵阳路桥建设有限责任公司胡伟等3人，分别被交通运输部授予“全国交通技术能手”称号。

12日　宜宾新市至攀枝花沿江高速公路项目投资协议签约仪式在省交通运输厅举行。省政府副省长杨洪波出席签约仪式并讲话，省政府副秘书长黄小平主持签约

仪式，省交通运输厅党组书记、厅长汪洋，凉山州、宜宾市、攀枝花市政府分管负责人，及项目投资方省交投集团、省铁投集团主要负责人参加签约仪式并发言。

16日　2017年二季度全省交通重点项目集中开工动员在德阳举行，集中开工德阳至都江堰高速公路等17个公路水路交通重点项目，总投资760亿元。副省长杨洪波出席活动并宣布开工。省政府副秘书长黄小平主持。

17日　成都天府国际机场航站楼工程正式开工建设。航站楼总面积60万平方米。

31日　端午节期间，全省高速公路网出口总车流量588万辆，较上年端午节假期增长15.98%，其中ETC车流量206万辆，占比35.03%。以成都为中心的环线高速公路及放射线高速公路车流量较为集中，其中：成都环线高速公路出口总流量111万辆，成都放射线高速公路出口总流量346万辆，成都主线收费站出口总流量74万辆，占全省高速公路网出口总流量的90.31%。全省高速公路网整体运行平稳。

Δ　巴陕高速公路米仓山超特长公路隧道中部通风竖井顺利完成掘进。该竖井深435米，直径9米，属全国在建公路隧道规模最大的竖井，施工难度位居全国首位。

6月

5日　根据《四川省人民政府部门绩效管理办法》，省政府目标绩效管理委员会组织开展2016年省政府部门绩效考评工作，四川省交通运输厅被评为2016年绩效管理先进单位。

8日　全省国家区域性公路交通应急装备物资储备中心建设项目开工。该项目是交通运输部在全国建立的13个区域性公路交通应急装备物资储备中心之一。

21日　即日起，航行于四川省辖区水域的船舶（四川省长江海事局管辖的船舶除外）实施进出港报告制度，“船舶签证簿”和船舶IC卡将取消配备和使用。

22日　为更好地向国际社会宣介中国人权事业发展成就，经中宣部和省新闻办批准，22日上午，“中国人权纪实·2017”中意媒体联合采访团到省交通运输厅进行采访，厅党组成员、副厅长张琪就全省近年来交通建设取得的成就、精准扶贫等主题与媒体记者进行交流。

24日　茂县叠溪镇新磨村突发山体高位垮塌，阿坝州、茂县交通运输部门紧急启动应急响应，组织抢险机具、人员赴现场开展救援工作。省交通运输厅党组书记、厅长汪洋和分管厅领导立即安排启动突发事件应急预案，着手做好汛期地质灾害突发事件交通应急工作。

Δ　针对四川省茂县叠溪镇山体垮塌事件，交通运输部党组书记杨传堂批示：请应急办迅速了解情况，在当地党委政府领导下，交通运输部门与有关方面密切配合抢救被埋人员、保证运输通道畅通。有关情况及时报告，如需部里支持及时落实。交通运输部部长李小鹏批示：请公路局、运输司高度重视，指导四川省厅和地方交通部门在当地党委政府领导下，全力做好抢险救援工作，保障道路畅通，要科学施救，注意人员安全，防止新的灾害发生。部应急办要密切跟踪，重要情况随报。收到部领导批示后，省交通运输厅党组书记、汪洋赓即批示：请各有关部门迅速传达落实书记、部长批示，全力做好抢险救援和保通保畅工作。

Δ　在茂县叠溪镇新磨村抢险一线，中共四川省委书记王东明，省委副书记、省长尹力，省委常委、秘书长、副省长王铭晖，副省长杨洪波先后听取省交通运输厅党组成员、副厅长张琪关于四川交通抢通保通保运情况的简要汇报。按照中共四川省委、省政府和交通运输部主要领导指示批示要求，省交通运输厅及有关地方交通运输部门、交通运输企业全面启动应急救援，全力做好抢险救灾和道路抢通保通工作。灾情发生后，省交通运输厅党组书记、厅长汪洋立即安排启动突发事件应急预案，组织施工力量投入抢险，并派工作组赶赴现场参与救援。

26日　历时3个多月，雅康高速公路泸定大渡河兴康特大桥主缆缆索索股牵引安全完成。

30日　2017年1月—6月，省政务服务中心交通窗口收到申请36 366件，受理36 350件，办结36 298件；行政审批事项现场办结率、按时办结率、评价满意率均为100%；即办件所占比例为97.79%；承诺件办结提速

率82.45%。在第二季度窗口政务服务考核中，省交通运输厅在全省49个派驻省政务中心厅局级单位中排名第五位，厅运管局聂波、航务局张萍、高管局林大为、质监局孟晓被评为“优秀窗口工作人员”。

7月

3日　省政府命名成都市郫都区、泸州市江阳区、南充市顺庆区、宜宾市江安县、乐山市犍为县、遂宁市安居区、巴中市平昌县、成都市大邑县、达州市达川区、广安市岳池县、广元市剑阁县、德阳市罗江县、南充市西充县、绵阳市安州区14个县（区）为全省第一批“四好农村路”省级示范县。

Δ　国道0511线德阳至都江堰高速公路初步设计获得交通运输部批复，该路是《国家公路网规划》国道5线北京至昆明高速公路和国道4217线成都至昌都高速公路的联络线，主线全长91.37公里。

4日　交通运输部公布全国52个县（区、市）为城乡交通运输一体化示范县第一批创建县（区、市），四川省乐山市犍为县、绵阳市涪城区进入首批名单。

5日　截至6月底，16个脱贫摘帽县累计实现4 558个建制村通硬化路，占总量的99.8%；7个贫困村整体退出县累计实现1 145个建制村通硬化路，占总量的99.8%；3 700个退出贫困村累计实现3 425个建制村通硬化路，占总量的92.6%；新增16个乡镇通硬化路，占目标的16.0%；新增1 453个建制村通硬化路，占目标的72.7%。

Δ　自贡市交通运输局出台《自贡市巡游出租汽车经营服务管理实施细则》《自贡市网络预约出租汽车经营服务管理实施细则》，进一步深化巡游出租汽车改革，规范发展网络预约出租汽车。

6日　省政府办公厅印发《关于加强建制村联网路和村内通组路建设工作的指导意见》，支持县级人民政府在全面实现乡镇和建制村通硬化路目标的基础上，通过整合相关涉农资金，因地制宜有序实施建制村联网路和村内通组路，推动道路基础设施进一步覆盖农村主要居民聚居区、重要农业产业园区、乡村旅游景点，积极服务于脱贫攻坚和农业产业发展。

Δ　交通运输部、公安部、国家安全监管总局、中华全国总工会、共青团中央等5部委对2017年春运“情满旅途”活动成绩突出集体和个人进行通报表彰。成都东站汽车客运站、广安客运枢纽站获2017年春运“情满旅途”活动先进集体；巴中市运管局稽查队付益宇获2017年春运“情满旅途”活动先进个人，成都汽车东站“江婕服务岗”入围2017年春运“情满旅途”活动十大服务品牌，受到五部委的通报表彰。

11日　省交通运输厅在四川交通职业技术学院举行微电影《天路入云端》开机仪式。

Δ　省交通运输厅、公安厅、省安监局、省旅游发展委员会四部门联合印发《四川省道路营运驾驶员记分管理办法实施细则（试行）》。

Δ　四川交职院学生杨文浩获得第44届世界技能大赛“汽车技术”项目国家集训基地选拔赛第一名，并将代表中国出征10月份在阿联酋阿布扎比举行的第44届“汽车技术”项目世界技能大赛。

18日　雅康高速公路飞仙关特长隧道左洞实现安全贯通。隧道左洞全长4 949米，为雅康高速公路主要控制性工程之一。

20日　交通运输部副部长刘小明在成都考察调研出租汽车改革及共享单车发展情况。刘小明实地考察共享单车现场管理情况，听取省交通运输厅、成都市的相关汇报，并和出租汽车及共享单车企业代表座谈。

21日　交通运输部与四川省在成都举行工作座谈会，共同研究推进部省合作有关事项。交通运输部部长李小鹏，中共四川省委副书记、省长尹力出席会议并讲话。

Δ　中俄总理定期会晤委员会运输合作分委会第二十一次会议在中国四川成都举行。

Δ　国道213线映汶公路“7·9”山洪泥石流灾害恢复重建工程连山村隧道顺利贯通。

26日　交通运输部印发《全国红色旅游公路规划（2017—2020年）》。全省共14个项目、359公里纳入规划，总规模和补助资金大幅超过“十二五”时期，为提升全省旅游服务水平，推进红色旅游健康发展提供有力支撑。

Δ 泸州港与德国杜伊斯堡港在成都正式签署《战略合作备忘录》。双方在中国“一带一路”倡议下，将充分发挥运输、货物集拼与分拨、仓储等方面的枢纽优势，就港口、贸易以及供应链增值服务方面展开跨洲际合作。

27日 省十二届人大常委会第三十五次会议第二次全体会议表决通过《四川省农村公路条例》。

Δ 汶马高速公路薛城1号隧道左线顺利贯通。左线全长3 321.2米，最大埋深459米，隧道安全贯通为汶川至理县段2018年贯通打下坚实基础。

8月

3日 四川省政府发文批准在四川交通运输职业学校基础上设立四川交通技师学院。

Δ 乐山公交总公司开行的5路公交车专门为蔬菜基地菜农增开关庙乡至牟子镇“菜农专用”公交车，方便菜农乘坐专车进城卖菜。

6日 15时，国道213线K769+700（茂县石大关旧关楼）处发生山体高位塌方。“8·6”阿坝茂县山体高位塌方后，中共四川省委常委、秘书长、副省长王铭晖第一时间作出批示，要求阿坝州及省级有关部门一定要科学组织抢通保通工作，坚决防止因再次垮塌造成人员伤亡。省交通运输厅收到批示后，厅党组书记、厅长汪洋赓即要求，务必贯彻落实好批示精神，科学救灾，安全救灾；要细化工作要求，指导阿坝科学实施抢通保通工作，需要技术和施工力量，厅积极协调给予支持。

8日 2017年1月—6月，全省共发生交通运输安全事故105起，比上年增加7起，上升7.14%；死亡139人，比上年增加6人，上升4.51%，呈现“一升、一降、两平稳”的特点。道路运输行车事故件数呈上升态势，发生事故100起，比上年增加10起、上升11.11%，其中：较大事故6起、一般事故94起，比上年分别增加2起、8起，上升50%、9.30%；事故造成129人死亡，比上年增加19人，上升17.27%。交通建设安全事故起数呈下降趋势，发生事故4起（其中较大事故1起），死亡9人，事故起数比上年下降3起，死亡人数比上年减少1人。水上交通安全和公路管理领域呈持续稳定态势，水上交通发生事故1起、死亡1人，与上年持平；公路管理没有发生因源头管理原因造成的责任事故。

Δ 21时19分，阿坝州九寨沟县发生7.0级地震。按照省政府抗震救灾指挥部启动的I级应急响应，根据《厅2017年地震重点危险区专项应急预案》，省交通运输厅成立“8·8”九寨沟地震抗震救灾交通运输应急指挥部，并启动一级应急响应。

9日 中共四川省委书记、“8·8”九寨沟地震抗震救灾指挥部指挥长王东明在九寨沟机场主持召开省抗震救灾指挥部第一次会议，传达贯彻中国共产党中央委员会总书记习近平、总理李克强重要指示精神，研究部署抗震救灾工作。中共四川省委副书记、省长、指挥部指挥长尹力出席会议，省交通运输厅党组书记、厅长汪洋参加会议。

Δ “8·8”九寨沟地震发生后，交通运输部立即进入应急值班工作状态，部党组书记杨传堂要求密切关注了解四川阿坝州地震情况。部长李小鹏主持召开专题会议，决定启动交通运输二级应急响应，派员参加国家减灾委工作组工作，并成立应对四川九寨沟7.0级地震灾害应急领导小组，指导交通应急抢险救援工作。

11日 凌晨2时30分，随着两台应急客车33名乘客安全抵达成都东站汽车客运站，全省调集应急运力大规模疏运灾区游客和群众的任务圆满完成。全省应急调用620辆客车，开行1 164辆次，采用接驳方式累计疏散出九寨沟灾区2万余人（主要为旅游散客和外来务工人员），其中转移出阿坝州16 700余人。

15日 四川省驾驶培训监管服务平台正式开启全面试运行。

16日 截至7月底，16个脱贫摘帽县，累计实现4 561个建制村通硬化路，占总量的99.9%；7个贫困村整体退出县，实现所有建制村通硬化路；3 700个退出贫困村，累计实现3 454个建制村通硬化路，占总量的93.4%；累计新增17个乡镇通硬化路，占目标的17.0%；新增1 585个建制村通硬化路，占目标的79.3%。

24日 四川交通运输职业学校经省政府批准设立四川

交通技师学院并正式向社会发布招生简章。首批招生专业涉及汽车、道桥、物流及工程机械等六大热门专业。

30日　成南高速公路建成四川省高速公路首个超微气浮湿地污水处理系统。该系统通过专利气泡发生器形成“气泡云”包裹水中小至0.05微米固、液体颗粒，上浮至水面形成浮渣层，能够去除高达99.9%的污染物。

9月

3日　为全面贯彻落实中共四川省委《关于推进绿色发展建设美丽四川的决定》，加快推进全省绿色交通运输发展，近日，省交通运输厅印发《关于加快推进四川省绿色交通运输发展的指导意见》。

5日　中国交通报社2017年度新闻宣传工作会在西安举行，交通宣传中心（四川记者站）获得“突出贡献奖”。

7日　省交通运输厅公路局与重庆市公路局签订《四川省、重庆市跨省大件运输并联许可工作协议》，两省（直辖市）跨省大件运输网上并联许可平台于2017年9月1日零时正式启用，实现两省（直辖市）内跨省大件运输许可由起运地完成网上一站式办理。

14日　作为四川路桥集团在欧洲建筑市场的桥头堡，挪威哈罗格兰德大桥成功吊装首节钢箱梁。首节钢箱梁的吊装成功标志着哈罗格兰德大桥进入主梁架设施工的全新阶段。

18日　省质监局发布地方标准公告，全省交通运输行业《汽车客运站建设规程》《高速公路施工标准化技术指南》等9项地方标准正式获批发布实施，涉及场站建设、施工技术、公路养护、质量检测、新型材料等领域。

25日　全省正式全面实施“多证合一”改革。全省道路运输三项事项列入此次“多证合一”改革，分别为：道路运输企业变更名称、法定代表人、地址（限县域内）备案；道路货运代理经营备案；道路货运配载经营备案。

26日　全球海拔最高超特长公路隧道——雀儿山隧道建成通车。

Δ　雅康高速公路二郎山特长隧道实现双向贯通，大渡河兴康特大桥首片钢桁梁吊装成功，为雅康高速公路全线建成通车打下坚实基础。

28日　四川省“8·8”九寨沟地震抗震救灾及“6·24”茂县特大山体滑坡灾害抢险救灾表彰大会在成都举行。省交通运输厅公路局、道路运输管理局被授予四川省“8·8”九寨沟地震抗震救灾先进集体；厅安全监督处（应急办公室）处长（主任）朱江、厅道路运输管理局办公室主任蒋大轩、厅公路规划勘察设计研究院总工办副总工程师江大兴、厅交通勘察设计研究院总工办主任工程师张庆飞被授予四川省“8·8”九寨沟地震抗震救灾先进个人。厅公路局党委书记、局长李永亮被授予四川省“8·8”九寨沟地震抗震救灾优秀共产党员。

Δ　全国城市轨道交通职业教育集团在北京成立，四川交职院成为常务理事单位。该职教集团是首个全国性城市轨道交通职业教育集团，成员包括交通类职业院校118所、城市轨道交通及其他企业38家。

30日　14时，成安渝高速公路全线开通运营。成安渝高速公路四川段是四川省高速公路网布局规划中的24个出川通道之一，是成渝两地距离最短、路线最优的高速公路。

10月

9日　1日—8日十一“黄金周”期间，全省道路旅客运输日均投放4.815 3万辆客运车辆，累计完成客运量2 127.07万人次，日均完成客运量260.88万人次，比上年下降13.54%。全省未发生较大及以上道路运输事故、未发生大面积旅客滞留现象、未发生严重服务质量投诉事件，全省道路运输平稳有序。

Δ　1日零时至8日24时，全省高速公路网总车流量2 009万辆次，日均车流量251万辆次，超过2017年上半年日均车流量的33.4%，较2016年同期（1 809万辆）增长11%。全省高速公路交通执法系统出动执法人员5 846

人次，开展联合执法783次，巡查里程169 342公里，检查货运车辆1 098辆次，处理违法超限运输车辆71辆次；检查客运车辆3 182辆次，处理违法客运车辆31辆次。

11日　2017年，全省第三批交通重点项目集中开工动员活动在雷波县举行。此次集中开工宜宾新市至攀枝花高速公路等17个公路水路交通重点项目，总投资1 507亿元，涉及5大经济区、4大城市群的13个市州。副省长杨洪波出席活动并宣布开工。

13日　四川省汽车客运站共享发展联盟成立大会暨四川省交通旅游融合发展“游巴适”项目启动仪式在蓉举行。本次大会由省交通运输厅指导、交通企业管理协会主办，交通企业管理协会汽车客运站专委会承办。省交通运输厅党组成员、副厅长黄英权出席大会并为联盟的成立揭牌。

16日　由交通运输部主办，中国交通报社承办的“超级工程·中国名片”喜迎中共十九大“中大机械”杯全国交通摄影大赛和“砥砺奋进交通先行”全国交通运输行业微视频大赛总结座谈会在交通运输部召开。由四川省交通运输厅报送、省交通运输工会组织摄制的作品《天路入云端》获“砥砺奋进交通先行”全国交通运输行业微视频大赛二等奖；由四川省交通宣传中心报送的《云端上的守望者——九寨黄龙机场交通职工王景辉家庭速写》获微视频大赛三等奖。同时，四川省交通宣传中心获微视频大赛优秀组织奖。

17日　16至17日，全省“四好农村路”建设现场会在宜宾市召开。省政府副省长杨洪波出席会议并讲话，省政府副秘书长黄小平主持会议，省交通运输厅党组书记、厅长汪洋作工作报告。会议宣读省政府命名首批14个“四好农村路”省级示范县（区）的决定，并现场授牌。

20日　四川交职院学生杨文浩获第44届世界技能大赛“汽车技术”项目银牌，实现中国“汽车技术”项目中国内地奖牌零的突破。

Δ　雅康高速公路紫石特长隧道双向安全贯通。该隧道是雅康高速公路雅泸段最后一座双向贯通的特长隧道，也是雅康高速全线重难点隧道之一，全长4.8公里。

25日　汶马高速公路赶羊沟特长隧道左洞顺利贯通，全长5 390米。

11月

3日　交通运输部发布《关于公布2017年交通运输行业研发中心和重点实验室认定结果的通知》，厅公路设计院申报的“公路建设与养护技术、材料及装备”和厅交通设计院申报的“建筑信息模型（BIM）技术应用”行业研发中心均获批认定。

6日　成都市高新区交通运输行政主管部门为成都悠途信息技术有限公司颁发网约车经营许可证，这也是全省首家获得网约车经营许可证的本土网约车平台公司。

10日　经企业申请，省级部门初选推荐和专家评审，交通运输部、国家发展改革委确定全国30个项目为第二批多式联运示范项目。

12日　汶马高速公路赶羊沟特长隧道右洞掘进顺利合拢，至此赶羊沟特长隧道双洞全部实现贯通。该隧道全长5 483米，属特长隧道，最大埋深500米。

13日　省交通运输厅印发《四川省高速公路投资人信用管理办法（试行）》。

16日　《四川省航道条例》经省政府第160次常务会议审议通过，下一步将按立法程序提请省人大常委会审议。

17日　中央精神文明建设指导委员会发布《关于表彰第五届全国文明城市、文明村镇、文明单位和第一届全国文明校园的决定》，厅航务局被授予第五届“全国文明单位”称号并获表彰。

22日　汶马高速公路汶川1号隧道实现双线安全贯通。该隧道为左右分离式特长隧道，左线长4 777米，右线长4 796米。

23日　交通运输部海事局开展2017年全国海事调查工作先进单位、全国海事调查工作先进个人的评选表彰工作。四川省地方海事局、局安全监督处胡高利分别被评为全国海事调查工作先进单位、全国海事调查工作先进个人，四川省地方海事局是获此殊荣的唯一一家地方海事机构。

12月

1日　全省首个渡改桥PPP项目——南溪仙源长江公路大桥顺利合龙。南溪仙源长江公路大桥总投资6.5亿元，是国家规划的长江干线新建过江通道的重点项目，也是全省首个PPP开工项目，项目建设工期36个月。大桥全长2 100米，桥长1 499米。

4日　1至11月，全省普通公路完成投资751.9亿元，占年度目标的117.5%。其中，干线公路437.6亿元、农村公路266.2亿元、其他专项48.1亿元，分别占年度目标的109.4%、133.1%、120.3%。全省普通公路新（改）建国省干线公路1 894公里、农村公路26 903公里，分别占年度力争目标的105.2%和134.5%。省政府“民生工程”农村公路建设完成投资123.5亿元、建成11 338公里（改造县乡道3 408公里、村道7 930公里），分别占年度目标（85亿元、10 000公里）的145.3%、113.4%；渡改公路桥建设完成投资18.3亿元、建成33座，分别占年度目标的183%、110%；国省干线公路养护管理完成投资30.7亿元，占年度目标的102.3%。

5日　雅康高速公路公家坪大桥右线最后一片T梁架设安全完成。公家坪大桥左线长331.05米、右线长472.319米。该大桥梁板安全架通，标志着雅康高速公路雅泸段桥梁全部安全架通。

7日　1至11月，全省16个脱贫摘帽县和7个贫困村整体退出县，实现所有乡镇和建制村通硬化路“两个100%”；3 700个退出贫困村，累计实现3 672个建制村通硬化路，占总量的99.2%；今年累计新增54个乡镇通硬化路，占目标的54%；新增2 000个建制村通硬化路，占目标的100%。

9日　由中国交通报社、四川省交通运输厅联合主办的“新时代四川交通运输发展战略研讨会”在成都举行。中国交通报社党委书记、社长蔡玉贺主持研讨会。省交通运输厅党组书记、厅长汪洋出席会议并致辞。来自国家发展改革委、中国财政科学研究院、清华大学、浙江大学、同济大学、东南大学等交通运输领域的知名专家学者为四川省交通运输发展建言献策。

12日　四川省人民医院交通医院正式挂牌。

Δ　四川路桥集团与挪威公路局正式签订贝特斯塔德桑德大桥项目施工合同。该桥全长580米，为钢砼叠合梁桥，合同造价2.2亿元人民币。

18日　按照四川省道路危险货物运输企业（单位）质量信誉考核办法和考核标准，各地开展2016年度道路危险货物运输企业质量信誉考核工作，并于2017年11月底，完成全省316家道路危险货物运输企业质量信誉考核工作。评定出AAA级企业128家、AA级企业171家、A级企业14家、B级企业3家。

Δ　18日，汶马高速公路C20标段王家寨1号隧道安全贯通，标志着汶马高速公路马尔康段隧道全部贯通。

20日　交通运输部科技司在北京召开2017年新认定重点科研平台建设运行推进会。省交通运输厅“建筑信息模型（BIM）技术应用”和“公路建设与养护技术、材料及装备”两个行业研发中心获颁铭牌。

25日　全省2017年道路运输节能减排降碳工作成效明显。基本完成道路营运“黄标车”淘汰工作任务，全省全年淘汰营运“黄标车”16 173辆；大力推进天然气、新能源汽车的推广应用，全省发展清洁能源营运汽车6.7万辆，新能源公交车2 200辆，新能源出租汽车250辆；大力开展多式联运、甩挂运输、无车承运人和城市共同配送等高效运输组织模式的试点工作，开展无车承运人试点企业13家；实施绿色维修工程，在成都市开展维修企业参与机动车排气污染检测I/M制度试点，584家成都市汽车维修企业获机动车尾气污染治理资质，累计治理尾气不达标车辆达7.05万辆次。

Δ　中共四川省委副书记、省长尹力在成都会见全省参加第44届世界技能大赛的3位参赛选手及其指导教练。四川省交通职业技术学院学生、世技赛汽车项目银牌获得者杨文浩和教练老师参加会见。

27日　四川交通投资基金取得营业执照，标志着四川交通投资基金首期设立成功。四川交通投资基金是全省成立的第一支省级交通行业引导基金，也是省财政出资规模最大的一支引导基金。

31日　国道4218线雅康高速公路雅安至泸定段并入四川高速公路网试通车运行，结束四川藏区不通高速公路的历史。至此，全省21个市州全部通高速公路。

（田耀楠）

交通基础设施建设

JIAOTONG JICHU SHESHI JIANSHE

2018

四川交通年鉴

综　述　2017年，全省公路水运交通建设完成投资1 499.3亿元，连续七年超千亿元。其中，高速公路完成648.4亿元，国省干线完成445.4亿元，农村公路完成268.5亿元，站点建设完成56.9亿元，水运建设完成57.2亿元，养护、智慧交通及其他专项工程完成22.9亿元。

高速公路建设　新建成通车巴陕高速公路桥亭至关坝段（16公里）、叙古高速公路古蔺至太平段（31公里）、成安渝高速公路二绕至绕城段（25公里）、南大梁高速公路华蓥山隧道（6公里）、乐山绕城高速公路（24公里）、雅康高速公路雅安至泸定段（72公里）、简蒲高速公路（127公里）等7个项目（路段）建成通车，新增通车里程301公里（雅泸段全长95公里，天全互通至喇叭河互通段23公里因涉及部分高填方路段缓铺上面层，李子坪隧道改线段在2017年采取单幅通行，不计入年度通车里程），全省高速公路通车总里程达到6 820公里，继续排名全国第二位，西部第一位。新开工德阳至都江堰、宜宾新市至金阳、金阳至宁南、宁南至攀枝花、乐山至西昌、荣昌至泸州、广元至平武、资阳至潼南、叙永至威信、成都至乐山高速扩容（眉山至乐山段）、巴中至万源、成都至宜宾等12个高速公路项目、1 396公里。截至2017年底，全省高速公路在建项目32个，总里程3 140公里，建成在建总里程达9 785公里（不包括原路扩容改造175公里）。

2017年9月19日，雅康高速公路飞仙关隧道贯通　　雅康公司 供稿

国省干线及农村公路建设　新（改）建普通国省干线公路1 996公里、农村公路2.7万公里，国省干线公路服务保障水平持续提升。世界海拔最高的特长公路隧道国道317线雀儿山隧道建成通车，打通了川藏北线的最大瓶颈，中央电视台以“超级工程”为题播报。

内河水运建设　岷江港航电犍为枢纽右岸截流，岷江龙溪口、虎渡溪、汤坝和尖子山等4个航电枢纽和宜宾港志城作业区散货泊位开工建设，嘉陵江亭子口枢纽以下达到四级航道标准，新增四级航道17公里，全省四级以上航道达1 532公里。

汽车客运站建设　开展精准扶贫地区汽车客运站建设，开工建设县级客运站10个、乡（镇）客运站200个、村级招呼站（牌）12 000个。加快建设综合客运枢纽，“全覆盖”工程建成和在建项目达39个，覆盖90%高铁站。纳入交通运输部规划的9个货运枢纽（物流园区）建成3个，在建6个。

（厅建管处）

高速公路建设

GAOSU GONGLU JIANSHE

乐自高速公路乐山城区连接线通车　2017年12月28日，乐自高速公路乐山城区连接线建成通车。路线起于乐山市凌云乡陈板桥刺梨塘，与乐自高速公路相接，止于乐山市棉竹镇菜湾与成乐高速公路相连形成枢纽互通，与乐宜高速公路、乐自高速公路、成乐高速公路构成乐山城区环城高速公路网络。路线全长23.62公里，采用双向四车道高速公路技术标准建设，设计时速80公里，路基宽24.5米，汽车荷载等级采用公路Ⅰ级。主线设特大桥1座（岷江四桥）2 061.36米、大中桥24座3 662.84米、天桥（渡槽）13处、匝道桥8座836米、小桥3座64.2米、涵洞（通道）71道，填方456.8万立方米、挖

乐自高速公路　　刘文杰 摄

方492.8万立方米。原方案设计互通式立交4处（凌云互通、全福互通、通江互通、棉竹互通），后新增大佛互通1处。项目概算投资17.62亿元。

（厅质监局）

巴陕高速公路关坝至高家湾隧道段通车 2017年11月17日，巴陕高速公路关坝至高家湾隧道段通车。巴陕高速公路起于汉中市小坝镇（米仓山特长隧道进口），经南江县、巴州区，沿大河、南江河、巴河而下，止于巴中市巴州区东兴场，连接巴南高速公路，与

巴陕高速公路　　巴中市交通局 供稿

广（元）达（州）高速公路、巴广渝高速公路互通。通车的关坝至高家湾隧道段全长15.5公里（断链66.07米），采用双向四车道高速公路技术标准建设，设计时速80公里，整体式路基宽24.5米，分离式路基宽12.25米，整体式桥梁宽24米、分离式桥梁宽11.75米，汽车荷载等级采用公路Ⅰ级。项目概算投资19.31亿元。

（厅质监局）

成都经济区环线高速公路简蒲段通车 2017年12月28日，成都经济区环线高速公路简阳至蒲江段通车。路线起于简阳市禾丰镇K182+350处，对接环线东段德阳至简阳段高速公路，止于蒲江县天华镇K308+727处，对接环线西段蒲江至都江堰段高速公路，全长126.33公

简蒲高速公路沱江特大桥　　厅史志总编室 供稿

里。采用双向六车道高速公路技术标准建设，设计时速100公里，路基宽33.5米，分离式路基宽16.75米，汽车荷载等级采用公路Ⅰ级。设特大桥3座（永丰互通主线特大桥、岷江特大桥、周家村特大桥）3 691米，隧道2座4 228米（二峨山隧道2 268米，长秋山隧道1 960米），互通式立交17处（枢纽互通5处，一般互通12处）。项目概算总投资155.11亿元。

（厅质监局）

成安渝高速公路（成都段）通车 2017年9月30日，成安渝高速公路（成都段）通车。成安渝高速公路（四川段）起于成都绕城高速公路与成洛路交汇处以西，经成都市龙泉驿区、简阳市、资阳市乐至县、资阳市安岳县，止于资阳市安岳县忠义乡观音桥附近川渝界，全长174.54公里。成都段（K0–051.208至K21+700）全长21.75公里，设计时速100公里，路基宽33.5米，汽车荷载等级采用公路Ⅰ级。设特大桥4座9 438.91米、大桥6座2 330.50米、隧道4座4 300米，互通式立交2处、

成安渝高速公路　　厅史志总编室 供稿

分离式立交1处、天桥2处、服务区1处、收费站3处（成都、龙泉驿、洛带）。

（厅质监局）

雅康高速公路建设进展顺利 雅康高速公路是国家高速公路网雅安至叶城（新疆喀什）高速公路的重要组成部分。路线起于雅安市雨城区草坝镇，接乐雅高速公路，西经天全县、泸定县，止于康定城东，全长约135公里。采用双向四车道高速公路技术标准建设，设计时速80公里，路基宽24.5米。桥隧比82%。交通运输部批复概算总投资230亿元，建设工期5年。项目具有地形条件极其复杂、地质条件极其复杂、气候条件极其恶劣、生态环境极其脆弱、工程施工极其困难等5大特点，是全省乃至全国在建桥隧比最高、施工难度最大的高速公路之一。

2017年，雅康高速公路完成概算投资50亿元，占年初下达目标计划（46亿元）的109%，超额完成年度投资目标；开工累计完成路基土石方91%，占年度目标的

100%；完成桥梁下部构造75%，占年度目标的107%；完成桥梁上部构造66%，占年度目标的109%；隧道开挖71%，占年度目标的112%；完成二衬66%，占年度目标的115%；完成路面工程60%，占年度目标的120%；完成后续工程55%，占年度目标的100%。

雅康高速公路对岩枢纽互通　　雅康公司 供稿

12月31日18时，雅安草坝至泸定段比计划提前21个月建成，并入四川高速公路网通车试运行。通车路线全长95公里，路基土石方2 267 万立方米，沥青混凝土路面491万平方米，桥梁88座（特大桥5座），隧道19座（特长隧道5座），互通式立交10座（枢纽互通2座），控制性工程为二郎山超长隧道、飞仙关、紫石特长隧道，对岩枢纽互通，李子坪改线隧道、大仁烟大桥以及沥青砼路面工程。路线通车结束了甘孜州不通高速公路的历史，至此，全省21个市（州）均有高速公路通达，雅安绕城高速公路全面闭合成环，芦山地震灾区新增一条生命大通道。

（雅康公司）

汶马高速公路建设进展顺利　汶马高速公路起于汶川县城以南凤坪坝、接映汶高速公路止点，设汶川枢纽互通连接映汶高速公路、汶马高速公路和汶九高速公路；沿杂谷脑河上行、与国道317线平行布线，经汶川县克枯、龙溪，沿桃坪、通化、木卡、薛城、蒲溪、甘堡至理县县城，再经理县朴头、古尔沟、沙坝、夹壁至米亚罗镇，穿越鹧鸪山，沿梭磨河下行，经马尔康市梭磨、止于马尔康市卓克基，全长172公里。主线设置桥梁121座52公里（包括互通及服务设施主线），隧道32座96公里，桥隧比例约86.5%。设置互通式立交11处，服务区4处、停车区3处、管理分中心3处和养护工区4处、主线收费站1处。交通运输部批复总工期6年，项目总投资约287亿元。汶马高速公路具有极其复杂的地形、极其复杂的地质、极其复杂的气候条件、极其脆弱的生态条件、极其复杂的工程建设环境等特征，控制性工程为鹧鸪山隧道、狮子坪特长隧道、克枯特大桥等。

2017年，汶马高速公路完成概算投资60.01亿元，占年度计划100.02%，累计完成169.7亿元，占概算59.13%。路基挖方完成1 489.4万立方米，占工程总量的76.3%；抗滑桩1 212根，占工程总量的87.3%；其他防护工程140.5万立方米，占工程总量的92.7%；桥梁工程桩基6 715根，占工程总量的88.9%；墩柱4 706根，占工程总量的83.9%；预制梁板累计完成9 627片，占工程总量的71.4%；涵洞129道，占工程总量的46.9%；隧道工程单洞开挖165 962.8米，占工程总量的88.1%；二衬155 112.5米，占工程总量的82.3%。全线32座隧道，主线双洞贯通17座，单洞贯通4座。

控制性工程鹧鸪山隧道长8 848米，总投资26亿元，施工中采取光面爆破、超前地质勘探、引进瓦斯自动监控系统和洞内视频监控系统、对机械设备进行防暴改装等技术措施，保证隧道于2018年1月底实现双向贯通。因地质原因，控制性工程狮子坪隧道群变更为全长13.1公里的狮子坪特长隧道，为加快施工进度，打通1.5公里长的2号横洞，8个作业面同时采取全机械化施工。全年开挖隧道出口端左洞4 207米，占设计总量32%；开挖右洞3 899米，占设计总量30%；2号横洞左右洞分别开挖870米、945米，占设计总量1 500米的56.4%和62.2%。控制性工程克枯钢桁架桥全长2.44公里，设计采用国内第一台钢桁梁整幅吊装专用架桥机（JQJ200-4013），首创全断面整体吊装的架桥工艺，减少大量空中焊接及涂装；减少主梁现场组拼及涂装环节，减少低强度粗钢用

2017年，汶马高速公路梭磨大桥建设现场　　汶马公司 供稿

量，实现混凝土用量减少40%、钢材用量减少30%、原材料生产及现场污染排放物减少30%的降耗减排成果。全年完成桩基269根，占设计总量271根的99%；完成墩柱225根，占设计总量267根的84.3%；完成梁体架设（含A匝道）40跨，占设计总量143跨的28%。

6月4日，米亚罗3号隧道出口端发生红线外山体高位失稳滑塌。8月15日，通化1号隧道进口端发生红线外山体高位失稳滑塌，致原设计方案调整。除排查地质灾害点65处外，C4、C5、C7合同段高位危岩处治难度大，风险高，工作推进较缓。

（汶马公司）

国省干线重点公路建设

GUOSHENG GANXIAN ZHONGDIAN GONGLU JIANSHE

公路建设管理 2017年，厅公路局按照普通干线公路完成“400亿元、1 800公里”目标，将任务逐一分解落实到项目，加强新一轮“甘推”“凉推”“南推”“达推”及省重点、精准扶贫国省干线公路等重点项目的推动。启动“品质工程”创建工作。厅公路局加大督导力度，指导全省各地成立“品质工程”创建领导小组，明确责任人，制订“品质工程”建设方案，20个市（州）申报23个国省干线公路建设项目创建“品质工程”示范项目。推动“交通+旅游”融合发展。启动建设九黄机场至红原机场、国道318线康定至雅江段两个“交通+旅游”融合发展示范项目，加快推动最美景观大道国道318线雅江县城至竹巴龙（西藏界）段等10个“交通+旅游”融合发展试点项目和北川县地震遗址博物馆连接公路等14个红色旅游公路项目。开展灾后重建工作。在“8・8”九寨沟地震交通抢通保通任务顺利完成后，厅公路局制订《“8・8”九寨沟地震G544线川主寺至九寨沟县城段灾后恢复重建前期工作推进工作方案》，指导各单位按预期目标开展相关工作，并协调部规划院专家组现场调研工作，多次组织和参与川九路建设方案讨论。加强宣传报导。配合央视《超级工程3》《还看今朝・四川篇》调研德格县雀儿山隧道（长7 079米）建设项目，宣传隧道建设和雀儿山五道班先进集体，塑造四川交通形象。继续推进PPP项目建设。全省13个市（州）36个项目，总里程超过700公里、总额400亿元社会资本已中标。开展信用评价工作。完成2016年度信用评价审核工作和2017年2季度信用评价审核工作。开展环境污染防治三大战役有关工作。印发《关于加强四川省普通公路建设领域环境保护工作的通知》，开展建设项目迎接中央环保巡视组督查准备工作。配合开展全省交通重点项目集中开工活动普通国省干线建设项目相关准备工作。一、二、三批次集中开工项目中普通国省干线项目分别为15个、11个、11个，开工里程分别为705.1公里、411.3公里、570公里，项目投资额分别为114.4亿元、164.9亿元、141.7亿元。截至2017年底，全省普通国省干线公路建设完成投资445.4亿元，新（改）建国省干线公路1 996.4公里，分别为年度目标的111.4%和110.9%。

公路质量和安全管理 2017年，厅公路局推进质量和安全管理。推广“四新技术”。厅公路局在国省干线公路建设中积极推广智能张拉、循环压浆、钢筋数控加工、小型构件集中预制、混凝土拌合、摊铺数据实时传输、重点部位视频监控、桩基旋挖施工技术、装配式成（定）型化安全防护设施、隧道湿喷、隧道自行式仰拱栈桥等“四新技术”。开展普通国省干线公路质量监督检测。对阿坝、德阳、甘孜、凉山等15个市（州）普通国省干线公路在建的独立特大桥、长及特长隧道、品质工程示范项目、部分重点项目进行质量检测。组织建设“平安工地”。督促全省各地落实安全生产管理、实施、监督的机构、制度、人员，落实安全责任登记制度，健全责任档案，对不达标的工程项目挂牌督办，督促落实整改。

制度建设 2017年，厅公路局完善制度建设，用制度引领全省国省干线公路建设。编制印发《四川省“交通+旅游”融合发展示范项目建设指导方案》《四川省普

2017年，巴中光雾山旅游公路　　交通宣传中心 供稿

通国省干线公路“交通+旅游”融合发展示范试点项目建设指导意见》，指导全省普通国省干线公路交旅融合建设。修改完善《关于进一步规范大中型水利水电工程库区淹没复（赔）建国省干线公路建设管理的意见》，代厅拟稿并送审，进一步规范圈省电站淹没还建公路管理，与省扶贫移民局就还建普通国省干线公路有关审批事宜达成一致意见，并按照省政府会议纪要要求，由省扶贫移民局牵头报省政府印发。编制印发《四川省城际快速通道建设指导意见》，支持各地加快城际间快速公路建设，规范建设管理。编制印发《“厕所革命”普通国省干线公共厕所建设暂行技术要求》，指导全省普通国省干线公共厕所建设。

（本栏目供稿单位：厅公路局）

农村公路建设

NONGCUN GONGLU JIANSHE

概　况　2017年，全省新（改）建农村公路27 108公里，其中县乡道改造6 276公里、村道改造20 764公里、专用公路改造68公里；新增通硬化路的乡（镇）71个（凉山州41个、甘孜州30个）；新增通硬化路的建制村2 547个，其中三州1 411个（甘孜州457个、阿坝州85个、凉山州869个），其余各市1 136个，超额完成既定目标。全省乡（镇）和建制村通硬化路率分别达99%和97.3%，农村公路总里程达到28.2万公里，其中县乡道7.5万公里、村道20.7万公里。

2017年，美如画的巴中农村公路　　厅公路局 供稿

农村公路渡口改桥　2017年，根据省政府办公厅《渡口改桥2016—2020年建设推进方案》，全省按计划实施渡口改公路桥223座，估算总投资91.9亿元。项目涉及泸州、南充、达州、巴中、广安等17个市（州）62个县（市、区）。截至2017年底，全省建成渡改公路桥45座，完成投资20亿元。

农村公路溜索改桥　2017年，根据溜索改桥规划，全省共77座溜索改桥任务，其中车行桥76座、人行桥1座，主要分布凉山、甘孜、阿坝、绵阳、广元等5个市（州）。截至2017年12月底，除北川县曲山镇楼房坪村溜索改桥、布拖县龙潭镇冯家坪村溜索改桥、金阳县对坪镇一村西营组溜索改桥3座特大桥未完工外，其余74座溜索改桥项目全部建成。

农村公路安保工程　2017年，根据《四川省2016年农村公路安保工程（路侧护栏）建设实施方案》，全省按计划建设农村公路安保工程（路侧护栏）6 261公里。至年底，农村公路安保工程（路侧护栏）建成6 361公里，超额完成建设任务。

农村公路脱贫攻坚精准扶贫　截至2017年底，全省普通公路精准扶贫完成投资281亿元。合江县、沐川县，北川县、利州区、高坪区、嘉陵区、仪陇县、通川区，巴州区、恩阳区、汶川县、理县、茂县、马尔康市、泸定县等15个脱贫摘帽县实现“乡乡通油路，村村通硬化路”，3 700个退出贫困村实现

100%通硬化路。此外，全省88个贫困县中有64个实现乡（镇）建制村100%通硬化路，11 501个贫困村通畅率达95.5%。在脱贫攻坚精准扶贫过程中，全省公路交通部门坚持“三个优先”，确保脱贫攻坚取得显著成效：工作优先安排。中共四川省委、省政府专门印发交通精准扶贫脱贫专项方案，明确目标，压实责任。对标交通扶贫任务和年度摘帽安排，建立通村硬化路建设清单，形成工作台账，挂图作战，推进扶贫项目落地落实。以项目为单位，分别建立脱贫摘帽贫困村通村硬化路、通

2017年，交通运输部部长李小鹏（左二）、省交通运输厅厅长汪洋（左一）调研交通脱贫工作 厅公路局 供稿

乡油路、县乡道改善提升等建设管理台账，逐月跟踪、通报和专报项目建设进展。资金优先保障。在逐县逐村全面梳理掌握情况基础上，资金安排重点倾斜、优先保障，将2017年通村硬化路建设任务和资金计划在一季度全部分解下达。部分项目在车购税资金到位前，调度省级财政资金支持先期启动。按照中央和省关于做好涉农资金整合的要求，指导各地主动向党委、地方政府汇报争取，整合更多资金投入交通扶贫项目建设。措施优先落实。简化前期工作审批程序，普通省道审批下放到市（州），农村公路采取打捆方式进行审批。推广国省干线代建制和农村公路打捆招标建设模式，确保实施效果。创新督导机制，建立主要领导带队、多部门参与的督导工作机制，对重点地区实行重点督导、蹲点督导和实施“负面名单”管理等多种监管方式，督促各县切实落实交通脱贫攻坚工作任务，确保年度目标顺利实现。

“四好农村路”建设 2017年，省交通运输厅公路局以“四好农村路”示范县创建为抓手，推动“四好农村路”建设开展，全年创建成都市郫都区、泸州市江阳区、南充市顺庆区、宜宾市江安区、乐山市犍为县、遂宁市安居区、巴中市平昌县、成都市大邑县、达州市达川区、广安市岳池县、广元市剑阁县、德阳市罗江县、南充市西充县、绵阳市安州区等14个第一批省级示范县，其中成都市郫都区、巴中市平昌县和宜宾市江安县成功创建为全国示范县。四川是创建全国示范县最多的省份之一，在全国“四好农村路”养护现场会上作经验交流发言。

建设“四好农村路”和示范县创建的主要做法是：强化政策保障。中共四川省委把“四好农村路”建设和示范县创建纳入一号文件安排部署，省政府出台推进农村公路建管养运协调发展、农村客运发展、建制村联网路和通组路建设等指导意见，专门制订“四好农村路”示范县创建评定办法，对创建达标的示范县由省政府命名，一次性给予1 000万元专项补助资金，并在年度计划安排上给予倾斜支持。强化机制保障。以落实部省协议为契机，建立厅市联动推进机制，主动与市（州）签订合作协议，明确示范县创建目标和保障措施。省市县分别建立交通建设联席会议制度，加强同级部门协调联动，及时解决“四好农村路”工作推进、资金筹集、项目实施、监督管理等问题。建立群众广泛参与机制，大力推行“七公开”等制度，将群众满意度作为示范县评定的重要指标，充分激发群众参与热情。强化财政保障。基本建立以公共财政投入为主并逐年增长的资金保障机制，全力保障“四好农村路”建设资金需求。中共十八大以来，累计落实到位国家和省级财政补助资金超过600亿元，各地整合涉农资金超过120亿元，平昌、仪陇等贫困县每年整合涉农资金超过2亿元用于农村公路。组建500亿元省级交通投资基金，把农村公路建设作为重点投放领域。科学制定标准。制定“四好农村路”建设工作方案、技术指南和示范县评定实施细则，落实工作责任、明确建设标准、规范评定程序，细化考评指标39项，其中20项为“一票否决”、5项体现地区差异和阶段目标。按照“县自愿申请、市择优推荐、省调研挖掘”的机制，从183个县（市、区）中选出32个进行重点培育，通过交叉督导、培训帮扶、片区座谈等方式，搭建交流平台，总结好做法好经验，帮助指导各地查漏补缺、相互学习、共同提高，激发示范县创建积极性和主动性。实行动态管理。建立示范县复核和督导考评机制，每两年开展一次资格复核，不定期开展督导考评；对不达标的限期整改，对整改不到位的撤销命名、收回专项补助资金，并纳入“负面名单”管理，暂停或减少交通建设计划安排。制订“四好农村路”示范县巩固提升方案，对省级考核发现的问题，各示范县建立“落实情况档案”，全程跟踪、定时督察、动态销账，直至落实为止。年内召开全省“四好农村路”建设现场会，通过各类媒体主动宣传报道，总

结推广可复制、可借鉴的典型经验，营造“学示范、创示范”的良好氛围。完善农村公路发展政策制度。配合省政府法制办和省交通运输厅开展《四川省农村公路条例》起草、立法前评估和立法调研论证工作，《四川省农村公路条例》于2017年7月27日四川省第十二届人民代表大会常务委员会第三十五次会议通过，2017年10月1日起施行；编制《四川省农村公路养护管理办法》《四川省农村公路养护管理考核办法》和《四川省农村公路建设养护技术管理指导意见》等初稿，开展《村道公路简易招标程序》等课题研究和农村公路设计网上审批制度的制订。

（本栏目供稿单位：厅公路局）

汽车站场建设

QICHE ZHANCHANG JIANSHE

营山县枢纽站 营山县枢纽站位于营山县城南镇三星村一社，于2017年1月启动建设，建设总投资7 400万元。新站以县级二级枢纽站及游客接待中心的标准建设，站房、站场按省交通运输厅标准设计建设，规划建设用地面积46 666.7平方米（其中客运枢纽站用地33 333.4平方米，公交总站用地13 333.3平方米），总建筑面积17 544平方米，其中主站楼建筑面积4 282平方米，公交总站建筑面积7 216平方米，洗车维修区面积1 620平方米，加气站建筑面积262平方米，并建设其他相关配套设施及购置设备等。地上客车停车位94个，地上公交停车位116个，地下停车位150个。设计平均日发送旅客3 000人次，高峰时期可达4 000人次。年内整个主体工程建设、场坝硬化完成，待上级部门验收合格后投入使用。汽车客运枢纽站具备客运、换乘中转、旅游集散、通讯信息、综合服务等多项功能于一体，以中短途客流量为主，长途客流量为辅，靠近城市主干道及高速公路干线出入口，与火车站相邻，交通便捷，方便群众出行。

四川广运现代物流中心 四川广运现代物流中心位于国家级广元经济技术开发区盘龙镇覃家梁村和陵江社区，规模按国家一级货运站标准建设，总占地面积200 000.1平方米，总投资4亿元，项目分两期完成，物流园区内配有综合停车场、综合服务区、工业贸易展示区等。该项目属于四川省规划的26个国家枢纽货运站场体系之一，分两期规划建设，首期将建成综合停车场、综合服务区、仓储区。第二期将建成集装箱作业区、城市配送服务区、汽车修配区、工业品贸易展示区等现代物流货物集散功能。项目建成后省内将辐射成都、绵阳、巴中、南充等地市，省外将辐射陕西省汉中市、甘肃省陇南市以及重庆等省市地区。其中第一期工程于2014年4月开工建设，2016年12月完工并投入使用，广元市刑事诉讼大案涉案财物集中保管中心和市城区大型母婴连锁超市那屋

四川广运现代物流中心外观　　厅运管局 供稿

宝贝两家商户入住，广运物流自用公用型保税仓库2 304平方米，广元保税国际直采中心1 800平方米，一号仓库用于建设秦巴区域道地中药材仓储物流交易中心；2017年第二期工程开工建设，预计2020年建成。四川广运现代物流中心项目的建设，在极大缓解交通压力的同时，也将填补广元市货运枢纽站空白。

广元长途汽车客运站 广元长途汽车客运站（广元综合客运枢纽站），位于广元市利州区上西则天路北段，紧邻广元火车站左侧50米处。该项目由交通运输部立项，四川广运集团股份有限公司投资新建，与广元高铁站配套的社会开放型一级汽车客运站。车站成立于2002年9月1日，原车站总占地面积9 200平方米，建筑面积2 700平方米，绿化、硬化面积1 800平方米，可接纳460余辆车参营。车站于2015年12月20日进行改建，按“一站两场”的一级车站标准进行规划建设，占地面积37 598.73平方米，总建筑面积21 863平方米，其中站前广场2 676平方米，设计日发班车500班次，发车位22个，营运停车场占地面积26 798.76平方米，改建后的客运站于2017年9月1日投入试运行。

小金县四姑娘山旅游客运站 阿坝州小金县四姑娘山旅游客运站项目为原址重建，选址为原小金县日隆客运站旧址，为原四姑娘山旅游客运站征用土地，拟建旅游二级客运站，设计能力为日发送旅客100人次，占地面积10 000平方米，建筑面积3 000平方米。设施有功能定位为旅游客运专线终点站及景区接驳运输，项目建设业主为阿坝州岷江运业有限责任公司。该项目于2017年2月开工，2017年11月主体竣工验收。

西部铁路物流园 西部铁路物流园的建设是构建遂宁市货运服务网络的重要组成部分，于2014年4月开工建设，2017年底主体工程完工。该项目总占地面积为554 062.77平方米，建筑面积为148 403.57平方米。项目总投资89 871万元。该项目以市场为导向，以物流企业为主体，依靠便利的路网条件与物流基础设施，开展物流仓储和停车配载业务；为第三方物流企业、运输业户、商贸流通企业提供物流后方基础设施服务；开展公铁联运业务，提供铁路货物集疏运服务；积极发展集装箱拆装箱、拼箱、货物仓储和运输、城市配送、结算、信息交换等物流服务业务，逐步将西部铁路物流园建设成为规模大、技术先进、服务遂宁的区域性现代化物流园区。该项目将通过拓展铁路整车运输、铁路场站租赁、大宗物资交易、项目物流等铁路业务，预计2018年到发总量达100万吨。年内大部分物流核心区域建成运营，运营首月，铁路到发货物3万吨，到发辆数400辆，配送共计1 523辆次，货物价值2.5亿元；集装箱到达60组，货物价值30万元。西部铁路物流园加工配送仓储区、西部铁路物流园专用线货场及配套区、西部铁路物流园电子商务交易中心、西部铁路物流园公铁联运建设项目全部建成投入运营。西部铁路物流园专用线货场及配套区投入使用，公铁联运区修建5.6万平方米的仓储，根据其功能分为仓储区、城乡共同配送中心、电子商务下农村、快递分拣区等。截至年底，园区入驻企业和商户155家，以商贸流通类企业为主。其中物流企业（含余氏东风、亿天物流、天利物流等）及快递类企业（圆通、中通、申通、韵达、天天快递）67家，单日办理物流单数8万余单次，日均车辆进出500余辆次；入驻电商企业7家（顺意通、苏宁、淘宝、京东等），年交易量1.2亿元。

稻城县亚丁机场客运站 稻城县亚丁机场客运站位于稻城县桑堆镇，于2016年5月开工，2017年4月竣工，按三级标准建设，总投资600万元。汽车站用地面积4 095平方米，建筑面积1 000平方米。设计日发送旅客1 000人次。车站风貌结合稻城县民居风貌特征实际进行设计，

稻城县亚丁机场客运站外观 厅运管局 供稿

建设内容主要包括客运中心、运管中心、停车场、门卫室等。年内完成所有建安工程，并计划投入使用。

武胜县万善综合客运枢纽站 广安市武胜县万善综合客运枢纽站项目为新建二级站，于2016年10月开工，2017年项目主体建设完成，预计2018年全部完工。总投资1.8亿元。该项目占地面积45 546平方米，建筑面积8 588平方米，设计日发送旅客量5 000人次。主要建设内容有汽车站（候车厅、售票用房、行包用房、站务用房、服务用房、附属用房等设施建设）、公交首末站、出租车蓄车区。该项目建成后，将成为集铁路、公交车、长途客车、出租车等各种交通换乘功能于一体的现代化综合交通枢纽，实现旅客零距离换乘，提升武胜综合交通运输服务能力，加快人流、物流、资金流向武胜汇集，促进武胜县的经济社会发展。

（本栏目供稿单位：厅运管局）

公路养护

GONGLU YANGHU

公路养护专项工程 截至2017年底，全省普通国省干线公路大中修累计完成1 530公里，为年度建设目标任务1 500公里的102%；累计完成投资35.03亿元，为年度投资目标任务35亿元的100%。全省建成养护中心14个、在建18个、21个处于前期工作阶段；建成养护站46个、在建45个、处于前期阶段54个。全省完工危桥整治7座283.8延米，完成投资1 300余万元，完成灾害防治项目2个。

养护管理制度建设 2017年，交通运输厅公路局开展《四川省普通国省干线公路大中修工程专项补助办法》修订工作，修订的核心是提高现有大中修工程补助标准、新增预防性养护补助标准，并在此基础上提出“预防优先、鼓励中修、合理大修”的养护理念；编制并印发《四川省普通国省干线公共厕所管理办法（试行）》《四川省普通国省干线公路厕所革命工作推进方案》，配合厅编制《交通运输“厕所革命”专项行动计划（2017—2020年）》，按照总体要求，“十三五”新（改）建公路厕所208座，实现现有1.67万公里普通国省干线“两小时如厕”目标，解决人流集中区域、路段如厕难问题。

2017年，“6·24”茂县特别重大山体滑坡抢险现场 时赟 摄

全省公路养护管理信息化现场会 2017年12月13日—14日，交通运输厅公路局在双流举办全省公路养护管理信息化现场会，推广运用信息化养护管理技术，完成养护信息软件编制、硬件装备、人员培训和基础资料录入工作。同时，选择省道206线资阳段实施决策科学化示范工程，提出“科学、环保、规范、现代、效益”五大示范理念，形成科学决策研究、验证预防性养护标准、环保关键环节控制、全寿命成本分析、实施及效果评价、养护标准化建设、沥青混凝土施工质量信息化控制等六大研究课题。

公路应急抢险 2017年，四川自然灾害频发，先后发生“6·24”茂县叠溪特大山体高位坍塌、“8·6”国道213线阿坝茂县石大关山体崩塌、“8·8”九寨沟县强烈地震等自然灾害，按照“交通基本保通要稳定、正常畅通要加快、年底要恢复到震前水平”的总体要求，省交通运输厅公路局积极参与抢险救灾工作，督促指导地方制订应急抢险实施方案，坚持通过微信、短信、网站等方式将灾毁断道、抢通保通以及地震灾区应急抢险工程实施情况等重要信息进行报送发布，做好应急值守和信息报送工作，履行抢险保通工作职责，完成应急抢险工作，同时及时汇总收集各地灾情，上报交通运输部，积极争取部对全省水毁恢复工程的资金支持。

公路隐患排查 省交通运输厅公路局分别于2017年7月和11月集中开展公路隐患排查工作，积极推行和指导各地使用四川交通运输安全隐患管理系统，建立并完善“两库一图”，形成“一图、一表、一手册”等成果及

工作总结。全省普通公路地质灾害和安全隐患累计排查核实隐患13 202处，录入8 158处。其中国省干线公路排查核实2 666处，录入2 666处；农村公路排查核实9 618处，录入4 831处；在建工程排查核实918处，录入661处。

桥隧安全检查和应急抢险 2017年，省交通运输厅公路局针对全省公路桥隧开展以下工作：开展桥隧抽检巡查。委托中介机构对全省大型桥隧开展抽检巡查工作。抽检桥梁10座3 918延米、隧道3座8 550延米。加大桥隧安全保障力度。督促指导各地加快危病桥（隧）整治，积极开展桥隧安全巡查，全面加强桥隧安全管理。桥梁突发险情应对。国道317线薛城隧道、国道108线绵阳游仙区魏柳河一号桥、国道317线成都蒲家沟大桥先后出现突发险情，厅公路局高度重视立即派员赶赴现场，参与并指导地方开展应急抢险工作。开展行业培训。组织开展和参与桥梁养护工程师培训，累计培训桥梁养护工程师200余人次。

（本栏目供稿单位：厅公路局）

航道建设

HANGDAO JIANSHE

重点航道建设概况 2017年，全省航道基础设施建设完成投资51.45亿元，主要实施的航道项目是岷江犍为、龙溪口、虎渡溪、岷江汤坝航电工程、嘉陵江川境段航运配套工程一期、二期工程、嘉陵江亭子口枢纽工程、涪江冬瓜山电航枢纽工程等，总体推进情况较好。

岷江犍为航电枢纽工程全年完成投资19.27亿元，临时航道启用，推进厂房、大坝等主体设施建设。11月6日，岷江犍为航电枢纽二期围堰顺利合龙，为右岸船闸、18孔泄洪闸等主体工程施工创造条件，标志着犍为航电枢纽进入左右岸主体工程全面铺开施工高潮期。

2017年，岷江犍为航电枢纽建设现场 厅航务局 供稿

岷江龙溪口航电枢纽工程于2017年3月15日举行开工动员大会，四川省副省长杨洪波出席主会场活动并宣布开工。省政府副秘书长黄小平主持开工。中共乐山市委副书记、市长张彤致辞。省交通运输厅总工程师陈乐生参加大会。岷江航电龙溪口枢纽是岷江乐山至宜宾段4级梯级枢纽中的最后一级。枢纽建成后该段将达到内河三级通航标准，水库形成后渠化航道尺度2.4×60×500米，船闸设计年通过能力1 357万吨，总装机容量48万千瓦，项目估算投资158.2亿元，建设工期65个月。2017年完成投资10.88亿元，年底启动主体工程建设。

岷江虎渡溪航电枢纽工程全年完成投资0.89亿元，开展大临设施建设；岷江汤坝航电工程全年完成投资3.61亿元，开展临时设施建设。

嘉陵江航运配套工程一期工程全年完成投资1.7亿元，完成全部滩险整治。嘉陵江川境段航运配套工程二期工程全年完成投资1.54亿元，完成亭子口以下全部滩险整治；嘉陵江亭子口枢纽工程全年完成投资2.77亿元，基本完成主体及升船机建设。

涪江冬瓜山电航枢纽工程全年完成投资4.36亿元，除船闸

外主体工程基本建成；向家坝枢纽通航建筑物建设全年完成投资4.41亿元，升船机建设全部完成。

（厅航务局）

岷江犍为航电枢纽主体工程实施混凝土浇筑 2016年底至2017年初，岷江犍为航电枢纽工程土建Ⅰ标段顺利实现临时航道右侧导墙上游段首仓混凝土浇筑，标志枢纽主体工程开始进入混凝土浇筑阶段。按照省政府“项目年”重点项目建设要求，公司不断强化项目管控，密切加强与参建各方的沟通协调，抓好工程质量安全管理，加强项目标准化和规范化管理。

岷江犍为航电枢纽工程位于岷江下游乐山市犍为县境内，是岷江乐山至宜宾162公里河段航电梯级规划的第3级。总库容为2.27亿立方米，水库正常蓄水位335米。渠化航道20.2公里，建议增加三级船闸一座，船闸尺度为220×34×4.5米，可通行1 000吨级船舶；总装机容量为50万千瓦，多年平均发电量21.86亿千瓦时。工程概算总投资104.24亿元，总工期65个月。于2015年7月取得国家发展改革委工程可行性研究批复，10月取得交通运输部初设批复，12月正式开工建设，2017年11月实现工程左、右岸全面施工。

（丁　文）

岷江龙溪口航电枢纽工程可行性研究报告获批复 2017年3月10日，省发展改革委以“川发改基础〔2017〕101号”文件正式批复岷江龙溪口航电枢纽工程可行性研究报告，龙溪口航电枢纽工程具备合法建设条件，为项目尽早开工建设打下基础。

省交投集团及省港航公司、岷江公司及时协调编制、修改完善龙溪口枢纽工程可行性研究报告，省交通运输厅、省发展改革委分别组织对报告进行审查、评估。该次省发展改革委正式批复同意建设岷江龙溪口航电枢纽，项目总投资158.19亿元，建设航电枢纽1座，电站总装机容量48万千瓦，船闸工程为三级航道标准，设计年通过能力1 357万吨。

（陈书燕）

岷江犍为航电枢纽工程通过过流验收 2017年5月18日，岷江犍为航电枢纽工程2017年过流验收会在乐山犍为县召开。省地方电力质量监督分站相关领导、专家以及岷江公司、各参建单位有关人员参加会议。验收组经过现场检查、内业资料检查后，认为已完成工程形象面貌、质量、安全均满足过流验收条件，一期二段围堰形成并具备挡水条件，为枢纽后续厂房施工、临时航道通航等奠定基础。

（杨榆彬）

岷江航道整治工程预可行性研究报告评估会在乐山召开 2017年6月1日—2日，省发展改革委、省交通运输厅在乐山组织召开岷江（龙溪口枢纽至宜宾合江门）航道整治工程预可行性研究报告评估会议。乐山市、宜宾市有关单位，省港航公司、岷江公司及设计单位有关负责人参加会议。会议听取项目预可行性研究报告编制情况汇报，对岷江航道整治工程预可行性研究报告成果进行科学严谨、全面细致地审查，形成了专业意见，并一致同意通过审查。

（杨榆彬）

岷江犍为航电枢纽工程启动汛前围堰拆除 2017年5月25日，岷江犍为航电枢纽工程汛前围堰正式开始拆除，枢纽工程2017年临时航道即将破堤过流。按照设计要求，汛前需围堰拆除5万立方米开挖量至过流高程，剩余5万立方米于10月开始拆除。一期一段围堰完成拆除，拓宽过流通道，为施工期安全通航奠定重要基础。

2017年5月25日，岷江犍为航电枢纽工程启动汛前围堰拆除　　省港航公司 供稿

（丁　文）

岷江龙溪口航电枢纽工程初步设计获批复 2017年6月22日，省交通运输厅正式批复岷江龙溪口航电枢纽工程初步设计，为项目2017年内开工建设奠定良好的基础。

岷江龙溪口航电枢纽是岷江港航电综合开发的一部分，是中共四川省委、省政府贯彻落实国家“一带一路”倡议和长江经济带发展战略，构建长江经济带综合

立体交通走廊的重要举措。省交投集团及省港航公司、岷江公司及时协调编制、修改完善龙溪口航电枢纽工程初步设计报告。项目装机容量48万千瓦，批复概算总投资155.29亿元。

（丁　文）

胶凝砂砾石筑堤技术达国际领先水平　2017年6月，中国大坝工程学会在北京组织召开岷江航电工程胶凝砂砾石筑堤关键技术研究科技成果评价会。经专家组评定，一致认为省港航公司组织开展的胶凝砂砾石筑堤关键技术总体上达到国际领先水平，在经济、社会及环保等方面具有显著效益和广泛的推广应用价值。这也是国内外首次成功将胶凝砂砾石筑堤技术运用于非岩基上的永久工程，为犍为航电枢纽及岷江其他梯级防洪堤的建设提供有力保障。

岷江犍为航电枢纽工程是岷江港航电综合开发项目的重要节点性工程，具有工程防护等级高、防洪堤线长，征地困难，投资额度大等特点，为提升工程防洪效果及安全性能，结合犍为现场料源丰富的实际，公司组织开展胶凝砂砾石在犍为枢纽工程防洪堤中应用的科研试验工作，对筑坝材料、结构设计方案、施工方法以及质量控制等课题进行深入研究。经过各方紧密配合及努力，于2016年完成胶凝砂砾石原材料室内检测试验及室内配合比实验。2017年2月基本完成现场试验，取得筑坝材料、非岩基筑堤、结构设计、施工工艺、新型止水、拌合设备、质量控制和数字监控等方面的创新成果，获得胶凝砂砾石筑堤关键技术研究成果和重大应用技术突破，形成《岷江航电工程胶凝砂砾石筑堤关键技术研究总报告》和工艺、工法、工效及标准等分报告成果共10项，并成功申报胶凝砂砾石专用拌合设备发明专利。

（杨榆彬）

2017年6月，省港航公司组织开展的胶凝砂砾石筑堤关键技术达到国际领先水平　　省港航公司 供稿

部特邀专家组调研岷江龙溪口犍为航电枢纽并召开咨询会　2017年7月17日—18日，交通运输部规划研究院特邀专家组分别到岷江龙溪口、犍为航电枢纽进行现场调研并在成都召开专家咨询会。特邀专家、交通运输部综合规划司高工肖金龙、交通运输部规划研究院副院长朱鲁存等有关领导出席会议。省交通运输厅、省港航公司、岷江公司及各设计单位的有关代表参加会议。

专家组实地踏勘龙溪口航电枢纽坝址和犍为航电枢纽建设现场，听取关于龙溪口枢纽概况、施工总布置以及项目前期推进情况及开工准备工作的汇报，重点了解项目建设标准及规模、主要建筑物布置、投资及费用构成等情况。同时指出岷江公司要加快推进力度，确保岷江港航电综合开发各项目按照计划开工建设。

专家组对《岷江龙溪口航电枢纽工程资金申请报告》（以下简称《报告》）及附件进行咨询评估。会议听取各设计单位《报告》编制情况的汇报，专家及代表针对汇报情况进行提问，并分综合组、概算组对《报告》进行研究讨论。会议认为，为贯彻落实《长江经济带发展规划纲要》，适应岷江水运发展及四川省重型装备进出川运输需求，充分开发利用岷江水资源综合效益，加快推进岷江高等级航道梯级渠化进程，实现航道规划目标，建设岷江龙溪口航电枢纽工程是必要的。《报告》提出的建设规模、主要建设内容是合适的，投资概算编制基本合理。这有利于进一步争取国家对岷江高等级航道建设的资金和政策支持。

（丁　文）

岷江龙溪口枢纽至宜宾合江门航道整治工程项目建议书获批复　2017年8月17日，省发展改革委出具岷江龙溪口枢纽至宜宾合江门航道整治工程项目建议书的批复，为项目2017年内开工建设奠定良好的基础。

岷江龙溪口枢纽至宜宾合江门航道整治工程是岷江港航电综合开发的一部分，是中共四川省委、省政府贯

彻落实国家“一带一路”和长江经济带发展战略，构建长江经济带综合立体交通走廊的重要举措。根据中共四川省委、省政府关于岷江港航电综合开发项目的推进要求，2017年全力推进岷江（龙溪口枢纽至宜宾合江门）航道整治工程开工建设。

（杨榆彬）

港航公司获批成为省电力市场管理委员会第一届成员单位 2017年8月16日，经省发展改革委、省能源局批准，省港航公司正式成为省电力市场管理委员第一届委员会成员单位。

根据电力体制改革的相关要求，省电力市场管理委员会由发电企业、电网企业、用户、售电公司、第三方（能源监管办）等5个类别机构推选的成员单位代表组成。其主要职责是研究电力市场建设方案、涉及市场主体利益的重要事项、协调市场化交易中出现的重大问题，听取市场主体诉求，提出相关意见和建议等。省港航公司加入委员会后，在电力市场建设、制定交易规则等方面发挥重要作用，有助于省港航公司在当前严峻的电力经营形势下，进一步提高控股航电枢纽及相关公司在电力市场中的竞争力及影响力。

（邹同升）

岷江老木孔航电枢纽工程可行性研究报告评估会议在成都召开 2017年9月6日—8日，省发展改革委、省交通运输厅联合委托省工程咨询院在成都召开岷江老木孔航电枢纽工程可行性研究报告评估会。省发展改革委、省交通运输厅、省移民办、省环保厅、省工程咨询院，乐山市政府及省港航公司、岷江公司和有关设计单位的负责人和特邀专家70余人参加会议。

与会领导和专家到老木孔枢纽选址区域进行现场踏勘，随后在成都召开岷江老木孔航电枢纽工程可行性研究报告评估会议。会议听取项目工程可行性研究报告编制情况的汇报，专家就有关问题与报告编制单位进行现场沟通，对岷江老木孔工程可行性研究报告成果进行科学严谨、全面细致的审查，并形成指导意见。下一步，省港航公司、岷江公司将依据专家提出的修改意见督促设计单位继续完善报告。

（李洪燕）

2017年9月6日—8日，岷江老木孔航电枢纽工程可行性研究报告评估会议在成都召开
省港航公司 供稿

厅航务局和省环境保护厅评估中心到岷江犍为航电枢纽检查督导环境保护工作 2017年8月30日—31日，厅航务局、省环境保护厅评估中心组成检查组到岷江犍为航电枢纽检查督导工程环境保护工作。

2017年8月30日—31日，厅航务局、省环境保护厅评估中心到岷江犍为航电枢纽检查督导环境保护工作
省港航公司 供稿

检查组详细了解项目环境保护工作管理考核制度、应急预案及工作台账，实地查看厂房施工区、枢纽左岸砂砼系统及各施工单位营地等区域的环保设施，并重点检查现场除尘、降噪、废水处理、危废品回收等环境保护措施。检查组指出，犍为航电枢纽工程施工营地等区域环境保护工作落实到位、措施有力，有效保护了施工区域的周边环境，在后续工作中各方要紧密配合，继续严格按照环评报告批复各项要求落实好现场环保工作措施，打造绿色环保工程。

（李洪燕）

聚能电力公司成为省内首批纳入售电侧市场主体公司 2017年7月14日，经四川省能源局批复，省港航公司所属聚能电力公司顺利纳入省内售电侧市场主体公司范围，成为四川第一批21家完成注册备案的售电公司之一。

自省能源局出台《四川省售电公司注册办事指南》以来，聚能电力公司积极准备，第一时间开展注册申请工作，同时与行业内相关企业进行交流座谈，共同探讨研究售电业务的开展。此次顺利获得省能源局批准，标志着公司可正式开展购售电业务，为顺应电力体制改革，开拓电力市场，抢占发展先机，培育新的利润增长点创造有利条件。

（杨榆彬）

岷江犍为航电枢纽举行二期围堰截流暨右岸主体工程全面开工仪式 2017年11月6日，岷江犍为航电枢纽二期围堰截流暨右岸主体工程全面开工仪式在枢纽右岸上游安全平台举行。省交通运输厅总工程师陈乐生，中共乐山市委常委、常务副市长黄平林，省交通运输厅、乐山市、犍为县及省港航公司等有关领导出席会议。

岷江犍为航电枢纽自开工建设以来，累计完成投资36亿余元。2017年5月中旬提前实现“一枯”度汛目标，于10月下旬实现临时航道通航。围堰截流后，枢纽右岸18孔泄洪闸及船闸工程具备施工条件，枢纽进入左右岸主体工程全面铺开的施工高潮期。

（丁　文）

2017年11月6日，岷江犍为航电枢纽举行二期围堰截流暨右岸主体工程全面开工仪式
省港航公司 供稿

姜明宝调研岷江高等级航道建设情况 2017年12月22日，交通运输部总工程师姜明宝到岷江（乐山至宜宾段）高等级航道建设推进情况调研。省交通运输厅总工程师陈乐生，乐山市副市长舒文、罗新礼等有关领导参加调研。

2017年12月22日，交通运输部总工程师姜明宝（中）调研岷江（乐山至宜宾段）高等级航道建设
省港航公司 供稿

姜明宝全面了解岷江（乐山至宜宾段）高等级航道建设规划、岷江老木孔航电枢纽前期工作开展、岷江犍为航电枢纽工程建设推进和征地移民安置工作开展等情况。在犍为航电枢纽施工现场，姜明宝详细询问项目生态环境保护举措、工程施工导流和施工工艺、施工标准化建设、资金政策落实情况等，指出交通运输部将继续对项目推进给予支持指导，要求公司一如既往抓好在建项目施工管理，创建品质工程，同时希望市企双方紧密合作，按照岷江高等级航道建设目标，全力推进待建项目前期工作。

（丁　文）

港口建设
GANGKOU JIANSHE

重点港口建设概况 2017年，全省主要推进宜宾港志城作业区散货泊位项目、广元港张家坝作业区一期、南充港都京作业区一期工程等3个港口作业区建设，共完成投资1.43亿元，总体推进有序。其中宜宾港志城作业区散货泊位项目全年完成投资0.71亿元，基本完成前沿框架建设；广元港张家坝作业区一期工程全年完成投资0.57亿元，加快推进前沿框架和陆域建设；南充港都京作业区一期工程全年完成投资0.15亿元，完成D720天然气管道搬迁工程。

（厅航务局）

广安外贸保税仓成功开仓启用 2017年1月12日，广安外贸保税仓启用仪式在广安港举行。中共广安市委书记侯晓春出席启用仪式并宣布广安外贸保税仓正式启用，中共广安市委副书记、市长罗增斌主持仪式。

广安外贸保税仓作为川东北首个公用型保税仓库的正式启用，对助推广安乃至整个川东北地区外向型经济发展具有重要意义。近年来，广安港探索港口综合物流、进出口贸易、金融服务跨界融合发展的新路径，2016年完成贸易总值3.5亿元，落实5家规模以上企业入驻经济开发区，支撑广安优化对外贸易结构和发展外向型经济。作为川东北首个公用型保税仓库，广安外贸保税仓持续提升大宗商品进出口贸易口岸能力，巩固拓展与国内外大型企业的合作，大力推动平行进口车合作、跨境电商实体体验区合作、重金属大宗贸易合作、冷链物流配送中心建设项目等，为区域经济、社会发展做出新的贡献。

（晏　敏）

2017年1月12日，广安外贸保税仓启用仪式在广安港举行　　省港航公司 供稿

中国（四川）自由贸易试验区川南临港片区正式启动建设 2017年4月1日，中国（四川）自由贸易试验区揭牌仪式暨建设动员大会在成都举行，标志着四川自贸试验区川南临港片区正式启动建设。

泸州港充分利用自贸区优惠政策，按照立足川南、服务全川、承东启西、面向世界的发展目标，依靠不断完善的集疏运体系和方便快捷的通关环境等优势，努力建设国家开放口岸，着力打造川滇黔航运物流中心；不断巩固发展港口基础业务，在稳定现有班轮、航线的基础上，加强与大型轮船公司的深度合作；依托自贸试验区良好环境和强有力的政策支持，不断开拓市场，加快发展商贸物流业务，发展粮食、木材大宗物资外贸进出口业务，力争获

2017年4月1日，中国（四川）自由贸易试验区川南临港片区正式启动建设　　省港航公司 供稿

得危化品真实票据经营业务资质，打通成品油、黄磷等贸易通道，快速推进钢材贸易业务开展。

（杨宇君）

京东商城城市仓中转仓在南充港正式开仓　2017年4月28日，京东商城城市仓、中转仓在南充港都京作业区正式开仓。

2017年4月28日，京东商城城市仓、中转仓在南充港正式开仓
省港航公司 供稿

近年来，南充港探索物流多元化发展，发挥港口区域优势，利用港口仓库资源，加大生产经营力度，成功引进京东商城城市仓、中转仓入驻，成为京东商城在川东北地区设置的首个以小件商品为主的中转中心，服务范围覆盖南充、广安、达州等地20个站点。

（潘虹频）

南充港平行进口车业务正式启动　2017年，南充港成功落地平行进口车贸易业务，与国外汽车贸易商签订第一批次业务合同，首批奔驰G350汽车从德国不莱梅港装船，经水运方式运抵中国。平行进口汽车经贸易商直接从海外厂家授权经销商等渠道购买并引入中国市场进行销售，因其进口渠道与国内授权经销渠道相“平行”而得名，具有车型种类更丰富、价格更低、节省提车时间等优势。

（杨榆彬）

泸州港与德国杜伊斯堡港开展战略合作　2017年6月29日，泸州港与德国杜伊斯堡港在成都正式签署《战略合作备忘录》。根据备忘录，双方充分发挥运输、货物集拼与分拨、仓储等方面的枢纽优势，在中国“一带一路”倡议下就港口、贸易以及供应链增值服务方面展开跨洲际合作。同时，双方共同创建“港对港”合作，服务杜伊斯堡与成都、重庆等地的西行与东行干线往返班列产品，强化两端铁路网络，积极建设中欧铁路货运主通道。

杜伊斯堡港地处欧洲重要工业中心鲁尔区，年平均货物吞吐量约6 000万吨，是德国最大的内河港，也是世界第一大内河港，是中国和中欧之间直达列车的中心枢纽。泸州港是全国内河第一个铁路直通堆场的集装箱码头，第一批进境粮食指定口岸、多式联运示范工程项目，全省唯一的百万标箱大港，2017年划入中国（四川）自由贸易试验区川南临港片区。此次《战略合作备忘录》的顺利签署，加快推动泸州港国际化、多元化融合发展，持续提升集团公司“走出去”的实力和品牌影响力。

（杨榆彬）

2017年6月29日，泸州港与德国杜伊斯堡港在成都正式签署《战略合作备忘录》
省港航公司 供稿

长江航务管理局专家委员会到泸州港调研　2017年8月22日，交通运输部长江航务管理局专家委员会组织专家到泸州港调研，并就供给侧改革背景下泸州港的转型升级发展进行座谈。

专家组实地察看泸州港集装箱堆场、进境粮食仓库以及前沿平台，详细了解港口生产作业情况、生产经营现状及发展需求，并就当前供给侧改革背景下企业如何进行转型升级发展与公司展开分析研讨。专家组对泸州港以“箱、煤、钢、车，粮、木、矿、油”港口主业和七项大宗物资商贸物流业务等港口经营多元化融合发展措施表示充分肯定，希望泸州港要紧抓国家战略机遇，不断创新思维，促进企业转型升级，把泸州港打造为立足西部、面向全国、连接国际的现代化综合港口。

（杨宇君）

泸州港加快推进临港物流信息化建设 2017年9月7日，泸州港与四川临港物流信息公司签订数据对接协议，更好地支持长江信息公共平台建设工作。双方就高效建设长江公共信息平台的相关措施，以及建设“互联网+物流”、多式联运物流中心、大宗物资贸易中心、平行进口汽车交易平台等项目进行合作。

（李洪燕）

刘振宇到泸州港检查指导工作 2017年9月18日，司法部副部长刘振宇到泸州港检查指导反恐维稳工作。中共泸州市委常委、政法委书记封安，副市长、市公安局局长何绍明及相关单位主要负责人参加检查。

2017年9月18日，司法部副部长刘振宇（前排左二）到泸州港检查指导工作

省港航公司 供稿

刘振宇实地查看泸州港反恐维稳设施设备和监控布点情况，详细听取泸州港反恐维稳相关工作的情况汇报。刘振宇指出泸州港当前反恐维稳工作组织领导健全、制度体系完备、“三防”工作到位，在社会大力支持下确保公司安全、有序生产的良好环境。泸州港作为四川重要的水运交通枢纽，在今后要高度重视反恐维稳工作，坚持“预防为主、单位负责、突出重点、保障安全”原则，确保港口平稳、健康发展。

（李洪燕）

广安港大宗贸易业务板块取得重要突破 2017年8月15日，广安港与美国米塔尔钢铁集团宝威公司签订大宗贸易合作协议。协议明确，广安港充分整合国内焦炭资源，通过海运，商品经青岛董家口港运往非洲阿尔及利亚港。第一批总重超过5万吨，总贸易额近1亿元的货物，在青岛董家口港装船，于协议日期顺利运抵阿尔及利亚港。

广安港正式获批省级外贸综合服务试点企业后，利用平台优势开展进出口贸易业务，此次合作是公司在大宗贸易业务板块的重要突破。

（杨榆彬）

第三届国际口岸经贸物流合作大会在成都召开 2017年9月16日—17日，由泸州港协办的第三届国际口岸经贸物流合作大会在成都召开。会上，泸州港与国际国内相关领域代表及知名企业负责人围绕口岸经贸交流与合作、物流发展趋势、口岸服务提升等话题进行深入的沟通交流，并接受国内财经媒体的专访。

2017年，泸州港探索加强产业多元化融合发展，加快经济转型升级步伐。成功搭建“天天直航快班”公共服务平台，集聚和发挥舱位资源，最大限度发挥船舶运力，为各进出口企业提供高效、优质、便捷的物流服务。不断完善港口运输系统，发展铁路水路联运、水水中转、甩挂运输及全程物流运输业务，以完备的多式联运物流通道提升服务性价比。拓展港口经营多元化融合发展之路。重点发展商贸物流业务，开展“箱、煤、钢、车，粮、木、矿、油”港口主业和七项大宗物资商贸物流业务，同时，发展城际城市配送、金融、保险、咨询等现代服务业务，创新扩大新经济增长领域，促进企业营业收入大幅提升。

（李洪燕）

朱鹤新调研泸州港 2017年11月1日，四川省副省长朱鹤新到泸州港调研。泸州市市长刘强及市政府、龙马潭区、省港航公司有关领导参加调研。

2017年11月1日，四川省副省长朱鹤新（中）调研泸州港　　省港航公司 供稿

朱鹤新实地查看泸州港进港铁路专线、进境粮食指定口岸仓库及码头堆场，听取泸州港进出口贸易、“天天直航快班”航线开行及国家水运开放口岸建设情况的汇报。朱鹤新要求泸州港要充分利用自贸区政策优势，积极申请国家水运开放口岸资质，全面提升港口服务功能，积极创新内陆航运口岸服务体系；主动加强和重庆、武汉、南京、上海等长江主要港口的合作，着力打造通关便利、畅通国际的沿江开放通道；提升港口综合运输服务水平，参与构建“水、公、铁、空”综合物流服务体系，创新无水港合作模式，联动构建外向型经济发展高地，为泸州乃至四川经济发展作出更大的贡献。

（杨宇君）

泸州港务公司与四川省商业投资集团签订战略合作意向书 2017年10月26日，泸州港务公司与四川省商业投资集团在泸州签订战略合作协议。双方按照“平等合作、资源共享、互惠互利、共同发展”的合作原则，依托自身在资源、资金、物流、土地、技术等方面的优势，在粮食贸易、煤炭贸易及粮食精加工等领域开展合作。

（李洪燕）

南充港平行进口汽车首次运抵青白江成都国际铁路港 2017年，南充港探索拓展平行进口汽车业务，关注青白江国际贸易政策红利，抢抓“一带一路”倡议机遇，依托成都国际铁路港开拓市场，近期成功与广西合作企业签订首单购销合同。首批平行进口汽车经广西钦州港报关，于10月28日顺利抵达青白江国际汽车城。此次到港平行进口车为高端品牌，贸易额近100万元，过程管理严格、风险全面可控。年内，南充港开展752台平行进口车业务，外贸额达2.02亿元，在川内居于领先地位。

（杨榆彬）

泸州港实现口岸服务“零费用” 2017年，泸州港不断创新口岸服务机制，推进口岸创新改革新举措，成功打造“零费用”口岸，使通关更加便利、高效。

从6月1日起，泸州港外贸货源的吊箱、移箱、掏箱、称重、消毒、熏蒸等费用通过政府购买口岸服务的全新方式得以减免，从真正意义上实现了口岸服务的“零费用”。该项新举措切实为企业减负增效，有效地促进泸州港进出口箱量的稳定增长。同时，海关、检验检疫在港区设立共同查验区域，基本实现“一次申报、一次查验、一次放行”，降低企业通关费用成本和时间成本，促进泸州外贸经济快速有序发展。

（李洪燕）

2017年，泸州港成功实现口岸服务“零费用”　　省港航公司 供稿

公路水路勘察设计

GONGLU SHUILU KANCHA SHEJI

厅公路设计院概况 2017年，厅公路设计院新增合同额、产值、利润总额分别较上年增长20%、21%和3.4%，获中国公路勘察设计协会首届“公路交通行业优秀勘察设计企业”称号。全年完成“四川省高速公路网规划储备研究”等18个重要规划和课题研究；成乐高速公路扩容、沿江高速公路等13个项目工程可行编制，荣昌至泸州等7个项目486公里的初步设计和资阳至潼南等5个项目272公里的施工图设计。“6·24”茂县重大山体滑坡、“8·6”茂县山体高位塌方、“8·8”九寨沟地震等自然灾害发生后，厅公路设计院抽调骨干力量第一时间深入灾区一线，累计派出230余人，开展灾区道路踏勘检测、应急处治、灾后恢复重建等急难险重任务。在总结应急抢险工作基础上，修订出台《SCHD公路抢通保通技术保障应急预案》。全年派出59名技术骨干担任常驻设计代表，组织24次院级工地回访和设计交底，为雅康、汶马、新机场高速公路等22个在建重点项目及大批地方、市政项目提供后期服务技术保障，获得行业主管和业主普遍好评，顾客满意度平均分93.9分。针对雅康高速公路，派出11名常驻设计代表，组织高频次院级工地回访，加强统筹协调，现场及时解决施工过程中各种问题，为雅康高速公路雅泸段按期实现试通车提供技术支撑。

全年中标金额10.8亿元。在巩固高速公路市场份额基础上，强化与地方战略合作，地方公路和市政市场合同额分别为4.9亿元和2.6亿元，区域经营取得新成效；主动探索与大型施工企业合作道路，成乐高速公路扩容试验段EPC项目取得实质性突破，迈入高速公路设计施工总承包市场。测绘专业快速提升，无人机航测、激光雷达扫描、倾斜摄影测量、三维实景建模均形成生产力，2项测绘成果获2017年省优秀测绘工程奖；BIM中心初具规模，熟练掌握多个平台建模能力，将倾斜摄影和激光点云扫描等新技术运用于项目生产，获中国勘察设计协会“创新杯”优秀公路BIM应用奖；建筑专业提升技术水平，设计的金堂等4个高速公路服务区被交通运输部评为“全国百佳服务区”。测绘专业取得“摄影测量与遥感”“无人飞行器航摄”两项乙级资质；环保专业取得“水土保持监测水平评价证书”，获得成都三绕简蒲段水土保持监测业务；机电专业取得通信广电行业（电子系统工程）专业乙级资质。

配强技术审查岗位，加大技术会审频次和覆盖率，加深方案研究深度，提高重大方案编制水平；完成三体系改版换证，狠抓造价控制、环境控制和放行审批等关键环节，强化管理体系执行力。引进先进技术和装备，将无人机、激光雷达、BIM等先进手段与传统的测量、地调工作相结合，成功应用于成乐高速公路扩容、新机场高速公路、川九路重建等工程，提升工作效率和成果精度。依托绵九高速公路、川九路、国道318线康定至雅江段等项目，示范绿色公路，推广钢结构桥梁，推进“交通+旅游”“交通+智慧”融合发展，落实交通生态和可持续发展战略，以标准化、工厂化促进技术质量提升，全年编制发布桥梁、隧道、路基、交通工程等专业通用图59册，正在审定18册。参加世界交通运输大会、中美桥梁技术交流会等国际性会议，邀请国内外知名专家来院讲学，分院内部技术交流也基本形成常态化，有效提升技术人员能力和水平，组织开展6期钢结构桥梁专题培训，推动全院钢桥设计水平进步。

成立科技管理处，统筹全院科研创新工作，提高科技管理水平和服务能力。修订制订院《科研发展战略纲要（2018—2030年）》《科研管理办法》和《科研经费管理办法》；加大科研经费保障力度，拿出一定比例资金为院承担的纵向科研项目提供配套研究经费，设立院立项科研课题，鼓励开展各种形式科研合作，努力构建集散结合、开放合作的科研新格局；加大科研激励，形成“绩效支出、成果奖励、成果转化激励”三级科研人员薪酬激励制度，成果奖励力度比上年增长57%，确定成果转化净收入30%用于科研人员激励。召开科技创新大会，表彰首届科技领军人物、新秀、创客和团队，营造崇尚科研和技术良好氛围，深度激发科技人员创新

动力和科研积极性。依托路面专业成功申报“公路建设与养护技术、材料及装备”行业研发中心，搭建“国家+行业+省”三个梯次科研平台，为全院科技创新注入全新活力。“地质灾害防治技术国家工程实验室温江试验中心”主要设备系统通过验收，即将投入使用；“四川省路面结构材料及养护工程实验室”试运行，相关业务正常开展。新立项13个省级科研项目，获科技进步奖6项，获全国优秀咨询一等奖1项，获省优秀勘察设计及优秀咨询奖15项，其中一等奖8项，获得国家专利授权6项。

梳理现有各项管理制度，制订修订出台有关薪酬分配、人才管理、财务审批等规章制度7项。强化制度执行力度，防止“两张皮”。严格干部选任程序，加大轮岗交流力度，全年提拔、调整干部38人，一批年轻干部脱颖而出，基层单位班子建设加强；引进新员工18人、专业急需人才8人，推荐各类专家20余人次，范碧琨成功入选“四川工匠”；开展职工培训，培训交流250余次，参加教育培训4 500余人次，覆盖面达97.6%。完成综合信息管理系统二期开发设计，项目管理模块、资产管理模块及3个子公司管理系统正式投入试运行，满足全院生产和管理需要。对外宣传工作超预期完成年初目标，实现中央主流新闻媒体亮相、省部级和行业媒体密集关注“双突破”。超额完成全院信息报送目标任务，数量与质量同步大幅提升。

（匡成刚）

“一带一路”和长江经济带发展战略实施方案简介 2017年，厅公路设计院完成的“‘一带一路’和长江经济带发展战略实施方案”，发挥四川省处于“一带一路”和长江经济带重要结合部、连接全国西南西北、沟通中亚南亚东南亚重要交通走廊的区位优势，以及国家自由贸易试验区落户省份、全面创新改革的试点省等政策优势，按照“主动融入、开放共享，核心引领、全域联动，多向并举、多网融合”的发展思路，把四川省建设成国际性综合交通枢纽，支撑和引导“多点多极”空间发展格局。到2020年，建成长江上游综合立体交通走廊，提升设施联通和运输便利化水平，畅通“八射三联”综合运输大通道（以成都或者四川为中心放射出去8个综合运输大通道，3条与周边省份互联的综合运输大通道），便捷连接“六廊一路”。畅通空中丝绸之路，建成国家级国际航空枢纽；畅通省内综合立体交通网络，有效支撑全域对外开放；提升长江黄金水道功能，增强对长江经济带发展的战略支撑力；提升运输服务衔接水平，促进交通运输提质降本增效；提升交通智能绿色水平，引领行业转型升级发展。重点打造长江黄金水道，全面推进长江干线航道系统化治理，统筹推进支线航道建设，增强长江干线过江能力，加强港口及集疏运体系建设。建设综合立体交通走廊，依托长江黄金水道，统筹发展铁路、公路、航空等各种运输方式。构建多元化国际运输通道，着力构建“八射三联”综合运输大通道，加快完善省内综合立体交通网络，统筹推进综合运输枢纽体系建设。发展便利化国际客货运输，大力发展国际物流体系，加快发展多式联运，提升中欧班列运营水平。

（综合交通规划分院）

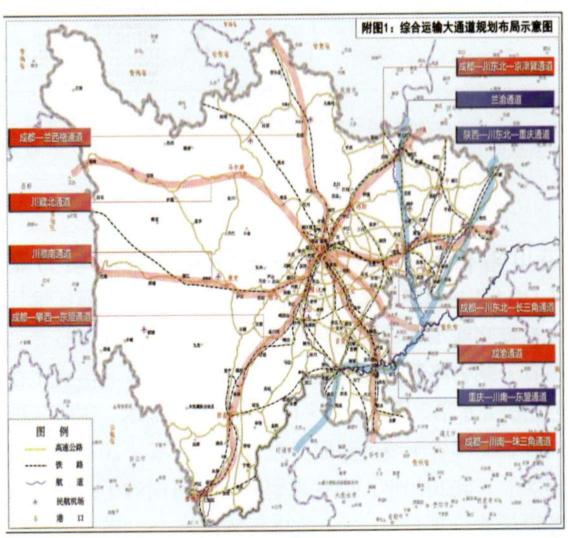

四川省综合运输大通道规划布局示意图　　厅公路设计院 供稿

“8·8”九寨沟地震灾后恢复重建交通专项实施方案简介 按照中共四川省委、省政府及省“8·8”九寨沟地震灾后恢复重建委员会总体安排和部署要求，省办公厅印发《“8·8”九寨沟地震灾后恢复重建交通专项实施方案》（以下简称《方案》）。《方案》要求，用三年左右的时间，基本完成交通基础设施恢复重建任务，使灾区公路交通基础设施达到且部分超过震前水平。“8·8”九寨沟地震公路交通基础设施灾后恢复重建规划总投资35.11亿元（汶马、绵九高速公路建设资金已落实，不计入灾后重建总投资），其中，普通国省干线公路投资33.40亿元，旅游公路投资1.46亿元，农村公路0.25亿元。到2017年底，完成交通受损设施既有功能恢复。全面恢复受损国省干线、农村公路及管理养护设施。做好国道213线汶川至川主寺段、国道247线平武段、国道544线川主寺至九寨沟县城段、省道445线九寨沟至若尔盖段等路线抢通保通工作。恢复加固九寨沟县沟口汽车客运站、九寨沟县汽车客运站、九寨沟县玉瓦汽车客运站和平武县汽车客运站等受损汽车客运站。加快推进国道4217线汶马高速公路、国道8513线绵九高速公路建设，积极推进国道0611线川汶高速公路前期工作，尽快具备开工条件。推进国道544线川主寺至九寨沟县城段恢复重建，以“交通+安全”“交通+

川九路灾后重建工程九寨沟口隧道进口立交效果图　　厅公路设计院 供稿

生态”“交通+旅游”“交通+信息化”为核心，以打造安全、智慧生态旅游新示范路为目标，科学确定技术标准，灵活运用技术指标，有针对性地防范地质灾害，最大限度地保护生态环境、保障道路运营安全，努力再创“安全舒适、生态环保、路景融合、现代智慧”新示范工程。结合灾区旅游资源优势，实施九寨沟县漳扎镇至大录乡旅游干线公路项目，进一步改善灾区旅游景点景区交通条件。结合深度贫困地区扶贫攻坚，继续推进建制村通硬化路，为脱贫致富奔康奠定坚实交通基础。根据灾损情况，对受损农村公路进行恢复重建。实施县乡道改善提升工程和农村公路安保工程，进一步提升农村交通基础条件。到2020年，基本完成公路交通恢复重建任务，与成兰铁路、成西铁路、九黄机场以及区域内通用机场等共同构建形成支撑九寨沟绿色发展、跨越发展的综合立体交通体系。

（综合交通规划分院）

四川省“交通+旅游”融合发展专项行动计划（2017—2020年）项目简介　为贯彻落实国家《关于促进交通运输与旅游融合发展的若干意见》《关于实施绿色公路建设的意见》和四川省《关于进一步加快旅游业改革发展的意见》，省交通运输厅、省旅游发展委、省发展改革委联合组织编制《四川省“交通+旅游”融合发展专项行动计划（2017—2020年）》（以下简称《行动计划》），并于2017年8月印发实施。《行动计划》主要包括强化规划引领作用，统筹考虑旅游服务设施与交通基础设施一体化规划布局，加快编制和完善旅游交通设施实施标准规范，形成旅游交通基础设施统一设计标准；积极探索采取特许经营、政府购买服务、PPP等模式推进旅游交通基础设施建设，创新探索交通支撑旅游发展、旅游反哺交通发展的融资模式，实现交通运输与旅游开发同步收益、融合发展；强化交通设施旅游服务功能，加快推进标志标识、收费站和旅游厕所改造完善，鼓励挖掘“丝绸之路”“蜀道”“茶马古道”等具有重要历史文化价值的交通遗迹遗存，完善旅游线路与展示平台；建立跨部门数据共享机制，实质性对外开放相关数据，推动公路交通流和景区客流全过程动态管理，采用信息化等手段合理引导、调度和调剂节假日旅游高峰客流。力争到2020年，基本建成“结构合理、功能完善、无缝对接、安全高效”的旅游交通运输体系。

（综合交通规划分院）

四川省2017—2020年“交通+旅游”融合发展示范试点建设项目示意图　　厅公路设计院 供稿

四川省普通国省干线公路服务设施专项方案（2017—2020年）简介　2017年，省交通运输厅为推进交通运输供给侧结构性改革，科学指导全省普通国省干线公路服务设施发展，进一步提升普通国省干线公路服务水平，满足公众多样化出行服务需求，制订《四川省普通国省干线公路服务设施专项方案（2017—2020年）》。到2020年，全省规划新建普通国省干线公路服务设施建设项目110个（新建服务区45个、新建停车区65个），其中，普通国道沿线新建101个，普通省道沿

线新建9个，估算总投资5.5亿元（不包含通过结合公路管养设施实施改造的服务设施投资）。其中，争取中央车购税资金9 675万元，市（州）政府筹资等其他方式4.5亿元。同时，结合公路管养设施建设，推进303个公路管理养护设施改造提升，具备条件的项目增加停车等服务功能。贯彻“交通+旅游”融合发展新理念，加快完善2个“交通+旅游”融合发展示范项目、10个旅游公路试点项目沿线服务设施。结合公路管理养护设施改造完成一批对公众开放的服务设施，基本形成“布局合理、功能适当、覆盖广泛、可持续发展”的普通国省干线公路服务设施网络，基本实现普通国道沿线驾乘人员2小时左右享受服务体验，普通省道多路共线段、交通繁忙路段、沿线重点景区有服务设施覆盖。

（综合交通规划分院）

昭通（川滇界）至西昌段高速公路简介 2017年，厅公路设计院完成昭通（川滇界）至西昌段高速公路设计。国道7611线昭通（川滇界）至西昌段高速公路是《国家公路网规划（2013—2030年）》都匀至香格里拉高速公路重要组成路段，是《四川省高速公路网规划（2008—2030年）》第5条东西横线中一段，是攀西经济区便捷沟通相邻省份，打通对外通道的主要经济干线和主要出入口公路通道，承担省际间和沿线各市（州、县）客货运输服务。路线全长184.387公里，与沿江高速公路共线16.217公里，本项目独立建设168.17公里。全线设计时速80公里、路基宽25.5米，桥隧比73.4%。路线起于春江沿江高速公路前进约16.217公里，于芦稿设枢纽互通立交脱离沿江高速公路；顺洛尼布特河谷延伸，设金阳隧道穿马鞍山，经地洛、洛古电站、塘且、联补电站，沿西溪河两岸北行；设T型枢纽互通立交与乐西高速公路相交。路线向西与国道348线（或国道245线）同走廊，经四开乡、洒拉地波乡，在拢恩以打村附近设贡觉高山隧道穿越贡觉高山；采用两组回头展线、经东河及其支流马几依嘎河谷地带迂回展线实现洒拉地坡台地至安宁河谷高差过渡，沿西昌城市规划北外围，自东向西，止点设小庙枢纽立交与西攀高速公路相接。

（勘察设计四分院）

成都市五环路工程简介 2017年，厅公路设计院完成成都市五环路工程设计。五环路起于郫都南北大道北侧，顺时针方向依次经郫都、新都、青白江、龙泉、天府新区、双流、温江、高新、郫都8区县，在港泰大道接路线起点，路线全长142.187 公里；其中新建71.9公里，改建70.3公里。五环路城市规划区采用主六辅四，全宽64米，非城市规划建设区采用主六辅二，全宽48米。主车道设计时速80公里，辅道设计时速60公里。匡算总投资约360亿元。五环路是完善成都市城市快速路

成都市五环路郊区段效果图　　厅公路设计院 供稿

环线系统，助推成都构建国际内陆型综合交通枢纽；完善国家公路网，满足普通国道在成都过境；支撑成都市建设国家中心城市目标，打造具有国际影响力现代化都市圈；适应新一轮城市总体规划，形成“双核共兴、一城多市”网络城市群大都市区发展格局的需要。

（勘察设计四分院）

天府大道北延线工程项目简介 2017年，厅公路设计院完成天府大道北延线工程项目设计。项目位于四川省德阳市，起于成都市新都区与德阳市行政区域分界处半边堰，向北跨青白江，在团泊村跨成汶铁路，途经广兴镇东侧，在仁寿村南侧跨成兰铁路、成都第二绕城高速公路，经仁寿村跨濛阳河，在南兴镇东侧欢喜村处与汉彭公路交叉，向北经仁义村，在竹木村处与规划佛山路相交，在金山村“自家人”农家乐处与三星大道相交，在新平镇东侧四川省法官学院旁跨湔江（鸭子河），与规划天津路相交，跨广岳铁路后在明和锻造公司处与北京大道相交，经槐树村、双福村，在南丰镇北侧与规划广什大道相交，在石桥林村南湖路相交，在金轮镇东侧设大桥跨石亭江，与德阳市西二环交叉，止于德阳市旌阳区西二环路天虹西路交叉口。路线全长28.3公里。全线特大桥1座，大桥13座，中桥17座，互通立交9座。天府大道北延线主道设计时速60公里，辅道设

计时速30公里，沥青路面，红线宽80米。

（勘察设计四分院）

广平高速公路简介 2017年6月30日，广平高速公路开工动员在青川举行。广平高速公路是《四川省高速公路网规划（2014—2030年）》中东西横线之一。项目起

广平高速公路涪江特大桥效果图 厅公路设计院 供稿

广平高速公路青川互通立交效果图 厅公路设计院 供稿

于青川县骑马乡，止于平武县母家山，向东通过广甘高速公路连接甘肃，进而连接西北地区，向西通过绵九高速公路连接四川省阿坝州藏区。路线全长91公里，全线设计时速80公里、路基宽24.5米、采用双向四车道高速公路技术标准设计，设置互通立交8处，桥隧比69.5%，建设工期5年，计划2018年内全面开工。项目的建设将实现西北地区与阿坝藏区顺畅连接。

（勘察设计四分院）

南潼（川渝界）高速公路简介 2017年，厅公路设计院完成南潼（川渝界）高速公路设计。南充至潼南（川渝界）高速公路是《四川省高速公路网布局规划》（2011年调整方案）中第二条南北纵向路线南充至泸州高速公路中一段，是环渝腹地区块一条重要联络线。项目建成对解决渝西、川东地区无南北方向快速干道连接的缺陷，完善环渝腹地区块交通网络，增强成渝经济区地区城市之间联系，建设西部经济发展高地，构建西部综合交通枢纽具有重要意义。路线起于广南高速公路黄地坝处，对接南充过境高速公路北段，与广南高速公路构成十字交叉，止于川渝界楠木湾，与南充至泸州高速公路重庆境对接。路线全长61.419公里，全线设计时速100公里、路基宽26米、采用双向四车道高速公路技术标准设计，设置互通9处，桥隧比21.58%。

（勘察设计四分院）

南充过境北绕城高速公路简介 2017年，厅公路设计院完成南充过境北绕城高速公路项目设计。路线起于顺庆区同仁黄地坝，对接南泸高速公路与广南高速公路形成十字枢纽互通，经冯家沟、王家坝，于共兴南上跨国道212线（分离式交叉），经何家湾、袁家沟、于陡坎上跨潆溪河，于郑家湾设置金台互通，经任家沟、肖家沟，于字库坝下穿兰渝铁路桥，经徐家坝于搬罾饶家店设置搬罾互通，经石狗坝跨嘉陵江，于小碑垭设置龙门互通，经书房湾下穿新达成铁路桥，经兔儿坪、吴家花朝门、庙子沟，于喻家新屋沟设置新屋沟互通，与南大梁高速十字交叉，实现交通转换，经蒲家沟、张家湾，于吴家大院子跨螺溪河，经盛家湾于南江李家沟设置长乐互通，与国道318线交通量转换，路线经王家湾止于南广高速公路辜家沟。路线全长42.52公里，全线设计时速100公里、路基宽26米、采用双向四车道高速公路技术标准设计。

（勘察设计四分院）

巴万高速公路设计简介 2017年，厅公路设计院完成巴万高速公路设计。项目是四川腹地东向出川辅助通道，对促进大巴山区川陕革命老区经济发展和扶贫建设，带动区域经济，改善投资环境都具有重要意义，对进一步改善区域交通状况，提高公路运输能力，构建西部综合交通枢纽，完善国家高速公路路网有重要作用。巴万高速公路起于巴中市巴州区清江镇南侧月儿湾附近，止于万源市官渡镇南侧。路线总长120.103公里，设计时速80公里，路基宽24.5米，全线采用双向四车道高速公路标准建设，地震基本烈度Ⅵ度，桥隧比71.26%，设置11处互通式立交、路段管理分中心1处、管理处2处，隧道管理站4处、服务区3处、停车区1处、养护工

巴万高速公路通江河大桥效果图　　厅公路设计院 供稿

区3处、匝道收费站9处。造价约188亿元。建设总工期自开工之日起4年，厅公路设计院承担60.759公里，占项目50.59%。

（勘察设计一分院）

叙威高速公路（四川境）设计简介　2017年，四川省发展改革委批准建设叙永至威信高速公路（四川境）。叙永至威信高速公路（四川境）是《四川省高速公路网规划（2014—2030）》中20条联络线之一，经纳黔高速北连泸州至成都、重庆，南接云南威镇高速至贵州赫章、云南昭通的又一条快速出川通道。路线起于叙永县震东乡普站附近，止于川滇界（分水下河）与云南拟建宜毕高速公路镇雄至威信段叙永支线对接，路线长35.225公里，按双向四车道高速公路技术标准建设，设计时速80公里，路基宽25.5米。全线设置桥梁38座14 304.5延米，隧道8座5 958延米，桥隧比57.5%，设互通式立交4处，同步建设互通连接线3条，总长度1.23公里。该项目的建设对改善区域经济发展条件，提升泸州、叙永的交通区位优势，促进区域优势资源开发，发展壮大特色优势产业，推动川滇黔交界区域资源共享，协调发展，为川南经济区打造为该区域交通枢纽次中心和经济发展新增长极提供支撑。

（勘察设计一分院）

成都天府国际机场至潼南（川渝界）段高速公路简介　成都天府国际机场至潼南（川渝界）段高速公路是四川省高速公路网规划（2014—2030年）16条成都放射线中，成资渝高速公路重要组成部分，是成都新机场场外综合交通体系重要交通项目，是联系成都和重庆之间第四条高速公路大通道。项目位于四川省简阳市、资阳市境内，起点对接在建的成都新机场高速公路，止点对接重庆市同步建设的合川至潼南至安岳高速公路，路线全长109.543公里。设计时速100公里，项目起点至成安渝高速公路，路基宽34.0米（六车道），成安渝高速公路至川渝界路基宽度采用26.0米（四车道）。路面类型为沥青砼路面结构，桥涵设计汽车荷载等级采用公路Ⅰ级。全线设互通立交15座，其中枢纽互通立交5座，服务区3处，主线收费站1处（川渝界），沱江特大桥1处（1 465米）。项目于2017年5月获四川省发展改革委工程可行性批复，2017年9月获得省交通运输厅初设批复，批复概算147.32亿元。

成资渝高速公路天府机场至潼南段沱江特大桥效果图　　厅公路设计院 供稿

（勘察设计三分院）

峨汉高速公路工程简介　峨汉高速公路是省高网8横中的“第6横线” 隆汉高速公路一段，东接国家高速公

路网成渝地区环线乐雅高速公路、乐峨连接线高速公路和成乐高速公路，西接京昆高速公路雅安至西昌段。项目建成后将直接与成乐、乐雅、乐峨、乐自、乐宜等高速公路等交叉相连，使区域高速公路衔接成网，同时连接成昆铁路、成绵乐城际铁路、成贵客运专线、乐宜、乐自泸等多条铁路干线客货站点以及乐山港和规划中的乐山机场，形成综合运输网络。路线起于乐雅高速公路峨眉连接线（K9+603），止于雅安市汉源县（接京昆高速公路雅西段），路线全长约122.882公里，桥隧比90%，采用双向四车道高速公路技术标准设计，设计时速80公里，路基宽25.5米。项目于2016年7月获四川省发展改革委工程可行性批复，2016年11月获四川省交通运输厅初设批复，批复概算205.21亿元。2017年8月获得四川省交通运输厅施工图批复，批复预算204.92亿元。

（杨 熠）

甘孜州乡城县经白松至得荣（斯闸）段公路简介 国道549线乡城县城经白松至得荣（斯闸）段公路位于四川省甘孜藏族自治州西南部，原有公路为原县道09线中一段和乡道003线，是甘孜州重要的出州入滇进藏通道，也是大香格里拉旅游公路组成部分之一。本段路线起于乡城县香巴拉镇色尔宫村，与国道549线桑堆至乡城段径向对接，止于得荣县斯闸乡扎杂，接国道215线。采用三级公路技术标准，起点至正斗设计时速40公里，路基宽8.5米。正斗至斯闸段设计时速30公里，路基宽7.5米，其中马鞍山隧道和元根山隧道设计时速40公里。路线全长99.253公里，其中新建29.405公里，改建69.848公里。全线设大、中桥49座5 666延米，小桥5座110延米，桥梁总长54座5 776延米，为路线总长5.82%。设涵洞246道，平均每公里设涵2.48道，设隧道2座8 442米。路面类型为沥青砼路面结构，桥涵设计汽车荷载等级采用公路-Ⅰ级。项目于2017年4月获省发展改革委工程可行性批复，2017年8月获省交通运输厅公路局初设批复，批复概算25.775 9亿元。

（勘察设计三分院）

广渝泸高速公路荣昌至泸州段（四川境）工程简介 国道8515线广安至重庆至泸州高速公路荣昌至泸州段（四川境）是国高网银昆高速公路联络线一段，项目的建设国家高速公路网的补充，对提升国家高速公路网络通行能力具有重要意义。项目也是《四川省高速公路网规划》（2014—2030年）中8条纵线中第5条“南充至泸州至毕节”中一段，是四川省高速公路网中重要出省大通道。项目路线全长42.370公里，以玉蟾山隧道、方洞镇、奇峰镇、云龙镇、云龙机场、成自泸高速公路、止点城市道路规划为主要控制点，设计时速100公里，整体式路基宽26.0米，分离式路基宽13.0米，设枢纽互通立交1处，一般互通立交4处。项目于2017年4月获交通运输部初设批复，批复概算建安费25.97亿元，总造价39.39亿元。

（勘察设计三分院）

成都天府国际机场高速公路龙泉山1、2号隧道工程设计简介 2017年，厅公路设计院完成成都天府国际机场高速公路龙泉山1、2号隧道两阶段初步、施工图勘察设计。项目路线起于国道4201线成都绕城高速公路成龙立交以西，设白鹭湾枢纽互通，穿越龙泉山，止于石桥镇新机场枢纽互通，是全省首条双向八车道高速公路。龙泉山1、2号隧道分别长2 236米、2 378米，是天府机场高速公路控制性重点工程，其结构断面采用全国首创“双向四洞十车道”分离式隧道型式，采用客货分流“2+3+3+2”车道布设，其中2车道隧道为货车专用道，3车道隧道为客车专用道。隧道设计时速120公里，2车道建筑限界11.5×5.0米，3车道为15.25×5.0米。受龙泉山背斜控制及断层影响，岩体较为破碎，为高瓦斯隧道。隧道工程概算建安费19.9亿元，于2017年3月开工建设，计划工期3年。

龙泉山隧道效果图　　厅公路设计院 供稿

（隧道与地下工程分院）

春在隧道设计简介 2017年，厅公路设计院完成春在

隧道两阶段勘察设计工作。项目位于巴中市通江县城区南部，路线起于廊桥南桥头，接壁山东路，沿春在隧道穿越秋景山，在春在大桥北桥头西南方向出洞后，与通平路平交。路线全长3.153公里，其中春在隧道长2.153公里。采用一级公路技术标准，设计时速60公里。预算总投资4.81亿元，于2018年3月开工，计划工期2年。项目沿线地形狭窄、民居密集。为尽量减少拆迁以及对沿线山体扰动，隧道进出口均采用小净距隧道型式，减少占地和原始地表破坏。通江是著名革命老区，隧道洞口充分考虑红色文化特点，采用工农红军主题进行景观设计。

（隧道与地下工程分院）

南山隧道设计简介 2017年，厅公路设计院完成南山隧道初步勘察设计。项目是国道212线广元城区过境段控制性工程，推荐路线起点位于南环路碑坪子，与国道212线既有道路顺接，经接官亭、李家梁，止于万源20号公路，路线全长6.734公里，其中南山隧道长2.433公里，桥梁总长3.554公里，互通式立交2座，概算建安费8.76亿，其中隧道4.63亿元。项目采用一级公路标准，设计时速60公里，南山隧道左线长2 450米，右线长2 415米，为双洞单向行车，隧道与路基同宽，建筑限界11.5×5米。项目建成后，将完善广元中心城区“两环三沿三横六纵”城市干线交通网外环线，打通城区南向通道，缩短广旺经济走廊中、短途交通运输时间，大幅提升过境交通效率。

（隧道与地下工程分院）

邛崃山梦笔山隧道工程项目简介 2017年，厅公路设计院先后完成阿坝州境内邛崃山隧道、梦笔山隧道两座高海拔特长隧道两阶段初步、施工图勘察设计。两座隧道均设计时速40公里，建筑限界9×5米，洞口平均海拔分别为3 795米、3 793米。邛崃山隧道长7 030米，设置贯通平导长7 053米，是省道450线理县至小金公路控制性工程，是厅公路设计院在全省设计完成的第7座长度大于7公里的高海拔隧道。隧道工程建安费8.7亿元，于2017年底开工建设，计划工期4年。项目地处川西北高山到高原过渡地带高山峡谷区，位于米亚罗省级自然保护区和世界遗产大熊猫栖息地范围内，生态环境极为脆弱，为减小弃渣对环境影响，设计方案根据地形、地质条件，将隧道弃渣充分利用于路基填方、以及洞外景观台和隧道管理所等建设用地平整，满足自然保护区相关要求。梦笔山隧道位于省道217线卓克基至小金公路，是该路段改造项目重难点工程，项目建成后，将绕避冰冻积雪路段8.2公里。隧道全长3 350米，进口端设置平行导洞长765米。隧道工程建安费3.27亿元，于2018年初开工建设，计划工期3年。

（隧道与地下工程分院）

折多山隧道设计简介 折多山隧道地处甘孜州“康巴第一关”折多山下，是川藏南线进藏必经之路。折多山越岭段冬季积雪长达数月，成为制约国道318线常年畅通主要瓶颈。隧道的建设将极大改善该路段行车条件，使原本一个半小时车程缩短至8分钟，还将对巩固边防、维持边境地区稳定以及藏区经济发展、资源开发利用、社会安定和民族团结发挥极其重要作用。

折多山隧道由厅公路设计院设计完成，是目前国内最长二级公路隧道。隧道全长8 427米，两端各设置平行导洞1座，总长2 600米，单洞对向行车，洞口平均海拔3 821米。设计时速60公里，隧道主洞建筑限界10×5米；隧道工程建安费12.96亿元，于2018年开工建设，计划工期5年。项目设计方案使隧道既满足近期二级公路使用功能，又兼顾远期高速公路升级改造。隧道主洞断面预留高速公路空间，远期可直接改造为高速公路右洞；隧道平导创造性地采用大断面形式，远期可升级改造为高速公路左洞。通过远、近期结合设计，可减少远期高速公路建设投资15亿、缩短建设工期近3年。该隧道地处著名鲜水河活动断裂带，隧址区烈度达Ⅸ度，洞身段最高海拔4 545米，是四川省又一座高海拔、高寒冷、高烈度公路隧道。隧道地质条件复杂、不良地质发育，面临穿越活动断裂带、软岩大变形、承压涌突水、高地应力岩爆、瓦斯等多项技术难题。勘察设计单位加强地质勘察和水文资料收集，强化监控量测和地质超前预报，合理评估不良地质施工风险，对活动断裂不利影响进行针对性结构设计，并着重针对供氧、保温、抗震、岩爆、抗防冻等措施进行专项设计，确保隧道施工安全并缩短建设工期。

（隧道与地下工程分院）

国道356线金阳县金阳河特大桥设计简介 2017年，厅公路设计院完成金阳河特大桥设计。项目位于四川省凉山州金阳县城北，西接金阳老县城，与城东绕城公路相交，东接新规划东城区，距金阳老县城约2 200米，是国道356线控制性工程。金阳河特大桥全长757.7米，其中主桥长668米，引桥长（含桥台）752米。施工图设计预算总金额30 065.060 1万元，其中建安费预算26 724.491万元。大桥设计基准期100年，采用三级公路道路等级设计，双向两车道标准，设计行车时速为40公里（主桥）、30公里、20公里（引道），桥梁设计安全等级一级，桥梁设计荷载公路-Ⅰ级，人群荷载3.0KN/m^2；桥面宽16.0米，设计洪水频率l/300，通航标准为等外级河流，天然河流不通航且没列入航道规划，抗震等级7.7度，按照50年超越概率10%地震加速度0.151g，设计基准风速（100年1%）26米/秒。协调地形地质条件，3个主墩分别高113米、195米、178米，其中6号主墩高195米，系目前同类桥型、同类下部结构世界第一高墩。由

于地震烈度高，进行了抗震设防研究。通过桥墩刚度变化，解决墩高差异较大带来的抗震不利影响。墩身钢管混凝土外置于0号块两侧，增强墩与主梁连接，减少施工干扰。墩身钢管混凝土骨架施工采用内置提升架单片安装，加快工效，减少高空作业，提高施工安全性。主墩采用钢管混凝土结构这一高强材料，减少混凝土用量，减轻自重，降低结构地震效应，减少碳排放。

（桥梁勘察设计分院）

阆中嘉陵江四桥设计简介 阆中市嘉陵江四桥起点位于嘉陵江右岸梓潼庙附近，自东向西跨嘉陵江，经蟠龙路与国道212线和国道347线（原省道302线）相接。路线全长1 446米，其中桥梁全长1 300米，引道长146米。桥梁宽29米，主桥采用（2×130）米独塔斜拉桥，引桥为预应力砼简支T梁及连续梁。两岸均设置立交与滨江路实现互通，项目预算投资4.1亿元。根据桥位处水文地质情况及通航需求。全桥孔跨布置为（32.5+45+3×32.5+10×30米连续梁）+（11×30米简支T梁）+（2×130米独塔斜拉）+（4×32.5+45+32.5米连续梁）。根据结构需要主桥采用整幅式，引桥采用分副式。大桥设计基准期100年，采用一级公路道路等级设计，双向四车道标准，设计行车时速60公里，桥梁设计安全等级一级，桥梁设计荷载公路-I级，人群荷载3.0KN/m^2，桥面宽29米，航道等级及通航标准Ⅲ-（3）级，抗震等级Ⅵ度，0.05g。主桥索塔采用水滴型，线条流畅、造型美观。索塔上锚点采用钢锚梁系统，使索塔锚固区受力明确、施工简便、提高索塔耐久性。根据桥梁受力特点，斜拉桥采用墩塔梁固结体系，使主梁0号块和索塔下横梁合二为一，美观简洁，资源节约。主桥主梁采用预应力混凝土分离式箱型断面，既符合宽桥面混凝土斜拉桥受力特点，又避免采用钢箱梁带来造价增加和较大后期维护工作量。项目于2017年9月29日顺利通车，缓解了国道212线与省道302线交通压力，为阆中市整体发展提供交通便利。

（桥梁勘察设计分院）

荔玉高速公路平南三桥大桥设计简介 2017年，厅公路设计院设计的广西荔浦至玉林高速公路连接线平南三桥技术设计通过广西交通运输厅评审。平南三桥为荔浦至玉林高速公路平南北互通连接线上跨越浔江的一座特大桥，位于平南县西江大桥上游6公里处。全长1 035米，其中，主桥长575米，引桥长（含桥台）460米。建安费预算约5.7亿元。大桥采用二级公路道路等级，设计时速60公里，设计荷载汽车为公路-I级，人群荷载按2.5KN/m^2，桥面宽2×8米（行车道）+2×3.5米（非机动车道）+2×2.25米（人行道）。设计洪水频率：1/300，通航标准为内河Ⅰ级航道，设计风速24.0米/秒（离地10米高、1%频率、10分钟平均最大风速），桥位区地震动峰值加速度值为0.05g，地震动反应谱特征周期为0.35s。主跨575米的钢管混凝土拱桥，是世界第一跨径拱桥，采用钢管混凝土拱桥，节约工程造价9 000万元以上，减少混凝土用量，减少碳排放。两岸均采用钢筋混凝土拱座和扩大基础，北岸基础卵石覆盖层较厚，设计采用圆形地下连续墙+注浆加固卵石层地基，再在其上安放拱座基础。主桥设计全方位检修通道，所采用的吊杆、系杆亦可检修、可更换，保障大桥长久安全运营。采用超静定的“工”型格子梁和钢—混凝土组合桥面板，加强结构安全性，桥面板厚度15厘米，减轻桥面系重量，减小拱肋和基础尺寸，降低造价。

（桥梁勘察设计分院）

宜宾市盐坪坝长江大桥设计简介 2017年，盐坪坝长江大桥开工建设。盐坪坝长江大桥及其连接线属宜宾市域干线公路网中纵三线、纵四线组成部分，是宜宾城市快速路网中“东部快速路”节点性工程，是宜宾城市内环线重要组成部分。大桥全长1 319.6米，其中，主桥866米，引桥（含桥台）453.6米。主桥建安费预算6.3亿元。根据地形地质、通航行洪条件及珍稀特有鱼类保护、结构特点，主桥采用双塔双索面混合式叠合梁斜拉桥，即边跨采用支架现浇“π”形预应力混凝土梁，半漂浮体系，提高桥梁总体使用性能，同时设置带弹簧的粘滞阻尼器降低地震力，限制梁体位移。中跨采用桥面吊机安装的双钢箱叠合梁，孔跨布置为（45+51+97）+480+（97+51+45）米，边中跨比例为0.402，既解决边跨压重问题，受力合理，又经济节约、施工方便。索塔采用“江鱼”造型，取“鱼跃长江”之意，钢筋混凝土结构，在索塔设计中采用竖向预应力、“井”字形预应力、C55钢纤维高强度混凝土、临时横向支撑等技术解决混凝土索塔容易开裂问题。中跨桥宽40米，双向六车道，两侧设置非机动车道和人行道、拉索区。两岸边跨受立交匝道接入影响，北岸加宽至51.05米，南岸加宽至57.06米。主桥中跨采用由双边钢箱、横隔板、3道“工”字形小纵梁、预应力混凝土桥面板组成的叠合梁，梁高3.5米；边跨采用“π”形预应力混凝土梁，由双主纵梁、多道小纵梁、桥面板组成，梁高3.5米。钢混过渡段设置在跨中索塔附近。斜拉索采用平行钢绞线拉索体系，索体由多股PE包裹防护环氧涂覆高强低松弛钢绞线组成，均采用塔端张拉工艺。斜拉索规格分为7类，分别为M250-43、M250-55、M250-61、M250-73、M250-79、M250-85、M250-91。北岸引桥孔跨布置为（20+28+35+25+23）+2×27.25米，上部结构采用预应力混凝土连续箱梁，下部结构采用大悬臂双柱墩和三柱式“m”形桥墩；南岸右线引桥孔跨布置为35+（31+31）+（31+42.5+25+20.158）+

（17.5+17.5）米，左线引桥孔跨布置为35+（31+31）+（31+42.5+25+21.935）+（20.1+20.1）米，上部结构采用预应力混凝土连续箱梁，下部结构采用双柱墩、三柱墩和“m”形桥墩。主桥索塔、辅助墩、交界墩及引桥桥墩均采用桩基础，北岸桥台为重力式，南岸桥台采用桩柱式。

（桥梁勘察设计分院）

“高烈度地震峡谷区公路松散体边坡稳定性快速评估及防治对策研究”课题简介 “高烈度地震峡谷区公路松散体边坡稳定性快速评估及防治对策研究”课题是在省交通运输厅指导下，由厅公路设计院与监理公司、上海大学、四川大学共同承担完成的四川交通科技项目，2017年获四川省科技进步三等奖、中国公路学会科技进步二等奖。课题基于四川省藏区、山区公路工程穿越高烈度地震峡谷区特点，确定高烈度地震峡谷区公路松散体边坡的稳定性评价指标体系，并研发与应用松散体边坡稳定性快速分级系统，揭示出松散体边坡在地震荷载作用下失稳机理和破坏模式，提出松散体边坡的防治原则和最优治理方案。课题技术难度大，取得的研究成果具有原创性、系统性、新颖性，项目研究获授权发明专利2项（1项在申请中），软件著作权1件，实用新型专利7项，发表高水平学术论文27篇（其中SCI收录2篇，EI收录13篇）。多项研究成果为国内外首创。

（孙 璐）

“公路隧道抗震及减震技术研究”课题简介 厅公路设计院主研的“公路隧道抗震及减震技术研究”课题，于2017年4月获四川省人民政府科技进步三等奖。项目通过汶川特大地震56座隧道震害调查统计、三维动力时程分析、六自由度动力试验、活动断层试验，研究了隧道抗（减）震技术。主要创新成果如下：确定浅埋、断层破碎带、软硬岩交界3个区段为隧道抗震设防区段。浅埋段抗震设计方法，提出基于山形影响的地震动峰值加速度放大系数算法，明确隧道结构和围岩间地震力传递机理，修正拟静力法地震荷载算法和抗力系数取值方法。建立基于错动位移的活动断层破碎带段抗震设计方法。探明软硬岩交界段变形沿隧道纵向变化规律，建立该区段抗震设计方法。提出设置减震缝、内置减震层等工程措施以及深层间隔注浆的新理念。项目研究成果获得国家发明专利3项，软件著作权1项，出版专著4本，发表学术论文16篇，其中EI收录5篇。研究成果支撑震后隧道保通和恢复重建，提升隧道抗（减）震技术水平。

（孙 璐）

“西部地区公路瓦斯隧道设计与施工技术研究”课题简介 厅公路设计院主研的“西部地区公路瓦斯隧道设计与施工技术研究”课题，于2017年4月获四川省人民政府科技进步三等奖。项目为交通运输部西部交通建设科技项目，以都汶高速公路紫坪铺瓦斯隧道作为施工期间依托工程，以广邻高速公路华蓥山隧道为运营期依托工程，按公路瓦斯隧道勘察技术与方法、分级标准、设计技术、施工技术、揭煤防突技术、运营监测和通风技术等六个子课题进行研究。解决公路瓦斯隧道分级问题，提出公路瓦斯隧道勘察煤层及瓦斯基本参数及方法，制定公路瓦斯隧道设计与施工对策措施，确定公路瓦斯隧道揭煤防突方案及揭煤前预留安全岩柱值，提出公路瓦斯隧道运营期间瓦斯检测标准以及通风与监测技术。根据研究成果编制《公路瓦斯隧道设计与施工技术指南》，制订四川省《公路瓦斯隧道技术规程》，为编制交通运输部行业标准《公路瓦斯隧道设计与施工技术规范》提供编制基础。

（孙 璐）

“山区桥梁人工集料混凝土的性能提升技术与应用”课题简介 厅公路设计院主研的“山区桥梁人工集料混凝土的性能提升技术与应用”课题，于2017年4月获四川省人民政府科技进步二等奖。项目利用西部山区岩石丰富、工业废渣多的特点，就地取材，将岩石与工业废渣制成人工砂石集料，并围绕人工集料混凝土性能提升与山区桥梁工程应用难题，开展系统研究，首次建立人工集料适用质量评价标准，开发人工集料混凝土高性能化技术，揭示人工集料钢筋混凝土具有优良力学性能，基于开发的人工集料高性能混凝土，助推山区桥梁新结构、新技术和新工艺诞生。研究成果创新性、系统性、适用性强，在丽攀、广南、叙古等高速公路桥梁工程中全面应用，既解决工程建设原材料短缺难题、实现废渣资源化利用，又极大促进山区桥梁建设水平提升。相关成果获发明专利9项；制订地方标准3部、省级工法2项；近三年经济效益约6.4亿元，在桥梁工程中有非常高的显示度和示范性。

（孙 璐）

郑金龙获“第四届中国公路隧道优秀工程师”荣誉称号 2017年4月24日，厅公路设计院隧道与地下分院副总工程师郑金龙获“第四届中国公路隧道优秀工程师”荣誉称号。该称号每两年评选1次，每届获奖人数不超过10名，当选者均为中国公路隧道建设、养护、管理工作中作出杰出成绩和突出贡献的工程技术人才。在本届评选中，郑金龙从全国交通行业60余家参评单位近百名候选人中脱颖而出。

（张 博）

建设，设计时速60公里，路基宽12米，概算总投资27.8亿元。

（厅交通设计院）

广元港张家坝作业区（一区）一期工程施工图设计 2017年2月22日，厅交通设计院编制的广元港张家坝作业区（一区）一期工程施工图（第一批次）通过评审。项目位于嘉陵江右岸苍溪县城下游约7公里，下距沙溪枢纽坝址14.8公里，是广元港重要组成部分。一期工程建设4个500吨级多用途泊位（中远期停靠1 000吨级），设计年吞吐量件杂货138万吨，集装箱7.5万标准箱，设计年通过能力228万吨，其中件杂货147万吨，集装箱8.1万标准箱，项目总投资69 591.94万元。

（厅交通设计院）

成宜高速公路工程可行性研究简介 2017年3月14日，厅交通设计院编制的成宜高速公路工程可行性研究报告获省发展改革委批复。该项目是《四川省高速公路网规划（2014—2030年）》16条成都放射线高速公路之一，起于成都经济环线高速公路（成都三绕高速公路），对接成都天府国际机场高速公路南线，经简阳市、仁寿县、威远县、荣县、宜宾县、翠屏区，止于国道93线成渝经济环线高速公路（乐宜高速公路段），对接宜宾市过境高速公路西段，全长157公里。全线按双向六车道高速公路技术标准设计，设计时速120公里，路基宽34.5米。估算总投资246亿元。

（厅交通设计院）

国道215线石德路改建工程可行性研究简介 2017年4月，厅交通设计院编制的国道215线石渠洛须至德格柯洛洞段公路改建工程可行性研究报告通过交通运输部评审。该项目研究范围起点位于石渠县洛须镇，终点位于德格县柯洛洞乡，路线全长119.776公里。全线按三级公路技术标准设计，设计时速30公里，路基宽7.5米，隧道建筑限界宽9米，净高5.0米；俄南乡连接线，总长度11.974公里，采用四级公路技术标准，设计时速20公里，路基宽6.5米。估算总投资21.9亿元。

（厅交通设计院）

省道468线会东县经铅锌镇至野牛坪公路改建工程两阶段施工图设计简介 2017年4月18日，厅交通设计院编制的会东县经铅锌镇至野牛坪公路改建工程两阶段施工图设计文件通过评审。该项目是《四川省普通省道网布局规划（2014—2030年）》中一段，起于会东县小岔河桥，经海坝乡、拉马乡、满银沟镇、岳家村、双堰乡、铅锌镇、小街乡、松坪镇最后至终点野牛坪乡金东大桥桥头，通过金东大桥与云南境内国道248线相接，全长111.344公里。全线采用三级公路标准，路基宽7.5米，设计时速30公里。施工图预算12.17亿元。

（厅交通设计院）

岷江干流汤坝航电枢纽工程通过评审 2017年4月20日—21日，厅交通设计院和四川省水利水电勘测设计研究院编制的岷江干流汤坝航电枢纽工程通过评审。项目位于眉山市城区排污排涝口上游0.7公里的岷江干流上，是岷江干流（彭山江口至乐山岷江三桥段）航电梯级开发规划中第三级。枢纽工程由船闸、16孔泄洪冲砂闸、厂房、生态放水闸段、右非溢流坝段等组成，大坝全长534.24米，最大坝高23.3米，正常蓄水位414.80米，相应4 995万立方米，可渠化航道13.8公里。航道等级为Ⅳ级，航道尺度为1.9×50×330米（水深×航宽×转弯半径），船闸按Ⅳ级航道标准建设，船闸尺度120×16×3.5米，水级16.4米，单向年过闸货运量为256.7万吨。枢纽工程总投资21.46亿元，其中船闸工程投资1.37亿元，航道投资0.1亿元。

（厅交通设计院）

国道215线白巴路改建工程可行性研究简介 2017年5月，厅交通设计院编制的国道215线白玉至巴塘公路改建工程可行性研究报告通过交通运输部评审。国道215线是《国家公路网规划（2013—2030年）》新增的一条纵向线，其在四川境内起点为川青界真达村，终点为川滇界贺龙桥。该项目研究范围为其中一段，起点位于白玉县城，终点位于巴塘县城，路线全长189.86公里。全线按三级公路技术标准设计，设计时速30公里，路基宽7.5米；白玉县城、巴塘县城过境段设计时速40公里，路基宽8.5米。估算总投资28.4亿元。

（厅交通设计院）

国道350线遂宁至大英段公路项目简介 2017年7月5日，厅交通设计院编制的国道350线遂宁至大英段公路项目初步设计通过评审。国道350线遂宁至大英段公路项目属于普通国道网规划60条东西横线之一，属国道350线（利川至炉霍）中一段。路线起于遂宁市城区东北侧苟桥村附近，与国道318线连接，利用原省道205线、遂宁至大英快速通道至大英县城东侧。新建路线向南经大英县城南侧过境，至玉峰镇，止于胜利桥（大英县与中江县县界）。全长51.724公里，实建22.514公里，采用双向四车道一级公路标准建设，设计时速60公里，路基宽23米，实建段概算总投资9.11亿元。

（厅交通设计院）

国道347线梓潼县城至江油西寺垭段新建工程（绵广高速公路新安互通至梓潼连接线）初步设计简介 2017年7月27日，厅交通设计院设计的G347

线梓潼县城至江油西寺垭段新建工程（绵广高速公路新安互通至梓潼连接线）初步设计获得省交通运输厅公路局批复。该项目在《绵阳市"十三五"公路网布局规划（2016—2020年）》"两纵三横"普通国道网中一条横线。起于梓潼县"大手笔"雕塑处，经三泉乡、卧龙镇、白云镇、黎雅镇，止于梓潼县黎雅镇西安村西寺垭处。项目全长27.255公里。全线按双向四车道一级公路技术标准设计，设计时速80公里，路基宽24.5米。估算总投资13.19亿元。

（厅交通设计院）

岷江航道整治工程预可行性研究简介 2017年8月17日，厅交通设计院编制的岷江（龙溪口枢纽至宜宾合江门）航道整治工程预可行性研究报告获得批复。岷江是四川省大件装备产品进出川唯一通道，系《全国内河航道与港口布局规划》"两横一纵两网十八线"中主要干支流高等级航道，是构建国家高等级水运网重要组成部分。项目起于龙溪口枢纽沿岷江干线至宜宾合江门，全长81公里。全线按内河Ⅲ—（3）级双向航道标准设计，设计航道尺度2.4×60×500米（水深×直线段宽度×弯曲半径），估算总投资16.97亿元。

（厅交通设计院）

"十三五"期长江干线水富至宜宾段航道建设方案简介 2017年8月28日，厅交通设计院编制完成"十三五"期长江干线水富至宜宾段航道建设方案（送审稿）。长江干线航道发展规划由长江航道规划设计院、交通运输部规划研究院、厅交通设计院、中交第二航务工程勘察设计院有限公司等单位共同编制，其中长江航道规划设计院为牵头单位。长江干线水富至宜宾段全长30公里，分布有牛皮滩等14处碍航滩险，现状河段基本达到Ⅳ级航道，按Ⅴ级航道标准维护，在98%保证率水位时，航道尺度可达到1.8×40×320米。"十三五"期，计划实施长江干线水富至宜宾段14处滩险航道整治及其支持保障系统建设，工程投资4.87亿元。至2020年，长江干线水富至宜宾段航道水深提高至2.7米，航宽提升至50米，达到Ⅲ级标准，航道实现一类维护，配套工程完善，航道通过能力提高，满足1 000吨级船舶及其组成的船队常年通行；至2025年水富至宜宾段航道水深提高至3.5米，航宽提升至60米，全年通航2 000吨级船舶，将长江干线Ⅱ级航道延伸至水富；至2030年，保持建设标准不变，只对航道进行进一步巩固完善。内河水运服务能力和水平提升，发挥低碳环保优势。

（厅交通设计院）

营达高速公路工程施工图设计简介 2017年9月18日，厅交通设计院参与设计的营达高速公路工程施工图设计获省交通运输厅批复。项目是《四川省高速公路网规划（2014年—2030年）》中一条东西联络线。连接巴南广、规划中的镇广渝和达渝高速公路，建成后是达州至成都最快捷的通道。起于巴南广高速公路，经营山、渠县，达州市达川区，止于达渝高速公路，全长92.53公里。厅交通设计院承担其中30.879公里设计任务。项目全线按双向四车道高速公路技术标准设计，设计时速80公里，路基宽24.5米。预算总投资99.82亿元。

（厅交通设计院）

嘉陵江川境段航运配套工程航标工程施工图设计简介 2017年9月25日，厅交通设计院编制的嘉陵江川境段航运配套工程航标工程（亭子口—黄帽沱）施工图设计报告取得批复。嘉陵江是全国第一条全江渠化的山区河流，是国家内河高等级航道"两横一纵两网十八线"重要组成部分，是国家重要战备航道。设计范围起于苍溪县亭子口枢纽沿嘉陵江干流至川渝交界，全长380公里。全线按内河一类航标标准设计，设计航道尺度1.9×50×480米（水深×直线段宽度×弯曲半径），航标工程总投资6 137万元。

（厅交通设计院）

成资渝高速公路成都天府国际机场至潼南（川渝界）段施工图简介 2017年9月28日，厅交通设计院编制的成资渝高速公路成都天府国际机场至潼南（川渝界）段两阶段施工图设计通过评审。该项目作为四川省高速公路网布局规划（2014—2030年）和重庆市高速公路网布局规划（2013—2030年）规划的重要成渝通道，路线起于江源镇附近成都经济区环线，对接成都新机场高速公路，止于安岳龙台高子湾附近，接重庆市高速公路网布局规划的合川—潼南—安岳高速公路，项目设计时速100公里，分段采用不同34、26米路基宽度。

（厅交通设计院）

国道4216线新金段高速公路工程可行性研究简介 2017年10月10日，厅交通设计院编制的国道4216线屏山新市至金阳段高速公路工程可行性研究报告获四川省发展改革委及云南省发展改革委批复。路线起于屏山县新市镇，顺接仁沐新高速公路，经屏山县清平乡，雷波县汶水镇、雷波县城、卡哈洛乡，止于金阳县芦稿镇，顺接国道4216线金阳至宁南段高速公路。主线全长168.2公里，绥江支线长4.92公里，永善支线长4.83公里。均按双向四车道高速公路技术标准设计，设计时速80公里，路基宽25.5米，估算总投资386.13亿元。

（厅交通设计院）

南潼（四川境）高速公路工程可行性研究简

介 2017年10月18日，厅交通设计院编制的《南充至潼南（四川境）高速公路工程可行性研究报告》通过评审。该项目在《四川省高速公路网规划》网布局形态中，属8条纵线中第5条“南充至泸州至毕节”一段。起于南充市顺庆区境内国道75线广南高速公路，并对接南充过境高速公路北段，经双桂镇、花园乡，于韩家湾与国道42线成南高速公路形成枢纽互通立交，后经世阳镇、龙岭镇、金凤镇、安福镇，于遂宁市蓬南镇与遂广高速公路形成枢纽互通立交，止于遂宁市蓬南镇楠木湾（川渝界），对接南潼高速公路重庆段。项目全长61.54公里。全线按双向四车道高速公路技术标准设计，设计时速100公里，路基宽26米。估算总投资59.96亿元。

（厅交通设计院）

国道549线石九路工程可行性研究简介 2017年11月7日，厅交通设计院编制的国道549线雅安石棉界至甘孜九龙段公路工程可行性研究报告获四川省发展改革委批复。该项目是《国家公路网规划（2013—2030年）》中国道549线石棉至得荣公路一段，起于雅安市和甘孜州交界白水河，经湾坝乡至两岔河，设小卡子隧道至锅底凼，经雪洼、麻窝，设木耳瓜山隧道至四大牛场，经热枯沟，止于甘孜州九龙县城北，接国道248线康定新都桥至冕宁段公路，全长143公里。全线按三级公路技术标准设计，设计时速30（40）公里，路基宽7.5（8.5）米。估算总投资41.92亿元。

（厅交通设计院）

省道302线鹤马路新改建工程两阶段初步设计简介 2017年12月，厅交通设计院编制的省道302线剑阁境鹤龄镇（苍溪界）至马鸣乡（梓潼界）公路新（改）建工程两阶段初步设计文件获省交通运输厅公路局批复。省道302线鹤马路是《四川省普通省道网布局规划（2014—2030年）》东西横线漆树（宣汉）—梓潼中重要一段，起于剑阁县鹤龄镇永兴村附近与苍溪县交界处，止于剑阁县碗泉乡附近与梓潼县交界处，路线全长97.082公里。全线按二级公路技术标准设计，设计时速40公里，路基宽8.5米，其中白龙镇场镇段2.4公里，路基宽12米。概算总投资13.027亿元。

（厅交通设计院）

乐西高速公路马昭段第A3标段初步勘察设计简介 2017年12月，厅交通设计院参与编制的《乐山至西昌高速公路马边至昭觉段第A3标段初步勘察设计》完成送审稿，咨询公司出具咨询意见。项目为《四川省高速公路网规划（2014—2030年）》8条纵线中第7纵，是成都平原经济区与攀西经济区又一条联系通道，路线纵贯乌蒙山集中连片特困地区和大小凉山彝族主要聚居区，

乐西高速公路马边至昭觉段BIM设计，图为模型截图
厅交通设计院 供稿

是重要扶贫通道，项目全长152.5公里，其中A3标段长40.9公里。全线按双向四车道高速公路技术标准设计，设计时速80公里，路基宽25.5米。项目概算335.3亿元，A3标段总概算70.2亿元。

（厅交通设计院）

国道4216线宁攀段高速公路两阶段初步设计简介 2017年12月，厅交通设计院参与编制的《G4216线宁南至攀枝花段高速公路两阶段初步设计》通过过程技术咨询。该项目是《国家公路网规划（2013—2030年）》中国道4216线成丽高速公路一段，也是《四川省高速公路网规划（2014—2030年）》高速公路网中成都至沐川至攀枝花至云南高速公路重要组成部分。路线起于同步开展设计的国道4216线金阳至宁南段高速公路，起点为凉山州宁南县，经会东县、会理县、盐边县，止于攀枝花市仁和区，对接国道4216线丽攀高速公路。全线长171.214公里，按双向四车道高速公路技术标准设计，设计时速80公里，路基宽25.5米，概算总投资312亿元。

（厅交通设计院）

黄河乌金峡库区及龙湾至南长滩河段航运建设项目二期工程初步设计简介 2017年12月4日，厅交通设计院中标黄河乌金峡库区及龙湾至南长滩河段航运建设项目二期工程初步设计。该项目是甘肃省“十三五”期重点建设的内河航运工程，工程分上、下两段，全长135.5公里。上段乌金峡库区河段长32.1公里，下段龙湾至南长滩河段长103.4公里。二期工程整治7个滩险段及部分区段浅滩，对两处已整治滩险进行优化疏浚，并建设滚装码头4座。全线按内河Ⅴ级双向航道标准建设，设计航道尺度1.6×40×270米（水深×航宽×弯曲半径）。估算总投资1.4亿元。

（厅交通设计院）

国道544线川九段灾后恢复重建工程可行性研究简介 2017年12月14日，厅公路设计院、厅交通设计院共同编制的国道544线川主寺至九寨沟县城段灾后恢复重建工程可行性研究报告通过评审。该项目是《国家公路网规划（2013—2030年）》规划中的联络线国道544线一段，起点接国道247线，途经九寨沟县城，止点接国道213线。项目研究范围为其中一段，起于九寨沟县中田山村，经九寨沟县永乐镇、白河乡、漳扎镇，松潘县水晶乡、山巴乡，止于松潘县川主寺镇。该条道路因"8·8"九寨沟地震严重受损，是震后基础设施灾后恢复重建头号工程，项目以"安全防灾、信息智慧、绿色生态、融合旅游"为指导方针，以理念、技术、管理创新为引领，破解川九路地震灾后恢复重建新难题。路线全长123.245公里。全线按二级公路技术标准设计，设计时速40公里，路基宽8.5（12）米。估算总投资33.39亿元。

（厅交通设计院）

国道215线巴塘竹巴笼至得荣二龙桥公路改建工程简介 2017年，国道215线巴塘竹巴笼至得荣二龙桥公路土建施工招标。巴塘竹巴笼至得荣二龙桥公路是四川出川进滇入藏达边的一条重要通道，是两县的干线公路和对外运输生命线和主通道；是川西地区通往东南亚及出海便捷通道；是四川省《西部综合交通枢纽规划》及《国家公路网规划（2013—2030年）》中新规划国道215线重要组成部分，是《四川省甘孜藏族自治州（2013—2015年）公路建设推进方案》加快前期工作、根据资金落实情况适时开工项目。起于中咱，翻过顶工邦顶，至得荣茨巫、经绒得贡、斯闸至得荣县城，以隧道过境县城后经奔都、古学、金沙江第一湾至瓦卡，从瓦卡前缘通过，再沿县道041线到达二龙桥，止于二龙桥下游1.7公里处平交口接国道214线，全长165.188公里。竹巴笼至斯闸按三级公路技术标准设计，设计时速30公里，路基宽7.5米。斯闸至二龙桥段按二级公路技术标准设计，设计时速40公里，路基宽8.5米，总投资24.08亿元。

（厅交通设计院）

国道0512线成乐高速公路扩容建设项目 2017年，厅交通设计院编制的国道0512线成乐高速公路扩容建设项目两阶段初步设计通过交通运输部评审。项目是《国家公路网规划（2013—2030年）》中重要联络线之一，项目起于成都市三环路川藏立交，止于乐山市辜李坝，经成都市武侯区、双流区、新津县、眉山市、乐山市，对接乐宜高速公路，同步新建乐山城区过境线，接乐雅高速公路符溪北互通立交，路线长127.622公里。起点三环川藏立交至主线收费站采用双向六车道高速公路技术标准新建，设计时速80公里，路基宽28.5米；主线收费站至青龙场枢纽互通立交采用双向八车道高速公路技术标准新建，设计时速120公里，路基宽42米；青龙场枢纽互通立交至终点辜里坝采用原路加宽四改八扩容建设，设计时速100公里，路基宽41米；乐山城区过境线采用双向六车道高速公路技术标准新建，设计时速100公里，路基宽33.5米。概算总投资231亿元。厅交通设计院参与完成起点至青龙场段长41.458公里新建复线初步设计。

（厅交通设计院）

四川省康新高速公路项目康定过境试验段施工图设计简介 2017年，厅交通设计院完成四川省康新高速公路项目康定过境试验段施工图设计。康新高速公路项目康定过境试验段是《国家公路网规划（2013—2030年）》国道4218线"雅安—叶城"高速公路组成部分，是《四川省高速公路网规划（2014—2030年）》成都至康定至西藏高速公路组成部分，是内地与藏区互联互通快速大通道。路线总体呈北南走向，起于康定市炉城街道升航村，与在建的雅康高速公路对接，设跑马山一号隧道下穿跑马山后，在康定市救灾防灾应急中心后侧山坡上通过，经长900余米明线段后，设置跑马山二号隧道下穿贡嘎山国家级自然保护区，于康定新城客运站下方出洞，

国道215线巴塘竹巴笼至得荣二龙桥公路改建工程冻谷村段　　厅交通设计院 供稿

设置康定榆林互通立交连接地方道路，跨越榆林河和拆多河后，以隧道进入拆多山，与后期工程对接。路线全长17.8公里，全线按双向四车道高速公路技术标准设计，设计时速80公里，路基宽24.5米，隧道建筑限界10.25×5.0米。概算总金额34.9亿元。

（厅交通设计院）

武胜县中心东门渡口改公路桥（嘉陵江特大桥）两阶段勘察设计简介 2017年，厅交通设计院完成武胜县中心东门渡口改公路桥（嘉陵江特大桥）两阶段勘察设计。该桥为武胜县政府根据渡改桥计划，撤销中心镇东门渡口，新建的一座跨越嘉陵江特大桥，同时也是省道206线武胜县境内公路工程重要组成部分。项目位于四川省武胜县以南，中心镇以北。桥位位于桐子壕电站大坝下游1.2公里处，路线整体呈东西走向，左岸起于长伸沟村，上跨县道26线后在武胜县第二污水处理厂附近跨越嘉陵江，与右岸县道28线平行交叉。路线全长1.233公里，路基宽23米，双向四车道，中心嘉陵江特大桥桥梁全长1 138米。该桥主桥采用109+198+109米预应力砼三跨连续刚构，引桥采用21孔34米预应力混凝土简支T梁布置。概算总金额29 873.3万元。

（厅交通设计院）

林芝市必新克巡逻道沙马村至然都拉段边防公路改建工程项目简介 2017年，厅监理公司公路工程设计院完成林芝市必新克巡逻道沙马村至然都拉段边防公路改建工程工可报告编制和外业工作。项目位于中印边境西藏林芝市察隅县下察隅镇沙马村境内亚热带原始丛林区，路线起于边防四团一营营区门口与营区道路衔接，止于然都拉宿营地，全长37.094公里，海拔落差约2 000米，起止点直线距离6公里，山体横坡陡峭，地形地质条件较复杂，项目难度极大。采用四级公路单车道标准设计，设计时速20公里，沥青混凝土路面，概算总投资约4亿元。

（监理公司公路工程设计院）

沙马村至然都拉段边防公路 监理处 供稿

贡觉县至罗麦乡公路改扩建工程项目简介 2017年，厅监理公司公路工程设计院完成西藏昌都市贡觉县省道303线K20+100至罗麦乡公路改扩建工程勘察设计工作。项目位于昌都市贡觉县境内，起于省道202线贡芒公路，经哈加乡永果村、娘列村、油扎牧场村、则巴乡卫通村，止于罗麦乡，海拔落差近2 000米（2 570米~5 443米），测设难度极大。路线全长107.467公里，采用三级公路技术标准设计，设计时速30公里，路基宽7.5米；部分困难路段降低技术指标，采用四级公路技术标准设计，设计时速20公里。概算总投资11.15亿元。

（监理公司公路工程设计院）

西充县城至李渡镇快速通道工程项目简介 2017年，厅监理公司公路工程设计院完成南充市西充县城经顺庆区至嘉陵区李渡镇快速通道工程勘察设计前期工作。项目位于南充市境内，起于西充县安汉大道和省道101线西充环城大道二段交叉口，经西充县永清乡，至金山、同仁乡南；经顺庆区潆溪镇后，下穿达成铁路沿老达成铁路至嘉陵区花园镇，过世阳东侧，穿兰渝铁路，止于李渡镇汉塘村国道212线与省道208线交叉口处。全长64.931公里，采用双向六车道一级公路技术标准设计，设计时速80公里，路基宽33米，桥涵设计汽车荷载采用公路Ⅰ级，概算总投资63.06亿元。

2017年，监理公司公路工程设计院技术人员在西充郊外踏勘 监理处 供稿

（监理公司公路工程设计院）

金堂县清江至淮口段提档升级工程项目简介 2017年，厅监理公司公路工程设计院完成省道422线金堂县清江至淮口段提档升级工程勘察设计工作。项目是《四川省普通省道网布局规划（2014—2030年）》中省道422线的一段，全长46.137公里，采用一级公路技术标准设计，设计时速60公里，路基宽23米，桥涵设计汽车荷载采用公路Ⅰ级，概算总投资8.2亿元。

（监理公司公路工程设计院）

专文

成都天府国际机场高速公路的设计创新

匡成刚　胡栋才

2017年3月3日，成都天府国际机场高速公路（以下简称成都新机场高速公路）重大控制性工程龙泉山隧道施工图设计通过四川省交通运输厅评审，该项目呈现出创新设计诸多亮点。

全川首条双向八车道新建高速公路

为满足天府国际机场近期每年5 000万人、远期每年8 000万人的巨大客运交通需求，新机场高速公路采用高规格技术标准，是四川省第一条双向八车道高速公路，路基宽42米，全线桥隧比50.2%，设置互通式立交14座，其中枢纽7座。按照设计方案，除龙泉山隧道限速每小时100公里，其他路段限速每小时120公里。届时，市民从成都市区到天府国际机场半小时即可到达。

成都新机场高速另一特点，是设置一条天府支线连接天府新区核心区，一条机场南环线连接天府机场T3、T4，一条联络线连接三环路。始于新机场高速公路主线，一路向西连接天府新区公兴区域。天府新区作为国家级新区，定位是高端产业和服务业，随着未来不断发展，对新机场的需求势必不断增加，因此设置这样一条支线十分必要。并且天府支线的功能并不只是串联天府新区，串联双流机场是其另一大功能。目前从双流机场到简阳，一般走成都市第二绕城高速公路或成自泸高速公路转换，较为麻烦，天府支线作为两个机场之间的快速通道应运而生。

全川首个单向双洞5车道隧道

龙泉山隧道是成都新机场高速公路主要控制工程之一。厅公路设计院采用单向双洞五车道设计，实现客货分离，为全省先例。该院最初考虑设计了四种比选方案，方案一为大跨扁平单洞四车道，分离式左右洞平行布置；方案二为单洞双车道，四洞平行布置；方案三为单向双洞，单洞三车道+单洞双车道，共四洞平行布置；方案四为单管上下双层四车道，中部上下分离行车设隔板，左右洞平行布置。综合考虑设计、施工技术成熟程度和难度以及运营养护、防灾救援难度等因素，最终确定单向双洞五车道方案，这也是四川首个单向五车道双洞隧道，这种设计比双向4车道造价节省25%，在新建的8车道高速公路中，这种隧道设计是全国首创。隧道共4个隧洞，长度分别为2.3~2.4公里，这意味着从成都至新机场方向一侧有4个车道，车流在龙泉山前会一分为二，小客车进入内侧隧道、货车进入外侧隧道，从新机场至成都方向也是一样。设计方通过调查研究，预计未来新机场高速公路，客运车辆将占80%，货运车辆占20%。因此，龙泉山隧道有三条内侧客车隧道车道，两条外侧货车隧道车道，这是根据车辆类型确定，以实现资源最大利用。

为何要设计单向双洞，而不是像之前一样直接修建一个四车道大隧道？在隧道建设中，隧道直径越大，隧道拱就越高，拱部多余空间就越多，建设成本几乎是成倍增长。对于新机场高速公路来说，它单方向有四车道，直接建一个四车道大隧道的成本，是建两个小隧道成本的1.5~1.6倍，工期也更长。且隧道车辆限高一般是5米，但四车道大隧道拱高远超5米，高出那一截根本没用，不如建小隧道节省成本。一个方向两个隧洞，如遇车祸一条隧洞走不通，还可以走另一条救援；如需对隧道进行病害养护，也只需封闭一条隧道，另一条仍可以正常通行。四座平行分布的隧道之间，设置了足够多的车行横通道和人行横通道，如果发生事故，横向的通道可确保多方向救援疏散。单向双洞的设计促成客货分流，一方面可确保行车安全，另一方面也可让客车快速通过隧道，而不是跟在载重量大、行进缓慢的货车后面，以提高通行效率。

别出心裁的建筑设计

厅公路设计院在总体设计过程中，以成都本土文化为依托，深入研究沿线收费站和服务区功能、造型与空间内涵，力求将这些最为大众关注和最能留下印象的建筑打造成成都形象橱窗。设计团队以服务区和收费棚为重点，提出各种极富造型趣味和文化素养的初期方案，包括以成都市井生活为主题的“街巷”“庭院”“聚落”“亭台”系列，以历史文脉为主题的“太阳神鸟”“天府蜀锦”系列，以传统建筑元素为主题的“廊桥”“竹海”系列等。

服务区方案包括街、院、聚、印四个元素。一眼望到头的十字街区即服务区中主要平面交通空间，利用一些景观节点将人行流线组织起来；院落文化代表一种传统雅文化。本方案在空间关系上以建筑、廊架、格栅等元素形成小院落，用虚实结合手法表现院落文化这一主题，立面上结合“竹海”这一概念打造竹文化，使院落中商业空间更有韵味。“聚落”起源于会馆建筑。在空间上寻求舒适高宽比。该方案特点在于不拘泥于传统服务区建筑，以水系作为停车场与服务区综合体分隔，使空间及整个总体规划生动有趣。方案设计宗旨与前几个方案有所不同，着重突出“简洁、绿色、高效”。服务区综合楼将金沙太阳神鸟造型加以提炼和变化，停车棚抽象出羽翼环绕四周，使其空中俯瞰犹如印在天府大地的太阳神鸟图腾。同时

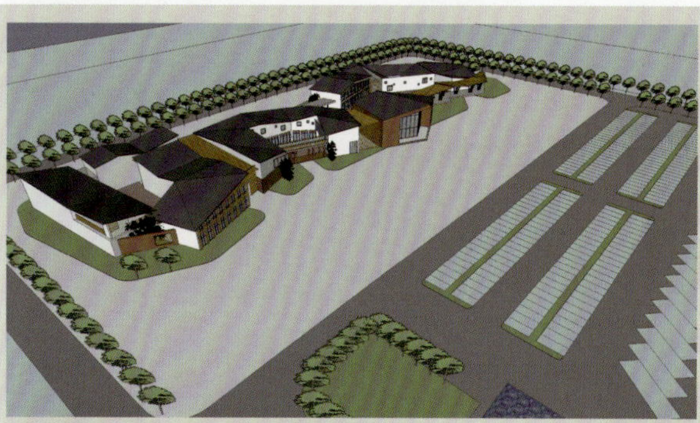

组图：成都天府国际机场高速公路服务区概念图　厅公路设计院 供稿

运用种植屋面、太阳能反射玻璃、雨水回收系统、光伏太阳能发电板等绿色建筑先进技术。

收费棚方案包括锦、蔚两个元素。锦的设计灵感源自于红色飘带，象征锦绣天府。除此之外，造型还融入多个成都相关元素。飘带中间的构件象征着“太阳神鸟”，太阳神鸟连同其他构件，形似太阳神鸟鸟巢，意味着太阳神鸟发现地。从另外一侧看，收费棚形似将要绽放的木芙蓉花，象征“蓉城”。方案以民居作为设计源泉，通过推敲比例，再融入穿斗结构、柱子细节、窗花格等元素来表现民居的韵味。

独具特色的桥梁技术创新

针对项目有2/3是高架桥的特点，厅公路设计院在高架桥路段左右幅桥梁拉开间距分别设置，采用小间距大悬臂盖梁，充分考虑底层预留城市快速路空间。龙泉山以西为城市建成区，大量采用工厂化预制构件提高工程质量，再进行现场拼装节约工期。设计上采用钢-砼叠合梁、双缸双循环预应力压浆技术、双柱式大悬臂预应力盖梁等特色技术。

因地制宜合理选择桥型。针对项目桥梁工程规模大、工期短、施工环境干扰大的特点，高架桥的标准路段，均采用标准跨径预制安装小箱梁结构，跨越高速公路和干线公路的桥梁采用钢-砼叠合梁，立交区的曲线桥梁采用现浇连续梁，保证施工质量和施工工期双控。

双缸双循环预应力压浆技术。项目大范围使用小箱梁预制构件，针对预应力孔道压浆工艺，推荐采用整束穿束系统，避免单根穿束引起的绞线相互缠绕，导致张拉时绞线受力严重不均。同时，采用循环智能压浆工艺，确保压浆饱满和密实，确保小箱梁预制构件的结构安全性和耐久性。

双柱式大悬臂预应力盖梁。双柱式大悬臂预应力盖梁可以充分发挥土地资源多重利用。项目经过多种构造设计方案比选后确定的下部构造形式，造型美观大方，更充分合理地预留底层道路空间。上层桥梁10米左右分隔带，保证下层道路采光。

成都新机场高速公路的设计定位是安全、快速、便捷。作为成都新机场重要的交通基础设施配套工程，它对于保障机场按期通航、正常投入使用，将起到至关重要的作用，将为成都新机场成为全国乃至全球重要的航空枢纽提供支撑。同时，该项目将进一步加快四川省西部综合交通枢纽建设步伐，优化四川省高速公路网布局，补充完善成渝经济圈高速公路大通道，增强沿线城市间交通联系，提高运输能力和服务水平，提升成都市和天府新区城市发展的竞争力和带动力，加速推进区域一体化进程，促进区域社会经济跨越发展。

天府新区新机场快速通道A线下穿冷家河坝枢纽效果图
厅公路设计院 供稿

相关链接

成都天府国际机场高速公路

成都天府国际机场高速公路主线起于锦江区三圣乡绕城高速公路附近，设置起点连接线连接成都市三环路，在白鹭湾上跨绕城高速公路，经龙泉驿区、华阳，穿越龙泉山隧道至简阳境内，跨成都第二绕城高速公路，经草池堰至新机场北侧莲花村附近，止于成都经济区环线高速公路（在建），对接规划中的资潼（川渝界）高速公路。路线主线加连接线全长88.7公里。

交通运输

JIAOTONG YUNSHU

2018

四川交通年鉴

综　述　2017年，四川省道路运输客运量、旅客周转量、货运量、货物周转量分别完成9.41亿人次、521.29亿人公里、15.82亿吨、1 676.81亿吨公里，比上年分别增长-14.23%、-12.80%、8.32%、7.12%。水路运输客运量、旅客周转量、货运量、货物周转量、港口货物吞吐量、集装箱吞吐量分别完成2 364.08万人次、2.23亿人公里、7 750.05万吨、255.57亿吨公里、8 730万吨、93万标箱，比上年分别增长-8.14%、-8.40%和-4.68%、14.75%、-7.88%、16.25%。

年内，四川交通运输状况呈现以下特点：道路水路运输基础设施建设成效显著。全省道路运输站场建设完成投资35.97亿元，建设道路运输站场12 250个（含建成10 930个），其中建设客运枢纽全覆盖工程项目31个（含建成10个）；精准扶贫地区建设县级客运站10个，乡（镇）客运站200个（含建成140个），村级招呼站12 000个（含建成10 777个）；建设9个公路货运枢纽（含建成3个）。长江三升二续建项目环评取得重大进展，水生生态取得农业部批复；岷江犍为航电枢纽二期围堰截流，右岸主体工程全面开工；嘉陵江航运配套一期工程基本完成，亭子口枢纽以下达到四级航道标准。岷江龙溪口、虎渡溪、汤坝、尖子山等4个航电枢纽开工动员，岷江高等级航道达标升级工程全面铺开。运输服务能力明显提高。道路客运运力结构进一步优化。2017年高级客车达14 571辆，占比29.5%，较上年提高5个百分点；新增城市公交车2 644辆，城市公交车总数发展到3.16万辆；轨道交通（成都市）新开通4号线二期、10号线一期、7号线三条地铁线（71公里），累计运营6条地铁线，运营里程达179公里，安全运营2 591天，年客运量达7.8亿人次。全省汽车客运站共享发展联盟成立，接驳运输联盟逐步迈向实体整合，与铁路接续接驳的客运班线发展到821条，较上年新增81条。农村客运全年新增通客车建制村2 643个，全省乡（镇）、建制村通客车率达95.7%和84.3%。旅游包车信息平台建设加快推进，“交通+旅游”融合发展趋势明显。全省224个三级以上车站实现联网售票，13个车站开展电子客票试点。城市公共交通“一卡通”互联互通工程持续推进，20个市（州）实现公交“一卡通”互联互通。制订出台《四川省网络预约出租汽车服务许可工作规范（试行）》。推动行业新（改）建厕所210座，超额完成省政府下达的年度目标。运输服务信息化程度不断提升。全面完成“12328”电话系统部、省、市三级联网工作任务，全省“12328”电话系统受理业务共265 329件，比上年增长57%；按时办结率为88.87%，比上年提升92%；抽查回访满意率为85.91%，比上年提升180%。高速公路ETC车道达1 277条，客服网点覆盖县级以上城市，用户突破300万个。道路货运物流体系建设加快推进。全省营运货车55.72万辆（比上年增加7.1%）、总吨位386.94万吨（比上年增长28.9%），集装箱车辆1 939辆（比上年增长33.5%）。全省运输船舶6 466艘（比上年降低11%）、总吨位137.61万吨（比上年增长12.7%）。全省13个交通运输部第一批无车承运人试点项目推进顺利，运力整合效果明显，试点企业整合车辆约5万辆，占全省车辆总数的9%。多式联运合作加快，全国第一批多式联运示范工程——成都国际铁路港集装箱铁公水多式联运示范项目进展顺利；“四川省‘空中+陆上丝绸之路’国际空铁公多式联运示范工程”年内纳入第二批多式联运示范工程名单。重大运输保障能力不断提升。完成春运、十一“黄金周”运输任务等重大道路运输保障任务。春运疏运旅客1.20亿人次，比上年下降9.80%。其中，道路客运运送旅客1.14亿人次，比上年下降9.97%；水路客运运送旅客681.66万人次，比上年增加2.90%。三峡通航保障合作机制进一步深化，1 628班重点物资和集装箱快班轮优先过闸得到保障；完成岷江大件运输93批次、17.9万吨。五是水路运输市场发展持续向好。省际水运企业达77家，万吨以上水运企业达32家，其中新增万吨以上航运企业3家、最大运力达19万载重吨。三级Ⅳ类以上船舶生产企业58家。千吨级船舶达299艘，平均吨位2 997载重吨、增加455吨。三峡过闸船舶标准化率达86%。集装箱运输发展加快，宜宾港与上海港、南京港、重庆港三大国家级航运中心签署投资合作协议，全省港口集装箱吞吐量达93万标箱，比上年增长15.9%。泸州港参与的铁公水多式联运示范工程联运集装箱2.8万标箱。

（厅运输处）

道路运输

DAOLU YUNSHU

春运工作概况　2017年春运从1月13日—2月21日，在为期40天的春运中，全省日均投入客车4.85万辆（不含出租和公交），开行总班次542.8万班（其中加班9.59万班次），累计完成客运量1.14亿人次。全省道路春运主

要呈现以下特点：客运量呈大幅下滑趋势。受铁路、民航、私家车、网约车等其他运输方式的影响，以及随着产业转移，往年出省跨市务工人员选择就近择业，2017年道路春运道客运量下滑趋势明显，比上年同期下降9.97%，高铁沿线和部分干线客运线路客运量降幅更是达20%以上。同时，2017年春运客流波动幅度放缓，未出现井喷式客流增长，客流峰值（客流峰值出现在1月25日，当日客运量309.79万人次）与上年客流量最高峰值相比下降13.72%。安全生产形势基本稳定。春运期间，全省未发生重特大道路运输行车事故（有35个月未发生）；发生较大事故1起，死亡4人，比上年分别下降50%和55.56%；发生一般事故24起、死亡25人，比上年分别上升118.18%和108.33%。服务质量进一步提升。运输组织更加高效，中转换乘更加便捷，便民服务更加多样化。春运期间全省客运站未发生大规模旅客滞留，未发生重大服务质量投诉事件，实现“大年三十全省客运站不滞留一位旅客”的工作要求。

2017年春运总体情况：创建“便捷春运”，运输组织更加高效。各地合理制订运输方案，统筹安排运力资源，做到旅客“走得了、走得好”。运力准备更加充分。春运前，客运企业对全省4.5万辆班线客车全部进行检查检测，符合条件的全部投入春运，同时还组织5 000辆储备运力，采取加班和包车的方式投入春运高峰期运输。运输调度更加有序。按照 “先重点、后一般，先干线、后支线”原则，针对春运期间客流流向、流时、流量的不均衡性，有序组织调度运力，节前重点保障成都至省内各地的干线客运运力需求，节后重点保障川南、川东北省际长途客运运力需求。在春运高峰时段，对客运班线起讫地之间有多条高速公路或普通国省干道、快速通道联通的，采取客运车辆临时“多线运行”方式，选择通行速度最快的线路运行。运输衔接更加顺畅。各级道路运输管理机构加强与铁路、民航的信息互通，统筹组织运力调度，做好道路运输与其他运输方式的有效衔接。针对铁路系统2017年实行新的春运列车运行图，成渝、成绵乐客专沿线地区和春运期间铁路增开临客所涉及的成都、广元、南充、宜宾、广安、达州、巴中7地区，落实与铁路接续接驳的长途客车2 838辆、公共汽车2 894辆、出租汽车3 951辆。其中，成都组织各大车站向乘客提供免费摆渡车，组织2路、28路、54路等多路公交车开行通宵公交接驳线路。1月15日，中央电视台综合频道晚间新闻和新闻频道24小时栏目分别以“铁路公路联手，方便旅客夜间换乘”和“公铁对接，打通返乡最后一公里”为题报道达州市开展的接续接驳工作。应急保障更加有力。各级运管机构与气象、公路和公安部门加强对接，进一步夯实应急联动机制，形成工作合力，妥善处置各类突发情况。1月25日节前运输高峰期，成都平原遭遇大雾天气，成都、乐山、眉

2018年2月5日—6日，省交通运输厅党组书记、厅长汪洋（中）深入高速公路、汽车客运站等现场，检查指导春运组织和安全工作
交通宣传中心 供稿

山等地及时启动应急预案，交通、公安部门协调联动，采取客车编组、警车带队方式，通行高速公路，保障旅客及时疏运。深入创建“温馨春运”，服务质量稳步提升。春运首日，省交通运输厅和成都市政府共同组织2017年春运暨“情满旅途”活动启动仪式。全省道路运输系统以“亲情伴春运、温暖在旅途”为主题，组织开展形式多样的情满旅途活动。服务活动更加温馨。广安客运枢纽站创推出“我的快乐旅途”春运服务活动。成都、绵阳开展为农民工、高校贫困大学生、环卫工人、打工妈妈等重点群体免费车票活动。广元开展“春涌广元、情满旅途”服务活动。成都、南充、达州、广安等地主要客运站在大年初一早上为乘坐早班车的旅客送上汤圆，让旅客倍感温暖。售票服务更加省心。依托全省联网售票系统，拓展电话购票、手机APP客户端购票、人工代理网点购票等多元化的购票服务。春运期间，全省联网售票系统累计出售出汽车票231.3万张，日均出售车票5.8万张，比上年增长110%。成都、德阳、遂宁、泸州等地开展售票进校园、进园区等活动，为学生、务工人员提供便捷的购票渠道。候车服务更加舒心。全省21个市州重点汽车客运站实行高峰时段候车厅24小时开放、免费热水服务，设立母婴哺乳区、重点旅客候车区和医疗服务点，为旅客提供更加舒适宽敞的候车环境和更人性化的候车服务。出行服务更加贴心。各级道路运输管理机构组织广大运输企业和从业人员开展农民工平安返乡（岗）安全优质服务劳动竞赛活动，组织运输企业前往农民工集中的企业、厂矿开展点对点、门到门的贴心服务。成都连续第六年开展来蓉务工人员返乡包车活动，节前组织包车70余辆，涉及辐射全川的线路47条，疏运来蓉务工人员2 500余人。1月21日，巴中市运管局启动“青春相随让爱回家”春运主题活动，组织18

辆大客车，帮助600多名巴中籍广东务工民工从达州火车站温馨回家。创建“平安春运”，安全形势总体稳定。全省各级运管机构强化源头监管，隐患排查，加强督导检查，确保春运安全形势总体稳定。安全检查更加严格。各地采取 “四不两直” 的检查方式，按照“全覆盖、零容忍、严执法、重实效”要求，对运输企业、客运站进行全覆盖安全检查。厅运管局组成行业督查、专家检查、暗访暗查和专项检查4类共19个检查组，全方位、多层次的开展道路春运综合督查。除行业督查全覆盖21个市（州）外，专项检查事故企业6家，抽查核对174辆客车的GPS情况；组织力量对舆情反应多、隐患问题突出的11个地区开展暗访暗查，重点暗访南充至广东超长客运班线1条、高速直达班线10条、农村客运班线21条，随机检查44辆客车和25家客运企业。针对检查出的问题，下发整改通知书5份，通报9份，通报企业87家，整治隐患156项。隐患排查更加细致。春运前，各级运管机构对参与春运的5万辆客车、1 377名客货运输重点隐患驾驶员进行全面隐患排查，凡不具备相应资质的车辆和驾驶员，一律限制其参加春运，其中，排查核实驾驶证记12分的大客车驾驶员172名、终生禁驾的165

成德南高速公路金堂服务区在春运期间设立“情满旅途”服务站，为市民准备好热水和便民医疗箱　　朱姜郦 摄

名，驾驶证降级的1 040名。运输企业针对性的对参与春运的驾驶员开展春运安全教育培训和警示教育，强化驾驶员的责任意识和安全意识，提高驾驶员应急处置能力。全省参与培训的客、货运驾驶员61万余人。责任落实更加到位。各级道路运输管理机构认真督促客运站全面落实“三不进站、六不出站”规定，督促客运企业严格执行长途客车凌晨2~5时停车休息或接驳运输制度，严格落实道路运输车辆动态监控主体责任，应用GPS监控系统，对车辆超速、疲劳驾驶等违规行为进行及时报警提醒，及时消除安全隐患，保障车辆运行安全。春运期间，省、市两级监管平台对全省“两客一危”车辆实行“一周一通报”和春节“一日一通报”制度，并做到当天追踪，当天整改。春运期间共下发通报19期，对存在超速、凌晨2~5时违规运行的29家企业、41辆车进行通报，停运违法客车13辆。创建“诚信春运”，市场秩序不断规范。各级道路运输管理机构与公安、安监等部门按照“一牵头，三联动”的打非治违长效机制，加强工作配合、强化协调联动，促进道路运输市场秩序不断规范。执法监管更加有力。开展联合执法，加强春运高峰等时段和汽车客运站、旅游景区、重要路段等地点的 “打非治违”力度，依法严厉打击超员超载、非法营运、甩客宰客等违法失信行为，对多次发生严重违法失信的运输企业、车辆、驾驶员建立建立失信记录，纳入重点监控名单和“黑名单”管理。春运期间，全省道路运输管理机构累计出动执法人员5.1万人次，检查车辆1.1万辆次，查处客运车辆违法违规经营2 913起。旅客维权更加顺畅。充分发挥“12328”交通运输服务监督电话作用，及时受理各类投诉和咨询。为鼓励广大乘客实名举报违法违规行为和不文明行为，形成社会监督的信用环境，厅运管局在全省6 474辆一类客运班线车辆和旅游客运车辆上推广应用道路运输“安全与服务”微信公众管理平台，有效促进道路运输提升营运安全和服务质量。舆论宣传更加深入。各级道路运输管理机构加强春运宣传和信息服务，报道道路运输守信经营的服务品牌，树立爱岗奉献的先进模范，唱响诚信主旋律。春运期间，各市（州）运管处（局）向厅运管局报送春运动态信息391条，厅运管局向省交通运输厅和其他上级部门报送各类动态信息65条。

（龚文波）

深化行业改革　2017年，省交通运输厅进一步推动全省交通运输行业深化改革。有序推进出租汽车行业改革。指导各地加快制订改革政策，成都、泸州等13个市出台改革落地文件。制订网约车服务许可工作规范、线上服务能力认定工作规范、线上服务能力材料编制参考指南等配套文件，5家本土企业获线上服务能力认定。推进道路客运行业改革。出台《关于加快推进我省道路客运转型升级的实施意见》，同步制订各项改革配套文件。加快《四川省道路旅客运输价格管理实施细则》《四川省汽车客运站收费实施细则》的制订修订工作。深化维修驾培行业改革。全省632家驾培机构全面推行 “计时培训、计时收费、先培训后付费”，覆盖率达96%，超额完成部下达80%的目标，实现对学员权益和合法经营驾校的双保护。遂宁市、攀枝花市驾培模式改革覆盖率达100%。引导3 305家维修企业加入维修公众服务平台，着力解决汽车维修不便民、不透明、不诚信等问题。成都市、绵阳市运管处开通汽车维修公众号。道路运输企业变更名称、法定代表人、地址等三项备案

事项纳入全省“多证合一”改革，最大程度便利企业市场准入。宜宾市运管局全面清理权责事项，及时下放许可事项，并指导基层做好承接工作。

（厅运管局）

加大交通运输基础建设力度 2017年，全省道路运输系统加大基础建设力度，成效显著。道路运输场站建设取得重大进展。全年开工建设县级客运站10个、乡镇客运站200个、村级招呼站（牌）12 000个，全省88个贫困县均建有二级（“三州”三级）客运站，乡镇客运站、村级招呼站（牌）覆盖率提升到84%和76%。广元、巴中等市将精准扶贫地区汽车客运站建设纳入政府目标考核，并实行一票否决。综合客运枢纽“全覆盖”工程建成和在建项目达36个，衔接全省90%的运营快速铁路站。道路客运与铁路接续接驳的客运班线发展到821条，比上年新增81条。旅游包车信息平台建设加快推进，“交通+旅游”融合发展趋势明显。成立全省汽车客运站共享发展联盟，全省接驳运输联盟逐步迈向实体整合。全省224个三级以上车站实现联网售票，13个车站开展电子客票试点。扎实开展客运站“厕所革命”，全年新（改）建厕所63座。客运服务网络进一步完善。新增3 820个建制村通客车，88个贫困县的乡镇、建制村客车通达率分别达93.5%和77.7%，超额完成交通运输部和四川省脱贫攻坚领导小组下达的工作目标。公共交通20个市（州）实现公交“一卡通”互联互通。成都市轨道交通安全高效运行。犍为县、涪城区成功创建全国城乡交通运输一体化第一批示范县。乐山市开通“菜农专用加班车”。物流行业加快发展。涌现出巴中平昌县“货运班车”、攀枝花市“客车附搭与邮政合作”、达州市“万村千乡”网点统仓统配双向服务等新模式。货运组织优化整合。纳入交通运输部规划的9个货运枢纽（物流园区）新建成3个、在建5个。全省13家无车承运人企业被列入全国第一批试点，整合车辆5万余辆，推动实现“线上资源合理配置、线下物流高效运行”。成都铁路口岸多式联运货物“一单制”率先在全国推行。绿色发展成效明显。年内实施营运车辆燃料消耗量准入制度，城市公交新增和更新车辆中新能源车比重超过20%。开展道路运输污染防治攻坚，按时完成中央环保督察组交办信访件和四川省环保督察发现问题整改工作，会同省环保厅出台汽车维修企业危险废物规范化管理规定，全省98%的营运“黄标车”退出营运市场，其中成都、绵阳、南充、阿坝、广元等市（州）黄标车全部退出营运市场。

（厅运管局）

道路运输法制建设 2017年，省交通运输厅继续加强全省道路运输法治化建设。加快道路运输立法进程。厅运管局制订出台《四川省道路运输驾驶员记分管理办法》，于2017年6月1日正式实施。参与《四川省农村公路条例》立法，做好与人大有关部门的沟通协调，制订出台道路运输专章。开展《四川省出租汽车客运管理办法》《四川省机动车驾驶员培训管理办法》（修订）和《四川省道路运输安全生产管理办法》等立法项目前期调研，邀请企业、基层运管机构、专家等召开《四川省公共汽车客运管理办法》立法座谈会，听取行业内外意见。全面部署和启动《四川省道路运输条例》行业内立法评估工作。加强规范性文件监督管理。开展规范性文件合法性审查，严把规范性文件合法关。清理完成全省运管行业从1954年至2012年间所有规范性文件，清理出87个规范性文件并上报，对超期或文件内容不适应需要的规范性文件进行修改或废止。加强规范性文件监督管理，完善规范性文件制订程序，落实规范性文件报备和有效期制度。加强行业信用体系建设。完成交通运输部公路水路运输市场信用信息平台建设，按要求与软件公司共同开展市场数据收集和业务功能需求调研。完成交通运输部“信用交通”和省“信用四川”平台道路运输基础数据录入，做好与两个平台的对接。推进道路运输行业信用体系建设，制订《2017年道路运输行业信用体系建设工作方案》，明确分工、落实责任、倒排工期，组织科研机构开展行业信用状况调查，起草《四川省道路运输经营者信用管理办法》。加大简政放权力度。贯彻落实国家和四川省行政审批工作部署，研究下放和清理规范道路运输三级审批事项，研究制订四川自由贸易区“证照分离”改革试点道路运输项目，外商投资道路

全省组织开展《四川省道路营运驾驶员记分管理办法》宣传活动 黄于孜 摄

运输业立项审批事项在自贸区由自贸区管委会实施。牵头开展网上行政审批服务一体化平台建设。梳理全省道路运输行业行政权力事项并录入一体化平台，进一步规范办事指南。开发并使用网上审批平台，组织200余家运输企业开展培训，年内实现省级层面行政审批服务事项全程网上办理。加强市场监管，深化商事制度改革。清理道路运输行业妨碍统一市场和公平竞争的制度文件。研究探索"多证合一"，年内3项道路运输事项纳入省工商部门"多证合一"改革并在全省实施。加强执法监督。每月通报行权运行情况，开展"双随机一公开"工作。开展"双公示"工作，每月行政许可和行政处罚案件及时上传至信用交通和厅运管局网站进行公示。加强法治宣传教育。制订出台《四川省道路运输行业法治宣传教育第七个五年规划（2016-2020年），推进全省道路运输行业法制宣传教育。制订《2017年局办公例会学法计划》，落实厅运管局办公会学法制度，全年开展领导干部办公会学法12次。组织"道路运输宣传月"活动。联合西安交通大学、中国政法大学举办全省领导干部法治政府部门建设和依法行政专题法治培训。

（黄于孜）

道路运输行业环保工作 2017年，省交通运输厅推进全省道路运输行业环保工作。厅运管局始终把抓好绿色道路运输发展作为重要工作，在2017年全省道路运输工作目标中，将完成道路运输行业环境污染防治"三大战役"任务作为重点工作。建立健全环保工作运行机制。厅运管局成立环境污染防治"三大战役"和迎接中央环保督察工作领导小组，局长任组长，分管局长任副组长，相关处室主要负责人任成员，下设领导小组办公室负责具体工作，先后制订《四川省"十三五"道路运输发展规划》将绿色道路运输发展作为重要内容，印发《关于贯彻落实<四川省环境污染防治"三大战役"实施方案>推进道路运输绿色发展的工作方案》《关于认真做好迎接中央环境保护督察有关工作的通知》等文件，形成上下互动、左右协同、齐抓共管的工作格局。做好重点领域环保工作。优先发展公共交通。全面开展公交都市创建活动，推行公交"一卡通"，提高城市公共交通出行分担率。年内，城市公交覆盖全省89%的县（市、区），成都公共交通日均最高载客量476万人次，出行分担率达45%，成都、乐山、绵阳、泸州、内江等城市加入全国交通"一卡通"联网范围。提升客运生产效率。贯彻《国务院关于进一步加强节油节电工作的通知》精神，加强全省道路客运运力调控，对于实载率低于70%的客运班线一律不新增运力，对与现有班线重复里程在70%以上的二类以上客运班线，严格控制新增班线和运力。组织引导成立全省接驳运输联盟，在297条长途客运线路、1 149辆客运班车上试点推进接驳运输。加速推进道路客运联网售票系统建设，全省219个符合条件的三级以上客运站实现联网售票，开通联网售票APP和微信购票平台，全年联网售票系统出票突破900万张，日最高售票量10万张。发展先进货运组织模式。开展多式联运、甩挂运输、无车承运人和城市共同配送等高效运输组织模式的试点工作。开展无车承运人13家企业试点，引导9家甩挂运输企业组建甩挂运输联盟，构建全省甩挂运输网络。引导市州政府所在地城市开展共同配送，提高共同配送覆盖面，提高物流运输组织效率。发展新能源和清洁能源车辆。重点推进清洁能源车辆在农村客运、城市公交及物流运输中的应用，混合动力和纯电动汽车在城市公交和出租汽车中的应用，逐步提高每年新增及更新的营运车辆中新能源和清洁能源车辆的比例。全省已发展天然气营运汽车6.7万辆，电动新能源公交车2 154辆，电动出租汽车250辆。每年可节约和替代成品油2.8亿升，减少排放二氧化碳61.6万吨。加强汽车维修企业污染防控。严把维修市场准入关，制订《四川省汽车维修业污染防治工作方案》《关于进一步加强汽车维修企业污染防治相关工作的通知》《关于做好汽车维修行业危险废物处置工作的通知》和《四川省汽车维修企业质量信誉考核办法实施细则》，将企业环境污染防治纳入年度质量信誉考评，要求维修企业必须向当地环保部门申报危险废物，按规定贮存，并交由有资质的企业回收处理。鼓励引导维修企业升级改造绿色汽修设施设备，应用先进技术和工艺。在成都市开展维修企业参与机动车排气污染监测I/M制度试点，524家成都市汽车维修企业获机动车尾气污染治理资质，累计治理尾气不达标车辆3.2万辆次。配合推进营运"黄标车"淘汰。做好排查摸底，根据省公安交管局提供的营运性质（车辆行驶证）黄标车清单，组织各地梳理核对营运黄标车数量，编制营运黄标车淘汰计划21 976辆。在车辆审验中，对计划淘汰的营运"黄标车"不再办理营运手续，注销其道路运输证。对未能及时淘汰营运"黄标车"的道路运输企业，停办其相关道路运输经营业务。确保到2017年底全省营运黄标车基本淘汰完毕。加强危险货物运输环境污染防控。严格行业准入，累计清退危险货物运输经营业21户。全面开展危险货物运输罐体车辆紧急切断装置和轻质燃油运输车辆油气回收装置加装情况的清理排查，督促3 980辆罐体车辆安装紧急切断装置、4 300辆轻质燃油运输车安装油气回收装置，保护危险货物运输运行安全，保护生态环境。加强车辆动态监管，全面督促道路危险货物运输企业按规定建设车辆动态监控平台。加强危险货物运输应急能力建设，制订出台《四川省道路危险货物运输事故应急预案》，确保第一时间配合有关部门处理道路危险货物运输事故引发的环境污染事。

（厅运管局）

水路运输

SHUILU YUNSHU

水路货物运输 2017年，全省完成水路运输货运量7 750万吨、货物周转量255.6亿吨公里，分别比上年增长-4.68%和14.75%。岷江大件运输完成93批次、1.79万吨。2017年，全省港口完成货物吞吐量8 730万吨，比上年减少7.88%，其中，泸州港、宜宾港货物吞吐量分别完成3 493万吨、1 392万吨，分别比上年增长0.98%、-25.56%。全省港口集装箱吞吐量实现高位突破，达到93万标箱，比上年增长16.25%，其中，泸州港、宜宾港集装箱吞吐量分别完成55.02万标箱、38.01万标箱，分别比上年增长9.82、26.28%。

（厅航务局）

泸州国际集装箱码头装卸作业 厅航务局 供稿

水运企业及运力 2017年底，全省拥有水运企业共217家。其中，省际水运企业77家，万吨船舶运力以上水运企业32家（新增3家）。全省拥有运输船舶6 466艘（其中货船4 478艘、客船1 860艘）、总运力137.6万载重吨，其中通过三峡船闸船舶292艘87.2万载重吨，过闸船舶标准化率达86%。全省有1 000载重吨以上标准船舶331艘93万载重吨。

（厅航务局）

发展集装箱运输 2017年4月，宜宾港（集团）有限公司成立，并与上海港、南京港、重庆港三大国家级航运中心签署投资合作协议，正式建立起以资本为纽带的深度合作关系，形成长江上、中、下游航运业协同发展、联动发展的新格局。宜宾港与武汉港集团合作，开行“宜宾—武汉—台湾—日韩”航线。推进泸州港参与的成都国际铁路港集装箱铁路公路水路多式联运示范工程建设，全年铁路水路联运集装箱完成2.8万标箱。全省开通泸州、宜宾至上海等集装箱班轮航线8条，每周发班32班左右。

（厅航务局）

水路旅客运输 2017年，全省完成水路客运量2 364万人次、旅客周转量2.23亿人公里，比上年分别下降8.14%和8.4%。春运期间，全省日均投放客（渡）船2 774艘78 957客位，完成水路客（渡）运量681.66万人次，比上年增加2.9%。十一“黄金周”期间，全省日均投放客（渡）船2 505艘71 614客位，完成水路客（渡）运量170.32万人次，比上年下降12%。全年重大节假日期

2017年，海事人员维护水路春运秩序　　厅航务局 供稿

间未发生旅客滞留、投诉，水路客运秩序井然。

（厅航务局）

长江经济带航运联盟第一次会议暨推动长江上游航运物流发展创新合作论坛　2017年11月3日，长江经济带航运联盟第一次会议暨推动长江上游航运物流发展创新合作论坛在宜宾市举行。国家发展改革委基础产业司副司长周小棋、交通运输部长航局副局长朱汝明、省政府副秘书长黄小平、长江经济带沿江省（市）发展改革委负责人出席会议（论坛）。宜宾市领导杜紫平、邓正权、王可、廖文彬以及联盟成员9家港口集团、5家航运企业参加相关活动。本次会议（论坛）以“创新合作、抢抓航运联盟发展新机遇，推进长江上游航运物流发展”为主题，推动长江上游航运物流创新合作发展，加快长江流域龙头至龙尾航运物流资源深度融合。论坛现场签订“四川雅安无水港”项目战略合作框架协议，深化雅安市、宜宾港、重庆港、南京港四方合作，集中资源优势、拓宽货源种类、便利通关手续、构建物流通道，降低企业综合物流成本，更好服务长江经济带贸易增长和经济发展。

2017年11月3日，长江经济带航运联盟第一次会议暨推动长江上游航运物流发展创新合作论坛在宜宾举行　　厅航务局 供稿

（厅航务局）

多元化经营　2017年，省港航公司大胆探索多元化经营的发展之路。加快推进港务物流资产资源整合，发展混合所有制经济，油品贸易业务和物流运输业务拓展加速。大力发展商品贸易业务，长运公司成品油经营业务持续快速发展，完成产值6.5亿元；广安港进出口贸易业务加快发展，并成功拓展能源贸易业务；南充港成功拓展粮食贸易和进出口贸易代理业务；泸州港进口粮食、木材、矿石等商贸物流业务快速发展。深挖港口航运基础业务潜力，泸州港深化与长江沿线重要港口以及船企、货企的合作，增加航线班期密度和运力，重点开发成都、昆明、攀枝花和雅安等地货源；广安港、南充港持续拓展仓储租赁和加工配送业务，仓库出租率均达80%以上；长运公司持续开展中铁宝桥金沙江大桥钢结构和南京铁心桥钢箱梁工程物流项目。不断提升管理水平，出台港航物流板块合同管理、统计管理等制度，进一步规范工作流程，加强过程管控。

（杨榆彬）

泸州港“天天直航快班”顺利首航　2017年9月14日，泸州港“天天直航快班”首航班轮顺利启航驶往上海。“天天直航快班”以泸州港作为公共服务平台和信息平台，采取“定航线、定船期、定船名、定挂港、定价格”的航运新模式，通过多家船舶公司“舱位互换”，实现集装箱“拼单”，最大限度发挥船舶运力。货物最快在到港第二天就能实现装箱发船，泸州直航南京、太仓、上海运行时间缩短至8～10天，提升货物运输效率，节约运输时间。

（李洪燕）

发展无车承运人业务　2017年，省港航公司加快发展互联网、信息化产品，快速切入原有物流市场，提升控货能力，掌握物流运输定价权，降低运输成本，促进公司提质增效、转型升级，做强做优港航综合物流产业。抓住“四川省港航汇通物流服务平台”成为四川省2017年重点物流项目的契机，以互联网思维、大数据思维、金融思维为导向，借助交通运输部首批无车承运人试点企业的优势，无车承运人作为物流服务平台重要内容之一进行上线运行，并于8月通过省政府口岸与物流办组织的中期评估，整合上下游公司30余家，加盟车辆300余台，实现营业收入近300万元。

（李洪燕）

交通管理

JIAOTONG GUANLI

2018

四川交通年鉴

交通规划
JIAOTONG GUIHUA

交通建设规划编制 2017年，省交通运输厅制订实施《“十三五”综合交通运输发展规划》《“交通+旅游”融合发展专项行动计划》《交通运输“厕所革命”专项行动计划》《九寨沟地震交通恢复重建等专项方案》；完成《四川省高公路公路网路线命名和编号方案》、农村公路改善提升中期调整、《普通国省干线公路服务设施专项方案》等工作；启动开展高速公路网储备研究、交通强省战略研究、综合交通建设3年攻坚大会战方案和第四轮甘孜州推进方案等工作，至年底均形成阶段性成果。

交通建设项目前期工作 2017年，全省完成成都至

2017年，雅康高速公路泸定大渡河兴康特大桥架设主缆
交通宣传中心 供稿

宜宾等13个新增高速公路项目共1 703公里工程可行性研究报告批复（核准），宜攀等12个高速公路项目共1 396公里实现集中开工动员，西昭高速公路等29个项目共3 500公里工程可行性研究报告编制完成，远超年初确定的“开工600公里、储备600公里”的工作目标。另外，川主寺至九寨沟公路灾后恢复重建新示范工程等国省干线公路、岷江航电龙溪口枢纽等重大水运项目以及渡改桥、交通信息化等项目前期工作有序推进，为加快推进各专项工程奠定基础。

交通建设计划执行与监督 2017年，全省交通运输建设落实到位中央资金185亿元（车购税171亿元、中央预算内投资14亿元），位居全国前列。全省重点项目均被纳入交通运输部《“十三五”规划中调初步方案》，交通运输部承诺“十三五”全省交通运输建设资金规模只增不减。同时，围绕年度中心工作，省交通运输厅及时分解下达年度投资目标、2017年全省重点公路水路交通项目年度建设任务，开展2017年交通建设投资计划编报和下达工作（全年累计下达部省资金311亿元，其中部资金171亿元、省资金140亿元），强化计划执行监督管理。

交通运输节能环保工作 2017年，省交通运输厅制定《关于加快推进四川省绿色交通运输发展的指导意见》《贯彻落实全省控制温室气体排放分工方案的实施意见》等方案，加快完善绿色交通制度体系。印发实施《省交通运输厅环境污染防治“三大战役”推进方案》

2017年，四川公路建设积极推广节能环保的新材料、新设备、新工艺、新技术
交通宣传中心 供稿

以及2017年任务分工方案，细化任务、落实责任，全力推进交通运输“三大战役”行动。制订《省交通运输厅迎接中央环境保护督察工作实施方案》等，厅规划处牵头做好迎检资料准备、总结报告编写等工作，落实“三个清单”（行政权力清单、监管清单、负面清单），组织开展自查自纠，建立台账清单，定期跟踪督导，抓好问题整改落实，完成迎检工作。

（本栏目供稿单位：厅规划处）

建设管理

JIANSHE GUANLI

交通建设管理制度体系建设 2017年，省交通运输厅加快构建交通建设管理规则体系。针对交通建设领域新情况新问题，制订、修订招标投标、信用评价、分包管理、市场督查等制度10余项。制订《四川省公路建设项目招标投标管理实施细则》《关于规范高速公路项目投资人自行实施建设的通知》等制度5项，起草《高速公路建设项目管理办法》等制度规范，初步构建全省统一、科学、完备的交通建设管理制度体系。

高速公路建设管理 2017年，省交通运输厅推进全省24个续建高速公路项目（总里程2 041公里）建设，建立项目“进度清单”和“问题清单”台账，实时动态掌握项目推进情况；发挥省政府交通建设联席会议机制的作用，调动地方政府工作主体积极性，落实项目业主实施主体责任，通过强化责任落实机制、组织协调机制、要素保障机制、信息通报机制和督促检查机制，确保项目推进工作体系和责任体系有效运转，协同加快推进项目工程建设；加强重点项目跟踪督导，对于乐山绕城高速公路、雅康高速公路等通车压力较大的项目，抽调专人常驻现场，第一时间解决问题，保障通车目标完成。推进新开工12个高速公路项目（1 396公里，总投资2 391亿元）前期工作，按照项目开工时间节点，超前安排、倒排工期，统筹项目设计、工程招标、征拆等前期工作，促进项目开工建设；提前衔接交通运输部确定成乐扩容、沿江高速公路等项目代部审查单位并提前介入项目初步设计审查工作；全年新开工项目完成投资166.6亿元，占年度目标58.5亿元的311.4%。推进运营项目竣工验收工作，建立全省高速公路通车项目竣工验收准备工作台账，整合相关部门建立项目竣工验收工作机制，加快推进高速公路竣工验收；全年指导督促42个运营项目完成质量检测、档案、水保、环保等53项专项验收；完成成自泸赤高速公路泸州段、泸渝高速公路泸州段2个项目竣工验收，广南高速公路、遂渝高速公路2个项目预验收，6个项目竣工质量验收鉴定。

2017年，建设中的汶马高速公路桃坪特大桥　　汶马公司 供稿

从业单位信用管理 2017年，省交通运输厅严格落实信用评价监管。强化日常信用管理，完成2016年度263个公路建设项目，1 394个合同段，481家从业单位的信用评价。完成2017年高速公路和普通公路日常信用评价。严格信用监管，对扰乱建设市场秩序、违反信用管理规定的29家从业单位实施信用处罚，持续规范建设市场秩序。加快推进公路建设信用信息管理系统建设并成功上线试运行。起草信用信息、从业单位、项目法人及从业人员等四项基本信用管理制度，加快构建市场主体全覆盖的交通建设信用管理体系，为四川省创建“信用交通省”建立制度基础。

品质工程建设 2017年，省交通运输厅以“工程实体内实外美、功能服务尽善尽美”为目标，全面启动品质工程建设。组织研究制定品质工程、绿色公路建设等实施方案，在全省开展品质工程、绿色公路、“交通+旅游”“智慧工地”等示范项目征集，调动各项目建设单位示范创建积极性、创造性，发挥示范带动效应。仁沐新高速公路、成都三绕高速公路西段、天府机场高速公路、峨汉高速公路、攀大高速公路等项目按照品质工程建设要求，推进施工标准化工作，施工标准化水平和工程实体质量大幅提升。成宜、资潼、乐西、沿江等新开工高速公路项目在勘察设计、施工准备阶段高标准制订建设目标，系统推进品质工程、绿色公路建设。

（本栏目供稿单位：厅建管处）

运输管理

YUNSHU GUANLI

概　况 2017年，全省道路水路运输管理工作有序开展。完成全省道路水路春运工作组织任务，道路水路客运量完成1.20亿人次，日均客运量为300万人次左右，“情满旅途”活动得到交通运输部肯定；成都等4个城市纳入公交都市创建城市，乐山市犍为县、绵阳市涪城区进入城乡交通运输一体化示范创建名单；成功申报全国第2批多式联运示范项目——“四川省‘空中+陆上丝绸之路’国际空铁公多式联运示范工程”；“13+1”无车承运试点有序推进；完成11项自贸试验区省级管理事项授权下放；健全完善出租车、货运行业稳控机制；指导成立省汽车客运站共享发展联盟；出台《四川省城市公共交通“一卡通”互联互通建设专项补助管理办法》，统筹推进全省“一卡通”建设，全省20个城市加入全国交通“一卡通”联网范围，实现互联互通；组织相关市（州）申报全国交通运输一体化示范县，乐山犍为县和绵阳涪城区成功入选；印发《四川省网约车经营者线上服务能力材料编制参考指南（试行）》，完善网约车线上服务能力认定工作程序；建立“12328”电话系统月度分析报告制度、重点监控名单和“黑名单”制度，完善“12328”交通运输服务监督电话运行服务质量考评办法；推动行业新（改）建厕所210

2017年8月4日，泸州市成功入选全国首批公交都市创建城市　　厅运输处 供稿

座；完成城市轨道交通运营安全交叉检查，牵头迎接国家物流安全专项督查组来川检查督导，配合开展道路货运安全专项整治；完成道路运输供给侧结构性改革、行业促进物流业降本增效、成都机场人流物流首要地位的行业支持政策和物流信息公共平台建设等基础研究；做好全省交通物流数据统计报送和季度分析，参与研究2017年重点项目推进方案及省物流工作要点；加强全省汽车客运站提升改造工程督导；落实省政府关于四川省服务业发展工作要求，完成年度交通运输服务业发展速度指标任务；推进旅游运输的规范、有序发展；进一步加强全省外商投资道路运输业立项审批工作；配合省级有关部门做好企业减负、旅游运输调查及监管、公路水路口岸等工作。

春运运输组织协调　2017年春运时间为1月13日—2月21日，全省道路、水路共运送旅客1.20亿人次，比上年下降9.80%。其中，道路和水路客运分别运送旅客1.14亿人次、681.66万人次，比上年分别下降9.97%、增加2.90%。日均客运量为300万人次左右，仍保持高位运行。高速公路出口总流量为8 023.31万辆，比上年增长9.36%，1月31日出现峰值达284.72万辆次，比上年增长10.84%。全省道路旅客运输日均投入客车4.5万辆，投入应急储备运力5 000辆；水路旅客运输共投入客运船舶2 774艘。投入与铁路接续接驳的长途客车2 838辆、公共汽车2 894辆、出租汽车3 951辆；与机场衔接的机场1、2号线机场公交班线班次分别增加至96班、 72班。全省道路客运站联网售票系统售票231.3万张，日均出售车票5.8万张，比上年增加110%。"12328"交通运输服务监督电话共受理有效业务2.33万件，抽查回访满意率达97.20%。

春运期间全省未发生水上交通安全事故和重大以上道路运输行车事故，道路客运较大事故比上年下降50%。全省主要客运站未出现大量旅客滞留现象。高速公路路网和国省干线公路未发生大面积、长时间堵塞情况，全省路网运行总体稳定。

成都市等10个市（州）交通运输局（委）、厅公路局等6个厅直单位和成都市汽车运输（集团）公司等52个道路水路春运工作成效显著单位获省交通运输厅通报表扬。

大型设备运输　2017年，全省完成通过大件公路的超限运输审批925件（次），其中车货总重200吨以上40件（次）；完成大件运输监护通行10次。开展大件公路全线空障排查工作，发现不符合《四川省大件公路设计技术指标规定》的各类空障共计425处，并对大件运输通行造成影响程度较大的45处空障要求整改，经检查验收，总体整改率达95%。加强大件公路巡查，坚持"以护带巡"原则，共接到护送申请10次，实施护送10次，平均每批（次）护送排除红绿灯、涉路施工、人行天桥等各类空路障30余处，保障大件通道畅通。对6处涉路施工的"施工方案"和"大件运输保通方案"进行审查。拟订《四川省大件公路及大件运输管理规定》，从建设管理、养护管理、涉路施工管理、路政管理、运输管理监督检查等方面进一步规范四川省大件公路和大件运输管理。梳理行政权力和执法人员信息网上公示事项，保留3项行政许可、2项行政处罚和1项行政强制。按照《四川省人民政府办公厅关于印发四川省行政许可和行政处罚等信用信息公示工作实施方案的通知》和《四川省交通运输厅行政许可和行政处罚等信用信息公示工作实施方案》要求，对超限运输车辆行驶公路许可信息网上公示明确了责任人和联系人。

交通运输服务监督电话系统建设　2017年，按照交通运输部要求，省交通运输厅继续加快推进"12328"交通运输服务监督电话系统建设和运行管理工作，全省"12328"电话系统受理业务共265 329件，比上年增长57%；按时办结率为88.87%，比上年提升92%；抽查回访满意率为85.91%，比上年提升180%。推进"12122"高速公路热线、"12345"市长热线与"12328"电话的系统对接和数据整合；建立四川省"12328"电话信息分析统计指标体系；完善四川省"12328"电话系统功能，实现行业各领域电话数据分类智能统计和考核指标数据实时查询功能；强化落实"12328"电话数据的定期统计分析制度、工单督办制度、考核制度、培训制度和通报制度。建立重点监控名单和"黑名单"，截至2017年底，分别纳入名单的有634人和15人。将"12328"投诉问题及办理情况作为评价市县交通运输部门的政风行风测评的重要考核因素，对重点领域如出租车、公交车、汽车客运站、驾驶员培训、机动车维修和交通运输执法的电话投诉数据进行月度通报，督促重点地域、领域及时解决群众关注的热点问题，提升服务质量。于8月10日—11日举办四川省2017年"12328"电话运行管理与服务质量提升培训班。年内，四川省"12328"电话数据及运行情况统计报送等有关工作多次受交通运输部通报表扬。

交通运输行业"厕所革命"　2017年，按照中共四川省委、省政府"厕所革命"工作部署，全省交通运输行业编制完成客运场站、普通国省干线、高速公路服务区和水路客运码头等行业厕所建设标准体系和建设标准推荐图集，制订出台行业厕所运营管理服务规范，明确省级资金补助政策，并以推动"交通+旅游"融合发展为载体，分类打造行业厕所新（改）建示范工程。编制完成《"厕所革命"2017—2020年专项行动计划》，按照"推进厕所革命，交通决不掉队"总体要求，规划引

成温邛高速公路崇州服务区采用规范的厕所标识

交通宣传中心 供稿

领，标准引导，示范引路，统筹推进，圆满完成省政府下达的年度目标任务，全年新（改）建厕所210座（其中新建75座、改建135座，分别完成年度目标任务的123%和101.5%），占年度目标任务的108.2%。全省高速公路“厕所革命”成效明显，中央及四川省主流媒体予以报道；汽车客运站在经济效益大幅下降的情况下，“厕所革命”工作务实推进；普通国省干线、水运板块落实属地责任，建成厕所超年度目标100%。

交通运输物流业建设 2017年，省交通运输厅继续执行《四川省物流业发展中长期发展规划（2015—2020）》分工方案，督导相关责任单位做好年度重点工作。指导加快公路枢纽建设、航道等级提升。在道路场站建设方面，川青甘高原物流园区物流集散中心、达州市通川区毅恒公路物流集散中心等4个项目进展顺利，广安远成智慧物流园、川滇黔公铁联运物流集散中心2个项目开工建设，成都天府新区新津公路货物集散中心、广运现代物流中心（下西货运枢纽站）、中国西部现代物流港西部铁路物流园主体建成。长江三升二续建项目环评取得重大进展，水生生态取得农业部批复；岷江犍为航电枢纽二期围堰截流，右岸主体工程全面开工；嘉陵江航运配套一期工程基本完成，亭子口枢纽以下达到四级航道标准。岷江龙溪口、虎渡溪、汤坝、尖子山等4个航电枢纽开工动员，岷江高等级航道达标升级工程全面铺开查。指导推进公路甩挂运输试点工作。厅运管局按照试点方案要求，加强对交通运输部甩挂运输试点项目督导，在场站基础设施建设、企业运营组织、车型结构调整、科技推广应用等方面，探索开展甩挂运输的经验做法。推进多式联运发展。通过降低多式联运市场准入门槛、实行“绿色”通道政策、强化落实《四川省道路货运源头管理办法》和《机动车安全技术检验项目和方法》等优化市场环境；按照交通运输部等国务院18个部门有关通知要求，联合21个省级部门制订《四川省进一步鼓励多式联运发展的工作实施方案》；将多式联运项目纳入四川省重大物流项目重点扶持，全省物流业发展专项资金、民航发展专项资金累计投入1.75亿元用于推动多式联运发展；以政策引导运力供给结构调整促运输结构优化，全省集装箱车辆从100多辆非标准车型，发展到1 939辆；推进多式联运示范工程建设，全国第一批多式联运示范工程——成都国际铁路港集装箱铁公水多式联运示范项目进展顺利；“四川省‘空中+陆上丝绸之路’国际空铁公多式联运示范工程”纳入第二批多式联运示范工程名单，2017年8月29日试运行国内首单“高铁+航空”货物联运模式，公铁空共用货物运载单元，全程采用空铁联运单。开展无车承运试点工作。四川省13个交通运输部第一批无车承运人试点项目推进顺利，运力整合效果明显，试点企业整合车辆约5万辆，占全省车辆总数的9%，其中积微物流整合车9 000多辆，完成货运量400万吨，拉货宝整合运力18 000多辆，完成货运量436万吨；运输效率提升明显，单车里程利用率普遍达70%以上；单车运输成本普遍降低10%左右，配货等待时间普遍在12小时左右；运输服务保障提升，参营车辆在办理交强险的基础上，购置较高保额的货物运输保险，在运输责任事故发生时实现先行赔付。

泸州市综合运输服务示范城市建设 2017年，省交通运输厅指导泸州市交通运输局继续推进综合交通运输服务示范城市建设。泸州市基本建成水公铁空多式联运一体化、快捷高效的现代立体综合交通运输体系；泸州港年货物吞吐量、集装箱吞吐量分别达全省三分之一和三分之二以上；华南地区国际集装箱远洋干线和中欧货运主通道打通，近洋航线、集装箱班轮和班列开通10条以上，保税物流中心（B型）、国家进境粮食指定口岸、中国（四川）自由贸易试验区川南临港片区等优势发挥明显；小港口、大腹地，服务全川及滇东、黔北，川滇黔航运物流中心基本建成。

推进城市公交优先发展战略 2017年，省交通运输厅继续推进城市公交优先发展战略，年内修改完成《四川省城市公交“十三五”发展纲要（送审稿）》；完成全省城市客运基础资料、城市客运大事记、城市公交企业新增及调整名录和交通运输价格改革调研资料整理报送工作；全面推进公交都市建设，制订《全省公交都市建设省级评估方案方案》，组织完成省级评估和推荐申报工作，成都、泸州、自贡、眉山等4个城市纳入“十三五”期第一批全国公交都市创建城市，申报和入围数量居全国首位，完成成都、泸州、自贡等三市创建实施方案批复工作。开展《城市公共汽（电）车客运管理规定》宣传贯彻，组织举办全省公交都市建设业务培训班。联合省公安厅和省总工会开展2017年城市公交出行宣传周活动。

城市轨道交通运营监管 2017年，省交通运输厅在城市轨道交通运营监管方面，督促完成成都轨道交通问题电缆整改及资料报送工作；牵头交通运输部轨道交通第八交叉检查组对福州等城市轨道交通进行检查；接受四部局轨道交通检查，成都地铁安全运营工作得到检查组肯定；完成交通运输部轨道交通安全运营工作调研资料报送；参加成都轨道交通4号线二期、7号线试运营条件评审，针对验收发现的问题，督促成都整改落实，确保顺利通过新线试运营验收，完成资料上报；完成城市轨道交通提案收集整理回复工作。

推进自贸区建设 2017年，省交通运输厅推进自贸区建设工作，负责省自贸办联络工作，牵头完成交通运输行业首批11个省级管理事项授权下放工作；确定首批改革试点任务和创新举措，其中多式联运“一单制”取得突破，已纳入四川自贸区首批改革试验任务和创新举措；研究分析交通运输行业对自贸区建设的主要工作，结合自贸区建设总体方案从五个方面制订具体支持自贸区建设的实施意见。

（本栏目供稿单位：厅运输处）

安全管理

ANQUAN GUANLI

概　况 2017年，全省发生交通运输安全生产事故205起，死亡人数257人，比上年分别上升0.49%、下降0.39%，未发生重大及以上事故。其中，发生道路运输事故192起，死亡238人，比上年分别下降1.54%、4.03%；发生水上交通运输事故2起，死亡人数2人，比上年均上升100%；发生交通建设安全生产事故11起，死亡人数17人，比上年分别上升37.50%、88.89%。道路运输连续48个月重大以上事故“零发生”；水上交通连续9年事故起数和死亡人数控制在个位数；普通公路、高速公路管理领域没有发生因源头管理原因造成的责任事故。

（陈泓冰）

2017年1月24日，四川省省长尹力（前右）一行在省交通运输厅党组书记、厅长汪洋（前左）陪同下检查全省交通运输系统安全生产工作　　周显仁 摄

安全工作责任体系建设 2017年，四川省交通运输厅继续强化安全工作责任体系建设。坚持“党政同责、一岗双责”。省交通运输厅党组书记、厅长汪洋先后主持召开14次厅党组会、厅务会、厅安委会，听取安全工作汇报，研究安全重大问题；分管业务厅领导定期组织召开重点领域安全生产形势分析调度会议，落实“一岗双责”；分管安全厅领导坚持每月召开安全例会，协调解决、跟踪督办突出问题。落实“分级负责、属地管理”原则。梳理安全生产职责，对省交通运输厅本级及厅直行业管理机构安全生产和职业健康职责进行明确。层层签订年度安全生产目标管理责任书，进一步明确省市县三级的指导监督关系，以及主管部门与行业管理机构的监督关系、行业管理机构和企业的监管关系，规范和强化监管主体和属地管理“两个责任”。制订出台指导意见，推动行业企业建立全员岗位安全生产责任制，落实企业主体责任。创新安全绩效及信用考评，将安全生产工作与项目资金安排、许可事项审批、信用管理挂钩，安全生产“一票否决”制度更加完善。

（陈　博）

健全安全法规制度体系 2017年，省交通运输厅进一步健全安全法规制度体系，主要措施：省交通运输厅出台《四川省农村公路条例》，建立健全农村公路安全监督管理机制，同时在全国率先将农村客货运输安全管理纳入地方性法规进行规范。协助省政府在全国率先出台《四川省道路营运驾驶员记分管理办法》及实施细则，对驾驶员各类违法违规及影响安全驾驶行为实行记分管理，建立从业人员强制退出机制，打破营运驾驶员从业“易进难出”的怪圈。从抓长远固基础出发，厅安全处出台《四川省关于推进全省公路水路行业安全生产领域改革发展的实施意见》，提出一系列结合四川实际和特色的新举措新谋划，解决影响行业安全发展的体制机制问题。厅安监处制发《关于加强交通运输行业职业健康监管工作的通知》，从企业主体责任、行业监管责任和社会共治等方面，细化制订行业从业人员职业病防治措施。

（陈泓冰）

安全监管体系建设 2017年，省交通运输厅贯彻落实《四川省标本兼治遏制重特大事故工作指导意见》，制订交通运输行业工作方案，逐步构建以安全风险分级管控和隐患排查治理、安全监管标准化、安全生产诚信建设为核心的行业安全监管体系。分领域开展安全风险分级管控和隐患排查治理双重预防工作。道路运输方面，编制《四川省道路运输安全生产风险辨识手册与评估指南》，实施安全风险和隐患清单管理、痕迹管理和闭环管理。水上交通方面，省交通运输厅出台《四川省水上交通风险防控指导意见》，累计梳理排查黄色以上风险源332个，明确重点关注点位和水域79个、58处，作为省级跟踪督查重点。公路管理方面，以全省地质灾害隐患排查与防治工作为契机，开发使用交通运输地质灾害和防汛安全隐患信息系统，绘制隐患电子分布图。在重点领域依据法定职责，全过程梳理业务工作流程，制定各环节安全监管标准和清单。交通建设方面，修订完善公路水运工程监督工作标准化指南，水上交通方面，省交通运输厅印发《四川省水上交通安全监管标准化指南（试行）》。健全完善企业安全生产诚信管理体系。建立违法生产数据库，惩戒约束安全失信企业和从业人员，以重点监控名单和“黑名单”为核心的安全生产诚信管理体系不断完善。截至年底，累计列入重点监控名单的企业73家，列入“黑名单”的从业人员1 233名。

（陈泓冰）

2017年9月13日—15日，交通运输部副部长戴东昌（中）率平安交通专项整治行动督查组在四川省督查安全生产工作。图为戴东昌在隆盛超限检测站检查　朱姜郦 摄

“科技兴安”工作 2017年，省交通运输厅针对道路运输领域事故指标系行业首位的情况，充分运用“互联网+”、第三方平台等优势，严把涉及道路运输安全的各个环节。主要措施：借鉴江苏、上海等省（直辖市）经验，引入上海环亚保险中介，建设营运道路运输车辆第三方监控平台，对重点营运车辆实施“全过程”动态监控，并将监控结果与保险费率、佣金费率浮动机制挂钩，为道路运输安全管理再次“加把锁”，全面提升全省道路运输安全生产水平。建立四川省营运驾驶员远程安全教育服务平台“四川运管安全云课堂”，探索建立大客车驾驶员职业化教育机制，提高从业资格门槛。开发“道路运输行车事故及企业违法数据信息查询分析计算机系统”，利用大数据对道路运输行车事故、运输企业违法行为进行深度分析和趋势研判，定期为行业安全监管提供科学有效的决策依据。

（陈　博）

重点领域攻坚整治 2017年，省交通运输厅在重点领域实行攻坚整治。开展平安交通专项整治。围绕道路水路客运、危险货物运输等重点领域8个方面38项任务，全面查找存在的突出问题和薄弱环节。道路客运方面，重点整治超速超员和疲劳驾驶行为，停班驾驶员71名，停班57辆客车1个月以上，5家客运企业暂停新增业务并被列入“重点监控名单”管理。道路危险货物运输方面，重点打击非法从事危险货物运输行为，停班驾驶员74名，停运整顿45辆危险品运输车1个月以上。水路客运方面，重点整治客运市场，注销个体客船经营者285户、362艘客船，引导成立22家客运公司。危险化学品港口储存作业重点整治港口超期试运行，将泸州港多用途码头二期续建工程等4个项目暂停经营。公路水运建设工程重点开展施工驻地设置和作业现场安全评估，针对17处作业现场安全评估工作深度不足的问题，责令建设单位组织补充评估，并修改施工组织设计。推进货车超限超载治理。高速公路坚持入口计重劝返，实行货车“入口检测放行、出口计重收费”的治超模式，严禁违法超限超载货车驶入高速公路。依据《四川省高速公路条例》，严厉查处2起违规放行超限车辆驶入高速公

路的违法行为。普通公路新建固定超限检测站86个，累计建成163个，初步实现普通公路治超网格化。建立健全交通运输、公安部门联合执法常态化工作机制，依托固定超限检测站，严厉查处违法超限超载车辆。全省共出动路政执法人员53万余人次，查处违法超限超载货车10万余辆次，卸载56.1万吨。严格执行货运源头管理办法及联合巡查、信息抄告制度，坚持"政府主导，行业主管部门牵头，交通运输、公安巡查"的"1+X+2"工作模式，狠抓货运装载源头监管，严禁超限超载货车出厂、场、站。开展危险化学品安全综合治理。重点做到"四个全面排查"：全面排查清理异地运输行为，共计排查出存在隐患的异地经营企业有83家；全面排查车辆技术状况，对擅自改装车辆和车辆技术等级达不到一级的，一律停运整改，整改不合格的强制退出；全面排查车辆审验情况，将到期未年审的车辆和所属企业纳入重点监控名单，暂停运输任务；对年审超期6个月以上的车辆，一律公告注销，并纳入"黑名单"管理；全面排查车辆GPS安装使用情况，全省危险货物运输车辆已入网11 658辆，入网率99.87%，上线率94.04%，10个市（州）入网率达100%。四是专项整治道路客运安全隐患。汲取陕西安康京昆高速公路"8・10"特别重大道路交通事故教训，全面整治问题隐患和薄弱环节。全面暂停800公里以上长途客运线路审批许可，推动建立政府牵头，交通运输、公安、安全监管等部门共同参与的农村客运通行条件联合审核机制。开展客运线路风险评估和地质灾害隐患排查，对途经线路评估存在安全风险的，坚决绕行避让，不能绕行的坚决停班停运。落实客运车辆卫星定位监控定期通报制度，严格执行道路旅客运输安全生产"六严禁"（详见《附录》）规定。专项整治汽车客运站"三品"（易燃、易爆、危禁品）检查、营运车辆安全例检、车票实名制售检、驾驶员安全承诺、"安全带——生命带"等制度落实不到位的问题，切实把好客运站源头管理关。对交叉检查发现的30处安全隐患，全省通报并督促限期整改；对暗访暗查发现的23起违法违规行为，从严从重处罚到位。

（陈泓冰）

安全基础建设 2017年，省交通运输厅继续夯实安全监管基础工作。加强基础管理。首次编制出台全省交通运输"十三五"安全发展、应急保障两个专项规划，统领"十三五"期间安全应急发展工作。建立事故发生后全面总结分析制度，"全过程"倒查2010年以来较大及以上事故责任人的处理到位情况。强化保障能力。建设完成5 300公里安保工程（路侧护栏），完成危桥、危隧改造分别为59座、3座，建成渡改公路桥、渡改人行桥分别为36座、51座，基本完成77个规划的溜索改桥项目。持续推进渡船船型标准化建设，累计拆解安全状况不良的各类船舶400余艘。推进水上交通安全监测巡航救助一体化建设，完成省级水上应急救助物资储备中心工程可行性研究和初步设计。试点推广船载CCTV、GPS兼容系统。加强队伍建设。加强与高校合作，省交通运输厅及厅直行业管理机构举办安全应急管理干部培训班7期，培训人数840人。依托"安全生产月"活动载体，各市州交通运输部门及厅直行业管理机构主要负责人撰写文章谈安全，推进安全文化建设。

（陈　博）

安全应急保障 2017年，省交通运输厅进一步加强全省交通安全应急能力建设。加快推进四川交通运行监测与应急指挥系统二期工程，建设覆盖省、市、县三级的交通运输运行监测与应急指挥平台。年内正式开工建设四川省国家区域性公路交通应急装备物资储备中心，截至2017年底，完成项目投资5 000万元。有效整合省交通运输厅政务值班、应急值班力量，设立厅专业化值班室，规范24小时值班值守工作。制订出台公路、水路危险货物运输应急预案，以及高速公路突发危险化学品事故、突发环境污染事件应急预案，修订完善《四川省交通运输厅2017年度地震危险区应急预案》。完成省政府2017年省级防震救灾综合演练交通运输保障任务。成功处置"6・24"茂县叠溪特别重大山体滑坡灾害、"8・6"茂县石大关山体塌方和"8・8"九寨沟7.0级地震，第一时间组织完成抢通保通保运任务。在"8・8"九寨沟地震中，配合厅领导组织相关单位（部门）仅用20小时就抢通灾区全部国省干线公路，仅用24小时完成了灾区7万人大转移。

"6・24"茂县叠溪特别重大山体滑坡抢险现场　　徐　航　朱姜郦 摄

（陈泓冰）

高速公路管理暨交通执法

GAOSU GONGLU GUANLI JI JIAOTONG ZHIFA

高速公路超限治理 2017年，厅高管局（厅高速公路交通执法总队）持续推进高速公路超限治理。实现超限运输审批“两集中、两到位”和网上办理，全年超限运输审批7.5万余件。巩固超限治理成果，推动入口超限检测数据联网，严肃查处违法超限行为，建立违法超限车辆“黑名单”制度，基本实现违法超限车辆高速公路“零驶入”。

2017年，482个高速公路入口治超检测点严禁超限货车驶入
厅高管局 供稿

（厅高管局）

高速公路智慧交通建设 2017年，厅高管局（厅高速公路交通执法总队）坚持以信息化、智能化为引领，推动高速公路可视、可测、可控协调发展。坚持按需建设、适用为主、适度超前原则，加强与交通运输部、四川省有关规划、规范及标准对接，基本完成信息化顶层设计，初步明确指导思想、基本原则、发展目标、总体框架及31项重点任务等，信息化建设“四梁八柱”基本搭建。统筹推进重点项目，完成监控结算灾备中心土地权属变更、租户搬迁、工可调整等，基本完成专用通信网改造配套工程建设和设备招标采购，基于互联网的移动执法和行业监管一体化系统基本形成。ETC在双流机场和成都东客站停车场推广应用，ETC车道总数达1 562条（占比36%），客服网点覆盖县级以上城市，ETC用户突破300万户，居全国前列；雨雾安全行车诱导系统覆盖成南、雅西、纳黔等18条高速公路重点路段，因大雾造成的交通事故下降约60%。道路施工、交通管控等信息与百度、高德、四川交通广播等共用共享，集可变情报板、展板横幅、微信微博、地图导航、广播媒体于一体的信息发布体系全面建立，出行服务信息及时高效传播；协调公安交警共享车辆基础数据、视频监控资源统筹进程加快；推动道路养护信息共享，信息孤岛问题开始得到解决。

（厅高管局）

高速公路交通执法 2017年，厅高管局（厅高速公路交通执法总队）深化交通执法改革。加快健全行业治理机制，在全国率先探索建立高速公路管理“一路四方”联动工作机制，实现21个市（州）全覆盖，重大节假日缓堵保畅、桥下空间管理、服务区食品安全、突发事件处置等责任落实到位；落实高速公路行业安全生产责任，健全安全预警预报机制，开展安全隐患排查整治2 100余处，保障路网安全平稳运行；开展打击偷逃通行

2017年，厅高管局（厅高速公路交通执法总队）组织开展行业监管培训，进一步提升队伍综合素质 厅高管局 供稿

费专项行动，查处偷逃通行费车辆40余万辆次，追补通行费约4 500万元。严格规范交通执法管理，推进“三基三化”建设试点，完善基层执法业务用房15处；围绕路政、运政、收费稽查等执法主责主业，开展非标专项清理整治、非法营运专项整治大会战，累计出动执法人员17万余人次，查处违法客运车辆610余辆次，清理拆除非标86块。实施重大节假日、绿色通道通行费减免和货车通行费优惠政策，减免通行费70亿元；实现高速公路车辆通行费增值税电子普通发票开具；全面实施路产赔（补）偿由行政裁定向行政调解转变。全面完成执法模式改革，巩固深化交通执法片区管理，106个基层执法大队全部实现“一路一大队”执法管理模式和“一片一分队”应急处置模式，广元片区集中办公试点工作顺利推进，执法资源分散、执法力量、车辆和经费不足等重大难题有效破解。内部管理持续优化，驻蓉执法支队财务集中核算机制逐步完善，联合值班机制全面形成，住房货币化补贴得到全面解决，纪检监察集中办案机制巩固深化，固定资产清理、档案电子化管理、文件分类流转、重点工作督办、执法服装配备、后勤管理调整、卫生环境美化等工作全面优化升级。

2017年，14个基层执法大队、27名执法人员被评为四川省交通运输依法行政评议考核优秀单位和个人，局（总队）获2017年全国交通运输行政执法评议考核优秀执法单位称号。

（厅高管局）

高速公路公共服务 2017年，厅高管局（厅高速公路交通执法总队）实施服务品牌化战略，推动高速公路服务提档升级。服务质量评价持续规范，完善服务质量评价实施细则，统一评价标准，规范评价流程，固化“一路一考评组”模式，实行公众满意度第三方调查，保障评价结果客观、公正、准确。制订完善“五好”高速公路评价指标体系，创建成仁、成温邛、成自泸、成绵复线、成灌、达万、内遂、机场高速、成都绕城等9条“五好”高速公路，高速公路功能设施不断完善、路容路貌显著改善、服务质量明显提升。服务保障能力增强，服务区互联网服务、信息查询、剩余车位提示等功能逐渐完善，创建全国百佳示范服务区5对、优秀服务区22对，全省星级服务区61对；落实“推进厕所革命、交通绝不掉队”要求，改造残疾人卫生间84个、新建第三卫生间27个，新增母婴室28间，新增洗手液、免费纸巾点位400个以上。新闻宣传和精神文明建设成效显著，创刊并发行2期《四川高速》杂志；重大节假日前发布6期路网运行趋势研判，在四川交通广播开辟《四川高速面对面》专题访谈6期；开展春运、“两会”“走基层”、服务区“厕所革命”、抗震救灾、缓堵保畅等专题采访活动10余次，中央、省级、

2017年，在高速公路服务区开展“青春志愿行 温暖回家路”活动 厅高管局 供稿

行业媒体报道刊载信息170余条；政务及网站信息发布量超过6 700条。做好在线访谈、阳光政务，实行政务信息公开，“12122”系统办理群众咨询及投诉80余万件。改造完成收费站13个，2个收费站被评为“最美中国路姐团队”。加快建立直升机应急救援体系，完成“6・24”茂县山体垮塌、“8・8”九寨沟地震抢险救援、雅西高速公路冰冻雨雪天气及重大节假日高速公路保通保畅任务。共产党员服务车免费为群众提供车辆应急维修、应急医疗、出行咨询等服务5 000余次。

（厅高管局）

高速公路养护监督 2017年，厅高管局（厅高速公路交通执法总队）继续加强高速公路养护监督，养护管理水平有效提升。全省高速公路完成养护投入24.32亿元，实施路面大中修及预防性养护1 035车道・公里，路况水平持续保持优等，PQI指数93.5，优良率99.62%。桥隧养护管理进一步规范，一、二类桥隧占比99.5%，四、五类桥隧当年处治率100%。持续推进道路设施提档升级，6 500公里高速公路全部增设立柱反光膜，236个重点隧道增设反光环，592个隧道增设有源轮廓标，系统改造指路标志850处，道路通行环境得到明显改善。开展路面、桥梁、隧道等方面养护管理指南研究，推行养护管理全过程信息化建设。

（厅高管局）

川高公司营运管理 2017年，川高公司完成投资131亿元，完成融资281亿元，完成营业收入206亿元，实现利润1.73亿元。开展“千亿工程”项目建设，重点项目前期工作全力推进；在建项目质量、安全、造价、形象进度全面受控；各营运高速公路安全畅通，生产经营形势总体平稳；各延伸产业板块稳健发展；各项改革措施不断深化。

项目建设 巴陕高速公路南江至关坝段16公里和雀儿山隧道建成通车，国道317线甘孜段后续工程完工；加快推进仁沐新高速公路井研至新市段、泸黄路改（扩）

建工程、绵九高速公路、成资渝高速公路等项目；获取乐西高速公路、成南高速公路扩容项目；联合铁投集团中标宜攀高速公路；在建和新建高速公路总里程1 244公里，估算总投资2 060亿元，锁定中央车购税资金401亿元，争取省级和地方补助资金97亿元；探索“BOT+EPC”模式在重点建设项目中的推广使用；加大BIM等先进技术的应用力度，实现系统所有建设项目全覆盖；召开川高系统品质工程创建推进工作会，明确新一轮建设攻坚标准和要求；完成广南高速公路竣工验收，完成巴南高速公路等4个项目竣工审计；配合完成中央环保督察相关工作。

智慧交通建设 全面启动项目设计及软硬件建设，基本完成“大数据”平台一期建设任务，初步形成基础资源数据库，搭建起行业“云管理”平台和“云应用”支撑平台，平台“数据仓”已汇聚建设、养护、路巡、机电、收费等11项业务子系统数据，获取外部实时数据12亿条，日均新增约220万条；与电子科大、厅公路设计院共同组建智慧交通工程研究院，与百度、阿里、腾讯、高德等“大数据”开发运用领先企业协同共进；搭

2017年6月7日，川高公司董事长唐勇（中）一行调研绵九高速公路建设情况　川高公司 供稿

建“大数据”平台的数据分析挖掘与应用开发环境，根据高速公路交通流等特点，进行模拟仿真实验，完成公众出行APP“易径”的开发投用。

收费管理 完成通行费收入111.6亿元，比上年增长9.7%。持续净化收费环境，查办“6·20”非法倒卖高速公路通行卡案、“6·10”新形式伪装鲜活车逃费案等一系列重大案件，开展临界车逃（欠）费专项追缴行动等，查处各类逃费车17万辆次，堵漏增收通行费3 200万元；成都绕城高速公路、达万高速公路创建“五好”高速公路；金堂、泸州西、淮口等3对服务区获评全国百佳示范服务区，大竹等13对服务区获评全国优秀服务区；完成6个收费站升级改造，新增40条ETC专用车道；完成广南、巴达、广陕、映汶高速公路试收费延期批文办理，取得巴陕高速公路、广陕广巴连接线试收费批复；实施原中石油整体租赁服务区公共区域委托管理工作；完成达州、南充等市本地籍ETC车辆通行费统缴（补贴）协议签订。

养护管理 完成216公里隧道照明LED智能控制节能改造和8个路段高清视频监控改造工作；完成35处服务区、8个收费站和6个管理处的污水排放升级改造；制订《营运标准化管理手册》《收费站分类试行方案》等制度，收费、机电、服务区等3个信息化管理平台全面上线试运行。全年川高系统路面状况总体指数91.9，全年完成养护投入19.8亿元，完成路面维修1 000车道·公里，重点实施川北大中修、雅西高速公路隧道路面黑化和都汶高速公路隧道维修整治等工程；累计建成政企合作类新建（改造）互通收费站项目5个、在建6个，组织实施自主养护设计项目32个、自主养护监理项目55个。编制完成“十三五”路面养护规划，升级养护管理系统，首次引入沥青混凝土拌合楼校验、配合比数据监控等技术，提升养护质量。

财务管理 完成融资281亿元，比上年同期增加48亿元（增长20%），落实中央车购税专项资本金13亿元，发行中期票据20亿元，创新融资方式，通过融资租赁形式实现融资47亿元；推进超短期融资券、中期票据、公司债注册发行申请工作；推进仁沐新、绵九、成资渝等高速公路建设项目银团组建工作；加强存量项目贷款提取及低成本资金置换，提取开行、建行等利率下浮贷款资金66亿元。强化财务监管，加快财务制度体系、会计核算体系和财务信息化体系建设，基本构建以全面预算管理为核心、资金调控为纽带、绩效考核为手段的财务管理框架体系。

资产管理 盘活乐山山湾宾馆、成德南高速公路6.93公顷弃土场等2处闲置资产，下属5家公司出租通讯管道实现合同收入2 160万元；加快完成股权投资清理，根据历史成因和实际垫资情况，合理提出股权收购计划；规范办公用房建设程序，推进南方、广巴、达陕、川东等高速公路公司的应急抢险指挥中心、职工倒班房、管理处办公用房建设，完成部分交通执法办公用房调剂使用；把好公用经费审核关，严控企业经营成本。

相关产业 完成营收22.7亿元，比上年增长50%，实现利润1亿元；高路建筑取得建筑工程总承包一级资质，高路信息积极谋划智慧交通新发展，高路绿化大力推动环保新业务，高路物业主动开展高速公路服务区、办公区物业新服务，川高咨询公司积极开展咨询审查服务；推进房地产开发项目，高路房产仪陇项目累计完成认购1 107套、认购总金额4.8亿元，第一批次房源顺利交房，恩阳、泸州、成都项目均启动实施；探索交旅融合发展，与国内顶尖特色小镇地产开发商开展合作；巴中恩阳交旅文化居住服务融合项目完成施工招标；依托德会高速公路参与会理县近万亩旅游度假康养小镇的投资前期工作；盘活土地资产，完成川西应急抢险指挥

分中心土地权属调整和登记手续；继续推进政企合作项目的投资建设，年内到位地方政府补助金及回购款3亿元，完成6个政企合作项目协议签订工作，预计可获取地方补助金9.8亿元。

安全管理 做好春运、“黄金周”、中共十九大等

2017年，川高公司举办第二届职工技能大赛　　川高公司 供稿

重点时段安全保通，维护路网安全稳定运行；做好冬季大雾、冰雪气候条件下，高速公路保通保畅工作，累计开展除雪作业100余次、撒布融雪剂近500吨，编印《高速公路冬季行车安全指南》17万份；全面加强汛期安全工作，开展地质灾害隐患大排查，强化工作督导，健全应急机制，落实人防、技防措施；全面推广路维信息化管理系统，实现川高系统全覆盖；切实加强路维清障管理，组织开展3期路维清障管理培训，参培人数超千人；加强事故多发路段交安设施升级改造，累计投入1.1亿元；开展隐患排查治理，全年累计排查一般安全隐患3 653处，落实整改资金1 835万元。

体制机制改革 全面实施公司改制工作，改制方案获省国资委批复同意；深化人事制度改革，拓宽选人用人视野和渠道，在全系统范围内通过公开竞聘，选拔12名年轻领导干部；深化“三项制度”改革，基本完成差异化薪酬体系和全员绩效管理制度框架搭建；创新考核方式，坚持统分结合、分类评价的原则，针对不同类型的竞争性企业，“一企一策”确定差异化考核重点；实施人才兴企战略，多渠道引进专业技术人才，制定关键岗位高技术、高学历优秀人才引进培养指导意见，引进博士毕业生3人、硕士毕业生40人；多途径打通内部晋升通道，促进一线生产岗位与管理岗位人员的双向流动，选拔近30名优秀一线人员充实到管理岗位；针对新建项目的不同特点，研究制订项目公司组织机构、薪酬体系方案，完成资潼、乐西、宜攀等新公司的机构组建；持续探索川高系统国有资产监管模式，推进监事工作制度建设，促进监管手段的多样化和监管工作的规范化，完善监督职能。

（川高公司）

成渝公司营运管理 2017年，成渝公司坚持全寿命周期养护理念，抓好养护专项工程管理，道路路况持续良好，位列“2016沪深上市公司商标品牌价值排行榜交通类分榜”第七名。

项目建设 成乐高速公路扩容项目完成法人公司组建，全线工程可行性研究报告获核准批复并开工动员，初步勘察设计工作、征地拆迁及融资保障工作进展顺利，获交通运输部59亿元资金补助意向函，成为全国首家获得补助资金的经营性收费高速公路改（扩）建项目，完成投资26亿元。试验段土地交付、资金保障有力，先行段控制性工程与成都三绕高速公路同步通车。成仁高速公路土地确权、环保验收、竣工审计、竣工质量鉴定检测工作基本完成。遂广遂西高速公路工程扫尾工作进展顺利，遂广高速公路获四川省天府杯奖。资阳娇子大道综合整治及西延线建设项目完成投资1.87亿元。天府新区永兴物流中心项目获批，成为四川省首个依托高速公路网建立的物流产业项目。成仁快速路代建项目全面完工并完成交工验收质量检测。天府仁寿大道、资阳成渝高速公路城南接口工程、仁寿土地挂钩试点项目等基本完成交（竣）工验收，回款1.66亿元。

融资工作 公司保持主体和债项AAA信用评级，评级展望稳定。融资18.18亿元，新增流贷、项目贷款均实现基准利率下浮，维持在省交投集团内同期限利率最低水平。加强资金集中管理和资金需求测算，提高存量资金使用效率，减少外部贷款，全年融资净增加额为亏损3.59亿元，全年节约财务费用1亿元。在成乐高速公路扩容项目银团尚未组建完成情况下，创新扩建工程项目融资方式，保证建设资金同时实现利息费用资本化，取得成乐高速公路扩容项目试验段开行和工行建设项目授信8.95亿元，其中，提取的3亿元利率较同期基准下浮10%。

收费管理 强化收费管理精细化，推进打逃工作常态化，完成通行费收入32.26亿元，比上年增长12.10%。

获四川省天府杯奖的遂广高速公路　　成渝公司 供稿

运用信息化和大数据手段，自主开发试点使用车道辅助稽查、绿通车稽查系统，突出大改小、正改免、ETC、节假日打逃等重点环节和重点时段，实现打逃收入917.71万元，比上年增长17.83%。智能交通建设不断深入，率先在全省修订完成自助发卡机管理制度，多项标准被行业主管部门列为省级标准；干线网改造主体光缆完成敷设。

安全管理 未发生生产安全责任事故和管理源头责任事故。建立健全安全生产管理机构，按规定成立专职安全生产管理部门。定期组织召开安委会，开展“安全生产月”、安全生产大检查、“百日行动”、交通安全管理大会战等专项活动。修订完善《安全生产管理规范》和《应急预案汇编》。推进“双重预防机制”体系建设，实现风险管理控制和事故隐患“自查自报自改”闭环管理；科学投入养护资金，全年投入近3 000万元妥善处置120余处事故多发点及隐患点，提升道路安全防护水平。深入开展安全生产标准化体系建设，成渝公司本部，各营运高速公路企业，成乐、蜀南、蜀鸿、蜀厦等子公司、分公司全部完成安全生产标准化二级达标创建或复审。重点加强成乐高速公路扩容等重点施工项目安全管理，确保道路安全畅通和施工作业安全。“扫黄打非”工作获国家和省扫黄打非工作领导小组肯定。

服务区管理 成仁高速公路成都收费站在全省率先开通手机移动支付试点。开展系列优质文明服务窗口建设活动，推动服务区“厕所革命”和道路沿线环保生态建设，完善服务区综合服务功能。成雅高速公路蒲江服务区、成乐高速公路夹江服务区成为既荣获“全国百佳”又创建“全省五星”的服务区。成仁高速公路成都收费站获“全国工人先锋号”“最美中国路姐团队”“全国青年文明号”等荣誉。

（成渝公司）

成渝高速公路四川段营运管理 2017年，成渝分公司所辖成渝高速公路四川段在营运管理方面主要做了以下工作：

收费管理 做好通行费征收预测分析，由专人负责定期调研了解周边路网通行状况，重点统计分析成安渝高速公路通车后的分流情况，应对通行费收入下降的现状，做好收费目标层层分解，保证收入目标基本实现。强化收费管理制度化、标准化，推进收费稽查和打逃工作常态化。一方面，按照收费站入口治超的新标准、新要求，每周对全线治超工作进行排查，维护高速公路正常货运秩序；另一方面，常态化开展联动稽查、交叉稽查和打逃堵漏的稽查活动，全年实现打逃收入241.8万元，其中重大节假日打逃增收通行费118.9万元，比上年增长107%。推进营运管理信息化和科技化，推进干线通信网改造等目标任务，对沿线ETC车道进行扩容改造，有效解决车道拥堵的情况。加强机电日常维护管理，全年开展专项巡查考评12次，确保全线机电设备运行平稳。资阳高新区站于12月1日开通营运。

养护管理 全年完成预防性罩面48延公里，通过合理组织交通，5天完成龙泉山隧道下行及爬坡车道等易拥堵路段的罩面工程，降低对收费的影响；完成渔箭收费广场路面处治6 000平方米，有效处置路面病害。重点处治安全、环保相关项目，保持良好的路容路况。安全方面，为彻底解决内江提篮桥安全隐患，对提篮桥进行体系转换综合处治，完成方案设计文件等前期工作；在三临路段加密立柱4 500根，提升波形护栏的防撞能力；定期对路面、沱江大桥水下基础和提篮桥进行检测，确保安全可控；在全线对伸入公路建筑限界和遮挡公路标志牌的行道树进行修剪，确保行车安全。环保方面，督导施工单位加强施工扬尘防控管理、施工噪音管控等；制订路面旧料回收及循环利用制度，将近三年的路面旧料全部回收利用到地方道路上；会同设计单位调研沿线服务区、收费站、穿越重点水域桥梁等点位的污水排放情况，制订污水处理方案并逐步落实。成渝高速公路路况平均MQI数据93.82，道路技术状况评定等级为优，未发生施工安全质量事故。

服务管理 坚持“服务即效益”，提升收费窗口、服务区、路产管护和值班信息的服务质量，在2017年11月全省高速公路服务质量考核中排第3名。收费方面，深化收费优质文明服务，通过培训、考核等，强化工作纪律，明确服务标准，注重形象提升，塑造良好收费窗口形象，其中内江收费站获“省级青年文明号”称号。服务区方面，不断强化日常管理与监督检查，全年未发生重大服务质量和价格举报、投诉；通过公开招标进一步明确物业服务单位的服务内容和考核细则，服务区卫生和秩序得到有效提升；响应“厕所革命”，投入150余万元在石桥、内江、隆昌服务（停车）区新建6处第三卫生间及母婴室，服务区综合服务功能得到完善，其中，资阳服务区被评为全国优秀服务区。路产管护方

成渝高速公路四川段　　成渝分公司 供稿

面，加强路产管护队伍建设，转变作风，严格考核，提高清排障工作水平，确保道路安全畅通。全年清排障车辆1 626辆次，比上年上升316.9%；收入42万元，比上年上升232%，未发生服务质量和价格举报、投诉。严格落实各项值班制度与信息报送制度，全年及时准确报送成渝集团内各高速公路路况信息4 354条，未出现信息漏报、错报情况。

（成渝分公司）

成雅高速公路营运管理 2017年，成渝公司成雅分公司在成雅高速公路营运管理方面主要做了以下工作：

收费管理 开展“大数据”平台建设，完成绿通车信息及施工路况、天气、服务区等基础数据资料收集工作，建设绿通车稽查系统，选取双流北和双流南收费站试点鲜活车稽查，在信息传递、数据统计分析、路况即时监测、法律取证等方面实现信息化。投入100余万元同步升级服务区软硬件，开展“厕所革命”，各项人性化服务功能进一步完善，蒲江服务区再次被交通运输部评为全国百佳示范服务区。编制《打逃专项稽查学习手册—假冒鲜活篇》，查处车辆6万余辆次，增收通行费341万元。编制《高速公路双超治理工作手册》，在站间交流学习，杜绝“误放入、误放出”。完成8台自动发卡机、6条ETC车道建设，完成24台工控机升级及通信系统改造、二期监控系统改造等专项工程；完成专用通信网配套工程，完善路段监控分中心软硬件功能，实现可视、可测、可控，并为互通互联预留接口。落实营改增工作，做好增值税发票收费编码、业务培训、系统升级等工作。拟订《目标管理办法》，严格绩效考核措施，修订《考勤请假制度》，制订《后备人才梯队建设方案（初稿）》，建立人才储备机制。在全省高速公路服务质量年度评价中获第二名，获“2017年道路水路春运工作成效显著单位”称号。

养护管理 完成30车道·公里路面罩面工程、蒲江河大桥加固处治工程，完成成都高架桥特殊检查、全线桥梁和路面定期检测、沥青路面病害维修工程。全年全线三类桥数量较上次定检减少21座。针对长大纵坡及事故多发路段，施划横向振荡标线8处、纵向减速标线2处共900米。妥善处理沿线噪音污染投诉9起，配合地方政府开展成都高架桥桥面铺装降噪技术方案论证工作。核查全线收费站、服务区排污情况，制定了整改方案。建立环境污染投诉、废弃物再利用台帐，初拟《环境保护管理办法》《服务区、收费站环境保护管理实施细则》及《环境保护工作考核管理办法》。全线道路行驶状况评定PQI指数92.6，优良路段比例100%，一、二类桥梁比例98.5%，无四、五类桥，路面和桥梁技术状况均满足行业规范及主管部门要求。获全省高速公路养护管理信息化工作前3名、全省高速公路桥隧养护规范化管理抽检第3名。

安全管理 完成安全生产标准化企业二级达标复审工作，编制《应急预案》《安全生产管理规范作业文件制度》《地质灾害防治手册》，制订《清障救援服务管理办法》，规范路产占用及穿跨越工程工作程序及档案管理。强化联勤联动，与各收费站、高速公路交警、执法及地方交警部门建立“站队交流工作微信群”和“花节排堵保畅工作微信群”，在应对突发事件和花节保畅工作中发挥重要作用，确保春运、国庆等节假日道路安全。对全线三临路段护栏防护能力进行升级改造（完成600米，剩余8 000米正在改造），防撞能力由B级提升到SA级。做好汛期地质灾害防治工作，对现有排水系统进行经常性清理，加大纵向排水管径，增设横向排水管道，增强路面防洪能力。在长下坡段增设振荡标线，完善全线指路牌，协助新津县、蒲江县及雅安市政府设置旅游标志，配合雅安市政府完成雅安东站站棚改造工程。全年开展全线安全生产大检查11次、安全专项检查88次，发现并整改问题54处。累计处理交通事故1 819起、路产案件543起、清障救援3 315次，连续保持清障率、巡逻率、安全设施完好率及服务及时率100%，各项安全生产指标处于可控状态。

成雅高速公路　　成雅分公司 供稿

（成雅分公司）

成乐高速公路营运管理 2017年，成乐公司、成乐运营分公司在成乐高速公路营运管理方面主要做了以下工作：

项目建设 完成国道0512线成乐高速公路扩容建设概算投资26亿元（试验段5.9亿元），为年度投资计划的100%，占项目总概算的11%。青龙场至眉山试验段路基土石方完成55%，软基完成80%；路面工程完成成都三绕高速公路段1.8公里；桥涵工程完成涵洞50%，桥梁下部50%，梁板预制30%。2018年1月28日，试验段成都三绕高速公路先行段与简蒲高速公路同步通车。

收费管理 营业收入4.93亿元，比上年增长6.91%；车辆通行费收入4.80亿元，比上年增长7.9%，创通行费收入新高。打击逃费车辆16 792辆次，增收通行费112.69万元。

安全管理 落实企业安全生产责任体系“五落实、五到位”规定，分解安全生产责任，开展安全培训宣传、突发安全事故处置演练、抗震救灾应急演练和安全宣传活动。定期组织召开安委会，开展“安全生产月”、安全生产大检查、“百日行动”，排查安全隐患，加强道路巡查、施工监管，加强机电系统建设和应急维修管理，升级改造收费硬件，完善道路及收费站保通保畅管理办法和预案。协调交警、交通执法和地方派出所等相关部门强化联勤联动机制，定期召开联勤协调会，专题分析提高道路事故处理、应急抢险、救援排障能力和效率，及时处置运用应急响应措施。

养护管理 在交通事故发生频率较高的青龙至青神、夹江重点路段安装“太阳能信号同步边缘警示系统”。探索不中断交通铰缝处治法养护桥梁，取得阶段性成果。探索“机械＋人工”保洁模式，实现全线道路

成乐高速公路　　成乐公司 供稿

扫地车保洁。在眉山站试验性安装不可手推拦杆机，杜绝可手推自动栏杆机发生强行冲站、暴力推杆。

服务区管理 坚持“平安、人文、绿色、智慧”理念，加大更新改造投入，重视环保建设，加强应急保障能力建设，强化安全管理，全方位监管。依托菊韵人家、天福集团品牌和管理理念促进服务区服务水平提升；夹江天福服务区打造台湾美食小街极具台湾风情，修建971平方米游客接待中心，实现“服务区+智慧旅游”。开展服务区“厕所革命”，增加应急厕所数量，提供免费厕纸、洗手液，播放背景音乐，改进残疾人通道。夹江天福服务区创建全国百佳示范服务区；眉山服务区通过全国达标服务区验收。

（成乐公司　成乐运营分公司）

成仁高速公路营运管理 2017年，成渝公司成仁分公司在成仁高速公路营运管理方面主要做了以下工作：

收费管理 坚持收费工作中心地位，强化收费基础

成仁高速公路　　成仁分公司 供稿

管理，结合“五好”高速公路创建活动，完善成仁高速公路硬件设施，不断提升服务水平，提高通行费收入。推进技术创新，用科学手段提升收费管理，在全省率先试点通行费手机移动支付、移动云MAS短信报送；优化自助发卡系统；自主研发机电维护网络管理系统，实现远程管理，数据统计快捷准确。堵漏增收，建立临界车辆车型识别数据库，进一步完善车辆黑（灰）名单数据，在重点路段安装2套高清摄像抓拍系统；发挥“一路四方”联勤机制，重点打击恶性逃费车辆，全年稽核车辆33万辆次，追（补）缴通行费245万元。

服务管理 提升优质文明服务，对照“五好”高速公路创建指标，完善服务区基础功能，增设母婴室、充电桩等人性化硬件设施，扩大服务区功能作用；开展“庆七一·创五好·展风采”收费岗位技能竞赛和星级考核，保持服务质量，提升收费人员业务技能。2016年、2017年，在全省高速公路运营质量服务评价中连续两年（2016年、2017年）排名第一，成都收费站获“全国工人先锋号”“最美中国路姐团队”等称号。

安全管理 严格执行安全生产责任管理制度，分级签订安全生产目标责任书，严格落实分公司安委会和各级安全例会制度，加强安全生产制度建设，出台《安全生产责任制度》等5个文件，重新编制分公司三级应急预案，夯实安全管理基础。加强安全宣传教育，组织“安全生产月”联勤单位和施工单位专门培训，开展安全生产合格证换证和特种作业人员持证复训，不定期开展应急逃生、消防及事故现场处置等演练，多种方式进行路产管护岗位练兵。开展安全生产标准化二级达标创建工作并通过省安监局复评，新建仁寿应急救援库，做好设备使用维护，通过厅高管局和成渝公司组织的清排障救援专项检查，增加对二峨山隧道各系统日常维护频率，设立隧道保畅执勤点，提升隧道突发事件处置能

力，确保车辆通行效率。坚持安全隐患排查，全年整改安全隐患49处，创新路产管护模式，实行管护外勤每月“包干”。继续深化“一路四方”联勤机制，严格“双超”治理，无违规放入超限超载车辆；全力做好春节、国庆及中共十九大等重大时期道路秩序管控，交通事故比上年下降43.7%，路产损失案件比上年下降4.7%。认真做好维稳工作，及时处置少数民族流动商贩在文宫、汪洋服务区设摊事件，防范得力，避免仁寿县“9·22”群体事件对成仁高速公路影响，全线安全形势总体持续稳定。

养护管理 强化基础设施管养服务，抓好日常养护管理，强化道路保洁，及时补植缺损绿化，开展汛期和地质灾害防治工作，对6处病害路段及时进行科学处置。坚持绿色交通建设，严格落实“三大战役”要求，加强养护施工扬尘防治；改造、检修服务区、收费站污水处理系统，确保设备运行效果。坚持预防性养护，组织实施路面、桥隧定期检测，道路PQI指数94.4，优良率100%。加强养护施工科学组织和高效管理，较好处理施工和保畅矛盾，道路实现“畅、洁、绿、美”，厅高管局对通车5年以上的全省高速公路路面技术状况抽检，成仁高速公路指标优良。高质量完成干线网改造、高速公路指路及旅游标志完善、收费管理“四统一”“五好”高速公路创建、“厕所革命”等重大营运管理任务，所属服务区全部创建三星服务区。

（成仁分公司）

遂广遂西高速公路营运管理 2017年，遂广遂西公司在遂广遂西高速公路营运管理方面主要做了以下工作：

收费管理 编制《收费站标准化建设（草案）》《收费员星级评定办法（试行）》《收费员综合考核实施细则（试行）》《收费站站长副站长绩效考评办法（试行）》等制度。从站容站貌、文明服务、内业管理等工作，确定三凤、金牛、常林为标准化收费站。开展内部稽查，采取监控录像和现场稽查方式，常规稽查5 747人次；开展节假日专项收费稽查活动，查处临界车辆405辆次，堵漏增收通行费10.7万元；小改大、免改正车辆6 738辆次，增收通行费金额19.4万元；稽查打逃对收费班、收费站、管理处全覆盖。完成年度治超设备检定工作，及时维修设备故障，保证设备正常；与交通执法、地方政府、公安机关建立治超管控联勤联动工作机制；对临近超载限值货车进行登记，通知高速公路执法队对执有超限运输证车辆进行核证并拍照登记，未放入一辆超载货车进站。组织收费管理人员到成仁公司交流学习；组织站级管理人员参加国家、省级培训，鼓励各管理处加强内部交流，形成比学赶帮超的竞争氛围；组织开展首届收费技能岗位竞赛。完成通行费收入2.35亿元，占全年目标2.29亿元的102.66%。

养护管理 坚持每日养护巡查，开展桥梁专项排查4次，边网专项排查14次，桥涵通道堆积物专项排查23次，清理桥涵通道堆积物517处；及时处治道路隐患，下达养护维修通知单1 293份，涵盖路面修补、交通安全护栏修复、边网维修等；完成遂广遂西高速公路全部桥梁检修通道建设192处2 156米；全线桥梁更换梳子板伸缩缝12道；针对性处治全线事故多发段92段。完成遂广遂西高速公路养护监理合同签订；完成护栏清洗车采购；完成全线及匝道白色氟碳漆护栏清洗和中分带绿化换苗补栽；完成遂宁环线及周边相邻高速公路标识标牌增设及遂广高速公路广安境里程桩号标示牌增设。完成养护资金2 509.42万元，占全年预算2 511.59万元的99.91%。

安全管理 按照“五落实、五到位”要求，建立健全全员安全生产责任制，定期召开安委会，开展“安全生产月”、安全大检查，“百日行动”、交通安全管理大会战等专项活动。开展防汛防灾、冬季安全、应急管理等隐患排查治理，发现并处置各类隐患112处；针对遂广高速公路起点金桥枢纽事故多发情况，邀请多方代表现场查勘，采取增加防眩板、警示、限速标志、震荡标线及超速抓拍设备等安全措施，改善路段行车安全环境；隐患排除治理信息化管理通过省安监局隐患排查治理平台，及时、全面录入隐患排查治理资料台账。修订完善各级应急预案和现场处置方案，在安监、应急、行业监管部门备案；各管理处、收费站开展安全、消防等各类应急演练，遂西高速公路开展危化品交通事故应急演练和隧道突发事件电子推演；根据3个管理处和5个管护中队管段特点，建立应急物资库，与相关单位签订外协应急救援协议。部署春运、国庆等重要节假日安全保畅及维稳工作。开展安全教育培训23次，1 000余人次参与培训；管理人员100%持证上岗。联勤联动，深入沿线乡镇、学校开展专题安全宣讲活动，发放安全生产常识、公路安保法律法规宣传册、卡片等5万余份；利用沿线情报板、天桥、服务区悬挂安全生产标语，形成社会治安综合治理联系体制。落实安全生产标准化体系建

遂广高速公路武胜嘉陵江大桥　　遂广遂西公司 供稿

设，通过企业安全生产标准化二级达标创建。

服务区管理 推进服务区“厕所革命”，完善服务区监控设施、“四统一”标识，完成母婴室和第三卫生间改造，完成服务区停车诱导系统、WiFi、查询机和手机充电站建设，在蓬溪、蓬南、飞龙服务区设置警务亭。设置分类回收垃圾桶，请专业垃圾清运公司集中清理，实现服务区生活污水、生产污水达标排放。蓬南、飞龙、蓬溪三对服务区通过达标服务区创建；飞龙服务区通过四星级服务区评定，蓬南服务区通过三星级服务区评定。举办第一届樱花节、桂花节、红枫节，宣传遂广遂西高速公路路网，发放印有公司标识的纪念品、挂件、靠枕等，在微信公众号开展“最美樱花宝宝”“最美红枫笑脸”等评选活动。

环境综合治理 编制《环保管理制度与环境污染应急预案》《养护废料收集循环利用工作制度》《污水处理设备与厨房油烟排放操作办法与管理制度》，组织召开环保工作会及环保专业技术培训。加强养护施工现场检查，规范施工现场建筑材料及废料分区统一堆放、遮盖，安全标志规范摆放，施工作业区域做到人走场清；督促整改遂广高速公路金桥、齐幅养护工区沥青拌合站废气排放；邀请污水设备厂家到现场交底设备使用技术，开展水污染应急处治演练。

（遂广遂西公司）

成都绕城高速公路和都汶高速公路营运管理 2017年，川西公司在成都绕城高速公路、都汶高速公路营运管理方面做了以下工作：

收费管理 堵漏增收，克服都汶高速公路通行费比上年下降16.99%、成都二绕高速公路分流效应显现等不利因素，严打偷逃通行费，强化内部稽查，引入大数据等先进技术，建立车辆黑（灰）名单和车辆信用评价体系，重点打击换卡车、鲜活车、ETC等逃费车辆，拦截逃费车辆31 743辆次，追缴通行费183万元。完成清分收入6.26亿元，统缴收入2.37亿元，合计8.63亿元，实现盈利8 604万元，超额完成年度收费目标；完成现金收入10.15亿元，代其他高速公路公司收费3.89亿元，减免川A籍车辆12.26亿元，政策减免1.2亿元，实际完成26亿元工作量。继续深挖广告、土地租赁、服务区等项目开发潜力，完成三产收入4 206万元，比上年增长7.4%。

缓堵保畅 绕城高速公路全年车流量达69万辆次，通行压力巨大。为实现缓堵保畅的目的，一是改扩建收费站，完成机场路C站，成灌路B、C站，映秀临时收费站，双流A、D站，北新D站扩建；二是建设ETC，全年新增35条ETC专用车道，共有ETC专用车道79条；三是强化现场管理，实行领导班子分段包干、部门包站，要求班子成员、管理人员高峰时段到一线指挥排堵，尤其在中共十九大、“两会”、春运等重要时段，通过预刷卡、出入口转换、广播指示牌提示、人工疏导等方式优化通行线路，提高通行效率；四是建设智慧交通，启动智慧高速公路项目，邀请业内专家召开专题研讨会，集思广益设计方案，年内完成项目第一期建设，主要与“五好”高速公路完善监控、信息系统的改造需求相结合，并利用现有条件，采取LED广告牌、指示牌、广播语音提醒等方式，在拥堵路段前提示司机绕行缓堵。绕城高速公路通过“五好”高速公路验收，完成创建目标。

服务管理 建立健全收费员激励考核机制，完善动态星级评定体系，通过树推先进典型（季度优质服务明星、五星级收费员等），以点带面，引导员工“勤于学习、精于技能”；打造天府站、锦城湖站等服务示范收费站，树立文明服务模范。提升员工业务素质和服务意识，举办业务知识技能竞赛，评选收费能手、服务明星，探索具有川西公司特色的优质服务。全面提升服务区服务质量，在绕东服务区设置剩余车位提示、“透明厨房”、第三方支付、户外全彩LED显示屏等功能，增设服务区人脸识别取纸器，推进“厕所革命”。绕东服务区通过全国优秀服务区验收，绕西服务区主动与温江国投公司对接，推进高规格规划建设。

养护管理 克服工期短（40天）的困难和“茂县高位塌方”“端午车厘子事件”影响，提前2天完成都映高速公路隧道整治。妥善处置府河桥突发交通事故。实施专项工程，及时发现并修复都汶高速公路飞沙关大桥桩基病害，完成金凤凰路改桥还建工程；玉堂办公区档案馆及养护工区建设进展顺利，完成主体工程建设；完成绕城高速公路22处中央开口预应力防撞活动护栏改造。完成川西应急抢险指挥分中心土地权属调整和登记手续。

安全管理 全年发生交通事故12 151起（绕城高速公路11 924起），路产赔偿案件1 054起，未发生源头责任事故、二次事故。24个治超点劝返超载超限车辆20万辆次，比上年下降12%。加大对都汶高速公路灾害高发点位及全线道路巡查力度，在全线9个泥石流应急处治观测点安装监控摄像头，纳入监控系统。组建都汶高速公路应急抢险突击队，在主汛期前完成全线伸缩缝、边沟、涵洞等疏通清淤，协调地方政府处治拦挡坝内的大量堆积物。及时更新泥石流灾害防控布置分布图和制作上墙指挥部组织机构图、每月人员值班表，确保都汶高速公路安全度过汛期。

环境综合治理 加大绿化保洁投入，新增167名保洁人员，投入600余万元对绕城高速公路部分中央绿化带景观改造，在重点收费站租赁摆放绿色植物和鲜花，道路形象较大提升。强化日常巡查考核，严惩作业不规范、工作不力、标准不高保洁单位，扣罚保洁绿化合同款，保洁绿化人员出勤率达98%。环保工作与环境综合

映汶高速公路　　川西公司 供稿

治理相结合，开展路面抛撒物治理专项行动，与地方政府协调推进污染源头治理，杜绝未遮盖篷布货车和跑、冒、滴、漏的砂石车驶入高速公路；对养护工程项目进行环保排查整改，要求施工单位对工地定期洒水除尘，对易起尘的材料、废料等现场堆放物进行遮盖，恢复完善绕城东、西服务区污水处理设施。在重雾霾天气安排水车、抑尘车不间断在道路洒水降尘。

（川西公司）

成南南渝遂渝遂回高速公路营运管理 2017年，成南公司在成南、南渝、遂渝、遂回4条高速公路营运管理方面主要做了以下工作：

项目建设 推进成南高速公路改（扩）建工程前期工作。获得省政府授权，确定项目业主身份，编制完成工程可行性研究报告上报省交通运输厅，其中，通航论证、全线地灾评估、地震安评、矿产压覆、全线社会稳定评价获批复；试验段规划选址意见书获批复。建立扩容基建账套，编制基建财务管理制度。组织开展项目培训和参观交流，总结成南高速公路营运经验，研究成果运用到项目设计理念中。

收费管理 配合开展收费管理标准化建设试点，利用推行收费管理标准化试点机会，学习先进管理理念，参与《四川省高速公路营运管理标准化手册》编制，优化收费业务管理流程；联合睿盈源科技公司共同开发收费管理软件，推动收费业务实现智能化、信息化。开展稽查堵漏工作，利用成南公司被纳入川高公司稽查数据智能分析平台建设试点单位契机，梳理整合稽查管理制度和监控工作业务流程，探索稽查管理新手段，打击收费违纪违法行为，做到“应免不收”“应收不漏”；开展对内日常稽查4 150余次，对外稽查专项行动数10次，重点稽查ETC逃费车、临界车、假冒鲜活车，查处偷逃通行费车辆3.9万辆次，追缴通行费178.25万元。增强一线人员业务素养，推行收费人员星评考核和收费站站长收费管理能力考核制度，建立健全考核指标体系；完成通行费收入纸质发票改电子发票工作；开展员工业务拓展培训，组织参加技能竞赛，4名员工在全省交通运输行业职工职业技能比赛中获“十佳收费岗位能手”称号。完善收费站软、硬件设施配置，在车流量较大收费站新设复式收费系统，安装ETC移动喊话系统；推进高速公路互联网收费、营运管理及服务工作，率先在义和站实现收费站移动电子支付（支付宝）试点收费；在沿线收费大棚增设大型LED电子显示屏，及时发布路况重要信息；完成成都站新增3条ETC专用通道及南渝高速公路混合车道改造为ETC专用通道等专项工程；遂宁南站试点开展ETC车道导向柱创新改造。妥善处置收费纠纷，处理14次热线投诉，解决收费争议问题。开展入口治超工作，协调配合高速公路交警、交通执法和地方治超办，加强联勤联动机制；收费亭内新安装超载车辆报警系统；成都管理处成都站入口治超工作点多次接待贵州、湖南、重庆等外省交通部门参观调研学习；所辖路段未发生因超载超限货车引发较大道路交通事故。实现通行费收入13.49亿元。

服务区管理 完善内部管理，建立服务区营运管理平台，运用手机APP或电脑实现服务区智能化办公，全面提升服务区信息化管理水平。继续强化对服务区商家和加油站在食品安全、消防安全等方面的监管，落实危化品运输车辆定点停放制度，加大对路边非法加水现象整治力度。按照“厕所革命”要求完善服务区厕所设施。投入使用高清视频摄像和超高清全景摄像机，增设户外LED显示屏和功能分区标识标牌，丰富服务区原有咨询服务台功能。淮口服务区再次被评为全国百佳示范服务区，遂宁服务区、南充服务区被评为全国优秀服务区。

养护管理 规范开展道路养护工作，认真贯彻“预防为主、防治结合”的养护管理理念，投入资金1.25亿元，完成27个专项养护项目，包括成南高速公路全线路面挖补、桂花互通立交遂宁到成都2号匝道桥加固、遂回高速公路边坡处治等工程项目；日常养护继续以保持“安全、舒适、美观”的道路环境为重点，完成小型维修工程及环境保护工作，所辖4条高速公路路况良好。强化道路施工交通组织和安全监管，坚持“保障道路畅通为第一要务”工作思路，做好道路施工保畅预案及施工交通组织。加强路面、桥隧涵巡查监测，结合营运服务质量评价机制要求，实施规范化、常态化管理，坚持日常巡视和专业检查相结合，注重对路面坑凼、特大桥梁、高边坡、高路堤监测维护力度。推行养护信息化管理，完善现有系统功能，提升大数据收集水平。继续试点养护工程自办监理模式，严格执行《成南公司专项养护工程自管模式管理办法》，完成部分项目自主设计和自办监理。加强环境综合治理，从道路养护作业、管理处收费站、服务区3条线上开展环保工作问题排查，制订近期及中远期整改方案，重点完成南渝高速公路武胜服务区污水改造，遂渝高速公路零公里加油站、遂渝加

油站，全线28个收费站供水改造和相关净水设备安装，遂宁管理处4个收费站天然气改造。南充服务区超微浮选分离污水处理设备“湿地系统”投入使用，被四川卫视等多家新闻媒体报道。

安全管理 坚持“安全第一、预防为主、科学管理、防治并举”的安全理念，结合《中华人民共和国安全生产法》《中华人民共和国道路交通安全法》《四川省高速公路条例》等法律法规修订《安全生产责任制汇编》，将安全生产职责职权分层分级落实到各部门、各岗位；投入足额安全经费，开展安全教育培训、安全宣传和安全检查，设立班组安全讲评台，推行班前布置班中检查班后点评制度，强调基层员工自身安全防护意识。按照全覆盖、高频率原则，开展安全生产检查和隐患排查整治；定期对全线收费站、重点边坡、隧道、桥梁等进行专业地质隐患排查，对全线28个收费站安全生产工作开展情况进行指导检查，全年组织安全大检查9次，刊发隐患治理排查通报23期，发现并整改完成460处安全隐患；实行冬季、春运、汛期、节假日、恶劣气候安全工作关口前移，确保安全警示、防撞桶等道路安全设施完好，发现路面大雾、积雪、冰冻等现象及时采取有效措施处置。主动思考升级改造道路交安设施，在中央分隔带活动护栏路段及主匝道并线路段增设彩色标线，在中央分隔带活动护栏摆放防撞沙桶、轮胎墙或安装防撞护栏。在高下边坡、临水临崖、事故多发路段实施波形护栏“二改三”工程，引入道路雾天防撞诱导系统和隧道LED线形轮廓诱导系统、照明节能诱导系统、自动交通锥自动收集工程车等设备。加强道路保畅应急救援管理，开展突发事件联合应急演练，充分发挥服务区路维执勤点快速灵活特点；全面使用路产管护信息系统，道路事故处置信息报送快捷准确；严格规范事故现场处置操作，投入使用AMT防撞车预防二次事故发生；配备大型装载机，快速清理事故现场。路维队伍业务素质继续提升，路维队员在全省交通运输行业职工职业技能大赛路维清障岗位比赛中，获多项团体和个人奖项。

遂渝高速公路　　成南公司 供稿

所辖4条高速公路开展路管巡逻里程226.284万公里，比上年增长18.2%；发生交通事故3 903起，比上年减少3.4%；未发生生产安全责任事故，未发生源头责任道路交通事故。

（成南公司）

绵广广陕广甘广北路营运管理 2017年，川北公司在绵广高速公路、广陕高速公路、广甘高速公路、广北二级专用公路营运管理方面做了以下工作：

收费管理 完成通行费收入17.99亿元（税前），比上年增长9.3%；车流量比上年增长5.8%，免收通行费3.41亿元。整治逃费车辆17 855辆次，追缴通行费513.4万元。强化川、陕、甘三省联席会议长效机制，开展入口货运冲关车辆、冬季打逃和川高系统临界车逃费专项追缴行动，消除跨路网逃费稽查工作盲点，巩固打逃成果。加强隧道监控、消防、照明、通风等设施设备日常巡检，部分收费站试运行绿通车互联网管理平台，提高了绿通车辆查验效率。按期完成全省干线通信系统配套工程，完成广陕高速公路试收费延期申报。完成广北二专路停止设站收费各项移交工作，完成绵广高速公路绵阳北、厚坝收费站改造工程。未出现服务质量投诉事件。

服务区管理 配合川高公司理顺服务区管理体制，与中石油公司签订服务区经营框架协议，全面接管服务区公共区域。剑门关服务区获全国优秀服务区称号，中子、新安服务区顺利达标。

养护管理 以日常路面保养、保洁、交安设施维护和专项工程管理为抓手，完成道路日常养护投资2 397.11万元，占年度计划99.99%；道路专项工程完成投资22 360万元，占年度计划94%。完成续建专项工程4项，新建专项工程24项。完成京昆高速公路广陕过境段20公里（单幅）路面罩面，明月峡隧道有机硅装饰，乱窑石隧道路面处治，中央分隔带防眩板改防眩网，陵江至罗家沟段30公里（单幅）路面中修，张家坪至磨家段26公里（单幅）路面中修，陵江大桥桥面处治，磨沙段次差路面病害处治，石瓮子隧道、分水岭隧道路面处治，李家河、友于大桥桥面病害处治及防撞墩改造工程。所辖道路技术指标优良，部分路段实现“旧路翻新”。绵广高速公路MQI指数94.07、PQI指数92.425；广陕高速公路MQI指数95.78、PQI指数94.04；广甘高速公路MQI指数95.47、PQI指数94.41。

安全管理 查处路产案件702起，结案693起，结案率98.7%，收取路产赔偿653.86万元；清排障作业1 088起。召开安委会工作会5次，督促跟踪安全隐患整改；配合高速公路交警、交通执法完成京昆高速公路K1507—1536交通管制、陵江至罗家沟互通式立交段路面大修工程交通管制工作。强化隧道消防、火灾报警系统、道路交通管制等，组织综合模拟演练。未发生因管理原因造

成的重大安全生产责任事故。

综合管理 根据川高公司“三改”工作实施方案，完善绩效考核、工资预算、定员定岗等方面改革举措和规章制度。全面完成收费监控、路维安全、工程养护、人力资源、综合管理、党团工会、信息宣传等多项全员培训工作。成立川北公司宣传中心，完善以公司专职宣传人员为主，管理处兼职宣传人员为辅的队伍配置，发挥自媒体优势，利用微信平台、“今日头条”、公司网站展现川北高速公路窗口形象。完成收支审计、年度决算审计、资产评估审计等专项审计工作。绵阳、朝天、青川收费站完成川高系统职工小家创建及验收工作。

绵广高速公路　　川北公司 供稿

环境综合治理 建立完善环境保护机制措施。所辖道路、站房和服务区垃圾按规定进行无害化处理，中子、剑门关服务区污水直排现象得到治理，完成新安和宝轮服务区污水处理设备和管网系统改造。提出收费站污水排放整改方案，符合条件的收费站接入市政管网，暂无条件接入市政管网的收费站按川高公司统一部署建设污水处理设施。

（川北公司）

南广邻达渝邻垫高速公路营运管理 2017年，川东公司在南广邻、达渝、邻垫3条高速公路营运管理方面主要做了以下工作：

收费管理 深化政企合作，加强智能引领，完成通行费收入10.09亿元，查处各类逃费车辆30 265辆次，追缴通行费322.83万元。与达州市政府续签《统缴本地籍车辆通行达渝高速部分区间通行费用协议》，达州、达州南、徐家坝收费站日均分流车辆1.2万辆次，政府补贴816万元。在华蓥收费站试点，定制试用集MTC一体化收费平台、智能环境监控及监测系统、多媒体系统的“智慧型收费亭”；在华蓥、徐家坝、邻水南收费站试点滚动播报多媒体电子展示系统，改善收费环境，提高工作效率；对所辖25个收费站基础信息采集和编码，实现电子化开具ETC车辆通行费发票，完成“让数据多跑路、让百姓少跑腿”的智慧交通升级。联合地方公安、高速公路交警、交通执法等力量，积极开展“打击降类逃费、闯关逃费”专项活动，构建运油企业月包干通行费长效机制，破获“11·13”系列假轴逃费、“11·26”跨省班线客车假证逃费、“12·9”营运客车降类逃费、服务区油品运输车逃费等大案要案。参与川高公司收费稽查标准化建设，起草《川高系统重点车辆管理办法》《川高系统重点车辆管理业务程序及简述》《川高系统监控标准化手册》，修订《川高系统重大节假日高速公路收费稽查工作实施方案》《川高系统鲜活农产品运输绿色通道管理办法》等系列规章制度。广安收费站获“全国第四届最美路姐入围奖”。

相关产业 落实营改增政策，严格资金管理，加大资金回笼和合理调配力度。完成三产收入1 101.76万元（税前），收回政企合作项目资金7 712万元，代川高公司收回部分借款1 000万元，向川高公司提供统筹资金2.5亿元。

服务区管理 推进所辖服务区星级评定和全国百佳示范、优秀服务区创建工作，大竹服务区创建全国优秀服务区和四川省五星级服务区，荆坪及邻水服务区创建全国优秀服务区和四川省四星级服务区。完成达州和徐家坝收费站改（扩）建工程，实施岳池收费站改扩建和大竹南新增互通立交及收费站工程，新增的邻水北互通立交及收费站工程签订协议进入设计阶段。打造“四心”（“省心、放心、舒心、暖心”）服务区，投入1 537万元，改造服务区各类硬件设施、污水设施，开展“厕所革命”。采取竞争性询价引进具有国家一级资质的物业公司管理服务区，先后建立完善服务区管理制度32项和应急预案11项，形成系统配套的服务区（停车区）标准化管理体系。深化交通执法、高速公路交警、服务区经营单位、业务委外公司“一路四方”建设，协同合作、共建共享，超市、餐饮项目营业额比上年增长5%～8%。引进服务区运营管理平台，推出具有独特文化个性的LED大数据信息视窗，改变“了解情况靠问、统计数据靠估、检查考核靠跑现场”的管理模式，提供大川东文化旅游全攻略、全指南。持续巩固提升服务区“厕所革命”，公共卫生间基本达到“干净无味、舒适人性、管理有效、群众满意”的效果。

养护管理 打造“畅、洁、绿、安、美”的高速公路营运环境，全年完成42项专项养护投资2.06亿元。推进南广、广邻、达渝三期、邻垫4个高速公路项目竣工验收工作，南广高速公路竣工验收检测复测顺利通过竣工预验收。自行研发的高速公路收费车道间电缆井、老山梁子长下坡路段综合治理项目分别获川高系统首届青年创新创效大赛三等奖和优秀奖。自行设计研发的隧道新型指示灯箱，在美化亮化隧道的同时，消除突发隐患，提高通行安全保障。使用无人机，解决高边坡日常巡查中存在“寻路难、行路难、观察难”等问题。

安全管理 开展安全生产督办62次，督办安全管理事宜56项，投入2 300余万元提升生命防护工程安全性能。与广安市消防支队、四川交警总队高速公路第五支队召开高速公路隧道应急救援工作联席会、冬防联席工作会，完善协调沟通、重大预案建立、信息传递、行人治理工作措施；承办广安市高速公路较大交通事故桌面演练，进一步明确应急工作任务；规范“一路四方”应急救援工作流程，提高救援处置能力。参加安全宣传教育培训，6人取得省安监局安全生产和管理能力考核合格证，2人取得中国公路协会高速公路管理学院结业证书，12人取得人社部中国职协高级安全工程师入库证书。实现“安全生产零事故、管辖道路零责任交通事故、事故率及伤亡人数逐年下降”管理目标。

川东公司“中国最美路姐广安站”团队形象展示　川东公司 供稿

（川东公司）

内宜宜水高速公路营运管理 2017年川南公司在内宜、宜水2条高速公路营运管理方面主要做了以下工作：

收费管理 修订完善收费管理制度，优化规范操作流程，开展业务技能培训，狠抓收费精细化管理，努力达成制度落实、管理到位。在川高系统内率先使用绿通车辆移动终端进行信息采集和后场稽核，提高核查效率，打击假冒鲜活车辆，起到试点效应。强化联勤联动，与沿线地市公安部门签订打击高速公路跨区域犯罪工作联席会议制度和协议，建成川高系统首家签订跨区域犯罪联席会议制度的试点单位，推动警企合作，成效显著。“3·24”跨区域油料运输车逃费专案和“6·10”假冒鲜活车逃费专案得到省公安厅、省交通运输厅、川高公司及宜宾市公安局高度重视；“6·10”专案刑侦涉案车主20人，刑事拘留10人，追回逃费金额30.28万元。查处逃费车辆3.8万辆次，补收、增收通行费177万元。

路产管理 探索道路巡查工作新思路，结合所辖道路状况，实行“责任到人、分段管理、奖惩逗硬”管段责任制。维护路产路权，营造良好行车环境，清排事故（故障）车辆800辆次，查处各类损坏高速公路路产案件570件，收取路产补偿等费用244万元，路产结案率98.95%。

服务区管理 创建“五好”高速公路。在自贡北、宜宾东服务区增设应急客房和汽车维修业务；对服务区餐厅、超市等进行维修改造，增加LED显示屏，及时滚动发布道路安全及服务信息，提升服务品质和形象；开展服务区“厕所革命”，提供洗手液、免费厕纸、温水并摆放花箱，服务区环境明显改善。

养护管理 按照“管养结合、预防为主、及时抢修、提高质量、保持完好”原则，以日常养护为起点、以专项工程为重点，以消除安全隐患保通保畅为中心，推进道路管养工作。做好路面、桥涵、隧道、绿化等日常性养护施工，加强与施工、监理单位闭合管理，把好质量、安全、进度关，完成日常养护年度预算投资1 082万元；加快实施养护专项工程，完成投资5 773万元。宜水高速公路作为全省第一条真正实现预防性养护的高速公路，全面完成沥青路面预防性养护工程，改善通行条件和路容路貌，为高速公路预防性养护全面实施提供了经验。鼓励自主设计和自主监理，自主设计完成冠英服务区污水处理、内宜高速公路防眩板改造、边坡应急抢险等5个项目，工程投资360万元，节约设计费30余万元。宜宾北收费站改造等7个专项工程通过交工验收。

安全管理 规范安全管理流程，建立应急救援机构，完善重大安全隐患排查及动态监控，消除安全隐患，排查治理隐患360起，未发生重特大安全事故及源头安全责任事故。制订道路预警及应急救援机制，重点加大对汛期、春运、春节、“两会”等重大节点安全防控，提高快速反应、高效运转能力。及时妥善处置所辖人行天桥碰撞、岷江二桥伸缩缝开裂、内江互通匝道行道树倒伏等突发事件，确保道路行车安全。

内宜高速公路　川南公司 供稿

环境综合治理 贯彻落实上级环保督查和环境污染防治“三大战役”决策部署，制订环保工作制度，明确职能部门和责任人，加大收费站、服务区环境保护治理力度，自贡收费站、自贡北服务区污水纳入城市排污管道。

（川南公司）

西攀攀田泸黄高速公路营运管理 2017年，攀西公司在西攀、攀田、泸黄3条高速公路营运管理方面主要做了以下工作：

项目建设 标准化施工，精细化管理，推进泸黄路加宽改造工程，实现“车照跑、路照建”保通保畅工程建设目标。完成投资6.1亿元，占6亿元（调整后目标任务）的100.7%。西昌市交付建设用地135.16公顷，占建设用地100%。4月17日，完成项目改（扩）建监理招标；9月20日，项目全线动工。

收费管理 强化收费稽查服务管理，提升收费质量管理水平。进一步完善收费部和各管理处、各收费站收费数据库建设，增加专人每天对清分收入、现金收入、车辆客货比、ETC用户数量进行分析梳理、编写数据分析报告，根据趋势情况调整收费工作方案。加大堵漏增收力度，制订《临免车集中清理制度》《联网收费psam卡管理制度》《身份卡管理制度》等，强化票、卡、款日常管理，不定时稽核收费站授权卡使用情况，对预刷卡发放严格管理，确保通行费收入应征不漏。推进收费站规范化建设，按照收费质量考核要求，完成所辖21个收费站账、票、卡盘点、收费基础表格填报检查及收费质量相关资料搜集整理归档的标准化归档工作，建立健全考核指标体系，提升营运管理服务水平和窗口服务质量。提升收费管理智能化水平，以提升收费站车辆通行效率为机电工作重点，对部分出口车流量较大、车道数较小的收费站实施信号灯改造，增设信息提示牌，实现在出口车流量较大时出入口信号标志灯应急切换，减轻了车辆引导压力，提高了收费站通行效率。完成通行费现金收入9.66亿元，占年度目标9.52亿元101.47%。

养护管理 运用“四新技术”，树立预防性、前瞻性管养理念，科学养护管理道路。组织修订、补充《养护管理制度》，全面排查并记录管养路段环境保护相关设施及敏感点，建立科学高效生态的养护管理工作机制。推行日常养护标准化建设，控制养护维修工程规模，明确养护工程项目、工作内容、质量验收标准，养护维修工程管理手段、养护质量得到提高。加强路面、桥隧涵巡查监测，结合道路检测结果和高速公路营运服务质量评价机制要求，做好专项养护工程管理工作，盐边收费站改（扩）建工程完工。实施规范化和常态化管理，坚持日常巡视和定期检查相结合，注重对路面坑凼、特大桥梁、高边坡、高路堤的监测维护力度，使用航拍无人机多次对泥石流、边坡垮塌、桥梁桩基冲刷等进行汛期现场勘查，拍摄影像资料。开展隧道及三大机电系统改造升级工作，基本完成隧道监控系统修复及升级改造工程、服务区污水系统升级改造，进入试运营阶段。日常养护投入2 330.83万元，西攀、攀田高速公路MQI指数94.57，综合评定等级为优，优良路率100%。

安全管理 坚持“安全第一、预防为主、综合治理”方针，围绕“安全、畅通、高效、优质”工作目标，落实“一岗双责”责任制，未发生源头责任交通事故。保持安全生产高压态势，不断完善各级安全组织，重点开展雨雾冰雪、汛期等特殊时期隐患排查整治。加强应急联动与应急力量建设，与沿线地方应急办，地方公安，高速公路交警、交通执法建立应急联勤联动机制。加大隐患排查治理力度，强化道路安全管控；开展重大节假日、冰冻天气、汛期的排查整治，及时处治问题隐患；加强施工路段的规范管理与标准作业。开展“百日行动”“安全生产月”、行人上路与客车违规上下客等专项整治活动，印刷发放安全宣传单、安全提示卡2万余份；出动宣传车110余辆次，人员280余人次，悬挂宣传横幅120余条，发放宣传单1.5万余份，制作宣传展板35幅。提升道路安全保畅和应急救援能力，结合泸黄路改（扩）建工作和辖区道路实际，举行联勤联动会议优化应急救援预案，开展防汛抢险及地质灾害应急救援

西攀高速公路 攀西公司 供稿

演练；面对攀枝花地区频发山洪泥石流灾害，及时抢险救援，未发生因汛期灾害造成的道路中断和营运受阻现象。

服务区管理 规范服务区的经营管理、服务质量、安全生产等工作。配齐保洁、保安人员，完善相关设施设备，引进专业化团队负责德昌、米易、攀枝花服务区公共区域卫生、秩序等日常管理。制订《攀西公司服务区稽查考核制度（补充）》《攀西公司服务区公共区域设施设备维修和维护管理制度（试行）》，细化职责，强化规范化管理。攀枝花服务区创建全国优秀服务区；西宁、德昌、米易服务区，大田停车区完成创达标服务区。

（攀西公司）

成绵高速公路营运管理 2017年，成绵公司在成绵高速公路营运管理方面主要做了以下工作：

收费管理 强化收费管理，层层分解收费任务，开展质量交叉检查，规范员工操作流程，提高员工服务水平，强化员工廉洁意识。完善内部控制，深入内部稽查，重点锁定大金额鲜活车、无卡车、车情车牌不符、超时车等，对操作过程全程追查，全年堵漏增收276万

元。开展对外稽查临界车逃费专项追缴行动，收集整理核算临界少交费车辆100辆次，查处临界车34辆次，补交通行费27.66万元。完成交调站配套供电建设，完成全线收费站、办公区防雷改造；完成新都北站、德阳南站出口车道计重改造工程；全程道路监控与高速公路交警系统并网，实现全程路面实时视频监控。各治超点计重检测载重货车385.8万辆次，劝返超限车辆6.2万辆次。

路产管理 提高巡逻质量，尽早清除路面障碍，及时消除事故隐患。路产人员全年参与处理交通事故及路产案件2 837起，比上年减少151起，下降5%。清排障3 903辆次，比上年增加520辆次，增长15%。突发事件平均响应时间4.8分钟，平均处置时间18.9分钟。

成绵高速公路绵远河大桥　　成绵公司 供稿

养护管理 按照预防为主、防治结合原则，围绕“路容靓丽、功能完善、安全舒畅”养护管理目标，日常小修保养实行自主养护与委托外包相结合的管理模式：保洁与绿化管养执行委托外包养护管理模式、路基路面小修和交安设施恢复等日常性工作执行自主养护管理模式。小修保养完成交通安全设施、路面、桥涵病害及服务设施日常维修2 110处，比上年增加294处，处治量增长16.19%；完成重大节假日、特殊活动、礼宾车队等各类迎检特情养护作业172次，中央绿化带补植2 457株，修剪140公里，浇水860公里，处治病虫害132公里，施肥66公里，整理互通绿地66 000平方米，修剪绿地24 000平方米；开展车祸事故现场抢险、抛洒物处置、交安设施抢修409起。完成专项养护工程12项，涉及路基边沟改造、路面隐患处置、收费站附属设施维修加固、桥涵结构隐患处置、路况检测、特大桥监测、边坡水毁抢险工程等项目，完成率92.31%。

“8·8”九寨沟地震抗震救灾 启动抗震救灾保通应急方案。收费站开启抗震救灾专用通道，对抗震救灾车辆实施紧急放行；加强道路巡逻、对抗震救灾车辆免费清排障；排查道路、桥梁、涵洞、高边坡、高填方路段和房屋等设施安全隐患；撤除养护施工作业点，对暂不能撤除的作业点加强交通渠化标志，增设锥形路标、防撞沙桶、限速标志牌、应急闪光灯，确保地震救援通道安全畅通。德阳南服务区东西两侧设置抗震救灾应急服务点，配合地方民政局设置救灾帐篷，向抗震救灾队伍和往返旅客免费提供水、方便面、药品等，接待客车267辆次11 000人次、小车1 600辆次、应急救援队10队车辆100辆次、发放救援物资1 200人次、提供咨询服务和帮扶70次。开辟救灾专用通道22条，出入口放行救灾车辆753辆次，投入巡逻车9辆次，清排障车11辆次，完成375座桥涵结构物的灾害排查，确保“生命通道”畅通。

（成绵公司）

雅西高速公路营运管理 2017年，雅西公司在雅西高速公路营运管理方面主要做了以下工作：

收费管理 堵塞收费漏洞，每月编发1期黑（灰）名单车辆统计表在日常收费工作中对照查处；加强现场稽查和监控轮巡，严查小型车辆利用下穿通道U型逃费行为；强化服务区油料运输车辆管理；强化对外打逃稽查，查处逃费车辆3 636辆次，追缴车辆偷逃通行费46.88万元。推进规范化、标准化建设，在川高系统内较早完善统一监控用表，规范监控业务内容和工作流程；按照川高公司安排，牵头拟定《高速公路路段监控机电设施设备运行维护手册》《便民服务箱管理制度》，协助编写《日常培训相关工作管理制度》；根据川高公司《收费管理质量考核细则》（2016年版）新要求，修订完善《收费人员操作手册》，进一步规范收费服务行为。

安全管理 开展隐患排查处治，以全线高边坡、桥梁、隧道、长大纵坡、临水临崖等路段为重点，排查隐患、建立台账、有效处治，整改率100%。投入安全经费1 644万元，用于调整、增设各类标识标牌、震荡标线、防眩挡光板，实施全线隧道亮化专项工程，增添多功能施救车、大型防撞缓冲车、50型装载机等设施设备及除雪融冰物资。强化日常安全管理，出动巡查车13 312辆次，巡查人员26 812人次，巡查里程728 057公里，清除

雅西高速公路　　邹　庚 摄

路障2 750起，避险车道成功避险24起，劝离行人237人次，发放各类行车安全宣传资料约10万份。保障特殊季节安全运行，总结完善《地质灾害及汛期应急抢险预案》，第一时间处治边坡塌方及泥石流险情3起，未造成人员伤亡和财产损失；进一步修订完善《冬季安全保通预案》，出动除雪车77辆次，撒布融雪剂338吨，救助过往车辆201辆次，人员361人次。协助高速交警、交通执法开展“双超”治理工作，各收费站和安检站检查车辆约400万辆次，劝返超限超载车辆、危化品车辆4万辆。全年交通事故数同比下降26.5%。

养护管理 加强日常养护工作规范化、常态化管理，提高绿化、伸缩缝维修及更换、路面坑凼修补、日常保洁等工作效率和质量，按计划完成10座特殊桥梁年度定期检查，通车5年以来路况PQI指数长期保持92以上。创新思路加强专项工程管理，重视养护工程规划和项目前期工作，并对于规模大、技术复杂的隧道路面改造工程，参照建设工程管理模式，成立现场攻关工作组，加强处治方案的协调工作，关键工序召开专项施工方案专家评审会，利用微信群等现代网络手段加强对现场问题的及时会商，实现14座隧道（长48公里）路面改造当年立项、当年实施、当年完成，其中10公里长的泥巴山隧道路面改造提前17天完成，全线隧道通行时速由70公里提升到80公里。推行自主设计、自办监理，依托养护工程开展科研，《雅西高速公路隧道视线诱导设施试验与研究》获川高系统创新创效大赛第一名。

服务区管理 与中石化乐山分公司建立定期联席会议机制，以“五好”高速公路为目标，开展“厕所革命”，在土山岗、锅底凼停车区按标准设计和新建厕所以替代原临时厕所，对原有服务区厕所进行完善并增设便民措施；完成全线收费站、服务区排污改造等专项工作；荥经服务区被交通运输部评为全国优秀服务区，推进新增设的汉源、石棉、冕宁三处服务区和新增设的冕宁灵山收费站、石棉孟获收费站建设，完成雅安南收费站改造工程。

（雅西公司）

乐雅高速公路营运管理 2017年，雅眉乐公司在乐雅高速公路营运管理方面主要做了以下工作：

收费管理 推行“双八”（8S理论+8大标准）管理模式，以规范化管理促标准化建设。制订《收费人员服务礼仪工作规范》《收费站MTC车道出入口开关管理办法》《ETC车道管理制度（试行）》《计重收费设备管理规定》制度，修订完善《收费人员浮动绩效考核办法》《收费员（收费班长）星级考核及评定办法》《收费人员岗位目标量化考核办法》，编写《收费管理法规文件汇编》《收费基础知识手册》。派遣业务骨干80余名参加收费（机电）管理平台培训。建立完善收费数据动态分析机制，强化对内稽查。与交通执法、高速公路交警、派出所四方联动，针对性开展临界车逃（欠）费专项追缴行动，查处各类逃费车辆9 635辆次，堵漏增收52万元。整改各收费站、服务区设备，规范机电设备管理。规范信息发布，制订《监控业务操作标准流程》，受理服务电话31 528次，发布可变情报板1 013条次，接听处理“12122”服务热线1 822次。

乐雅高速公路　　雅眉乐公司 供稿

养护管理 按照“全面养护、预防为主”原则，科学计划、精心组织，投入日常养护经费748万元，PQI指数95.7。建立完善日常养护管理流程，制订《乐雅高速公路日常保洁考评管理办法》《养护工程设计变更实施细则》《乐雅高速公路环境污染防治方案》等制度8项，确保养护质量，建立健全环保责任体系。日常养护中推行机械化操作，规范道路保洁行为，改善提升路容路貌。定期开展桥隧和路面检查，妥善处置青衣江二号特大桥桩基外露舆情，完成5处边坡应急处治工程续建项目，专项改造隧道反光环、服务区（停车区）污水处理设施。新安装防撞护栏2 980米，补栽绿化植物1 890株，下达维修通知单560份，整改闭合全部到位，塑造乐雅高速公路“畅、洁、绿、美”良好形象。

安全管理 按照“五落实、五到位”要求，多层次、多角度强化安全管理，形成较完善安全管理体系。编印《安全工作法规文件汇编》《安全工作手册》，《路产管护分段管理办法》。签订《安全生产管理目标责任书》506份，组织召开公司安全生产工作例会4次，全年排查隐患100多次，查找安全隐患25类285项，全部完成整改；耗资50余万元专项整治水碾坝事故多发段，事故率下降77 %。发挥“一路四方”职能，召开联勤联动会7次，联合高速公路交警、交通执法开展整治桥下空间、边网破坏和占用路产等专项行动。开展岗位练兵活动，提升路安队伍清排障实战能力，队员参训率

100%；邀请专家开展《四川高速公路管理条例》培训。处置交通事故240起，处理现场事故和路产设施损坏补偿案件154次，补偿费54.93万元；清排障碍321次，收入13.62万元；发送《路产设施损坏维修申报单》193份，《工作通知单》34份，签订涉路施工安全及赔（补）偿协议11个，收取费用222万元。

服务区管理 完善配套建设，规范内部管理。推进“厕所革命”，投入70余万元改进完善服务区厕所硬件设施。建立完善《服务区人员量化考核办法》《服务区安保人员量化考核办法》《服务区保洁人员量化考核办法》。组织开展餐厅、超市食品安全检查，对存在的问题限期整改。强化保洁人员业务培训，及时调整服务区工作人员作息时间，落实周末及节假日2名人员值班。开展“暖冬志愿服务行动”，提供咨询、免费热水等，发放安全和旅游宣传资料5 000余份。两对服务区、两对停车区通过全国高速公路服务区服务质量等级考核评定。

（雅眉乐公司）

成德南高速公路营运管理 2017年，成德南公司在成德南高速公路营运管理方面主要做了以下工作：

收费管理 加强收费员工队伍建设，开展各类培训，强化队伍素质，通过部门内训，聘请专业老师指导等方式，对员工进行收费、稽查、监控、机电、优质文明服务、票卡、应急处置等专项培训23次。提高服务质量，开展收费质量自查，做好收费人员星级评定，开展“优质文明服务展示日”活动，并陆续开展“爱心助高考”“暑期出游”“情满旅途”等青年志愿者服务活动。规范日常管理，组织开展收费管理质量大检查3次、节前检查5次及票卡检查5次，对存在问题进行梳理、汇总，明确整改要求和整改时间，并对整改情况进行复查。监控程序标准化，接收业务电话97 985个，发放各类短信110 336条，受理投诉34起，接听并处理交通事故1 584起，通过可变情报板发布信息3 738条，为公安机关提供线索38次，报四川交通广播544次，并将实时路况、交通事故、交通阻断等信息及时通过“飞信”发送至交警及执法部门，实现信息共享、联勤联动。稽查工作常态化，协调高速公路交警、交通执法、沿线公安等相关单位开展内外稽查，整治逃费车辆10 195辆次，追缴通行费30.87万元；严格执行收费减免政策，免收通行费1 783.61万元，占通行费收入2.5%。通行费收入7.14亿元，比上年增长7.40%。

养护管理 结合道路养护管理实际情况，修订完善各类考核、实施办法6项。完成新增专项养护工程项目13项（自主管理项目12项），建立34人的监理人员信息库。贯彻“全面养护、预防为主、防治结合”方针，做好日常巡查，加强汛前、汛期及恶劣天气隐患排查工作，开展重大事故针对性检查6次，对发现的问题及时整改；完善桥隧养护工程师人员配置，增聘4名隧道养护工程师，按照“一桥（隧）一档”要求，完成桥隧资料建档工作，确保桥隧安全；全年无质量及安全责任事故。从严控制养护经费支出，科学、合理安排日常和专项养护经费计划，完成日常养护经费1 257.82万元，占年度计划的99.9%。

安全管理 完善联勤联动协调机制，设立全省第一个高速公路、高速公路交警、高速公路交通执法三方联合服务窗口，实现“一路三方”紧密协作；加强与当地应急办联系，初步建立“一路四方”应急保畅工作机制；联合开展货车违法超限超载治理、打击服务区偷盗油料犯罪、维护路产路权、砂石运输车辆整治等专项活动。加大道路安全检查力度，在加强汛期、冬季、节假日等重点时段安全大检查同时，及时开展了九寨沟7.0级地震灾害、西汉高速公路隧道事故等突发事件（事故）安全隐患排查及治理，排查整改道路安全隐患391起。增强道路救援应急保障力量，组织开展路维业务技能比武大赛，提升路维清障队伍业务水平和综合素质及应急处置能力，根据车流量增长和道路救援工作实际需要，通过多方比选，增加一支社会应急救援力量，提高了重要时段、重要节假日期间的综合救援能力。清排障作业2 307起，查处各类路产案件586起，结案577起，结案率98.5%，无源头性安全责任事故发生。

成德南高速公路梓江特大桥　　成德南公司 供稿

服务区管理 完成“一百佳两优秀两合格”服务区创建任务，金堂服务区在创建全国百佳示范服务区过程中，通过场坪布局改造、人性化动态分流、环保设施升级、新型消费业态引进、监督管理规范化等措施，服务品质和管理水平显著提升，获得考评组高度评价。中江、盐亭服务被评为全国优秀服务区，三台、槐树服务区被评为全国达标服务区。环保工作有序开展，完成金堂、中江、盐亭服务区排污设备升级改造，达到一级A类排放标准并取得污水排放水质检测报告。

（成德南公司）

公路管理

GONGLU GUANLI

新增固定超限检测站建设 截至2017年底，全省有关市（州）按照省政府批准的普通国省干线公路超限检测站设置方案，已累计完成81个新增固定超限检测站的建设任务，全省固定超限检测站达到158个，全省治超管理规范化水平得到提升。

2017年，马口田超限检测站工作人员检测超限车辆 交通宣传中心 供稿

大件运输网上审批平台建设运行 2017年1月10日起，全省全面实行大件运输许可网上申请和审批，大件运输网上审批平台全年受理申请90 990件，办结90 969件。其中，互联网申请85 675件，窗口申请5 315件，跨省大件运输178件。大件运输网上审批平台的运行，方便和缩短运输企业办证时间，提高运输效率。

全省"路政宣传月"集中宣传日主题活动 2017年5月26日，由厅公路管理处、厅公路局主办，资阳市交通运输局和市路政支队承办的全省"路政宣传月"集中宣传日主题活动"路政宣传进校园"在资阳市雁江区举行。活动以"爱护公路、服务出行"为主题，通过路政法治知识宣讲、赠送公路出行雨伞、讲解宣传画册等方式，加深学生对路政知识的理解，增强人民群众爱路护路自觉性、主动性，营造公路安全保护工作良好社会氛围。此次活动出动宣传人员50人次，发放宣传雨伞400余把，宣传画册1 000余份，宣传单1 000余份，路政环保手提袋3 400余个，赠送公共出行雨伞72把，学习用具300余套。

收费公路项目监管 2017年，厅公路局开展收费公路项目监管工作。针对省人大代表建议、政协委员提案以及广元市人民政府《关于取消国道108线广元二专路收费事宜》，厅公路局多次研究和协调该项目停止收取车辆通行费的债务处置、人员安置等工作，及时办理省政府《关于研究国道108线广元瓷窑铺至棋盘关二级专用公路收费工作专题会议》有关工作，并于8月31日停止设站收费，协调广元市交通运输局和四川省川北高速公路股份有限公司达成《国道108线瓷窑铺至棋盘关二级专用公路停止设站收费道路管养交接协议》，完成道路管理养护等相关移交工作。根据《国务院办公厅关于取消政府还贷二级公路收费实施方案的通知》等文件有关要求，财政部、交通运输部、国家发展改革委组织审计力量于2017年11月完成全省2009年1月1日至2012年12月31日政府还贷二级公路新增债务的审计和认定工作。2017年11月，三部委《关于追认四川省政府还贷二级公路新增债务余额和里程的通知》对遗漏的政府还贷二级公路新增债务余额6.339 3亿元进行补充确认。最终认定全省政府还贷二级公路新增债务为271.304 6亿元，其中，在建项目为25.966 3亿元；新开工项目245.338 3亿元。按项目完成新增债务余额确认工作。

（本栏目供稿单位：厅公路局）

航务管理

HANGWU GUANLI

推动水运发展政策研究 2017年，厅航务局积极开展水路运输政策研究：开展航运市场调研，研究促进四川水路运输发展机制，推动航运尽快复苏。推动四川载客12人以下的客船和乡镇客运渡船运输管理规定修订工作。继续用好进出全省重点港口集装箱运输车辆通行费优惠政策，引导适箱货源通过四川省港口转运。制订相关专项工作推进方案，完成四川省内河航运市场秩序、水路运政基础档案、农村水路客运燃油补贴和水路运政管理工作指南等专项工作推进方案制定和部署。开展《集装箱运输发展专项实施方案》专题研究，全面分析总结集装箱发展现状，提出四川水路集装箱运输扶持政策建议。

推进中国（四川）自贸区川南临港片区建设 2017年3月31日，国务院公布《关于印发中国（四川）自由贸易试验区总体方案的通知》（国发〔2017〕20号）正式公开《中国（四川）自由贸易试验区总体方案》。2017年4月1日，中共四川省委书记王东明为“中国（四川）自由贸易试验区”揭牌。中国（四川）自由贸易试验区实施范围119.99平方公里，涵盖三个片区：成都天府新区片区90.32平方公里、成都青白江铁路港片区9.68平方公里、川南临港片区19.99平方公里。川南临港片区重点发展航运物流、港口贸易、教育医疗等现代服务业，以及装备制造、现代医药、食品饮料、融资租赁等先进制造和特色优势产业，建设成为全国性综合交通枢纽和成渝城市群南向开放、辐射滇黔的重要门户。2017年，川南临港片区充分利用泸州区位、港口、航运等优势，加强内陆与沿海沿边沿江协调开放合作，推进国际贸易“单一窗口”建设，出台一系列贸易便利化政策措施，力争打造长江上游航运物流中心。

运政管理专项行动 2017年，厅航务局围绕内河航运市场秩序、船舶与港口污染防治、危险货物港口作业安全治理、基础管理档案规范、危险货物水运从业人员资格管理 5 个专项行动，主动作为、全面部署，省、市、县三级水路运输管理机构齐动员，开展全省业务交叉检查活动。本次专项活动分为5个小组共检查21个市、48个县、62家企业，检查中发现675个需要纠正的问题（市级63个、县级240个、企业372个），检查后对被检查市（州）发了督查通报，要求就发现的问题限期改正。通过专项行动进一步摸清运政管理现状，锻炼提高运政人员业务水平，有效提升运政管理规范化水平。

水运“厕所革命” 2017年，厅航务局成立专项工作小组，开展全省水运厕所情况摸底调研，制定水运“厕所革命”工作方案和目标任务，建成6座水路客运码头厕所，超额完成2017年目标任务。

巴中市平昌县白衣镇上码头厕所　　厅航务局 供稿

推动水运业绿色发展 2017年，厅航务局继续推动水运业绿色发展工作：完成全省危险货物港口作业安全治理专项行动并总结上报交通运输部。落实交通运输部关于长江绿色港口专题调研，并上报全省推进绿色港口的相关建议。对接港口企业，做好2017年度中央财政奖励资金支持靠港船舶使用岸电项目申请工作。推荐泸州

港、宜宾港两个港口为四川省智慧港口示范申请工程，并积极参与全国智慧港口示范工程相关工作。强化节能技术和清洁能源的应用，做好LNG动力船舶的推广，鼓励港口岸电改造和靠港船舶使用岸电。增强港口码头污染防治能力。倡导全民节能，并制订《四川水运行业推进“十三五”全民节能行动计划》方案，把节能贯穿于经济社会发展全过程和各领域，形成政府率先垂范、企业积极行动、公众广泛参与的全民节能氛围。

2017年10月16日，四川省政府副省长杨洪波（右二）调研宜宾港

厅航务局 供稿

加强港口环境保护 2017年，厅航务局在港口环境保护方面做了以下工作：印发《港口环保污染检查方案》《进一步做好港口码头污染防治工作的通知》，强化督查督办，采取专项检查、交叉检查、重点督查等方式，先后开展各种形式的督查指导18次，督促各地落实港口、码头污染防治工作。年内，共整治全省货运码头生活污水不达标企业70个；生产污水不达标企业65个；固体废物不达标企业25个；扬尘不达标企业42个。开展港口船舶污染物接受转运处置能力建设方案专项督查，截至年底，长江干线泸州、宜宾市完成《建设方案》的编制工作并按照交通运输部要求完成建设任务的25%；进一步推动岷江、嘉陵江沿线市（州）编制建设方案，提升污染物处置能力。

深化港口安全监管 2017年，厅航务局落实港口危险货物经营企业安全生产主体责任，督促港口经营人完善安全监测监控和安全检查检测，规范装卸作业和危险性作业管理。推动港口所在地和港口企业严格落实重大危险源管理、隐患排查、风险管控和安全评价管理等制度。加强教育培训，严格持证上岗，年内，举办3期危险货物水路运输从业人员考试。全省7家危化品港口企业，近300余人次参加危险货物水路运输从业人员考核。其中，装卸作业管理人员通过91人，主要安全管理人员通过33人。进一步加强港口危险货物应急救援工作，提高企业应急处置能力，专业化应急队伍和应急资源储备逐步完善。

杨洪波调研宜宾港 2017年10月16日，四川省人民政府副省长杨洪波一行到宜宾港，现场查看港口集装箱作业码头等地，详细了解宜宾港建设运营情况。杨洪波强调，要切实加快港口基础设施建设，不断完善港口集疏运体系，推动实施长江航道等级提升工程，推进公铁路水路多式联运发展，进一步提升港口服务能力。要加强与长江中下游港口对接，深化与港口腹地经济区合作，进一步扩大港口腹地范围和适箱货源，发展壮大水路集装箱运输。要抢抓中国（四川）自由贸易实验区建设发展机遇，积极争取设立国家对外临时开放口岸，提升宜宾港开放合作水平。

长江干线非法码头整治工作 2017年7月20日，专项督查长江非法码头整治工作会在泸州召开。会议通报7月17日以来对宜宾、泸州两市长江非法码头整治专项督查情况。会议强调，切合实际做好一码头一方案，确保整治工作顺利开展。加快整治进度，对码头情况、整治工作情况精准核实。主动向上汇报，与政府、水务等部门综合执法。对属规范提升的码头要加快进步，尽早组织完成各类评审。要加强监管，杜绝复燃。

8月6日，省交通运输厅党组书记、厅长汪洋到泸州市五渡溪码头、宜宾市香炉滩码头等地，现场督导检查长江干线非法码头整治及码头船舶污染防治工作。汪洋强调，要加快长江干线非法码头整治，确保按时全面完成整治任务，同时积极研究推进长江支线非法码头整治工作。要提前谋划无法规范提升的码头的拆除和复绿工作。加强已拆除非法码头监管，防止从事其他经营活动造成新的污染。

8月28日—31日，省交通运输厅联合省发展改革委组成专项督察组对泸州、宜宾两市长江干线非法码头整治工作情况进行督查。督查组一行现场逐一核查50座应取缔非法码头的拆除和复绿情况。督查组强调，高度重视专项整治工作，坚决确保在规定时间完成规定工作任务。进一步开展全江巡查，切实杜绝出现新的侵占河道开展非法作业的行为。严格落实取缔拆除标准，切实做到码头设施设备拆除到位，清除到位，拆除一座复绿一座。切实加快规范提升进度，对不能规范提升的，要尽快启动取缔工作。加快建立长效机制，加强严防严控和定期检查，强化执法监督，始终保持严格监管的高压态势。

11月2日—3日，国家发展改革委基础产业司副司长周小棋一行到川核查验收沿江非法码头整治工作。检查组现场核查四川长江干线50座已经拆除的非法码头，听取省、市非法码头整治工作进展情况的汇报，充分肯定

2017年8月6日，省交通运输厅党组书记、厅长汪洋（前右二）现场督导检查长江干线非法码头整治及码头船舶污染防治工作
厅航务局 供稿

全省非法码头整治工作取得成绩，并强调要进一步充分认识开展沿江非法码头整治的重要意义，切实提高工作标准，确保整治成果能够经得起检验。检查组要求，要坚持标本兼治，建立完善长效监管机制，强化日常巡查和现场监管，防止已拆除码头“死灰复燃”，确保整治工作取得实效。要进一步落实工作措施，倒排工期，切实加快生态复绿和拟规范提升非法码头工作进度。

全省水上交通安全形势 2017年，全省航务海事系统以落实安全责任为手段，以风险源排查管控为抓手，全力维护辖区水上交通安全，全省发生2起水上交通事故，死亡2人，直接经济损失12万元，水上交通安全持续保持稳定，连续9年将事故件数和死亡人数控制在个位数。

2017年，海事人员检查船舶安全 厅航务局 供稿

广元白龙湖“6·4”事故整改落实“回头看” 2017年6月6日—7日，厅航务局派出工作组对广元白龙湖“6·4”事故调查报告整改情况开展“回头看”，重点检查广元市交通运输局、航务管理局、白龙湖风景管理局、利州区政府的整改落实情况，对广元市相关部门汲取事故教训，强化责任的落实、重要天气信息预警预报、预警信息传递主体以及风险管控和应急救助能力等方面进行的整改给予肯定。

川南川西片区水上交通安全监管联席会议 2017年3月24日和5月11日，厅航务局分别在内江和雅安汉源举行川南、川西片区水上交通安全监管联席会议，对2017年航务海事相关工作进行细化，重点对巡航救助一体化建设、落实省政府7号文件强化责任落实、风险源的排查管控、旅游船技术指标体系、隐患排查以及通航水域认定 、共管库区水域信息共享机制以及“两库一图”工作进行安排布置。

开展风险源排查管控工作 2017年，按照《四川省水上交通风险防控指导意见》要求，厅航务局督促指导各地对辖区内客流情况相对复杂、航线和气象条件不利等风险性较大的渡口、客运码头，存在危险品作业、缺少停靠防护等风险性较大的码头，存在狭窄弯曲、不利气象、老旧桥梁、过江管道等风险性较大的航段，以及其他存在年久大坝、影响通航的电站等风险的点位进行甄别，排查出汛期黄色及以上等级风险源150个，其中红色风险源2个，橙色风险源40个，黄色风险源108个，并要求各地按照“网格化”管控要求，落实风险管控责任。

开展省市库区水域突发事件救助演练 2017年5月12日，四川省地方海事局与雅安市政府在雅安市汉源湖举行库区水域突发事件救助演练，省交通运输厅党组成员、总工程师陈乐生赴现场指导，省政府应急办和省安监局派员出席，相邻市州海事机构派员观摩。演练通过对“突发阵性大风，转移遇险游客；船舶碰撞，救助落水人员；船舶溢油处置，船舶消防救援；冲锋舟队列展示”等4个科目的演习，检验在川西新增水域出现水上交通安全事故或其他水上突发安全事件时，水上交通抢险应急预案的可行性、可操作性。

环保督查工作 2017年，为迎接国务院督查组环保督查工作，厅航务局积极部署，按照“党政同责、一岗双责”的原则，主要领导深入一线督查，指导各地认真梳理自然保护区和风景名胜区问题，全面核实“民生工程”项目的环保相关问题，进一步排查饮用水源保护区附近的水运设施，做好船舶港口码头污染物接收转运处置工作，提前开展非长江干线非法码头情况摸排，扎实做好水路交通环保工作。

督促指导甘孜州落实水上交通监督管理机构 2017年，省交通运输厅向甘孜州政府发文，要求其理顺管理

体制，成立甘孜州航务海事机构。4月，甘孜州交通局报请州编办同意，在该州交通运输局运管处内设甘孜州交通局航务海事科，确定4个编制，承担水上交通监督管理的相关职责。

厅航务局制订《关于深入开展平安交通专项整治行动实施方案》 2017年，按照交通运输部《深入开展平安交通专项整治行动实施方案》的相关要求，省交通运输厅航务局制订《四川省交通运输厅航务管理局关于深入开展平安交通专项整治行动实施方案》（以下简称《方案》）。《方案》的具体内容包括：严格开展客运船舶检验、开展水路客运市场整治、加强水上安全监管、加快推进公益性渡船标准船型工作、继续推进港口超期试运行专项整治、推进港口码头"未批先建"专项治理、开展在役储罐安全专项整治、开展危险货物集中区域安全风险评估、加强水运建设工程安全监管、做好汛期防灾减灾等方面，对落实《方案》进行工作督查做了规定，以确保整治期间水上交通安全平稳。

渡口码头类地质灾害排查防治 2017年，阿坝州茂县叠溪镇新磨村突发山体高位垮塌以及九寨沟县发生7.0级地震后，为贯彻落实省政府、省交通运输厅关于开展地质灾害和防汛安全隐患排查治工作的相关要求，厅航务局具体布置落实渡口码头类地质灾害排查防治工作，主要采取对隐患区隔离、设置醒目的警示标志、修建临时栈道、落实渡工对隐患点跟踪报告、加强对上下渡船乘客的安全引导、避开地质灾害隐患区域等措施和对严重危及码头乘客人身安全的，采取严禁船舶停靠，加强监控以及对汛期水位不影响整改作业的，积极与地方政府及业主沟通，督促其采取工程措施进行整治，彻底消除隐患。发生大水情时，禁止船舶开航，并加强跟踪监管。

全面开展水上交通安全大检查 2017年，为认真落实《四川省交通运输厅安全委员会关于开展全省交通运输行业安全生产大检查的通知》文件精神，厅航务局抽调部分航务海事专家，组织由局领导带队的九个督查组，对市级航务海事机构、区县航务海事机构、乡（镇）及水库船舶管理机构、水运企业、渡口码头、船舶等安全工作落实情况进行全面抽查。该次安全大检查摸清全省水上交通安全现状，纠正一系列发现的安全责任落实不到位问题，为今后补齐短板、加强水上交通安全监管提供积极指导作用。

全国地方海事系统集中办公会 2017年11月10日，交通运输部海事局2017年地方海事系统工作务虚集中办公会在成都举办。部海事局副巡视员王泽龙出席会议并讲话。上海、重庆、浙江等13个省、市、自治区地方海事局相关负责人参加会议。会议围绕五个议题展开：就贯彻落实中共十九大精神，对海事服务交通强国和海洋强国建设提出意见建议。务虚谋划2018年重点工作。就加快推进海事"三化"建设，力争2020年实现"三化"建设目标提出意见建议。"放管服"改革后，如何做好事中事后监管，加强海事履职能力。加强海事宏观管理，解决海事发展不充分、不平衡问题。

餐饮船舶防污专项治理"回头看" 2017年，针对环保督查发现的问题，防范餐饮类船舶污染水域环境，厅航务局以问题为导向，下发《餐饮类船舶防污专项治理回头看方案》，该《方案》坚持集中整治与长效管理相结合，专项整治与系统治理相结合的指导思想，明确餐饮类船舶污染治理的总目标及年度目标，提出治理的主要任务，并积极督促各地切实开展此项工作。

雅砻江流域省市县联合巡航 2017年12月11日—17日，由厅航务局牵头，凉山州航务局和攀枝花市航务局及两市州相关航务处参与，采取全程和分段接力巡航执法结合的方式，对雅砻江的二滩、官地和锦屏三个库区及西昌市邛海、盐源县泸沽湖五个主要水域进行联合巡航执法检查，共巡航里程460余公里，对巡航区域内的航道、渡口、码头、水文、气象、跨临河建筑物等通航

2017年12月11日—17日，雅砻江流域省市县联合巡航
厅航务局 供稿

环境基础资料进行收集，共检查渡口码头62处，检查船舶23艘，抽查航运企业3家，同时听取基层航务海事机构和相关港航企业汇报。

川滇两省交界共管水域第十次联席会 2017年12月20日—21日，川滇两省交界共管水域第十次联席会在云南省绥江县召开。云南省地方海事局副局长何静涛率机关相关负责人和大理市、昭通市、昆明市、西双版纳

傣族自治州等12个市（州）海事机构负责人；四川省地方海事局监督长张晓川率局机关相关处室负责人和凉山、攀枝花、宜宾海事机构负责人参加。与会代表就第九次联席会以来的工作开展情况进行总结交流，并就安全监管工作中遇到的诸如金沙江通航水域认定、电站翻坝转运系统的设立、运力有序投放、航道等级规划及认定、信息及应急资源共享、联合巡航执法等突出问题进行充分沟通，并达成共识，完善相关工作协调机制，促进共管水域的健康发展。

海事业务工作平衡推进 2017年，海事登记船舶10 375艘，130万总吨，111万载重吨，船舶安全检查33 401艘次，滞留船舶127艘次；在册内河船员28 726名，持适任证书船员14 683名；海事巡航16 619艘次，巡航时间49 298小时，巡航里程172 400公里；参与水上搜救32次，遇险人数314人，312人获救。

“庆文式”标兵范志强 2017年3月2日，全国海事系统“庆文式”标兵座谈会在北京举行。交通运输部党组成员、副部长何建中出席座谈会并接见四川省射洪县海事处范志强等20位“庆文式”标兵。

4月28日，省交通运输厅党组书记、厅长汪洋接见范志强。汪洋就弘扬先进典型的示范作用提出要求：要大力宣传范志强、沙国清等同志的先进事迹，以典型引路、示范带动，大力培育践行社会主义核心价值观和行业核心价值观，汇聚推动四川交通运输事业发展的强大正能量。同时，进一步加大典型发掘和选树力度，发挥好先进典型的正向激励作用。要以范志强受表彰为契机，着力加强航务海事系统班子队伍建设，努力打造一支忠诚干净担当奉献的优秀航务海事队伍，为实现“蜀水安畅、通江达海”提供坚强保障。要抢抓黄金时期重大机遇，围绕构建安全、便捷、绿色、高效的现代综合交通运输体系总体目标，全力推进重点项目建设、水运发展和安全监管等重点工作，努力推进行业供给侧结构性改革，降成本、补短板、强服务，不断开创航务海事事业发展新局面。

2017年4月28日，省交通运输厅党组书记、厅长汪洋（右四）接见范志强（右三） 厅航务局 供稿

全省海事“三化”建设现场推进会 2017年5月24日，全省航务海事系统“三化”（革命化、正规化、现代化）建设现场推进会在巴中市平昌县召开，全省20个市（州）海事系统主要负责人及7个“三化”建设示范县主要负责人参加会议。会上7个省级示范单位作交流发言，总结回顾近三年“三化”建设工作成效，分析存在的问题，部署下一阶段重点工作，会议要求：完成全省航务海事核心价值观研究，并在行业内推广形成共识，构建行业核心价值体系。完善“三化”建设评价体系，落实好统一的标准规范，推广三化建设示范点建设成功经验，加快示范点和好形象好品牌打造。强化落实“三化”建设的思想、组织和物质保障，加强组织领导，善于统筹兼顾，强化督导，确保三化建设各项部署落地落实，努力推动海事“三化”建设取得新突破。

2017年5月24日，全省航务海事系统“三化”建设现场推进会在巴中市平昌县召开 厅航务局 供稿

“携手齐奋进 共筑蜀水梦”文化活动 2017年6月22日下午，厅航务局和省交通运输工会联合举办的“携手齐奋进 共筑蜀水梦”文化活动在成都举行。整场活动有歌舞《天路入云》、情景剧《启航》、小品《生命之旗》等23个节目参演。节目各具特色，生动展示全省交通航务

干部职工敬业担当、务实勤勉、昂扬向上、奋发进取的精神风貌。

泸州市地方海事局的舞蹈《海魂赞礼》获特等奖　　厅航务局 供稿

粤川两省海事"结对子"　2017年11月29日，广东海事局党组书记、局长陈毕伍带队到川开展"结对子"工作并召开座谈会。会议在业务交流、科研合作、人员轮训、干部挂职、党建及文化交流等方面开展多种形式的交流合作。双方本着"合作互励、经验共享、相互促进、协调发展"的原则，达成以下共识：通过交流研讨、集中办公、调查研究等方式，加强交流协作，相互借鉴经验，取长补短，提升海事业务水平。组织人员相互挂职锻炼，强化人才的专业培养和综合培养，提高队伍整体素质。优化科研平台，利用所拥有的技术资源和专业优势，开展深度合作，共享科研成果，增强科技应用能力。积极开展信息化建设方面的交流合作，相互借鉴探索信息化使用中的新思路、新方法，推进智慧海事建设。（5）通过联学共建的方式，创新共建载体，丰富融合内容，全面落实从严治党要求，坚持党建与业务深度融合。

2017年11月29日，粤川两省海事局开展"结对子"工作并召开座谈会　　厅航务局 供稿

船检业务工作　2017年，厅航务局完成船舶检验11 772艘次、1 661 668总吨，790 972千瓦，125 230客位，完成图纸审查121套，全省58家船厂完成产值1.3亿元，完成各项业务工作。

完成公益性客渡船后评估和船舶吨位丈量工作　2017年，厅航务局对全省公益性客渡船标准船型开展后评估和优化设计，对优化后的船型进行梳理，并结合全省水域情况，将优化后安全性能高、实用性强的船型，有针对性地纳入"四川省公益性渡船船型标准"中。

按照全国船舶吨位丈量统一管理工作要求，厅航务局通过不断加大对各地的帮扶力度，并设置专人专岗依托现有船检工作基础，推进船舶吨位丈量复核工作。年内，实际签发吨位复核证书3 397本，复核总吨位超过61万总吨。

开展验船师培训工作　2017年6月26日，厅航务局组织开展全省验船人员"船舶稳性衡准计算"培训班，来自各市（州）船检机构的50名学员参加培训。10月18日—20日，"全省船检发证系统及法规、规范培训班"在成都举行，共有20个市（州）的69人参加培训。本次培训对新规范及船舶检验发证系统权限进行详细讲解，并实际操作练习船检发证系统。

航运科技工作　2017年，厅航务局做好水运科研项目的结题和立项工作。完成"岷江700吨级浅吃水干散货船设计研究报告编制""四川省港口、产业、城市一体化发展研究报告编制"项目验收结题工作。"渠江工程施工期通航关键技术研究""半潜式起泊趸船设计研究""通航建筑物管理模式及法律制度研究"和"四川省长江港口水陆联运发展研究"等四个项目列入2017年度厅航务局水上交通科研项目。

开展四川省旅游客船船型安全环保技术指标体系研究　2017年，为进一步提高旅游船舶的抗风抗沉性，厅航务局根据四川省水域情况，对四川省旅游船舶设计建造提出较高安全与环保标准，特别是在高坝库区对船舶完整稳性及抗沉性以及涉及到生命安全方面提出高于现有法规体系的要求。8月建造一型旅游示范船，12月通过全国专家技术评审。该船型结构合理，外形美观，环保达标，舒适性和安全性大幅提高，特别是抗沉性是全省现有旅游船最好的，专家根据国际国内相关规定一致认为，非紧急状况下旅客在航行过程中可以不强制穿戴救生衣。

首艘LNG动力船舶在南充建成投运　2017年3月1日，四川省第一艘LNG燃料动力船舶在南充改造成功。LNG动力燃料是用液化天然气替代燃油作为船舶燃料，

最大限度降低对传统燃油的使用。该次改造的“川嘉陵采0031”，LNG燃料替换率最高达到70%，实际测试中1.15标方LNG热值与1千克柴油相当，按目前的油气价格，理论上最高可以节约燃料成本25%。除了经济性，更为重要的是其环保价值。LNG替代燃油作为船舶燃料，大幅度降低尾气排放量，船舶污油大幅减少，机器噪音明显降低，能够延长柴油机的使用寿命。南充市作为全省唯一试点市，于2014年启动LNG动力船舶改造试点工作，由南充市航务局和四川能投天然气公司合作，成功改造全省第一艘LNG动力船舶，技术相对更成熟、经济性更高、安全性更好。

2017年3月1日，四川省第一艘LNG船舶在南充改造成功　　厅航务局 供稿

（本栏目供稿单位：厅航务局）

道路运输管理

DAOLU YUNSHU GUANLI

概　况　2017年，全省道路运输系统重大改革有序推进，发展活力不断释放。有序推进出租汽车行业改革。指导各地加快改革政策的制订出台。制订网约车服务许可工作规范、线上服务能力认定工作规范、线上服务能力材料编制参考指南等配套文件，5家本土企业获得线上服务能力认定。积极推进道路客运行业改革。着力深化维修驾培行业改革。在驾培机构全面推行“计时培训、计时收费、先培训后付费”，覆盖率达96%。引导维修企业加入维修公众服务平台，着力解决汽车维修不便民、不透明、不诚信等问题。道路运输企业变更名称、法定代表人、地址等三项备案事项纳入全省“多证合一”改革。

厅运管局发放法律书籍加强法治宣传　　厅运管局 供稿

聚焦脱贫攻坚，贫困地区道路运输发展成效显著。道路运输场站建设取得重大进展。农村物流加快发展。涌现出巴中市平昌“货运班车”、攀枝花市“客车附搭与邮政合作”、达州市“万村千乡”网点统仓统配双向服务等新模式。

坚持办人民满意交通，道路运输服务水平不断提升。综合客运枢

纽加快建设，“全覆盖”工程建成和在建项目达36个，衔接全省90%的运营快速铁路站。道路客运创新转型，与铁路接续接驳的客运班线发展迅速。旅游包车信息平台建设加快推进，“交通+旅游”融合发展趋势明显。成立全省汽车客运站共享发展联盟，全省接驳运输联盟逐步迈向实体整合。全省224个三级以上车站实现联网售票，13个车站开展电子客票试点。扎实开展客运站“厕所革命”，全年新（改）建厕所63座。货运组织优化整合，纳入交通运输部规划的9个货运枢纽（物流园区）新建成3个、在建5个。全省13家无车承运人企业被列入全国第一批试点，整合车辆5万余辆，推动实现“线上资源合理配置、线下物流高效运行”。成都铁路口岸多式联运货物“一单制”率先在全国推行。基本公共服务水平不断提升，20个市（州）实现公交“一卡通”互联互通。绿色发展成效明显，实施营运车辆燃料消耗量准入制度，城市公交新增和更新车辆中新能源车比重超过20%。强力开展道路运输污染防治攻坚，按时完成中央环保督察组交办信访件和省环保督察发现问题整改工作，会同省环保厅出台汽车维修企业危险废物规范化管理规定，全省98%的营运“黄标车”退出营运市场。

加强安全应急工作，行业治理能力不断增强。全年发生道路运输行车事故193起，死亡243人，两项指标均比上年下降。道路运输安全预防控制体系逐步完善，全面推广“安全与服务”微信公众号，广泛发动群众监督，属全国首创。在全省三级及以上客运企业开展“安全教育云课堂”远程教育，着力解决道路营运驾驶员安全教育效果差、工学矛盾大等突出问题。全省危险货物电子运单使用企业达97%，覆盖99%的运输车辆。道路运输安全基础保障能力有效提升。组织开展卫星定位监控车载终端市场整治工作，加强重点营运车辆联网联控。投运道路运输车辆第三方监测平台，切实发挥保险机构参与风险评估管控和事故预防功能。应急保障工作成效显著，成功完成“8·8”九寨沟地震应急运输保障任务。行业稳定发展取得新成绩，建立完善出租汽车、旅游客车、货运行业稳定工作预警预防工作机制。强化反恐防范工作，三品检查和客车附搭小件货物运输“三个100%”制度完善落实，汽车租赁实名制和省、市际客运班线实名制售检票工作扎实推进。

（蒋智力）

道路客运改革　2017年，全省道路运输行业进一步深化道路客运改革。出台《关于加快推进我省道路客运转型升级的实施意见》，同步制订各项改革配套文件。加快《四川省道路旅客运输价格管理实施细则》《四川省汽车客运站收费实施细则》制订修订工作。农村客运服务网络进一步完善。新增3 820个建制村通客车，88个贫困县的乡（镇）、建制村客车通达率分别达93.5%和77.7%，超额完成交通运输部和四川省脱贫攻坚领导小组下达的工作目标。道路客运创新转型。与铁路接续接驳的客运班线发展到821条，比上年新增81条。旅游包车信息平台建设加快推进，“交通+旅游”融合发展趋势明显。成立全省汽车客运站共享发展联盟，全省接驳运输联盟逐步迈向实体整合。全省224个三级以上车站实现联网售票，13个车站开展电子客票试点。道路运输企业变更名称、法定代表人、地址等三项备案事项纳入全省“多证合一”改革，最大程度便利企业市场准入。宜宾市运管局清理权责事项，及时下放许可事项，并指导基层做好承接工作。

（厅运管局）

推进公共交通发展　2017年，省交通运输厅全力推进公共交通发展，有序推进出租汽车行业改革。指导各地加快改革政策的制订出台，成都、泸州等13个市出台改革落地文件。制订网约车服务许可工作规范、线上服务能力认定工作规范、线上服务能力材料编制参考指南等配套文件，5家本土企业获得线上服务能力认定。基本公共服务水平不断提升。20个市（州）实现公交“一卡通”互联互通。成都市轨道交通安全高效运行。犍为县、涪城区成功创建全国城乡交通运输一体化第一批示范县。乐山市开通“菜农专用加班车”。

（厅运管局）

道路运输场站建设　2017年，全省道路运输站场建设取得重大进展。全年开工建设县级客运站10个、乡（镇）客运站200个、村级招呼站（牌）12 000个，全省

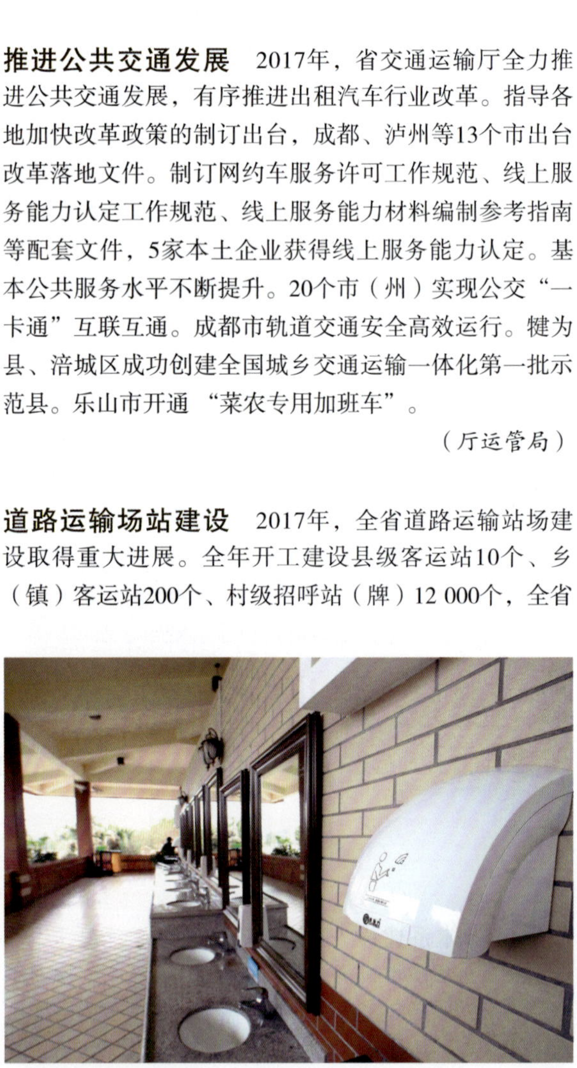

2017年，全省交通运输行业广泛开展“厕所革命”，从服务区水源、通风、应急保障、日常管理和人性化设施等方面进行完善和提升，公众如厕环境大有改善。图为卫生间洗手台

交通宣传中心 供稿

88个贫困县均建有二级（“三州”三级）客运站，乡镇客运站、村级招呼站（牌）覆盖率提升到84%和76%。广元、巴中等市将精准扶贫地区汽车客运站建设纳入政府目标考核，并实行一票否决。综合客运枢纽加快建

设。“全覆盖”工程建成和在建项目达36个，衔接全省90%的运营快速铁路站。开展客运站“厕所革命”，全年新（改）建厕所63座。纳入交通运输部规划的9个货运枢纽（物流园区）新建成3个、在建5个，推动物流行业加快发展。

（厅运管局）

安全应急工作　2017年，全省交通运输行业进一步加强安全应急工作。全省全年发生道路运输行车事故193起，死亡243人，两项指标均比上年下降。巴中市全年实现道路运输零事故，资阳、广安、雅安3个市连续4年未发生较大以上事故。道路运输安全生产整治力度进一步加大。以“道路运输平安年”活动开展为统揽，开展“道路运输综合治理长效机制建设年”“安全诚信、优质服务”活动和旅游客运专项整治、12吨以上重型货车和危货运输车辆专项整治行动，营运车辆事故上升的势头得到遏制。凉山州运管处在开展打击非法营运专项整治行动中组织有力，一个月内查获非法营运车辆43台。道路运输安全预防控制体系逐步完善。推广“安全与服务”微信公众号，发动群众监督，属全国首创，年内实现一类客运班线和旅游包车全覆盖。在全省三级及以上客运企业开展“安全教育云课堂”远程教育，解决道路营运驾驶员安全教育效果差、工学矛盾大等突出问题。内江市、自贡市、资阳市、宜宾市运管机构在运输企业中推广“安全教育云课堂”远程教育，驾驶员培训考核合格率较高。全省危险货物电子运单使用企业达97%，覆盖99%的运输车辆。道路运输安全基础保障能力有效提升。出台《四川省道路营运驾驶员记分管理办法》及实施细则，建立退出机制，属全国首创。将农村客货运输安全管理纳入《四川省农村公路条例》进行规范，属全国首创。组织开展卫星定位监控车载终端市场整治工作，加强重点营运车辆联网联控，“两客一危”车辆入网率和上线率分别达99.8%和94.1%，联网联控基础工作居全国前列。自贡市“两客一危”车辆入网率达100%，上线率长期保持在98%以上。投运道路运输车辆第三方监测平台，切实发挥保险机构参与风险评估管控和事故预防功能。应急保障工作成效显著。“8·8”九寨沟地震后两天时间内，调用620辆应急客车，开行1 164辆次，采用接驳方式快速有序安全疏散出九寨沟灾区2万余名旅游散客和务工人员；震后一周内，灾区3个月的粮食和1个月的油料保障通过应急运输全部到位。道路运输行业在抢险救灾中表现优异，赢得了交通运输部、四川省政府的充分肯定和社会各界的广泛好评，厅运管局被中共四川省委、省政府评为“8·8九寨沟地震抗震救灾先进单位”。按交通运输部要求完成道路运输应急保障实战演练。行业稳定发展取得新成绩。建立完善出租汽车、旅游客车、货运行业稳定工作预警预防工作机制，加强信息收集和分析研判，年内未发生大规模连锁性行业稳定事件。强化反恐防范工作，三品检查和客车附搭小件货物运输“三个100%”制度完善落实，汽车租赁实名制和省、市际客运班线实名制售检票工作扎实推进。

（厅运管局）

工程质量监督管理

GONGCHENG ZHILIANG JIANDU GUANLI

质量监督体系建设　2017年，四川省183个县（市、区）成立县级质监机构（含内设股室）157个，比上年增加27个。13个市（州）全部县（市、区）成立县级质监机构，市、县两级质监机构编制1 225名（县级质监机构编制数862名），填补“四好农村路”质量监管的空白。全部市（州）将监督抽检经费列入年度财政预算，共3 256万元，比上年增加666万元，监督抽检经费大于100万元的有8家，凉山州、甘孜州分别达800万元和510万元。平昌、金堂等部分县级质监机构落实监督抽检经费，平昌县监督抽检经费300多万元，保障农村公路项目监督检测开展。省交通运输厅质监局制订“双随机一公开”“公路水运工程建设质量安全违法违规行为公开”两项制度，进一步规范事前监督，强化事中事后监管，加大各类违法违规行为处罚曝光力度，并通过年度考核、联合检查等方式，引导市、县两级质监机构规范工作。推进“智慧质监”建设，加快全省公路水运工程质量安全监督管理信息化系统建设，不断提升质监工作信息化水平。

工程质量监督　2017年，四川省在建高速公路项目18个1 746公里，在建地方铁路项目3个226.4公里，在建重点水运项目2个，省质监局对在建项目开展各类检查

（综合督查、专项检查、巡查等）62次，发现问题1 500余个，发出检查结果通报60余份，对问题逐一督促整改落实。省、市质监机构抽检高速公路和地方项目各类指标97万多项，合格率96.2%，与上年持平；市、县质监机构抽检公路工程各类指标84.7万项，合格率96.32%。厅质监局开展检测33次，公路工程抽检12.8万项，合格率95.39%；铁路工程抽检508项，合格率98.62%；水运工程抽检58项，合格率98.3%；对21个高速公路、地方铁路、重点水运项目抽检主要原材料19类979组，涉及指标87项，合格率94.1%，通报曝光17个项目44个标段48个厂家的11类不合格原材料，主要原材料质量水平有所提高。同时，厅质监局积极推动“品质工程”建设，通过召开品质工程研讨会、利用各级交通门户网站等方式，营造创建“品质工程”的良好氛围。印发《关于加快推进公路水运品质工程建设的实施意见》《关于在全省重点交通建设领域推行施工班组规范化管理的指导意见》，全面部署“品质工程”建设；印发《关于在高速公路及重点水运建设项目推行桩基旋挖施工等“四新技术”的通知》，推行“四新技术”，鼓励参建单位施行“三微改（工艺微改进、设备微改造、工法微改良）”，提高工序作业质量可控性，提升项目外观质量、施工质量和结构耐久性。成都市在高速公路项目建设中推广隧道湿喷机械手、隧道自行式钢栈桥、梁板预制走行式整体液压模板使用；仁沐新高速公路被列为全国品质工程攻关行动试点项目，岷江犍为航电枢纽被列为全国水运工程施工标准化示范创建试点项目。

2017年，仁沐新高速公路建设采用自动钢筋笼滚焊机　　厅质监局　供稿

铁路工程质量监督　2017年，省政府安排省交通运输厅负责全省地方铁路建设质量安全行政监管工作，厅质监局负责具体监督工作。5月，省机构编制委员会办公室批复增加厅质监局“承担全省地方铁路建设质量和安全生产监督管理的事务性工作”职责，同时增加人员编制及领导职数；省级财政预算落实2017年至2019年地方铁路监督、检测经费1 400万元。厅质监局招标并委托第三方开展地方铁路监督检测工作，编制《四川省地方铁路建设工程质量安全监管实施办法》，明确监管工作内容和第三方监督机构监督检查工作内容，对办理监督手续、事故报送及处理内容进行细化。正式开展川南城际、连乐铁路、神华江油铁路专用线三个地方铁路项目质量监督工作，并组建项目监督组，开展安全检查、综合检查等8次。

2017年，厅质监局质量监督工程师检查川南城际铁路建设现场
厅质监局　供稿

竣（交）工质量验收　2017年，厅质监局围绕省交通运输厅下达的通车目标，提前介入计划通车的雅康高速公路（雅安段和泸定段）、乐自连接线等重点项目，驻点监督、组织交工验收质量检测，确保通车任务全面完成。制订《四川省高速公路项目竣工验收质量鉴定工作手册》，划分16项标准流程，明确工作内容、重点和要求，实现质量鉴定工作规范化、标准化。组织从事全省高速公路竣（交）工验收质量检测的8家检测机构进行比对试验，对试验检测机构的技术能力进行验证考核。全年完成13个项目（含740座桥梁、48座隧道、307座涵洞外观质量）1 168公里竣工验收质量复测。

安全风险评估　2017年，厅质监局开展“平安交通”专项整治行动，推进施工安全风险评估及施工驻地设置

和作业现场安全评估。对地质情况不良、施工环境恶劣的项目，推行差异化管理；对特长隧道、特大桥梁、易发生山体滑坡及泥石流区域的施工驻地和作业场地实施重点督查。对涉及超长隧道、大型桥梁、高海拔高寒山区、“5·12”汶川特大地震、“4·20”芦山地震灾区的建设项目施工安全总体风险评估和施工安全专项风险评估进行督查。专项整治推动安全风险评估结果在项目建设中实际运用，解决评估工作落地难问题。

平安工地考核及安全培训考核 2017年，厅质监局对17个高速公路及2个大型水运工程项目开展“平安工地”考核评价，评出示范项目6个，示范建设单位6家，示范监理合同段16个，示范施工合同段22个。倡导在建项目设立安全体验馆，通过VR体验、多媒体教室应用体验、安全防护用具体验等方式，创新开展安全生产教育培训，提高作业人员安全意识和操作技能。安全生产管理人员考核管理方面，新增持证人员1 399人，复审持证人员190人，持证人员证书变更143人；组织开展专项整治，安管人员持证上岗问题和安全教育培训问题分别比上年下降26.6%和53.8%。

安全生产专项检查 2017年，厅质监局印发《四川省公路水运工程建设安全隐患排查指导手册（试行）》，明确安全基础管理工作方面5类21项排查指标和施工现场安全管理方面2个工程专业19类50项排查指标，梳理7个安全专项工作24项督查要点。开展在建高速公路及重点水运项目安全生产大检查，覆盖9个在建高速公路项目和1个重点水运建设项目，发现问题隐患88处。对16个市（州）交通质监机构及41个在建项目开展节后复工安全生产检查，排查隐患194处。组织汛期安全生产与地质灾害隐患排查，发现地质灾害安全隐患493处，汛期安全隐患434处，落实整改各类安全隐患。

环保监督 2017年，省交通运输厅要求厅质监局加强高速公路建设工程环境污染防治和生态保护工作，厅质监局成立环保工作领导小组，制订公路水运建设项目施工环境保护及污染防治工作方案，要求各市（州）交通质监机构和建设项目明确环保责任。提出环保检查要点，对高速公路建设项目多频次开展环保问题普查和环保专项督查，建立环保问题台账和清单，严格督促建设项目开展环境保护工作，首次将环保问题在督查结果通报中单列。对环保普查发现问题、省环保督察组移交问题、环保专项督查问题、中央环保督察期间群众信访反映问题等进行现场核查，并督促责任单位排查整改，确保环保问题整改到位。报送中央环境保护督察迎检工作周动态8期，报送日工作动态38次。

资质资信管理 2017年，厅质监局承办的公路水运工程监理资质许可和检测资质认定全部纳入省政务服务中心集中办理，实现“一窗化”集中受理和“最多跑一次”改革目标。配合完成“四川省一体化政务服务平台”和“四川交通运输网上行政审批服务平台”建设，优化办事指南、精简审批流程、压缩办理时限，实现互联网与政务服务有机结合。省政务服务中心质监局窗口受理监理企业资质许可和检测机构资质认定事项85件，监理人员500人次、检测人员1 275人次的注册、注销，按时办结率和群众满意率均达100%。对9家检测机构开展“双随机”专项检查，对54家监理企业和91家检测机构实行信用评价动态管理，评出监理企业AA级8家，A级42家，B级4家，试验检测机构AA级5家、A级76家、B级2家。

（本栏目撰稿人：鲜晓丽）

造价管理

ZAOJIA GUANLI

交通建设造价管理制度建设 2017年，厅造价站落实交通运输部《公路工程造价管理暂行办法》，启动修订《四川省交通建设工程造价管理实施细则》，立足四川实际，明确职责定位、规范工作程序、强化工作措施。修订市（州）造价管理工作考核评价办法，组织开展年度考核评价工作，提升制度建设、能力建设和行业管理水平。各市（州）交通运输局（委）及造价站进一步完善造价管理体系建设，加强造价管理能力建设。广安增加造价站机构编制，实施建管造价人员交流，强化造价专业人员配备；成都、绵阳、德阳、广元、眉山、泸州、达州等市所属各县（区）设置造价管理岗位。巴中、乐山等市落实造价管理专项工作经费；德阳、攀枝

2017年，全省交通造价工作会在成都召开　　厅造价站 供稿

花等市定期更新工作制度，形成制度汇编。

工程造价审查　2017年，厅造价站完成工程项目造价审核56项，送审金额2 675亿元，审减20亿元，审减率0.92%。针对造价文件编制的主要问题，督促设计单位加强沿线地材分布及价格调查，开展项目前后阶段造价同口径对比分析；督促咨询单位提高对造价文件审查深度，逐一书面确认专家咨询意见执行情况。在造价审核中建立会审制度，组织省交通运输厅相关部门、项目业主、设计单位、咨询审查单位等共同会商，组织设计、咨询单位对审核意见逐一对照检查修改，提高审核质量和效率。组织编写《四川省高速公路造价分析报告》，分析影响高速公路造价主要因素，为交通运输部专家委员会及四川省高速公路建设项目造价管控和宏观决策提供技术支撑。

各市（州）造价站完成项目造价审核593项，送审金额2 008亿元，审减46亿元，审减率2.2%。审查项目覆盖面进一步提升，对市（州）交通运输主管部门批复或初审设计文件项目审查率达100%，部分市（州）造价站对农村公路建设重点项目开展同步审核，审核内容、程序方法和报告格式进一步规范，审核质量较往年明显提高，总体保证项目投资控制合理性和可控性。阿坝州克服人手少、任务重的困难，将技术方案比较与经济比较有机结合，审核过程中及时沟通，确保审核质量和效果；绵阳市建立市级造价咨询专家库，形成服务全市造价工作的共享平台，并将专家咨询费纳入市级财政经费预算管理；雅安市投入专项工作经费，采用政府购买服务方式，建立专家评审机制，有效补充审核力量。

加强建设项目全过程造价监督管理，全省各级造价站基本建立高速公路和国省干线公路造价信息台账。厅造价站组织对部分高速公路项目开展造价督查，对预算批复执行、造价台账管理、变更设计造价、价格调差等进行检查，提出整改要求。试行高速公路建设项目竣工验收决算文件备案制度，试点参与重点建设项目设计、咨询单位信用评价工作。广元市制订监管计划，落实监管责任，开展独立检查和综合督查30余次；绵阳市加强全过程造价监管，将造价监督资料作为工程交（竣）工验收必备要件；资阳市整合建管、质监、造价、高速公路协调等管理技术力量，联合开展建设项目监督检查，取得成效。

交通工程造价定额管理　2017年，厅造价站初步建立全省公路工程估算、概算、预算定额人工费标准定期调整机制，配合交通运输部路网中心开展农村公路养护费用调研、高速公路运营养护预算编制办法及配套定额编制，参与部水运定额技术中心对内河航运建设工程定额的局部修订工作。巴中、达州市造价站根据当地实际，开展补充计价依据测定工作，分别形成本地区桥梁T梁预应力智能张拉压浆、带液压镐挖掘机破碎石方补充定额成果。

交通建设造价信息管理　2017年，厅造价站建立四川省交通造价咨询专家库，启动四川省交通建设造价动态管理系统迁移和升级工作，为造价管理信息化打下基础。编辑发布《四川交通建设工程造价管理信息》4期。实现材价信息市（州）全覆盖调查，省、市（州）联合评审、集中信息发布。各市（州）造价站开展对当地料场信息定期抽检，定期编辑、发布及报送辖区材价信息。广元、巴中、眉山、泸州等市编制当地主要料场分布图；自贡市制定《材料价格信息调查工作手册》，规范材价信息员条件、调查原则方法和内容，统一编制《材料厂商分布图》《公路材料厂商备案表》《交通建设工程材料价格调查表（月、季报类）》。绵阳、广元、眉山等市每月定期发布当地材价信息，泸州、德阳、宜宾、达州、雅安、巴中、资阳、甘孜等市（州）每季发布当地材价信息。

（本栏目撰稿人：张浩庆）

工程监理

GONGCHENG JIANLI

概　况　2017年，厅监理处（监理公司）调整业务发展战略，形成重点打造品质工程的新业务格局。全年签订合同金额2.81亿元，完成年度目标126.08%；到账金额2.07亿元，完成年度目标101%。设计业务取得新突破，签订合同金额6 004.58万元，完成年度目标120.09%。监理业务拓展到重庆、设计业务延伸到西藏等省外重点市场。完成公路设计甲级换证和市政设计乙级资质延续工作，完成公路特大桥、特长隧道设计资质增项和勘察岩土资质升甲申报工作，市政行业检测专项资质（主体结构工程检测类、见证取样检测类、建筑地基基础质量检测类）通过省住建厅核准。

推进事业单位改革，及时编制《改革实施方案》，9月，省编办发文同意撤销监理处。配合厅财务处完成清产核资工作，研究完善改革后公司法人治理结构设置。引进专业技术人才24名，高校毕业生19名，形成博士4人、硕士41人、大学本科115人，正高级职称8人、副高级职称55人、中级职称49人的人才团队。

监理业务　2017年，厅监理处（监理公司）签订监理合同26个，合同金额12 235.87万元，完成年度目标122.35%，到账金额4 652.20万元，完成年度目标的73%。完成绵西高速公路、雅康高速公路路面、巴桃高速公路二期工程、恩阳大道、国道353线宁南杨家湾子至会东县城公路改建工程等项目监理工作；二古溪路、成安渝高速公路完善后续施工监理工作；第三绕城高速公路、仁沐高速公路二期工程、苏洼龙西索路、汶马高速公路、内江绕城高速公路、雅康高速公路兴康特大桥等项目安全质量可控，监理工作按期推进。其中，雅康高速公路兴康特大桥监理部在四川交投集团2017年重点项目建设管理工作会上被评为“四川交投集团2016年重点建设项目先进单位”；苏洼龙西索路项目总监办在21家参建单位中脱颖而出，获省总工会“四川省重点工程劳动竞赛先进集体”称号。承担监理任务的兰海高速公路广元至南充段工程（JL3合同段、LMJL2合同段）获“2016—2017年度国家优质工程奖”，项目总监杨新春被授予“2016—2017年度国家优质工程奖突出贡献者”称号。

咨询业务　2017年，厅监理处（监理公司）签订咨询审查合同53个，合同金额4 607.32万元，完成年度目标

2017年8月，雅康高速公路大渡河兴康特大桥全景　　监理处 供稿

184.29%，到账金额3 286.72万元，完成年度目标183%。完成国道8515线荣昌至泸州高速公路施工图设计咨询审查、广安过境高速公路初步设计咨询审查、国道5线泸沽至黄联关高速公路施工图设计咨询审查。完成成都至宜宾高速公路工可报告评估、德阳至都江堰高速公路项目申请报告评估。编制的《成都至宜宾高速公路工程可行性研究报告评估报告》获四川省优秀咨询成果奖二等奖，《省道103线青神至五通桥段公路工程可行性研究报告行业审查咨询报告》获四川省优秀工程咨询成果三等奖。国道5线泸沽至黄联关段是四川省首条高速公路改（扩）建项目，为全省其他高速公路改（扩）建工程积累了经验。

设计业务 2017年，厅监理处（监理公司）签订设计合同17个，合同金额6 004.58万元，完成年度目标120.09%，到账金额2 351.82万元，完成年度目标66%。完成乌蒙山水潦乡至二郎镇农村扶贫公路设计、昌都市贡觉县罗麦乡公路改（扩）建工程设计、国道108线汉源境内泥巴山至碗厂段大修工程设计、国道108线雅安八步至鹿子岗路段大修工程设计。完成省道314线道孚（扎拖）至新龙县城段公路改建工程工可报告、省道433线雅安市荥经界至泸定县冷碛镇段公路改建工程工可报告、资中至东兴公路（球溪至双桥段）快速通道工程工可报告。编制的《省道219线拖乌至冕宁县城段公路工程可行性研究报告》获2017年度四川省优秀工程咨询成果二等奖，《省道314线道孚（扎拖）至新龙县城段公路改建工程可行性研究报告》获2017年度四川省优秀工程咨询成果三等奖。

检测业务 2017年，厅监理处（监理公司）签订检测合同49个，合同金额4 908.71万元，完成年度目标109.08%，到账金额6 483.63万元，完成年度目标127%。先后完成巴陕高速公路、宜宾城市过境高速公路西段、宜宾至彝良高速公路（四川境）、叙古高速公路、泸黄高速公路等重点项目监督抽检，完成凉山州重点公路建设、眉山市农村公路安保工程（路侧护栏）复核、绵阳市农村公路安保工程（路侧护栏）复核、甘孜州交通建设等市（州）项目监督抽检及复核检测，完成仁沐新高速公路（一期）交工验收检测，完成广陕高速公路、南广高速公路、国道85线渝昆高速公路（自宜段）、成自泸赤（川黔界）高速公路成都至眉山（仁寿）段竣工验收工程质量鉴定检测。完成仁沐新高速公路（二期）实验室筹建，完成成乐高速公路扩容试验室筹建并于2017年4月开展试验检测，汶马高速公路、绵西高速公路监理试验室试验检测进展顺利。

招标技术服务业务 2017年，厅监理处（监理公司）签订招标技术服务合同26个，合同金额359.06万元，完成年度目标119.69%，到账金额305.29万元，完成年度目标的102%。招标技术服务由单一的公路工程勘察设计代理，发展到涉及公路工程施工、监理、试验室、设备采购、投资人等专业领域的招标代理，拓宽了服务范围，增强了市场竞争力。开辟与项目业主、招标代理公司三方合作服务新模式，受川高公司委托，参与编写四川省高速公路施工电子招标示范文本。承接成渝高速公路、成仁高速公路、广南高速公路、遂广遂西高速公路等运营高速公路的日常养护招标代理服务，开创四川省营运高速公路通过公开招标选择物业管理服务单位先河。

代建业务 2017年，厅监理处（监理公司）继续推进现有代建业务稳定发展，到账金额784.5万元，完成年度目标112%。完成国道318线松古段项目交工验收，完成省道215线2标段、3标段交工验收。完成甘白路隧道建设，开始推进机电建设。完成绵茂路投资1.07亿元。

2017年，监理处代建的甘白路沿线风貌　　监理处 供稿

（本栏目撰稿人：程　鸿）

大件公路管理
DAJIAN GONGLU GUANLI

概　况　2017年，大件处完成通过大件公路的超限运输审批925件（次），其中车货总重200吨以上40件（次）；完成6处涉路施工审查及监管；完成大件运输监护通行10次。拟定完成《四川省大件公路及大件运输管理规定》，并经省交通运输厅第八次厅务会讨论通过，规定从建设管理、养护管理、涉路施工管理、路政管理、运输管理监督检查等方面进一步规范四川省大件公路和大件运输管理，确保完成全省重大装备制造基地和重点工程的特殊大件运输任务。

大件公路成都段线路调整审查　2017年，大件处会同相关部门组成专项内业检查组，严把技术关，对新线的关键技术资料进行审查。在新线路承运前进行点对点的排障督导，明确清排要求。在大件公路新线首次运行中，会同有关部门通力协作，监护通行，确保大件运输安全。此次大件公路成都段启用后，创造了两个“首次”：一是大件公路路线调整批复以来的首次重大型设备运输，二是在同一时段内多个大件车队首次交会运行。

联合巡查　2017年，大件处会同省经信委、省交警总队对大件公路全线空路障进行排查，发现不符合《四川省大件公路设计技术指标规定》的各类空路障425处，并对大件运输通行造成影响程度较大的45处空路障向沿线市（州）交通运输局（委）下达整改通知书，经检查验收，总体整改率达95%。

大件运输涉路施工监管　2017年，大件处对6处涉路施工的“施工方案”和“大件运输保通方案”进行审查，并提出审查意见。组织涉路施工单位、大件运输企业等单位召开协调会，通报大件产品运输计划，制订相关大件运输保通保畅方案，建立涉路施工与大件运输联系机制，及时互通信息。

非大件公路重点大件运输保障协调　2017年，大件处按照《非大件公路重点大件运输协调工作方案》要求，开展省重点建设项目天明电厂关键设备100万千瓦燃煤发电设备运输保障工作。组织省大件运输公司、厅公路设计院对运输线路进行踏勘，并多次组织召开通气会，共同讨论研究措施方案，切实做到“两确保一降低”（确保公路桥梁及设施安全，确保运输货物安全，尽可能降低运输过程中对社会车辆的影响）。

2017年，江油天明电厂重点大件运输　　大件处 供稿

大件运输组织协调　2017年，大件处认真组织协调大件运输工作。单体重量290吨以上的特大件运输组织协调。在每批次大件运输起运前3~5个工作日，向沿线市（州）交通运输局（委）等有关单位送达大件运输通

知，督促其做好保障服务工作。对重要桥涵、重要节点在起运前组织有关管养单位、承运人进行线路踏勘，发现影响通行安全情况，现场制订保通保畅措施。派员随车监护运行，督促承运人严格按照有关规定及道路运输方案组织大件运输。

大件运输监护运行 2017年，大件处接到护送申请10次，实施护送10次，平均每批（次）护送帮助企业排除红绿灯、涉路施工、人行天桥等各类影响本次通行的空路障30余处。在监护运行过程中，坚持“以护带巡”原则，在护送过程中发现空路障立即通报当地路政管理部门进行协调处理。同时，按照供给侧结构性改革工作要求，减免大件运输企业委托护送费约48万元。

（本栏目供稿单位：大件处）

政务管理

ZHENGWU GUANLI

政府信息公开 2017年，省交通运输厅主动公开政府信息5 563条。其中：概况信息类2条，占0.04%；计划总结信息类3条，占0.05%；规范性文件信息类86条，占1.55%；工作动态信息类3 918条，占70.43% ；人事信息类13条，占0.23%；财政信息类3条，占0.05% ；行政执法信息类302条，占5.43%；其他信息1 236条，占22.22%。与群众密切相关的重点事项、公共资金使用和监督情况、政府机构和人事信息情况等均主动公开。办结依申请公开14件，包括信函邮寄申请、传真申请。内容主要涉及行政许可、土地征收类，均按规定办理答复。全年未发生关于政府信息公开提起行政诉讼的情况。全年发布政务微博2 538条、微信1 080条，阅读总数达2 500余万人次。

（田耀楠）

政务信息工作 2017年，省交通运输厅完成各级政务信息目标任务。收到各单位报送政务信息13 000条；全年向交通运输部、中共四川省委、省政府上报各类信息1 103条，其中被交通运输部办公厅采用62条、被中共四川省委办公厅采用48条、被省政府办公厅采用47条，采用率均排名靠前。年内，省交通运输厅获交通运输部“交通运输政务信息工作先进单位二等奖”，被中共四川省委办公厅评为“2017年度全省党委信息工作先进单位”，在省政府办公厅下发的2017年度政务信息采用情况的通报中，省交通运输厅政务信息采用量位居省直部门第11位；厅办公室田耀楠被评为2017年度全省党委信息工作先进个人。

（田耀楠）

政务目标管理 2017年，省政府公布2016年度省直部门绩效考评结果，省交通运输厅继续保持“优秀”等次。同时，厅目标绩效管理工作领导小组完成对各市州交通运输局（委）、厅直各单位、厅机关各处室2016年度工作目标绩效完成情况综合考评，经2017年第11次厅党组会议审议通过，眉山市交通运输局、厅航务局、厅办公室等27个单位（部门）被评为2016年全省交通运输系统目标绩效管理先进单位，其余单位（部门）为合格单位。

（陈超超）

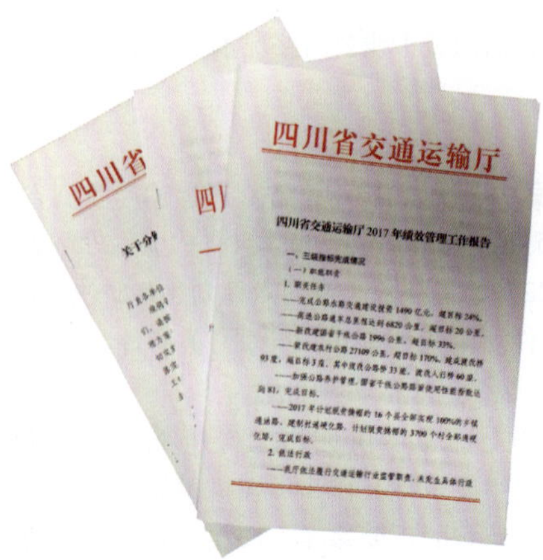

省交通运输厅2017年对各市（州）交通局（委）、厅直各单位、厅机关各处室实行2016年度工作目标绩效完成情况综合考评　陈超超 摄

交通“民生工程” 2017年，省交通运输厅继续实施省政府下达的交通“民生工程”。“民生工程”农村交通建设目标任务为10 000公里（其中实施县乡道改造

工程3 000公里，村道改造工程7 000公里），累计建成12 152公里，占年度目标的121.5%（其中县乡道改造工程累计建成3 408公里、占年度目标的113.6%，村道改造工程累计建成7 930公里、占年度目标的113.3%）。“民生工程”渡改公路桥建设目标任务为30座。累计建成33座，占年度目标的110.0%。“民生工程”渡改人行桥建设目标任务为60座。累计建成60座，占年度目标的100.0%。

2017年4月19日，建设中的营山县王家河渡改公路桥　　交通宣传中心 供稿

按照全省路况检测工作总体安排暨国省干线“民生工程”路面使用性能指数（PQI）目标考核办法，在外业检测工作的基础上，经过对检测数据的评定计算，完成对全省21个市（州）普通国省干线公路路面使用性能指数（PQI）考核，各地均完成“民生工程”考核目标。全省普通国省干线公路路况水平保持在良等水平。

（田耀楠）

建议提案办理　2017年，省交通运输厅收到省人大代表建议85件、省政协委员提案48件。解决或基本解决（A类）22件，正在解决或列入计划逐步解决（B类）44件，因条件所限尚不能解决（C类）67件。限时办复率100%，非涉密复文公开率100%。

加强领导，落实责任，提高办理能力。思想认识到位。厅党组要求把其作为加强机关作风建设、自觉接受人民群众监督的重要途径，摆在重要位置、纳入目标考核、融入日常管理。组织领导到位。省交通运输厅党组书记、厅长汪洋对重要建议、提案直接过问并审查；各分管厅领导组织专题研究，着力解决难题，严把办理答复审签关；各单位（处室）主要负责人做好办理工作的研究处理和督促落实。责任落实到位。通过切实落实分级责任制度，形成“主要领导负总责、分管领导具体抓，办公室牵头办，业务部门具体办”的工作格局，确保办理工作有序开展。

健全制度，科学办理，提高办理质量。强化规范办理。进一步完善协商办理、答复审查、文书处理等管理制度，严格按照交办、承办、审查、答复、走访、复查、总结的程序进行办理，同时建立上门走访、电话联系和联络回访等工作机制，对交办时间、办理情况等作详细记载，做到有记录、有制度、有措施、有结果。强化督查督办。坚持与各承办单位保持密切联系，采取台账管理、挂图作战和专人负责等方式强化督查督办，实时掌握办理进展情况，及时妥善处理办理过程中遇见的困难和问题，确保办理工作保质保量按时完成。强化沟通反馈。对调研中掌握的好的意见、建议，充分听取、吸纳，并认真贯彻落实到办理工作之中。办理前，要求承办人员主动联系代表、委员，详细了解建议背景和真实诉求，共同探讨办理方案；办理中，及时向代表、委员汇报进度，征询办理措施是否得当，探讨改进办法；办理后，如实汇报办理结果，并寄送答复函及征询意见表，努力争取代表、委员谅解，确保办理工作的规范性和严肃性。同时，在省交通运输厅门户网站和省政府网站公开非涉密办理件，主动接受人民群众监督，确保人民群众知情权。

联系实际，狠抓落实，提高办理实效。把办理工作作为推进交通运输工作的重要抓手，改变过去办理“重答复、轻落实”的现象，研究、破解难题、抓落实。其中，在办理《关于让ETC真正成为便捷高效通行工具的建议》（第302号建议）时，省交通运输厅迅速研究制订工作方案，多次主动联系代表，了解代表建议背景情况。针对代表在建议中提出的具体问题和建议，省交通运输组织有关单位，结合建议认真分析ETC发展过程中存在的薄弱环节，会同有关高速公路经营企业和ETC合作银行等有关单位远赴巴中市，邀请代表参加高速公路收费站ETC车道实地调研考察和座谈会，明确下一步工作措施和目标任务，限定工作完成时限，落实牵头单位和责任人，不断改进工作方式，满足人民群众需求。在办理《关于加快推进岷江港航电综合开发的提案》（第625号提案）时，省交通运输厅指定厅航务局牵头负责，厅规划处、法规处、财务处协助配合，研究制订工作方案，明确工作责任、工作措施和时间安排，确保提案办理质量和办理时效。代表、委员均认为办理工作目标明确、措施得当，具有很强的针对性和操作性。

（周　杰）

体制改革　法治建设

TIZHI GAIGE　FAZHI JIANSHE

交通运输体制改革　2017年，省交通运输厅继续推进交通运输体制机制改革，强化统筹协调，推进供给侧结构性改革等4项重点任务和综合交通运输管理体制改革等6项调研任务，分别建立改革任务台账和跟踪督办机制。推进交通运输综合执法改革试点，指导攀枝花市、宜宾市、德阳市组建综合执法机构，指导乐山市马边县、宜宾市宜宾县、巴中市平昌县等有条件的地区制订改革方案。攀枝花市交通运输综合执法支队于12月挂牌成立。

交通法规制度建设　2017年，省交通运输厅加强交通运输重点领域立法，强化立法对行业改革发展的引领推动。《四川省农村公路条例》经2017年7月27日省第十二届人大常委会第三十五次会议通过，自2017年10月1日起施行，为切实推进"四好农村路"和农业农村现代化建设、实现农民致富奔小康提供了法律保障。加快推动《四川省航道条例》的立法进程，配合省人大、省政府法制办赴乐山、宜宾等地开展实地调研，全面梳理在航道建设和保护以及通航建筑物的管理上所面临的主要矛盾和亟需解决的问题，并会同相关专家学者对内容进行论证修改，切实提升可操作性和可执行性。《四川省航道条例》经2017年11月16日省政府第160次常务会议审议通过，按立法程序提请省人大常委会审议。督促指导厅航务局、厅运管局等单位做好《四川省水路交通管理条例》《四川省公共汽车客运管理办法》等法规规章的立法调研及前期准备工作，切实做好项目储备。组织开展《四川省道路运输条例》的立法后评估，对该条例的实施效果、立法内容、主要制度、立法盲点等方面的情况进行客观评估，并提出多条建议意见，为下一步修订工作奠定基础。组织指导厅高管局等相关部门广泛研究国内外相关资料，在行业内召开专题会议研究论证和书面征求意见，形成《四川省高速公路条例释义》初稿。制订印发《2017年行业管理规范性文件及内部管理规定工作计划》，明确责任单位和完成时限，建立台账资料，重点督促推进。开展规范性文件的全面清理，形成《四川省交通运输厅行政规范性文件目录清单》《四川省交通运输厅亟需修订、重新发布实施及废止的行政规范性文件目录清单》，并将现行有效的行政规范性文件对外公示，初步建立行政规范性文件全面清单。未纳入清单的文件将一律不再作为行业管理依据，切实解决行政规范性文件管理不到位、报备不及时及公众查询不方便等问题。强化行政规范性文件的管理，严格执行规范性文件合法性审查、上会审定、备案审核等过程管理，健全完善行政规范性文件专家论证、公众参与等工作机制，

2017年7月27日，省第十二届人大常委会第三十五次会议第二次全体会议讨论现场

厅公路局 供稿

细化落实行政规范性文件的统一登记、统一编号、统一发布、有效期管理等制度，切实提升行政规范性文件管理水平。做好规范性文件及招投标合同文本等重要文件

的合法性审查，完成对《四川省公路工程建设项目招标投标管理实施细则（试行）》等30余个文件的合法性审查，对属于规范性文件的按时报省政府法制办备案审查。完成交通运输部交办的《交通运输行政执法人员培训考试大纲（修订）》等5项交通运输行政执法监督制度的前期调研编制工作。

信用体系建设 2017年，省交通运输厅推进交通信用体系建设取得成效。制订《“信用交通省”创建工作实施方案》，安排2017—2020年的信用体系建设工作。信用信息平台建设取得突破，公路水路建设市场信用管理系统进行试运行，采集4 751条基础信息，公示信用评价信息3 795条、红名单企业24家。完成道路运输市场信用管理系统建设，对343.6万条历史数据进行整理和对接。厅信用信息网站实现同交通运输部“信用交通”主网站有效对接，公示行政许可信息9 316条、行政处罚信息44 630条。

执法队伍建设 2017年，省交通运输厅加强执法队伍规范化建设，强化执法监督，提升交通执法形象。完成交通运输部执法评议考核和全省依法行政评议考核工作，在全国交通运输执法评议考核中排名35个参评单位的第3位。督导推进37个试点单位开展基层执法队伍职业化、基层执法站所标准化、基层管理制度规范化建设，夯实行业执法的基层基础。开展交通执法形象提升专项活动，通过量化考核指标、建立台账清单、约谈问题单位、狠抓问题整改、暗访突击检查、科学评比等举措，从各方面切实提升行业执法形象。完成对行政处罚、行政检查和涉企收费事项的清理规范及排查整治工作，健全完善权力清单，纠正各类违法乱处罚、乱检查和乱收费等行为。开展执法资格年审公示和执法证件申办发放，完成对12 159名执法人员的执法资格审查和对外公示。规范新进执法人员准入制度，完成新进和换证执法证件培训考试6次1 100余人，办理执法证件 1 075个。

交通执法人员对货运车辆实施检查　　交通宣传中心 供稿

行政复议应诉 2017年，省交通运输厅认真做好和指导全省交通行政复议应诉工作，积极开展行政调解工作。依法履行公路和水路交通建设、设施维护管理、水上交通安全监督、客运货运管理等方面的监督职责，全年受理行政复议案件20起（行政处罚案19起，行政其他案1起），全部审结，依法监督、纠正行政机关执法行为，维护当事人的合法权益。主动加强与成都市中级人民法院和青羊区人民法院的沟通，依法办理帅华公司诉四川省交通运输厅行政许可纠纷案和新疆昌运汽车公司诉四川省交通运输厅行政管理纠纷案，按时提交答辩状及相关证据，争取最佳诉讼结果。新疆昌运汽车公司案因当事人撤诉而结案，帅华公司案尚在审理过程中。

理论研究 2017年，省交通运输厅加强交通运输法治建设的理论研究。做好交通运输综合管理体制改革研究，进一步梳理全省铁路、公路、水运、民航和邮政等部门间的内部运行机制，健全完善综合交通运输工作协调机制，强化规划、建设、运营等方面的统筹，设计部门整合方案及推进策略。继续做好实现小康社会交通发展路径研究。通过开展该项研究，实现建立起一个更加安全便捷、经济智能的可持续的公路水路交通网络，实现公路水路交通由低水平、不全面、不平衡向更高水平、更加全面、更为平衡发展。

普法工作 2017年，省交通运输厅积极开展普法和法治培训工作，营造良好的交通法治环境。制订交通运输“七五”普法规划，持续强化普法宣传，进一步增强干部群众尊法学法守法用法的法治意识。做好交通运输新法律法规规章宣传贯彻工作，充分利用车站、港口、码头、高速公路服务区、交通执法检查站点等场所及微信、微博、客户端等科技平台，开展对《四川省农村公路条例》《四川省道路营运驾驶员记分管理办法》等法规规章的宣传活动。开展“法律七进”（详见《附录》）活动和“12·4”国家宪法日普法宣传活动，通过开展法治讲座、制作宣传展板或视频音频资料、播放法治宣传片等增强广大干部群众对交通法律法规的认识。健全完善厅党组会和厅办公例会集体学法、重大决策专题学法等制度，制订年度学法、学政策计划，开展集中专题学法活动，强化领导干部学法的常态化和制度化。

（本栏目供稿单位：厅法规处）

财务管理

CAIWU GUANLI

融资工作 2017年，省交通运输厅全力做好融资工作。积极筹措年度交通建设资金。认真贯彻落实全省交通运输工作会议精神，会同厅直有关单位和厅机关相关处室，研究制订《2017年全省交通建设筹融资工作方案》，指导、协调和督促全省交通建设筹融资工作。落实部省补助交通建设资金310.3亿元，其中，部补助资金170.6亿元，省补助资金139.67亿元。到位取消政府还贷二级公路收费中央补助偿债资金39亿元，省级补助偿债资金7亿元。协调省财政厅加大地方政府债券支持力度。协调省财政厅，并与各债权银行沟通，将120亿元银行贷款置换为地方政府债券。置换后，节约2017年还本付息资金10.5亿元，调整用于全省交通建设。争取加大一般债券支持力度，2017年省本级共争取地方政府一般债券31亿元，比上年增加9.4亿元，拓宽了交通建设省级补助资金来源渠道。与省财政厅积极探索发行地方政府收费公路专项债券，推动全省收费公路专项债券发行使用试点落地，为创新政府收费公路筹融资机制积累了经验。

2017年8月8日，四川交通投资基金与市州交通运输行业主管部门工作对接会在厅举行 厅财务处 供稿

预算管理 2017年，省交通运输厅按时完成2016年部门决算编制和2017年部门预算编制，为厅及厅直单位有效运转提供资金保障，并在2016年度省级部门决算工作考核中获二等奖。及时批复各二级预算单位2017年单位预算，同时，按照省政府统一要求，按时公开省交通运输厅2017年部门预算及2016年部门决算信息。完成2018年部门预算编制和三年滚动财政规划编制工作。按时完成2017年财政支出绩效评价工作，受到省政府通报表扬。

国有资产管理 2017年，省交通运输厅开展监理处、省交通科学研究所（以下简称科研所）撤销清产核资工作。成立监理处、科研所撤销清算工作领导小组，制订并印发《厅属事业单位撤销资产清查工作方案》。委托会计师事务所对监理处、科研所资产清查工作结果开展专项审计，加快推进事业单位改革进程。启动厅公路设计院、厅交通设计院改制资产清查工作。强化国有资产日常监管。完成2016年厅直单位资产报告编制工作，对厅直各单位资产实行动态监管，提高资产利用效率，保证国有资产安全完整。厅2016年行政事业单位国有资产报告工作获省财政厅通报表扬。严格审核厅属事业单位资产处置申请，及时处置报废资产。2017年，报废处置厅属事业单位固定资产及车辆金额8 551万元。完成厅属事业单位及事业单位所办企业国有资产产权登记，完善资产权属证明，明晰资产权属关系。

财务监管 2017年，省交通运输厅开展厅属企业财务监管。制订《四川省交通运输厅厅属国有企业负责人经营业绩考核办法》，建立健全有效激励与约束机制，引导企业创新发展、提质增效，增强企业核心竞争力和可持续发展能力。与厅属国有企业签订经营业绩责任书，依法依规对厅属国有企业经营业绩进行考核。公开招标确定会计师事务所，对厅属国有企业年度财务报表进行审计，按照厅属国有企业负责人经营业绩考核办法审核确定基本指标完成值。加强对厅直单位的日常监管。完成对厅属事业单位的“三公”经费、会议费、培训

费、差旅费等支出的专项检查工作，对检查中发现的问题形成报告，并对发现问题的单位进行通报，督促加强整改。进一步加强交通建设专项资金监督管理。开展对8市（州）部省补助交通建设资金重点检查，查找资金使用管理过程中存在的问题，分析原因、加强指导、督促整改。通过资金管理系统对全省各地交通建设资金到位、使用和结存情况进行常态化监管，督促各地加快预算执行，减少资金沉淀，提高资金使用效益。根据交通运输部统一安排部署，结合全省实际，对国道353线凉山州雷波县箐口山隧道项目开展车购税重点项目绩效评价试点工作，提高车购税资金使用绩效。

（本栏目供稿单位：厅财务处）

人事教育管理

RENSHI JIAOYU GUANLI

干部选任　2017年，省交通运输厅党组认真落实“好干部”标准和“三重”（重品行、重实干、重公认）要求，突出急难险重任务、重大项目推进、艰苦复杂环境和锐意改革创新“四个一线”，着重选任政治素质过硬、工作实绩突出、干部群众公认的干部。2017年，省交通运输厅党组选人用人专项测评各项满意度均达99%，新提拔正处级干部专项测评满意度均为92%以上。加强向中共四川省委组织部汇报，2017年新提拔副厅级领导干部1人、一级巡视员1人。根据工作需要，有计划、有步骤地调整充实厅直单位领导班子和厅机关干部队伍。全年选拔调整处级干部138人次，其中新提拔处级干部62名，调整交流73名，军转安置3名。

干部监督　2017年，省交通运输厅党组严格干部监督管理，贯彻执行《防止干部“带病提拔”办法》，开展厅直人事干部专题学习培训，组织贯彻落实情况专项检查。加强省管干部、厅管干部年度考核工作，对92名厅机关公务员和250余名厅直单位领导班子成员进行考核，申报荣立“三等功”和获嘉奖干部254人。学习贯彻领导干部个人事项报告“两项法规”，利用处级干部读书班进行再宣讲。完成厅属278名县处级干部集中填报工作，对89名干部个人事项报告进行核查，对存在漏报行为的10名干部给予责令检查。坚持干部任前谈话和廉政监督，开展任前谈话提醒95人次，征求有关部门党风廉政建设意见183人次。深化巩固“三项整改”回头看成果，对4名违规违纪的处级领导干部进行问责追究。出台《厅直系统纪检组织落实“两为主”推进“三转”实施意见》，推进厅直系统纪检组织和干部队伍建设。对厅公路局等9家单位开展贯彻执行“两项法规”和干部选拔任用专项检查，并在厅党组会和全厅范围内进行通报，要求举一反三，对照整改。完成调整消化9名原高配干部整改工作。开展干部人事档案专项审核“回头看”，对3 494本档案进行审核，对1 100本“三龄两历”（即年龄、工龄、党龄，学历、工作经历）有问题的档案进行核查认定。开展离退休领导干部在社会团体兼职、“吃空饷”专项检查等清理整治工作，组织人事工作更加规范有序。

人才引进和服务　2017年，四川省交通运输厅重视人才引进和服务工作。完善党管人才工作格局，落实“十三五”全省交通运输人才教育培训规划，促进《激励科技人员创新创业十六条政策》《扩大高等学校科研院所医疗卫生机构人事自主权十条政策》落实。制订实施党组（党委）联系专家人才实施意见，开展联系服务工作。加强专家、人才培育，完成2017年度全省交通工程技术中、高级职称评审工作，对1 200余名申报人员开展评审，其中获得高级专业技术任职资格322人、中级专业技术任职资格416人。组织开展享受政府特殊津贴专家、四川省学术和技术带头人等各项专家人才的推荐工作，年内推荐25人次。截至2017年底，省交通运输厅直属单位专业技术人员有1 553人，占全部人员比例71.7%以上，其中享受国务院政府特殊津贴7人、四川省学术和技术带头人8人、四川省工程勘察设计大师7人、四川省杰出人才奖1人、交通运输部十百千人才工程人选1人、全国万人计划教学名师1人、省级高层次人才岗位激励金2人。四川交职学院大力培育工匠精神，组建

牟廷敏等5个大师工作室，发挥大师引领和引才育才作用。四川交职院杨文浩同学获得第44届世界技能大赛“汽车技术”项目银牌。厅公路设计院召开科技创新大会，厅公路设计院、厅交通设计院获批两个交通运输部行业研发中心，形成专家人才创新创业良好氛围。完善党管人才的保障体系，完善事业单位分类改革、公开招聘、考核管理等配套制度，2017年新公开招考参公管理人员88人、事业单位工作人员31人。支持建设两个省级专业技术人员继续教育基地（四川交通职业技术学院、四川省交通管理学校），四川交通技师学院挂牌成立，全方位支持四川交通职业技术学院创建优质高职院校。

领导干部思想政治建设及教育培训 2017年，省交通运输厅加强领导干部思想政治建设及教育培训，严肃党内政治生活，开展省交通运输厅党组和直属单位领导班子民主生活会。中共十九大召开后，集中举办3期处级干部读书班，对全厅320余名处级干部进行专题教育培训。选派12名干部参加全省和省直机关优秀干部人才递进培养，选派13名干部到中央和中共四川省委党校、行政学院参加各类调训，选派15名干部和专业技术人才到藏区彝区、深度贫困地区挂职帮扶。深化厅校培训战略合作，与上海交大、浙江大学、同济大学、中山大学等加强合作，举办领导干部综合能力培训班等各级各类培训班。制订印发《2017年度全省交通运输行业教育培训计划》，开展行业职工继续教育、西部地区干部培训、各类专业培训等工作，省交通运输厅和厅属单位、学校全年累计培训行业干部超过5万人次。

2017年11月15日，省交通运输厅举办领导干部读书班。图为开班仪式现场 交通宣传中心 供稿

人事制度改革创新 2017年，省交通运输厅按照中央、中共四川省委安排部署，开展厅机关及直属参公单位公务员职务与职级并行制度试点。年内完成职级套改1 089人，职级晋升954人次。其中，晋升一级巡视员1名，一至四级调研员114名。完成厅机关内设处室及厅质监局职能调整工作。加快推进经营类事业单位改革，监理处有序撤销，厅公路设计院、厅交通设计院转企改制稳步推进，取得重大阶段性成果。稳步推进科研单位改革转型，撤销科研所，新成立省交通运输发展战略和规划科学研究院。完成奔腾、交通企业、交通质量、国防交通等4个协会脱钩工作。规范健全薪酬绩效管理制度，进一步推进厅属国有企业薪酬制度改革，研究出台《厅属国有企业领导班子和领导人员综合考核评价暂行办法》。完成干部职工工资调整、养老保险、职业年金代扣、事业单位绩效核定等日常工作。

（本栏目撰稿人：龙运波）

外经外事

WAIJING WAISHI

高速公路BOT项目招标 2017年，省交通运输厅进一步强化与市（州）纵向沟通和厅内横向会商机制，根据投资市场需求形成梯次合理的招商储备项目库；超前开展招商准备，省政府办公厅《四川省“十三五”部分拟开工高速公路项目招商工作方案》，提前明确部分项目投资模式；坚持“走出去，请进来”，采取“一条龙”服务方式，强化对潜在投资人和项目的分析，将招商重点方向确定在大型央企上，与投资人建立长期的招

商联系机制；举办全国投资规模最大的单体高速公路PPP项目沿江高速公路投资协议集中签约仪式；督促沿江高速公路、广平高速公路等项目如期完成投资协议签订、项目公司组建和特许权协议签订，为项目如期开工奠定基础；举办全省交通运输行业PPP项目招商工作培训班和交通建设项目投资模式及投资人信用评价培训班，进一步提升行业从业人员理论水平和业务能力。

全年全省高速公路招商签约项目6个，总里程923公里，引入社会投资1 558亿元。其中，国道4 216线屏山新市至金阳段、金阳至宁南段、宁南至攀枝花段，广元至平武高速公路等4个新建项目成功招商，总里程541公里，总投资1 018亿元；成南扩容、成乐扩容等2个高速公路改扩建项目，按照“一事一议”原则，形成专报上报省政府，由省政府召开专题会议明确原项目投资人合法地位，项目总里程382公里，总投资540亿元。

高速公路PPP项目政策引导 2017年，省交通运输厅进一步完善高速公路PPP项目制度体系，强化全省高速公路招商引资顶层设计。省政府办公厅《关于规范高速公路建设项目投资模式有关事宜的通知》，明确优先采取市场化方式确定投资人，最大限度打开四川高速公路市场，鼓励采用打捆招商方式支持贫困地区高速公路建设，推动全省高速公路“一盘棋”协调发展。针对PPP项目工作环节较多、相关材料编制复杂等特点，印发《关于高速公路政府与社会资本合作项目申请工作的通知》，规范项目前期（包括项目储备、项目论证和社会资本方选择三个阶段）工作程序及要求。以BOT项目招标文件参考文本为基础，结合政府与社会资本合作规范性文件要求，组织编制PPP项目招标文件参考文本和PPP项目实施方案参考文本，规范行业管理，强化示范引导作用。

高速公路BOT项目投资人信用评价 2017年，省交通运输厅制订《四川省高速公路投资人信用管理办法（试行）》（以下简称《办法》），在全国率先推行覆盖高速公路投资人投资履约、项目建设、运营、移交全过程的信用评价，将投资人信用等级与投资活动、投融资支持、企业信用记录等紧密挂钩，严格限制不诚信投资人进入四川省高速公路市场。信用评价遵循“动态管理、奖优惩劣”原则，采用初次、年度、动态三种内容互补评价方式。在初次信用评价工作中，全省高速公路BOT项目投资人积极响应，30余家企业报送“信用评价申请书”，省交通运输厅按照《办法》规定审定了投资人初次信用评价等级，并在四川省交通运输厅官网公示评价结果。

世行贷款项目 2017年，省交通运输厅加快推进世行贷款项目前期工作。执行世行、部委和相关部门对贷款项目的管理要求，指导推进世行贷款“4·20”芦山地震灾后恢复重建农村公路项目。项目工程可行性研究报告获省发展改革委批复，初步设计编制、土建工程施工采购代理机构公开征询选聘工作业已完成，并按照世行管理要求委托第三方机构开展征地移民安置监测、环境管理监测评价工作，为项目后期评估做准备。

推动高层次国际交流 2017年，省交通运输厅践行“一带一路”发展战略，打造互联互通、开放共赢合作体系。协办中俄总理定期会晤委员会运输合作分委会第二十一次会议，受到交通运输部部长李小鹏高度评价。俄罗斯联邦公路署、意大利交通参赞、加拿大代表团、澳大利亚代表团等到省交通运输厅交流会谈，为进一步推动双方合作奠定基础。参加国际性评级机构穆迪、惠誉的评级座谈会，支持省铁路产业投资集团公司开展国际评级及海外融资。始终坚持“引进来”和“走出去”并重，推进专业人才“走出去”，2017年，厅及直属单位出访团组24个88人次，形成因公出访报告6份，因公出国（境）人次数和经费数额经严格控制，未出现违纪违规行为和公款出国（境）旅游案件。

2017年11月22日，省交通运输厅与俄罗斯联邦公路署及公路协会座谈交流　　厅外经外事处 供稿

（本栏目供稿单位：厅外经外事处）

交通审计

JIAOTONG SHENJI

概　况　2017年，全省交通运输系统完成审计项目721个，其中，建设项目审计234个、经济责任审计41个、预算执行及财务收支审计214个、内部控制审计41个、效益审计3个、专项审计调查60个；提出审计建议意见被采纳759条，促进完善规章制度417个。截至2017年底，全省交通运输系统建立内部审计机构135个（其中专职机构20个），配备内部审计人员606人（其中专职45人，兼职561人），参加各类审计业务培训1 045人次。

领导干部经济责任审计　2017年，厅审计处按照《四川省交通运输行业领导干部经济责任审计实施办法》要求，完成省交通运输工会、厅公路局等单位8名领导干部的离任经济责任审计。重点审计领导干部任职期间贯彻执行党和国家有关方针政策和上级决策部署，以及促进部门发展、国家经济政策执行、内部管理、遵守有关廉洁从政规定等方面的情况。对审计中发现问题，归类分析，逐项提出整改建议，并组织召开审计整改工作布置会，提出整改要求，促进领导干部廉洁从政、依法履职。

厅属单位预算执行及财务收支审计　2017年，厅审计处完成四川交职院、兴蜀公司等5个厅属单位2016年度预算执行及财务收支审计。重点审计单位预算编制、预算收入和支出执行、固定资产管理、“三公”经费管理以及政府采购等情况。对审计中发现的问题，归类分析，逐项提出整改建议，并组织召开审计整改工作布置会，要求单位切实抓好整改落实，有效加强单位内部管理，提高财政资金使用效益。

2017年11月7日，厅审计处组织召开厅直单位审计整改工作布置会
厅审计处 供稿

内部控制专项审计　2017年，厅审计处完成厅公路局、厅高管局等5个单位的内部控制审计，重点审计各单位内部控制制度建立和执行情况，揭示管理薄弱环节和潜在风险，对审计发现的单位内部管理制度设计缺陷、内控管理执行中存在问题，进行归类分析并逐项提出整改建议，督促单位增强风险防范意识和化解能力，健全和完善内部控制制度，形成科学规范的内部控制体系。

后续跟踪审计　2017年，厅审计处完成省交通运输工会、厅公路局等14个厅属单位2017年审计发现问题的整改落实情况后续跟踪审计，逐一落实每一个单位每一项问题的整改。通过该项审计，促进各单位有效解决财务管理和经济运行中存在的突出问题，提高财政资金使用效益，促进领导干部依法履行经济责任和单位规范高效运转。

配合外部审计　2017年，厅审计处配合省审计厅开展兴蜀公司省道303线映卧路灾后恢复重建工程竣工决算审计；协调省财政评审中心开展兴蜀公司国道317线汶川至马尔康段等3个灾后恢复重建工程竣工财务决算评审；牵头配合审计署成都特派办完成对省交通运输厅2017年第四季度贯彻落实国家重大政策措施跟踪审计；牵头完成审计署2016年度中央预算执行及其他财政收支审计查处问题整改工作和对四川省2017年第三季度贯彻落实国家重大政策措施跟踪审计整改工作。

（本栏目供稿单位：厅审计处）

交通行政审批

JIAOTONG XINGZHENG SHENPI

窗口建设管理 2017年，省交通运输厅继续提升交通运输窗口服务质量，树立交通良好形象，打造利企便民、规范高效、群众满意的一流政务窗口。制订出台《全省交通运输政务窗口提质行动考核评分标准》，明确考核指标。发放《政务窗口提质行动调查问卷》4 067份，对21个市（州）、183个县（市、区）交通运输政务窗口进行群众满意度测评。完成省政府交办的特急工作，为京东方公司大件运输许可申请设置“绿色通道”，为省市重点项目提供高效服务。开展“厅（局）长进大厅”活动，全年到省政务中心交通窗口的厅（局）领导总计20人次。全年交通政务窗口收到申请74 313件，受理74 263件，办结74 130件，其中，承诺件1 599件，即办件72 531件；行政审批事项现场办结率为100%，按时办结率为99.94%；即办件所占比例为97.84%；承诺件办结提速率82.75%。有效投诉为零，现场办结率、提前办结率、群众满意率均达100%，并3次获赠感谢锦旗。窗口获“2017年度省直部门政务服务效能考核先进集体二等奖”。

2017年9月25日，厅行政审批处组织召开全省交通政务窗口提质行动专题座谈会

厅行政审批处 供稿

行政审批制度改革 2017年，省交通运输厅加强行政审批制度改革，持续深化简政放权，围绕“加快构建权界清晰、权责一致、标准规范、运转高效的行政审批管理服务体系”要求，实现“审批不见面，最多跑一次”和“一网化”目标。清理优化行政许可事项。按照省政府办公厅、中共四川省委编办统一部署，对全省交通运输行政许可事项、公共服务事项进行全面彻底清理优化。省政府已公布《四川省行政许可事项清单》（2018年本），全省交通运输行政许可事项58项，其中省级36项、市级36项、县级26项。网上行政审批服务平台建设取得成效。完成省级交通运输行政审批事项网上办理试运行工作。四川交通运输网上行政审批服务平台一期建设完成省本级34项审批事项网上办理功能开发，功能开发完成率达90%。网上注册用户848个，其中法人用户397个，自然人用户451个，累计办件量63 992件，通过互联网自助办理58 955件，占比达92.1%，通过省级、市（州）级政务中心窗口和高速公路省界代办窗口办理5 037件，占比7.9%。公路大件运输许可管理取得实质突破。针对超限运输审批数量大、风险大等突出问题，采取一系列针对性措施进行全程监管。实现跨省公路大件运输并联许可，完成与交通运输部跨省大件运输网上许可平台联网运行调试，与重庆市交委签订《跨省大件运输并联许可工作协议》，建立两省（市）跨省大件运输并联许可工作机制，以省市重点引资项目京东方公司的跨省公路大件运输网上并联许可审批为重点，开展跨省公路大件运输跨省并联许可工作。编制完成《跨省大件运输并联许可用户手册》，为申请人提供服务指引。联合省公安厅、省政府政务服务和公共资源交易服务中心制订出台《公路超限运输许可联网协同办理工作实施方案》，解决“公路大件运输审批”和“影响公路通行和安全建设活动审批”申请人多头跑、重复审批等问题，与省公安厅建立联合审批办理工作制度。贯彻落实国务院审改办等11个部委《关于取消27项中央指定地方实施行政审批中介服务和证明材料的通知》精神，对应取消在公路大件运输许可中涉及公路桥梁结构荷载验

算报告编制的证明材料，并研究制订相关配套管理措施和监管措施。

推进“放管服”改革 2017年，全省交通运输“放管服”（详见《附录》）改革基础工作不断夯实，重点工作推进成效日渐显现。省交通运输厅厅长汪洋在全国交通运输系统“放管服”改革视频会议上做经验交流发言；副厅长张晓燕在交通运输部网站《在线访谈》栏目分别做“放管服”改革和大件运输审批相关工作情况介绍。厅贯彻落实省政府推进“互联网+政务服务”工作要求，开展“互联网+政务服务”工作，高质高效完成四川一体化政务服务平台基础数据录入工作。四川交通运输网上行政审批服务平台与四川一体化政务服务平台完成数据对接工作，实现数据共享互换。推进投资审批制度改革，将保留的投资审批事项纳入四川省投资项目在线审批监管平台运行，充分发挥在线平台在深化体制改革、推进职能转变、创新管理模式等方面的积极作用，联合省发改委等16个省级部门出台《四川省投资项目在线审批监管平台运行管理暂行办法》。开展投资项目审批前置中介服务事项清理工作，投资项目审批前置中介服务事项减少至3项。配合推进商事制度改革，按照“多证合一、一照一码”的商事制度改革要求，进一步做好交通运输证照数量、类别、信息的梳理等基础工作。将道路运输企业变更名称、法定代表人、地址（限县域内）备案，道路货运代理经营备案，道路货运配载经营备案等3项涉企证照事项纳入全省“二十证合一”。持续精简各类证明材料，组织对工商登记前置后置审批事项、证明材料、涉企证照及涉企收费进行全面清理，再次清理取消19项（13项直接取消、2项转为内部核实、2项转为告知承诺、2项实行资源共享应用管理）证照事项。

事中事后监管 2017年，为全面整体协调推进交通运输“放管服”改革工作，进一步深化事中事后监管，创新交通运输市场监管方式，省交通运输厅制订出台《“双随机一公开”工作实施细则（试行）》，明确规范“双随机一公开”（随机抽选执法人员、随机抽选检查对象、检查结果对社会公开）工作指导思想、基本原则、抽查工作机制等具体工作要求，切实提升事中事后监管能力，创造良好交通运输市场秩序。建立完善行政许可和行政处罚等信用信息公示制度，建立“双公示”工作台账，定期进行督导抽查，通过厅门户网站“双公示”专栏，公布省本级行政许可、行政处罚目录。

（本栏目供稿单位：厅行政审批处）

交通公安
JIAOTONG GONGAN

概　况 2017年，全省交通运输公安系统以维护社会稳定为重点，抓住社会治安综合治理服务经济建设主题，科学统筹、整体推进平安交通建设，做好交通运输行业保稳定、护安全、促和谐工作，为中共十九大胜利召开、进一步推动交通运输事业改革发展创造和谐稳定环境。省交通运输厅被中共四川省委办公厅、省政府办公厅评为“全省维护社会稳定和社会治安综合治理工作目标先进单位”、全省“扫黄打非”先进集体。

涉稳风险隐患排查 2017年，省交通运输厅把握春节、“一带一路”高峰论坛、中共四川省委第十一次党代会和中共十九大等重要时间节点，全年组织开展4次行业矛盾纠纷集中排查调处活动，对市（州）交通运输局（委）、省交投集团和四川路桥集团共23家单位进行拉网式排查，对排查梳理出99项行业和36项系统内部矛盾纠纷分类分级建立台账进行动态监控。围绕巡游出租车、网约车和货运车辆超限治理等突出涉稳问题，厅领导带队组成工作组分赴8个重点市（州）开展调研，从矛盾成因、法规政策等多面对涉稳问题进行分析，有针对性提出维稳工作措施及建议，配合地方党委、政府开展重点问题稳控工作。

社会治安综合治理 2017年，省交通运输厅推进运用法治思维和法治方式稳控化解出租汽车、道路客货运、工程建设等重点领域和行业改革分流人员等重点人群的矛盾纠纷，推动健全交通运输多元化矛盾纠纷机制。推进行业改革，将危机管理与交通发展结合起来，基于四川实证开展“交通运输危机治理管理研究”，为交通运输行业解决危机治理实际问题提供研究参考，推进政府治理能力现代化。配合省综治办修改完善《四川省寄递

物流安全综合治理考核评价办法》，持续推进小件快运、零担货物运输安全监管和危爆物品运输专项整治，督促企业建立健全内部安全风险防控体系。会同省公安厅、省经信委等部门在成都试点探索打击网约车领域犯罪案件的具体措施。按照交通运输部、公安部办公厅《关于整治冲卡挑费维护收费公路运营秩序的通知》，在宜宾市试点建立区域协调机制，打击交通领域利用通信网络新型违法犯罪活动。结合交通运输行业特点，组织和参与流动人口服务管理、特殊人群服务管理、预防青少年违法犯罪、学校及周边治安综合治理等工作。

反恐防范 2017年，省交通运输厅组织开展行业重点目标、部位涉恐隐患排查整治专项行动，在成都市举办全省交通运输行业反恐防范年度专题培训，组织召开反恐防范现场工作会，突出枪支弹药、爆炸、汽油等涉恐要素管控和道路客运实名制、客车附搭快运客运3个100%制度（100%做到先验视，后封箱；100%寄递物流实名制；100%通过X光机安检制度）落实，强化成都和区域中心城市交通运输反恐防范工作。率先在全国省级层面上，制订印发《四川省一、二级汽车客运站反恐怖防范工作规范（试行）》，为全省一、二级汽车客运站提供反恐防范政策支撑和操作标准，为行业监管提供工作遵循和监督检查依据。联合公安机关在过渡期间先在检票环节对开行跨省、跨市客运班线的客运站实行实名

2017年，成都北门车站，旅客正在观看反恐展板
交通宣传中心 供稿

制管理，开展全省从事二手汽车行交易和汽车租赁摸排管控，落实货物运输管理规定，规范零担货物运输和客车附搭小件物品受理环节流程，强化民用爆炸烟花爆竹安全管理。

公路水路安全联防 2017年，省政府与各市（州）政府、各高速公路运营公司签订《道路交通安全综合治理目标管理责任书》，将安全联防工作纳入年度目标管理，建立由省交通运输厅牵头，公安交警部门、市（州）人民政府、各高速公路管理及营运公司协同配合的“一路四方”应急处置及安全联动工作机制。省交通运输厅将年度公路水路联防工作的目标任务进行具体量化、细化和层层分解，督促指导各地逐级签订《年度公路水路联防工作目标责任书》。联合公安机关开展车站港治安秩序整治活动，协调公安机关、高速公路营运管理部门，开展高速公路沿线“三电”（电力、电信、广播电视）设施安全保护工作，利用公路水路安全联防工作考评指导各地开展“平安公路”“平安航道”“平安车站”“平安港口”“平安工地”“平安船舶”等专项创建活动。

平安交通建设 2017年，省交通运输厅以治理“四违”为重点，结合城乡环境综合治理、高速公路超限治理等专项行动，组织开展“打非治违”“桥下空间”等路域环境整治行动，排查安全隐患1 000余个。对全省38家安全评估等级到期的一级汽车客运站开展安全生产状况等级评估，组织10个督查组对全省道路旅客运输企业GPS运行监控和汽车客运站安全监管开展重点督查，不断完善汽车客运站功能及设施设备，计算机和远程联网售票，检票、安检同步电子智能化水平。严把水上交通准入关和技术关，督促港口企业特别是危险货物港口企业依法依规建设经营，落实安全生产责任制和规章制度，建立健全港口安全管理长效机制，确保全省4家危险货物港口企业均符合正常运营条件。严格按照《四川省内河高等级航道专项养护工程项目管理试行办法》，实施15个航道专项整治工程项目，对37个航道专项养护工程项目进展情况和嘉陵江、岷江、金沙江、渠江高等级航道日常养护情况进行考核，联合相关部门打击水上抢劫、盗窃和水匪路霸行为。组织拍摄“平安·记录”微视频，参加全国第二届平安中国微电影微视频比赛，宣传展示四川交通平安建设成绩。

“扫黄打非” 2017年，省交通运输厅配合文化、新闻出版、公安等部门以净化出版物市场、清除网上有害信息、保护知识产权为工作主线，以查缴政治性非法出版物和清除网上有害信息为首要任务，加强对公路水路运输、客运站点、物流货运场站、高速公路服务区等场所严格监管，突出做好政治性非法出版物，车站码头、客运车船、高速公路服务区出版物销售管理，涉藏非法出版物，成都中心城市物流货场和交通运输系统内部网站、刊物、记者站5个专项清查整治，采取以会代训方式，通过传达文件、教授方法对各级交通运输主管部门、管理人员、交通从业人员进行“扫黄打非”知识教育培训，强化日常监管，净化交通运输系统文化市场经营秩序。

矛盾纠纷调处化解 2017年，省交通运输厅对纳入

省政府重点关注的6个矛盾纠纷，坚持依法处置、舆论引导、社会面管控“三同步”原则开展稳控化解工作。组织开展公路水运工程建设领域保证金专项清理和治理拖欠农民工工资专项督查，加强矛盾给付预防化解，保障“项目年”重大部署落地落实。全过程指导遂宁、成都、广元等市开展出租汽车行业不稳定事件化解工作，督导各市州稳慎择机、推进做好已出台改革政策的落地实施，整治违规营运行为，促进出租行业矛盾纠纷化解。建立道路货运行业维稳工作机制，加强货运物流园区、货运集散地等重点单位的监测预警，强化货运行业矛盾纠纷化解。配合中共眉山市委、市政府和省公安厅依法分类及时处理群众诉求，加强政策宣传和舆情应对，依规开展通行费减免工作，化解乐雅高速公路收费纠纷，切实维护公路营运秩序。会同旅游、保监等部门制定灾后旅游客运扶持政策，允许连续停运超过6个月以上的旅游包车根据实际停运时间顺延车辆使用年限，促进“8·8”九寨沟地震旅游客运矛盾纠纷化解。

社会稳定风险评估 2017年，省交通运输厅进一步延伸重大事项决策、重要政策推行、重大项目建设和重大改革实施的外延，将在建和拟建交通基础设施建设项目的启动与实施、国家和地方重大项目涉及交通系统的风险事项和涉及工程质量安全、市场管理、规划编制、体制改革、路政执法等事项逐步纳入评估范围。按照制定评估方案、准确识别风险、形成评估报告和落实维稳措施的程序，探索分类优化评估流程，确保评估工作科学务实、高效廉洁、以民为本，达到合法、合理、可行、可控的要求。落实社会稳定风险评估计划提出、工作会商、跟踪监督、决策备案等工作制度，重点关注涉及群众切身利益的重大事项，积极排查矛盾、评估风险，最大限度防止损害群众利益，引发社会矛盾事件的发生。

禁毒工作 2017年，省交通运输厅拓展与禁毒、邮政等部门的合作渠道，开展情报会商、业务培训及联合查缉等工作，建立健全禁毒“堵源截流”工作机制，协助配合各级公安机关开展对利用各种交通运输工具进行贩卖运输毒品的犯罪嫌疑人的布控工作，及时截断毒品内流中转渠道。选派一线安检岗位业务骨干组建代表队参加省禁毒办在广元组织的“堵源截流”查缉行动，成功查获毒品获得省禁毒委通报表彰奖励。联合省禁毒办在四川交职院举办禁毒专题宣传活动，同时利用交通运输基础设施和运输工具开展宣传教育活动，确保重要时间节点禁毒宣传面达90%以上。按照省禁毒委成员单位定点包片工作要求，厅领导带队3次前往攀枝花市，参加省禁毒宣传活动，具体帮扶、督导和检查摘帽攻坚活动。

机关安全保卫 2017年，省交通运输厅投入243万元，逐步完善厅机关办公区安全监控摄像覆盖面和周界报警系统，强化机关内部安全保卫技防、物防措施。提升改造厅机关消防系统设施设备，邀请辖区公安消防部门上门进行专业指导，组织开展2次消防安全专项检查和1次厅机关消防安全演练，从建设资金保障、专业队伍维护和管理人才培养等方面有效加强消防安全工作。机关内部安全保卫机制持续规范，服务体系标准、人员培训教育、工作效能等制度不断完善，继续深化与属地公安机关的良好协调机制，确保厅机关良好工作秩序和在厅举办的各项重大活动顺利举行。年内，厅机关和直属单位没有发生治安案件和消防安全事故，安全形势持续稳定。

（本栏目供稿单位：厅公安处）

交通战备

JIAOTONG ZHANBEI

国防交通法宣传贯彻落实 2017年，省交通运输厅厅务会会前学习《中华人民共和国国防交通法》，进一步强化交通运输系统领导干部国防意识，举办《中华人民共和国国防交通法》宣传贯彻培训班，组织全省交通运输行业及交通战备部门150余人集中学习，邀请国防大学和国家交战办专家学者作国防教育和法律解读，提升全省交通战备系统对法律的认识和了解；根据国家关于《中华人民共和国国防交通法》宣传教育安排，指导各市（州）交通战备部门，结合本地区实际，组织开展法律宣传贯彻活动，全省印发各类宣传资料两万余份；会同厅规划处、厅人教处等部门，对规划融合、项目建设、资金管理、物资储备等工作进行分工，细化省交战办与厅有关部门交通战备工作职责，初步建立高效顺畅的省级交战工作机制；主动对接西部战区，明确军交保

2017年9月21日，全省《中华人民共和国国防交通法》宣传贯彻培训班开班　　省交战办 供稿

障任务下达流程、完善贯彻落实国防要求提报机制，走访某训练基地，协商研究“十三五”期间有关国防公路建设事宜，明确军事交通投送保障对接机制。

国防交通专业保障　2017年，省交战办围绕队伍“组织落实、任务落实、装备落实、训练落实”总体要求，坚持控制规模、精干实用原则，组织指导各级国防交通专业保障队伍，实施整组，开展训（演）练。着重抓好国家和省级重点专业保障队伍规范化建设和实战化练兵。“8·8”九寨沟抗震救灾中，紧急动员民用运力，组织国家公路战略投送支援车队第十一大队向灾区国道544线川九路运送两座321战备钢桥。6月，安排组织省重点国防交通公路运输专业保障大队赴藏区远程拉动训练。

2017年，整装待发的战略投送支援十一大队正准备运送战备钢桥进入九寨沟震区　　省交战办 供稿

2017年，省重点国防交通专业保障队伍公路工程大队（四川路桥集团）正在架设九寨沟震区2号桥　　省交战办 供稿

应急应战交通保障　2017年，省交战办规范数据采集标准，完善数据调查方式，提高国防交通潜力数据采集水平。完成2017年度全省国防交通潜力数据采集更新，进一步掌握全省情况。按照国家交战办要求，完成四川省交通战备基础资料手册编写工作，为应对战略方向交通运输保障需要和战略投送能力提升打下基础。贯彻落实《中华人民共和国国防交通法》和国防交通储备物资管理有关规定，完成全省国防交通物资储备情况普查，掌握全省国防交通物资储备现状。参加国防动员训练，围绕军事斗争任务和战略投送需求，科学拟制综合交通保障方案，研究有关训练课题。

军事交通保障　2017年，省交战办贯彻国家交战办要求，总结保障经验，以服务于军队改革大局为指导思想，坚持快速、安全和保密基本原则，对接有关方面，组织相关市（州）交战办和厅高管局，开展线路勘察和道路整治，科学制定和实施军事行动交通保障方案，快速动员专业保障队伍，提前预置保通保畅机具，紧急征用民用运力，出色完成重特大军事交通保障任务，以及部队训（演）练拉动、空军危化品运输等军事交通保障任务。

交通战备现代化建设　2017年，省交战办继续对各市（州）、重点县（区）和重点交通专业保障队伍交通战备工作实施目标管理。修订完善《交通战备工作目标管理办法》，进一步提高目标管理效能。省交战办组织开展《中华人民共和国国防交通法》宣传贯彻征文活动，其中1篇论文获得优秀论文二等奖，2篇论文获得优秀论文三等奖。在符合保密要求的前提下，加强交通战备宣传报道工作，印发《四川交通战备信息》10期。对近年档案资料进行归档整理，初步实现档案资料规范化管理。

通信设施保护　2017年，省交战办联合省军区和省计划用电、节约用电、安全用电办公室，组织四川电信、长途通信传输局等单位，赴泸州、宜宾等地，协调处理矛盾，实现全省一、二级干线零阻断。组织指导全省各级交战办开展军警民联合护线宣传活动和世界电信日宣传活动，加强《四川省通信设施保护规定》宣传，发放宣传资料3万余份。

（本栏目供稿单位：省交战办）

交通行政机关

JIAOTONG XINGZHENG JIGUAN

2018

四川交通年鉴

四川省交通运输厅

SICHUANSHENG JIAOTONG YUNSHUTING

综　述　1952年9月，四川省交通厅成立。1970年12月，四川省交通厅更名为四川省交通局。1980年5月，四川省交通局更名为四川省交通厅。2009年12月，四川省交通厅更名为四川省交通运输厅。

四川省交通运输厅职能职责：贯彻执行国家有关交通运输行业的方针、政策和法律、法规。组织拟订并监督实施公路、水路等行业规划、政策和标准，会同有关部门组织编制综合运输体系规划，参与拟订物流业发展战略和规划。拟订全省交通运输地方性法规、规章草案，负责本系统、本部门依法行政工作，落实行政执法责任制。指导公路、水路行业有关体制改革工作，承担全省高速公路统一管理的有关工作。承担道路、水路交通运输市场监管责任，组织制定道路、水路运输有关政策、技术标准和运营规范并监督实施，指导城乡客运管理工作，指导出租汽车行业管理工作，会同有关部门制定运输价格。承担水上交通安全监管责任。负责水上交通管制、运输船舶及相关水上设施检验、登记和防止污染、救助打捞、通讯导航、危险品运输的监督管理工作，负责船员管理相关工作。指导水上交通安全事故、船舶及相关水上设施污染事故的应急处置，依法组织或参与事故调查处理工作。负责提出公路、水路固定资产投资规模和方向、省财政性资金安排建议，按照规定权限审批、核准国家、省规划内和年度计划规模内固定资产投资项目。会同有关部门拟订公路、水路有关规费政策并监督实施，提出有关财政、土地、价格等政策建议。指导交通运输行业审计工作。承担公路、水路建设市场监管责任。拟订公路、水路工程建设相关政策、制度、技术标准并监督实施，组织协调公路、水路有关重点工程建设和工程质量、安全生产监督管理工作。负责对交通行业和产业项目的招标投标活动的监督执法。指导交通运输基础设施管理和维护，承担有关重要设施的管理和维护。按规定负责港口规划和港口岸线使用管理工作，指导交通运输行业特许经营管理，会同有关部门组织实施交通运输行业职业资格管理工作。指导公路、水路行业安全生产和应急管理工作。按规定组织协调国家及省重点物资和紧急客货运输，负责全省高速公路及重点干线路网运行监测和协调。组织协调地方交通战备工作，承担国防动员有关工作。制定交通运输科技政策并监督实施，组织重大科技开发。指导全省交通运输信息化建设，监测分析运行情况，开展相关统计工作，发布有关信息。指导公路、水路行业环境保护和节能减排工作。负责公路、水路有关涉外工作，开展对外经济技术交流与合作，指导全省交通运输行业招商引资和利用外资工作。承担省政府公布的有关行政审批事项。依照法律法规和有关规定，在职责范围内对交通运输行业领域的安全生产工作实施监督管理，履行安全生产行业监督管理职责。按照省政府安排部署，负责全省地方铁路建设质量安全行政监管工作。承办省政府交办的其他事项。

四川省交通运输厅内设机构19个，分别是办公室（精神文明建设办公室）、政策法规处、综合规划处、财务处、人事教育处、建设管理处、公路管理处、行政审批处、运输管理处（出租车行业指导办公室）、安全监督管理处（应急办公室）、审计处、科技和信息化处、外经外事处、公安处、离退休人员管理处、机关党委（机关纪委）、信访处、四川省交通战备办公室（四川省保护通信线路安全办公室）、厅机关后勤服务中心。

四川省交通运输厅直属单位29个，分别是四川省交通运输工会委员会、厅公路局、厅航务管理局、厅道路运输管理局、厅高速公路管理局（高速公路交通执法总队）、高速公路交通执法一至七支队、四川交通职业技术学院、厅公路规划勘察设计研究院、厅交通勘察规划设计院、四川省路网运行监测与应急处置中心、厅高速公路监控结算中心、厅工程质量监督局、厅交通建设工程造价管理站、重点公路工程监理处（2017.09撤销，保留咨询监理公司）、大件公路管理处、交通宣传中心、厅交通史志总编室、厅信息中心、四川省交通运输职业

资格中心、四川省公路交通应急装备物资储备中心、兴蜀公司、四川省交通管理学校，四川交通运输职业学校。

2017年，全省交通运输系统以习近平同志新时代中国特色社会主义思想为指导，在中共四川省委、省政府的坚强领导下，始终保持专注发展定力，统筹推进稳增长、促改革、调结构、惠民生、防风险等各项工作，推动全省交通运输发展取得了四个“重大突破”和四个“显著提升”的突出成绩。

突出抓项目促投资，“项目年”交通建设取得重大突破。始终保持专注发展定力，深入贯彻中共四川省委、省政府“项目年”决策部署，充分调动各方面积极性，超常推进一批重大项目及时落地落实。全年公路水路建设完成投资1 499亿元，再创历史新高。全省高速公路通车总里程达6 820公里，结束甘孜藏区不通高速公路的历史，实现市（州）高速公路全部通达。成都至宜宾等12个项目、1 396公里开工建设，总投资2 391亿元，年度新开工项目里程和投资规模均创新高。新（改）建普通国省干线公路1 996公里，实施大中修工程1 537公里，国省干线公路服务保障水平持续提升。新开工岷江龙溪口航电枢纽等4个重点水运项目。综合客运枢纽建成和在建项目达39个，覆盖90%的高铁站。

突出抓扶贫补短板，交通精准脱贫取得重大突破。始终坚持以人民为中心的发展思想，聚焦“四大片区”特别是藏区、彝区深度贫困县，锁定通乡畅村“两个100%”兜底性目标和年度脱贫任务，坚持早谋划、早布置、早启动，强化资金倾斜，强化技术帮扶，强化督导推进，全力办好脱贫攻坚“头等大事”。全省新（改）建农村公路2.7万公里，新增71个乡镇通油路、2 547个建制村通硬化路，3 820个建制村通客车，年度计划脱贫摘帽的16个县和3 700个村实现交通高水平脱贫。“交通+特色产业”“交通+旅游”扶贫的成效经验获《人民日报》、央视《新闻联播》头版头条肯定报道。扎实推进定点扶贫，中共四川省委、省政府授予省厅“五个一”帮扶力量先进帮扶单位。省厅定点帮扶沐川县实现高水平脱贫。大力推进“四好农村路”建设，成功创建全国示范县3个，省政府命名省级示范县14个。新建成渡改桥110座。圆满完成中共四川省委、省政府“民生工程”和交通运输部更贴近“民生实事”目标。

突出抓服务促转型，运输服务提质增效取得重大突破。始终坚持供给侧结构性改革工作主线，把物流降本增效、客运转型升级、服务优质高效作为主攻方向，优化供给体系，提高供给质量，推进运输服务高品质发展。货运组织优化整合，成都铁路口岸多式联运“一单制”在全国推行。无车承运人试点整合车辆5万辆。道路客运创新转型，发展铁路接续接驳客运班线821条，建立全省汽车客运站共享发展联盟。网约车、共享单车管理规范推进。启动实施“交通+旅游”融合发展专项行动计划，示范项目建设初见成效。创建“五好”高速公路9条、全国百佳示范服务区5对、全国优秀服务区22对。大力推进“厕所革命”，全行业新（改）建厕所210座，提升交通服务形象。

突出抓改革强动力，重点领域改革取得重大突破。始终坚持问题导向，遵循发展规律，着力破解体制机制障碍，在不断深化改革中强化动力变革。四川交通投资基金成功设立。创新实施高速公路打捆招商模式，有效推动全省高速公路“一盘棋”协调发展。综合交通管理体制改革积极推进，省政府成立综合交通运输协调领导小组，省政府赋予省交通运输厅地方铁路质量安全监管职责。加大简政放权力度，省市县三级行权事项大幅精简，跨省大件运输并联许可走在全国前列，“放管服”改革得到交通运输部充分肯定。综合执法改革试点推进，攀枝花等市组建成立综合执法机构。

突出抓创新增活力，行业发展新动能显著提升。始终坚持把创新作为引领发展的第一动力，不断完善顶层设计，优化推进机制，推动行业新技术、新产业、新业态、新模式蓬勃发展。全省交通运输行政审批服务实现“一网通办”。交通、公安、旅游信息资源实现跨行业整合、共享应用。高速公路ETC、客运联网售票等继续拓展优化，群众出行更加便捷。以中央环保督察为契机，推动污染防治“三大战役”实现攻坚突破。科研能力建设不断加强，结出丰硕成果。

突出抓法治强管理，行业治理能力显著提升。始终坚持用法治思维和法治方式规范引领行业发展，抓立法保障、抓制度规范、抓规则约束，行业治理体系和治理能力现代化基础更牢。《四川省农村公路条例》颁布实施，《四川省航道条例（草案）》提请省人大常委会审议，《四川省机动车驾驶员培训管理办法》修订出台。推进文明规范执法，在全国交通运输执法评议考核中迈入前三。坚持规则先行，完善建设管理规范体系，规范高速公路投资模式和运营管理机制，取得良好成效。出台《高速公路投资人信用管理办法》，建成交通建设和运输市场信用管理系统，信用体系建设稳步推进。

突出抓安全促和谐，行业维稳保安能力显著提升。始终牢固树立安全发展理念，坚守安全红线，落实监管责任，筑牢安全防线，平安交通基础更实，交通运输安全稳定形势持续向好。高速公路基本实现违法超限货车“零驶入”，国省干线公路平均超限率有效控制在3%以内，水上交通死亡人数连续11年控制在个位数。有力应对茂县“6·24”叠溪特大山体滑坡、“8·8”九寨沟7.0级地震等重大自然灾害，赢得部、省的充分肯定和社会各界的广泛好评。加强行业信访维稳和反恐防范工作，行业保持和谐稳定。

突出抓党建强保障，行业凝聚力战斗力显著提升。

始终把政治建设摆在首位，牢固树立“四个意识”，坚定维护以习近平同志为核心的党中央权威和集中统一领导。坚持以上率下、系统联动，在全行业迅速掀起党的十九大精神学习宣贯热潮。省交通运输厅党组作为省直部门唯一代表，在全省推进“两学一做”学习教育常态化制度化工作会议上交流发言。党风廉政建设强力推进，中共四川省纪委在省交通运输厅召开省直机关纪检组织和队伍建设现场会。省市县三级联动开展交通政风行风建设“五大行动”，年度测评排名明显升位。

（厅办公室）

厅办公室 2017年，在省交通运输厅党组的坚强领导和厅直单位、机关处室的大力支持下，厅办公室主动适应新形势、新任务、新要求，紧紧围绕全省交通运输工作发展大局，认真履行岗位职责，积极做好协调服务，更加有力地推动中央、省和厅党组决策部署落地落实，为全省交通运输持续健康发展做出积极贡献。

狠抓参谋辅政，积极服务厅党组科学决策。坚持更高水平以文辅政。始终高标准、高质量起草撰写各类文稿，努力做到“上接天线、下接地气、符合领导意图”，全年起草领导讲话、工作汇报、调研报告等各类文稿120余篇，协助其他单位（处室）修改文稿100余篇，多篇文稿在全国交通运输系统工作会议上作交流发言使用，切实增强文稿工作的思想性、指导性、针对性和可操作性。坚持更高质量参谋服务。聚焦中央和省、厅科学决策、指导工作的需要，坚持大局导向、需求导向和问题导向，全年向交通运输部办公厅、中共四川省委办公厅、省政府办公厅上报交通政务信息1 103条，共采用157条，厅办公室被中共四川省委办公厅评为2017年度全省党委信息工作先进单位；编发《每日动态》246期、《交通干部必读》26期，切实当好信息的“采写部”，信息质量、深度、档次显著提升。坚持更高标准统筹服务。突出牵头抓总、协调各方，切实整合各方面更好地形成合力、步调一致开展工作，充分发挥厅办公室联系左右、协调上下的桥梁纽带作用。建立完善省交通运输厅党组会议议事决策规则、厅务会议议事决策规则、主要领导批示件办理办法等规章制度，着力构建抓落实、促运行的工作制度和运行机制。会同厅信息中心规范新OA系统运行流程，进一步提高机关工作效率。

狠抓保障服务，积极推动机关高效运转。公文运转“零差错”。建立统一规范、分工负责、环环相扣、层层把关的公文运转程序，全年收文4 498件，发文1 522件，印制文件3 000余份，没有一件出现遗失，没有一件发生延误。保密管理“零泄密”。实行涉密文件专人、专柜、专卷管理，全年办理涉密文件1 377件，无一差错，没有发生失密泄密事件，没有人员因失密泄密被追责。档案管理“零遗漏”。加强档案管理人员培训，积极参加省级档案培训，严格执行档案管理和查阅借阅规章制度，全年整理归档6 000余份文件，无遗失错漏。会议筹办“零过失”。围绕中心工作积极筹划会议活动，圆满完成交通运输部在川召开会议、部省领导调研、重点项目集中开工动员活动、集中签约仪式等会议活动330余次，多次得到领导肯定。接待服务“零失误”。认真贯彻执行中央八项规定精神、中共四川省委省政府十项规定，严格按照程序、标准开展公务活动，做好80余批次国家部委、各省（自治区、直辖市）交通运输系统来川考察调研等接待任务。认真做好公务出行保障，全年累计派车650余次，保障了机关工作顺利开展。

狠抓督查督办，积极推动决策落地落实。加强批示指示办理。紧扣中央、省、厅各项决策部署，建立部省领导重要批示指示、厅党组会、厅务会议定事项督查督办落实台账，落实“责任制+清单制”，实行销号管理，确保按时按质完成领导交办任务。全年督办落实59件省（部）领导批示指示， 130余件厅党组会议定事项，400余件厅领导批示指示，有力推动了重要工作事项的落地落实，多次得到领导肯定和表扬。加强建议提案办理。坚持把建议提案办理作为推动工作狠抓落实的过程，全年承办人大代表建议和政协委员提案172件（人大建议102件，省政协提案70件），办件数量居省直部门前列，按时“办结率”、办理“满意率”均为100%。针对部分重点建议和提案，厅领导多次率队深入基层，调查研究基本情况，亲自制订解决措施，有效推动建议提案办理。加强督办工作创新。修改完善《四川省交通运输政务督办工作规则》《四川省交通运输厅信访督查督办工作规则》等文件，更加明确了督查的责任主体、工作范围、工作程序、考核办法等内容；加强督办结果运用，实行市州交通运输部门的督办考核结果与资金项目安排挂钩，厅直单位和机关处室的督办考核结果与部门负责人评先评优挂钩；在OA（办公自动化）系统上完善“政务督办”板块，使督查督办从立项、分办到整理汇总、立卷归档有章可循，提高了政务督办的时效性。

狠抓宣传造势，积极提升四川交通形象。政务公开再上台阶。围绕全省交通运输发展工作大局，填报省政府公开目录信息2 393条，发布门户网站信息8 696条，处理网友留言479条，收到公众留言有效信件479件，处理回复率、处理率均为100%，政务信息的工作质量和服务水平不断提高。新闻宣传再上台阶。积极争取央媒、主动对接省媒、盘活用好内宣，抓住中共十九大和省第十一次党代会召开、重大项目集中开工动员等节点，多角度、全方位报道四川交通运输，中央和省级主要媒体报道质量和数量较往年均有较大上升，基本实现“天天有声音、周周有报道、月月见大报”的预定目标。《人民日报》先后14次报道四川交通工作（其中头版头条2次），中央电视台《新闻联播》11次报道，《中国交通

报》头版56次报道，《四川日报》头版48次报道，《四川新闻》先后播报132次，均大幅超过往年水平，展示了交通运输行业良好形象。精神文明建设再上台阶。重点开展第五届全国文明单位评定及复核工作，厅航务管理局被中央文明办表彰为“全国文明单位”；完成对四川交通职业技术学院、厅交通勘察设计研究院的全国文明单位复核工作；进一步梳理厅直各单位文明单位或文明校园的创建情况。在行业内外集中力量培树和宣传牟廷敏、杨文浩等同志先进典型，牟廷敏被评为“2016年感动交通年度人物”，行业新风正气进一步培育。

狠抓自身建设，积极走在全厅工作前列。争做学习表率。结合“两学一做”学习教育，率先在全厅带头学习贯彻中共十九大、中共四川省第十一次党代会、中共四川省委十一届二次全会、全省交通运输工作会议精神，及时贯彻落实中央、省和厅党组各项决策部署，坚持当好“五个坚持”表率，不断提高工作水平。做好奉献表率。在急难险重工作中或者重特大活动中，办公室同志总是无私奉献、毫无怨言，始终冲在第一线，做到文不过夜、事不过天、首办担责，切实以实际行动正文风、严会风、树新风。做好廉洁表率。带头守好纪律守住规矩，严格执行中央“八项规定”精神、中共四川省委、省政府“十项规定”等要求，进一步规范公务活动，无一例违纪违法行为行为发生，公务接待等方面经受了巡视和审计检验。

（厅办公室）

厅政策法规处 2017年，厅政策法规处继续推进交通运输体制机制改革和行业制度建设。成立综合交通运输改革领导小组，推进综合执法改革试点，指导攀枝花市、宜宾市、德阳市组建综合执法机构，指导乐山市马边县、宜宾市宜宾县、巴中市平昌县等有条件的地区制订改革方案。攀枝花市交通运输综合执法支队已于12月挂牌成立。《四川省农村公路条例》经2017年7月27日省第十二届人大常委会第35次会议通过，自2017年10月1日起施行。《四川省航道条例》经2017年11月16日省政府第160次常务会议审议通过，按立法程序提请省人大常委会审议。开展规范性文件的全面清理，形成《四川省交通运输厅行政规范性文件目录清单》《四川省交通运输厅亟需修订、重新发布实施及废止的行政规范性文件目录清单》，并将现行有效的行政规范性文件对外公示，初步建立行政规范性文件正面清单。制订《“信用交通省”创建工作实施方案》，安排2017—2020年的信用体系建设工作。完成2017年交通运输部执法评议考核和2017年全省依法行政评议考核工作，在全国交通运输执法评议考核中排名35个参评单位的第三位。推进交通执法形象提升专项活动，从各方面切实提升行业执法形象。开展《四川省农村公路条例》《四川省道路营运驾驶员记分管理办法》等法规规章的宣传活动。开展“法律七进”（详见《附录》）活动和“12·4”国家宪法日普法宣传活动。回复上级单位和省直部门征求意见稿、厅机关各处室厅直各单位征求意见稿共600余条。

（厅法规处）

厅综合规划处 2017年，厅规划处围绕构建畅通安全高效的现代综合交通运输体系总目标，对接长江经济带、“一带一路”等国家和中共四川省委、省政府重大决策部署，制订实施《“十三五”综合交通运输发展规划》《“交通+旅游”融合发展专项行动计划》等一系列规划，规划引领作用得到进一步强化。围绕“项目年”实施方案，以高速公路项目为重点，推进项目前期工作，为宜攀高速公路等项目开工建设奠定坚实基础。加强政策对接，争取中央资金支持，强化计划执行监督管理，为项目顺利推进提供了有力保障。统筹推进脱贫攻坚、节能环保、交通统计等其他各项工作，顺利完成年度目标任务。

（厅规划处）

厅财务处 2017年，厅财务处研究制订《2017年全省交通建设筹融资工作方案》，指导、协调和督促全省交通建设筹融资工作。协调省财政厅，并与各债权银行沟通，将部分银行贷款置换为地方政府债券。争取加大一般债券支持力度，拓宽交通建设省级补助资金来源渠道。与省财政厅积极探索发行地方政府收费公路专项债券。按时完成2016年部门决算编制和2017年部门预算编制。及时批复各二级预算单位2017年单位预算，同时，按照省政府统一要求，按时公开省交通运输厅2017年部门预算及2016年部门决算信息。完成2018年部门预算编制和三年滚动财政规划编制工作。完成2017年财政支出绩效评价工作。完成2016年度交通运输行业政府资产报告编制工作。完成4个协会与厅脱钩改革资产清查工作。开展监理处、科研所撤销清产核资工作。制订《四川省交通运输厅厅属国有企业负责人经营业绩考核办法》，与厅属国有企业签订经营业绩责任书，依法依规对厅属国有企业经营业绩进行考核。公开招标确定会计师事务所，对厅属国有企业年度财务报表进行审计。完成厅属行政事业单位的“三公”经费、会议费、培训费、差旅费等支出专项检查工作。开展8市（州）部省补助交通建设资金重点检查，加强指导，督促整改。通过资金管理系统对全省各地交通建设资金到位、使用和结存情况进行常态化监管，督促各地加快预算执行，减少资金沉淀。对国道353线凉山州雷波县箐口山隧道项目开展车购税重点项目绩效评价试点工作，提高车购税资金使用绩效。开展交通运输行业财政事权与支出责任划分改革研究，将全省交通运输行业财政事权梳理划分

为基础设施、运输服务、执法监督、应急管理及其他五大类事权，结合实际情况，提出全省交通运输行业财政事权责任清单。完成四川交通投资基金首期设立工作。启动厅公路设计院和厅交通设计院改制资产清查工作。联合省财政厅印发《四川省省级财政交通专项资金管理办法》，转发《财政部 交通运输部关于<车辆购置税收入补助地方资金管理暂行办法>的补充通知》。初步形成《四川省交通运输厅机关内部控制手册》。对全省交通运输行业58位优秀会计人员和业务骨干开展集中培训，对厅属单位财务人员开展预算和资产管理、政府采购等专题培训，进一步优化会计人员知识结构，提高专业技术水平，增强财务管理能力。

（厅财务处）

厅人事教育处 2017年，厅人事教育处主要开展以下工作：始终突出政治建设这个根本，领导班子和干部队伍政治思想建设取得新成效。组织开展省交通运输厅党组和直属单位领导班子民主生活会。做好中共十九大、中共四川省第十一次党代会代表选举、四川省"两会"代表委员推荐考察工作。全年举办3期处级干部读书班，对省交通运输厅320余名处级干部进行专题教育培训。选派12名干部参加全省和省直机关优秀干部人才递进培养，选派13名干部到中央和中共四川省委党校、行政学院参加各类调训，选派15名干部和专业技术人才到藏区彝区、深入贫困地区挂职帮扶。与同济大学等高校加强厅校战略合作，举办领导干部综合能力提升等专题培训班。始终突出科学选任这个关键，交通运输干部队伍高素质专业化建设取得新进展。坚持好干部标准和"三重"（重品行、重实干、重公认）要求，突出急难险重任务、重大项目推进、艰苦复杂环境和锐意改革创新"四个一线"，着重选任政治素质过硬、工作实绩突出、干部群众公认的干部。2017年厅党组选人用人专项测评各项满意度达99%以上，新提拔正处级干部专项测评满意度均92%以上。全年新提拔副厅级领导干部1人、一级巡视员1人。根据工作需要，有计划、有步骤地对厅直单位领导班子和厅机关干部队伍进行调整充实。全年选拔调整干部138人次，其中新提拔处级干部62名、调整交流干部73名、军转安置人员3名。始终突出监督管理这个抓手，干部队伍纪律作风建设取得新成果。严格贯彻执行《防止干部"带病提拔"办法》，开展厅直人事干部专题学习培训，组织贯彻落实情况专项检查。实行选人用人全程纪实、全程放下、全程追责，从源头杜绝干部"带病提拔"，开展干部选任反映核查3起。加强省管干部、厅管干部年度考核工作，对92名厅机关公务员和250余名厅直单位领导班子成员进行考核，申报荣立"三等功"和获嘉奖干部254人。学习贯彻领导干部个人事项报告"两项法规"，利用处级干部读书班再进行全面宣讲。完成厅属278名县处级干部集中填报工作，对89名干部个人事项报告进行核查，对存在漏报行为的10名干部给予责令检查。坚持干部任前谈话和廉政监督机制，开展任前谈话提醒95人，征求有关部门党风廉政建设意见183人次。深化巩固"三项整改"成果，对4名违规违纪的处级领导干部进行问责追究。省交通运输厅出台《厅直系统纪检组织落实"两为主"推进"三转"实施意见》，强力推进厅直系统纪检组织和干部队伍建设。对厅公路局等9家单位开展贯彻执行"两项法规"和干部选拔任用专项检查工作，并在厅党组会和全厅范围内通报。完成调整消化9名原高配干部整改工作。开展干部人事档案专项审核"回头看"、离退休领导干部在社会团体兼职、"吃空饷"专项检查等清理整治工作，组织人事工作更加规范有序。始终突出改革创新这个方向，机构编制改革取得新突破。积极稳妥开展厅机关及直属参公单位公务员职务与职级并行制度试点，完成职级套改1 089人，职级晋升954人次。其中，晋升一级巡视员1名，一至四级调研员114名。完成厅机关内设处室及厅质监局职能调整工作。加快推进经营类事业单位改革，监理处有序撤销，厅公路设计院、厅交通设计院转企改制稳步推进，取得重大阶段性成果。稳步推进科研单位改革转型，撤销科研所，新成立省交通运输发展战略和规划科学研究院，补齐战略规划和科研短板，推进新型智库发展。完成奔腾、交通企业、交通质量、国防交通等4个协会脱钩工作。推进厅属国有企业薪酬制度改革，研究出台《厅属国有企业领导班子和领导人员综合考核评价暂行办法》，开展专项检查，厅属企业负责人薪酬管理更加严格规范。完成干部职工工资调整、养老保险、职业年金代扣、事业单位绩效核定等日常工作。始终突出人才强交这个战略，交通运输人才创新创业取得新跨越。落实"十三五"全省交通运输人才教育培训规划，促进《激励科技人员创新创业十六条政策》《扩大高等学校科研院所医疗卫生机构人事自主权十条政策》落地落实。制订实施党组（党委）联系专家人才实施意见，积极开展联系服务工作。完成2017年度全省交通工程技术中、高级职称评审工作，对1 200余名申报人员开展评审，其中322人获得高级专业技术任职资格、416人获得中级专业技术资格。组织开展享受政府特殊津贴专家、省学术和技术带头人等各项专家人才的推荐工作，合计推荐25人次。截至2017年底，厅属单位专业技术人员有1 553人，占比71.7%。四川交职学院大力培育工匠精神，组建牟廷敏等5个大师工作室，发挥大师引领和引才育才作用。四川交职学院学生杨文浩获得第44届世界技能大赛"汽车技术"项目银牌；厅公路设计院召开科技创新大会，厅公路设计院、厅交通设计院获批两个交通运输部行业研发中心，形成专家人才创新创业良好氛围。与上海交

大、浙江大学、同济大学、中山大学等加强合作，举办领导干部综合能力提升等各级各类培训班。制订印发《2017年度全省交通运输行业教育培训计划》，开展行业职工继续教育、西部地区干部培训、各类专业培训等工作，省交通运输厅和厅直单位、学校全年累计培训行业干部超过5万人次。2017年新公开招考参公管理人员88人，事业单位工作人员31人。支持建设两个省级专业技术人员继续教育基地（四川交职学院、管理学校），四川交通技师学院挂牌成立，全方位支持交职学院创建优质高职院校。

（周　杰）

厅建设管理处　2017年，厅建设管理处按照省交通运输厅统一部署，继续推进全省交通基础设施建设。交通建设管理制度体系建设方面，制订、修订招标投标、信用评价、分包管理、市场督查等制度10余项，初步构建全省统一、科学、完备的交通建设管理制度体系。高速公路建设管理方面，推进全省24个续建高速公路项目建设，提前部署新开工12个高速公路项目前期工作，推进运营项目竣工验收工作。从业单位信用管理方面，严格落实信用评价监管，完成2016年度263个公路建设项目，1 394个合同段，481家从业单位的信用评价和2017年高速公路、普通公路日常信用评价。启动品质工程建设，促进高速公路建设领域，品质工程、绿色建设的理念得以广泛认同，营造争创品质工程的良好氛围，为加快推进四川交通项目品质工程建设奠定基础。开展交通建设领域环保工作，排查全省运营、在建高速公路建设环保工作，督促整改，并进一步完善交通建设行业管理制度，落实环境保护及污染防治工作责任。

（厅建管处）

厅运输管理处　2017年，省交通运输厅运输管理处继续改进、提升交通运输服务工作。完成道路运输供给侧结构性改革、行业促进物流业降本增效、四川自贸试验区建设行业任务、成都机场人流物流首要地位的行业支持政策和物流信息公共平台建设等基础研究；完成全省道路水路春运工作组织任务，道路水路客运量完成1.20亿人次，日均客运量为300万人次左右，“情满旅途”活动得到交通运输部肯定；推动道路运输转型升级有所突破，指导成立省汽车客运站共享发展联盟，制订省网约车经营者线上服务能力材料编制参考指南（试行），成功申报全国第2批多式联运示范项目——“四川省‘空中+陆上丝绸之路’国际空铁公多式联运示范工程”，“13+1”无车承运试点有序推进；督促完善网约车线上服务能力认定工作程序，会同厅运管局协调相关部门联合制订《四川省网约车经营者线上服务能力材料编制参考指南（试行）》；加快推进交通“一卡通”互联互通工作，全省20个城市加入全国交通“一卡通”联网范围，实现互联互通；建立“12328”电话系统月度分析报告制度、重点监控名单和“黑名单”制度，完善“12328”交通运输服务监督电话运行服务质量考评办法；牵头推动行业新（改）建厕所210座，超额完成省政府下达的年度目标；推动示范建设，成都等4个城市纳入公交都市创建城市，乐山市犍为县、绵阳市涪城区进入城乡交通运输一体化示范创建名单；抓重点领域安全监管，完成城市轨道交通运营安全交叉检查，牵头迎接国家物流安全专项督查组来川检查督导，配合开展道路货运安全专项整治；牵头自贸试验区行业推进工作，完成11项省级管理事项授权下放；研究并实施原省客厂改制遗留问题系统解决方案，重点时期没有发生进京到省的上访情形，会同厅运管局健全完善出租车、货运行业稳控机制；继续推进四川省交通运输物流公共信息平台建设；做好全省交通物流数据统计报送和季度分析，参与研究2017年重点项目推进方案及省物流工作要点；加强全省汽车客运站提升改造工程督导；落实省政府关于四川省服务业发展工作要求，完成年度交通运输服务业发展速度指标任务；推进旅游运输的规范、有序发展；进一步加强全省外商投资道路运输业立项审批工作；配合省级有关部门做好企业减负、旅游运输调查及监管、公路水路口岸等工作。

（厅运输处）

厅公路管理处　2017年，厅公路管理处细化梳理工作职能职责，以年度工作目标任务为导向，以加强处室自身能力建设为基础，统筹协调开展各项工作，推动完成相关目标任务。

综合协调，有序开展公路养护工作。完成国家公路网技术状况监测工作。根据交通运输部和部路网中心关于2017年度国家公路网技术状况监测工作安排，牵头组织厅公路局、厅高管局、省路网中心以及雅安市等相关市、县交通运输部门，配合协助桥隧监测和路况抽检单位，分别完成雅安市国道108线西门大桥监测工作和普通国道321线、国道108线、高速公路国道5线、国道42线、国道75线共2 364公里的路况抽查工作。桥梁监测组对全省桥梁管理能力和水平给予高度评价。完成国家公路网桩号传递工作。根据交通运输部的统一部署，牵头组织厅公路局、厅高管局全面梳理国家公路网涉及四川省的桩号数据信息，并与邻省对接，完成与部公路网里程桩号传递方案确认工作，同时，调查高速公路沿线收费站、服务区、养护工区、桥隧管理站等设施，为2018—2020年实施国家公路网命名编号调整工作做好准备。参与组织公路养护市场管理调研工作。参与交通运输部关于加快发展和规范公路养护市场相关指导意见研究制订工作，并根据交通运输部安排，牵头组织厅公路

局、厅高管局等开展全省公路养护市场管理工作摸底和调研工作，形成调研报告。同时，会同厅高管局启动高速公路养护市场领域信用体系建设试点研究工作，为下一步开展公路养护市场化改革提供支撑。

积极探索，推动形成路网管理新局面。整合应用公路交通情况调查系统。为整合现有路网管理资源，发挥全省公路网交通情况调查数据采集应用系统，根据厅公路管理处和省路网中心职能职责，牵头整合应用全省交调系统，将分置于厅公路局、厅高管局，厅信息中心的有关工作，整合移交省路网中心管理。平台系统管理工作于2017年10月完成，外场系统管理工作移交于2017年11月完成。开展政风行风建设出行服务改善行动。贯彻落实省交通运输厅推进交通运输系统政风行风建设工作部署，牵头实施“五大行动”之一的出行服务改善行动。科学制订工作方案。结合出行服务需求，制订包含“三大项”（提升公路出行信息服务、优化交通标识标牌设置、改善提升公路服务能力）“八项具体工作措施”的专项工作方案，组织实施。根据审定的工作措施，逐项明确落实措施和推进机制，锁定任务书、时间表、路线图抓落实。及时跟踪掌握动态，推动解决具体问题，并在遂宁市召开“五大行动”川东片区会。严格定量考核。按照省交通运输厅印发实施的“五大行动”考核评分标准，严格按照评分标准和原则，按月定期考评，全省通报。对于排名长期靠后的地区和单位，开展调研和现场督察，剖析问题，分析原因，整体推进，促进提升。3.提升节假日公路交通出行服务能力。贯彻落实省政府关于全省道路缓堵保畅工作要求，主动回应社会关切，应对节假日交通拥堵问题。提前发布出行信息，引导公众科学出行。以历史收费数据为基础，及时开展重大节假日公路网特别是高速公路网运行趋势研判，并通过传统媒体、新兴媒介等多渠道，重点发布路面施工、路段拥堵等信息，为公众提供出行指南。制订道路分流方案，为公众提供多路径选择。树立全路网思维，融合高速公路网和普通公路网，以雅西高速公路、成南高速公路、成绵高速公路等历史易拥堵道路为重点，进行全路网通行能力分析，制订道路绕行和分流方案，改善承载车辆分流道路的通行能力，提升区域路网通行效率。实时播报道路状况，尽量减少不可预知性。节假日期间，实时播报主要高速公路车流量情况，发布道路拥堵原因和预计拥堵时间，消除公众烦躁情绪，确保安全稳定。

主动作为，加强公路收费工作和政策研究。推进降低物流成本相关收费政策研究。围绕“降成本、补短板、强服务”，在继续实施好现行收费优惠政策的基础上，探索推进新的组合措施。研究“降费”政策。研究分时段差异化收费试点，拟以国道5线京昆高速公路走廊绵阳—成都—雅安路段启动试点工作；综合考虑鼓励港口集装箱运输的车辆“递远递减”优惠政策。探索“增效”方案。调研了解缓解成都区域路网拥堵政策，提升ETC服务品质，推行货车非现金支付模式等方案。完善“绿色通道”政策。贯彻落实省长尹力“认真研究我省实际情况，以长远发展出发对完善目录提出建议”的重要批示精神，一方面对存在争议产品的涵盖范围进行细化和界定；另一方面将花椒、青菜等11个农产品纳入全省鲜活农产品品种目录，享受“绿色通道”政策。开展公路收费相关事项。协调广北二专路停止设站收费。推动落实广北二专路停止设站收费工作，协调解决剩余债务和利息分摊、道路接养、设施设备处置、人员安置等后续问题。广北二专路于8月31日24时正式停止设站收费，相关交接工作于10月30日完成。发布2016年收费统计公报。完成2016年度四川省收费公路统计报表布置、审核汇总、初报复核、修正锁定和正式上报工作，编制完成《2016年四川省收费公路统计公报》及公报解读，制定完善舆情应对工作方案，按交通运输部要求统一发布，并对网络舆情进行及时有效监测。开展收费“营改增”工作。按照国家三部局的统一部署，会同省国家税务局、省财政厅成立工作领导小组，制订全省《工作实施方案》，厘清《工作责任清单》，细化责任分工，设定目标进度。协调厅高管局、厅结算中心具体开展相关工作，组织路公司进行工作布置和相关培训，目前系统升级和调试工作顺利开展，宣传工作同步开展，确保年内实现开具高速公路车辆通行费增值税发票。办理收费事项审核。会同省发展改革委、省财政厅完成巴广渝高速公路、南大梁高速公路、巴陕高速公路、广陕广巴连接线、叙古高速公路、成安渝高速公路等项目试行收取车辆通行费和雅康高速收费立项的审核上报及审批工作，并对审核批准巴达高速公路、广南高速公路等试收费延期等事项。研究提出扩容改造高速公路收费政策。以成彭高速公路扩容改造项目为依托，启动扩容改造高速公路收费政策研究，加强相关省（区）调研和工作经验交流，着重从收费年限、收费标准的适当调整等角度研究高速公路扩容改造的投资收益问题，提出适应高速公路扩容改造需求的收费政策建议和管理办法。

加强指导，综合推进路政管理工作。修订完善公路赔（补）偿费标准。会同省发展改革委、省财政厅开展走访调研，明确省发展改革委、省财政厅、省交通运输厅联合印发的《关于公路路产损坏、占用赔（补）偿费的通知》继续执行，执行期再延长5年，为路产路权保护提供制度保障。严格规范涉路施工行为。开展营运高速公路服务区、收费站更名、新（改）建运营高速公路互通立交（收费站）和服务区的行业监管以及营运高速公路交叉跨越许可等事项。按照“提前介入、主动服务”的理念，加强与国家电网公司、铁路局、轨道公司

等单位以及地方交通运输主管部门的沟通，在初步设计阶段明确各指标项，减少后期方案出现重大调整，并严格规范各相关单位涉路施工行为，保障高速公路通行安全、畅通。据初步统计，截至年底，办理50余件穿（跨）高速公路事项，并发文进一步规范涉路施工审批事项。牵头组织公路执法服务大走访活动。根据交通运输部的统一安排部署，制订印发全省公路执法大走访活动方案，在全省开展为期一年的以“三服务两监督”（强化政策服务、深化普法工作，强化业务服务、严格规范执法，强化需求服务、推动转型升级；强化行风监督、加强队伍建设，强化服务监督、提升服务水平）为主题的公路执法服务大走访活动，并重点开展局长大走访、送法进企业、执法开放日、开门评执法、上门送服务等五类行动。

（胡　旭）

厅安全监督处　2017年，省交通运输厅安全监督处继续加强统筹谋划。出台《四川省交通运输厅关于推进全省公路水路行业安全生产领域改革发展的实施意见》，破解影响行业安全发展的体制机制等深层次难题。组织召开2次电视电话会，坚持季度安委会会议、重点领域安全生产形势分析会议、月度安全例会等制度，研究部署并着力解决行业安全工作突出问题。完善责任体系。出台《四川省交通运输厅安委办关于全面加强交通运输企业全员岗位安全生产责任制工作的通知》，推动行业企业建立全员岗位安全生产责任制，落实企业主体责任。层层签订年度安全生产目标管理责任书，确保安全监管责任到位。完善法规制度。出台《四川省农村公路条例》，在全国率先将农村客货运输安全管理纳入地方性法规进行规范。出台《四川省道路营运驾驶员记分管理办法》及实施细则，建立从业人员强制退出机制，打破营运驾驶员从业“易进难出”的怪圈。完善双重预防机制。印发《四川省交通运输厅关于进一步加强标本兼治遏制重特大事故工作的通知》。建成交通运输地质灾害和防汛安全隐患“两库一图”（即安全风险数据库、重大事故隐患数据库，安全风险和重大事故隐患分部电子图），摸清隐患底数。引入保险中介机构，对重点营运道路运输车辆实施第三方“全过程”动态监控，提升动态监控效能。加强重点领域攻坚整治。扎实开展“平安交通”专项整治。持续推进道路交通安全综合治理，高速公路基本实现违法超限货车“零驶入”，国省干线公路平均超限率有效控制在3%以内。成功处置“6·24”茂县叠溪特别重大山体滑坡灾害、“8·6”茂县石大关山体塌方和“8·8”九寨沟7.0级地震灾害，第一时间组织完成抢通保通保运任务。特别是在“8·8”九寨沟地震灾害中，协助厅领导组织相关单位（部门）仅用20小时就抢通灾区全部国省干线公路，仅用24小时完成灾区7万人大转移，得到部省领导人的高度肯定。修订完善《四川省交通运输厅2017年度地震危险区应急预案》。结合中共中央环保监督检察，建立健全道路运输、水路运输水路危险货物运输应急预案，高速公路突发危险化学品事故、突发环境污染事件应急预案。统筹政务值班、应急值班、节假日值班，设立厅专业化值班室，实行24小时专业化值班。配合省政府完成2017年度省级抗震救灾综合演练。完成2017年川西片区新增通航水域省市水上联合应急演练。

（厅安全处）

厅科技和信息化处　2017年，省交通运输厅科技和信息化处继续推进各项工作有序开展。指导厅交通设计院和厅公路设计院分别向交通运输部申报“建筑信息模型（BIM）技术应用”和“公路建设与养护技术、材料及装备”两个行业研发中心，获部认定并正式授牌。征集11项行业科技成果参与部省级科技奖励评选，获得科技奖励9项。厅年度科技统计工作获得交通运输部全国交通运输行业第2名，受到通报表扬。西南交通大学和厅公路设计院“大跨桥梁风振计算理论、试验方法及控制技术”获省科技进步一等奖 、厅公路设计院“钢管混凝土桥梁的抗震性能与防灾技术研究”获省科技进步二等奖、厅公路设计院“高海拔地区复杂地质条件下公路隧道设计与施工技术研究”获省科技进步三等奖、厅公路设计院“高烈度地震峡谷区公路松散体边坡稳定性快速评估及防治对策研究”获省科技进步三等奖、厅公路设计研究院、四川路桥集团“长江上游地区特大跨（820米）钢箱梁悬索桥设计施工关键技术”获省科技进步三等奖、四川路桥集团“大断面岩溶富水特长公路隧道施工关键技术”获省科技进步三等奖。《汽车客运站建设规程》《高速公路施工标准化技术指南》等9项交通运输行业地方标准由省质监局正式发布。按照省《关于进一步完善省级财政科研项目资金管理等政策的实施意见》要求，指导厅属科研院所制订相应的实施细则及管理办法。完成年度厅本级34项科技项目立项工作，建立项目进度台账，同时，对近五年来的科技项目进行集中清理，纳入进度台账统一管理，督促项目承担单位按照质量第一、效率并重的原则开展科研工作。修订《四川省交通运输信息化建设项目管理办法》，明确信息化建设项目的管理机构和职能职责，规范项目建设管理程序。全省交通信息化建设“三集中”“一张网”“一张图”（即机房集中、数据集中、计算和存储集中，基础网络一张网，地理信息一张图）整合推进。按期完成省级政务云交通云整合平台建设任务，并纳入省级政务云统一监管。开展厅政务信息系统审查清理工作，制订《厅政务信息系统整合共享工作方案》，明确系统整合、系统迁移上云、数据交换共享、数据开放应用、完

善基础网络等五个方面的工作要求，完成政务信息系统整合共享年度工作任务。与省工商局实现数据对接，共享企业和个体工商户基本信息、变更登记和注销信息。与高德地图、百度地图共享并联合发布四川省实时交通路况信息，提升交通出行信息服务水平。开展《中华人民共和国网络安全法》的宣传贯彻学习，制订《厅网络安全工作部署方案》，明确安全管理责任，网络安全保障能力和防护水平得到加强。印发《关于加强使用正版软件工作的通知》，加强软件正版化工作管理，在省政府软件正版化检查考核中，厅软件正版化工作获得最高评价A级。

大力实施“互联网+政务服务”，以信息化促进政府治理能力不断提升。一是行政审批基本实现“一网通办”。建成全省交通运输网上行政审批服务平台，省级行政审批事项全部实现网上申请和办理，并接入省一体化政务服务平台。其中大件运输与道路运输许可实现“全程网办”“审批不见面”。全年有7万多件行政许可事项通过互联网申请，占到总体的93.2%。二是行业信用管理系统建设稳步推进。建成四川省交通建设和运输市场信用管理系统，实现行业内信用信息的网上采集、审核、评价及公示，覆盖建设单位5千余家、客货运输及驾驶培训维修企业8万家。建成“信用交通·四川”网站，公示行政许可、行政处罚信息5.4万条。三是厅官方网站和新媒体促进政民互动。网站建设成效显著，政务新媒体影响力不断提升。“四川交通人，以人民的名义，铺就脱贫致富路”“四好农村路”系列报道等多项策划社会反响良好。四是交通运输服务监督电话系统运行有效。覆盖全省21个市（州）的“12328”交通运输服务监督电话系统全年话务量达24万次，同比增长50%，回复率100%，有力促进了交通运输管理与服务水平的改进和提升。五是公路养护管理信息化水平逐步提升。高速公路行业积极推进路产管护、机电运维管理、运营管理等信息化建设及应用，提升高速公路运营管养水平。普通公路以双流区为试点，开展“互联网+养护”公路管理模式创新，引领基层公路养护单位将信息化技术与养护管理等业务充分融合，带动提高基层养护能力建设。

信息化支撑路网运行监测能力不断提升。一是出行信息服务体系日趋完善。与公安、旅游等部门共享驾驶员、景区客流量等信息，与百度、高德形成常态化信息共享发布机制，路况信息第一时间通过百度地图、高德地图等平台发布。在“6·24”茂县地质灾害、“8·8”九寨沟地震发生后，联合百度、高德根据最新道路情况及时调整导航路径规划，及时发布绕行路线，引导社会车辆分流。二是安全隐患实现“一张图”全覆盖。建成地质灾害隐患数据库、防汛隐患数据库和交通行业隐患电子一张图，采集全省高速公路、普通公路、水上交通等地质灾害和防汛隐患9 254处，提高了对隐患排查和整治的监督力度。三是基础设施和运载工具动态感知体系基本形成。全面加快干线公路监控监测、“两客一危”车辆（指从事旅游的包车、三类以上班线客车和运输危险化学品、烟花爆竹、民用爆炸物品的道路专用车辆）卫星定位等系统建设。建成高速公路监控视频10 250路，较2016年增加950个；干线公路建成319个全自动连续式交调站点，较2016年增加了65个，覆盖了全省21个市（州）、130个区县和16条国家级高速公路；全省24万辆道路运输车辆安装了卫星定位装置，1.8万辆客运车辆安装使用了车载视频监控系统；嘉陵江新建10个AIS（船舶自动识别系统）基站，实现对船舶运行的实时监控。

交通科技和信息化成果被新闻媒体广泛宣传报道。《智慧交通领航蜀道畅》《智慧交通让蜀道变聪明》《蜀道通的“互联网+”》《网上审批行政交通提速度》《智联智慧减少长途返空车》《安全诱导雨雾天行车降危险》《四川ETC用户突破302万未来不用插卡还可导航》《创新驱动　科技引领　交通超级工程的四川实践》《四川交通为何“超级工程”多》等文章和视频分别被《中国交通报》《四川日报》《天府早报》、四川电视台、中央人民广播电台等多家新闻媒体广泛宣传报道。

（厅科信处）

厅外经外事处　2017年，省交通运输厅外经外事处继续深化高速公路投资体制机制改革，开展外经外事工作。以完善制度为基础，出台招商新政策。规范全省高速公路建设投资模式，梳理项目前期工作程序，编制PPP项目招标文件、实施方案参考文本，建立投资人信用评价体系，强化政策引导，完善顶层设计。以项目招商为根本，积聚招商新优势。根据投资市场需求，配合形成梯次合理的招商储备项目库，夯实招商项目储备；加强项目推介力度，建立与潜在投资人的长效联系机制，搭建高效的招商引资平台。全年总里程923公里高速公路成功确定投资人，引入社会投资1 558亿元。以行业管理为核心，实现招商新突破。代省政府办公厅起草《四川省“十三五”部分拟开工高速公路项目招商工作方案》，提前明确部分项目投资模式；赴凉山州、甘孜州、宜宾市、广元市等项目相关市（州）召开招商工作对接会；指导编制实施方案、招标文件，及时组织专家评审，完成行业审查意见，并同步申请省政府授权。通过并联工作、提前启动等方式，缩短招商工作周期，实现项目核准后1个月内发布招标公告，发布招标公告后2个月开标并确定项目投资人的目标。以服务创新为驱动，激发市场新活力。推广运用PPP模式盘活交通运输领域存量资产，拓宽建设资金来源，促进形成良性投资

循环；会同有关部门赴上海、杭州等地调研绿色交通招商引资，探索构建和谐环保行业体系。严格执行上级要求，加快推进世行贷款项目。按照世行、部委和相关部门对贷款项目的管理要求，继续指导推进世行贷款芦山地震灾后恢复重建农村公路项目。搭建国际交流平台，规范组织因公出访。协办中俄总理定期会晤委员会运输合作分委会第二十一次会议，牵头做好俄罗斯联邦公路署、意大利交通参赞、加拿大代表团、澳大利亚代表团等与省交通运输厅交流会谈；鼓励推动专业人才“走出去”，省交通运输厅及直属单位出访团组24个88人次，未出现因公出国（境）违纪违规行为和公款出国（境）旅游案件。

（厅外经外事处）

厅审计处 2017年，全省交通运输系统完成审计项目721个，其中，建设项目审计234个、经济责任审计41个、预算执行及财务收支审计214个、内部控制审计41个、效益审计3个、专项审计调查60个；提出审计建议意见被采纳759条，促进完善规章制度417个。截至2017年底，全省交通运输系统建立内部审计机构135个（其中专职机构20个），配备内部审计人员606人（其中专职45人，兼职561人），参加各类审计业务培训1 045人次。厅审计处完成四川省交通运输统计分析监测和投资计划管理信息系统试点项目等21个自建维修项目竣工决（结）算审计，送审总金额4 882.36万元，审定金额4 545.84万元，审减336.52万元。配合省审计厅开展兴蜀公司省道303线映卧路灾后恢复重建工程竣工决算审计；协调省财政评审中心开展兴蜀公司国道317线汶川至马尔康段等3个灾后恢复重建工程竣工财务决算评审。完成省交通运输工会、厅公路局等单位8名领导干部的离任经济责任审计；完成四川交职院、兴蜀公司等5个厅属单位2016年度预算执行及财务收支审计；完成厅公路局、厅高管局等5个单位的内部控制审计；完成省交通运输工会、厅公路局等14个厅属单位2017年审计发现问题的整改落实情况后续跟踪审计。对《四川省交通运输行业经济责任审计实施办法（试行）》《四川省交通运输行业经济责任审计评价办法（试行）》进行修订，形成《四川省交通运输厅厅属单位领导干部经济责任审计实施办法》并印发厅直各单位。印发《关于进一步加强厅直单位内部审计工作的通知》，进一步对责任主体、计划管理、工作质量、方式创新、审计整改、队伍建设等方面作出明确规定，建立健全内部审计工作机制，推动厅直单位内部审计工作有序开展。厅审计处组织厅直单位内部审计分管领导和审计人员共54名学员在南京审计大学开展为期一周的审计专项培训。

（厅审计处）

厅行政审批处 2017年，厅行政审批处梳理优化省、市、县三级行政审批事项目录，实现审批事项名称在不同层级之间的统一，并分别编制省、市、县三级行政审批事项子项目录。推进全省一体化政务服务平台的建设和运行，实现省、市、县三级许可名称、法律依据的统一和同级一致，细化完善省本级行政审批事项服务指南、格式文本、示范文本、办理流程图和审查工作细则，并指导市（州）推进一体化政务服务平台建设有关工作。清理规范投资性行政审批前置条件、中介服务事项和证明材料等，同时支持自贸区改革工作，下放许可事项，降低市场准入门槛。推进“一张网”建设，加快启动四川交通运输网上行政审批服务平台二期工程项目，完成省、市、县三级的一体化网上审批平台初步设计方案编制和审查，加快实现全省“一张网”全覆盖。加强对市（州）交通运输局（委）政务服务窗口督导力度，开展全省政务服务提质行动，专题调研督导乐山、攀枝花、内江、德阳等市（州）政务窗口工作，举办两期全省政务窗口提质专题培训。指导督促全省21个市（州）、183个县（市、区）交通运输行政审批制度改革和“放管服”改革相关工作，举办全省交通运输行政审批业务骨干专题培训研讨班，加强与省审改办和省政务服务中心的衔接，建立行政许可规范高效办理的运行机制，不断提高行政审批效能。

（厅行政审批处）

省纪委驻厅纪检组 2017年，驻厅纪检组聚焦监督执纪问责主业，切实履行监督责任，派驻工作从监督一个单位、一批处级干部，到推动一个系统在纪律、作风、管理等方面全面提升，厅直系统普遍感受到前所未有的执纪越来越严、规矩越收越紧的系统性压力。全年立案数量、处理人数均保持高位，共调查核实问题线索20条，立案9件，给予党纪处分5人，政纪处分3人，诫勉谈话7人，组织调整4人，批评教育29人。收到信访举报102件，比上年下降25%，比2015年下降58%。对6个厅直单位启动首轮巡察工作，查阅财务凭证2 041册，检查项目778个，开展谈话393人次，提出整改事项113项，问题线索18个。组织召开省直机关纪检组织和队伍建设现场会，向94个省级部门介绍交通运输厅的做法。组建“两个微信群”，办好“纪检微平台”“点滴纪检”两个栏目，运用新媒体平台，持续传递要求越来越严、规矩越收越紧的信息和压力。组织厅直系统140名专兼职纪检人员开展为期5天的纪检业务培训，集中精力解决纪检工作“做什么、怎么做、谁来做”的问题。组织3批次12人业务骨干和办案骨干到驻厅纪检组实践轮训，选送4人到省纪委纪检监察室实践办案。组织厅直系统20名纪检业务骨干参加中央纪委北戴河培训。厅直单位新成立及改选纪委7个，新选出或调整纪委书

记（纪检委员）10名，新任命或调整纪检部门负责人4名。纪检干部履职尽责能力进一步提升。

（刘　芳）

厅公安处　2017年，省交通运输厅公安处坚持“稳中求进”的工作总基调，立足于解决影响交通运输系统和谐稳定的源头性、根本性和基础性问题，探索工作新方法、新途径、新措施，矛盾纠纷排查化解得到新突破、社会治安综合治理跃上新台阶、反恐防范监管水平迈出新步伐。坚持问题导向，把握春节、中共四川省第十一次党代会和中共十九大等重要时间节点，推进排查矛盾纠纷；坚持分类化解，紧盯货车和出租车、“8·8”九寨沟地震灾害旅游客运、成射线改道等突出稳定问题，推进依法稳控化解；坚持科学引导，组织开展“交通运输危机治理管理研究”，推进治理体系建设；坚持主动防范，健全舆情信息预警报告、炒作风险评估制度，完善动态监测预警体系。强化公路水路安全联防考评，推进“平安公路”“平安航道”“平安车站”“平安港口”“平安工地”“平安船舶”创建活动，加强“平安交通”建设；持续开展小件快运、零担货物运输和危爆物品运输专项整治，不断加强物流领域安全风险防范；强化道路水路客运、城市轨道风险管控，开展车站港治安秩序整治活动，不断加强社会治安防控体系建设；突出做好5个专项整治，切断非法出版物的流通渠道，联合省禁毒办在四川交职院举办专题宣传活动，选派一线业务骨干参加省禁毒办“堵源截流”查缉行动，“扫黄打非”、禁毒、“三电”设施安全保护等工作不断深化。盯住防范重点，推进交通运输行业涉恐隐患排查整治，落实工作部署；盯住关键环节，深入推进道路客运实名制管理、汽车租赁企业摸排管控、易燃易爆危险品运输监，落实防范措施；盯住从业人员，召开反恐防范工作现场会，开展交通安保检查，举办反恐防范专题培训，落实培训教育。盯住行业标准，制定《全省一、二级客运站反恐防范规范》，组织开展轨道反恐安保标准调研，健全制度标准。

（厅公安处）

厅信访处　2017年，厅信访处办理信访总量比上年上升37.41%，其中办理纸质来信量上升44.59%，办理“省委书记信箱”“省长信箱”和“人民网留言”等网上信访量上升66.67%，接待处理群众来访批次量、人次量分别下降3.39%和47.63%。总体来看，网上信访和纸质来信上升，到厅来访批次、人次下降，来访占信访总量比重降低，信访结构进一步优化，厅机关信访秩序持续向好，全省交通运输行业信访形势总体平稳。

厅信访处按照推进信访制度改革和信访法治建设的要求，坚持法治思维和法治方式，依法分类处理信访诉求，引导群众依法逐级上访，推动信访事项及时就地解决，避免恶性上访事件。一是继续规范信访基础业务。进一步推进“阳光信访”建设，将信访件全部纳入网上信访信息系统统一管理，通过省、市（州）、市（区、县）的纵向流转模式，实现对信访形式、工作流程、工作范围的全覆盖。在全省交通运输系统开展信访基础业务规范化检查，督促责任单位提高信访办理质效。二是开展矛盾纠纷排查化解。按照中共四川省委、省政府和交通运输部要求，先后两次在全省交通运输系统开展矛盾纠纷大排查大化解工作，维护交通运输行业信访稳定。按照做好迎接中央环保督察工作要求，对2013年以来全省交通运输系统环保信访投诉情况进行梳理排查，推进环保信访难案化解。三是依法分类处理信访诉求。按照交通运输部印发的《交通运输领域通过法定途径分类处理信访投诉请求清单》要求，落实诉访分离制度，把信访纳入法治化轨道解决。四是开展领导接访包案工作。落实党政领导干部接访包案制度，建立健全厅领导接访包案化解常态化机制，推进突出信访矛盾化解。五是做好重点时段信访稳定工作。在全国两会、中共四川省第十一次党代会、中共十九大等重要会议召开期间，强化责任落实，加大矛盾纠纷排查、预警，启动信访信息“零报送”工作机制，确保会议期间交通运输行业和谐稳定。

（厅信访处）

厅离退休人员工作处　2017年，省交通运输厅离退休人员工作处完成以下工作：抓好政策落实。上报31位离休人员的“地方生活补助”财政申请。提高6位生活长期完全不能自理的离休干部护理费标准。落实代管改制企业9位离休干部一次性特殊困难补助，并部署有离休干部的厅直非参公单位此项工作。落实全厅55位中华人民共和国成立初期参加革命工作的部分退休干部的医疗照顾政策，完成以上人员2018年困难补助、门诊医疗照顾、生活不能自理特困补助经费的财政预算申报工作。及时完成厅机关14名退休“中人”相关资料的填报工作，并督促指导厅直各单位按期完成相关工作。为厅直单位4名退休干部申请到总计37 000元的离退休干部特殊困难帮扶资金。布置厅直事业单位退休（职）人员一次性生活补助发放工作。为担任正厅级职务15年以上的退休干部申请到享受医疗照顾待遇。开展系列品牌活动。完成20多名退休厅级干部及离退休支部书记、委员调研考察宜宾交通运输建设活动。实施以“不忘初心，永跟党走”为主题的第四届“品味书香 思想常新”老党员读书交流系列活动，举办读书交流总结活动暨文艺展演，对参与省委老干部局主题征文和厅读书活动征文作者以及建言十九大和省第十一次党代会人员进行表彰，并用朗诵、歌舞等多种形式巩固读书活动成果。成

功举办“翰墨影画中华情”老年书画展，迎接中共十九大胜利召开，展示全省交通运输系统离退休老同志热爱生活、心系交通的真切情怀和“体验美好生活、展示阳光心态”的精神风貌。组织机关和厅直单位离退休支部书记、支部委员和工作人员代表30余人参观锦江区长者通居家养老服务中心、锦欣花乡老年公寓、锦欣九九乐龄康养中心。组织老年大学书画班老同志参观画展，并邀请省美协巴蜀画派代表画家为老年大学书画班授课互动。选派文艺班骨干参加全省广场舞和健身秧歌骨干培训班。适时开设老年大学摄影班，累计开展理论课4次，实战课1次。悉心安排离退休女职工在交职院开展“指尖风采从容岁月”茶艺和插花主题活动。做好走访慰问、医疗保障和信访工作。多层面开展走访慰问。春节前夕陪同厅领导走访慰问离退休老同志代表，召开离退休老同志情况通报会。重大节日为离退休人员发放慰问品，到家中慰问离休干部和老同志并送上慰问金。全年慰问80岁以上的离退休老同志和生病住院离退休老同志80余人次。全方位做好医疗保障，组织11名副厅以上离退休干部赴省老干部疗养院进行健康休养，组织离退休人员在省人民医院体检。全年多渠道报送信息30余条，树立交通运输系统老干部工作部门的良好形象。及时有效处理来信来访，妥善处理5位离退休老同志和1名遗属的善后事宜。开展党员学习教育活动。召开离退休党总支全体党员大会，做好中共十九大代表和中共四川省第十一次党代会代表推选工作。通过观看专题片、知识竞赛、请业务处室在职同志讲课等形式组织老同志学习。按照中共四川省委老干部局“畅谈新变化、展望新未来”系列主题活动要求，广泛开展“喜看四川新变化”主题征文活动；开展“建言献策谋发展、同心共绘新篇章——建言中共十九大和中共四川省十一次党代会”调研活动，通过电话征询、问卷调查、座谈会等形式，归纳整理出13条有建设性的意见和建议；通过多种形式开展“看神州大发展、话天府新变化”访谈活动，向中共四川省委老干部局报送13条点赞言论。承办省级机关老干部活动阵地规范化建设研讨推进会，34个省直部门到交通运输厅实地参观老干部活动中心，省交通运输厅作为6个发言单位之一作了典型发言。按照督察13组的统一安排，完成对四川省信访局、四川省地矿局、中国测试技术研究院的党建专项督查。按照省交通运输厅统一安排，与厅机关党委、监理处、执法四支队对口帮扶高笋乡龙河村。组织100名离退休党员自愿捐党员爱心互助资金11 700元。

（厅离退休处）

厅机关党委 2017年，省交通运输厅机关党委持续深入推进党的建设，各项工作取得新成效。

思想政治建设。加强领导班子思想政治建设，深化“四好”班子创建工作，抓好省交通运输厅党组中心组理论学习，厅党组被省直工委评为2016年度中心组学习先进单位。推进“两学一做”学习教育常态化制度化，厅党组在全省推进“两学一做”学习教育常态化制度化工作会议上交流发言，省交通运输厅被选定为省直机关“两学一做”学习教育常态化制度化现场推进会参观点。打造“四季”文化品牌，创办《四季悦读推荐书目》，开办“四季讲坛”，开通“四季悦读俱乐部”微信公众号，引起省、市两级机关关注，建设“书香交通”迈出重要步伐。

基层组织建设。对30个厅直单位2016年度领导班子“四好”活动、落实党建工作责任制和党风廉政建设责任制进行综合检查和考评通报。做好出席中共十九大和中共四川省十一次党代会代表推选工作。组织厅机关党委11名委员交叉深入11个后进基层党支部，现场指导专题组织生活会。厅机关党委党支部带头召开组织生活会，推动全系统基层组织生活严实开展。加强机关党支部建设，开展“五好党支部”创建活动、“共产党员示范行动”。指导新成立物资储备中心党委和路网中心党总支，完成厅直16个基层党委、1个党总支、1个党支部换届工作，全系统390个基层党支部全部按期换届。开展庆祝建党96周年纪念活动，表彰先进基层党组织77个，优秀共产党员140名，优秀党务工作者46名。做好党员发展工作，全年发展党员200名。创办并编印9期《支部学习》，规范主题党日活动，推动“三会一课”等党内政治生活严肃规范。办好厅党校，举办党务干部培训班9期，培训党务干部465名。开展党务和纪检监察干部顶岗培训工作，抽调3人到机关党委顶岗培训。

党风廉政建设。牵头组织召开党风廉政建设工作会议、制定党风廉政建设责任分工表分级落实35项任务，建立“四个一双”（一岗双责、一案双查、一责双述、一述双评）工作机制，推动形成一级抓一级、层层抓落实的良好工作格局。牵头制订厅《贯彻落实中共四川省委办公厅四川省人民政府办公厅〈关于深化廉政风险防控工作的意见〉的工作方案》并抓好督促落实，配合做好廉政风险防控审计相关工作。把好廉洁意见出具关，及时出具科级及以下党员干部廉洁意见99份。配合驻厅纪检组开展对违规违纪党员的查处，办理县处级干部处分3件。加强制度建设，制订印发规范廉洁意见出具的通知，细化厅直纪检机关监督执纪工作流程，进一步明确厅直单位纪委工作责任清单及党纪处分审批权限。扎实推进深化拓展“三项整改”，制订印发《深化拓展“回头看”工作方案》，推进中央巡视反馈意见、党的群众路线教育实践活动和“三严三实”专题教育整改“回头看”整改工作。抓好省委正风肃纪专项督查反馈问题整改，30条具体整改措施整改到位。

政风行风建设。坚持问题导向，突出重点痛点，在

全系统联动开展出行服务改善、执法形象提升、农村公路惠民、交通运输便民、政务窗口提质“五大行动”，交通运输部门2017年度满意度测评指数为83.03，在42个参评省级部门中排名33位，较2016年提升4位，提升幅度排第二名，为2013年开展测评以来最靠前排名。重新聘请10名政风行风监督员，提出43项工作措施，细化102项考核指标，将每月考核排名通报21个市（州）、183个县（市、区）党委政府“一把手”和高速公路营运管理公司上级单位，争取各级党委政府加强领导、监督落实。按季度收集各市（州）、县（市、区）党政“一把手”对“五大行动”的指示批示，每季进行公开通报，促进学习交流。召开6次月度例会，分5大片区召开片区会，分5个专题开展调研。

定点扶贫和驻村帮扶工作。研究制订省交通运输厅2017年定点扶贫和干部驻村帮扶工作计划，开展基础资料收集规范，推进“挂图作战”。扎实做好牵头帮扶沐川县工作，12名厅级领导牵头，28个直属单位、19个机关处室对16个贫困村进行对口帮扶。整合帮扶力量，加强调研指导，协调解决问题，扎实推进乐山市金口河区共安彝族乡新建村等11个贫困村驻村帮扶工作。组织定点扶贫和驻村帮扶干部座谈交流，加强专项督查、蹲点调研、学习交流、成就宣传，取得阶段成效。截至2017年底，沐川县已有34个省定贫困村退出，11 436名贫困人口脱贫，贫困发生率降至1.04%，通过省级验收考核。金口河区3个省定贫困村退出，800名贫困人口脱贫，贫困发生率降至2.9%，厅联系帮扶的新建村、建设村退出贫困村，完成脱贫目标。省交通运输厅和厅兴蜀公司被中共四川省委、省政府表扬为“五个一”帮扶力量先进帮扶单位。

群团统战工作。组织厅民主党派和无党派人士调研活动，召开座谈会，开展建言献策活动。配合做好无党派人才库建设，参加全省党外知识分子工作专题培训。2人当选为民主党派省委委员。举办迎春拔河邀请赛、“铿锵玫瑰·精彩绽放”交通女性风采展示、“暖心厨男大比拼”“激扬青春 活力交通”健身运动竞赛等系列干部职工喜闻乐见的活动。配强基层团干部，印发《关于进一步加强基层团组织建设的通知》，系统谋划加强共青团工作。在厅直系统全面开展“一学一做”教育实践和团员先锋岗创建，召开厅直属机关“五四”表彰大会，表彰先进团组织33个，优秀团干部56名，优秀团员116名。

（厅机关党委）

交通战备办公室 2017年，省交通运输厅厅务会会前学习《中华人民共和国国防交通法》，进一步强化交通运输系统领导干部国防意识。指导各市（州）交通战备部门，结合本地区实际，组织开展法律宣传贯彻活动，全省印发各类宣传资料两万余份。对规划融合、项目建设、资金管理、物资储备等工作进行分工，细化省交战办与厅有关部门的交通战备工作职责，初步建立省级交战工作机制。主动对接西部战区军队部门，完善贯彻落实国防要求提据机制，协商研究“十三五”期间有关国防公路建设事宜，明确军事交通投送保障对接机制。完成国防交通基础设施建设。组织指导各级国防交通专业保障队伍实施整组和开展训（演）练。“8·8”九寨沟抗震救灾中，以紧急动员民用运力方式，组织国家公路战略投送支援车队第十一大队向灾区国道544线川九路运送钢桥，支援抗震救灾和灾后重建。6月安排组织省重点国防交通公路运输专业保障大队开展训练。组织省重点国防交通专业保障队伍公路运输大队开展训练。完成重特大军事交通保障和部队军事交通保障任务。进一步规范数据采集标准，完善数据调查方式，不断提高国防交通潜力数据精准化、实时化水平。贯彻落实《中华人民共和国国防交通法》和国防交通储备物资管理有关规定，掌握全省国防交通物资储备现状。参加国防动员训练，围绕军事斗争任务和战略投送需求，科学拟制综合交通保障方案，研究有关训练课题。

（省交战办）

厅公路局 四川省交通运输厅公路局，1952年9月川西行署交通厅养护处更名为四川省交通厅养护处，负责全省公路养护工作。1954年10月经省政府批准成立四川省交通厅公路局。1958年1月改制为厅内局，1962年6月恢复为厅直属局。1971年改制为四川省交通局公路管理处，1980年12月恢复为四川省交通厅公路局。1985年11月核定为县级事业单位，由省交通厅授权，主管全省公路规划、公路新、改建和国道、省道、县道、乡道公路养护管理工作。1988年将国、省道及各养护总段成建制下放市地州管理，厅公路局职能转变为对全省公路养护管理实行宏观调控的行业管理。1996年12月批准局领导正职，根据干部本人条件可按副厅级干部配备，局领导副职可按正处级干部配备。2000年6月厅公路局与厅高速公路管理局撤并，组建四川省交通厅公路局，对中层干部实行竞争上岗，一般干部实行双向选择的人事制度改革。受交通厅委托，主要负责全省公路建设、养护、收费和路政稽查的行业管理。2005年批准机关事业编制156名，内设机构为：办公室、政策法规处、公路规划处、财务处、养护管理处、工程管理处、路政管理处、收费管理处、人事处、离退休人员工作处、科技教育处、监察审计处（与纪检组合署办公）、信息处、后勤管理处和机关党委。2006年3月批准增设农村公路建设管理处，所需人员局内部调剂解决。2009年4月省人事厅批准参照公务员法管理。2009年12月更名为四川省交通运输厅公路局。

2017年，全省公路交通系统以脱贫攻坚为重点，以项目和投资为抓手，以改革创新为动力，推进发展理念、工作重心、管理方式“三个转变”，全省普通公路发展成效明显。“项目年”建设卓有成效。全省普通公路完成投资769亿元，为年度目标112%。新（改）建国省干线公路1 996公里、农村公路2.7万公里，分别为年度目标111%和136%。建成农村公路安保工程6 348公里，为年度目标101%；建成渡改公路桥50座，为年度目标110%；国省干线公路大中修工程建成1 537公里，为年度目标103%。全面完成省政府“民生工程”和各项工作目标。交通脱贫攻坚再战再胜。新增71个乡镇、2 547个建制村通硬化路，15个脱贫摘帽县和7个贫困村整体退出县实现100%的乡镇和建制村通硬化路，3 700个退出贫困村全部通硬化路，完成省政府确定的年度目标任务，交通脱贫攻坚取得重大阶段性成效。“四好农村路”建设实现突破。贯彻落实中共四川省委省政府和交通运输部对“四好农村路”建设的安排部署，建管养运协调发展的制度体系和工作机制基本建立，工作开展卓有成效。成功创建3个“四好农村路”全国示范县，是全国创建示范县最多的省之一，并在全国“四好农村路”养护现场会上以示范县创建为主题作经验交流。省政府命名首批14个“四好农村路”省级示范县，并在全国率先以省政府名义召开全省“四好农村路”建设现场会，掀起“四好农村路”建设热潮。品质工程建设全面启动。20个市（州）23个普通国省干线公路项目启动品质工程示范项目建设。“交通+旅游”融合发展指导意见印发实施，“交通+旅游”融合发展示范试点项目加快推进，九黄机场至红原机场、康定至雅江2个示范项目初见成效，另外10个试点项目抓紧推进。城际快速公路建设加快推进，制订完成《四川省城际快速公路建设指导意见》，于2018年3月印发实施。现代养护管理体系加快构建。召开全省普通公路养护管理信息化建设现场会，明确提出“管理信息化、决策科学化、施工机械化、作业规范化”目标，推进现代养护管理体系构建。推动现代养护理念实践示范，推广双流县“互联网+养护管理”经验，完成省道206线安岳段大中修工程科学决策项目级示范。初步确定“十三五”迎部检备选单位，完成交通运输部对全省国道和桥梁年度抽检。养护和服务能力建设加快推进。国省干线公路路面使用性能指数（PQI）达81，继续保持良等水平。抢通保通取得全面胜利。2017年全省连续发生多起重大自然灾害，全省交通系统众志成城，全力以赴投入抢险救灾，特别是阿坝州交通和公路部门，在“6·24”茂县叠溪特大山体高位坍塌、“8·6”茂县石大关山体崩塌、“8·8”九寨沟7.0级强烈地震发生后，第一时间组织力量赶赴现场，第一时间完成抢通保通任务。川九路、叠松路和石大关隧道等灾后恢复重建项目抓紧推进。行业治理能力不断提升。《四川省农村公路条例》颁布实施，省政府印发建制村联网路和村内通组路建设指导意见，为推进依法行政、规范管理奠定基础。审批制度改革加快推进，“普通公路行政权责清单”不断完善，行政审批一网化建设加快推进。加大科技治超力度，推进非现场执法和不停车检测。固定治超站点建设加快推进，普通公路治超管控网络体系基本完善。环保问题整治力度持续加大。安全隐患排查治理效果明显。同时，行业工会群团、宣传教育、信访维稳、干部队伍建设、离退休服务、后勤保障等工作也不断加强，为全省公路交通发展提供保障。

（郝苑苑）

厅航务局 厅航务局（同时挂四川省地方海事局、四川省船舶检验局，实行“三块牌子、一套机构”）是省交通运输厅领导下参照公务员法管理的事业单位。主要职能是负责贯彻落实国家和省有关水路交通的方针、政策、法律、法规和规章，研究制订相关的实施办法，并组织实施；负责编制全省水路交通行业中长期发展规划、年度计划，并组织实施；负责全省水路交通的运政和水路运输市场、水运服务市场、港口装卸市场的管理，协调重要物资、紧急物资的水路运输；负责全省水运安全管理和水路交通的安全执法监督，事故调查处理和水上救助打捞、船舶防止水域污染工作；负责航道、港口的规划、建设、养护、岸线使用和水路交通航道管理。会同有关部门协调处理水资源综合利用中的有关事宜；负责组织船舶、水上设施的设计、建造，船用产品的技术核验和造船企业生产技术的认可发证以及水运科技的推广应用，水运行业计量、质量、技术标准，船舶通讯导航的管理；负责船舶港务费和船舶检验费等水路交通规费征收的行业指导；负责船舶登记，船员的培训、考试和发证管理工作；负责水运行业的精神文明建设和航运职工队伍的教育培训；承办交通运输厅交办的其他事项。

2017年，厅航务局圆满完成年度目标任务，水运建设发展取得明显成效。

规划体系更加完善，总体规划科学系统。印发实施《四川省“十三五”内河水运发展专项规划》，启动中期评估调整。专项规划完善健全。发改、财政、安监、交通四部门联合印发《水上交通安全监测巡航救助一体化建设专项工程方案》。渠江、金沙江航运发展规划及其环评报告编制工作启动。完成全省水上旅游码头建设需求调查，启动全省水上旅游码头规划研究并形成初步成果。重点项目库动态调整。制定出台计划管理办法，建立全省高等级航道达标升级、安全监测巡航救助一体化三年滚动项目库，水运建设项目实现动态管控。

水运建设取得积极进展。全省水运建设完成投资

57.2亿元，为年度计划的104%。争取部省补助资金16.1亿元，创历史新高。拟开工项目如期开工。以项目前期工作为抓手，积极协调相关部门切实加快项目审批进度和工作进度，岷江龙溪口、虎渡溪、汤坝、尖子山等4个航电枢纽开工动员，岷江高等级航道达标升级工程全面铺开。岷江老木孔枢纽、龙溪口至宜宾段航道整治工程工可通过省发展改革委和厅联合审查。续建项目按计划推进。落实《2017年水运重点建设项目推进实施方案》，7个续建项目中长江三升二项目环评取得重大进展，水生生态取得农业部批复；岷江犍为航电枢纽二期围堰截流，右岸主体工程全面开工；嘉陵江航运配套一期工程基本完成，亭子口枢纽以下达到四级航道标准；其余4个项目加快实施。储备项目进展顺利。沱江自贡段航道等级提升工程预可取得批复、工可编制完成，渠江风洞子航运工程工可、达州至广安段航运配套工程预可通过行业审查，金沙江向家坝库区航道建设工可编制基本完成，其余5个项目正开展工可阶段前期工作。养护工程加快实施。高等级航道专项养护工程项目已完工8个，其余30个项目正加快推进。五是项目管理得到加强。贯彻执行《内河高等级航道专项养护工程项目管理办法》，开展平安工地、航道养护管理技术考核、港口超期试运行和“未批先建”专项整治，水运建设项目“五大”管理总体受控。

安全监管开创新格局。全省发生考核范围内运输船舶水上交通安全事故2起、死亡2人，安全形势总体稳定。安全责任进一步明晰。全面落实省政府安委会7号文，全省已有广元、内江、凉山、泸州、巴中、绵阳、攀枝花、资阳、自贡、雅安等10个地区发文明确涉水部门安全职责。风险源管控得到强化。开展全省风险源排查辨识，制定《四川省水上交通风险防控指导意见》，全省2 500个风险源落实分级管控措施。省局对58个重点水域和79个重点点位全覆盖监管。监管标准化指南推广试行。明确安全要素，明细监管标准，在全省全面推广并试行水上交通安全监管标准化。南充、内江、巴中、广元、乐山、泸州、眉山、绵阳、攀枝花、宜宾、资阳、自贡等12个地区建立完善“两库一图”。源头管理全面加强。修订全省船员培训教材等2部，1.2万名船员参加集中安全教育培训。系统推进内河航行船舶进出港报告制度，完成船舶登记、船员考试发证机关质量管理体系和船员适任理论计算机考试试点。开展船检机构资质专项检查，《船舶建造检验教学片》获得交通运输部海事局高度肯定。全省检验船舶1.2万艘次、166万总吨，审查船舶图纸121套。开展水上交通安全进校园活动30余场次。监测巡航救助一体化建设启动实施。制定《专项工程项目管理办法》，落实省级补助资金1.31亿元，3类160个一体化项目启动实施。六是水上应急有保障。与涉水部门联系更加紧密，信息获取发布渠道进一步拓宽，重大水情汛期发布及时。在雅安开展全省新增通航水域突发事件应急演练，全省开展各层级演练13次，应急救援能力进一步提升。

运输发展稳中趋好。全省完成水路运输客运量2 359万人次、旅客周转量2.22亿人公里，货运量7 633万吨、货物周转量254.6亿吨公里，港口货物吞吐量8 686万吨。组织方式不断优化。集中力量发展集装箱运输，宜宾港与上海港、南京港、重庆港三大国家级航运中心签署投资合作协议，全省港口集装箱吞吐量达到93万标箱，比上年增长15.9%。泸州港参与的铁路公路水路多式联运示范工程进展顺利，全省铁路水路联运集装箱吞吐量2.8万标箱。运力结构调整加快。加快淘汰拆解老旧船舶，审核拆解改造150艘，完成目标任务的150%。船舶大型化发展趋势明显，千吨级船舶299艘，平均吨位2 997载重吨、增加455吨。加快推进个体客运公司化经营，注销个体经营者555户、620艘客船退出市场、新成立水路客运公司24家。扶持壮大骨干港航企业，引进龙头航运企业长江粮运有限公司来川发展，新增万吨以上航运企业3家，最大运力达19万载重吨。服务水平进一步提升。长江上游航运联盟成立，建立起航运资源共建共享共商平台。内河航运市场秩序、危险货物港口作业安全治理、基础管理档案规范等5 个专项行动进展顺利，运政管理更加规范。三峡通航保障合作机制进一步深化，1 628班重点物资和集装箱快班轮优先过闸得到保障。加强大件运输组织协调，完成岷江大件运输93批次、17.9万吨。

服务民生不断改善。渡改人行桥建设进展顺利。安排部省补助资金0.53亿元，新建成渡改人行桥60座，圆满完成目标任务。通过渡改桥专项工程，渡口从2015年的1 327个减少到1 169个，减少158个，沿江群众出行安全感、幸福感增强。惠民政策有效落实。落实调整后的农村水路客运燃油补贴政策，完成2016年度用油量统计和资金分配方案制定，政策后评估工作进展顺利，保障了客运稳定。制定印发“厕所革命”工作方案，建成水路客运码头厕所6处，扎实开展“情满旅途”活动，水路交通出行体验进一步改善。扶贫精准有力。全力支持驻村第一书记开展工作，厅航务局全面完成五一村、甲米村脱贫攻坚任务，帮助五一村50户123人实现脱贫致富。各市州扶贫工作均取得阶段性成果，南充等地通过省脱贫攻坚第三方检查验收。

专项工作深入展开。水运环保明显加强。以河长制为抓手，扎实推进三大战役，港口和船舶污染防治有效落实。以环保督察发现反映问题为重点，全面排查水运领域环保问题，重点抓好餐饮船生活污水和船舶油污防治，顺利通过中央环保督查检验。建成泸州港岸电设施。全省船舶按规范要求加装油水分离器，123艘餐饮船加装生活污水处理装置或接入市政管网、停运40艘。

非法码头治理成效卓著。严格甄别认定长江干线非法码头88座，泸州、宜宾落实主体责任，50座应取缔非法码头全部取缔，生态复绿48座；38座拟规范提升非法码头已取缔23座、规范提升6座，长江岸线资源得到有效保护。平安交通专项整治推进有序。10个方面的专项整治内容全面落实。开展雅砻江跨区联合巡航。厅航务局连续13年开展片区水上交通安全督查，下发督办通知45份，整改问题35类200余个。全行业组织检查组3 600余个，检查船舶4.5万艘次、渡口码头9 500个次，实施行政处罚523件。专题研究成果初现。安全指标体系研究有广度，完成四川省旅游客船安全环保技术指标编制。旅游客船示范船型工程启动，乐山2艘示范船投入营运。完成8型公益性渡船后评估。运输发展政策措施研究有深度，完成《创新水运发展机制》《推进四川省水路集装箱运输发展专项实施方案》2个研究课题，为加快弥补运输发展短板指明方向。通航管理方案研究有进度，制定《嘉陵江川境段通航建筑物运行调度方案》，为加快推动嘉陵江川境段全江复航提供保障。

治理能力迈上台阶，法治建设取得重大突破。《四川省航道条例》通过省人大一审审议。开展《四川省水路交通管理条例》立法修正并调整为2018年省政府的立法修订计划。制度建设更加完善。加快制定水运工程建设的项目管理、招投标管理、企业信用管理等3个制度。首次引入第三方机构开展建设市场专项督查，并将结果运用于信用评价。放管服改革成效明显。清理规范行政权力清单和行政审批事项，行政审批事项按时和提前办结率均达到100%。下放部分省级审批权限，积极支持自贸区建设发展。“三化”（革命化、正规化、现代化）建设取得阶段性成果。召开全省航务海事系统“三化”建设现场推进会，完善“三化”考评体系并实施，打造建设示范点7个，以点代面、以示范带全盘的格局基本形成。信息化建设进展顺利。四川省航务海事综合信息平台项目已完成初步设计，基本确立以智慧门户、海事、航道、港口“四个体系”为核心的智慧水运建设框架。新建成VHF基站6个，在建AIS基站10个，新装船载北斗终端6个，CCTV视频监控整合接入厅200余个。

全面从严治党巩固深化，党的建设深入推进。严肃党内政治生活，规范党支部活动，深入开展“五好党支部”创建，厅航务局建立“两固定两随机”机制，党建工作实现“三覆盖三融合”。“两学一做”学习教育常态化、制度化建设成效明显，受到中共四川省委组织部充分肯定。以钢班子带铁队伍，发挥“头雁效应”，扎实抓好领导班子“四好”活动建设。厅航务局连续5年被评为党建工作先进单位，“四好”活动评比位列前茅。党风廉政建设扎实。落实党风廉政建设三项任务十项工作。内部控制、廉政及风险防控全面加强，38个内控和审计调查问题全面整改，制订完善采购、财务等内部管理制度7个，进一步扎牢制度“笼子”。全系统9个单位通过打造廉政文化走廊、展厅等方式，不断深化“蜀水清风”廉政文化品牌创建，达州市地方海事局被评为“全国海事系统廉政文化建设示范单位”。精神文明建设成绩斐然。总结提炼出行业核心价值体系，开展“携手齐奋进、共筑蜀水梦”文化活动，行业凝聚力进一步增强。厅航务局获“全国文明单位”“全国海事调查先进单位”称号，全系统3个集体、3名个人荣获部省表彰。持续推进政风行风建设“五大行动”，行业进一步风清气正。

（厅航务局）

厅运管局 四川省交通运输厅道路运输管理局前身为四川省汽车运输公司，1985年4月1日改制为正处级行政事业单位，更名为四川省交通运输厅公路运输管理局，隶属省交通运输厅。2011年5月6日机构调整，更名为四川省交通运输厅道路运输管理局，同时撤销四川省高速公路运输管理处，将其编制和职能并入省交通运输厅道路运输管理局。厅运管局为参照公务员法管理的事业单位，事业编制96名，内设14个处室：党委办公室、局办公室、政策法规处、人事科教处、财务与规划统计处、客运管理处、货运管理处、车辆维修处、安全稽查处、驾驶员培训管理处、科技信息处、监察审计处、后勤管理处、公交与出租汽车管理处。现有在编在职人员88名（干部82人、工勤人员6人）。直属企业3个：省运业汽车站建设有限责任公司、省蜀运实业有限责任公司和省公路运输服务中心，受厅委托代管四川省大件运输公司。主要职能职责：负责制订全省道路运输行业发展规划并组织实施；指导全省道路运输行业优化结构、协调发展，维护道路运输行业秩序；负责全省道路旅客运输、货物运输、机动车维修、道路运输站（场）、机动车驾驶培训、城市公交、出租汽车、城市地铁及轨道交通运营的行业管理及监督；负责全省道路运输安全的源头管理工作；负责道路运输行业统计，组织实施交通战备、抢险救灾等重点物资的紧急运输；负责道路运输管理队伍建设，并对下级道路运输管理机构的执法活动进行监督。

2017年，全省道路运输系统认真贯彻落实省交通运输厅党组关于道路运输工作的各项决策部署，围绕年初确定的发展目标，推进重大改革。道路运输场站建设取得重大进展。全年开工建设县级客运站10个、乡镇客运站200个、村级招呼站（牌）12 000个，全省88个贫困县均建有二级（“三州”三级）客运站，乡镇客运站、村级招呼站（牌）覆盖率提升到84%和76%。广元、巴中等市将精准扶贫地区汽车客运站建设纳入政府目标考核，并实行一票否决。农村客运服务网络进一步完善。新增3 820个建制村通客车，88个贫困县的乡镇、建制

村客车通达率分别达93.5%和77.7%，超额完成交通运输部和四川省脱贫攻坚领导小组下达的工作目标。综合客运枢纽加快建设。“全覆盖”工程建成和在建项目达36个，衔接全省90%的运营快速铁路站。道路客运创新转型。与铁路接续接驳的客运班线发展到821条，比2016年新增81条。旅游包车信息平台建设加快推进，“交通+旅游”融合发展趋势明显。成立全省汽车客运站共享发展联盟，全省接驳运输联盟逐步迈向实体整合。全省224个三级以上车站实现联网售票，13个车站开展电子客票试点。货运组织优化整合。纳入交通运输部规划的9个货运枢纽（物流园区）新建成3个、在建5个。全省13家无车承运人企业被列入全国第一批试点，整合车辆5万余辆，推动实现“线上资源合理配置、线下物流高效运行”。成都铁路口岸多式联运货物“一单制”率先在全国推行。绿色发展成效明显。实施营运车辆燃料消耗量准入制度，城市公交新增和更新车辆中新能源车比重超过20%。全省98%的营运“黄标车”退出营运市场，其中成都、绵阳、南充、阿坝、广元等市州黄标车全部退出营运市场。行业治理能力不断增强。全年发生道路运输行车事故193起，死亡243人，两项指标均比上年下降。巴中市全年实现道路运输零事故，资阳、广安、雅安3个市连续4年未发生较大以上事故。重点营运车辆联网联控加强。“两客一危”（详见《附录》）车辆入网率和上线率分别达99.8%和94.1%，联网联控基础工作居全国前列。应急保障工作成效显著。“8·8”九寨沟地震后两天时间内，调用620辆应急客车，开行1 164辆次，采用接驳方式快速有序安全疏散出九寨沟灾区2万余名旅游散客和务工人员；震后一周内，灾区3个月粮食和1个月油料保障通过应急运输全部到位。厅运管局被中共四川省委、省政府评为“8·8九寨沟地震抗震救灾先进单位”。按交通运输部要求完成道路运输应急保障实战演练。行业稳定发展取得新成绩。建立完善出租汽车、旅游客车、货运行业稳定工作预警预防工作机制，加强信息收集和分析研判，年内未发生大规模连锁性行业稳定事件。强化反恐防范工作，“三品”检查和客车附搭小件货物运输“三个100%”制度完善落实，汽车租赁实名制和省、市际客运班线实名制售检票工作扎实推进。

（厅运管局）

厅高管局 2011年5月，四川省交通运输厅高速公路管理局（简称厅高管局）挂牌成立，受省交通运输厅委托承担全省高速公路养护、运营服务的监督管理和联网收费管理、安全监控、应急处置等工作。厅高管局与厅高速公路交通执法总队实行“一套机构、两块牌子”，受省交通运输厅委托管理7个高速公路交通执法支队和高速公路监控结算中心。厅高速公路交通执法总队和7个高速公路交通执法支队受交通运输厅委托承担全省高速公路路政、运政和收费稽查工作。

厅高管局（厅高速公路交通执法总队）机关核定编制70名，其中领导职数4名（1正3副），总工程师1名；内设机构领导职数21名（8正13副）；内设综合办公室、政策法规处、运行管理处（应急办公室）、建设养护处、收费财务处、服务监管处、人事教育处、监察审计处8个处室。机关在编人员52人，研究生学历30人、大学学历19人、大专及以下学历3人。7个执法支队批准设立95个执法大队，核定编制1 169名。每个执法支队领导职数1正3副，7个执法支队共核定领导职数28名；执法支队机关内设办公室、执法科、人事教育科、财务科、监督科5个科室，各科室领导职数按1正1副配备，共70名；每个执法大队核定领导职数1正2副，共285名。7个执法支队实际成立82个执法大队、2个治超站，在编执法人员903名，协助执法人员880名。

监控结算中心承担全省高速公路的联网收费管理，与科研所、智能公司实行“统一党政领导、统一设置内设机构、统一管理人员、统一工作安排调度”，内设办公室、系统运行处、技术维护处、信息情报处、财务处、后勤物业处6个处室。监控结算中心核定编制35名，其中领导职数3名（1正2副），在编人员29人。科研所核定编制66名，其中领导职数4名，在编人员32人。智能公司（川高直属企业）现有人员73名。

2017年，厅高管局（厅高速公路交通执法总队）深化改革、转型发展，实现高速公路管理水平、服务能力、行业形象、群众满意度四个提升。

高速公路法治建设方面，加快完善法规制度体系，基本编制完成《〈四川省高速公路条例〉释义》，高速公路服务质量评价细则、路产损坏赔偿业务办理、交通执法巡查检查等制度、标准、规范出台实施。高速公路超限治理方面，实现超限运输审批“两集中、两到位”和网上办理，全年超限运输审批7.5万件。推动入口超限检测数据联网，建立违法超限车辆“黑名单”制度，基本实现违法超限车辆高速公路“零驶入”。高速公路智慧交通建设方面，基本完成信息化顶层设计，初步明确指导思想、基本原则、发展目标、总体框架及31项重点任务；完成监控结算灾备中心土地权属变更、租户搬迁、工可调整等，基本完成专用通信网改造配套工程建设和设备招标采购；ETC在双流机场和成都东客站停车场推广应用，ETC车道总数达1 562条，客服网点覆盖县级以上城市，ETC用户突破300万户。高速公路交通执法方面，在全国率先探索建立高速公路管理“一路四方”联动工作机制，实现21个市（州）全覆盖，重大节假日缓堵保畅、桥下空间管理、服务区食品安全、突发事件处置等责任落实到位；开展安全隐患排查整治2 100余处，保障路网安全平稳运行；开展打击偷逃通行费专

项行动，查处偷逃通行费车辆超过40万车次，追补通行费约4 500万元。严格规范交通执法管理，推进“三基三化”建设试点，完善基层执法业务用房15处；围绕路政、运政、收费稽查等执法主责主业，强力开展非标专项清理整治、非法营运专项整治大会战，累计出动执法人员17万余人次，查处违法客运车辆610余辆次，清理拆除非标86块。106个基层执法大队全部实现“一路一大队”执法管理模式和“一片一分队”应急处置模式。高速公路公共服务方面，固化“一路一考评组”模式，实行公众满意度第三方调查；制订完善“五好”高速公路评价指标体系，创建成仁、成温邛、成自泸、成绵复线、成灌、达万、内遂、机场高速、成都绕城等9条“五好”高速公路；服务区互联网服务、信息查询、剩余车位提示等功能逐渐完善，创建全国百佳示范服务区5对、优秀服务区22对，全省星级服务区达61对；改造残疾人卫生间84个，新建第三卫生间27个，新增母婴室28间，新增洗手液、免费纸巾点位400个以上；创刊并发行2期《四川高速》杂志，重大节假日前发布6期路网运行趋势研判，“12122”系统办理群众咨询及投诉80余万件；改造完成收费站13个，2个收费站被评为“最美中国路姐团队”；加快建立直升机应急救援体系，完成“6·24”茂县山体垮塌及“8·8”九寨沟地震抢险救援、雅西高速公路冰冻雨雪天气及重大节假日高速公路保通保畅任务。高速公路养护监督方面，完成养护投入24.32亿元，实施路面大中修及预防性养护1 035车道·公里，路况水平持续保持优等，PQI指数93.5，优良率99.62%；桥隧养护管理进一步规范，一、二类桥隧占比99.5%，四、五类桥隧当年处治率100%。

2017年，14个基层执法大队、27名执法人员被评为年四川省交通运输依法行政评议考核优秀单位和个人，获2017年全国交通运输行政执法评议考核优秀执法单位称号。

（厅高管局）

厅质监局 省交通运输厅公路工程质量监督站（以下简称“厅质监站”）1988年5月成立，挂靠厅公路局开展工作。1990年10月，经省编委批准成立厅公路工程质量监督站，为县级事业单位；2003年10月，原属厅航务局内设的水运工程质监站并入厅质监站，同时更名为厅公路水运质量监督站；2009年12月经人事厅批准改为参照公务员管理单位；2010年7月，更名为厅公路水运质量监督站。2012年8月，更名为厅工程质量监督局（简称“厅质监局”）。2017年5月省编办批复同意增加厅质监局“承担全省地方铁路建设质量和安全生产监督管理的事务性工作”职责。厅质监局核定编制53名，其中领导职数4名（1正3副），局内设党委（纪委）办公室、综合办公室、质量监督科、安全监督科、工程技术科、资质管理科6个科室。

2017年，厅质监局着力提升监管能力，创新监管方式，加大监管力度，完成各项目标任务，为全省交通建设工程提供可靠的质量保障。四川省185个县（市、区）成立县级质监机构（含内设股室）157个，比上年增加27个。13个市（州）全部县（市、区）成立县级质监机构，市、县两级质监机构编制1 225名（县级质监机构编制数量862名），填补“四好农村路”质量监管空白。印发《关于加快推进公路水运品质工程建设的实施意见》《关于在全省重点交通建设领域推行施工班组规范化管理的指导意见》《关于在高速公路及重点水运建设项目推行桩基旋挖施工等四新技术的通知》，部署“品质工程”建设，全省高速公路路基附属工程质量改观较大，隧道工程各项抽检指标稳步提升，公路原材料与产品质量合格率持续保持高位。围绕省交通运输厅下达的通车目标，提前介入计划通车的雅康高速公路（雅安段和泸定段）、乐自连接线等重点项目，驻点监督、组织交工验收质量检测，确保通车任务全面完成。制订《四川省高速公路项目竣工验收质量鉴定工作手册》，划分16项标准流程，明确工作内容、重点和要求，实现质量鉴定工作规范化、标准化。完成13个项目（含740座桥梁、48座隧道、307座涵洞外观质量）1 168公里竣工验收质量复测。针对省编办批复增加的“承担全省地方铁路建设质量和安全生产监督管理的事务性工作”职责，及时申报监督经费计划，落实地方铁路监督、检测经费1 400万元，编制《四川省地方铁路建设工程质量安全监管实施办法》，正式开展川南城际、连乐铁路、神华江油铁路专用线3个地方铁路项目质量监督工作。加强高速公路建设工程的环境污染防治和生态保护工作，成立环保工作领导小组，制定环保检查要点，对高速公路建设项目多频次开展环保问题普查和环保专项督查，建立环保问题台账和清单，对环保问题督促责任单位排查整改，确保环保问题整改到位。印发《四川省公路水运工程建设安全隐患排查指导手册（试行）》，明确安全基础管理工作方面5类21项排查指标和施工现场安全管理方面2个工程专业19类50项排查指标，梳理7个安全专项工作24项督查要点。建立全省质监系统“两库一图”，促项目建立“两清单、一卡、一册”，实现安全风险差异化动态管理。对涉及超长隧道、大型桥梁、高海拔高寒山区、“5·12”汶川特大地震、“4·20”芦山地震灾区的建设项目施工安全总体风险评估和施工安全专项风险评估进行督查。开展在建高速公路及重点水运项目安全生产大检查、节后复工安全生产检查、汛期安全生产与地质灾害隐患排查，对各类安全隐患全面落实整改。对19个重点项目开展“平安工地”考核评价，评出示范项目 6个，示范建设单位6家，示范监理合同段16个，示范施工合同段22个。省政务服务中心质监局窗

口全年受理85件监理企业资质许可和检测机构资质认定事项，500人次监理人员、1 275人次检测人员的注册、注销，按时办结率和群众满意率均达到100%。对9家检测机构开展“双随机”专项检查，对54家监理企业和91家检测机构实行信用评价动态管理，评出监理企业AA级8家，A级42家，B级4家，试验检测机构AA级5家、A级76家、B级2家。

（厅质监局）

纪检工作

JIJIAN GONGZUO

纪律审查 2017年，驻厅纪检组持续加强纪律审查力度，调查核实问题线索20条，立案9件，给予党纪处分4人、政纪处分3人，诫勉谈话7人，组织调整4人，批评教育29人，1个厅直单位党委履行主体责任不力被约谈，1个厅直单位党委被责令书面检讨，1个厅直单位纪委履行监督责任不到位受到批评教育，在厅党组会上通报驻厅纪检组办理的10个案例，并层层通报到整个厅直系统，做到所有问题线索全部核查，所有责任人全部处理，所有处理全部到位。充分体现“四种形态”（第一种：党内关系要正常化，批评和自我批评要经常开展，让咬耳扯袖、红脸出汗成为常态。第二种：党纪轻处分和组织处理要成为大多数。第三种：对严重违纪的重处分、作出重大职务调整应当是少数。第四种：而严重违纪涉嫌违法立案审查的只能是极少数要求）。

省纪委现场会 2017年5月17日，中共四川省纪委在省交通运输厅召开“省直机关纪检组织和队伍建设工作现场会”（以下简称“现场会”），驻厅纪检组开展筹备工作，将近年来厅直系统纪检工作情况拍摄成专题片，将工作资料汇编成册，向中共四川省纪委、省级各级机关单位展示交通运输厅以巡视整改为契机，通过落实全面从严治党政治责任，加强厅直单位纪检组织队伍建设，发挥纪检组织作用，整体推动厅机关和厅直系统纪检工作的成效。同时，将现场会全程实况录制成现场会视频资料，组织厅直系统362个党支部、3 000余名党员干部学习现场会精神、观看现场会视频资料、撰写心得体会，做到“三个全覆盖”（党员全覆盖、党组织全覆盖、领导干部全覆盖），将现场会资料编印成“现场会”“两个读本”，向全省21个市（州）和183个县（市、区）交通运输局（委）发放8 079套，并组织全省交通运输系统1 354个支部、28 955名党员和领导干部观看现场会视频资料。

2017年，驻厅纪检组检查厅交通设计院工作　　交通宣传中心 供稿

巡察工作 2017年，省交通运输厅党组研究下发《关于开展厅直单位巡察工作的通知》，决定参照巡视模式，采取分期、分批的方式，对34个厅直单位进行巡察，5年内实现全覆盖，巡察工作由驻厅纪检组具体牵

头实施。2017年9月开始，驻厅纪检组从厅直系统抽调36名纪检、财务审计和专业技术人员组成首批巡察小组，对厅公路设计院、厅交通设计院、交通职业技术学院、厅监控结算中心、厅信息中心、厅史志总编室等6个单位进行巡察，主要着力于“找”问题、为被巡查单位（部门）“画像”、规范和推动工作、持续传递越来越严的信息和压力。首批巡察工作做到“三个见面”（对巡察的重点事项和发现的问题线索，涉及的人员做到谈话了解人人见面，涉及的财务开支发票张张见面，涉及的项目个个见面）。一批问题线索掌握在手中，被巡察单位、班子成员、主要负责人的“画像”已经完成。

2017年2月27日，驻厅纪检组在省交通管理学校开展2017年四川省交通运输厅直属系统纪检业务培训

驻厅纪检组 供稿

述责述廉 2018年1月5日，驻省交通运输厅纪检组会同厅人事教育处、厅直机关党委（纪委），开展2017年度厅直单位纪委书记（纪检委员）述责述廉，对厅直单位纪委（纪检机构）、纪委书记（纪检委员）履责情况进行测评排序，并将测评排序结果在厅直系统层层通报。持续释放工作信息，会前驻厅纪检组将厅直各单位纪委书记（纪检委员）述责述廉报告汇编成册提前印发给与会参评人员，让其对每个单位纪检工作做到“心中有数”，便于作出较为客观公正的评价。注重实效，要求厅直单位纪委书记（纪检委员）的述责述廉报告要紧扣主责主业，用50%的篇幅报告本人抓工作的情况，重点反映监督执纪问责情况，字数均控制在1 500字以内，只讲“干货”，只讲做了哪几件事，效果是什么。考虑到测评对象规模大小及纪委书记（纪检委员）任职时间长短对单位纪检工作的开展情况和效果的影响，打破惯例首次开展分类测评，将厅直单位分为较大规模厅直单位和其他厅直单位，分别对其纪委（纪检机构）履职情况以及对任职时间超过半年的纪委书记（纪检委员）进行测评和排序，直观反映各测评对象纪检工作的效果。通过述责述廉等系列工作，纪检干部感到身上的责任和压力。

纪检队伍建设 2017年，驻厅纪检组组织厅直系统140名专兼职纪检人员开展为期5天的纪检业务培训，重点解决纪检工作“做什么、怎么做、谁来做”的问题，明确厅直系统纪检工作的“三种思路四种方法”。建立厅直纪检系统32人的纪检业务骨干人员队伍，组织10人的办案骨干队伍，组织3批次共12人业务骨干和办案骨干到驻厅纪检组实践轮训，选送4人到省纪委纪检监察室实践办案。组织厅直系统20名纪检业务骨干参加中央纪委北戴河培训中心15天的纪检监察业务培训。“打起灯笼找人”，在实战中检验人才。

纪检工作宣传教育 2017年，驻厅纪检组创建“全省交通运输纪检微信工作群”，21个市（州）和183个县（市、区）交通运输部门及其下属单位纪检机构纪检组长、纪委书记、监察机构负责人330余人入群，将纪检工作信息直接释放到省、市、县交通运输系统每一个纪检组织和每一名纪检工作人员，各项工作开始在各级各地各单位落地生根。建好用好“厅直系统纪检微信工作群”，驻厅纪检组工作人员、厅直单位专兼职纪检人员、厅机关纪委工作人员、厅直单位主要负责人、厅机关各处室主要负责人430余人入群，厅直各单位利用“厅直系统纪检微信工作群”实时发布纪检工作信息，将纪检工作信息持续传递到位。编发“纪检微平台”的“走进纪检工作之思路篇”“纪检之‘做什么’”“纪检之‘怎么做’”“纪检之‘谁来做’”“纪律审查”和“巡察”等6个系列共99则。专题调查和研究落实“中央八项规定”精神与促进业务发展问题，针对厅直单位提出的工作中19个问题进行政策性解答。创办《点滴纪检》栏目，创刊号《成风化俗之交通变化：蜀道在延伸，纪检在行动》，历时7个月编辑，撬动全省每个“交通人”参与手机推送，不仅自己参与，还动员家人、同学、朋友、战友参加推送，阅读量达78.7万人次，经测算覆盖人群在1 000万人次左右。

（本栏目撰稿人：徐宇昕）

机关党建

JIGUAN DANGJIAN

推进全面从严治党 2017年，省交通运输厅全面推进从严治党。

深入学习宣传贯彻中共十九大精神和省十一次党代会精神。厅党组专题召开党组会传达学习，作出系统部署，迅速在全系统学习宣传贯彻。推动会议精神及时传达到390个基层党组织4 561名党员。举办3期县处级干部小集中读书班，专题学习十九大精神，对全厅323名县处级干部全覆盖培训，紧密结合党的十九大、省第十一次党代会、十一届二次全会重大部署及交通运输行业实际，逐一开展学习研讨。2次邀请省委宣讲团成员到厅宣讲。13名厅领导分别围绕宣传贯彻党的十九大、省十一次党代会等重要会议精神深入基层讲党课，撰写党课报告24篇。先后发出《关于认真学习宣传贯彻党的十九大精神的通知》《关于印发学习宣传贯彻党的十九大精神方案的通知》，厅党组从4个方面提出21条贯彻措施；印发《关于认真学习宣传贯彻省第十一次党代会精神的通知》，提出当好“六个先行”的20条措施。

加强领导班子思想政治建设。深化“四好”班子创建工作，抓好厅党组中心组理论学习，2017年开展中心组学习17次，班子成员撰写理论文章《增强党内政治生活的战斗性》在《光明日报》发表，厅党组被省直工委表彰为2016年度中心组学习先进集体，在省直机关中心组学习贯彻党的十九大精神交流会上书面交流。厅属院校牢牢抓实思想政治教育，建立“理实一体”课程体系，制定专业课教学和德育“双大纲”，建立“学业导师+辅导员”制度，实施《学生职业素养和职业发展教育培养计划》，坚持课堂授课有纪律，用马克思主义和社会主义核心价值观占领课堂主阵地，传播正能量、唱响主旋律，四川交通职业技术学院作为唯一一所交通类高职院校在全国高校思想政治工作会议交流发言。

切实履行抓党建工作责任制。严格落实领导干部个人事项报告、重大决策部署落实情况报告、重大问题请示报告等制度。修订完善并严格坚持《厅党组会议议事决策规则》和《厅务会议议事决策规则》，2017年主持召开厅党组会29次，研究党建议题33项，对“两学一做”学习教育常态化制度化、党风廉政建设、“三项整改”回头看、省委正风肃纪专项督查反馈问题整改、廉政风险防控、政风行风建设“五大行动”等重点工作，进行部署、督促落实。13名厅级干部全部到所在支部参加双重组织生活，开展批评与自我批评，定期讲党课。各分管领导及厅直单位、厅机关处室根据《中共四川省交通运输厅党组关于贯彻落实全面从严治党要求的实施意见》等规定，认真落实管党治党责任。对30个厅直单位2016年度“四好”领导班子活动、落实党建工作责任制和党风廉政建设责任制进行综合检查和考评通报。对中共四川省委正风肃纪专项督查反馈问题整改、基层党建工作情况、中共十九大精神宣传贯彻情况等开展专项检查，督促落实。

推进“两学一做”学习教育常态化制度化。坚持把“两学一做”学习教育融入日常、抓在经常，把全面从严治党落实到每个支部、每名党员，厅党组书记、厅长汪洋在全省推进“两学一做”学习教育常态化制度化工作会议上交流发言，厅及厅航务局“两学一做”学习教育受到省委领导及省级相关部门领导肯定，厅航务局被选为省直机关“两学一做”学习教育常态化制度化现场推进会参观点，厅党组作书面交流，厅航务局党委作交流发言。

不断夯实党的基层组织。做好出席中共十九大和中共四川省十一次党代会代表推选工作。加强机关党支部建设，开展“五好党支部”创建活动。指导新成立物资储备中心党委和路网中心党总支，完成厅直16个基层党委、1个党总支、1个党支部换届工作，全系统390个基层党支部全部按期换届。发展党员200名，举行新发展党员集体入党宣誓仪式。加强理论学习指导，创办《支部学习》，编印11期，强化基层支部和党员干部学习的政治性。厅机关党委11名委员交叉深入11个后进基层党支部，加强对落实“三会一课”、民主生活会、组织生活会、领导干部双重组织生活和民主评议党员、谈心谈

话、请示报告等制度执行情况的监督检查，提升基层党组织生活质量。厅机关党委党支部带头开组织生活示范会，推动全系统基层组织生活严实开展。开展庆祝建党96周年纪念，表彰先进基层党组织77个、优秀共产党员140名、优秀党务工作者46名。加强党务干部队伍建设，依托厅党校开展厅直单位党组织书记、党务干部、新任党支部书记、入党积极分子培训5期298人。

强化意识形态管控。落实意识形态工作责任制，专门传达学习全省宣传部部长座谈会精神，研究贯彻意见。加强阵地建设，融合新旧媒体发展，建立包括广播、电视、《四川交通》杂志、网站、手机快讯、微博、微信、微电影等多种宣传手段在内的多元化宣传阵地。健全《〈四川交通〉杂志保密审查制度》《网站管理办法》《门户网站公众留言处理细则》等管理制度，层层把控、规范管理。成立网络安全和信息化领导小组，切实做好网络信息管控工作。做好正面引导，对互联网交通舆情进行监控、收集和整理，正确引导网络舆论。

抓问题整改，促作风建设。针对2016年厅党组班子民主生活会查摆问题，从5个方面提出26项整改措施，推动17项有完成时限的整改事项全部完成，9项长期坚持的整改事项深入落实。扎实推进深化拓展“三项整改”，制订印发《深化拓展“回头看”工作方案》，推进中央巡视反馈意见、党的群众路线教育实践活动和“三严三实”专题教育整改“回头看”整改工作37项内容深入落实。扎实抓好中共四川省委正风肃纪专项督查反馈问题整改，30条具体整改措施整改到位。

推进“书香交通”建设。打造“四季”文化品牌，编印“四季悦读”推荐书目3期，开办“四季讲坛”2期，建立“四季书屋”，开通“四季悦读俱乐部”微信公众号，在四川省2017年“书香天府·全民阅读”工作推进会上交流发言。

不断强化民主党派人士工作。组织开展厅民主党派和无党派人士调研活动，召开座谈会，积极开展建言献策活动。做好无党派人才库建设。2人当选为民主党派省委委员。

开展丰富多彩的工会活动。举办迎春拔河邀请赛、“铿锵玫瑰·精彩绽放”交通女性风采展示、“暖心厨男大比拼”“激扬青春活力交通”健身运动竞赛等系列干部职工喜闻乐见的活动，受到广大干部职工热情欢迎。

共青团工作务实推进。印发《关于进一步加强基层团组织建设的通知》，配强基层团干部。在厅直系统全面开展“一学一做”教育实践和团员先锋岗创建。召开厅直属机关“五四”表彰大会，表彰先进团组织33个，优秀团干部56名，优秀团员116名。

党风廉政建设和反腐败工作 2017年，省交通运输厅党风廉政建设和反腐败工作不断推进。

全面落实党风廉政建设责任。及时召开党风廉政建设工作会议，制定党风廉政建设责任分工表，分级落实35项任务。厅领导带头落实联系指导市（州）交通运输工作、联系推进高速公路和普通公路重点项目、联系帮扶困难群众等三项制度，13名厅级干部全部到所在支部参加双重组织生活。制定巡查工作意见，5年内对34个厅直单位巡查全覆盖，对交通职业技术学院、厅公路设计院、厅交通设计院等6个单位开展巡查。

抓好重点领域关键环节监督监管。进一步细化权责清单，厅382项行权事项全部进入行权平台网上运行，推进交通运输网上审批服务平台“一张网”建设，实现省本级16个审批事项、5个公共服务事项网上办理。扎实推进厅公路设计院、厅交通设计院和厅监理处（咨询监理公司）“两院一处”转企改制工作，印发《四川省交通运输厅厅属国有企业负责人经营业绩考核办法》和《厅属国有企业领导班子和领导人员综合考核评价暂行办法》。制修订招标投标、信用评价、分包管理、市场督查等10余项制度，建立工程招标投标管理系统，严格规范交通建设项目设计、招投标、施工、监理和设计变更各个环节的管理，切实防控廉政风险。

2017年4月24日，省交通运输厅召开全省交通运输党风廉政建设工作会议
交通宣传中心 供稿

健全具有交通特色的惩防体系。强化风险防控，制订厅《贯彻落实中共四川省委办公厅四川省人民政府办公厅〈关于深化廉政风险防控工作的意见〉的工作方案》并抓好落实，系统推进廉政风险防控体系、内控体

系、电子监察体系、廉政制度体系建设，完善“五位一体”工作格局，认真落实厅2013—2017年惩防体系建设规划和省委办公厅省政府办公厅《关于深化廉政风险防控工作的意见》，制订厅工作方案，细化36项工作分工。加强制度建设，制订印发规范廉洁意见出具的通知，细化厅直纪检机关监督执纪工作流程，进一步明确厅直单位纪委工作责任清单及党纪处分审批权限。组织实施省管干部、厅管干部年度考核工作，对79名干部提拔任用征求有关部门党风廉政建设意见。开展“传家风、立家规、树新风”活动。

始终保持惩治腐败高压态势。纪检监察部门调查核实问题线索22条，立案9件，给予党纪处分5人，政纪处分3人，诫勉谈话7人，组织调整4人，批评教育29人，对3名涉及违纪的处级领导干部问责追究，给予行政撤职等处分。先后对厅公路局党委班子、交通职业技术学院党委班子进行集体约谈，对厅公路局纪委进行批评教育，对厅交通设计院纪委书记约谈提醒。在厅党组会和厅直单位党委会通报驻厅纪检组查处的10起违纪问题典型案例，向厅直所有单位通报对厅公路局党委、纪委和四川交通职业技术学院党委问责情况。

交通定点扶贫和驻村帮扶 2017年，省交通运输厅先后牵头帮扶乐山市金口河区和沐川县。履行牵头职责，牵头动员参与帮扶单位对沐川县36个贫困村、金口河区41个建制村全覆盖联系帮扶。厅4次召集参与帮扶单位或帮扶对象研究定点扶贫工作，3次牵头、21次参与督导定点扶贫县，2次专题向分管省领导报送工作情况报告，推动工作落实。系统部署帮扶工作。先后印发《中共四川省交通运输厅党组关于印发2017年定点扶贫和干部驻村帮扶工作计划的通知》《关于印发交通运输厅帮扶沐川县脱贫攻坚方案的通知》和《关于对口联系帮扶沐川县16个贫困村的通知》，对定点帮扶工作系统部署。全面发动帮扶力量。组织定点扶贫和驻村帮扶干部座谈交流，加强专项督查、蹲点调研、学习交流、成就宣传，12名厅领导牵头，29个厅直单位、19个厅机关处室参与，下派13名扶贫干部到定点扶贫点，“三位一体”全方位联系帮扶沐川县16个贫困村和金口河区11个村。据不完全统计，年内厅领导14次深入定点扶贫点，厅机关及直属单位309人次赴定点扶贫点督导帮扶，推动措施落实到位。通过一年帮扶，沐川县全县脱贫摘帽高标准通过省、市两级考核验收，2017年实现减贫人口11 436人（计划减贫10 727人），为省下达任务的107%，贫困发生率降至1.04%。金口河区新建村、建设村和曙光村退出贫困村，完成脱贫目标。交通运输厅和厅兴蜀公司被省委省政府表扬为“五个一”帮扶力量先进单位。

2017年10月26日，厅直机关党委书记张勇（左二）调研沐川县高笋乡龙河村对口帮扶工作　　厅直机关党委 供稿

政风行风建设 2017年6月16日，省交通运输厅召开全省交通运输政风行风建设“五大行动”动员部署会，安排部署2017年政风行风建设工作，坚持问题为导向，在全系统实施出行服务改善、执法形象提升、农村公路惠民、交通运输便民、政务窗口提质“五大行动”。重新聘请10名政风行风监督员，印发《四川省交通运输厅关于印发政风行风建设“五大行动”工作方案的通知》，提出43项工作措施，制发《四川省交通运输厅关于印发交通运输政风行风“五大行动”考核评分标准的通知》，细化102项考核指标，对21个市（州）、183个县（市、区）交通运输部门和64条高速公路实施“五大行动”情况按月进行百分制考核排名，按月考核通报6次，按季度收集通报各级党政“一把手”指示批示2次，召开6次月度例会，分5大片区召开片区会，分5个专题开展调研，采取交叉检查、暗访抽查等检查方式确保考核结果准确性。在42个省级政府部门（行业）政风行风群众满意度测评中，交通行业排名第33位，较上年提升4位。

2017年6月16日，政风行风监督员聘任仪式　　厅直机关党委 供稿

（本栏目供稿单位：厅直机关党委）

工会工作

GONGHUI GONGZUO

概　况　2017年，省交通运输工会主要开展了以下工作。坚持建功立业主题，助推建设人民满意交通。开展全省交通基础设施建设重点工程劳动竞赛和全省交通"项目年"重点工程劳动竞赛；开展全省交通运输系统职工技能比武；做好全国和省五一劳动奖章（状）、"工人先锋号"等推评工作。坚持服务职工宗旨，增强职工获得感幸福感。做好对口联系点的精准扶贫工作；开展春送岗位、夏送清凉、秋送助学、冬送温暖"四季送"活动；持续弘扬劳模精神、劳动精神；丰富职工文化体育生活。坚持依法建会和依法维权，争做职工满意信赖的"娘家人"。依法推进基层单位建立工会组织，配齐配强工会专（兼）职干部，大力推进民主管理工作，强化职工合法权益维护。

职工之家　2017年，省交通运输工会指导华川公司工会、山东高速四川分公司工会等30个基层工会做好组建成立、换届改选工作。完成厅公路局工会等40个基层工会"两证合一"资料审核工作。专题调研推动物流货运司机加入工会组织及组建货运企业工会。抓好职工之家、职工小家建家规划和上档升级活动开展，完成川西公司工会等20个基层工会建家规划。不断加大职工之家、职工书屋资金投入，定向补助职工之家、职工书屋建设点40个共32万元。截至年底，省交通运输行业有基层工会组织108个，工会会员4.4万人，有职工书屋300个，藏书17万册，电子书6万余册。

慰问帮扶　2017年，省交通运输工会按照省交通运输厅统一安排部署，会同厅审计处深入乐山市沐川县黄丹镇里坪村开展定点帮扶工作，研究制订帮扶措施。帮助里坪村新建党群服务中心，新建人畜饮水工程及农业蓄水池4处、农村道路9公里，易地扶贫搬迁15户；新建猕猴桃园区40公顷，实现年增收10.8万元。截至年底，全村建档立卡贫困户48户157人已全部脱贫。2017年元旦、春节期间，省交通运输系统各级工会继续开展"送温暖"活动，走访企业187家，慰问职工6 594人，其中，困难党员职工238户、困难农民工51户、贫困残疾职工105户。继续开展"夏送清凉"活动，慰问雅康高速公路、绵九高速公路、岷江犍为航电枢纽等重点工程建设工地，各条高速公路收费站及执法大队，普通国省干道管养段、站、道班和航道港口共570个点、23 871人。"金秋助学"活动资助120名困难职工（农民工）子女分别就读大、中、小学。"六一"国际儿童节看望困难职工子女156人、农民工留守子女53人，购买价值7万余元学习用品。

保障职工合法权益　2017年，省交通运输工会创建省交通运输职工法律咨询服务中心，聘请四川泰益律师事务所律师驻会，为交通运输系统广大职工无偿提供法律援助，截至2017年底，已无偿提供法律援助40人次。春运期间，深入南充、达州、广安开展"情满旅途"活动，督导交通运输安全生产相关工作。宣传普及女职工

2017年5月23日，省交通运输工会慰问成都绕城高速公路天府收费站一线员工
省交通运输工会 供稿

权益保护法律法规知识，开展女职工“维权活动月”活动，不断增强女职工知法、守法、用法的自觉性，帮助女职工掌握依法维权的方法，为女职工运用法律武器保护自身合法权益保驾护航。

劳动竞赛 2017年，省交通运输工会组织厅航务局、厅运管局参加“2017年中国技能大赛——第九届全国交通运输行业职业技能大赛”，四川省交通运输厅航务管理局（宜宾港）获“电动港机装卸机械司机职业技能竞赛”优秀组织奖，四川省交通运输厅道路运输管理局获“汽车维修工职业技能竞赛”最佳组织奖。在“2017年度全国道路运输安全行车百万公里驾驶员劳动竞赛活动”中，四川省汽运自贡集团有限公司翔宇分公司曾锡虞、牟平被评为“全国优秀驾驶员”，四川省汽车运输成都公司赵雄、成都市汽车运输（集团）公司贾明礼等31名四川省交通系统选手被评为“全国先进驾驶员”。省交通运输工会分类指导89个基层单位、2 195个班组、4.3万名职工参加全国“安康杯”竞赛。省交通运输工会和厅公路局共同承办“四川技能大赛——2017年四川省交通运输行业筑养路机械操作工职业技能竞赛”，评选出压路机项目和补坑槽项目单项奖各10名，9个市（州）代表队获得团体奖。联合省总工会开展川高公司各项工种竞赛活动，评选出“路维清障岗位”团体奖、单项奖各6名，“交通事故现场管控”单项奖9名，“吊车负重操作”单项奖6名，“十佳收费岗位能手”10名。

（本栏目供稿单位：省交通运输工会）

组图：2017年11月16日—17日，四川省交通运输行业筑养路机械操作工职业技能竞赛在成都市大邑县公路机械化养护中心举行。上图左为参赛队员在“补坑槽项目”中用乳化沥青进行封边；上图中为在“补坑槽项目”中计算填料用量；上图右为参赛队员在“压路机项目”中通过双轨，倒入机库停车。下图左为在“压路机项目”中沿线路倒车，进行路面碾压；下图右为在“补坑槽项目”中放样，确定坑槽开挖位置

扎西美朵 张冰姿 摄

交通科技教育文化

JIAOTONG KEJI JIAOYU WENHUA

2018

四川交通年鉴

交通科技

JIAOTONG KEJI

概　况　2017年，厅交通设计院申报的“建筑信息模型（BIM）技术应用”研发中心和厅公路设计院申报的“公路建设与养护技术、材料及装备”研发中心获交通运输部认定并正式授牌。省交通运输厅承担的科技创新项目“面向桥梁减隔震装备研发的大吨位空间六自由度实验系统研究”通过部验收，研究成果达到国际先进水平；“城市轨道交通运营组织与风险管控科技示范工程”“高寒高海拔地区公路工程质量监测与控制科技示范工程”两项部级科技示范项目顺利推进并通过部中期评估。厅年度科技统计工作获全国交通运输行业第二名，受到部通报表扬。《汽车客运站建设规程》《高速公路施工标准化技术指南》等9项交通运输行业地方标准由省质监局正式发布。省交通运输厅与省公安厅、省旅游发展委员会签署《信息资源共享应用合作协议》，形成常态化的信息资源共享合作机制。省交通运输厅与西南交通大学联建“陆地交通地质灾害防治技术国家工程实验室”通过验收，对推动陆地交通土建工程灾害防治领域的技术进步有重要意义。厅2016—2017年度质量管理工作得到国务院考核组认可，获省质量强省工作领导小组办公室通报表扬。

（谢富刚）

建设中的雅康高速公路泸定大渡河兴康特大桥，主桥为1 100米单跨钢桁梁悬索桥　吴佩耕 摄

“大跨桥梁风振计算理论、试验方法及控制技术”获省科技进步一等奖　该项目由西南交通大学、厅公路设计院等单位联合研发。针对大跨度缆索承重桥梁技术开展深入系统研究，取得多项创新性成果。首次提出大型边界层风洞的分段式扩散段和防分离网组合的新型整流结构形式，成功研制国际领先的、世界最大的桥梁边界层风洞。首次提出考虑跨向相关性的大跨度桥梁三维涡激振动分析理论，发展和完善了桥梁风致振动分析理论，为大跨度桥梁抗风设计和抗风研究提供了理论分析方法和关键技术支撑，社会经济效益特别显著。基于大型边界层风洞试验平台首次提出考虑跨向相关性的桥梁涡激气动力数学模型，针对桥梁形式系统研发了成套具有通用性的大跨桥梁风振气动控制技术，探明流线型箱梁下腹板最优倾角范围，建立流线型箱梁气动外形准则检修车轨道内侧导流板环保异形集中排水管等涡振桥塔翼板控制技术。该项研究成果直接应用于港珠澳大桥、苏通长江大桥、南京长江第四大桥等重大桥梁工程，社会经济效益显著。该项目获2017年度省科技进步一等奖。

（谢富刚）

“钢管混凝土桥梁的抗震性能与防灾技术研究”获省科技进步二等奖　该项目由厅公路设计院等单位研发，创造性地提出从材料、结构和体系三维度系统地研究桥梁抗震性能和防灾技术的研究路线。通过模型试验、理论分析、工程实践等集成研究，攻克了下列科学技术难题：钢管混凝土材料的抗震计算方法、与

构件抗震性能匹配的节点计算方法，以及合理的抗震构造技术。钢管混凝土主拱、桁式桥墩、组合桥墩、复合桥墩的抗震性能、评价方法和构造设计技术。钢管混凝土桥墩结构形式与高度的匹配标准，钢管混凝土主拱、吊索与桥面梁的合理组合体系，多跨连续变刚度的长联结构体系，大跨高墩抗震位移控制体系等核心技术。该项研究成果在国家、行业与地方规范的制订中得到应用，社会经济效益显著。该项目获2017年度省科技进步二等奖。

（谢富刚）

“高海拔地区复杂地质条件下公路隧道设计与施工技术研究”获省科技进步三等奖 该项目由厅公路设计院等单位研发。项目通过队隧址区气候要素和地温条件进行观测的基础上，提出一种新型抗防冻结构型式——离壁式保温衬砌结构，通过现场实测，提出海拔2 200米到4 400米烟雾浓度的海拔高度修正系数，填补该领域研究空白。通过理论分析、数值模拟和模型试验等综合研究手段，提出隧道与活断层的最小合理安全距离，以及将隧道边坡防护、洞门结构和洞口明洞作为一个系统进行综合抗减震的设计方法和工程措施。研究成果已应用于依托工程黄草坪隧道的建设和雀儿山隧道的设计。高海拔地区抗防冻研究成果，为国道317线雀儿山隧道（隧道长7 079米、海拔高度4 373米）、省道303线巴郎山隧道（隧道长7 954米、海拔高度3 850米）和X120线（川黄公路）雪山梁隧道（隧道长7 966米、海拔高度3 415米）的设计提供了重要的技术支撑，主要体现在隧道抗防冻结构型式、施工辅助措施以及通风与救灾模式等方面。该项目获2017年度省科技进步三等奖。

（谢富刚）

“高烈度地震峡谷区公路松散体边坡稳定性快速评估及防治对策研究”获省科技进步三等奖 该项目由厅公路设计院等单位研发。针对四川省藏区、山区公路工程穿越高烈度地震峡谷区的特点，以公路松散体边坡为研究对象，采用资料搜集、现场调研、理论分析和数值模拟相结合的方法，确定高烈度地震峡谷区公路松散体边坡稳定性评价指标体系，并研发了松散体边坡稳定性快速分级系统，揭示出松散体边坡在地震荷载作用下的失稳机理和破坏模式，提出松散体边坡的防治原则和最优治理方案。该项研究对高烈度地震峡谷区公路工程的设计、施工和运营具有很高的指导意义，也为类似条件下其他公路、铁路以及水电等工程领域的松散体边坡防治设计提供了借鉴。多项研究成果为国内外首创。该项目获2017年度省科技进步三等奖。

（谢富刚）

“长江上游地区特大跨（820米）钢箱梁悬索桥设计施工关键技术“获省科技进步三等奖 该项目由厅公路设计院、四川路桥集团等单位联合研发。针对软质围岩隧道锚采用复合式预应力岩锚，开发了隧道岩锚成套施工技术，形成施工工法；在软弱地层重力式锚碇深基坑开挖中采用相关技术，减少开挖量和引桥长度；首次采用钢管桁架横隔板，节约用钢量；研发了LZD400型步履式液压缆载吊机系统；在钢箱梁桥面铺装设计中，研发成套的钢桥面施工关键技术，形成施工工法。该项目获2017年度省科技进步三等奖。

（谢富刚）

采用特大跨（820米）钢箱梁悬索桥设计施工技术修建的宜宾南溪长江大桥　厅科信处 供稿

“大断面岩溶富水特长公路隧道施工关键技术”获省科技进步三等奖 该项目由四川路桥集团

等单位研发。针对山地城市环境下岩溶富水地层大断面公路隧道建设关键技术开展研究，解决了大断面岩溶富水公路隧道施工安全保障、结构安全保障、施工环境保护三方面的关键问题。项目成果在多座隧道建设中得到应用，大大提高了隧道施工的安全性，同时隧道洞口居住环境、沿线既有设施、区域水环境等也得到有效保护，社会经济效益极为显著。该项目获2017年度省科技进步三等奖。

（谢富刚）

全省交通运输科技创新暨信息化工作会议召开 2017年4月1日，全省交通运输科技创新暨信息化工作会议在成都召开。会议深入贯彻落实全国交通运输科技创新暨信息化工作会议和全省交通运输工作会议精神，总结2016年全省交通运输科技和信息化工作，部署2017年交通运输科技和信息化重点工作任务。厅党组成员、副厅长张琪主持会议并讲话，要求各单位（部门）要准确把握科技和信息化工作的总体要求，进一步提升行业治理能力，打造公共服务新标杆。要着力强化科技创新的支撑和引领作用，找准科研项目的重点领域和发展方向，进一步增强科技供给能力，发挥企业在科技创新中的主力军作用，着力科技成果推广应用。要加快推进“互联网+交通运输”融合发展，加快大数据与云平台建设应用，围绕基础支撑、行业管理、公共服务三大平台加快重点项目推进。要积极构建科技创新和信息化发展的新机制，激发科技和信息化人才的创新热情、释放创新智慧，积极引导更多社会资金投向交通运输科技创新，鼓励引导社会力量参与信息化建设。厅副巡视员寇小兵作题为《统筹推进科技创新和信息化建设 支撑四川交通运输持续健康发展》的工作报告。各市（州）交通运输局（委）有关负责人，省交投集团、省铁投集团等负责人，厅直单位和厅机关处室负责人参加会议。

（钟映梅）

组织收看第29期交通科技大讲堂 2017年4月13日上午，省交通运输厅组织收看交通运输部举办的第29期交通科技大讲堂视频讲座。科学技术部副部长、中国工程院院士黄卫主讲“中国科技发展形式与交通运输科技领域进展”，深度解读国家科技发展新形势新要求，全面介绍国家科技计划管理改革进展情况，并结合交通运输发展对行业科技发展趋势进行展望，行业要着眼科技发展全局，瞄准科技前沿，全面落实创新驱动发展战略，掌握科技改革的方向和趋势，进一步发挥科技创新对交通发展的支撑和引领作用。厅直各单位、厅机关有关处室相关负责人，从事交通运输科研、规划、设计、施工、管理工作的相关人员80余人收看讲座。

（谢富刚）

9项行业地方标准发布 2017年，省交通运输厅不断推进交通运输行业各领域标准化工作并取得实效。9月18日，《汽车客运站建设规程》《高速公路施工标准化技术指南》等9项交通运输行业地方标准由省质监局正式发布。此次发布的行业地方标准涉及场站建设、施工技术、公路养护、质量检测和新型材料等领域，分别是由厅运管局主编的《汽车客运站建设规程》、厅质监局主编的《高速公路施工标准化技术指南》、厅公路局主编的《公路沥青路面预防性养护技术规范》《旧水泥混凝土公路路面共振碎石化技术规范》、厅公路设计院主编的《高钛重矿渣桥梁高性能混凝土技术规程》《钢管混凝土桥梁检验评定规程》《公路被动柔性防护网技术规程》和厅交通设计院主编的《公路彩色防滑路面设置规范》《公路雨夜反光标线技术要求和检测方法》。在“以标促建、以标提质、以标增效”标准化发展要求下，省交通运输厅不断加强科技成果向标准转化，完善标准体系，促进成果推广应用，年内组织完成行业标准编制1项，新增地方标准立项3项，在研和已发布标准总数42项，标准化支撑和服务行业发展能力逐渐增强。

（谢富刚）

省交通运输厅与省公安厅省旅游发展委员会签订《信息资源共享应用合作协议》 2017年11月15日，省交通运输厅与省公安厅、省旅游发展委员会签订《信息资源共享应用合作协议》。按照“相互支持、优势互补、共建共享、互利双赢”的原则，形成常态化的信息资源共享合作机制。交通部门和公安部门将通过信息资源的高度共享和深度融合，共同推进双方信息化建设，加强对运营车辆、从业人员的资质和信用管理，加快推进客运站实名制购票，加强对路网运行的监测和管理，提升服务能力和水平。交通部门与旅游部门将在数据资源共享平台建设、协调管理和运行监测数据融合应用、信息发布设施综合利用、推进运输旅游一体化、跨部门信用体系建设等方面开展深入合作，探索交通旅游信息服务新模式，提升交通旅游协同管理和信息服务能力。《信息资源共享应用合作协议》地签署，为有效利用信息化技术促进部门间的业务协同奠定了基础。

（钟映梅）

交通运输行业两个研发中心获交通运输部颁发铭牌 2017年12月20日，交通运输部科技司在北京召开2017年新认定重点科研平台建设运行推进会，会议对行业研发中心发展定位、内部管理及保障措施提出了要求。会上，厅交通设计院申报的“建筑信息模型（BIM）技术应用”研发中心和厅公路设计院申报的“公路建设与养护技术、材料及装备”研发中心获部认定并正式授牌。近年来，省交通运输厅不断加强科研基

地建设，先后创建1个国家工程实验室、2个省级科研基地，本次获得授牌的2个行业研发中心，是省交通运输厅首次成功创建的部级科研基地，并以此形成“国家级+部级+省级”三个梯次的研发基地体系，补齐科研基地短板，为创建交通强省注入了新动能。

（谢富刚）

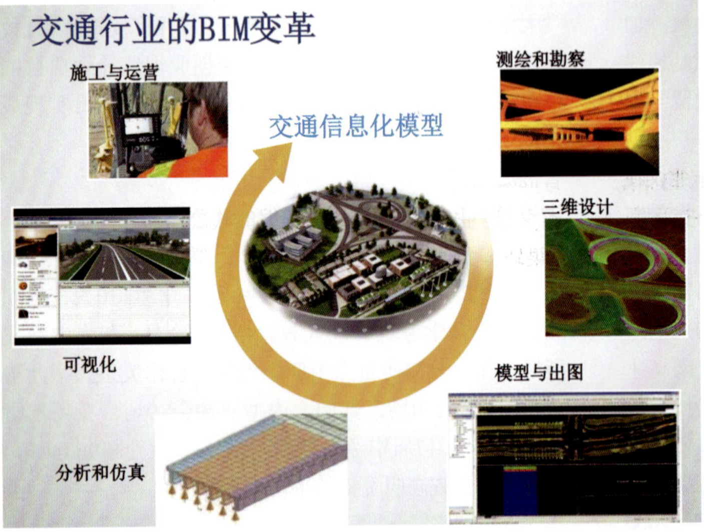

BIM与交通行业　　交通宣传中心 供稿

省交通运输厅与西南交大联建“陆地交通地质灾害防治技术国家工程实验室”通过验收　2017年12月25日，省发展改革委在成都召开“陆地交通地质灾害防治技术国家工程实验室”项目竣工验收会，组织专家对该工程实验室进行验收评审。“陆地交通地质灾害防治技术国家工程实验室”是厅公路设计院等单位与西南交大共建项目，针对高烈度地震区、山地灾害频发区、强风区的公路和铁路关键共性技术开展研发与验证工作，旨在全面提升交通运输行业灾害防治工程的技术水平和交通运输应急保障体系的能力，推动陆地交通土建工程灾害防治领域的技术进步，对交通强国和交通强省建设具有重要意义。

（谢富刚）

质量管理工作获省表扬　2017年1月11日，省质量强省工作领导小组办公室发布《关于2016—2017年度迎接国务院质量工作考核情况的通报》，省交通运输厅按照省政府统一部署，优质高效开展资料搜集、质量分析及材料上报等工作，全面完成质量工作考核任务，成绩突出，得到国务院考核组认可，获省质量强省工作领导小组办公室通报表扬。近年来，省交通运输厅始终将质量管理放在重要位置，强化工程质量、服务质量及环境质量综合管理，以标准管理促进工程质量、以综合监管提升服务质量、以节能减排改善环境质量、以部省联动保障产品质量，行业质量管理有效可控，质量发展整体平稳，以质量进步推动交通运输发展转型升级，为四川省交通运输持续快速发展提供了重要支撑。

（谢富刚）

交通教育
JIAOTONG JIAOYU

概　况　2017年，四川交职院被列入四川省优质高等职业院校建设计划拟立项名单，完成优质高等职业院校建设计划项目网评工作，并从建设方案优化、建设经费预算、建设政策研究、标杆院校调研等8个方面制订工作计划。对学院后勤服务管办分离进行探索，购买部分社会服务。完成《高层次人才引进与培养管理办法》《采购管理办法》等制度建设。学院质量管理体系基本建成。学院获“全国高职院校2016年服务贡献50强”称号。在中国高校创新人才培养暨学科竞赛评估中名列全国高职院校第52位、四川省高职院校第1位。2013级汽车工程系学生杨文浩夺得第44届世界技能大赛“汽车技术”项目银牌，实现中国内地在这个赛项上奖牌零的突破。

教育教学 2017年，四川交职院“四川省高等职业教育创新发展行动计划”成功立项27项。“轮机工程技术”等4门课程完成课程资源建设；土木工程检测实训基地等5个生产性实训基地项目顺利推进；“汽车制造与装配技术”等4个专业顺利通过省级重点专业建设和财政绩效验收；“汽车维护”等5门课程获批立项建设省级精品在线开放课程；“皮艺产品设计与制作”等2个现代学徒制试点项目完成学生选拔，并与企业签订三方协议。加强基于BIM技术的建筑工业化实训基地等4个实训基地建设，提升国际交流与合作水平。完成第一批老挝留学生入学工作，共11批26名教师赴海外进行交流。

产教融合 2017年，四川交职院推进组建四川交通职教联盟，牵头加入京津冀沪宁晋川交通职教联盟，加入全国轨道交通职教集团，推进西部汽车职教集团建设。与厅运管局、厅交通设计院、中交检测公司、华川集团等58个单位（企业）签署合作协议。学院组成成南高速公路扩容改造方案咨询项目组，为成南公司提供技术服务。开展自学考试和成人学历教育，承办“地方公路预防性养护”“公路建设与管理”等培训，开展各类行业资格培训，培训人数9 500人次，完成各类职业鉴定5 000人次。组织申报“四川省优秀教学成果奖”6项，申报专利25项，专利授权4项，完成科研项目立项83项，发表论文230篇。获得四川省社会科学优秀成果奖2项、成都市第十三次社会科学优秀成果奖1项，组织开展“名家讲坛”等学术讲座12场。

队伍建设 2017年，四川交职院加强高层次人才建设，依托“牟廷敏大师工作室”“省级非物质文化传承人工作室”等4个工作室，实施专业带头人和骨干教师培养工程。引进高层次人才10人，培训教师693人，职工培训率达80%以上。全年组织开展教师培训8次，累计培训507人。获得四川省信息化教学大赛一等奖4项、二等奖2项、三等奖1项。打造专业化、职业化的辅导员队伍，组织130余人参加全国及省级辅导员示范培训，选派代表参加第二届全国交通职业院校辅导员能力大赛并获得一等奖。

人才培养 2017年，四川交职院完成7个院级重点专业的校内验收。建成精品在线开放课程23门、项目库8个、试题库23门。完成分级竞赛体系建设，全年共组织校内技能大赛50项。鼓励学生参加省级以上技能竞赛，其中，参加国家级技能大赛18项，获奖15个；参加省级技能大赛35项，获奖59个。挂牌成立创新创业学院，完善相关制度和课程建设，组织学生参加第三届四川省“大学生互联网+创新创业大赛”，获得1枚银牌和1枚铜牌。完成102项省级大学生创新创业训练计划项目的申报工作，“阳光咖啡厅”等3个学生创业项目实现成果转化。

招生就业 2017年，四川交职院三年高职录取新生5 111人，报到新生4 860人（其中，单招录取普通考2 299人，报到2 247人；单招录取“9+3”学生110人，报到89人）；自学考试、成人教育招生279人。加强中高职衔接工作，与31所重点中职学校建立合作关系。举办毕业生双选会170场，其中大中型双选会29场，专场招聘会141场。2017届毕业生总数4 133人，就业率96.69%，大幅高于全省高职院校的平均水平。

第44届世界技能大赛杨文浩夺得银牌 2017年10月20日，在阿联酋首都阿布扎比落下帷幕的第44届世界技能大赛上，代表中国出征的四川交职院学生杨文浩夺得“汽车技术”项目的银牌，实现中国内地在这个赛项上奖牌零的突破。杨文浩是四川交职院2013级汽车工程系学生，也是学院培养的第一届高端技术技能型人才，2017年以全班第一名3.9学分绩点的优异成绩被保送为西

2017年10月20日，四川交职院学生杨文浩（左二）获得第44届世界技能大赛“汽车技术”项目银牌 周凯 摄

华大学车辆工程专业研究生。

精准扶贫 2017年，四川交职院对口帮扶5县3村，扶贫对象18户，进行技术扶贫培训261人次，学院走访下乡169人。坚持“教育扶贫”，取得良好效果。申请试办藏区高中起点“1+2”模式高职教育，共录取54名藏区学生。为517名建档立卡贫困学生发放各类补助1 040.25万元。为乐山市金口河区、乐山市沐川县、广元市苍溪县、巴中市通江县和凉山州雷波县开设在职培训3期，培训110人。四川交通运输职业学校为金口河区、沐川县和通江县等7个区县免费开设以工程机械操作为主的技能培训班，全年5期累计培训学员116人。四川省交通管理学校帮助甘孜州和阿坝州交通系统干部进行学历提升，全年提升133人，其中本科116人，专科17人。四川交职院为金口河区勘测设计乡、村道路322公里，节约建设资金161余万元。承建省道302线小江口至魏家公路药铺大桥项目，推动通江县重点交通建设发展。

（本栏目供稿单位：四川交职院）

文明行业创建

WENMING HANGYE CHUANGJIAN

行业精神文明建设 2017年，四川省交通运输行业精神文明建设取得新成效。加强行业先进典型培树，营造实干兴邦氛围。坚持面向基层、聚焦一线，运用行业全媒体宣传平台，在省交通运输厅官方网站、四川交通手机快讯、四川交通广播、四川交通微博微信、《四川交通》杂志等行业媒体对先进典型事迹大力宣传，反映行业广大干部职工鼓足干劲，争当先行的精神风貌。宣传行业持续开展“爱岗敬业明礼诚信”社会主义核心价值观主题实践，弘扬“两路”（川藏路、青藏路）精神，打造当代四川交通人共同的精神家园，展示四川交通人践行社会主义核心价值观、弘扬时代新风尚的示范引领作用。2017年，在行业内外集中力量培树和宣传牟廷敏、杨文浩等同志先进典型。其中，牟廷敏被评为“2016年感动交通年度人物”。深化文明单位创建工作，培树崇德向善风气。深化文明创建活动，发挥精神文明建设对推动行业发展和提高服务水平的引领保障作用，努力提升行业文明程度。把申报创建文明单位作为系统工程，深入创建单位，以座谈、专题研究、实地调研等形式确保文明创建落实到位，确保创建标准涉及的工作汇报、实地考察、文件资料、测评测试等内容和程序保质保量完成。在确保申创单位完成“规定动作”的同时，结合交通实际创新开展创建“自选动作”，真正把申创工作落实到日常工作各环节。2017年，重点开展第五届全国文明单位评定及复核工作，厅航务局被中央文明办表彰为“全国文明单位”；完成对四川交职院、厅交通设计院的全国文明单位复核工作；进一步梳理了厅直各单位文明单位或文明校园的创建情况。

交通运输新闻宣传 2017年，四川交通新闻宣传工作抓住中共十九大和省第十一次党代会召开、重大项目集中开工动员等节点，多角度、全方位报道四川交通运输工作，中央和省级主要媒体报道质量和数量较往年均有较大上升，基本实现“天天有声音、周周有报道、月月见大报”的预定目标。省交通运输厅厅长汪洋、副厅长周道平多次专题听取新闻宣传工作汇报，安排部署每一阶段新闻宣传重点工作。全省交通运输行业宣传工作服务国家重大发展战略，落实中共四川省委“三大发展战略”、推进“两个跨越”，满足人民群众对美好生活向往的交通运输需要。在省十一次中共党代会前后，省交通运输厅与四川电视台联合制作播出“5年蜀道”特别节目，运用无人机航拍技术展示四川交通建设取得的成果。在中共十九大召开前，在央视新闻频道献礼节目《还看今朝》中，集中展示雅康高速兴康特大桥、二郎山隧道和国道317线雀儿山隧道等建设成就。在习近平总书记再次作出“厕所革命”重要指示当晚，利用央视财经频道和新闻频道，第一时间展示四川“推进厕所革命交通决不掉队”的工作成效。协调中央媒体重点关注，在“走出去”到人民日报社四川分社、中央电视台驻四川记者站对接工作的同时，把媒体“请进来”到厅开展工作会谈。主动为其提供新闻资源。从中央媒体看，2017年，《人民日报》先后14次报道四川交通工作（其中头版头条2次），中央电视台《新闻联播》11

次报道，《中国交通报》头版56次报道；从省内主流媒体看，《四川日报》头版48次报道，《四川新闻》先后播报120余次。

上线四川广播电视台《阳光政务》政风行风热线节目 2017年1月16日—19日，按照省纠风办的统一部署，省交通运输厅由二级巡视员寇小兵带队，上线值守四川广播电视台《阳光政务》政风行风热线节目。上线期间，坚持以人民群众满意为目标，围绕“加快农村公路建设，全力助推脱贫攻坚进程”主题，倾听百姓声音，回应群众关切，主动介绍四川交通强省规划蓝图，交通建设农民工工资管理以及春运保障工作等情况。接到群众诉求32个，其中热线电话27个，微信咨询5个。按照节目工作机制，省交通运输厅第一时间开展调查、第一时间协调处理、第一时间反馈意见。

2018年1月16日—19日，省交通运输厅上线值守四川广播电视台《阳光政务》政风行风热线节目 厅办公室 供稿

（本栏目撰稿人：曾　元）

交通信息化建设

JIAOTONG XINXIHUA JIANSHE

全省高速公路联网收费与管理 2017年，全省高速公路联网收费系统累计新开通4个路段、34个收费站、500余条车道，实现全省6 820公里路网、4 737条车道全覆盖，比上年增长11.89%，ETC车道占26.96%。路网总车流量超过6.5亿辆，比上年增长10.17%，其中ETC车流量超过1.5亿辆，比上年增长40%。

成灌高速公路ETC情报板 厅结算中心 供稿

四川省ETC用户数达到300万，与中国银行、中国农业银行、中国建设银行、中国工商银行、中国邮政储蓄银行等7家银行合作，ETC客户服务网点增加至5 300个。ETC专用车道1 277条，覆盖536个收费站，覆盖率95.89%。全路网日均ETC车流量为74.83万辆。“四川高速公路ETC”微信公众号进入试运行，具有ETC用户消费明细推送、历史账单查询、路况查询、费率查询等功能。

2017年，联网监控平台已接入超过10 000路视频图像并实现与厅信息中心应急处置平台的对接。调整“四川交通在线”网站手机用户访问界面，网站访问量增加124万人次，总访问量超过180万人次。短信平台发布交通阻断信息16 000余条，同比增长46.80%。“12122”座席受理各类话务80万件，比上年减少7.15%。“12122”系统稳步推进高速公路联网运行监测，新接入成安渝、成仁、简蒲等5条高速公路高清视频图像；与气象部门合作建成高速公路气象信息共享运行监测系统，服务质量和水平大幅提升。

（厅结算中心）

信息化项目建设 2017年，省交通运输厅开展多项交通信息化建设项目。完成四川省交通运行监测与应急指挥系统（二期）工程省级投资部分及第一批市州设计文件的编制、评审、批复工作，完成省级投资部分第一批次部分标段的招投标。完成四川省公路水路建设与运输市场信用信息服务系统中的道路运输市场、水路运输市场信用信息服务系统建设和上线试运行。四川交通运输网上行政审批服务平台（一期）完成初验和系统试运行，实现大件运输全国联网审批，实施大件运输二维码电子证书应用。完成信用系统双公示的自动推送发布。完成网上行政审批服务平台（二期）施工招标文件编制。完成四川省交通运输行政执法综合管理信息系统立项审批并取得省发展改革委工程可行性报告批复。完成四川省交通运输物流公共信息平台工程可行性报告的编制、审查并报省发改委审批。交通旅游服务大数据应用试点工程纳入交通运输部试点示范项目，并与旅游、公安部门就数据资源交换共享进行多次沟通，与省旅发委确定数据共享协议内容并实现部分数据交换，同时，完成四川省交通运输大数据应用与服务平台需求调研和工程可行性编制。完成综合交通出行信息服务项目中厅官方微信交通出行专栏的开发并投入使用。完成“四川交通”APP建设方案的编制、原型设计、系统对接、论证、业务需求调研和修改工作，并上线试运行。完成厅办公应用平台的扩展升级、厅短信平台及电子印章的应用系统建设，厅综合政务平台上线运行。地质灾害隐患“两库一图”系统紧急开发完成并上线运行。厅办公区域实现无线WiFi网络全覆盖。信息化标准查询系统及无纸化会议系统完成前期工作并已开工建设。

（厅信息中心）

网站建设管理 2017年，省交通运输厅加强网站建设管理。完成2016年全省交通运输系统网站建设管理工作考核，开展厅政府网站及厅直单位政府网站专项信息清理、安全检查、普查自查及整改，完成有关栏目、功能的建设和内容维护，厅政府网站在全省同级政府网站综合绩效评估中位列省直部门第三名。全年编发网站信息10 459条，视频播报45条，填报交通运输部子站信息2 579条，报送中共四川省委电子政务内网信息739条，填报省政府信息公开目录管理系统2 684条，均列同级单位前列。完成春运、全省交通运输工作会议、茂县山体滑坡、环保督查、“厕所革命”、九寨沟地震等多个专题的制作上线和内容维护。开展1 315期在线访谈、3期网上直播、57期意见征集和网上调查，收到并处理网站留言1 021条。做好新媒体的日常运维、宣传推广等工作。参加厅组织的各类宣传报道活动，策划多篇原创稿件，“四川交通人，以人民的名义，铺就脱贫致富路”“四好农村路”系列报道等多个案例受到省网信办表扬。省交通运输厅政务微博发布信息3 440条，政务微信发布信息891条，回复微博、微信网友留言109条。

（厅信息中心）

网络舆情监测 2017年，省交通运输厅完成2016年网络舆情分析年报的整理、上报，做好网络舆情监测和“厅长信箱”来信的搜集、整理和报送，编发《网络舆情参阅》245期、《舆情专报》80期、《网络舆情摘报》47期、《网络舆情摘报办理情况》10期，编辑《厅长信箱回复建议》20期。

（厅信息中心）

信息化服务保障 2017年，厅信息中心完成对茂县地质灾害和九寨沟地震的应急通讯保障、视频调度、应急值守、信息发布、舆情监测和应对等工作。为国省干线监测预警系统等12个项目提供技术支持及技术统筹。完成《交通运输综合统计报表》等20余项数据统计、分析和报送。在网络及信息安全方面，有效拦截WEBSHELL（一种网页后门）上传2.79万次、URL（统一资源定位符）12.89万次、CC攻击（一种网页攻击方式）34.63万次，SQL注入（一种网站攻击方式）2.31万次；主动防范勒索病毒，完成445端口的屏蔽和安全规则的调整，未发生一起网络安全事件。软件正版化建设受到四川省

2017年8月10日，交通应急通信组在“8·8”九寨沟7.0级地震救援现场利用无人机协助交通抢险队伍对地质灾害隐患点开展实时监测 周志彬 摄

政府推进使用正版软件工作检查考核组高度评价和一致肯定。做好人事职称评审等14个系统的运行维护工作。强化厅机关办公设备更新维护效率，平均每日维护厅机关处室设备4~5次。完善应急通信预案，自行开展应急演练4次，配合参与1次，应急处置2次。顺利保障普通会议313次，视频会议89次。制订完善《厅指挥大厅控制室管理办法》等3项制度。

（厅信息中心）

交通宣传

JIAOTONG XUANCHUAN

概　况　2017年，交通宣传中心不断创新宣传方式，拓展宣传渠道，推动传统媒体和新兴媒体深度融合。按照省交通运输厅“对接央媒 扩大影响”的工作思路，充分发挥央媒交通子平台的优势，对外辐射交通正能量，树立交通新形象。着力构建央媒、新媒体、移动媒体等子平台，打造“中央厨房”式的融媒体中心，形成全方位的媒体宣传矩阵，全面提升交通宣传的融合传播力。

全媒体矩阵打造　2017年，交通宣传中心为将《四川交通》杂志做得更精、更细、更专业，页码由每期64页浓缩为48页。围绕行业重点、热点专题策划约稿，加大署名文章、工作调研、科技管理论文的刊载数量，推进杂志向深度报道转型，提升权威性和指导性。同时，向地方来稿倾斜，选择具有代表性、借鉴意义的好举措、好办法供其他地方交通运输部门参考学习。为增加杂志的可读性，开辟《交通文化》专栏，刊登交通人所写的散文、诗歌等文艺作品，在专业化的同时，提升杂志的趣味性。同时，通过与四川广播电视台交通频率（FM101.7）合作推出早、中、傍晚、晚间四档节目，紧紧围绕全省交通运输中心工作开展了有计划、有重点、有深度的宣传报道工作，大量同期声报道交通一线先进典型、先进事迹和管理新理念。根据省交通运输厅宣传工作要求，《四川交通手机快讯》进一步规范投稿流程、审核标准，优化调整部分栏目，其中，原《一句话新闻》板块改为《聚焦行业》。在“6·24”茂县特别重大山体滑坡和“8·8”九寨沟地震期间，及时刊出部、省、厅领导对四川交通抢险救灾的批示和部署，及时刊发一线抢险救灾信息，起到指导抢险救灾与宣传交通抢险进展的双重作用。

四川交通对外融合宣传　2017年，交通宣传中心紧扣全省重大交通项目，及时策划采写稿件，多篇稿件在《中国交通报》头版刊登。“6·24”茂县特别重大山体滑坡和“8·8”九寨沟地震期间，在《中国交通报》头版头条刊登题为《因职责坚守 为生命逆行——四川交通紧急转运两万余滞留群众纪实》的报道，从不同的角度诠释四川交通人在面对灾难时所体现出的“四川交通精神”。同时，在《中国交通报》开辟《四川交通》专刊，每季度刊发一期，全年出版4期共16个版面。全年《中国交通报》用稿178篇，交通宣传中心记者供稿90篇，其中头版39篇，头条（含报眼）11篇。交通宣传中心与省交通运输厅厅办公室一起多次组织社会媒体记者深入交通一线，对交通重点项目进行集中采访，为社会媒体记者提供素材、做好向导。这些集中采访中，既包括雀儿山隧道通车等令人瞩目的交通事件，也包括“厕所革命”等事关民生的交通项目。参与协助制作四川电视台《砥砺奋进五年间》系列航拍节目——《空中看巨变·蜀道》，提供航拍素材约1 000分钟。节目于中共四

2017年，会东县野租乡云南村通村公路　　交通宣传中心 供稿

川省委第十一次党代会期间播出，向社会宣传了四川交通运输的发展成果。

“互联网+”交通宣传 2017年，交通宣传中心深化与新华网四川交通频道的合作，共同制作《四川交通微杂志》，杂志内容制作更加契合交通中心工作，版面的美化更加多样化。围绕交通运输重点工作，用精炼的文字、冲击力强的图片和优美的音乐，记录下四川交通运输行业在新常态下开拓奋进的征程。并在新华网上推送《四川交通微杂志》，用艺术的方式在中央媒体上展现四川交通新形象、新成就。年内，先后入驻今日头条、网易新闻和凤凰一点资讯移动平台。编辑刊登符合大众阅读习惯的稿件，一方面宣传四川交通发展成果，另一方面为群众提供优质出行资讯。采用图文直播方式报道《2017年四川交通运输工作会》《今天，四川交通760亿项目开工》等，并尝试结合视频航拍，推出多期“上帝视角”系列航拍小视频，推介大美四川交通。同时，在中国交通新闻网《四川频道》上开辟《全省交通运输工作会》专栏，宣传全省交通运输系统上一年工作成绩和今年工作安排，为四川交通运输发展创造良好的舆论氛围。尤其在“6·24”茂县特别重大山体滑坡和“8·8”九寨沟地震期间，交通运输部新闻中心在交通运输部官网刊登来自四川交通抢险救灾的文字和图片。中国交通新闻网根据交通宣传中心提供的新闻，随时更新网页，还不间断地编辑微信公众号向交通运输部机关、社会进行宣传，借助四川交通广播微信公众号70多万庞大的粉丝数量，用接地气的方式，宣传四川交通正能量，加强政策解读和与群众息息相关的交通资讯。全年四川交通广播微信《四川交通》栏目共刊登新闻约240条，不少新闻点击量超过10万次。

微电影《天路入云端》摄制 2017年，厅办公室牵头，交通宣传中心组织拍摄制作原创音乐微电影《天路入云端》。年初，交通通宣传中心就着手微电影的前期策划及剧本创作，主题曲由厅党组副书记、常务副厅长周道平作词，由宣传中心和交职院职工担任演员，交通人自己作词、自己写、自己演自己的故事。先后剪辑完成35分钟长版及15分钟短版视频，并通过中共四川省委宣传部审核。长版视频向康巴卫视、甘孜州电视台等传统媒体推送，短版视频向今日头条、网易新闻和凤凰一点资讯等新媒体平台推送。

（本栏目撰稿人：刘涛声 邓 蕾）

交通史志年鉴

JIAOTONG SHIZHI NIANJIAN

概 况 2017年，厅史志总编室继续开展《四川交通志》《四川交通志·公路志》《四川交通志·内河航运志》《四川交通志·稽查征费志》4部全国第二轮修志试点志书编纂；完成《四川省志·交通志》编纂并通过省地方志工作办公室终审；完成7部省政府抗震救灾志有关四川交通运输部分出版稿的复核等；组织开展《中国高速公路建设实录·四川卷》等4类项目编纂；启动《中国水运史（1949—2015）》《中国水运工程建设实录（1978—2015）》编纂；编辑出版《四川交通年鉴》2017卷；完成《中国交通年鉴》《中共四川省委执政实录》《四川年鉴》《四川农村年鉴》2017卷四川交通运输部分的组稿和编纂。同时，开展“蜀道申报世界遗产系列课题研究”，启动交通史志年鉴信息化建设。

厅史志总编室编纂团队 厅史志总编室 供稿

年内，《四川公路交通史》荣获省政府颁发的“四川省第十七次社会科学优秀成果”三等奖，《四川交通年鉴》2015卷荣获“2015—2016年度全国年鉴编校质量检查评比”特等奖；厅史志总编室被中国交通年鉴编委

会评为“先进通联单位”，被省地方志工作办公室表彰为“省直部门地方志工作成效突出单位”。总编辑黄丽当选为中国出版协会年鉴工作委员会（年鉴研究会）第四届理事会常务理事、副主任（副会长）。

开展“蜀道申遗”课题研究 2017年，厅史志总编室成功申报省交通运输科技项目——“蜀道申报世界遗产系列课题研究”。该项目通过内业资料查阅收集分析、外业调查相结合，历史实物古迹遗存与历史文献相对应的方式，形成体系化的蜀道研究。通过现场踏勘，编写阴平道、金牛道、荔枝道、米仓道等文献资料与考古调查报告；在完成内业资料收集整理与外业调查的基础上进行综合分析，完成“蜀道与古代交通文明研究”课题报告。项目由厅史志总编室与西华师范大学共同完成，于6月启动，7月始展开考古调查和资料搜集。

公路交通史获省社科奖 《四川公路交通史》系交通运输部部署的编纂任务，分上下两册。其中，上册记述从四川第一条公路的修建和第一辆汽车的出现，到新中国成立前四川公路交通的兴衰历程，若干条重要公路的具体建设管理情况，以及各个时期汽车担负的运输任务与社会生活的密切关系。同时，对古代道路交通诸如古蜀道产生的地理环境、栈道的创始和运用、南方丝路的开拓、驿道驿运的兴起和四川官马大道的形成、古代桥梁的风格等进行必要的回顾。下册分为两个分册。《现代公路运输》分册详细记述1950—1990年四川公路运输发展历程和演变规律、取得的辉煌成就及经验教训；《现代公路》分册系统记述新中国成立至2000年共50年四川公路交通在各个历史时期的发展变化及其规律，全面总结四川公路交通建设及管理的成功经验与不足。2017年，《四川公路交通史》获省政府颁发的“四川省第十七次社会科学优秀成果奖”三等奖。

启动交通史志年鉴信息化建设 为顺应“互联网+”发展趋势，提高史志年鉴开发利用水平，增强其服务功能，2017年，厅史志总编室编制《四川交通运输史志年鉴信息采编与服务平台建设方案》。建设内容概括为“一库一平台一馆”，即构建一个基础数据库、一个后台在线采编平台、一个虚拟交通史志馆，计划分阶段分批次完成。基础数据库，就是对出版的史书、志书、年鉴、丛书、画册、电子音像成品等各类数据资源进行集中储存。在线采编平台，就是实现在线史志年鉴信息与稿件的采集与提交，在线上完成三审与校对，提高效率，减少差错。虚拟交通史志馆，就是利用虚拟现实技术手段，全方位、多维度展示四川交通的“前世今生”。年内，通过多次评审，完善了建设方案。同时，完成年鉴在线编纂系统开发的前期工作。

（本栏目撰稿人：益 人）

2017年，《四川公路交通史》获“四川省第十七次社会科学优秀成果”三等奖　　厅史志总编室 供稿

市州交通

SHIZHOU JIAOTONG

2018

四川交通年鉴

成都市交通

CHENGDU SHI JIAOTONG

2017年成都市交通运输能力概况

公路交通运输			
通车里程	总里程（公里）		26 293.875
	其中	高速公路	958.679
		一级公路	1 495.258
		二级公路	2 143.389
		三级公路	2 457.301
		四级公路	18 317.654
		等外公路	921.594
公路密度	按国土面积计算：每百平方公里 183.424 公里		
	按人口计算：每万人 18.796 公里		
通达里程	通公路的乡镇 318 个，占乡镇 100%		
	通公路的村 3 635 个，占村 100%		
客运站	总　数（个）		98
	其中	一级站	13
		二级站	18
		三级站	23
		四级及以下站	27
营运车辆	总　数（辆）		176 878
	其　中	客车 9 133 辆　242 464 座	
		货车 167 765 辆　1 028 827 吨	
公路运量	客　运	客运量（万人次）	10 053
		旅客周转量（万人公里）	947 910
	货　运	货运量（万吨）	26 245
		货物周转量（万吨公里）	2 670 095
内河航运运输			
通航里程	总里程（公里）		316.45
	其中	三级航道	
		四级航道	
		五级航道	
		六级航道	5
		七级航道	185.76
港口（码头）	总　数（个）　79（其中，码头55个，渡口34个）		
	吞吐量	旅客吞吐量（万人次）	
		货物吞吐量（万吨）	
水路运量	客　运	客运量（万人次）	64.3
		旅客周转量（万人公里）	320.98
	货　运	货运量（万吨）	17.8
		货物周转量（万吨公里）	130.4
营运船舶	总　数（艘）209		
	其　中	客船 178 艘 3 366 座	
		货船 31 艘 6 761 吨	
城市公交运输			
营运车辆	14 402 辆		
公交线路	902 条		
公交站	10 664 个		
运　量	16.852 7 亿人次		

注：因中心城区扩大为“11+2”区域，城市公交运输上表数据范围为“11+2”区：高新区、锦江区、青羊区、金牛区、武侯区、成华区、天府新区、龙泉驿区、青白江区、新都区、温江区、双流区、郫都区

交通发展规划和投资　2017年，成都市交通运输部门围绕全面建设新发展理念城市和新时代成都“三步走”战略，根据城市空间结构优化和经济地理重塑要

2017年，成都成功申报交通运输部“十三五”期间首批公交都市创建城市。图为行进中的纯电动公交车　　刘岳海 摄

求，按照中共成都市委“东进、南拓、西控、北改、中优”决策部署，完成《建设综合交通枢纽行动计划（2017—2022年）》等重点规划编制，加快航空、铁路枢纽、高速公路网和市域快速路网建设，创建公交都市，推进“轨道+公交+慢行”三网融合，稳妥推进出租汽车网约车融合发展，加快培育交通行业新经济。全年完成交通固定资产投资316亿元，比上年增长31.1%。

航空枢纽建设 2017年，成都市加快航空枢纽建设。成都天府国际机场飞行区地基处理基本完成，T1航站楼桩基工程全部完成，T2航站楼完成试桩施工，预计2019年建成主体工程。双流国际机场扩能改造项目建成32个停机坪并投入使用，计划2018年9月完成全面改造。金堂通用航空机场工程完成初步设计及概算。

夜幕中的双流国际机场T2航站楼 罗 健 摄

铁路枢纽建设 2017年，成都市加快铁路枢纽建设。西（安）成（都）客专开通运营，成（都）贵（阳）铁路动车运用所扩建工程与西成客专同步建成投用，成（都）昆（明）铁路成都至峨眉段扩能改造建成投用；成都火车北站扩能改造、川藏铁路成都至蒲江段、川藏铁路蒲江至雅安段、成（都）兰（州）铁路成都至黄胜关段、成（都）贵（阳）铁路乐山至贵阳段加快建设；成（都）自（贡）高铁和达（州）成（都）线成都北至城厢增建二线工程前期报批工作加快推进，成自高铁天府机场段12月开工建设。截至年底，成都境内铁路总里程768公里，其中，高快速铁路310公里，线网密度每百平方公里6.3公里，形成“二环八射”铁路网络，线网规模在全国直辖市和省会城市中排名第六位。

相关链接

“二环八射”铁路网：“二环”指成都枢纽环线、北环线，“八射”指宝成、成渝、遂成、成昆4条国家干线铁路和成渝客专、成灌快铁及成彭支线、成绵乐客专北段（西成高铁）、成绵乐客专南段。

高速公路枢纽建设 2017年，成都市高速公路项目完工2个、在建7个（新开工项目3个、续建项目4个）、拟开工2个，截至年底，全市高速公路通车里程954公里，形成“二环十一射”高速公路网络，路网规模在全国直辖市和省会城市中排名第五位，在中西部省会城市中排名第一位。完工项目中，成安渝高速公路和成都经济区环线高速公路简阳至蒲江段分别于10月和12月建成通车，成都、眉山、资阳、重庆的交通联系将更加紧密便捷，区域综合交通运输体系将进一步完善。在建项目中，天府国际机场高速公路和成都经济区环线高速公路蒲江至都江堰段的隧道、大桥、路基等控制性工程开工建设；基本完成成彭高速公路扩容改造项目征地拆迁工作，加快推进路基、桥梁施工；成都经济区环线高速公路德阳至简阳段由德阳市牵头，年内基本完成征地拆迁工作，加快推进路基土石方和桥梁工程。国道0511线都江堰至德阳段征地拆迁工作全面启动，蒲阳大桥等控制性工程开工建设。成资渝、成宜高速公路完成核准和初步设计审查，成都境内全面启动征地拆迁工作，部分桥梁工程开工建设。拟开工项目中，成乐高速公路扩容、成南高速公路扩容项目前期工作加快进行。

2017年6月22日，成都成灌、机场、成温邛、成彭、城北出口等5条市管高速公路ETC车道改造工作全部完成，新增119条ETC车道投入试运行 成都市交投集团 供稿

年内，成都市新增高速公路ETC车道119条，推广ETC安装56万辆，成都籍车辆ETC安装率从30%提高到60%。

市域快速路建设 2017年，成都市启动新一轮市域快速路建设方案编制。加快推进五环路、金简仁、成金简、成洛简、成资、成温崇等项目工程可行性研究、用地预审、规划选址、环评等前期工作。其中，成资快速路机场南线段9月开工建设，项目里程22公里，总投资43.3亿元。

农村公路建设 2017年，成都市积极推进“四好农村路”创建，郫都区成功创建“四好农村路”第一批全国示范县，大邑县成功创建“四好农村路”第一批省级示范县；成都是全省唯一实现全国示范县和省级示范县双创成功的地区，得到交通运输部、省交通运输厅充分肯定。成都统筹城乡村组道路建设1 600公里，除简阳市以外，实现全市所有村民小组和20户以上农村居民聚居点通达水泥（沥青）路。

大邑县成功创建“四好农村路”第一批省级示范县。图为大横路
大邑县交通运输局 供稿

客货运场站建设 2017年，成都市完成成都旅游集散中心、昭觉寺客运站等4个汽车客运站提升改造项目，加快推进道路客运枢纽全覆盖工程建设，完成青白江综合客运枢纽站建设，开工建设崇州市新城客运站。五城区和高新区14个在建公交场站项目中，清波、龙潭、康河、金粮、东洪、大梁场站主体完工，金沙公交枢纽综合体项目二期工程进入设备安装、室内装修阶段，华新公交场站综合体项目进入地上结构施工阶段，剩余6个项目稳步推进。公路货运集散中心形成规模，截至年底，建成新都公路货运集散中心、龙泉公路货运集散中心、青白江货运集散中心、新津公路货运集散中心（一期），新津公路货运集散中心（二期）加快推进前期工作。

工程质量和造价管理 2017年，成都市交委交通建设质量监督站强化质量把控，对23个在建交通项目进行质量监督，监督覆盖率100%，进行质量安全综合检查33次，专项检查及巡查80余次，下发相关整改意见和通知书80余份；对10个交通建设项目进行交通工程质量检测，质量合格率100%；对4个交通建设项目进行竣工质量鉴定；对11个交通建设项目进行造价审查，其中，送审总金额57.50亿元，审减金额0.86亿元，审减率1.50%。成都三绕高速公路西段和天府国际机场高速公路建立体验式安全体验馆，引入VR技术进行安全体验教育。

2017年4月25日，全省首批工地安全体验馆在成都天府国际机场高速公路设立
成都市交委 供稿

物流集中发展区及立体口岸建设 2017年，成都物流集中发展区完成固定资产投资85.8亿元，新建成标准化仓储设施89.8万平方米，新投放用于开展城市共同配送仓储设施65万平方米，菜鸟、安博、易商等10个物流项目建成，新引进苏宁云商、上海轩和物流、宝汇冷链物流、德邦物流西南总部基地等10余个实体物流投资项目。8月，成都市获批国家首批供应链体系建设试点城市，确定13个试点项目。同时，加强立体口岸服务建设，完善口岸布局，完成高新西园综合保税区、天府新区保税物流中心（B型）申报工作；增强口岸功能，航空口岸已具备进口冰鲜水产品、水果、药品等5类指定口岸功能，肉类指定口岸获得国家质检总局立项批复，建成铁路口岸综合服务中心，实现一站式服务；提高通关效率，推进国际贸易“单一窗口”、空港口岸“7×24小时”通关等贸易便利化改革；降低口岸成本，在航空、铁路、公路口岸全面实施政府购买口岸公共服务，对集装箱进出口环节收费进行清理整顿，进一步降低口岸收费水平，提高口岸竞争力。

天府国际机场建设 2017年，成都天府国际机场及相关配套工程全面启动建设。加快建设机场主体工程，全年完成机场主体工程投资150.5亿元。机场飞行区地基处理基本完成，1.8亿立方米土石方平衡工程完成总量的85%，航站区部分区域已施工至正负零，机场T1航站楼桩基工程全部完成，T2航站楼完成试桩施工。优化规划设计方案。加快机场主体工程规划审批、完善机场近期建设区控规及城市设计、推进航空物流规划，组

织开展机场周边互通立交系统、大铁穿越航站楼防震降噪、航站楼基坑支护工程、多单位共建结构工程等重难点设计方案技术攻坚；率先在全国机场建设领域组织开展系列仿真评估及推演工作，利用车流、人流仿真模拟推演成果，持续优化机场场内综合交通换乘中心规划设计方案，实现航站区内多种交通方式"无缝换乘"。加强机场周边综合交通规划建设。机场高速公路北线开工建设，机场高速公路南线线路方案基本稳定；货运大道

成都天府国际机场效果图　　天府国际机场建设指挥部 供稿

南段、成资快速路机场南线段工程路基已基本完成；简三路、简仁路断道改线工程建成通车；成自高铁天府机场段于12月开工建设；轨道交通18号线一期工程开工建设，二期工程初步设计获批，13号线机场段初步设计完成技术审查，19号线纳入全市第四期轨道交通建设计划；形成了双流国际机场、天府国际机场"两场"间高速公路、城市轨道交通和铁路三种交通方式联系方案，并通过省政府专题会议审定。

双流国际机场扩能改造　该项目主要包括规划建设52个停机坪及相关跑滑系统、扩建T2航站楼等内容，于2016年开工建设。截至2017年底，建成32个停机坪并投入使用。预计2018年9月完成全面改造后，停机坪将增加至228个，新增登机口7个，满足6 300万人次和年货邮吞吐量150万吨的需要。

成都国际铁路港　2017年，成都国际铁路港开行国际班列1012列，开行数量居全国首位。11月3日正式开通"蓉欧+"东盟国际铁海联运班列，打通了面向东南亚及中南半岛的物流通道。成都国际铁路港是四川省唯一的国际铁路货运枢纽，港区拥有亚洲最大的成都铁路集装箱中心站以及国内功能最全、最具竞争力的铁路货运型国家对外开放口岸。港区以"大通道、大平台、大经贸、大交流"为目标，构建起向西、向南国际双通道。蓉欧快铁实现每周"去15回13"双向开行，成为国内运行时间最短、发班频率最高的中欧班列。国际端已拓展罗兹、蒂尔堡、纽伦堡、米兰、布拉格等14个站点，全面构建起成都向西至欧洲腹地、向北至俄罗斯、向南至东盟的"Y"字形国际物流通道。国内已开通与上海、深圳、厦门等14个枢纽城市互联互通的"五定班列"（"五定"班列，指在主要城市、港口、口岸间铁路干线上组织开行的"定点〈装车地点〉、定线〈固定运行线〉、定车次、定时〈固定到发时间〉、定价〈运输价格〉"的快速货物列车），打通成都至长三角、珠三角、北部湾等沿海港口城市的海铁联运通道。

西成高铁　2017年12月，西成高铁建成通车。项目为新建双线客运专线，速度目标值时速250公里（预留时速350公里）。沿西安、汉中、广元、江油，与成绵乐客专相接，线路全长510公里，其中陕西境内线路长344公里，四川省境内线路长167公里，总投资694亿元。西成高铁的开通标志着成都真正融入国家高速铁路网，将显著增强成都国际性综合交通枢纽功能，并将进一步促进成都以及乐山、眉山、德阳、绵阳、广元等沿线城市协同发展。

成昆铁路扩能改造成都至峨眉段　该项目为Ⅰ级铁路，增建二线，速度目标值时速160公里。自成都南站引出，沿既有成昆铁路增建第二线，引入成都枢纽时在既有花龙门站疏解，经彭山、眉山、思蒙、夹江至峨眉，增建二线长131公里，既有线改建长度25公里。成都境内里程31公里，途经成都市锦江区、高新区、双流区、新津县4个区县。项目总投资91亿元，其中成都段25亿元。项目2013年12月进场施工；2017年12月，成都南至花龙门段建成通车。

成都火车北站扩能改造工程　该项目位于成华区和金牛区，成都站扩能改造工程包括8万平方米站房、1.9万平方米行包房、10台18线站场，以及连接成都站至成都东站的引入线13.86公里，概算总投资83.5亿元。2013年12月进场施工，截至2017年底，行包房、北站房主体结构完工，高架桥和引入线加快施工，开工累计完成投资48.8亿元，预计2022年全面改造完成。

成蒲铁路　该项目为新建双线Ⅰ级铁路，速度目标值时速200公里。项目自成都西站引出，经双流、温江、崇州、大邑、邛崃至蒲江，全长99公里，途经成都市郫县、金牛区、青羊区、武侯区、高新区、温江区、双流区、崇州市、大邑县、邛崃市、蒲江县11个区（市）县，设成都西、温江、崇州、大邑、邛崃、西来、蒲江、朝阳湖8座车站，预留双流北、羊马、王泗3座车站，总投资157亿元。项目于2013年9月开工建设，截至2017年底，土建工程基本完工，局部路段开始铺轨，预

留羊马、王泗车站启动建设，开工累计完成投资117.5亿元，预计2018年底项目正线建成通车。

川藏铁路朝阳湖至雅安段 该项目为新建双线Ⅰ级铁路，速度目标值时速200公里，起自蒲江县境内成蒲铁路朝阳湖站，经名山至雅安，线路长42公里，成都市境内约6公里。项目总投资42亿元，成都段6亿元。于2014年12月6日开工建设，截至2017年底，项目土建工程基本完工，累计完成投资4.4亿元，预计2018年底建成投用。

2017年7月25日，建设中的川藏铁路成雅段起点站——朝阳湖车站
蒲江县交通运输局 供稿

成兰铁路 该项目为新建双线Ⅰ级铁路，速度目标值时速200公里。项目自成都枢纽青白江站引出，经什邡、绵竹、茂县、松潘、九寨沟，引入在建兰渝铁路哈达铺站，正线长458公里，其中成都段里程长约7公里，途经成都市彭州市和青白江区。项目总投资636亿元，其中成都段投资13亿元。项目于2013年11月全面开工建设，截至2017年底，成都市境内大弯货站建成投用，开工累计完成投资12.8亿元，预计2019年成都至川主寺（黄胜关）段建成投用。

成贵铁路 该项目为新建双线客运专线，速度目标值时速250公里，自成绵乐乐山站，经宜宾、昭通、毕节至贵阳，全长510公里，总投资746亿元。成都市境内仅涉及动车运用所补强工程，占地21.7公顷，投资14亿元。项目2013年12月开工，2017年12月，建成投用成都市境内动车运用所补强工程，全线预计2019年建成通车。

成安渝高速公路 该项目起于成都绕城高速公路，经龙泉驿、资阳、止于川渝界，路线全长173.4公里，总投资195亿元，双向六车道，设计时速100公里。其中，成都境内72公里，投资38亿元。项目于2016年8月上旬复工，由资阳市牵头，成都市配合，中电建投资建设。2017年10月，成安渝高速公路全线建成通车，是成渝两地距离最短、路线最优的直达通道，实现了成都至重庆高速公路2小时直达。

天府国际机场高速公路 项目主线起于成都绕城高速公路，穿越龙泉山，跨成都二绕城高速公路，止于成都经济区环线高速公路，接成资渝高速公路。主线按双向八车道高速公路技术标准设计，全长56.3公里；天府支线按双向六车道高速公路技术标准设计，全长10.7公里；机场高速公路南线按双向六车道高速公路技术标准设计，全长18.9公里；起点连接线按双向八车道城市道路技术标准设计，全长2.9公里；项目全线合计88.8公里，总投资估算180.1亿元。项目2016年8月开工，截至2017年底，征地拆迁完成交地80%，路基土石方完成43%，隧道完成12%，桥梁完成5%，涵洞完成19%。计划2020年建成通车。

成都经济区环线高速公路 成都经济区环线高速公路是《四川省高速公路网规划》中的重点项目，被视为成都第三绕城高速公路，主线起于蒲江境内成雅高速公路，沿顺时针方向环行，途经蒲江、邛崃、大邑、崇州、都江堰、彭州、什邡、绵竹、德阳旌阳区、中江、金堂、简阳、仁寿、彭山，闭合于起点，串联起整个成都经济区。项目全长459公里，设计时速120公里，总投资591.9亿元。其中：成都经济区环线高速公路简阳至蒲江段起于成安渝高速公路，经简阳、仁寿、彭山、东坡区，止于蒲江县天华镇，全长127公里，总投资157亿元，双向六车道，设计时速100公里。成都境内50公里，投资61亿元。项目由眉山市牵头，成都市配合，中铁建投资建设。2017年12月，项目建成通车，串联起成安渝、成渝、成自泸、成乐、成雅等高速公路放射线，大幅缩短简阳与蒲江间的通行距离，加密了天府新区空港新城等东部新城高速公路网络。

成都经济区环线高速公路蒲江至都江堰段主线起于蒲江境内成雅高速公路，经蒲江、邛崃、大邑、崇州、都江堰，止于都汶高速公路，主线长101公里，成都二绕高速公路至成都三绕高速公路连接线长16公里，总投资175亿元。双向六车道，设计时速120公里。项目由中铁建投资建设。截至2017年底，项目征地拆迁完成交地90%以上，路基土石方完成20%，桥涵完成15%。计划2019年建成通车。

国道0511线德阳至都江堰段（成都经济区环线高速公路德阳至都江堰段）起于都汶高速公路，经都江堰、彭州、什邡、绵竹、德阳旌阳区，止于成绵高速公路。全长110公里，总投资160亿元，主线起点都汶高速公路共线段双向八车道，成灌高速公路至止点段双向六车道，主线设计时速120公里。其中，成都境内49公里，投资80亿元。由德阳市牵头，成都市配合，按PPP模式实施，中铁建投资建设。截至2017年底，项目征地拆迁

工作全面启动，计划2020年建成通车。

成都经济区环线高速公路德阳至简阳段起于成绵高速公路，经旌阳区、中江、金堂、简阳，止于成安渝高速公路。全长105公里，总投资136亿元，双向六车道，设计时速120公里。其中，成都境内37公里，投资48亿元。项目由德阳市牵头，成都市配合，中铁建投资建设。截至2017年底，项目征地拆迁工作基本完成，路基土石方完成54%，桥涵完成30%。计划2019年建成通车。

成彭高速公路扩容改造 项目沿原成彭高速路线实施，起于省道105线成彭公路金丰高架桥（成彭高速公路起点以南约540米），止于成彭高速公路与成绵复线高速公路互通式立交，扩容里程18.5公里，成都主线收费站至二绕互通起点扩建为双向八车道，路基宽38.5米，二绕互通起点至止点扩建为双向六车道，路基宽33米，总投资21亿元，由成都交投集团负责实施。截至2017年底，项目征地拆迁工作基本完成，路基土石方完成88%、桥涵工程完成89%。计划2018年6月建成通车。

成乐高速公路扩容改造 该项目由成都市牵头，眉山、乐山两市配合，按PPP模式实施，由省交投集团任项目业主。三环路川藏立交至青龙场接成乐高速公路新建41公里（成都境内37公里），青龙场至乐山市接乐宜高速公路88公里原路加宽，夹江县至峨眉山市接乐雅高速公路新建10公里，总投资205亿元。截至2017年底，项目已核准，前置要件除环评以外，均全部取得批复。

成南高速公路扩容改造 项目自成都绕城高速公路螺蛳坝互通附近，经石板滩接成南高速公路新建23公里入城段，至南充段214公里加宽改造，总投资183亿元。由成都市牵头，遂宁市、南充两市配合实施。至2017年底，完成项目工程可行性研究报告编制，规划选址、试验段已批复，项目其他前期工作稳步推进。

成资渝高速公路 项目起于成都经济区环线高速公路，经简阳、资阳、乐至、安岳接潼南，全长110公里（简阳境内7公里），估算总投资131亿元。项目由资阳市牵头、成都市配合，川高公司（牵头方）、中铁工（成员方）投资建设。项目于2017年底在成都市境内先期启动征地拆迁，实现开工目标。

成宜高速公路 起于成都经济区环线高速公路，顺接天府国际机场高速公路南线，经简阳、眉山、内江、自贡、宜宾，止于乐宜高速公路，全长157公里（简阳境内9公里），估算总投资230亿元。由宜宾市牵头，成都、眉山、内江、自贡4市配合，采用政府还贷模式建设。项目于2017年底在成都市境内先期启动征地拆迁，实现开工目标。

公路养护 2017年，成都市加强公路养护及管理。国省干线公路方面，全年定期检查桥隧96座，处治路面病害9万余平米，启动国道108线邛名路、国道317线绕坝路大修工程，新建公路养护管理站2个，完成小修保养投资3 439万元，年度路面性能使用指数（PQI）93.9。农村公路方面，构建市、县、乡、村四级养护管理体系，建立“以奖代补”考核奖惩机制，推动管养工作日常化、科学化和规范化，全市县乡公路路况水平良好，路面性能使用指数（PQI）超过80。完成涉及12个区（市）县的268.38公里农村公路路侧护栏建设，有效提高农村公路安保能力；完成农村公路病害桥梁改造整治110座，超额完成目标任务10%。

2017年，彭州对通往葛仙山风景区的重要旅游公路花源路实施绿化升级改造，有效提升了道路景观　　彭州市交通运输局 供稿

交通信息化建设 2017年8月28日，成都正式开通中心城区常规公交城市交通“一卡通”刷卡功能，异地发售的城市交通“一卡通”可在成都市公交集团下属公交线路乘坐。推进“智能交通”建设，凤凰山高架及底层道路项目后台系统集成及软件开发基本完成；老川藏路、元华路神仙树节点等2个项目后台建设工作基本完成；地铁7号线市政工程完成监理、施工后台系统及施工前端子系统二次招标工作；中环路完成监理招标及施工标段二次前端子系统的招标工作；城区公安稽查布控卡口系统工程（一期）项目初步设计工作加快推进；光华大道、成渝高速及成洛路、中环路下穿成龙大道隧道等3个项目完成初设评审；火车西站项目完成概算评审；成彭高速公路项目完成初设审查，获取概算评审报告。

交通安全形势 2017年，成都市交通运输行业发生事故64起、死亡75人。事故起数、死亡人数比上年分别下降11.1%、17.6%。未发生重特大事故，未发生火灾亡人事故，水上交通事故、汽车维修、轨道交通事故为零。

四川省智慧综合客运枢纽信息系统试点工程 成都市东客站综合枢纽信息服务与协同管理系统项目工程是四川省智慧综合客运枢纽信息系统试点工程，项目于2016年8月开工，至2017年9月，项目主体完成2个管理平台、5个应用系统、1套标准体系的建设，项目外场完成客流检测器17套、事件检测器30套、视频监控器枪机29套、高速球机5套、PDP显示屏40套、自助查询机16套及20平方米的LED显示屏1套的建设。整合铁路区域、地铁区域等120路视频资源，每日实时共享长途客运、出租车、公交、地铁等13 820余条交通行业数据，实现信息技术在旅客出行信息服务、枢纽运行及监测、协同管理等方面的应用，提高综合客运体系的整体运转效率。2017年11月9日，交通和信息化领域的专家组初验该项目，项目试运行工作进展顺利，系统整体运行情况正常。

“互联网＋交通”产品服务公众 2017年，成都顺应新技术迅猛发展的时代潮流，上线服务公众的“互联网＋交通”产品。4月，推出“尾气维修”微信公众号，用户可检索理想的维修企业、了解尾气维修相关政策和常识、查询车辆历史维修记录等功能。6月，推出国内首个集网上咨询、网上报名、网上评价、网上投诉、网上预约培训等功能于一体的成都市机动车驾驶员培训公众服务平台手机APP“成都驾驶培训”，全市有许可证的驾校全部入驻，市民可直接通过手机APP查询、了解、挑选驾校，实现线上报名、线下入学，线上预约培训时间、线下完成实际培训，线上咨询、评价、投诉的一站式驾驶培训过程全覆盖服务。至年底，“成都驾驶培训”平台已服务公众及学员426万人次，解答咨询1 200余次，汇集学员对驾校及教练员的评价数据9万条。启动设计搭建成都市机动车维修公众服务平台“熊猫爱车”，为公众提供在线技术咨询、维修企业查询选择、应急救援、维修电子档案查询、网上评价、网上投诉等多项服务，解决汽车维修行业由于信息不对称导致的诸多消费陷阱、车主维权难、行业监管难等问题，计划2018年1月正式上线。

综合交通运输 2017年，成都拥有通航航线315条，其中国内航线193条，经停国内转国际18条，国际（地区）航线104条，双流国际机场旅客吞吐量4 980.2万人次，货邮吞吐量为64.3万吨。中铁成都局成都车站发送旅客6 055.2万人次，货物发送量796.4万吨。顺利完成2017年春运，第十八届成都国际家居工业展览会、2017年成都国际马拉松赛等重大展会、赛事和节庆运输保障任务。

完成道路运输客运量10 052.9万人、旅客周转量947 909.9万人公里，分别较上年下降18.7%和下降22.9%，完成货物总周转量2 588 887万吨公里，较上年增长4.15%。全年新增91个建制村通客车，建制村客车通达率由2016年底的91.4%提升至94.4%，其中简阳市建制村客运通达率由67%大幅提升至73.83%。全市符合条件的三级及以上客运站28家全部实现联网售票，并实现与省联网售票数据中心互联互通、数据上传。

铁路公交化运营 2017年7月25日，成灌（彭）铁路犀浦站在全国率先实现与地铁安检互信、同台换乘；11月30日，成都东站实现全国特大型综合交通枢纽首例地铁信任铁路安检，换乘更加方便快捷。11月，国家发展改革委召开现场会推广成都经验。2017年底，成灌（彭）动车日均32对，日均客流2.2万人次，成德动车日均35对，日均客流1.1万人次，较公交化开行前增加150%。

2017年7月25日，犀浦站在全国率先实现铁路与地铁的安检互信、同台换乘
成都轨道集团 供稿

地铁运营 2017年，成都地铁4号线二期、10号线一期及7号线相继开通试运营。地铁运营线路增至6条，运营线路长度达179公里，车站123座，换乘站14座，全面进入“井+环”的网状化运营时代。至年底，成都地铁日均客流量达300万乘次，轨道交通占公共交通出行分担比率提升至35%；列车准点率99.99%，运行图兑现率100%，高峰时段列车最小发车间隔缩短至2分10秒，运营服务指标均优于国家标准。

地铁10号线一期开通运营 2017年9月6日，成都地铁10号线一期正式开通试运营。10号线一期是成都地铁首条机场专线，起于太平园站，止于双流国际机场2航站楼站，线路全长10.9公里，全段为地下线，地铁10号

2017年9月6日，成都地铁10号线一期站场内部环境
成都轨道集团 供稿

地铁10号线最成都旅游主题列车 成都轨道集团 供稿

线一期首次采用A型车，载客量比B型车增加三分之一。

地铁4号线二期开通运营 2017年6月2日，成都地铁4号线二期开通试运营。4号线二期工程在一期工程的基础上，向东延伸联接龙泉西河镇，向西延伸联接温江城区。线路开通后进一步完善了4号线作为东西方向轨道交通骨干线路的功能，有效缓解成都东西向客运走廊的交通压力。

地铁7号线开通运营 2017年12月6日，成都首条地铁环线——7号线正式开通试运营，线路全长38.6公里，是成都地铁迄今一次性开通最长、一次性开通车站数最多、换乘站最多的线路。该线路的开通试运营，标志着成都中心城区轨道交通骨干成网，成都地铁正式迈入“井+环”线网时代。

地铁最强大脑COCC投用 2017年12月6日，成都地铁“最强大脑”COCC（线网指挥中心）与地铁7号线同步投用。投用后，将统筹协调多个区域控制中心（OCC）运作情况下的线网调度，形成分散控制、集中管理，COCC+3OCC线网运营管理的综合性现代化指挥控制体系，具有三级管理、四级控制的能力。除了实现线网、客流情、重大故障信息等实时展示外，还可以结合历史数据对客流情况进行预警，用于应急情况下的决策辅助和多级调度应急处置的流程引导。成都地铁COCC系统在全国率先实现了基于实时列车运行情况的拥挤度

2017年12月6日，成都地铁“最强大脑”COCC与地铁7号线同步投用。COCC即线网指挥中心，投用后，将统筹协调多个区域控制中心（OCC）运作情况下的线网调度，形成分散控制、集中管理，COCC+3OCC线网运营管理的综合性现代化指挥控制体系 何昱霖 摄

计算和展示，全线客流情况、乃至每个车站进出站客流量数据都可进行分析，一旦客流超过报警设定，系统就会自动报警，提醒调度员进行重点监控，并采取相应措施。

公共交通 2017年，成都市践行公交优先发展战略，积极创建公交都市。成功申报交通运输部“十三五”期间首批公交都市创建城市，进一步强化公交地铁接驳和推进公交精细化运营及差异化服务。进一步完善公交线网。全年新开公交线路62条、调整公交线路65条，重点加强三环至绕城高速区域公交线网覆盖，加强公交地铁接驳、衔接，强化公交末端微循环。配合地铁4号线二期、10号线一期及7号线开通运营，新开及优化公交线

2017年双流区新投运300辆新能源公交，建成并启用全国单体规模最大的新能源车辆充电场站 双流区交通运输局 供稿

路共计93条；全年新开社区巴士15条，解决东虹路、中粮锦云等片区的最后一公里出行问题，进一步方便了老百姓公交出行。试点开行15条时刻表运行公交线路。在站台公布每班车的到站时刻，车辆按照公布的时间运行，市民可准确掌握线路车辆运行规律，合理安排出行时间，也有利于引导市民集约出行，提高营运效率。制订完成新能源公交车辆的推广应用方案，年内，成都中心城区核心区（五城区+高新区）上线试运行499台纯电动公交车；双流区新投运300辆新能源公交，建成并启用全国单体规模最大的新能源车辆充电场站。至年底，中心城区核心区（五城区+高新区）常规公交日均客流量达402万人次（含二环快速公交及进城线路），公共交通（公交+地铁）占机动化分担率47%以上。

出租汽车 2017年，成都市加强出租车管理。传统巡游出租车方面，成都全市范围内共有传统巡游出租汽车19 002辆，经营企业106家，从业人员近4万人。其中，五城区巡游出租汽车总量14 888辆，经营企业47家，在营车辆1万余台，从业驾驶员2万余人，日均载客40万车次，日均运送乘客60万人次。2017年，成都稳妥推进运价机制改革，组织相关专家就完善出租汽车价格动态调整机制进行座谈研讨，委托第三方专业机构开展成本监审，取得《成都市五城区客运出租汽车营运成本监审报告》；开展出租汽车经营权有偿使用费的退款工作，截至12月份，退返经营权有偿使用费18 369万元。

网约车方面，成都全市网约车注册量约为100万辆，日均上线营运车辆数为8.8万辆，日均完成订单量约为78万单次，日均运送乘客达120万人次。年内，成都市交委积极推动经营许可证办理工作。于3月8日为滴滴出行颁发许可证，是该公司在全国首个分公司经营许可，滴滴与成都市交委签署战略合作框架协议共同推进智慧交通建设。至12月份，成都已为“滴滴”“首汽”“神州”等9家省外网约车平台公司和“易来”“悠途”“蜜蜂”等3家本土平台公司办理了网约车经营许可证。出台《成都市网络预约出租汽车驾驶员从业资格考试发证工作流程（试行）》和《网络预约出租汽车运输证发证流程（试行）》，于9月启动了网约车驾驶员的从业考试和网约车车辆许可办证工作。网约车信息化监管平台建设启动，完成项目立项、专家论证、合法性审查等前期工作。

交通运输执法 2017年，成都深入开展五城区巡游出租车服务质量改进、旅游（包车）客运市场整治、班线客运市场专项治理、危险货物运输整治、机动车排气污染治理、“四改六治理”等专项工作，交通运输行政执法力度不断强化。全年出动执法人员74 800余人次、执法车辆15 000余辆次，检查各类道路运输车辆155 000余辆次，查处各类道路运输违法违规案8 448件，处置擅自占用公路和公路用地案139件、非法设置非交通标志标牌（广告牌）案69件、损坏公路及其设施案424件，清障排障2 205处，巡查公路352 935.6公里。

推进“放管服”改革 2017年，成都市推进“放管服（即简政放权、放管结合、优化服务）”改革。以道路运输行政审批改革为突破口，按照“能减必减”原则，取消20项证明和申请材料，对需由公安部门出具的证明材料，由窗口主动对接协调公安部门进行审核，不再要求企业前往属地公安部门开具证明，实现“信息多跑路，群众少跑腿”。制订《运政窗口综合业务办理规程》，建立涵盖道路运输“全事项、全过程、各环节”标准体系。推进“互联网+审批服务”。5月，成都市交委全部审批服务事项纳入市级政务审批平台，上线率达100%。

双流国际机场获IATA白金认证 2017年，双流国际机场荣获国际航空运输协会（IATA）颁发的“便捷旅行项目”最高奖项——白金认证（该奖项由高到低为白金、金色及绿色三种认证），成为2017年度国内唯一获此殊荣的机场。该奖项主要对机场自助值机服务、自助行李托运服务、自助航班改签服务、自助证件查验、自助登机、自助行李查询等内容进行考评。

推进交通行业新经济 2017年，成都按照“鼓励与规范、管理与服务、资源与产业”的要求，构建绿色出行、现代供应链等应用场景，促进共享单车、共享停车、新能源汽车分时租赁等交通新业态新模式衍生发展、融合创新。成都市交委会同市新经济发展委员会、市公安局、市城管委等部门，出台《关于鼓励共享单车发展的试行意见》《关于鼓励和规范新能源汽车分时租赁业发展的指导意见》《关于推进停车资源共享利用工作的实施意见》等。

共享单车有序停放在非机动车停放点位　　何昱霖 摄

共享单车形成“成都模式”。3月3日，率先在全国以规范性文件的形式鼓励和规范共享单车发展，出台《成都市关于鼓励共享单车发展的试行意见》《成都市中心城区公共区域非机动车停放区位技术导则》；4月，出台《关于进一步加强共享单车管理的工作方案》，搭建市级部门、属地政府、企业及人大代表、政协委员、民主党派成员、热心市民参与的“3+7+N”共建共商共管机制，推动共享单车健康有序发展。交通运输部科研院发布的《中国主要城市骑行报告》中，2017年第二、三季度，成都共享单车骑行指数均位列全国第一，第四季度名列全国第二。7月20日，交通运输部副部长刘小明在成都调研交通运输工作，认为政府、企业、社会三方共管的“成都模式”值得梳理、总结、推广。11月7日，交通运输部会同国家发展改革委等五部委召集北京、上海、广东、深圳等30余个省市的部分共享单车运营企业代表，以及相关政策研究机构和新闻媒体的负责人，在成都召开全国共享单车行业管理工作研讨会；成都市交委作主题交流发言，共享单车行业发展成效得到与会代表的充分肯定。截至年底，成都市域范围内投入运行的共享单车企业有8家，单车投放总量130万辆，累计注册用户数超千万人次，日均单车使用频率约为4次，日均骑行次数超400万人次，每天骑行总里程超600万公里。

新能源汽车分时租赁。9月，为培育扶持新能源汽车分时租赁行业发展，出台《关于鼓励和规范新能源汽车分时租赁业发展指导意见》，成为全国第一个出台新能源汽车分时租赁业发展指导意见的副省级城市。2017年，在成都营运的企业主要有环球车享EVCARD、盼达用车、Gofun川交出行3家，投入新能源汽车3 800辆，服务网点2 080个，日均车辆使用频率约为3次，累计注册用户数80万人次。

共享停车位。确立“自愿为主、政府鼓励”的发展原则，积极稳妥推进各类停车资源有序开放、有序协商、有序共享。启动共享停车服务行业标准规范编制和停车位分布数据摸底工作，2018年将正式出台共享停车行业发展的鼓励支持政策，并打造公共停车基础信息平台。

驰援九寨沟地震 2017年8月8日21时19分，四川阿坝州九寨沟县发生7.0级地震，成都市交通运输系统第一时间启动应急响应，全力支援救灾。保通高速：5条市管高速全部设立救灾专用通道，救灾车辆免费通行。紧急征调应急运力：征调客运车辆160余辆，迅速赶往灾区接运旅客，派出13辆9.6米车长的货车装载帐篷、棉被、移动厕所等物资前往灾区。设置疏散点：将成都东站汽车客运站、茶店子汽车客运站作为九寨沟灾区返蓉旅客疏散点，24小时开放提供热食和医疗等应急服务，并安排66台公交车接驳转运到蓉群众。8月9日至11日，从绵阳平武县、阿坝州九寨沟县、阿坝州川主寺向成都发出

2017年8月9日，成都交通运输系统第一时间启动应急响应，全力驰援九寨沟地震抢险工作，连续3天转运滞留旅客及群众6 250人。图为九寨沟地震应急疏散接待点 田程晨 摄

2017年8月9日，成都东站汽车客运站、茶店子汽车客运站设置九寨沟灾区返蓉旅客疏散点，24小时开放并提供热食和医疗等应急服务。图为疏散旅客运输车辆 成都市交委 供稿

的应急疏运车辆累计183辆，共计输运旅客6 250人，成都公交接驳转运旅客4 259人次。

政务新媒体宣传 2017年，成都市交委强化主动宣传意识，完善全媒体宣传格局，宣传思想工作取得成绩。先后拟订宣传策划方案21件，组织召开新闻发布会、新闻通气会和专题采访39场，发布新闻通稿167篇，政务新媒体和网站发布信息超过1万篇次，组织拍摄交通宣传片和微视频2部，其中微视频《远离黑车》获全国交通运输行业微视频大赛优秀奖。2017年，市交委政务微博“@成都交通运输”荣获“全国十大交通运输微博”，并名列“全国十大交通局微博”第一名。政务“双微”荣获“2017年副省级城市交通系统新媒体排行榜”第三名。

（本栏目供稿单位：成都市交委））

自贡市交通

ZIGONG SHI JIAOTONG

2017年自贡市交通运输能力概况

公路交通运输			
通车里程	总里程（公里）		6 538.738
	其中	高速公路	235.825
		一级公路	111.535
		二级公路	176.001
		三级公路	314.139
		四级公路	4 666.512
		等外公路	1 034.726
公路密度	按国土面积计算：每百平方公里 149.29 公里		
	按人口计算：每万人 20.44 公里		
通达里程	通公路的乡镇 96 个，占乡镇 100%		
	通公路的村 1 140 个，占村 100%		
客运站	总　数（个）		77
	其中	一级站	1
		二级站	7
		三级站	
		四级及以下站	69
营运车辆	总　数（辆）		17 460
	其　中	客车 1 386 辆 35 283 座	
		货车 16 074 辆 113 231 吨	
公路运量	客　运	客运量（万人次）	3 974.667
		旅客周转量（万人公里）	136 021.212
	货　运	货运量（万吨）	5 298.525
		货物周转量（万吨公里）	607 981.989
内河航运运输			
通航里程	总里程（公里）		497.54
	其中	三级航道	
		四级航道	
		五级航道	12
		六级航道	110.15
		七级航道	375.39
港口（码头）	总　数（个）		95
	吞吐量	旅客吞吐量（万人次）	67.34
		货物吞吐量（万吨）	177
水路运量	客　运	客运量（万人次）	67.34
		旅客周转量（万人公里）	441
	货　运	货运量（万吨）	177
		货物周转量（万吨公里）	3 296
营运船舶	总　数（艘）259		
	其　中	客船 40 艘 1 811 座	
		货船 219 艘 25 169 吨	
城市公交运输			
营运车辆	1 979辆		
公交线路	148 条		
公交站	785 个		
运　量	2.173亿人次		

综　述　2017年，自贡市交通运输系统围绕建设川渝滇黔综合交通枢纽目标，完成交通固定资产投资74.1亿元，超目标任务14%。争取部省补助资金5.27亿元，比上年增长61.03%。完成《自贡市综合交通枢纽规划》，综合交通规划体系基本形成。高速公路、干线公路、农村公路、客货运输场站等一批重大交通项目顺利推进。实施交通扶贫工程，通村公路实现全面硬化，农村客运覆盖范围进一步扩大。巩固代家山村脱贫成效，代家山村被评为全市“四好村”。公路管养持续加强，全面推

2017年3月31日，自贡市召开2017年交通运输工作会

自贡市交通运输局 供稿

进“四好农村路”建设，深化超限治理，公路路况不断改善。运输保障能力不断增强，圆满完成春运、灯会、国庆等重点时段运输保障任务，公路货运周转量增幅位列全省第3名。推进城市公交优先发展。行业管理扎实有效，执法力度不断加强，安全监管持续强化，安全生产形势总体稳定；环境保护切实加强，道路扬尘、汽修污染等突出问题有效控制；信访、维稳工作举措有力，行业保持总体平稳；建设管理进一步规范，工程质量总体可控。稳妥推进出租汽车行业改革，深化交通投融资体制改革。创新融资方式，争取省农发行低息贷款支持农村公路建设。坚持把落实党建工作责任制和党风廉政建设责任制作为推动各项工作的保障，推进“两学一做”学习教育常态化制度化。践行社会主义核心价值观，以“三创联动”为契机，组织开展“25小时”志愿服务、盐都文明好司机评选等活动，开展2017年道德讲堂活动；开展全局全覆盖志愿服务注册，注册率100%，开展志愿服务活动8次，累计服务89小时；持续做好公交站台、出租车、客运站等区域公益广告对标创建，行业精神文明建设不断加强。

2017年，自隆高速公路富顺连接线富顺收费站　　自贡市交通运输局 供稿

高速公路建设　2017年，乐自高速公路贡井连接线完成路基工程3.5公里，完成建安投资5 000余万元；成自泸赤高速公路大安北互通立交及连接线完成投资10 200万元；省道213线沿滩段改建工程簸箕滩大桥至成自泸赤高速公路瓦市互通立交段和至仙市古镇段采用PPP模式建设，完成PPP投资人招标，进行PPP合同谈判；加快推进内江至南溪高速公路建设。12月19日，成宜高速公路自贡段举行交地动工仪式。该项目起于成都经济区环线高速公路，对接成都新机场高速公路南线，止于宜宾过境高速公路西段中峰寺枢纽互通立交，总投资246亿元，道路全长157公里，按双向六车道标准设计，其中自贡境内47公里，自贡段投资74亿元。自贡境内途经荣县河口镇、乐德镇、过水镇、度佳镇、铁厂镇、双古镇。12月24日，自隆高速公路富顺连接线建成通车。该项目于2016年5月开工建设，总投资4.29亿元，全长7.14公里，其中主线5.1公里，支线2.04公里，主线全线采用双向八车道，路幅宽38米，支线为双向两车道，道路宽8.5米。该项目南接县城二环路、富州大桥，与省道305线富顺绕城改线相接，与成自泸赤高速公路富顺连接线无缝对接。

2017年12月24日，自隆高速公路富顺连接线通车　　自贡市交通运输局 供稿

国省干线建设　2017年4月14日，自贡市遂筠路至隆雅路自贡连接线（北环路）K0+100—K4+258段改（扩）建工程通过交工验收，正式投入使用。北环路改（扩）建工程起于北环路与东环路交叉口，止于一桥，线路全长4.162公里，项目总投资9 610万元。该项目为自贡市实施建设100平方公里“东部新城”发展战略奠定良好交通基础，也为大山铺铁路物流园、东部高端商务区、高档住宅区、川南商圈中心和旅游目的地打造等项目提供保证。8月31日，牛佛沱江二桥主桥合龙。该项目起点紧邻张家坝牛佛卫生院，止于星光村湖狮坝，东接太大路，向西跨越沱江接板牛路。桥梁于2015年5月开工建设，总投资1.69亿元，桥梁总长765.8米，其中桥长751.75米，引道14.05米，桥宽30米，按双向四车道一级公路标准设计，设计时速60公里，项目建成后将进一步完善区域路网，改善区域交通条件，对自贡市重装产业园、牛佛港建设及沱

江航道升级改造发挥重要促进作用。12月23日，富顺县赵化沱江大桥主桥合龙。富顺县赵化沱江大桥及连接线工程位于富顺县赵化镇、万寿镇，于2015年12月开工建设，总投资1.24亿元，主桥为预应力混凝土连续刚构，桥梁全长669米，桥宽20.5米；连接线长度560米，路基宽12米，路面结构为沥青混凝土路面。国道247线自贡境改建工程（飞龙峡旅游快速通道）完成路基80%，完成建安投资15 000万元；自贡至泸州港公路列入交通运输部《“十三五”港口集疏运系统建设方案》，开展环评、水保、林勘等开工前期报告编制和报批工作。沱江航道（自贡段）升级改造工程正式立项，与中交天津航道局签订战略合作框架协议，完成规划选址、通航影响、社会稳定风险评价、节能评价等专题编制工作，开展土地预审。

农村公路建设 2017年，自贡市村村通硬化路目标实现，新（改）建农村公路602.47公里，其中县乡道198.27公里、村道404.2公里，通村公路实现全面硬化。完成建制村客运通达目标任务62个（年度目标任务60个），全市开通班线客运的建制村925个，未通班线客运车辆的建制村203个。贫困村村道建设任务完成，94个未退出贫困村村道窄加宽224.97公里。稳步推进“四好农村路”创建工作，赴宜宾江安县学习“四好农村路”建设经验，指导沿滩区开展“四好农村路”创建工作。

2017年，自贡市富顺县狮市镇马安村村道　　自贡市交通运输局 供稿

客运设施建设 2017年，自贡市续建富顺县客运中心东城客运站、荣县综合客运枢纽站；开工建设自贡市高铁枢纽站，该项目完成征地拆迁，完成投资180万元；储备建设舒平综合汽车枢纽站，该项目纳入省交通运输厅“十三五”站点建设计划。自贡汽车客运总站实现手机微信扫码购票。建成覆盖全市三级以上汽车客运站联网售票服务网络，实现全市8个三级以上汽车客运站联网售票。完成荣县汽车客运站电子客票建设，乘客凭二代身份证或电子客票凭证即可乘车。加快推进交通运行监测与应急指挥系统建设，项目初步设计基本完成。

公路桥梁变形自动检测系统 2017年4月，自贡市首个公路桥梁变形自动检测系统在牛佛沱江大桥投入使用。牛佛沱江大桥建成于1991年，是全省唯一一座还在使用的预应力混凝土桁式拱桥，大桥桥梁出现结构衰减、损伤，需进一步加强大桥管养。大安交通部门在桥梁上安装公路桥梁变形自动检测系统，利用移动客户端和电脑终端实时互通监测，及时接收突发报警信息，为大安区便民出行和桥梁管养安全提供保障。

城市公交 2017年，自贡市成功入选“十三五”全国公交都市建设首批创建城市名单，公交都市创建活动全面启动，公交“1小时半价优惠换乘”全面实行，完成全国交通“一卡通”互联互通系统建设，与全国164个城市实现城市公共交通互联互通。9月30日起，自贡市城区城市公交车，实行1小时内刷卡换乘减半收费。新增公交线路4条，优化调整公交线路60余条次，安装公交电子站牌42个，新增高级公交车100辆。持续开展“黄丝带”爱心送考活动，城区公交车向高考学生免费开放，开设4条定点接送线路，高考期间累积发放14 060公交班次，接送高考学生12 000余人次；省汽运自贡集团及下辖分公司派出83台大客车、公交车、出租车，接送考生近8 000人次。7月，自贡市公交集团有限责任公司被中国交通企业管理协会评为全国公交行业“交通运输节能减排示范企业”，该公司与自贡市自流井区、大安区、贡井区、沿滩区人民政府以及高新区管委会，签订城市公共交通服务区域经济社会发展“5+1”战略合作协议。

公路水路运输 2017年，自贡市公路客运量3 974.667万人次、旅客周转量136 021.212万人公里；货运量5 298.525万吨、货物周转量607 981.989万吨公里，货物周转量比上年增长7.7%，增幅位列全省前列。城市公共交通客运总量21 733.4万人次。港口（码头）旅客吞吐量67.34万人次，货物吞吐量177万吨；水路客运量67.34万人次、

旅客周转量441万人公里，货运量177万吨、货物周转量3 296万吨公里。圆满完成春运、国庆等重点时段运输保障任务，安全运送道路水路旅客1 164.55万人次。自贡市自主开发建成川南地区第一个公共物流信息平台，实现多式联运信息交换；全市15家危险货物运输企业全部启用电子运单系统，使用率100%。

道路运输服务 2017年，全市24所驾驶培训机构全部实现“计时培训、按学时收费、先培训后付费”新服务模式和学员“自选时间、自选教练、按时计价”培训方式，6个汽车综合性能检测站全部完成改造升级，11户客运企业和15户危险品运输企业车辆技术档案信息系统安装工作。完成对具有大中型客货车培训项目的4所驾校45辆大中型客货车计时培训系统终端安装工作。

公路养护管理 2017年，自贡市推进公路日常养护精细化和病害治理，国省道平均好路率86.8%，县道平均好路率80.6%，专用道平均好路率76.6%。完成干线公路大中修63.23公里、实施公路安防工程67公里、整治危病桥4座、建成簸箕滩大桥等渡改公路桥3座，国省干线公路路面使用性能指数87.1，公路状况得到改善。进一步深化超限治理工作，坚持24小时不间断监测，严格治超标准，保障路桥安全。

交通建设管理 2017年，自贡市成立重大交通基础设施建设指挥部，实行挂图作战。加强招投标管理，全年未发生工程招标违纪违法事件。加强工程造价管理，强化重点项目造价监督检查。加强项目勘察设计、招标代理、施工、监理等参建单位行政监管工作，推进市场主体诚信机制，保证工程质量。对全市交通重点在建工程开展全面质量监督检查，监督覆盖率100%。

交通行政执法 2017年，自贡市落实“两集中，两到位”“放管服”要求，进一步清理规范行政权力。全年受理办结行政审批服务事项28 171件（其中行政审批事项6 807件，公共服务事项21 364件），按时办结率、承诺办结率、现场办结率和群众评议率、评议满意率均达100%。2017年，出动执法人员37 433人次，检查车辆（船舶）220 915余辆（艘）。开展道路客运行业打非治违，全年查获涉嫌非法营运车辆453辆，查处违规出租汽车160辆。开展辖区水路运输市场秩序整治专项行动，推进个体客船公司化，实现新成立客运经营公司7家，光船租赁船舶9艘，退出市场个体船舶38艘。

交通行业改革 2017年，自贡市人民政府办公室印发《自贡市深化出租汽车行业改革实施方案》（以下简称《方案》）。《方案》适用于市辖自流井区、贡井区、大安区、沿滩区行政区域内的出租汽车行业管理、经营服务活动。《方案》从深化巡游出租汽车改革、规范发展网络预约出租汽车、营造良好市场环境、保障改革四个方面提出深化自贡市出租汽车行业改革20项措施。开展出租汽车行业综合治理六大行动，完善服务质量信誉考核管理体系。深化交通投融资体制改革，协助完成自贡市交通建设开发投资有限公司组建，搭建好交通融资平台。开展放管服工作八个方面26项内容的调研，交通运输部、省交通运输厅下放审批事项列入清单，编制操作规范和流程图，进驻政务服务中心交通窗口受理办理；对交通运输部、省交通运输厅取消的审批事项及时调整出审批目录不再予以审批，配合省交通运输厅推进“交通运输网上审批平台一张网”建设。创新融资方式，争取省农发行低息贷款支持农村公路建设，申报项目9个，申贷扶贫过桥贷款资金15亿元，到位资金12.05亿元。

绿色交通 2017年，自贡市开展汽修和道路扬尘专项整治行动，制定印发《自贡市重污染天气交通运输保障应急预案（2017年修订）》，完成735台“黄标车”营运注销，一、二类汽车维修企业全部取得环评报告或环评登记手续并签订危废回收协议，532户三类维修业户取得环评登记手续，509户三类维修业户签订废油回收协议。56辆油罐车全部完成油气回收装置安装工作。开展船舶生产企业环保专项检查和船舶防污染设备检验。对2家船舶生产企业环境保护工作进行检查，对发现问题提出整改要求。进行船舶油水分离器安装检查，完成全市各类船舶新安装油水分离器214台，生活污水处理装置2台，全市所有应安装油水分离装置的客（渡）船舶均安装到位。

平安交通 2017年，自贡市开展“平安交通”“道路运输平安年”等专项活动，派出检查人员16 330人次，检查企业697家，打击非法违法行为1 590起，处以罚款409万元；组织开展安全生产大检查和应急救援实战演练。全年开展大检查56次，举办水上应急抢险、危化品运输泄漏燃爆等突发事件实战演练18次。全市交通运输安全生产形势持续稳定，全市全年发生道路运输行车一般事故6起死亡6人，生产安全事故死亡人数控制率为-53.85%；水上交通、交通建设、公路养护和交通运输行业其他领域未发生安全事故。做好高速公路建设、出租汽车行业、公路系统遗留难题等重点领域、重点人群信访工作，坚持依法分类处理信访诉求，推进行业社会治安综合治理和反恐防范工作。全年受理各类信访件161件，筹集3.16亿元妥善解决高速公路建设涉稳问题，保障行业和谐稳定发展。

（本栏目供稿单位：自贡市交通运输局）

攀枝花市交通

PANZHIHUA SHI JIAOTONG

2017年攀枝花市交通运输能力概况

项目			数值
公路交通运输			
通车里程	总里程（公里）		4 814.2
	其中	高速公路	195
		一级公路	38.869
		二级公路	288.357
		三级公路	172.068
		四级公路	3 093.568
		等外公路	1 026.325
公路密度	按国土面积计算：每百平方公里 63.268 公里		
	按人口计算：每万人 49.236 公里		
通达里程	通公路的乡镇 44 个，占乡镇 100 %		
	通公路的村 351 个，占村 100 %		
客运站	总　数（个）		107
	其中	一级站	1
		二级站	
		三级站	1
		四级及以下站	105
营运车辆	总　数（辆）		17 096
	其　中	客车 791 辆 15 753 座	
		货车 16 305 辆 126 047 吨	
公路运量	客　运	客运量（万人次）	2 063.13
		旅客周转量（万人公里）	58 313.72
	货　运	货运量（万吨）	9 628.05
		货物周转量（万吨公里）	574 457.46
内河航运运输			
通航里程	总里程（公里）		368.4
	其中	三级航道	
		四级航道	
		五级航道	222.4
		六级航道	30.5
		七级航道	115.5
港口（码头）	总　数（个）		46
	吞吐量	旅客吞吐量（万人次）	36.51
		货物吞吐量（万吨）	18.47
水路运量	客　运	客运量（万人次）	36.51
		旅客周转量（万人公里）	168.32
	货　运	货运量（万吨）	18.47
		货物周转量（万吨公里）	1 203
营运船舶	总　数（艘）98		
	其　中	客船 91 艘 916 座	
		货船 7 艘 1 975 吨	
城市公交运输			
营运车辆	725 辆		
公交线路	47 条		
公交站	703 个		
运　量	1.02 亿人次		

交通运输概况　2017年，国务院印发《“十三五”现代综合交通运输体系发展规划》，攀枝花市被纳入国家综合交通枢纽城市，成为全国“十纵十横”综合运输大通道第八纵北京至昆明重要节点。完成投资14.6亿元，为年度目标任务10亿元的146%，连续五年保持投资增长趋势。攀大高速公路项目四川段完成总体建设56%，国道4216线宁南至攀枝花段高速公路开工建设，攀盐高速公路和攀枝花绕城东段高速公路启动工程可行性编制。三堆子金沙江大桥顺利推进，国省干线路面使用性能指数91.4。新增1个攀枝花至成都航班。开展保安营机场持续安全运营论证工作，启动机场迁建前期咨询论证工作，地灾治理有序推进。全市新（改）建农村公路327.1公里，为市级目标任务的273%。完成35个摘帽贫困村硬化路核查工作和脱贫攻坚交通专项建设任务。新增通客车乡（镇）1个、建制村28个。更新出租车769辆，调整优化公交线路40条。新（改）建站场4 400余平方米。开通攀枝花—成都甩挂运输线路，全市21家危货运输企业电子运单和车辆技术电子档案使用率100%，寄递物流“三个100%”落实到位，“先培后付”培训服务模式100%。2月22日，召开全市交通运输工作会议，通报2016年交通运输系统目标考核结果，对先进单位代表颁奖，签订《2017年目标责任书》《2017年党风廉政责任书》和《2017 年安全生产责任书》。12月28日，攀枝

花市交通运输综合行政执法支队正式挂牌成立，率先在全省交通运输系统创新推行“容缺审批”服务，建立28项“容缺审批”目录清单，审批时限提速70%以上，实现群众办事“最多跑一次”。全面推行党政主要负责人履行推进法治建设第一责任人职责，进一步建立健全重大行政决策机制和行政执法责任制。开展智慧交通建设，完成交通运行监测与应急指挥系统工程设计，城市公共交通“一卡通”工程建成投入使用。优先发展城市公交，主城区城市公共交通分担率36.43%，更新新能源公交车63辆。打好环境污染治理“三大战役”，完成上级反馈的9项突出问题整改。此外，交通战备、信访维稳、民族宗教、统战、社会治安综合治理、老干部、人事、工会、共青团、妇联、保密、档案等工作取得新成效。

（夏林秀）

高速公路建设 2017年，攀枝花市高速公路建设3条195公里、在建2条71.6公里、启动工程可行性编制2条118公里。攀大高速公路四川段2017年完成投资13.2亿元，累计完成投资30.5亿元，仁和区向施工单位交

2017年11月26日，攀大高速公路TJ3分部中坝隧道双洞贯通。图为该隧道出口端 韩 勇 摄

付红线用地净地132.03公顷（为应征地134.03公顷的98.0%），项目累计完成总体形象进度56%。3月9日，攀枝花市与凉山州就国道4216线宜攀高速公路、会理县金沙江鱼鲊特大桥、国道227线二滩库区黄泥坪大桥、永会高速公路、攀盐高速公路、会理—米易—盐源—木里高速公路等跨区域重大项目推进工作进行对接。10月11日，省政府主持召开全省第三批交通重点项目暨国道4216线宜攀高速公路集中开工动员大会。11月，四川沿江攀宁高速公路有限公司赴盐边县调查施工便道用地情况，协商项目便道征迁费用相关问题。省交通运输厅牵头开展攀盐高速公路项目前期工作，于12月18日工程可行性挂网招标。攀枝花市配合四川路桥勘察设计分公司完成攀枝花市绕城高速公路东段路线方案研究，于12月18日挂网工程可行性招标。丽攀高速公路云南段主体工程取得实质性进展，预计2021年全线通车。

（胡桂生）

国省干线建设 2017年，攀枝花市交通运输系统完成国省干线省道214线银厂箐段新建桥梁及引道工程等“9·19”应急抢险工程项目5个、国道108线K3022+600处等地质灾害处治项目2个、法拉大桥加固维修工程等危桥加固项目4个、炳清线凉风坳隧道、省道310线行道树补植工程等创园创森项目2个，13个项目完成投资11 358.08万元；渡金线、省道214线方田桥段大中修项目有序推进，计划投资7 800万元，完成省道214线渡仁西线、炳清线铸钢厂桥等大中修项目和危桥加固等20个项目结算内审工作。超额完成省级“民生工程”任务，国省干线路况性能指数91.4。全年开展国省干线公路养护检查36次，农村公路养护检查15次，四好农村公路创建工作督导8次。完成技术审批55吨以上超限车辆国省干线通行10次，审批观音岩引水工程涉路施工、仁和区河堤打造、渡仁西线景观打造、炳仁线景观提升等涉路施工项目。印发《攀枝花市公路管理处关于公路环境保护工作重点的通知》《普通国省干线及重要公路环境整治督查方案》《攀枝花市普通国省干线公路扬尘污染治理实施方案》，及时开展公路路域环境整治。完成炳清线凉风坳隧道入口前绿地、大花地立交桥绿地、炳草岗大桥南绿地绿化完善等创园项目，完成投资68万元；完成省道214线、省道216线、省道310线补植行道树创森项目，完成投资10万元；完成建成区公路绿化移交市城管局工作。组织对全市普通国省干线公路标志标牌再次进行清理排查，完成炳清线旧标识、标线清除并重新施划等项目，渡金线、炳清线、省道310线乌龟井至格里坪段人行道残疾人坡道21处建设完成投资110万元。及时处置省道310线K179+100处和K185+580处挡墙塌方、渡金线边坡塌方、省道214线K72+600处左上边坡塌方、渡仁西线挡墙垮塌等突发灾害。三堆子金沙江大桥顺利推进，南、北两岸匝道工程完成35%，实现主桥墩台顺利渡洪和匝道工程全面开工。

（封正伟）

农村公路建设 2017年，攀枝花市交通运输系统新（改）建农村公路327.1公里，为市级目标任务273%。以市政府名义印发《关于开展“四好农村路”示范县（区）创建工作督导考评的通知》和《关于进一步加快农村公路养护管理的意见》，指导各县（区）完成“四好农村路”建设方案制订，组织市、县干部参加“四好农村路”创建培训班，不断深化“四好农村路”建设。

（曹　洪）

民航建设 2017年，攀枝花市交通运输系统开展航线拓展、机场迁建、地质灾害治理等工作。7月7日，市区至机场客运线路开通，新增1个攀枝花至成都航线。与深圳航空和东方航空续签航线补贴协议，降低运营补贴。开展保安营机场持续安运营论证工作，地灾治理有序推进。机场迁建前期工作稳步推进。启动机场迁建前期咨询工作，初步确定仁和区双龙潭为迁建场址。

（胡桂生　吴应芳）

城乡客运 2017年，攀枝花市交通运输系统新增通客车乡（镇）1个、建制村28个。更新出租车769辆，为年度目标127%，累计更新1 373辆，为总目标96.9%。进一步满足群众出行需求，调整优化线路40条，开通公交卡手机充值和微信服务，推广使用公交APP。君临江山等公交首末站建成投入使用。新（改）建站场4 400余平方米。“先培后付”驾驶培训服务模式100%。全市新增驾校1所、教练场70.85公顷，严把教练员资格审查关，文明交通进驾校“五个一”活动形成常态。

（赵　耀　汪红燕）

2017年8月23日，攀枝花市首批15辆LNG气电混合动力新能源公交车正式投入使用　　张朝军 摄

交通精准扶贫 2017年，攀枝花市交通运输局继续巩固定点扶贫村盐边县红果乡大槽村2016年摘帽后脱贫成果，全村48户脱贫户全部入住新房，在全村推行“公司+支部+专合组织+贫困农户”模式发展产业。为该村争取资金30万元，开工建设2处过水路改桥项目，指导大槽村开展开公路养护和水毁修复，解决村民出行难问题。帮扶木里县唐央乡里多村解决贫困户农业用水难题。开展“交通+旅游”行动，拉动贫困村旅游经济发展。在国省干线增设景观标志标牌、景观台宣传公路沿线历史、人文景观，助推乡村村旅游发展。开展“交通+产业”行动，指导县区做好白马选矿厂、安宁工业园区等30余段产业园区连接路的整治和改造工作，为产品运输、产业发展提供保障。

（曹　洪）

货运建设 2017年，攀枝花市交通运输系统利用货运信息平台，联合16家企业成立无车承运运输联盟。开通攀枝花—成都甩挂运输线路。全市21家危货运输企业电子运单和车辆技术电子档案使用率100%。寄递物流“三个100%”落实到位。鼓励物流企业设立农村物流网点，培育建设农村物流示范点，完成“乡城在线”电商平台建设。建成3个乡村电商+物流综合服务中心网点。密地物流园区建设加快推进。全年累计完成公路货运量0.96亿吨、货运周转量57.45亿吨公里，综合运输量比上年增长7.39%。完成水路货运量18.47万吨，货运周转量1 203万吨，综合运输量比上年增长10.4%。

（吴应芳）

交通运输行业改革治理 2017年12月28日，攀枝花市交通运输综合行政执法支队正式挂牌成立，实现减少执法层级、整合执法职能、强化执法力量目标。率先在全省交通运输系统创新推行“容缺审批”服务，建立28项“容缺审批”目录清单，审批时限提速70%以上，实现群众办事“最多跑一次”。加大减政放权力度，授权下放14项行政审批事项和6项公共服务事项。开展延时服务、节假日预约服务、特殊群体代办服务、主动上门服务、开通“绿色通道”服务等多种特色服务。交通运输服务窗口获2017年度全市“优秀市级窗口”称号。以攀枝花市政府名义印发《攀枝花航运发展规划》。完成水路客运公司化改革，注销68户个体船主，新增水路运输企业6家。落实企业安全生产主体责任。开展水路运输经营者经营资质专项治理，规范企业安全风险防控制度管理。推进水路客运承运人责任险投保工作，提高保险额度，增强水路客运企业抗风险能力。推行党政主要负责人履行推进法治建

设第一责任人职责，建立健全重大行政决策机制和行政执法责任制。实行行政处罚、行政检查和社会收费事项权责清单管理。探索建立“一路四方”（一条高速公路由当地政府、高速公路执法大队、高速公路公司、高速公路交通警察四方联合管理）协调联动机制。构建行业管理正面清单，挂网公示规范性文件。完善项目招商引资、工程招投标等制度。开展公路货车违法超限超载行为专项整治，投入执法人员1.29万人次，检测载货车辆51.8万辆次，卸载9 679辆次，卸载货物6 920吨，超限率控制在2%以内。加大对攀大高速公路、三堆子大桥等重点项目监管力度，利用工程建设项目信用评价管理平台，以信用评价考核为制约手段，促进从业单位提高履约能力、规范作业行为，保障工程建设项目质量和安全。2017年8月，攀枝花市交通运输局35次研究部署环境保护工作，排查梳理问题，明确整改目标要求，及时制定整改措施。全系统树立“一盘棋”思想，打好环境污染治理“三大战役”，完成上级反馈的9项突出问题整改。完善公路养护制度10项、扬尘治理和运输污染专项整治制度15项、突出环境问题整改方案10个，公路路域环境整治、超限运输治理、机动车维修和船舶污染防治取得成效。

（夏林秀）

组图：2017年6月6日，攀枝花市海事局在二滩库区宋家坨码头组织开展攀枝花市船员技能比武活动

王 强 摄

政风行风建设 2017年，攀枝花市开展全国文明城市创建工作。9月8日，攀枝花市交通运输局组织召开全市交通运输政风行风建设“五大行动”工作会，通报全省交通运输系统政风行风建设“五大行动”6月、7月评分考核情况，分析存在问题及原因，提出下一步工作要求。11月3日，攀枝花市交通运输局召开市交通运输局创建全国文明城市工作安排部署会。在公交站、客运站、出租车、码头等窗口宣传核心价值观、讲文明树新风等理念，营造创建氛围，提升群众知晓率和参与度。公交首倡“礼让斑马线”活动，带动全市社会车辆礼让行人。开展“亲情车厢”“精品线路”“爱心送考”“小红帽”“文明劝导”等活动，提升行业形象。“公交驾驶员余霞帮助走失小孩寻找家人事迹”被中央电视台《晚间新闻》报道，展现攀枝花交通人良好风貌。利用报刊、微信、微博、网站、电台等方式发布宣传稿件1 800余篇，向全市“两代表”“一委员”寄送1 100余封信件。

（夏林秀 吴 涛）

应急防汛工作 2017年，攀枝花市交通运输系统完善应急预案，明确应急处置领导机构及职责、报告程序、处置办法，组织开展应急演习演练，提升应急预案应对突发事件的针对性和可操作性。汛期累计投入资金208万元、出动人员1万余人次、机械台班1 075辆次，处置断道28处、坍方6万余立方米，确保公路安全畅通。

（封正伟）

平安交通 2017年，攀枝花市交通运输系统未发生较大以上安全责任事故。制定《交通运输安全管理清单手册》，完善《“党政同责、一岗双责、失职追责、齐抓共管”安全生产管理责任体系》，安全生产监管“责任清单、权力清单”更清晰。构建安全生产风险分级管控和隐患排查治理双预防机制，实行安全生产体系化、规范化、精准化、痕迹化、闭环式管理。强化安全监管。开展安全生产大检查、重点行业领域专项整治、打非治违等活动，强化安全生产薄弱环节和突出问题整治，四大重点行业领域安全生产形势持续稳定。全年累计开展安全生产专项检查、督查1 139次，排查风险隐患376起，整改376起，打击严重违法违章行为24起，有效防范安全生产事故发生。

（刘 雷）

泸州市交通

LUZHOU SHI JIAOTONG

2017年泸州市交通运输能力概况

公路交通运输			
通车里程	总里程（公里）		13 799.3
	其中	高速公路	455
		一级公路	131.2
		二级公路	805.558
		三级公路	268.9
		四级公路	9 346.1
		等外公路	2 792.5
公路密度	按国土面积计算：每百平方公里 0.1 437 公里		
	按人口计算：每万人 0.1 061 公里		
通达里程	通公路的乡镇 128 个，占乡镇 100％		
	通公路的村 1 472 个，占村 100%		
客运站	总　数（个）		34
	其中	一级站	1
		二级站	6
		三级站	3
		四级及以下站	24
营运车辆	总　数（辆）		23 618
	其　中	客车 2 853 辆 82 068 座	
		货车 20 765 辆 189 232 吨	
公路运量	客　运	客运量（万人次）	7 338.8
		旅客周转量（万人公里）	453 492
	货　运	货运量（万吨）	8 613.5
		货物周转量（万吨公里）	1 386 205
内河航运运输			
通航里程	总里程（公里）		340.1
	其中	三级航道	136
		四级航道	
		五级航道	92.5
		六级航道	
		七级航道	111.6
港口（码头）	总　数（个）		17
	吞吐量	旅客吞吐量（万人次）	
		货物吞吐量（万吨）	492.98
水路运量	客　运	客运量（万人次）	30.3
		旅客周转量（万人公里）	264.6
	货　运	货运量（万吨）	1 830.2
		货物周转量（万吨公里）	1 626 975.47
营运船舶	总　数（艘）339		
	其中	客船 30 艘 865 座	
		货船 309 艘 50.8 万净载重吨	
城市公交运输			
营运车辆	1 782 辆		
公交线路	230 条		
公交站	1 810 个		
运　量	2.5 亿人次		

高速公路建设　2017年，泸州市高速公路通车总里程455公里。1月1日，叙古高速公路古蔺县城至太平镇段30公里建成通车，太平镇至习水镇段加快建设；国道8515线泸渝高速公路加快建设，路基工程完成30%，桥涵工程完成44%，隧道工程完成12%；4月5日，叙威高速公路项目核准完成，9月11日初步设计获批复，施工图外业评审完成，截至年底，征地拆迁工作基本完成，进入全面施工阶段；泸永高速公路项目前期工作加快推进，截至年底，工程可行性修改方案完善上报省交通运

国道8515线泸渝高速公路荣昌（渝川界）至泸州段施工图

泸州市交通运输局 供稿

输厅，完成社会稳定风险评估，用地预审、环评、水保、节能等各专项进入编制阶段，规划选址编制完成，上报省住建厅待审；泸古金高速公路经省政府同意，由省交通运输厅先期启动古蔺至金沙段高速公路项目（含黄荆老林支线）前期研究工作，启动省高网规划调整同时统筹研究泸州经古蔺至金沙段项目。泸州市拥有隆纳、纳黔、泸宜、泸渝、成自泸赤、宜叙、叙古等7条高速公路，93公里绕城高速公路闭环运行。依托国道8515线泸渝高速公路、叙威高速公路、泸永高速公路、泸古金高速公路等项目，加快建设完善"一环八射二横"高速公路骨架网。

2017年，泸县实现户户通公路　　泸州市交通运输局 供稿

国省干线改造　2017年，泸州市普通国省道提档升级和大中修工程加快实施，完成新（改）建34.2公里。省道309线古蔺县城至叙永震东段完成投资1亿元，建设里程28公里，12月完工。国道321线叙永县城区段绕城公路完成投资7 863万元，建设里程2.2公里，11月完工。国道321线叙永县段灾毁恢复重建项目完成投资1 200万元，建设里程4公里。省道438线兴隆乡巴毛田至贵州界段改建工程完成投资2.3亿元，全面开展征地拆迁工作。国道246线、国道353线泸州段（泸县立石镇至泸州城区段）开工建设，完成投资1.5亿元。国道546线纳溪至赤水段（川黔界）公路改建工程完成投资3.60亿元，纳溪机场口至倒流河段开工建设，其余段全面开展征地拆迁工作。自贡至泸州港公路，国道321线纳溪至渠坝段、泸县至嘉明段、国道246线、国道353线泸州段（泸州至江北段）、国道246线纳溪至大渡口段、省道438线泸县得胜至兆雅至神仙桥至合江县神臂城（合牛路）、省道438线泸县至白沙至白米互通升级改造等项目前期工作加快推进。

2017年10月30日，泸州市2017年第四季度重大交通项目集中开工仪式　　泸州市交通运输局 供稿

"民生工程"建设　2017年，泸州市新（改）建农村公路333.8公里，为年计划220公里的151%，其中县乡道改造120.8公里，村道改造213公里。推进全省试点示范工程渡改桥攻坚，渡改桥PPP项目一期工程（即长江以外31座桥梁）陆续开工，二期工程列入财政公益性项目建设。至年底，泸州渡改桥建设项目46座桥梁，建成15座，开工建设24座（其中主体施工12座），加快前期工作5座，进行方案研究1座，调整建设1座。

长江泸渝深水航道建设　2017年，泸州市推进航道浅滩治理工程，《长江干线"十三五"航道治理建设规划环境影响评价报告》取得批复。其中长江上游羊石盘至上白沙河段航道整治工程《长江上游特有珍稀鱼类国家级自然保护区影响专题报告》获得批复；《生态影响专题评价》报送省环保厅待审查；《环境影响评价》报告文本编制完成；省水利厅转报《防洪影响评价》至长江水利委员会待审批；长江泸渝深水航道工程可行性研究报告通过长江航务局预审查。

公路水路运输　2017年，泸州市加快推进全国综合运输服务示范城市建设，印发《泸州市人民政府关于加快综合运输服务示范城市建设的实施意见》，组建工作机构，加快推进综合客运枢纽、城市货物集疏运中心、运输服务信息共享、综合运输组织模式、综合运输服务工作机制、综合运输服务标准6项示范建设，编制《四川省泸州市广西壮族自治区桂林市2017年全国综合运输服务示范城市建设"联学互促"活动实施方案》，与桂林市实地走访交流，通过2017年度部、省考核。全市道路运输企业2 063户，客运车辆2 853辆、公交车1 782辆、出租汽车2 011辆、货运车辆20 765辆、教练车1 752辆，共计29 163辆。主城区城市公交出行分担率32.3%、出租汽车出行分担率14.8%。全市累计完成公路客运量7 338.8万人次，旅客周转量453 492.338万人公里；公路货运量8 613.5万吨，货物周转量1 386 205.725万吨公里，公路运输周转量比上年增长7.8%，增幅排名全省

第一。泸州至九支、泸州至合江两条县际客运班线试点“双线运行”，全市12家超长客运企业226辆超长客运车辆实行接驳运输，凌晨2点到5点不再停车休息，提高客运班线运输效率。开通泸州至隆昌高铁客运班线，8辆车、每天18个班次，实现公路客运与高铁无缝对接。坚持城市公交优先发展，国家公交都市申报成功，启动市交投集团整体收购泸县城市公交工作。深化出租汽车行业改革，推行出租汽车经营权无偿使用和期限制；完善出租汽车经营权审批权权限下放到区县；推进网约车有序发展，网络预约出租汽车平台公司在泸州落户1家。持续推广应用新能源纯电动汽车，全市累计推广应用新能源城市客运车辆774辆。全市经营性运输船舶338艘，67.72万载重吨，完成货物周转量190.15亿吨公里，完成货物吞吐量3 492.98 万吨，完成集装箱吞吐量55.02万标箱，分别比上年增长33.4%、16.87%、0.99%和9.82%。服务并完成和润集团旗下四川长江粮运有限公司开业入籍工作，成功入籍船舶33艘，新增运力10.99万总吨、19.7万载重吨，为全市总运力30%，是全省运力规模最大的航运企业。全市30所驾校采用“计时培训、按学时收费、先培训后付费”服务模式，覆盖率93.7%。有序推进维修行业改革。全市11个汽车综合检测机构全部安装使用汽车综合性能检测信息化管理系统，74户承接营运车辆二级维护维修企业全部安装使用信息化管理系统。

城乡客运 2017年，泸州市加快推进城乡客运一体化建设，江阳区、龙马潭区241个建制村通公交，纳溪区、泸县98个中心村通公交，合江县、叙永县、古蔺县131个中心村通客运，解决群众出行“最后一公里”问题。全市现有农村客运车辆1 536辆、农村客运班线545条，平均日发6 416班次，年客运量3 180.55万人次，旅客周转量85 799.67万人公里，全市143个乡（镇）、1 343个建制村客车通达率分别为100%、92.19%。全年完成投资30 984万元，国家一级公路客运站城西客运站主体工程完工，川滇黔公铁联运物流集散中心主体工程完工，叙永县川泸西外车站、叙永县兴隆乡客运站完工，新建村级招呼站257个（合江县133个，叙永县41个，古蔺县83个），城区5个公交站增设“排队上下车”硬件设施。截至2017年底，五级及以上客运站34个，其中三级客运站3个、二级客运站6个、一级客运站3个。

现代物流 2017年，泸州市完成水运建设投资1.098 6亿元。纳溪港区青利码头完成建设，准备设备安装及竣工验收，纳溪港区香炉石码头完成竣工验收，纳溪港区石龙岩作业区一区工程完成初步设计，龙江港区泸州润华物流码头完成可行性研究报告。与世界第一大内河港德国杜伊斯堡港和深圳盐田港开展合作，推出“天天直航快班”新模式。在建成的昆明、成都、攀枝花内陆无水港基础上完成德阳、乐山两个内陆无水港建设。进一步拓展泸州港口航运服务范围，全年港口集装箱吞吐量55.02万标箱，比上年增长9.82%。开通泸州至重庆、成都、贵阳、赤水货运班线。叙永县引进东南德物流公司，6条配送线路覆盖县内24个乡（镇），建设上百个镇村两级配送服务网点，实现农产品直销进城，工业品

2017年12月10日，泸州至上海“五定”外贸班轮首航　　泸州市交通运输局 供稿

2017年7月20日，泸州市人民政府与深圳市盐田港集团有限公司签订泸州港合作协议
泸州市交通运输局 供稿

直销到户。

公共交通发展 2017年，泸州市公交线路230条，公交车1 782辆，其中主城区公交线路132条，公交车1 187辆，公交客运量平均每天58万人次，公交分担率32.3%。2017年8月，根据《交通运输部关于公布“十三五”期全面推进公交都市建设第一批创建城市名单的通知》，泸州市入选“十三五”首批国家公交都市创建城市。11月，省交通运输厅批复同意《泸州市公交都市创建工作实施方案》。新推广应用新能源公交车191辆，全市新能源公交车数量496辆。新设置公交专用道27.2公里，形成36公里一环路闭环式公交专用道。“掌上公交”查询服务覆盖主城区所有公交线路，手机用户63万人次，日查询量18万人次。公交客流量增长3.37%，完成31项年度指标，完成率91.2%。按照中共泸州市委、市政府“一城一交”和“国有公司注资控股城市公交”发展战略，市交投集团整体收购泸县城市公交工作有序推进。

公路路政管理 2017年，泸州市路政固定检测车辆770 794辆，查获超限411辆，卸载399辆，处罚404辆，卸（转）载吨位3 618.24吨，固定超限检测站车辆超限率控制在1%以内。流动治超检查车辆34 648辆，查获超限890辆，卸载840辆，处罚864辆，卸载超限货物5 913.08吨。国省干线公路车辆超限运输率控制在3%以下，结案率和处罚正确率均为100%。

公路养护管理 2017年10月底，泸州市交通运输局成立公路管理科，主要负责全市公路管养工作。全年完成国省干线大中修工程44公里，普通国省干线公路路面性能指数89.5，顺利通过2017年全国路况检测；创建全国文明城市期间，公路管理部门承担城市周边道路维修工作，维修道路68 152平方米，涉及路段9条，完成投资900余万元。对省道307线泸盐路兆雅至永川界段（25公里）进行市场化保洁养护试点，对泸州长江大桥和泰安长江大桥实施长期健康监测试点，探索新公路养护模式。11月，在由省总工会、省人社厅主办，省交通运输工会、厅公路局承办的2017年四川省交通运输行业筑养路机械操作工职业技能竞赛中，泸州代表队以团体总分288.95分的成绩获团体二等奖，朱奇获压路机竞赛三等奖，邓永朝、袁洪兵获修补坑槽竞赛三等奖。

智慧交通 2017年，泸州市城市公交发行“一卡通”卡13.5万张，实现网上充值、手机NFC支付、金融IC卡支付等功能。泸州客运中心站投资25万元建成电子客票系统，二级以上汽车客运站均安装固定视频监控系统并接入运管、安监部门监管平台，12家三级以上客运站实现联网售票。全市6家汽车综合性能检测机构全部安装完成信息化管理系统并投入使用，危险货物运输企业电子运单使用率100%。加快道路运输WiFi覆盖建设，对符合条件的三级以上汽车客运站、旅游客车、高速直达客车和超长客车实现WiFi全覆盖。组织加入全省接驳运输联盟，226辆长途客运班线实行接驳运输。全市2 843辆旅游客车、包车客车、四类以上班线客车入网率100%，825辆危险货物运输车辆入网率100%。

平安交通 2017年，泸州市深入开展“平安交通”专项整治，行业安全监管规范化建设、企业安全生产标准化建设全面落实，安全生产源头管理不断强化，安全风险防控和隐患排查双重预防机制基本建立，“四个一律”规定落实到位，从严查处违法违规行为。截至2017年底，全年查处客车驾驶员违反“六严禁”142起，其中受到停运7天处理106起、停运1个月处理32起、停运3个月处理4起；销毁脱管船舶12艘，依法取缔码头46座，规范提升码头18座。国省干线公路安防设施和沿线地质灾害隐患防治工作有序开展，有效遏制超限超载、侵占损坏公路和公路附属设等行为。截至2017年底，修复损毁波形护栏4 100余米，查处超限车辆1 421辆次，卸载货物10 669.78吨，处理损坏公路设施279起。“平安工地”安全生产主任责任和监理单位监督责任全面落实，“三查”工作认真执行，施工方案与实施“两张皮“现象基本杜绝。截止2017年底，监督检查覆盖率100%，问题有效整改率100%。加强交通战备项目建设和应急演练，完成军事交通保障、通信设施安全保护等工作。道路运输实现较大以上事故“零发生”，事故和死亡人数“双下降”；水上D型巡航救助船建成投用，水上交通安全监督管理系统建成运行，加强重庆、三峡、宜昌等区域联动合作，连续5年“零事故、零死亡”。

交通行业文明 2017年，泸州市交通运输局获市级“共产党员示范单位”1个、“共产党员示范团队”1个。组织全系统开展“抒清风明月·诵中华经典”诵读比赛并获市直机关工委三等奖。新成立机关支部3个，新发展党员13名，调整充实党务干部48名，按期换届选举党组织3个。重点帮扶困难职工182人，走访慰问职工3 500人次、资助21.78万元。开展“扶贫日”捐赠活动26次、捐赠68.72万元。新派驻向坝村第一书记1名，资助22万元，投资1 436万元新（改）建硬化通村公路22.1公里，规范村级阵地建设，完成向坝村整村脱贫攻坚任务。泸州市交通系统4个先进集体、10名先进工作个人、100名优秀市民获得中共泸州市委表扬和奖励。荣获“岗位学雷锋敬业标兵”省先进1名、市先进2名、局先进2名。

（本栏目供稿单位：泸州市交通运输局）

德阳市交通
DEYANG SHI JIAOTONG

2017年德阳市交通运输能力概况

公路交通运输			
通车里程	总里程（公里）		8 224.632
	其中	高速公路	205.5
		一级公路	348.73
		二级公路	601.699
		三级公路	726.654
		四级公路	5 581.033
		等外公路	761.016
公路密度	按国土面积计算：每百平方公里 159.42 公里		
	按人口计算：每万人 24.633 公里		
通达里程	通公路的乡镇 125 个，占乡镇 100 %		
	通公路的村 1 447 个，占村 100%		
客运站	总　数（个）		201
	其中	一级站	4
		二级站	6
		三级站	6
		四级及以下站	185
营运车辆	总　数（辆）		30 456
	其　中	客车 1 599 辆 46 196 座	
		货车 28 857 辆 208 977 吨	
公路运量	客　运	客运量（万人次）	4 247
		旅客周转量（万人公里）	240 466
	货　运	货运量（万吨）	9 292
		货物周转量（万吨公里）	604 375
内河航运运输			
通航里程	总里程（公里）		
	其中	三级航道	
		四级航道	
		五级航道	
		六级航道	
		七级航道	
港口（码头）	总　数（个）		
	吞吐量	旅客吞吐量（万人次）	
		货物吞吐量（万吨）	
水路运量	客　运	客运量（万人次）	50.36
		旅客周转量（万人公里）	
	货　运	货运量（万吨）	
		货物周转量（万吨公里）	
营运船舶	总　数（艘）		
	其　中	客船　艘　座	
		货船　艘　吨	
城市公交运输			
营运车辆	838 辆		
公交线路	68 条		
公交站	2 635 个		
运　量	0.807 7 亿人次		

交通运输概况　2017年，德阳市交通运输系统围绕构建“五环多轴”成德一体全域综合交通体系，全面开展交通大会战，推动交通运输工作再上新台阶。

全域综合路网交通规划方面。完善全域综合交通规划。坚持成德同城、交通先行，为德阳建设成都北部新城提供强力交通支撑，以建设“五环多轴”综合交通体系为统揽，按照成德间“555”交通通道、市域内“221”骨架路网，加快实现“333”通达要求，加快推进“成德无缝对接、市域一体、全域覆盖、快速通达”的高标准、多通道、多方式、多层次综合交通运输体系的规划建设。抓好高速公路专项规划。国道5线成德绵高速公路扩容项目的线形初步确定，工程可行性研究专题要件（用地预审、规划选址等）相关工作加快推进。配合遂宁市交通运输局开展德遂高速公路项目各项前期工作。德茂高速纳入四川省高速公路网规划（2014—2030年），该项目作为新一轮交通大会战建设项目由绵竹市委市政府牵头开展前期各项工作。推进成德同城轨道交通线网规划和专项规划研究。编制完成《天府大道北延线轨道交通方案研究》《什邡—德阳—中江轨道方案研究》《德阳市三环路技术方案报告》和《凯江沿岸旅游公路技术方案》，与成都市交委、成都铁路局对接沟通，逐步实现成德两地间的动车公交化运营。年内，

成德两地之间日均开行动车40余对，日间平均列车开行间隔达20分钟。积极与成都铁路局、彭州市委市政府对接，争取将成彭什快铁延伸至绵竹市，促进绵竹、什邡市快速融入成都都市圈。开展德阳南动车枢纽站建设方案和“一谷一湖一港”（锦绣天府国际健康谷、天府北湖、中欧班列德阳现代物流港）等专题交通规划研究。

新一轮交通大会战成效显著。全市交通建设项目通过5次集中开工、现场交流等方式，确保交通项目、“民生工程”顺利推进。年内，全市续建及新开工交通大会战重点项目31个，全年完成投资77.13亿元，为省交通运输厅下达任务45.9亿元的168.04%。其中，高速公路37.65亿元，国省干线及自建重点项目29.81亿元，农村公路6.89亿元，桥梁项目0.99亿元，场站建设1.66亿元，安保工程（路侧护栏）0.13亿元。

交通运输服务质量稳步提升。各项改革中，稳步推进德阳市公路局和全市道路运输综合执法改革，平稳推进公交体制改革，裕兴公交公司重新回归国有，全国“交通一卡通”顺利通过交通部验收。深化德阳市出租汽车行业改革，推进出台《德阳市人民政府办公室关于深化出租汽车行业改革的实施意见》《德阳市人民政府关于印发德阳市区网络预约出租汽车经营服务管理实施细则的通知》。全市驾校开展“计时收费，先培训后付费”培训服务模式，覆盖率达92.7%。运输能力不断增强。全市公交拥有纯电动公交车324辆（占总数的38.7%）。2017年，全市旅客运输市场安全有序，未发生重特大安全事故和旅客滞留现象。2017年全市公路运输总周转量628 421万吨公里，增速7.43%，高于全省6.3%的平均增速1.13个百分点。搭建信息化运政服务。通过互联网“四川省包车客运信息系统”，实现全市所有旅游包车网上审批，客运企业足不出户即可完成网上申请、审核、自行打印包车牌等工作。运政服务形象不断提升。开展客货运输、出租汽车、驾培、维修企业服务质量考核，促进服务质量提升。开展高考运输保障等社会公益活动，有效提升公共交通服务形象。全市1 000余辆客运、城市公交和出租汽车参与高考保障，安全运送考生28 891人次，出租汽车“爱心送考”免费接送考生1 368人次。“德阳运政”微博连续五年被评为全省“十佳最受网民喜爱的四川政务机构”。

行业监督管理水平显著提升。加强工程质量监管。坚持每月对全市在建工程施工安全进行监督检查。全市在建交通工程质量总体可控，施工安全形势平稳，所有关键指标抽检合格率基本达90%以上。加强公路管养监管。在全省率先探索公路管养体制改革，提高公路管养水平。开展公路绿化、美化、净化、亮化“四化工程”，全市国省干线公路完成路面维修8.25万平方米，养护工程投资完成1 600余万元，完成省道106线天元段、石亭江大桥段路面改造工程，国省干线路面使用性能指数（PQI）93.1，位居全省第二位。加强路政执法监管。推进交通综合执法改革试点，理顺工作关系，提升执法水平。2017年，案件查处率、结案率均为100%，无行政投诉、行政复议案件发生。顺利通过交通运输部全国交通运输行政执法评议考核。加强道路运政监管。启动联合打击非法营运专项行动，2017年，出动运政执法人员和公安交警8 800人次，执法车1 950辆次，检查车辆7 408辆次，依法查处非法营运车54辆。利用“12328”“12345”平台、德阳运政微博、市长信箱等加强社会监督。加强水上交通监管。严格执行汛期停航封渡和减载、六不发航、签单发航等制度。每月对渡口码头、漂流项目开展监督检查，在重点时段、重要节点开展明察暗访，排查安全隐患，督促隐患整改落实，确保水上交通安全。

相关链接

“五环多轴”：德阳现有的一环路和规划建设的二环路、三环路，以及穿越德阳的成都第二绕城高速公路、第三绕城高速公路组成的“五环”，成都和德阳的城市发展主轴天府大道北延线、德阳中心城区对接成都市区的成德大道、成金青大道、国道108线等主干道、旌阳区与各市县及成都接壤区县之间的城市干道及连接通道等组成的“多轴”。

成德间“555”交通通道：成德间形成“五条高速、五条快通、五条轨道”交通通道，五条高速公路指成绵高速公路、成绵高速公路复线、成都第二绕城高速公路、成都第三绕城高速公路、成德绵高速公路扩容；五条快通指天府大道北延线、国道108线、省道108线成德大道、省道211线旌江干线、德阳至天府国际机场快速通道；五条轨道交通指成绵乐动车公交化、宝成铁路公交化、天府大道北延线轨道交通、成都地铁向德阳延伸线、成什绵快轨。

市域内“221”骨架路网：形成途经各县（市、区）2条高速，主城区至各县（市、区）2条干道，途经各县（市、区）1条轨道交通市域骨架网络。

“333”通达要求：德阳到成都半小时内到达，德阳市区到县（市、区）半小时内到达，全市80%以上乡（镇）到县（市、区）半小时内到达。

公路建设　2017年，成都经济区环线高速公路德简段内各标段全面施工，项目建设推进有序。国道0511线德阳至都江堰高速公路初步设计获交通运输部批复，加快开展施工图设计及前期实验段施工。天府大道北延线完成石亭江大桥部分的施工图批复。什德中、德罗、德绵干线公路等项目陆续开展征地拆迁相关工作。德茂公路绵竹段多项工程相继取得重大进展。国省干线、农村公路、其他专项工程均超额完成目标任务。

成都经济区环线高速公路德阳至简阳段 该项目为四川省高速公路网规划内容，2016年省重点交通建设项目之一，经省政府授权，由德阳、成都、资阳3市政府按照BOT方式招标实施的高速公路建设项目。中标单位为中国铁建投资集团有限公司（牵头方）组成的联合体。该联合体成立中铁建四川德简高速公路有限公司，负责该项目工程建设、经营管理及移交工作，运营期29年11个月。项目起于德阳市旌阳区黄许镇国道5线京昆高速公路，经德阳市旌阳区、中江县，成都市金堂县、简阳市，止于简阳市禾丰镇。项目线路全长105.867公里，估算投资131.5亿元。其中，德阳境内68.117公里，双向六车道，设计时速120公里。项目建设期3年。至2017年底，累计完成投资54.23亿元，占德简段总投资的41%。工程形象进度自开工累计完成路基工程60.58%，桥涵工程30.25%，隧道工程37.11%。

国道0511线德阳至都江堰高速公路 该项目是北京至昆明高速公路（国道5线）和成都至昌都高速公路（国道4217线）的联络线，为国家高速公路网规划项目，为纳入交通运输部第一批开展交通基础设施政府与社会资本合作试点的PPP项目，由德阳、成都两市政府按照BOT方式招标，中标单位为中国铁建投资集团公司（牵头方）组成的联合体。该联合体成立中铁建四川德都高速公路有限公司，负责该项目工程建设、经营管理及移交工作，运营期为29年11个月。项目主线起于德阳黄许镇南，接已建国道5号线京昆高速公路，并顺接在建的德阳至简阳高速公路，经旌阳、什邡，绵竹、彭州、都江堰，接蒲江至都江堰高速公路。另建绵竹支线，起于主线孝感枢纽互通，止于绵竹市东接省道107线。按照初步设计批复，项目主线全长91.324公里（德阳40.26公里），双向六车道，设计时速120公里；绵竹支线长17.972公里，双向四车道，设计时速80公里。项目概算投资155.4亿元，项目建设期3年。项目2017年4月1日获省发展改革委核准批复，6月30日获交通运输部初步设计批复，至年底，开展施工图设计。

天府大道北延线 天府大道北延线由天府大道北延线石亭江大桥（含德阳二环路枢纽互通）、天府大道北延线广汉段、天府大道北延线广汉段市政配套工程和天府大道北延线国道108连接线（向阳段）4个项目组成，项目业主均为德阳市建设投资发展集团有限公司。除天府大道北延线国道108连接线（向阳段）项目作为连接线外，其余三个项目共同组成项目主线。

主线全长28.3公里，其中旌阳区境内2.3公里，广汉市境内26公里，项目总投资126.2亿元，主线参照天府大道南延线的标准，按照一级公路兼具城市干道功能建设，路基宽80米，双向八车道加四车道，采用沥青混凝土路面，设计时速主道80公里、辅道30公里。连接线全长4.7公里，项目总投资7.3亿元，按照一级公路标准建设，路基宽30米，双向六车道，采用沥青混凝土路面，设计时速60公里。至2017年底，4个项目均取得德阳市发展改革委核准批复（备案）。广汉段土地报征所需资料已提供至广汉市国土局。分部后的专题要件相关文字报告已完成，部分要件获主管部门批复。上跨成汶、广岳、成都二绕城高速公路、青白江方案均通过审查，上跨成兰铁路方案成兰公司进行审查。

什德中快通德中项目示范段 该项目是德阳主城区至中江县城最快捷的公路干线通道，也是德阳联系东西部区域的主要通道，是德阳市“五纵五横”干线公路网的横向骨架。通过本项目的建设，未来将成为德阳与成都之间重要的出行通道，成为环绕成都，串联德阳市、中江县，延伸至遂宁的重要干线公路，将极大改善沿线的交通出行条件。项目起于德阳市金沙江东路，经和新镇、隆兴镇，止于中江县二环路中广路路口与二环路交叉，双向六车道加两辅道，路线主线全长23.9公里，东一环连接线全长2.8公里，总投资估算为45.6亿元。至2017年底，项目完成初步设计，施工图设计、施工招标挂网工作加快进行。

成德大道德罗项目示范段 项目位于成德交通走廊北延线，作为德阳市完善内联外通道路网络的重要工程之一，是德阳市至罗江县出行通道的改善和升级，对强化罗江县与成德核心区间联系具有重要的支撑。项目全长22.347公里，其中主线长18.448公里，起于德阳市庐山路与鸭绿江路交叉，沿规划庐山路北延段向北延伸，经成都第三绕城高速公路、成绵乐高铁、宝成铁路后折向东北，止于罗江规划环城路，采用一级公路标准同时兼具城市主干路功能，主路设计时速80公里，双向六车道加两辅道；白马关景区连接线长1.695公里，起于主线与国道108线交叉，过广济桥后向东下穿成绵高速公路、接白马关景区规划游客集散中心，采用城市主干路标准同时兼具集散公路功能，设计时速40公里；罗江县城连接线长2.204公里，起于主线与罗江县规划环城路交叉口，向东延伸依次上跨成绵高速公路、宝成铁路，顺接罗江县升平路与万安北路交叉口，采用城市主干路标准同时兼具集散公路功能，设计时速40公里。该项目估算总投资29.9亿元。至2017年底，项目完成初步设计，施工图设计、施工招标挂网工作加快进行。

德茂路德绵项目示范段 该项目由两段组成。一段：长江西路与二环路交叉处至秋月段（零公里零米处至4公里加600米处），起于长江西路与二环路交叉处，向西至秋月路口，并在秋月路口新建立体式互通。二

段：孝泉孝德场镇改线段（11公里364米处至18公里加869.67米处），起于德茂路秋月至孝泉段，在孝泉孝德城镇区段向西另辟新线绕越，之后接回德茂路。项目为双向六车道加两辅道，路线全长12.105公里，总投资13.4亿元。项目建成后对于完善德阳市路网整体功能，提高路网运行效率，完善全市规划布局具有重要作用。至2017年底，项目完成初步设计，施工图设计、施工招标挂网工作加快推进。

绵茂公路绵竹段 2017年，绵茂公路绵竹段多项工程相继取得重大进展。3月31日，全长1 424米的大梁子隧道顺利贯通。大梁子隧道由黑滩沟大桥与香港援建段止点黑滩隧道出口相连，是香港援建后国内资金建设的第一座长隧道。4月13日，绵茂公路黑滩沟大桥完成梁体浇筑施工。黑滩沟大桥跨越黑滩沟泥石流沟，是连接香港援建止点黑滩隧道出口和大梁子隧道的重要结构物。桥梁全长55.5米，全宽9米。上部结构采用1乘50米预应力砼等截面简支箱梁。5月4日，全长721米的小木岭二号隧道贯通。至年底，绵茂公路累计完成投资14.902 3亿元，占概算投资27.118 2亿元的54.95%。

农村公路建设 2017年，德阳市农村公路完成投资6.89亿元，完成里程802.78公里。其中，农村公路改善提升完成投资2.43亿元，完成里程177公里；窄路加宽项目投资0.21亿元，完成里程70公里；撤并建制村项目完成投资0.65亿元，完成里程102公里；自建及其他农村完成投资3.59亿元，完成里程453公里。

2017年7月，罗江县谭家坝至慧觉道路
德阳市交通运输局 供稿

交通扶贫基础工程建设 2017年，脱贫攻坚农村公路建设目标85.5公里，全市计划完成投资3 905.64万元（中央车购税资金1 645.6万元，其余资金2 260.04万元由各县〈市、区〉自筹）。至年底，完成里程106.973公里，为目标85.5公里的125.11%；完成投资4 340.42万元，为目标3 905.64万元的111.13%。

2017年9月，广汉市扶贫项目石门村道路 德阳市交通运输局 供稿

渡改桥工程 2017年德阳市有渡改公路桥工程项目一座（项目名称：三江度、易家渡合改三江特大公路桥，主桥长1 429米，桥宽11米）。概算总投资1.02亿元（预估省补助6 287万元）。该工程5月开工建设，至年底，完成招投标；6月，因德阳市计划在三江大桥所在地建设生态湿地公园，影响到三江大桥的建设进度，该工程处于停工状态；后续将视德阳市有关部门的规划，再度调整三江大桥建设进度。

渡改人行索桥项目1座（项目名称：黑龙江渡口改索桥，主桥长280米，桥宽2米），概算总投资420万元（预估省补224万元）；至年底，完成主体工程建设。

汽车场站建设 2017年，德阳市完成全市二级以上汽车客运站提升改造工程。启动“厕所革命”提升改造工作，德阳汽车南站、什邡安顺客运站按要求完成厕所改造。完成广汉城际列车客运站投资1 575万元，累计完成该建设项目投资4 985万元。完成广汉天旭物流园区续建投资15 000万元，全年完成该园区建设投资54 200万元。完成什邡、绵竹、罗江、中江汽车客运站项目申报，完成全市重点乡（镇）和一般乡（镇）9个四级汽车客运站的新建、改（扩）建和招呼站的申报规划工作。加快推进什邡、绵竹、罗江城际列车站前期准备工作。

客货运输 2017年，德阳市客货运输市场保持稳定，旅客周转量240 466万人公里；货物周转量604 375万吨里；公路运输总周转量628 421万吨公里，增速7.43%，高于全省平均增速1.13个百分点。继续推进客运“村村通”工程，全市1 448个建制村开通1 418个，未开通客运的建制村30个，农村客运乡（镇）通达率100%，村社通达率97.9%。全市36家危货企业、1 033辆危货车辆，电子运单管理系统对企业实现100%全覆盖，车辆平均使用率达

99%以上。市区城市公交股权回购国有化改革工作基本完成。

运输行业管理 2017年，德阳全市旅客货运输市场保持稳定，未发生重大安全事故。货物运输监管进一步得到加强。全市36家危货企业，1 033辆危货车辆，电子运单管理系统对企业已实现100%全覆盖，车辆平均使用率99%以上。市区城市公交股权回购国有化改革工作基本完成，纯电动公交车累计324辆（占总数的38.7%）。市区城市公交完成全国交通“一卡通”联网。推进出台《德阳市人民政府办公室关于深化德阳市出租汽车行业改革实施意见》《德阳市人民政府关于印发德阳市区网络预约出租汽车经营服务管理实施细则的通知》。完成接驳转运九寨沟地震灾区游客的应急运输和四川国际航空航天展览会游客的运输保障。加快推进四川省一体化政务服务平台应用，为群众提供“互联网+政务服务”。安全与市场监管推出新举措，在省、市、县际客运班车和旅游包车推广运用道路运输“安全与服务”微信公众号，完善“六严禁”管理机制。开展客运企业安全生产动态考核工作。全市交通和公安部门开展联合打击非法营运专项行动，依法查处非法营运车54辆。

公路养护 2017年，德阳市启动公路绿化、美化、净化“三化工程”，治理直管国省干线公路环境。完成省道106线天元段和德什路石亭江大桥段路面改造，完成省道106线德什路口三角带改造工程，为德阳改善城市进出口公路路容路貌提供改造升级模式。全年完成绿化修枝155 026平方米，14 949株，行道树刷白95 332株。至年底，完成国省干线养护工程公路398.883公里，完成路面维修8.25万平方米，完成省道106线德什段大修工程扫尾工作，完成投资1 600余万元，修复水泥混凝土路面断板2 328平方米。全市国省干线公路路面使用性能指数（PQI）93.1，超额完成省交通运输厅下达的路面使用性能指数（PQI）88的目标值，全部达优等路标准。

安保工程（路侧护栏）2017年累计完成投资0.118 8亿元，完成里程51.77公里，为建设目标51公里的101.5%。

出租汽车及网约车管理 2017年，德阳市网约车服务许可工作、线上服务能力认定工作规范，配套文件稳步推进完善。对全市1 200余名出租汽车从业人员进行职业道德培训。出租汽车驾驶员从业资格证考试工作有序推进。全年新增出租汽车驾驶员报名932人，参加考试人数911人，合格制证712个，全市持有出租汽车驾驶员从业资格证累计4 769个。继续开展“爱心送考”公益活动。高考期间，全市888辆出租汽车参与“我们与你在一起 出租汽车‘爱心送考’”公益活动，免费接送考生1 368人次，为27位有特殊情况的考生提供“一对一”接送服务。

2017年6月6日，德阳市“爱心送考”启动仪式　　德阳市交通运输局 供稿

驾驶员培训管理 2017年，德阳市有序推进驾驶培训行业改革，进一步开放驾驶培训市场，建立投资预警机制和风险告知制度。全年向社会发布两次德阳市机动车驾驶员培训行业信息工作。稳步推进“计时培训、按学时收费、先培训后付费”培训服务模式。全市41所驾校中有38所驾校开展“计时培训、按学时收费、先培训后付费”培训服务模式，覆盖率达92.7%。完成3所新增驾校的验收复查，1所驾校升级核查，2所驾校训练场的复查。

至年底，德阳市驾驶员从业资格考试新增报名人数6 737人，参考人数8 193人，考核合格6 101人，制证发证6 091个，挂失、换损416个。全市新申报教练员253人，科目一审批学员13 639人。抓好换证和继续教育培训考试工作。从业资格证共计换证6 141人，继续教育培训新增注册学员14 076人，已结业从业人员15 700人，共转入从业资格证125个、转出290个。处理涉及从业资格证工作咨询12起、投诉3起。开展出租汽车驾驶员从业资格证考试工作。新增出租汽车驾驶员报名932人，参加考试人数911人，合格制证712个，全市持有出租汽车驾驶员从业资格证累计4 769个。

车辆技术和维修管理 2017年，德阳市完成辖区内营运“黄标车”退出营运市场工作，年度计划淘汰309辆全部淘汰完毕。全市维修行业积极参与大气污染防治，按照中央环境保防督查要求，全面自查整改维修业环境污染防治相关问题，根据中央环保督查组反馈的问题，组织全市264个维修企业自查出1 157个问题，逐一建立台账，所有问题全部完成整改。对全市315家一、二类维修企业质量信誉考核工作，评选AAA级企业18

家；开展“非法改装”等专项整治工作，把建立汽车维修救援纳入维修企业的开业条件，逐步把维修业户纳入省维修救援平台；对全市63家客货运企业1 752辆车进行审验和复核，重新核定类型。

安全监管 2017年，德阳市做好元旦、春运等节假日及市“两会”、汛期等重要时段安全管理工作。开展“安全生产大检查”“道路运输平安年”“道路交通安全综合治理”“汛期”等专项督查整治活动。在省、市、县际客运班车和旅游包车推广运用道路运输“安全与服务”微信公众号。完善“六严禁”管理机制。严格落实“六严禁”“一周一通报”制度，及时督促相关县所、企业限期落实整改。开展客运企业安全生产动态考核工作。年内，统筹组织各县（市、区）运管所（处），抽调行业专家力量，对6家三级以上客运企业的安全生产动态进行考核。全市交通和公安部门联合开展打击非法营运专项行动，依法查处非法营运车54辆，促进客运市场的安全稳定。

城市公交概况 2017年，德阳市有公交企业6家（其中国有企业5家，集体企业1家），有从业人员1 135人。开行线路68条，运行车辆838辆（其中纯天然气清洁能源车464辆，气电混合新能源车50辆，纯电动新能源车辆324辆）。全市万人公交车拥有量为11标台，平均公交出行分担率为15%，城乡公交站点2 635个，全年营运里程2 834万公里，公交客流量8 077万人次。每天计划发车4 700余班，日均行驶里程6.60万公里，日均客运量16.80万余人次。全市大部分城市公交实行学生优惠乘车，残疾人、伤残军人、70岁以上老年人免费乘车等社会义务。

年内，新增开公交线路1条，调整公交线路4条。10月1日新开通35路公交线：黄河村委至城北公交站；2月13日对现有的5路公交线路进行局部调整，将原河东镇场口延伸至金沙江路小学，延伸里程为1.2公里；2月23日对22路公交线路永定河路单向循环增加0.3公里；3路公交线路德新中学至加油站路段因线路改造，9月1日起将不经过德新主街绕行；19路公交线路因铁西区道路维修，9月9日起将19路终点站暂时设定在青衣江立交桥下，断道期间不再进入铁西区。

公交体制改革 2017年底，德阳市完成公交公司股权回购，公交体制改革工作基本完成。国有资本在裕兴公交公司和新世纪公交公司的股权占比分别从81.70%和87.97%增加到90.66%和94.47%。市区城市公交体制改革完成后，企业管理层迅速将工作重点放在凝聚职工队伍和狠抓制度建设方面，强化廉政责任和民主监督。广泛听取一线员工建议和意见，改组职工代表大会，就公司职工薪酬分配制度、驾驶员工作方式调整等反复征求职工代表意见，进行深入讨论和研究，确保制度能够落在实处。公司上下团结协作，齐心协力，职工面貌焕然一新，工作积极性高涨，企业内部各项工作井然有序。

全国交通“一卡通”互联互通建设情况 全国交通“一卡通”互联互通接入是交通运输部推行、省交通运输厅作为年度目标任务下达的一项重要工作。2017年6月，德阳市启动该项工作报建，7月底系统建设开始，9月14日通过交通运输部验收，10月20日完成试运行并面向市民售卡，完成全国交通“一卡通”互联互通建设工作。项目总投入182万元，安装车辆数为333辆。德阳市民可持全国交通“一卡通”卡，在全国各地开通全国交通“一卡通”的城市刷乘公交车，其他城市执全国交通“一卡通”卡的市民同样可在德阳市刷乘公交车。

水路运输 2017年，德阳全市境内有渡运水库4座（继光水库、元兴水库、双河口水库、玉兴水库），涉及渡运乡（镇）4个，渡口9个，客渡船舶9艘。有乡（镇）管船站5个（兴隆、玉兴、双龙、高店、元兴），有水库管理机构4个（继光水库、双河口水库、响滩子水库、元兴水库管理站）。全市水上客渡船舶共计9艘（均为公益性客渡船，其中非机动船4艘），171个客位，总动力96千瓦，总吨89吨，总载重吨55吨；快艇6艘，36个客位，总动力180千瓦，总吨6吨，总载重吨3吨。至年底，渡运量为50.36万人。

船舶检验 2017年，德阳市有船检人员3人（均取得注册验船师资格证书），定期检验1次，完成船舶检验9艘，89吨。年度检验1次，完成船舶检验9艘，89吨。

水上交通安全管理 2017年，德阳市进一步建立健全安全生产责任制，完善安全管理体系，成立安全领导小组，明确领导小组成员安全管理职责，制订《安全事故应急救援预案》（2017年修订版）、《德阳市客渡船舶污染物接收、转运、处置联合监管制度》及《德阳市客渡船舶污染物接收、转运、处置联单制度》《德阳市水上交通事故和客渡船舶污染水域事故应急处置预案》，并督促各海事处组建防汛应急抢险队伍，做好防洪抢险和安全事故应急抢险各项工作。开展“救生衣行动”并严格执行六不发航、签单发航以及停航封渡等规章制度。组织相关人员对各县（市、区）地方海事处所辖江河、水库渡口、码头进行44次安全隐患明查暗访检查，接受11次上级机关检查。至年底，排查安全隐患15起，督促隐患整改15条，通过整改复查表明效果明显，切实保障全市水上交通安全。

（本栏目撰稿人：郭青利）

绵阳市交通

MIANYANG SHI JIAOTONG

2017年绵阳市交通运输能力概况

公路交通运输			
通车里程	总里程（公里）		20 171.443
	其中	高速公路	318.416
		一级公路	445.376
		二级公路	842.175
		三级公路	937.743
		四级公路	13 199.695
		等外公路	4 428.038
公路密度	按国土面积计算：每百平方公里 99.4 公里		
	按人口计算：每万人 36.98 公里		
通达里程	通公路的乡镇 278 个，占乡镇 100 %		
	通公路的村 3 302 个，占村 100%		
客运站	总 数（个）		2 254
	其中	一级站	5
		二级站	7
		三级站	3
		四级及以下站	2 239（含五级和简易站和招呼站）
营运车辆	总 数（辆）		27 794
	其 中	客车 3 057 辆 66 788 座	
		货车 24 737 辆 150 321 吨	
公路运量	客 运	客运量（万人次）	4 268.116
		旅客周转量（万人公里）	244 576.852
	货 运	货运量（万吨）	6 574.724
		货物周转量（万吨公里）	771 749.131 6
内河航运运输			
通航里程	总里程（公里）		645.79
	其中	三级航道	
		四级航道	
		五级航道	
		六级航道	26.05
		七级航道	60.12
港口（码头）	总 数（个）		1
	吞吐量	旅客吞吐量（万人次）	15.999 1
		货物吞吐量（万吨）	
水路运量	客 运	客运量（万人次）	15.999 1
		旅客周转量（万人公里）	177.523 4
	货 运	货运量（万吨）	
		货物周转量（万吨公里）	
营运船舶	总 数（艘）47		
	其 中	客船 47 艘 1 100 座	
		货船 艘 吨	
城市公交运输			
营运车辆	公交1 872辆，出租2 935		
公交线路	189 条		
公交站	2 446 个		
运 量	公交运量2.868 83亿人次，出租运量1.262 97亿人次		

交通运输概述 2017年，绵阳市按照国家、省市确定的发展战略和“项目年”工作部署，推动交通建设攻坚大会战，实施交通扶贫攻坚，推进公共交通运输发展，交通运输投资再创新高，高速公路和重大储备项目形成滚动推进的良好局面，国省干线和重要经济干线进展良好，农村交通项目在全省农田水利基本建设绩效考核中获全省第一名，安州区被省政府评为全省首批“四好农村路”示范县。全市交通运输保障能力和服务水平显著提升，行业改革稳妥推进，运输结构持续优化。

高速公路项目推进情况 2017年，绵九高速公路绵

绵西高速公路梓江大桥施工场景　　蒲　滔　摄

阳境内18个标段、146公里于10月起陆续施工进场，7个标段、约41公里受平通河裂腹鱼水产种质资源保护区影响，待进一步修改设计后启动；控制性工程白马隧道单洞全长26 013米，完成初支3 419米，占全长13%。绵西高速公路路基工程基本完工并启动路面施工。广元至平武高速公路5月重新招标确定新疆北新路桥集团股份有限公司为投资人，6月8日，广元、绵阳两市政府与新疆北新路桥集团股份有限公司正式签约。

《关于促进普通国省道建管养运协调发展的实施意见》出台 2017年12月29日，绵阳市政府办公室印发《关于促进普通国省道建管养运协调发展的实施意见》，进一步明确了普通国省道总体要求、发展任务，健全“市为中心，县为基础，统一领导，分级负责”的责任体系，并完善了统筹协调机制、财政保障机制，特别是首次对普通国省道（不包含由农村公路新提升的国省道）新（改）建项目由市财政按部省补助额的50%给予补助，同时对2015年建立的国省干线大中修工程补助资金“四六开”政策进行完善，为绵阳市普通国省道建管养运协调发展、加快发展打下坚实基础。

国省干线公路建设 2017年5月8日，国道247线（原省道205线）黄土梁隧道试通车。年内，省道205线绵阳绕城改线绵梓路至江油界段开工建设，绵梓路至南一环

国道247线（原省道205线）黄土梁隧道建成通车。图片摄于2017年5月12日 田明霞 摄

段路基工程基本完工，江油段完成项目公司组建并启动拆迁。省道416线绵阳至中江改造提升工程（绵阳二环路口至中江界段）进行路基和桥涵基础施工，完成路基工程50%。省道418线安州花荄至睢水快速通道启动建设。国道108线绵阳城区过境段与沉抗大道共线段启动施工。

农村公路建设 2017年，绵阳市扎实推进“四好农村路”建设，安州区成功创建省级“四好农村路”示范县，交通项目获全省农田水利基本建设2017年度考核第

安州区沸水镇农村联网道路 蒲滔 摄

一名。全年完成县乡道建设392公里、通村公路1 226公里。纳入省渡改桥2016—2020年建设推进方案的13座渡改桥完工6座、在建3座、加快前期工作4座。

完成涪江三桥维修加固工程 2017年，绵阳市完成涪江三桥维修加固。因该桥系杆达到设计使用年限，加之专业检测机构检测发现水平系杆、主桥拱肋弦杆及横向联结钢管砼、桥梁基础等存在病害，影响桥梁使用安全，经市政府批准实施维修加固。项目立项总投资4 366万元，维修加固主要内容是更换系杆、新增纵梁、处治病害、更换引桥支座、增设检修通道等。项目于2016年12月施工入场，2017年1月起全封闭施工，8月29日完工通车。

涪江三桥维修加固工程桥面铺装砼养护 绵阳市交通运输局 供稿

水陆运输基础设施建设 2017年，绵阳市以贫困

县村级招呼站（牌）为建设重点，全年建成村级招呼站（牌）575个，投资总额510.6万元。完成梓潼客运站站务功能验收并于10月1日投入使用，平武、北川乡（镇）客运站覆盖率达70%以上，村级招呼站（牌）覆盖率分别达78.2%、88.1%，完成省市下达的目标任务。3座渡改人行桥，完工2座、在建1座。海事工作码头35米级趸船项目，至年底已完工。冬瓜山电航工程，船闸部分上闸首完工，主体左岸闸底板和泄洪冲砂闸闸墩浇筑加快推进。

工程造价质量监督 2017年，绵阳市完成造价审查项目32个，送审金额达45亿元，审减9 000余万元，平均审减率为1.93%，审核项目和金额分别为2016年的160%和200%。扎实开展交通工程建设质量监督检查，按照专项检查、综合检查、日常检查相结合的原则，全年组织检查180次，发出书面整改通知72份、现场整改意见书47份，整改到位率100%。对涪江三桥维修加固工程、省道302线北川禹里至茂县段水毁恢复工程、省道205线黄土梁隧道及引道工程等19个项目组织开展了交（竣）工验收质量鉴定（检测），把好质量监督“最后一道关”。

运输市场管理 2017年，绵阳市重点对旅游包车异地经营进行查处，较好维护绵阳旅游运输市场秩序；加强出租汽车经营行为检查力度，重点对火车站、飞机场等人口密集地出租汽车经营行为进行规范、整治；将打击非法营运纳入依法治市工作范围，继续加大非法营运打击工作力度，配合公安部门打击非法营运团伙，采取划片区负责、集中力量整治火车站、机场、客运站、主商贸区、市内客运线路等重点区域的非法营运。全年出动执法人员23 628人次，检查车辆24 408辆次，查扣“黑车”355辆。

创新发展货运方式 2017年，绵阳市开展运输组织模式改造，创新服务模式，在绵江线试点“大改小”定线包车模式取得初步成效，并在绵盐线、成绵线进行复制，下一步在全市推广。争取绵阳东亨物流公司作为交通运输部“无车承运人”平台试点。

春运情况 2017年春运期间，绵阳市投入班线客车2 968辆、旅游客车182辆，公交车1 852辆，出租车2 935，投入船舶189艘，客位数2 881客位。开行287 121班，运送旅客389.48万人次，比上年下降16.63%。水路运输累计完成客渡运量28.309 4万人次，比上年增长2.5%。全市水路运输未发生事故，道路客运未发生较大事故和重大服务质量投诉，确保旅客“走得舒心、走得安心、走得放心”。

第五届中国（绵阳）科技城国际科技博览会交通保障 2017年9月7日至9日，第五届中国（绵阳）科技城国际科技博览会在绵阳举行。绵阳市交通运输部

2017年9月7日—9日，交通运输服务科博会 绵阳市交通运输局 供稿

门投入各类车辆798辆（其中公交车350辆、出租车300辆、大巴车65辆、考斯特中巴车20辆、小车51辆、执法车12辆），交通服务工作人员903人（其中驾驶员798人、管理人员32人、维持秩序执法人员40人、服务保障人员33人），发车16 000余趟次，运送来宾、群众35万人次，保障来自全球44个国家、地区的参会来宾及包括世界500强、知名企业、重点科研院所、高等院校在内的754家参展单位和参观群众的交通出行需求。

推进出租车和网约车发展 2017年，绵阳市按照重大行政决策五个程序，即公众参与、专家论证、风险评估、合法性审查和集体讨论决定相结合的原则，在确保出租汽车行业稳定的前提下，推动出租汽车改革各项工作的开展，4月14日发布《绵阳市深化出租汽车行业改革实施方案》和《绵阳市城区网络预约出租汽车经营服务管理实施细则》。在大量调研和广泛征求意见的基础上，按照国家高品质服务、差异化经营的网约车发展原则，结合绵阳实际，制订绵阳网约车平台、车辆、驾驶员许可标准，并于11月8日发放首张《网络预约出租汽车经营许可证》。新增投放660个巡游出租车经营权，其中256辆于6月逐步投入运营，缓解市民“用车难”问题。开展出租汽车不规范行为集中整治专项行动，查处出租汽车违规经营行为132起。

开展出租汽车“爱心送考”活动 2017年高考期间，绵阳市投入出租汽车1 000辆开展“爱心送考”活动，参与驾驶员1 000余名。免费接送考生共计2 699人次，其中预约接送117人次，在各服务点安排接送2 552人次，运送量创历年新高，全部运载考生均及时、安全送达考场。

城市公共交通 2017年，绵阳市提升城市公共交通服务能力和水平，推动公交覆盖面扩大，6月1日实现游仙区公交全覆盖。提升服务质量，扩展精品线路，优化公交线路。通过网络问政和现场调研等方式了解群众出行需求，结合绵阳城区道路交通状况，对城区部分公交线路进行优化调整，降低线路重复率，全年优化调整公交线路12条。一年来，城区公交运输客流1.75亿人次，营运里程5 548万公里，免费服务特殊群体2 500万人次。

完成城区公共交通票价结构性调整 2017年6月1日，绵阳市实现城区公共交通票价结构性调整。该项工作是绵阳市综合考虑社会承受能力、财政保障水平、企业运营成本、运输产品服务质量差异、交通供求和竞争状况等因素，科学合理界定划分城区公交和城乡公交，探索完善城区公交和城乡公交价格形成机制，合理确定票制票价，建立具有层次化、差异化的公交票价体系，更好地满足城乡居民出行需求。

建立健全公共交通发展长效机制 2017年，绵阳市建立公交主营亏损市、区（园区）财政及公交企业分级负担制度，报请市人民政府办公室印发《绵阳城市公交主营亏损分担实施方案》，确定城市公交主营亏损按照圈层划分，由市、区（园区）按比例分担。完成部、厅交通“一卡通”试点工作及绵州通由绵投控股转为公交控股工作。

交通环境保护工作 2017年，绵阳市贯彻落实省、市环境污染防治“三大战役”实施方案，推进绿色交通，对各县市区交通运输局及局直相关单位的环境保护责任落实情况、特别是省环境保护督察组反馈的涉及交通系统的突出问题的整改落实等情况，由绵阳市交通运输局领导带队分县包片每月1次进行督导检查，实行对标管理，坚持问题导向，建立整改台账，明确整改措施、整改责任和整改时限，逐项整改存在的问题。完成由绵阳市交通运输局牵头的顺滕汽车修理厂、绵阳瑞驰汽车修理厂、老君路汽车修理厂等4个省督察反馈现场点位问题的整改，配合省交通运输厅督促做好绵九高速公路C2标段环保问题整改，完成破损道路修复等方面职责落实不到位问题的整改。按照方案做好交通部门对汽车维修企业危险废物监管不到位，汽车维修企业普遍存在危险废物管理处置不规范问题的整改。全市正常经营的360家一、二类维修企业均与危险废物处置企业签订危险废物处置协议，比例达100%。

路政管理 2017年，绵阳市交通运输系统狠抓“双超”治理，投入执法人员1.4万人次，与公安联合治超检测货运车辆289 133辆，查处超限车辆2 531辆，卸载货物9 417吨，路面超限超载率控制在0.88%。加强路域环境整治，严查侵犯损坏公路的违法行为，全年拆除公路违章建筑58起，处理损坏公路及其设施277起，处理占用公路及其留地209起，清排路障2 299起。加强公路安全管理，排查上报安全隐患260余次，发放《整改通知书》170余份，新增公路安全警示标志248块。

“打非治违”专项行动 2017年，绵阳对存在较大安全隐患的运输企业进行安全约谈，约谈1家客运企业。严格执行“六严禁”规定，全年对违反规定的4辆客车和驾驶员给予停班和下岗学习的处理。加大打非治违力度，全年投入查扣非法营运车辆496辆次、处罚违法违规营运车辆460辆次。对违反《四川省道路营运驾驶员记分管理办法》的99名道路营运驾驶员进行记分，对一个记分周期记满15分以上（不满20分的）的14名驾驶员列入道路运输从业人员重点监控名单，并在绵阳运政网和绵阳道路运输微信公众号予以公告。

安全隐患排查治理 2017年，绵阳市按照分级分类监管原则，在全市交通运输系统开展安全风险源的辨识、分级、管控和建档工作。排查出安全风险点225个，全部为一般及以下风险点。按照分级管控原则，市本级安全监管风险点217个，督促责任主体单位落实相应管控责任和措施。同时推进汛期安全生产大检查，检查企业981家次，排查出一般隐患988处并全部整改完毕；8处重大安全隐患开展工程治理进程。

交通应急工作 2017年“8·8”九寨沟地震发生后，绵阳交通运输系统立即启动突发公共事件应急预案一级响应，在保障灾区生命通道九环东线畅通的同时，紧急组织应急救援客车346辆（其中绵阳调派190辆，成都德阳支援156辆），用时40小时完成九寨沟游客和受灾群

“8·8”九寨沟地震绵阳交通职工在平武县客运站转运灾区游客
李亚尧 摄

"8·8"九寨沟地震绵阳交通系统组织应急救援车辆转运灾区游客　　绵阳市交通运输局 供稿

众219车次6 166人的转运任务。中共四川省委书记王东明8月11日在平武县汽车客运站调研转运工作时指出：绵阳交通运输组织迅速、有序，保障有力，及时、安全转运了灾区旅客，为旅客提供了热情周到的服务，为抗震救灾做出了重大贡献，是代表四川人民完成的一件大事，充分展现了四川形象。中央电视台《焦点访谈》《朝闻天下》电视栏目及《四川日报》等媒体先后报道转运游客情况。8月28日，绵阳市境内遭受特大暴雨袭击，平武县、北川县和安州区多处公路损毁，全市交通运输系统迅速出动机械440余台次，抢险人员2 400余人次，确保中断道路迅速恢复正常通行。

地质灾害防范　2017年，绵阳积极开展地质灾害防范工作。邀请西南科技大学6名专家学者对全市国省干线公路进行全面风险评估和排查，针对排查出的82处地质灾害隐患点、333处汛期安全隐患点，按照分级分类治理原则，逐级逐项并突出重点开展针对性的专项治理。"8·8"九寨沟地震后，组织力量对受地震影响严重的省道205线进行再次排查，针对排查出的27处较大及以上公路灾害隐患点，设置12处观察哨（其中3个制式移动板房观察哨），增设安全警示标志42块，同时调整全线8个机械设备应急保障点，配置挖掘机、装载机和拖车等大型机械设备35台，落实抢通队伍183人，确保道路畅通安全。

交通脱贫攻坚　2017年，绵阳市交通运输局将交通扶贫当作头等大事抓紧抓实。按照省、市有关要求编制《绵阳市交通建设扶贫专项2017年实施方案》，依托交通攻坚大会战，在打通高速公路对外通道、完善国省干线骨架网络、加密农村公路"毛细血管"上持续用力，全面优化提升交通扶贫路网水平。同时制定保障措施，层层分解任务、落实工作责任，督促各有关县市区充分发挥主体作用，加强项目管理，集中力量攻坚，科学有序推进项目建设。全年176个省定退出贫困村通村硬化路指标均提前达标，完成年度交通扶贫攻坚专项投资129.4亿元，为年度目标计划的115%。

加强扶贫帮扶，落实帮扶措施，以"领导+支部+党员"的点对点帮扶，确保每户贫困户有1名帮扶领导和1个帮扶团队，帮扶领导与每户贫困户签订帮扶脱贫责任书，责任落实到人。在日常帮扶活动中，各党支部建立精准扶贫对象管理档案，实现户有卡、村有册、乡（镇）有档。向马角镇捐赠树苗100株，价值8 000元；从补交党费的留存党费中支出3万余元对帮扶村购置电脑、办公桌椅、电视机、猪崽、鸡苗等进行帮扶。交通工会还利用"以购代帮"的方式帮助贫困村销售土鸡，购买帮扶村养殖的土鸡3 000余只，价值30多万元；向贫困户发放慰问金5万余元。补助贫困村江油市马角镇印坪村250万元、沉水村80万元，对其道路基础设施进行改善。

绵阳市北川县小坝镇茅岭村新（改）建的村道入户路　　蒲 滔 摄

安全教育培训　2017年，绵阳市交通运输系统灵活开展安全教育。6月20日至22日，在梓潼县举办全市交通运输系统2017年度安全生产与应急管理培训，近80人参加培训。通过"绵阳道路运输安全"微信公众号，将道路运输安全法律法规、安全应急知识等相关信息推送给广大从业人员；归纳整理道路客运、普通货运、危货运输和从业资格等方面的重点宣传信息，发放警示宣传资料4万余份。加大《中华人民共和国安全生产法》《公路安全保护条例》《四川省安全生产条例》《超限运输管理规定》等安全生产法律、法规的宣传，出动执法人员800余人次，执法宣传车40余辆次，深入公路沿线人员密集村镇，走访公路沿线矿山、沙场等企业和货运场等，发放"制止公路打场晒粮""双超治理""禁止在公路建控区内建设永久性建筑物和地面构筑物的通告""卡车司机之友"等宣传资料1万余份。6月2日，近700余名师生在涪城区丰谷镇小学开展水上交通安全知识进校园活动。

（本栏目供稿单位：绵阳市交通运输局）

广元市交通

GUANGYUAN SHI JIAOTONG

2017年广元市交通运输能力概况

公路交通运输			
通车里程	总里程（公里）		19 950
	其中	高速公路	392
		一级公路	104
		二级公路	985
		三级公路	334
		四级公路	13 688
		等外公路	4 447
公路密度	按国土面积计算：每百平方公里 122 公里		
	按人口计算：每万人 63 公里		
通达里程	通公路的乡镇 234 个，占乡镇 100 %		
	通公路的村 2 499 个，占村 100 %		
客运站	总　数（个）		49
	其中	一级站	1
		二级站	7
		三级站	5
		四级及以下站	35
营运车辆	总　数（辆）		18 394
	其　中	客车 1 594 辆 35 199 座	
		货车 16 800 辆 91 100 吨	
公路运量	客　运	客运量（万人次）	1 654
		旅客周转量（万人公里）	121 827
	货　运	货运量（万吨）	4 985
		货物周转量（万吨公里）	714 375.7
内河航运运输			
通航里程	总里程（公里）		568.6
	其中	三级航道	
		四级航道	
		五级航道	
		六级航道	253.4
		七级航道	27
港口（码头）	总　数（个）		1
	吞吐量	旅客吞吐量（万人次）	90.1
		货物吞吐量（万吨）	1 124.8
水路运量	客　运	客运量（万人次）	90.1
		旅客周转量（万人公里）	1 373
	货　运	货运量（万吨）	1 124.8
		货物周转量（万吨公里）	3 033.1
营运船舶	总　数（艘）306	
	其中	客船 85 艘 4 053 座
		货船 221 艘 7 572 吨
城市公交运输			
营运车辆	581 辆		
公交线路	99 条		
公交站	1 371个		
运　量	0.708 75亿人次		

交通发展规划　2017年，广元市交通运输部门编制完成《广元市“十三五”综合交通运输发展规划》，并经广元市人民政府第17次常务会议审定印发实施。编制完成《全国红色旅游公路规划（2017—2020）》广元部分，广元市纳入该规划共2个项目100公里，项目里程位居全省第一位。编制完成《2015—2017年农村公路改善提升工程项目中期调整方案》广元部分，全市新增改善提升农村公路234公里，总里程1 006公里，位居全省前列。

交通基础设施建设　2017年，广元市累计完成交通固定资产投资77.35亿元，比上年增长28.9%。其中，市本级完成投资28.87亿元，比上年增长68.8 %。完成招商引资34.5亿元，比上年增长584.5%。高速公路建设方面，开工建设广元至平武高速公路，开展绵阳经苍溪至巴中高速公路和国道5线京昆高速公路广元境段扩容改造项目前期工作。干线公路建设方面，建成国道108线鸭浮岩至纺织大道，加快建设国道108线严家湾隧道工程、省道205线上石盘至摆宴坝段、旺苍至陕西宁强公路等项目，开工建设国道212线南山隧道工程、苍溪县肖家坝大桥和韩家山隧道PPP项目，启动广元港进港公路昭化至朝阳段、摆堰坝嘉陵江大桥等项目征地拆迁工

作。内河水运建设方面，加快建设广元港张家坝作业区，开工建设嘉陵江上石盘航电枢纽船闸工程下闸首、嘉陵江川境段航运配套（二期）工程，开展嘉陵江红岩至上石盘段航运配套工程前期工作。运输站场建设方面，广元交通物流港上西园区正式投入使用，建成上西客运站、朝天旅游汽车客运站、剑门关客运站，建成乡（镇）客运站11个、农村招呼站1 308个，乡（镇）客运站覆盖率达71%，建制村招呼站覆盖率达90%。“民生工程”建设方面，新（改）建县乡公路245公里，建成通村公路1 300公里、渡改公路桥5座、渡改人行桥7座。

广元至平武高速公路开工 2017年6月30日，广元至平武高速公路开工动员会在青川县三锅镇举行，标志着广元至平武高速公路开工建设，项目征地拆迁启动。广元至平武高速公路是四川省高速公路网中规划连接广甘高速公路、绵九高速公路的东西横线，起于青川县骑马乡，接已建成通车的国道75线兰海高速公路川甘界至广元段，经青川县的瓦砾、黄坪、大坝、乐安寺、蒿溪、三锅、桥楼、青溪和平武县的高村、古城，止于平武县母家山，接绵阳至九寨沟高速公路。公路技术标准为双向四车道，设计时速80公里，整体式路基宽24.5米，设计荷载公路Ⅰ级，路面结构类型为沥青砼。该项目全长90.052公里（广元境内约72公里），项目总投资140.75亿元。经四川省人民政府办公厅批准，该项目采用PPP模式（BOT+政府股权合作）建设，建设工期4年。该项目的建设对快速连接川东北地区，便捷串联九寨沟、唐家河等国内外知名景区，促进优势旅游资源开发，加快秦巴山片区脱贫奔康具有重要意义。

2017年6月30日，广元至平武高速公路开工动员仪式　　罗 松 摄

国道108线严家湾隧道贯通 2017年12月28日，国道108线严家湾隧道右侧主洞顺利贯通，标志着国道108线严家湾隧道双洞全面贯通。国道108线严家湾隧道是广元市首座双连拱隧道。该工程起于电子路北延线二段，设计标准为一级公路，道路为沥青砼路面，设严家湾隧道穿越嘉陵江左岸山脊，止于国道108线严家湾大桥1号桥墩，路线全长1 066米，其中隧道全长439米（双连拱隧道414米，明洞25米），跨越隧道主线立交桥44米1座，匝道桥3座，平面交叉1处，总投资17 770万元。该工程于2016年1月14日开工建设，中导洞于2017年3月14日贯通，左侧主洞于2017年8月6日贯通，预计2018年4月底全面竣工，2018年5月1日通车。

2017年12月28日，国道108线严家湾隧道右侧主洞贯通　　罗 松 摄

国道108线普安至梓潼界中修工程验收 2017年12月28日，国道108普安至梓潼界中修工程通过交（竣）工验收。国道108线普安至梓潼界段中修工程，全长48.344公里，2016年7月开工建设，2017年5月完工。该工程于2017年12月7日由四川正炜工程质量检测有限公司对工程实体质量进行检测，各项检测指标符合相关规范要求，具备交（竣）工验收条件。

国道212线南山隧道工程开工 2017年9月27日，国道212线南山隧道工程开工动员仪式举行。广元市市长邹自景出席仪式并宣布国道212线南山隧道工程开工建设。国道212线南山隧道工程起于南河坝接官亭互通立交，设双隧道穿越南山，在万源新区与万龙公路互通连

接，路线全长6.734公里，路基宽度23米，双向四车道，项目总投资13.3亿元，预计2020年完工。该工程的实施是广元市加快交通基础设施建设的又一重大举措，对打通国道212线广元市城区过境段交通“瓶颈”，优化路网结构，改善区域交通拥堵现状，促进全市经济社会发展具有十分重要意义。

省道410线朝天大羊通道改建工程东山庙隧道贯通 2017年4月25日，省道410线朝天大羊通道改建工程控制性工程东山庙隧道顺利贯通。东山庙隧道全长570米，地形地貌受地层岩性及构造控制明显，地形起伏较大，技术要求高，施工难度大。施工过程中，先后4次修改完善施工方案，2次优化施工工序，3次停工整顿，克服严重偏压、下沉开裂、初支侵线、穿越浅埋层等施

2017年11月19日，建成的省道410线朝天大羊通道改建工程东山庙隧道 罗 松 摄

工技术难题，经过369个日夜的艰苦奋战，该隧道顺利贯通。

广元交通物流港上西园区开园 2017年4月28日，广元交通物流港上西园区开园。广元交通物流港在市城区周边规划布设上西、龙潭、下西、雪峰、昭化5大园区，占地面积119.53公顷，总投资21亿元。其中，上西园区占地面积13.87公顷，总投资2.9亿元，是广元交通物流港的总部、母港，主要功能为公路铁路联运和城市物流配送服务。上西园区作为川西北乃至西南地区最大的集办公、信息化服务、停车、仓储、集装箱运输、甩挂运输、零担配送、三产配套服务等功能为一体，囊括物流运输、物流储存配送、物流信息3大平台的现代化交通物流港，对改善进出川货物中转、集散、联运状况，整合现有物流资源，减少市城区交通干扰，升级物流产业结构，提高城市物流效率，促进全市经济社会可持续发展发挥重要作用。

西成客专朝天站前广场配套工程建成 2017年8月10日，西成客专朝天站前广场配套工程全面建成。该工程位于广元市朝天区中子镇，总占地面积32 186平方米，总投资4 523万元，由广元市交投集团公司投资建

2017年12月20日，夜幕下的西成高铁朝天站站前广场 广元市交投集团公司 供稿

设，建设内容为站前广场、社会停车场、公交和出租停车场、游客接待中心、道路及其他附属设施。

广元港进港公路昭化至朝阳段工程开工 2017年12月27日，广元港进港公路昭化至朝阳段工程征地拆迁动员仪式举行，标志着工程开工建设。广元港进港公路昭化至朝阳段工程位于昭化区，起于昭化镇天雄关龙山公墓附近，与昭化凉亭子隧道南出口引道相接，由北向南下穿兰海高速公路后进入南马山隧道，出隧道后经朝阳大桥，与广元港红岩作业区（一区）进港公路朝阳乡至红岩港区大门段起点连接，全长5.53公里，按二级公路标准建设，设计时速60公里，全线设大桥2座，隧道1座，涵洞9道，估算总投资3.113 6亿元。工程建成后，将完全打通广元港红岩作业区进港专用公路，使其与国道108线、国道212线、京昆高速公路、兰海高速公路等有机衔接，有效提升公路网整体运输效益。

摆宴坝嘉陵江大桥开工 2017年12月27日，广元摆宴坝嘉陵江大桥工程征地拆迁动员仪式举行。摆宴坝嘉陵江大桥工程位于广元经济开发区，起点连接省道205线在建项目，在摆宴坝处自南向北跨越嘉陵江，并上跨盘石滨江路和京昆高速公路，终点接国道108线陵宝改线项目，工程主线全长2.624公里，设大桥1座，采用一级公路标准建设，主线设计时速60公里，项目总投资6.65亿元。工程建成后，将促进广元经济开发区境内交通主骨架的快速行成，有利于摆宴坝周边旅游资源进一步开发利用，引导沿线居民和附近村民向中心村和工业

园区周边集中安置。

苍溪县肖家坝大桥和韩家山隧道PPP项目开工 2017年9月8日，苍溪县肖家坝大桥和韩家山隧道PPP项目开工建设。苍溪县肖家坝大桥起于嘉陵江右岸，与火车站连接线平交，跨越嘉陵江，上跨肖家坝滨江路，止于肖家坝，与肖家坝干道平交。新建桥梁路线全长662米，桥梁为独塔斜拉桥，桥长440米、宽31.8米，双向四车道，估算总投资2.2亿元。

韩家山隧道起于肖家坝，与肖家坝干道平交，下穿老国道212线和韩家山，止于北门沟，与北门沟大道平交。路线全长1 393米，其中隧道长930米，结构形式为单洞双层隧道，下层车行道宽10.5米，净高5米，上层非机动车道和人行道宽6.5米，净高2.6米，算总投资2.2亿元。

“四好农村路”建设 2017年，剑阁县“四好农村路”创建工作成功通过省级验收，成为广元市首个省级“四好农村路”示范县；苍溪县“四好农村路”示范县创建工作加快推进，顺利通过市级验收，全力做好迎接省级验收准备工作。各县区按照“建设好、管理好、养护好、运营好”的总要求，以县、乡、村道“示范路”带动全市农村公路建、管、养、运水平全面提升。

2017年11月18日，朝天区蒲家乡通乡公路 罗 松 摄

嘉陵江上石盘电航综合枢纽船闸二期工程开工 2017年12月15日，嘉陵江上石盘电航综合枢纽船闸工程开工建设。该工程是广元市建成次级综合交通枢纽的重要项目，全闸总长1 051米，船闸尺度120×12×3米，设计单向年通过能力为近期62万吨，远期109万吨，建设总投资1.8亿元。该项目分两期实施，一期工程上游引航道和上闸首已建成。本次实施的二期工程下闸首、闸室和下游引航道由广元腾胜港航开发有限公司担任业主进行建设，概算投资9 400万元，建设工期18个月。该项目建成后，将实现嘉陵江广元至重庆的高等级航道贯通，发挥嘉陵江黄金水道优势，对打造广元市城区栖凤湖至昭化古城以及嘉陵江沿岸的水上交通及旅游具有重要意义。

道路运输管理 2017年，广元市强化道路运输管理，保障道路运输稳步发展。全市完成公路客货运周转量64.4亿吨公里，比上年增长7.5 %，增幅超全省平均水平1.2个百分点，排名全省第5位。全市开通市内旅游专线6条、省内直达景区班线10条、过境旅游班线2条，新增货运企业20家，新增货车360辆，货运车辆公司化率提高到21%。全市新增公交线路6条，调整线路4条，新购公交车59辆（其中纯电动公交车52辆、CNG公交车3辆）。首次出台网约车规范发展细则及相关配套政策，补充出租汽车运力268辆。全市道路运输实现营运收入25亿元，上缴利税1.2亿元，解决就业人口10万余人。全市2 499个建制村通客车2 153个，建制村通客车率达86.15%。随着9月29日兰渝铁路全线通车营运和12月6日西成高铁全线通车营运，广元市正式迈入高铁时代。开通西成高铁广元站直达周边景区、县区、25个乡（镇）客运班线，实现道路客运与高铁有机衔接。

国道108线瓷窑铺至七盘关二级专用公路停止收费 2017年8月31日24时，国道108线瓷窑铺至七盘关二级专用公路（广北二专路）正式停止设站收费，管养权于2017年12月29日正式移交朝天区、利州区人民政府。国道108线瓷窑铺至七盘关二级专用公路（广北二专路）是四川省北向进出川通道之一，全长48.51公里。该路段为经营性收费公路，自1998年6月26日起试行收取车辆通行费，全路段共设置七盘关1个主线收费站和楼房沟、明月峡、龙洞背、中子、瓷窑铺5个匝道收费站，由四川省川北高速公路公司负责经营管理。2013年取消政府还贷二级公路收费以来，该路段仍按经营性收费公路收取车辆通行费。为更好地发挥该路段北向进出川通道功能，服务地方经济社会发展，经省政府同意，自2017年8月31日24:00起停止设站收取车辆通行费。

广元市启动汽车票实名制 2017年4月1日，广元市与全省同步启动汽车票实名制。届时，全市所有配载省际、市际客运班线（农村客运班线除外）的客运站，实行实名制检票，通过采用拍照（摄像）、人工登记或其他方式记录信息。旅客需持有效身份证原件和车票检票乘车。丢失或未携带有效身份证件的旅客，须在车站警务室或属地派出所办理临时身份证明后，凭临时身份证明检票乘车。16周岁以下（根据相关规定免票的儿童除外）尚未办理居民身份证的未成年人可凭户口簿、临时身份证明或学生证检票乘车。

公路管养 2017年，广元市建成公路养护站4个，建成苍溪县机养中心主体工程。完成国省干线公路大中修工程138公里，国省干线路面性能指数（PQI）达89。完成危（病）桥整治6座，加快整治3座。开展货运车辆超限治理，全年检测货车171 000辆次，查处超限车辆4 210辆次，卸载货物15 000吨，货车超限率控制在3%以内。加大公路乱堆、乱占等违法行为查处力度，查处各类路政案件833起，全市普通公路安全畅通。

旺苍县公路养护管理局（段）成立 2017年12月29日，旺苍县为构建更加科学的公路养护体制，进一步提高公路养护水平，将原旺苍县公路养护一段和旺苍县公路养护二段整合，成立旺苍县公路养护管理局（段）。该县养路段改革整合是按照国务院办公厅关于“建立符合县域农村公路管理养护体制和运行机制”相关要求，结合旺苍县公路养护工作实际，深化公路养护机构精减、资源重组公路养护体制改革，对旺苍县公路养护事业具有重要意义。

交通安全生产管理 2017年，广元市交通运输部门强化安全管理体系建设，推行“一图（电子分布图）”“一表（隐患排查表）”“一卡（岗位风险明白卡）”“一册（企业安全风险册）”“两库（安全风险数据库和事故隐患数据库）”“两清单（安全风险管控措施清单和安全风险管控责任清单）”基础数据库建设，强化安全生产动态监管，全市交通运输安全生产形势持续好转。全年建成公路安保工程（路侧护栏）225.3公里，并通过省级考核验收。清除公路路障1 000余处，增设安全警示标志338块、道口桩158根，排查公路桥梁安全隐患34处，全市道路运输连续12年未发生重特大安全责任事故。夯实水上交通安全基础，严把船舶开航关、装载关、航行关、停泊守护关，全年出动海巡艇60艘次，检查船舶1 680艘次，查改各类安全隐患180余起，全市水上交通安全形势持续好转。强化交通应急指挥系统建设，开工建设青川、苍溪县应急指挥系统二期工程，成功组建川北水上应急救援队，初步形成水上应急救援能力。全年发布预警信息117次，服务用户12万余名，应急预警能力进一步提升。

交通战备保通工作 2017年，广元市推进国防交通基础设施建设，筛选上报贯彻国防要求补助资金项目1个，并获得补助资金80万元。充实国防交通物资储备仓库并实现规范化管理，完成年度国防交通信息数据统计更新。开展军事交通保障工作，动员客、货运输车辆50余辆次，与市武警支队签订警民融合保障机制，组织开展出川通道战备勘察1次、专业保障队伍训（演）练2次，全市国防交通应急应战能力持续增强。交通战备工作被省交战办考评为2017年度目标管理先进等次。

水路运输管理 2017年，广元市强化水路运输市场管理和运输保障服务，全年完成水路旅客周转量1 151万人公里，货物周转量1 632万吨公里。发挥广元港区位优势作用，完成个体客运船舶公司化经营，培育水运企业4家，实现水上“交通+旅游”融合发展。推进水运船舶规范化治理，全市所有运输船舶建立安全隐患排查台账和“一船一档”。12月20日，广元市在全省率先启动新能源船舶研发工作，完成30客位锂电旅游船舶设计招标；设计成果将助推全市乃至全省新能源船舶发展水平。

绿色智慧交通发展 2017年，广元市推进道路运输绿色低碳发展，全年清退营运黄标车151辆，新增纯电动公交车52辆、电动客运班车1辆、CNG公交车3辆。建成城市公交“一卡通”互联互通、上西物流园区信息平台、治超检测站信息化和电子客票推广应用工程，启动交通应急指挥系统二期工程建设，全市交通运输信息化、智能化进程实现大提速。

交通运输行政执法 2017年，广元市交通运输局清理1987年至2017年代市政府起草的规范性文件和政策性文件33件，废止8件。推进交通运输行政执法形象提升，组织开展交通运输行政执法评议考核，投入30余万元，开发道路运政执法案卷管理系统。组织开展全省一体化政务服务平台（行政权力依法规范公开运行平台）建设工作，基本实现行政审批、行政处罚、行政强制等在网运行。

西成高铁剑门关公交站投入试运营 2017年12月6日，西成高铁剑门关公交站暨剑门关汽车客运站投入试运营。西成高铁剑门关公交站位于剑阁县下寺镇沙溪坝龙江大道西侧，主要为西成高铁剑门关站提供旅客集散疏运服务。试运营期间，广运集团剑阁公司投入30辆纯电动公交车，营运西成高铁剑门关公交站至剑门关景区南门（5辆）、至普安汽车客运站（10辆）、至新县城

2017年5月20日，剑阁普安客运站　　广元市运管局 供稿

（15辆）3条公交线路，公交班次、时间与西成高铁剑门关站停靠高铁班次、时间完全对接，从6:30~19:30循环发班，实现高铁客运与农村客运、景区旅游、城市公交“零换乘”。

交通脱贫攻坚　2017年，广元市交通运输局针对农村公路建设中的薄弱环节，推进交通脱贫攻坚，完成全市255个村1 394公里贫困村通村硬化路、1 379公里通组入户路建设。全市所有建制村全部通硬化路，通畅率达100%，提前两年完成全市通村硬化路建设任务。定点帮扶村脱贫攻坚工作扎实推进，利州区金洞乡田沟村脱贫摘帽通过省级验收。

2017年12月3日，青川县乡道——观（音店）茶（坝）公路　　赵 辉 摄

公交“一卡通”建成实现全国互联互通　2017年10月9日，广元市城区公交“一卡通”互联互通工程通过交通运输部专家验收。广元市民持广元交通“一卡通”卡可在全国各地已开通全国公共交通“一卡通”的城市刷卡乘坐公交车。待系统进一步升级后，持该卡可在收费公路、停车场、物流园区、民航、铁路及其他领域使用，实现各种运输方式有效衔接，为广大人民群众提供更加安全、便捷、高效的交通出行服务。

《人民日报》报道广元打造区域综合交通枢纽　2017年12月1日，《人民日报》以“畅通广元：打造区域综合交通枢纽”为题，图文并茂，从综合交通路网规模显著增加、运输站场全面推进、综合客运服务网络不断完善三个方面，深度报道广元市各级交通运输部门全力打造区域性综合立体交通枢纽取得的显著成效。文章指出，四川省广元市地处长江经济带影响辐射范围，位于川陕甘三省结合部，是四川交通“北大门”，是川东北经济区、川东北城市群的重要组成部分，在四川省经济社会总体发展战略格局中具有十分重要的地位和作用。广元市交通运输局围绕建设广元次级综合交通枢纽和“畅通广元”的目标，努力抓抢发展机遇，“十二五”期间累计完成交通运输投资425亿元，是“十一五”时期的1.9倍，达到历史最高水平。“十三五”期间，广元市交通运输发展又实现良好开局，取得显著成效。从总体上看，广元市交通运输发展水平基本达到全省平均水平，在川东北经济区名列前茅，四川交通北大门“蜀道难”的状况得到极大改善。

四川北新天塱投资发展有限公司挂牌成立　2017年7月1日，四川北新天塱投资发展有限公司挂牌成立。该公司由新疆北新路桥集团公司与广元市交投集团公司共同出资组建，具体负责广元至平武高速公路的投资、建设、营运和管理服务。

（本栏目供稿单位：广元市交通运输局）

遂宁市交通

SUINING SHI JIAOTONG

2017年遂宁市交通运输能力概况

公路交通运输			
通车里程	总里程（公里）		8 941.619
	其中	高速公路	361.119
		一级公路	114.311
		二级公路	246.308
		三级公路	525.975
		四级公路	6 863.992
		等外公路	829.914
公路密度	按国土面积计算：每百平方公里 167.92 公里		
	按人口计算：每万人 23.53 公里		
通达里程	通公路的乡镇 105 个，占乡镇 100 %		
	通公路的村 2 102 个，占村 100 %		
客运站	总　数（个）		357
	其中	一级站	3
		二级站	3
		三级站	1
		四级及以下站	350
营运车辆	总　数（辆）		18 068
	其　中	客车 1 565 辆 33 940 座	
		货车 16 503 辆 88 626 吨	
公路运量	客　运	客运量（万人次）	2 673.82
		旅客周转量（万人公里）	149 360.71
	货　运	货运量（万吨）	4 224.56
		货物周转量（万吨公里）	514 040.49
内河航运运输			
通航里程	总里程（公里）		453.05
	其中	三级航道	
		四级航道	
		五级航道	260.05
		六级航道	193
		七级航道	
港口（码头）	总　数（个）	46（含42个渡运码头）	
	吞吐量	旅客吞吐量（万人次）	81.18
		货物吞吐量（万吨）	276.6
水路运量	客　运	客运量（万人次）	81.18
		旅客周转量（万人公里）	472.04
	货　运	货运量（万吨）	276.6
		货物周转量（万吨公里）	999.39
营运船舶	总　数（艘）　875		
	其中	客船 20 艘 736 座	
		货船 855 艘 57 378 吨	
城市公交运输			
营运车辆	368 辆		
公交线路	41 条		
公交站	1 057个		
运　量	1.078 8 亿人次		

注：公交站数量为公交站台及招呼站，无公交首末站

交通运输概况　2017年，遂宁市公路水路建设完成投资36.5亿元，为目标任务104%，全市交通运输经济高位运行，稳中有进。遂宁市涪江五桥、中环线东南半环、遂宁至大英快捷通道建成通车，遂蓬快捷通道遂西高速公路连接线段完成路基工程施工，威斯特铁路物流园公铁联运项目主体完工，农环线建成143公里。通善大桥新建项目、田家渡大桥、水寨门立交、安居省道209线及一批农村公路项目开工建设，农环线配套工程项目加快推进。遂德高速公路进入初步勘察设计单位招标程序，成南高速公路扩容前期工作完成80%，南潼高速公路项目核准要件全部齐备。涪江三星船闸和遂宁港大沙坝作业区项目纳入《四川省内河水运“十三五”发展规划》，遂宁港列入全省枢纽互通“6+6”现代化港口体系。

农村公路建设　2017年，遂宁市通过全域联动抓建设、多方联动强管理、专群联动保养护、城乡联动优运营，分批推动省级示范县创建，创建四川省第一批“四好农村路”省级示范县安居区，船山区被确定为省级“四好农村路”重点培育县。按照“交通+产业+扶贫+新村+旅游”五位一体思路，建设遂宁市现代农业园区

一体化大环线，构建“1+5+18+N+323”（1条农环线有机串联5个市级现代农业园区，辐射带动18个县级农业园区和N个乡（镇）特色园区，推动全市323个贫困村村村入园）农村公路发展新格局。推进交旅融合，融合遂宁本土文化、乡村元素，设置遂宁特色现代农业园区一体化大环线标识、“零公里”标记，对沿线停车区、休憩区、农产品展示展销区、服务区、观景台、摄影点等方面进行原创规划设计，形成遂宁农环线地域文化标志。

2017年9月30日，遂宁市向首批10辆网约颁发网络预约出租汽车运输证

遂宁市交通运输局 供稿

运输服务管理 2017年，遂宁市客运量累计2 673.82万人次，比上年减少14.64%；货运量累计4 224.56万吨，比上年增长8.58%。道路运输总周转量比上年增长7.55%，居全省第五位。统筹城乡客运发展，优化客运线路，片区经营改造2条，成功实施安居至市城区客运班线商务运行。推行“运输+旅游”，运输企业开通景区直通车8条，采取政府购买服务方式开通“船山十里荷画”旅游专线，运输服务方式更加丰富。新增12个建制村通客车。城市公交分担率比上年提升2个百分点。

春运工作 2017年春运期间，遂宁市日均投入运力近1 980辆车，计78 900辆次，发班182 764次，加班1 939次，输送旅客211.11万人次，同比减少20.77%。抓好客流高峰期应急运输，储备应急运力45辆，借调外市（州）、外省支援运力89辆。春运期间，启用春运期间应急运输通行证90张、进出广东通行证（加班）120张、进出广东通行证（包车）30张、省际加班990张、市际加班4 000张，及时疏运旅客11.6万余人次。

出租汽车行业改革与网约车经营服务管理 2017年，遂宁市出台《遂宁市深化改革推进出租汽车行业健康发展的实施意见》，通过明确经营权期限、明确取消有偿使用费、明确准入退出机制，打破经营权终身制，市城区129辆公司化经营的巡游出租汽车和435辆个体挂靠经营巡游车完成重新许可工作。完成出租汽车调价，降低出租汽车规费，减轻出租汽车经营者负担。实施“五统一”工程，严格规范管理，出租车服务质量投诉总量下降80%，并且3次出现单日零投诉。出台《遂宁市网络预约出租汽车经营服务管理暂行办法》，按照“包容创新”思路，推进网约车发展。6月14日，在全省率先颁发网络预约出租汽车驾驶员证，1 387名驾驶员拿到巡游出租汽车驾驶员证和网络预约驾驶员证。9月19日，向滴滴出行科技有限公司正式颁发《网络预约出租汽车经营许可证》，为全省首个颁发网约车平台经营许可证地级城市。9月30日，全省首批三证齐全网约车上路运行。引导市城区出租汽车公司与滴滴公司达成融合发展协议，新旧业态融合发展迈出坚实步伐。

工程质量监管 2017年，遂宁市实现“监督组+专家+第三方检测单位”三位一体检查模式常态化，对全市17个在建地方重点公路项目和5个高速公路项目开展质量安全综合检查、专项检查和巡查50余次，发出监督检查意见和现场整改通知30余份。完成省道205线射洪段一级公路升级改造项目（南段）、中环线河东省道205线一标、开发区五标、物流港跨线桥等4个项目的交工验收质量检测工作，监督覆盖率、问题整改率、交工验收一次性通过分别达100%。

品质工程创建 2017年，遂宁市印发《遂宁市公路品质工程示范项目创建工作实施方案》。4月，组织市交投公司及通善大桥新建工程项目参建单位到中环线河东段、遂宁至大英快捷通道船山段观摩学习交流，探讨交通“品质工程”创建、“四新”技术推广应用和现代工程管理经验，初步形成多层次辖区项目联动交流机制。9月，召开主题为“用工匠精神打造品质工程、以环保理念建设绿色交通”的通善大桥创建品质工程暨交通建设工程质量月活动动员会，将质量监督工作重点从“以检验合格为目的”转为“以持续改进过程、持续追求高品质为目标”，强化以过程管控保证工程品质，为建设成渝经济区综合交通枢纽品质工程奠定坚实基础。

公路养护管理 2017年，遂宁市建立完善公路养护管理投入保障机制、“双超”治理部门联动联勤机制、公路养护管理考核奖惩机制，国省干线路面综合性能指

数89.2，超目标值2.2，高出全省平均值0.1。实施路容路貌整治和安防工程维护专项行动，公路通行能力不断增强。加强常态化桥梁检查，完成3年1次普通国省干线公路桥梁定期检查。加强公路信息化建设，全市6处交通流量观测站稳定联网运行。组织到自贡市大安区、南充市南部县考察学习普通公路预防性养护、机养中心建设，参加省交通运输厅桥隧养护技术专题培训，举办全系统年度公路筑养护技能竞赛，在全省竞赛中取得优异成绩。

交通法治建设 2017年，遂宁市印发《深入推进交通运输法治政府部门建设实施方案》，制定10余个配套制度。全面清理行政事项和行政权力，市县两级行权事项分别精简43%、31%，行政权力及公共服务事项由394项减至292项。开展交通运输行政处罚、行政检查专项排查整治和行政执法案卷评查工作，行政处罚案卷合格率95%，行政许可案件合格率100%。开展执法人员综合素质教育活动，举办行政执法培训3期。市政务服务中心交通运输窗口现场办结率、群众满意率、中心评议率实现三个100%。

交通精准扶贫 2017年，遂宁市推进交通建设扶贫，摘帽贫困村通村硬化路省检达标率100%，新建撤并建制村通村硬化路56.8公里，完成村道路窄路加宽46.4公里，新增设错车道755个，为蓬溪文井镇赵先村等8个贫困村研究制定基础设施规划，涉及道路70余公里，桥梁5座。强力推进“民生工程”，新（改）建农村公路274公里，建成安保工程259公里，开工渡改桥项目2个，建成2座，交通项目建设获省农田水利基本建设绩效考核第二名。推进帮扶工作，持续开展“扶贫济困送温暖·彰显行业正能量”主题活动，做好对口帮扶工作。

交通安全生产 2017年，遂宁市开展道路客运安全隐患排查整治，排查省际、市际、县内、农客线路200余条，排查出道路隐患12处，全部整改到位。开展道路客运市场秩序整治，印发《关于认真做好道路营运驾驶员记分管理工作的通知》，在全省率先开展记分工作，对113名营运驾驶员实施记分，6名营运驾驶员被吊销从业资格证，开展危险货物运输安全专项整治，“两客一危”车辆入网率和上线率分别达99.8%和97.5%。开展隐患排查专项整治工作，村道公路方面，排查村道公路里程4 263公里，隐患里程1 140公里，隐患点5 950个，会同市发展改革委、安监局、公安局、财政局，对排查结果进行市级复核并上报省交通运输厅。组织全市公路系统排查普通公路国省干线307公里、农村公路8 232公里，排查率100%，查出隐患160余处，全部整改到位。推进安保工程建设专项工作，完成安保工程258.9公里，为年度目标任务255公里的103%，所有项目顺利通过市级复核和省级考核。实现道路运输源头管理零责任，水路运输、交通建设领域零责任、零事故、零死亡，高速公路基本实现违法超限货车“零驶入”，国省干线公路超限率有效控制在1.5%以内。

交通科技创新 2017年，遂宁市突出科技创新引领，“四新”技术广泛运用，开展公路科技治超综合管理系统建设，建成不停车超限超载检测系统3处，建立公安、交运超限超载治理工作联合指挥中心，实现公安、交运以及其他治超责任部门的综合监管、联合指挥、信息共享、联动处罚。加快智慧交通建设，交通“一卡通”实现全国互联互通。危货运输车辆电子运单使用率、出租汽车4G车载智能终端安装率、“两客一危”车辆技术档案管理系统应用率分别达100%。

交通行业文化建设 2017年，遂宁市以交通运输政风行风建设“五大行动”为抓手，开展“为党旗增辉、为遂州添绿”“党员示范科室”“党员示范岗”主题活动，成功创建“爱心车队”“雷锋车队”“志愿服务车队”等优质服务品牌，射洪县交通运输局唐洋入选“中国好人榜”，遂宁市富临运业职工申成国入选第六届全国道德模范。开展以“举行一次集中宣誓、建立一个公众平台、推出一批优秀典型、树立一面流动红旗、组建一支爱心车队”为主要内容的“树立出租新风尚·弘扬行业正能量”主题活动，出租汽车行业涌现好人好事768件。开展组团宣传，中国交通报、四川新闻网、四川民生网、四川交通杂志、遂宁日报等集中宣传遂宁交通运输工48次，遂宁新闻零距离、今日资讯、阳光政务热线等媒体录制播放交通类节目、信息200余条次，推送原创微信微博信息258组1 032条。

（本栏目供稿单位：遂宁市交通运输局）

2017年12月8日，遂宁市启动“树立出租新风尚·弘扬行业正能量”主题活动 遂宁市交通运输局 供稿

内江市交通

NEIJIANG SHI JIAOTONG

2017年内江市交通运输能力概况

项目			数值
公路交通运输			
通车里程	总里程（公里）		11 393.247
	其中	高速公路	306.844
		一级公路	70.673
		二级公路	436.594
		三级公路	466.91
		四级公路	6 726.67
		等外公路	3 385.556
公路密度	按国土面积计算：每百平方公里 210.78 公里		
	按人口计算：每万人 27.1 公里		
通达里程	通公路的乡镇 115 个，占乡镇 100 %		
	通公路的村 2 071 个，占村 100%		
客运站	总　数（个）		130
	其中	一级站	3
		二级站	5
		三级站	3
		四级及以下站	119
营运车辆	总　数（辆）		17 108
	其　中	客车 1 910 辆 51 136 座	
		货车 15 198 辆 103 858 吨	
公路运量	客　运	客运量（万人次）	4 375
		旅客周转量（万人公里）	128 623
	货　运	货运量（万吨）	2 946
		货物周转量（万吨公里）	147 511
内河航运运输			
通航里程	总里程（公里）		726.76
	其中	三级航道	
		四级航道	
		五级航道	
		六级航道	
		七级航道	154
港口（码头）	总　数（个）		87
	吞吐量	旅客吞吐量（万人次）	199.3
		货物吞吐量（万吨）	322.4
水路运量	客　运	客运量（万人次）	199.3
		旅客周转量（万人公里）	1 210
	货　运	货运量（万吨）	322.4
		货物周转量（万吨公里）	1 302
营运船舶	总　数（艘）		256
	其中	客船 128 艘 4 658 座	
		货船 128 艘 11 588 吨	
城市公交运输			
营运车辆	827 辆		
公交线路	99 条		
公交站	890 个		
运　量	1.025 亿人次		

注：通航总里程726.76公里中除154公里为七级航道外，其余均为七级以下航道

交通基础设施建设　2017年，内江市综合交通基础设施建设投资32.5亿元，比上年增长12.8%。其中市级交通项目投资15.95亿元，农村公路等其他项目投资16.55亿元。争取农村公路改善提升工程等7类项目部、省补助资金5.85亿元。政府取消二级收费公路债务余额，经财政部等三部委锁定金额29亿元，为全省271亿元的10.7%。内江城市过境高速公路基本完成征地拆迁，按计划全面推进；内江沱江大桥加宽改造主桥基本合拢，左转匝道桥主体基本完成；黄荆坝大桥及连接线全力推进；内江综合客运中心站进入主体工程施工阶段；花园滩大桥及连接线建成通车；成宜高速公路内江段开工建设。对接成都市“东进”发展战略，与成都市交委签订《关于积极响应成都东进发展战略共同推进两地交通枢纽建设合作框架协议》。内江至大足高速公路经省政府同意，纳入内南高速公路一并开展项目前期工作。资荣路（国道321线、省道308线资中县经东兴区至荣昌区界段）、资威路（省道212线资中县球溪经连界至小河段）、东泸路（国道321线、省道426线内江东兴区至泸州泸县界）、资东路（国道321线资中球溪经高楼至东兴区双桥段）、内威路（省道308线内江市中区经威远

2017年9月，花园滩大桥建成通车。图为花园滩大桥与国道321连接线 内江市交通运输局 供稿

至自贡荣县界）等5条快速通道均进入《四川省普通干线公路“十三五”建设项目清单》。完成国道321线、国道427线等公路大中修75公里；实施安保工程217.79公里；维修改造养护站13座；建设生态路367公里；国省干线公路服务保障水平持续提升。研究制定《内江市公路水运工程质量监督实施细则》，明确县（市、区）质

2017年12月，内江市威远县资泸路国道247线大修工程完工 内江市交通运输局 供稿

量监管责任。严格执行工程质量标准和规程，对全市在建交通重点工程开展全面质量监督检查。原材料、工程实体抽查合格率高，工程质量处于可控状态。

（彭高华）

交通民生 2017年，内江市交通民生项目和脱贫攻坚全面超额完成。建好、管好、养好、运营好农村公路，统筹推进“四好农村路”建设。全年新（改）建农村公路775公里，农村公路通行条件进一步改善。全市完成县乡道改造152.95公里，村道改造230.4公里。渡改公路桥3座、渡改人行桥5座，国省干线公路路面使用性能指数91.2，全省排第7名。印发《2017年交通基础设施建设扶贫实施方案》，为全市计划脱贫的85个贫困村投入2.96亿元，完成县乡道改造50.1公里、村社公路283公里，85个贫困村全部实现硬化路通村，通过贫困村交通扶贫验收。印发《内江市交通运输局关于干部驻村帮扶工作的实施方案》，制订贫困户帮扶计划。内江市交通运输局机关全年为对口帮扶的资中县龙江镇繁荣村贫困户脱贫35户（102人），还剩12户（48人）未脱贫。并在2016年补助243万元基础上，协调组织46万元拨付给龙江镇建设繁荣村桥，项目建成后，将从根本上解决该贫困村出行问题。

（彭高华）

城乡客运 2017年，内江市按照全省“交通运输便民行动”工作要求和省运管局下达目标任务，推进农村客运网络化建设。全市115个乡（镇）全部通客车，通达率100%，1 680个建制村有1 344个通客车，通达率80%，完成省下达年度目标任务。按照全省开展统筹城乡客运发展要求，在东兴区确定一条农村客运班线开展城乡客运一体化发展试点工作，开通内江城区至范长江景区客运试点路线。为解决农民群众乘车难问题，全市28家农村客运企业，开行农村客运线路320条，投放农村客运车辆1 185辆，日发班次5 236班，每日旅客运输量均近10万人次，基本满足农村群众出行需求；指导各县（市、区）加快推进农村物流网络节点建设，试点探索交邮共建、交农对接、货运班车等特色融合发展模式；加强寄递物流管理，督促客运站加强客车附搭小件快运管理和小件货物受理人员严格操作流程管理，落实寄递物流管理制度，确保“实名收寄、开箱验视、过机安检”率100%。

（彭高华）

城市客运 2017年，内江市深化出租汽车行业改革，草拟报批《内江市人民政府关于深化改革推进出租汽车行业健康发展的实施方案》和《内江市网络预约出租汽车经营服务管理实施细则》，并经市政府和市委审议通过，于8月1日正式颁布实施。开展巡游出租汽车运价调整工作。起草并修改和完善《内江市城区出租汽车运价调整意见》，经市政府审议通过，从2018年1月1日起内江城区出租汽车运价将执行新价标准。开展巡游出租汽车新增运力工作，内江城区巡游出租汽车新增运力于2018年1月31日实施。改善出租汽车容车貌，提升行业“窗户”形象。采取招商引资的方式，由广告投资商全额出资46余万元，制作3 500套出租汽车头套、座套，为内江城区875辆出租汽车换装。从8月1日起，实行一天一换，保持车内环境清洁卫生。2017年第五届“爱心送考”社会公益活动，出动出租汽车6 878辆次，累计接送考生16 000余人次。内江市运输管理处处被评为“内江市优秀志愿服务品牌”和“内江市志愿服务贡献奖”。创建城市公交精品线。2017年年初确定创建101、208、103和202路4条公交精品线。在创建期间，精品线公交

车达到首末班准点率100%，日班次准点率98%以上，旅客平均候车时间不超过10分钟，旅客满意率98%以上，投诉处理率100%。配合公安交警等部门，在东兴区大千路、汉安大道进行设置公交专用道试点工作。通过政府招投标，由交通运输部科学研究院中标，负责编制《内江市城市公共交通发展专项规划（2017—2030）》

2017年，建设中的内江综合客运中心站　　内江市交通运输局 供稿

及《内江市城市公共交通站点布局规划（2017—2030）》。拟制报批《关于鼓励和规范互联网租赁自行车发展的实施意见》。为优先发展城市公交，解决公交运营困难，向市政府上报《关于对内江公交集团经营困难进行补贴的请示》和《内江市优先发展城市公共交通的实施意见（送审稿）》，落实城市公交补贴政策。

（彭高华）

公路运输　2017年，内江市客运量4 375万人次，旅客周转量128 623万人公里，货运量2 946万吨，货物周转量147 511万吨公里，全市公路运输总周转量比上年增长7.5%，排名全省第五。春运期间，全市日均投入道路客运车辆2 092辆，开行客运班次25.94万班，安全运送旅客427.67万人次，因受成渝高铁营运影响，比上年下降13.28%。推进内江综合客运中心站建设工程进度，年内投资4 700万元，工程基础施工和站房主体框架基本建成，项目累计投资9 710万元。推进资中县汽车客运站建设工程按计划，年度投资846万元、项目累计投资1 646万元。按照全省实现符合条件的三级以上汽车客运站联网售票要求，全市完成8个二级以上汽车站实现客运联网售票，每天开行总班次3 430班次，每天联网售票1 614班次，实现乘客实名制管理。加快推进符合条件的三级以上汽车客运站、旅游客车、高速直达客车和超长客车WiFi全覆盖建设工作，实现旅游包车、三类以上班线客车全部安装使用车载视频监控系统和联网联控系统全覆盖。

（钟　磊）

运政管理　2017年，内江市着力强化“两客一危”重点车辆监管，推行卫星定位视频监控系统安装、使用，每周通报“两客一危”车辆落实“六严禁”规定情况，严厉查处违法违规行为。截至11月15日，全市三类以上班线客车和旅游包车按要求安装车载视频终端671台，更换不符合要求的车载视频终端104台，207台危险货物运输车辆按要求安装符合要求的GPS终端。推进驾驶员积分管理办法落实。认真贯彻《四川省道路营运驾驶员记分管理办法》等相关规定，加强驾驶员积分管理办法组织领导，设置记分管理工作岗位，组织相关人员进行培训。截至10月31日，记分74名（其中出租汽车驾驶员34名、客运驾驶员3名、货运驾驶员37名）。严格道路运输企业质量信誉考评和安全标准化建设考评。对8家道路旅客运输企业和8家危险货物运输企业安全生产、经营管理、服务质量、社会责任、企业管理等方面内容进行严格审查，8家道路旅客运输企业被评为AAA，8家危险货物运输企业2家评为AAA、6家评为AA。组织内江高速公路客运站、内江客运站、隆昌客运站3个一级客运站参加省道路运输行业专家组安全评估，2个客运站评为AAAAA，1个客运站评为AAAA。针对客运班车沿街揽客、出租车拒载宰客、货运车辆不采取措施防止货物脱离扬撒、未按规定进行检测维护等违法行为开展路检路查，纠正和处理违章213起。从2017年5月9日起，对城区出租汽车经营行为实施常态化检查。截至11月底，稽查大队出动执法车辆500余台次，执法人员2 500余人次，累计检查出租汽车数量11 906辆次，现场纠正违规行为3 790起，立案处理70余起。从2017年1月1日开始，从公安、运管部门抽调精干力量，组成联合执法队，对内江城区范围内集中开展打击“黑车”“野的”非法营运专项整治工作，查扣各类非法营运车181辆。对内江城区875辆出租汽车经营中存在问题开展集中整治，检（抽）查出租汽车1.1万余辆次，现场纠正违规行为3 500余次，查处各类违规违法车辆127辆。车容车貌和驾驶员服务质量明显好转。具有面部识别、实时定位等功能的监管平台基本建成。加强监管，严格从业资格培训、考试，培训营业性道路运输从业人员5 576人。根据国家两个标准，8所驾校完成达标改造，其中3所升为一级驾校，换发经营许可证。全市22所驾校培训学员56 053人，结业52 711人，培训合格率94%。全市推行计时培训、按学时收费驾培机构22所，提供“计时收费、先培后付”模式驾培机构18所，覆盖率81.8%。

（彭高华）

路政管理　2017年，内江市路政巡查率97.5%，完成目标任务121.9%；路政案件查处率100%，路政案件抽查合格率100%。全市无一起公路“三乱”行为发生，无一起因路政管理方失控而出现的交通事故。无损坏公路

及其设施未被及时查处案件，无公路路障未被及时排除案件。全市超限运输治理进一步规范，在确保“绿色”通道畅通的前提下，超限运输车辆卸载3 176辆次，完成目标任务158.8%，卸载货物2.9万余吨。2017年，全市路政系统开展各类宣传30余次，散发宣传资料7万余份，制作各类宣传展板和宣传横幅20余个，接受群众咨询1.1万次。进一步健全和完善公路路政执法教育培训制度，坚持定期组织路政执法人员集中重点学习路政管理法律法规、执法规范、业务技能等，确保所有路政执法人员培训时间和质量。全年支队组织培训4次，参训人数500余人次。10月，组织开展全市路政系统第六届业务竞赛活动，提高全市路政执法人员法律素质和业务技能。坚持开展超限运输联网审批，完成路政行政审批项目“八公开”审批流程修订工作。全年办理各类行政审批件1 185件（行政许可8件，超限运输许可1 177件），办结率100%。健全与公路养护部门联动巡查机制，发挥路政信息员作用，对挖掘、占用利用公路、公路用地和公路设施等违法行为，做到“三早一严”。全市路政系统查处各类违法案件792件，案件查处率100%。联合公路养护、公安交警等部门，保障重大节假日及恶劣天气下公路保通保畅工作。推动普通公路固定超限检测站建设，截至2017年12月，东兴区高桥公路超限检测站完成场地平整和检测设备安装。坚持开展整治公路货车违法超限超载行为专项行动，依托固定超限检测站，加强同公安交警、运管等部门协作，对货车超限运输违法行为及时进行抄告。全年全市出动各类执法人员4.88万人次，检查货运车辆16.74万辆次，卸载3 176辆次，卸载货物2.9万余吨。全市路政系统抄告超限运输货车537辆次。

（彭高华）

交通行政执法 2017年，内江市交通运输局完成《内江市法治政府建设实施方案（2016—2020年）及相关工作清单》《内江市人民政府2017年度法治政府建设工作安排》规定的各项工作任务。全面贯彻落实“谁执法谁普法，执法人员以案释法”等制度，贯彻落实《领导干部干预司法活动、插手具体案件处理的记录、通报和责任追究规定》要求，落实法治建设第一责任人制度和法治主体责任制度。组织开展“七五”普法和法律“七进”活动，加大宣传力度，出动宣传车30余辆次，利用出租汽车LED显示屏滚动播放宣传标语200余条，开展“送法规下基层”活动，印制道路运输法律法规宣传资料1万余份。全市运管队伍组织学习法律法规知识活动6次，组织出租汽车公司、驾校等道路运输企业学习《出租汽车经营服务管理规定》等规章制度6次；组织所属事业单位开展依法办事、依法管理、依法决策等法律知识学习15次。全市受理“12328”“96515”对出租汽车有效投诉114起，对105辆出租汽车当班驾驶员给予行政处罚。受理“12345”市民热线、网络“建言献策”、书记信箱和群众来信来访等投诉200余件，回复办结率100%，受理人大代表建议7件，政协委员提案30件。内江市为贯彻执行四川省行政执法“十不准”和文明执法“六不准”，设立投诉、举报信箱，向社会公布运政执法投诉、举报电话，让社会群众共同参与监督运政执法工作，增强运政执法工作透明度。组织全体执法人员坚持每周一次系统地学习国家法律法规和业务知识，分析典型案例，提高业务水平，增强运政执法责任感，全年开展三期全市执法人员轮训。2017年，内江市首次召开全市交通运输系统法治政府部门建设工作会。行权事项规范运行，清理编制各类权力责任清单309项。市县两级完成行权平台案件录入4.8万余件。推进“双随机一公开”，建立完善“执法人员名录库”和“市场主体名录库”。全系统年度依法行政具体行政行为正确率100%。办理行政许可类案件4 118件，行政处罚类案件923件，行政强制类案件438件，评查行政执法案卷865件，受理行政复议1件，无行政应诉案件，无行政执法违法案件发生。加强行政执法资格管理，开展交通运输行政执法证年审换证。执法评议考核受省交通运输厅表扬。稳步推进市路政支队直属一大队“三基三化”建设试点。法治教育培训常态化。完成涉及全市15家重点公路建设单位从业信用评价。围绕旅客运输、货物运输、运输站场与维修、驾驶员培训等重点领域，开展道路运输企业质量信誉考核。开展“信用交通”活动，强化“黑名单”管理。

（彭高华）

交通安全生产 2017年，内江市道路运输安全工作每季统一筹划、每月具体安排，制定下发多项工作措施和方案。按照“党政同责、一岗双责、齐抓共管”安全生产责任体系和要求，内江市运管处与5个县（区）运管所、5个县（区）运管所与35家客运企业、8家危货企业和22家驾校逐级签订安全目标责任书和安全服务承诺书。紧盯春运、国庆等重要时节、“爱心送考”和“安全生产月”等重要活动、“两会”和中共十九大召开重要时期，开展“安全带——生命带”专题宣传、安全管理人员到企业专题宣讲、事故案例专题教育等专项活动，市运管处人员到企业宣讲260人次，送安全知识手册11 000余份，张贴安全宣传标语600余幅，推送安全提示短语20 000余条。突出《中华人民共和国安全生产法》《中华人民共和国职业病防治法》《中华人民共和国道路运输条例》等法律、法规，定期组织安委会成员进行集中学习，分两期组织道路运输企业负责人和安全管理人员341人进行安全管理培训，先后4次组织5个运管所围绕道路运输安全管理重难点问题进行研讨交流。9月下旬，组织处机关科室负责人、各县（市、区）运

管所分管安全副所长以及全市道路运输重点企业分管安全负责人56人开展安全生产培训。

（彭高华）

应急保障 2017年，内江市交通运输局加强应急保障能力。制定应急保障运输预案，为确保全市旅客高峰时段应急运输和应急保障工作需要，调节储备客运车辆70辆、货车50辆作为应急保障用车。做好春节旅客应急运输保障，2017年2月4日，大量外出务工人员突聚内江客运站，为保障务工人员及时出行，截至当日17时30分，内江客运站超长客运线向浙江、深圳、新疆、鄂

2017年，内江市公路局应急抢险保障中心

内江市交通运输局 供稿

尔多斯、西安、贵阳等地紧急发班车35辆，输送旅客1 900人次，无一名旅客滞留车站。做好“8·8”九寨沟抗震救灾应急运输工作，地震发生后，迅速制订并启动《“8·8”九寨沟县地震抗震救灾应急工作方案》，及时组织人员、物质、车辆投入抗震救灾工作。抗震救灾期间，全市开行九寨沟客运包车3辆，驾乘人员116人，完成应急运输任务。贯彻落实四川省交通运输厅“8·16”交通战备应急运输工作紧急会议精神和应急运输指令，完成交通战备应急运输任务。开展应急演练，督促指导市中区运输所开展2017年道路运输行业道路交通事故应急救援演练，全区参加演练单位45个。

（彭高华）

平安交通 2017年，内江市开展平安交通专项整治行动。以创建“平安车辆”“平安车站”为引领，推进平安交通专项整治行动，每半月在“安全与服务”微信公众平台推送一次投诉举报、服务评价及处理结果等动态信息。推动“交通安全·文明礼让”行动暨“三公三带”活动，严厉查处行业部门督查的、相关部门抄告的涉及文明礼让的违法行为，对2名公交车车长和12名出租车驾驶员进行下岗学习，对1名公交车车长进行转岗。完成三类以上班线客车和旅游客车的二维码张贴717台，以及全市244台9米以上单门全封闭大客车应急锤换装。推进客货运输车辆综合治理。坚持以“道路运输平安年”活动为牵引，全面推进旅游客运和货运车辆专项整治以及危险货物运输安全综合治理等工作，对33台未入网客货运输车辆进行清理，对34辆未上线客货运输车辆进行整改。与公安交警、路政联合集中开展治超整治行动，参加人员132人次，查处超限超载车辆61辆。突出强化汛期安全生产工作。制发《内江市公路运输管理处关于认真做好2017年防汛工作的通知》和《内江市道路运输地质灾害和防汛安全隐患排查防治实施方案》，突出汛期值班、汛期检查、应急演练等工作，建立汛期气象“警戒线”自动响应和预警信息推送机制，实行24小时领导带班和值班人员在岗值班，汛期推送预警信息157条。

（彭高华）

智慧交通 2017年，内江市“互联网+交通”全面进步。“智慧交通”纳入“智慧内江”建设总体规划。交通运行监测与应急指挥系统项目全面启动。全市8个二级以上汽车客运站实现联网售票。城市公共交通移动支付全面实施，在全省率先开通公交“一卡通”、刷微信二维码乘公交车。市公路局初步建成公路管养信息化系统。市海事局自主研发的“内河海事执法数字化系统”实现全市统一标准。威远县建立交通数据信息中心，农村公路数据管理全面加强。

（彭高华）

绿色交通 2017年，内江市以中央环保督察为契机，出台《内江市交通运输局环境污染防治工作方案》。内江城区对口滩饮用水水源地环境保护工程涉及公路、水运部分全面完成，沱江内江航段386艘机动船全部安装船舶油水分离器，建立油污处理机制。环境污染防治“三大战役”攻坚取得明显成效，“河长制”工作全面推进。年初出台《内江市维修企业污染防治方案》，召开全市机动车维修企业污染防治宣贯会。草拟《内江市关于贯彻落实四川省环境污染防治“三大战役”实施方案积极推进绿色道路运输工作》，完成《关于对内江市交通运输局环境污染防治工作方案》的修改。对全市机动车维修企业环境污染防治工作做全面抽查，在全市140余家一、二类机动车维修业推行废机油、废轮胎、废电瓶、废水、氟利昂等回收利用工作。加强车辆的尾气检测和治理（25万余辆次），排放不达标的不签发机动车维修竣工出厂合格证。配合环保部门加强全市“黄标”车治理工作，配合市发展改革委推广汽车双燃料（压缩天然气、汽油）改装节能项目。

（彭高华）

乐山市交通

LESHAN SHI JIAOTONG

2017年乐山市交通运输能力概况

公路交通运输			
通车里程	总里程（公里）		12 041.286
	其中	高速公路	258.329
		一级公路	190.841
		二级公路	621.940
		三级公路	593.480
		四级公路	9 737.458
		等外公路	639.238
公路密度	按国土面积计算：每百平方公里91.87 公里		
	按人口计算：每万人 33.07 公里		
通达里程	通公路的乡镇 211 个，占乡镇 100 %		
	通公路的村 2 042 个，占村 100%		
客运站	总数（个）		91
	其中	一级站	3
		二级站	11
		三级站	3
		四级及以下站	74
营运车辆	总数（辆）		21 390
	其中	客车 2 037 辆 52 263 座	
		货车 19 353 辆 232 823 吨	
公路运量	客运	客运量（万人次）	3 859.579
		旅客周转量（万人公里）	159 958.133
	货运	货运量（万吨）	13 765.697
		货物周转量（万吨公里）	1 208 597.694
内河航运运输			
通航里程	总里程（公里）		410.25
	其中	三级航道	
		四级航道	88.5
		五级航道	32.3
		六级航道	36.3
		七级航道	152.35
港口（码头）	总数（个）		13
	吞吐量	旅客吞吐量（万人次）	2.61
		货物吞吐量（万吨）	268.19
水路运量	客运	客运量（万人次）	240.610
		旅客周转量（万人公里）	1 677.710
	货运	货运量（万吨）	280.250
		货物周转量（万吨公里）	52 592.89
营运船舶	总数（艘） 370		
	其中	客船 156 艘 5 828 座	
		货船 214 艘 104 279 吨	
城市公交运输			
营运车辆	1 012 辆		
公交线路	141 条		
公交站	2 260 个		
运量	1.36 亿人次		

注：航道总里程包括等外航道

交通项目建设 2017年，乐山市交通运输系统围绕“基础设施建设年”工作主题，推进“十纵八横三环线”（详见相关链接）网络化交通体系建设。全年完成交通投资205亿元，超年计划2.5%，比上年增长33.1%。建成投用5个市本级重大项目。2017年6月开工建设的乐自高速公路乐山城区连接线棉竹北枢纽互通立交与项目主线整体建成通车，形成乐山绕城高速公路环线。乐沙大道、井乐快速通道建成通车，沙湾、井研进入组团城市半小时交通圈。成昆铁路新线成峨段建成通车，解决老成昆线运能不足问题，优化全市铁路网络布局。乐山市长途客运总站建成投运，与高铁站、公交总站三站无缝接驳，实现旅客“零换乘”。五犍沐快速通道五通绕线段、国道348线沙湾牛石至石笋沟段、省道306线峨眉山至天下名山段3个区县自建项目建成通车。开工5个市本级重大项目，7个区县自建项目。岷江航电枢纽龙溪口工程、成乐高速公路扩容、乐西高速公路马边至昭觉段、省道215线过境公路、省道103线青五路5个项目实现开工建设。国道245线金口河过境公路、省道309线黑竹沟至椅子垭口段升级改造工程、省道307线夹江段、省道308线井研延伸线、国道348线沙湾轸溪至葫芦、省道103线峨太路口至高杆灯、省道103线夹江黄土至鄢城

7个项目开工建设。加快建设8个市本级续建项目。峨汉高速公路、仁沐新高速公路井沐段及马边支线、成昆铁路新线峨米段、犍为航电枢纽、连乐铁路、成贵铁路、峨夹联网畅通工程、省道308改线工程、五犍沐快速公路等9个续建项目完成投资任务。国道213线犍为段和沐川段、省道309线峨边至黑竹沟升级改造工程2个项目有序推进。

相关链接

“十纵八横三环线”：“十纵”即岷江航道、成绵乐铁路—成贵铁路、成昆铁路及复线，仁沐新高速公路、成乐—乐宜高速公路、乐雅—乐西高速公路、国道213线、省道103线—国道348线、省道428线—国道245线—省道309线、省道215线；“八横”即连乐铁路、乐自—乐宜—乐峨—峨汉高速公路、省道307线—第二快速环线—省道213线、省道429线—国道348线、省道308线、国道245线—省道309线、省道310线、峨（边）马（边）公路—省道311线；“三环线”即绕城高速公路环线、第二快速环线和全域旅游大环线。

2017年，建设中的成贵铁路　　乐山市交委 供稿

2017年，乐自高速公路乐山城区连接线建成通车

乐山市交委 供稿

农村公路建设　2017年，乐山市农村公路建设完成投资18.45亿元，县乡道完工39个项目436.7公里，村道完工1 747.4公里；渡改公路桥在建4座，主体完工1座；安保工程完工448公里。农村公路惠民工程连续4个月位居全省前三位，犍为县被命名为全省第一批“四好农村路”建设省级示范县，全市“四好农村路”建设经验在全省现场推进会上推广。全市211个乡（镇）、2 042个建制村全部通油（水泥）路。97个省定贫困村、77 个市定贫困村，脱贫摘帽的沐川县19个乡（镇）、195个建制村全部实现硬化路通畅。

重大活动运输保障工作　2017年9月17日—24日，乐山市举办“第四届四川国际旅游交易博览会”，为完成旅博会期间各项交通运输保障工作任务，市交委提前制订《第四届旅博会交通运输组织保障工作总体方案》《第四届旅博会道路运输组织保障工作执行方案》《第四届旅博会交通运输组织保障工作方案图册》。调用轿车49辆、商务车67辆、中巴车63辆、大客车134辆、小货车3辆，满足旅博会领导、嘉宾、买（卖）家团、工作人员等，保障旅博会期间各项活动交通运输。国庆、中秋节假日期间，全市水陆交通运送旅客577.742 9万人次，其中水上运输日均投入客运船舶177艘，完成客运量20.750 3万人次。道路运输日均投放车辆4 474辆，完成客运量531.40万人次（城市公交客运量312.954 3万人次、出租汽车客运量144.289 4万人次、道路班车客运量74.205 9万人次）。成绵乐高铁日均开行列车44班次，发送旅客26.262 1万人次，国庆期间发送旅客23. 96万人次，同比上升2.7%。2017年11月11日，乐山市举办“韵动中国·2017乐山国际马拉松赛”，为确保赛事期间车辆通行畅通、运送及时安全，市运管局先后3次组织实地勘验赛事运行路线，反复核实发车时间，主动与组委会沟通对接，制订《2017年乐山国际马拉松赛交通运输组织保障工作方案》和《行驶路线图》，并按照组委会赛事用车需求，调用运力大型公交车43辆、大客车97辆、4.2米厢式货车4辆，为马拉松赛交通运输提供坚实保障，完成赛事期间各项运输保障工作，未发生道路旅客运输安全责任事故。

大件运输保障　2017年，乐山市大件公路全长61.7公里。省道103线20.1公里，省道305线25.4公里，城区道路16.2公里，能满足1 000吨级大件通行。全年全市大件运输进出大件码头93批次，件数205件，总重17 977.1吨。其中，首批次具有代表性的大件运输——东方电气集团大件物流公司承运的单体重406吨（车货总重498吨）、高5.8米（车货高度7.3米）燃机本体1件及单体长度46米（车货长度57米）太阳能光能项目溢流罐2件，2017年5月17日从德阳起运，19日经停乐山大件码头，

通过海运安全运抵科威特，为“四川制造”在“一带一路”沿线国家拓展奠定基础。

城市公交 2017年，乐山市城市公交车1 012辆，其中CNG（压缩天然气）公交车513辆，为车辆总数50.7%；LNG（液化天然气）公交车20辆，为车辆总数2%；纯电动和气电混合新能源公交车150辆，为车辆总数14.8%。

2017年，乐山市新投入使用的新能源公交车——海豚车
乐山市交委 供稿

全市城市公交运营线路141条，其中乐山市中心城区公交线路32条、公交车438辆。中心城区每日乘坐公交车的市民及游客近40万人次。新开行5条（301、302、308、309、601）城际公交线路至周边五通桥区、峨眉山市、峨眉山景区、沙湾区，新开行1条快速旅游公交（K1）由高铁乐山站至乐山大佛景区，实现交通和旅游业协同发展。6月，乐山市交通运输系统启动政风行风建设“五大行动”之交通运输便民行动，主动获悉网友反映“中心城区附近村镇村民携带背篼乘坐公交车影响其他乘客”情况，组织市运管局、市公交总公司到5路公交关庙乡起点站，实地踏勘卖菜村民背篼乘坐公交情况。为切实解决菜农和其他乘客乘车矛盾，消除背篼堵塞公交车通道引发的安全隐患，决定在5路公交早上正常发班运行前，增开一趟专门用于运载菜农进城卖菜的公交，并根据菜农人数，撤除车内部分座椅，方便菜农放置背篼。“菜农公交”暖心举措获央视CCTV-2《第一时间》播报点赞。在新建城市道路、居住区、商业区和大型公共活动场所等城市建设项目中，规划建设港湾式公交站台，实行同步设计、同步建设、同步竣工、同步交付使用。对老城区部分简易公交站牌进行港湾式改造，提升市民候乘环境。加快推进“互联网+交通”建设，推进智慧交通建设，规模化应用公交车载信息终端和智能调度管理系统以及道路客运联网售票系统。建设完成市中区、五通桥区、夹江县交通“一卡通”互通互联并开放使用；建成并投运224个公交智能化电子站牌。加快推进中心城区出租汽车智能化系统建设，实现对巡游出租汽车驾驶员刷卡上岗、实时监控、定位跟踪、轨迹回放、报警管理、违规管理、日常考核、计分管理、服务质量、营收分析，全面提升公众服务和行业监管能力，促进巡游出租汽车行业健康发展。9月14日，乐山市举行城市公共交通行业“文明服务之星”驾驶员命名暨文明旅游公交专线运行启动仪式，中共乐山市委副书记、市长张彤出席仪式并宣布旅游公交专线正式运行。交通、城管、公安交警等系统及公交车、出租车企业以及市民代表500余人参加仪式。仪式宣读城市公共交通行业“文明服务之星”驾驶员命名通知，并向城市公交行业、出租车行业“文明服务之星”驾驶员代表颁发证书。

安全生产管理 2017年，乐山市加强安全知识宣传。组织市公路局、市航务（海事）局、市运管局、市路政支队等单位参加“安全生产月”活动，通过宣传展板、发放宣传资料、现场答疑解惑等方式，宣传安全生产、应急救援等相关安全知识。结合春运、汛期安全工作特点，采取集中组织与现场观摩相结合的方法，重点对客运车辆驾驶员、船舶操作员、工程安全监管员等不同行业从业人员1 200余人进行有针对性培训教育。组织委属行业管理部门和部分企业分管应急工作人员100余人参加市政府应急办组织的应急管理工作培训。全年派出海事、运政等部门宣传人员1 230余名，设咨询点37个，发放宣传资料41 500余份，制作宣传橱窗、展板521余幅（块）、悬挂安全标语186幅，受教育人数达10万余人。落实交通安全监管责任。定期召开安全生产形势专题分析会，召开春运、专项整治、防汛、安全管理例会15次；市交委主要领导带头督导汛期安全生产工作，做好以农村客运、超长客运、旅游包车、维修企业、危化品运输、旅游船舶、重要航道、涉砂船舶、在建工程、汛期等重要时段、重要活动在内的安全生产大检查、大整治活动。开展安全生产专项整治活动。贯彻落实国家、省、市安全生产工作会议文件和领导重要指示精神，汲取省内外重特大安全生产事故教训，开展“平安交通专项整治行动”“公路地质灾害和防汛安全隐患排查防治工作”“全国安全生产大检查工作”“水上客运船舶隐患专项整治”“深化建筑施工领域安全生产专项整治”“道路运输平安年”和“安全生产月活动”等各类专项整治行动，在为期4个月的安全生产大检查工作中，组织全市交通运输系统83个督（检）查组，其中乐山市交委6个行业督查组和5个片区督查组、市公路局6个检查组、市海事局12个检查组、市运管局4个检查组、市交通质监站2个检查组、县（市、区）48个检查组，2 896人次，对全市14个县（市、区）公路地灾、桥梁、遂道、车站、客运车辆运营线路、渡口、码头、水陆交通运输企业、施工项目及现场等明察暗访，进行“拉网式”、全覆盖督查检查。加强应急管理。针对冬季、汛期等气候特点，市公路、海事、运管、质监以及运输企业和项目指挥部结合行业特点，进一步完善各类应急抢险预案，加强应急队伍及抢险救援机具物资建

设，组织开展人员培训和应急救援演练。2017年全市交通运输行业未发生一起安全生产责任事故，获“安全生产工作先进单位”称号，代表乐山市连续接受并通过国务院安委办、省安委等专项督查组多轮检查。

公路养护管理 2017年，乐山市养护专项完成投资3.73亿元，为省目标的219.4%，为市目标的103.6%。实施路面大修工程8项77.22公里，桥隧大修项目3个。其中国道213线五指山隧道整治、省道103线牛石—石笋沟桥等一批大修工程完工，94个地灾整治项目完工，有效提升全市国省干线公路通行质量。完成722公里国省道、315座桥梁、10座隧道的市县两级管养事权交接。全市普通国省道路面使用性能指数92.8，超省定“民生工程”指标5.8，全省排名从第9名提高到第4名。“公路+旅游”实现突破，峨边县投资500余万元，建成占地1.2公顷，集彝族特色景观、路况信息、停车、休憩于一体的国道245线射箭坪公路服务区，实现干线公路服务区零突破。开展“平安交通”“道路交通安全综合整治”，通过国务院、省安委会安全检查。及时处置省道309线峨美路山体垮塌、金口河区大渡河大桥安全隐患，安全处置避险经验在全省推广，连续10余年未发生因公路管理原因造成的安全责任事故。对排查的722处公路地质灾害隐患实施动态销号管理，投入资金1.1亿元，治理完成隐患点520个。对临水临崖3米以上等危险路段完善交通安全设施全覆盖，新建波形护栏292.55公里，防护墩46个，修复标志牌203套，标线46 598.5平方米。修订市县两级公路应急抢险救援预案，组织15支、472人、139台抢险机械的公路应急抢险队伍，绘制应急响应分布图。全年投入1 272.56万元、2 280个机械台班、7 451人工，抢通断道114处，修复水毁坍方47.74万立方米、路基损毁5 985立方米、路面损毁95 428平方米，成功应对年初极端恶劣天气灾害和汛期洪涝灾害，实现保通保畅总体目标。

“夜游三江”组织保障工作 2017年，乐山市开展夜游船舶管理知识培训。组织开展“夜游三江”海事管理业务培训，着重就“强化电子巡航监管，提高监管效能”“积极推进管理创新，落实监管责任，促进‘三游经济’”、游览船、游艇“跟单式管理”及“错峰航行制度”等夜航海事管理业务知识进行授课。提前制订“夜游三江”水上交通安全保障工作方案，对岷江3.7公里夜航景观航道维护施工指导和监管，对夜航水域实行交通管制，对夜航景观观看地段涉及的工作船舶、餐饮船舶进行严密布控，做到责任到人、不留死角。加强“夜游三江”航道施工工程船舶管理。开展夜游航道疏浚工程，确保夜游航道通航安全。市航务海事局开展水上安全隐患排查，主要检查疏浚施工船舶证书证照是否齐全有效，是否按《船舶最低配员证书》载明要求配齐船员等，消防救生设施设备配备情况等，确保“夜游三江”航道疏浚施工船舶水工生产作业船舶及施工工程人员安全。做好重要节点“夜游三江”水路交通运输保障工作。2017年9月15日—17日和10月1日—8日，以市海事局、大佛景区海事处、市中区海事处和市航道队为主要力量的安保指挥部全体成员严格按照工作安排，各司其职，坚守岗位，全力保障夜航安全运行。安保期间，指挥部派出引航护航船舶54艘次、巡逻救援船艇99艘次，安保值守、巡逻救援人员600余人次，顺利完成水上交通安保任务。为保障市民和游客安全快速疏运，中心城区东南西北设置6个社会车辆停车区域，周边区县及外地游客车辆不进入主城区，采取客运车辆集中摆渡的方式进出核心会场。“夜游三江”期间，中心城区城市公交运送45万人次。进场阶段，安排12条公交线路、200辆公交车进行调度保障；散场阶段，采取现场实时调度，包括调整核心区中途停站次数、调整发车间隔、核心区屯车、开行加班车等方式，在正常公交线路保障基础上，增投120辆公交车，开行6条公交专线，滚动发班运送散场观众；调用23辆39座客车，在中心城区东南西北设置6个摆渡点，每个摆渡点安排3~4辆客车，满足周边区县前来参加观看的自驾游客乘坐摆渡车前往观灯核心区。

2017年，“嘉州号”铛铛车投运　　乐山市交委 供稿

出租汽车经营权改革 2017年，乐山市中心城区出租汽车行业改革历经5年多时间，接访上千次。2月24日市政府办印发《关于深化改革推进出租汽车行业健康发展的实施意见》，市政府第9次常务会议审议通过《关于乐山市中心城区2016年到期693个出租汽车经营权配置方案》。2017年4月，市交委组织市运管局开展工作，完成中心城区693辆出租车经营权回收，配置给3家出租汽车公司，平稳实现公司化经营和管理，实现平稳改革。2017年5月，由市交委、市公安局、市经济和信息化委员会、市网信办、市商务局、市工商局、市质量

技术监督局7个部门联合出台《乐山市网络预约出租汽车经营服务管理实施细则（试行）》，推进网约车等新业态规范发展，实现巡游出租车、网约车规范竞争，确保行业平稳。同时，为进一步提升城区出租车整体服务质量水平，展现乐山旅游城市形象，8月，市运管局组织对中心城区780辆出租车统一更换座套和头套。

交通脱贫攻坚 2017年，乐山市推进交通扶贫专项、驻村帮扶、美姑援彝等工作。全年完成交通扶贫专项投资66亿元，比上年增长80.2%。成昆铁路峨米段、仁沐新高速井沐马段、峨汉高速公路等“大通道”项目总体超计划推进，贫困地区“外通内联、通村畅乡”交通网络加快形成。完成沐川县脱贫“摘帽”交通任务，争取上级补助资金2.65亿元支撑沐川县脱贫摘帽，为年计划的328%；支持仁沐新高速公路社保安置资金5.36亿元，为年计划的109%；争取二级公路化债资金2 935万元；帮助协调争取浦发基金贷款2.24亿元。组织对沐川县农村公路建设为期3个月“全覆盖”“全天候”技术帮扶。支持沐川县非贫困村开展村容村貌、村道整治等，非贫困户满意度有效提升。美姑援彝按计划推进，派驻帮扶干部、协助交通规划、对接协调项目、培训专业人才、支持应急设备等6个板块任务全部完成。马美路、峨美路改建工程落地实施，帮助硬化村道10公里。

全国和省人大代表专题调研乐山交通工作 2017年8月23日，乐山市人大常委会组织十二届全国人大代表乐山小组和十二届省人大代表到犍为航电枢纽、成贵铁路乐山段、成昆铁路复线峨眉段、仁沐新高速公路井沐马段、井乐快速通道、乐沙大道、峨夹联网畅通工程等在建重点交通项目施工现场，对乐山交通工作开展专题调研。人大代表详细听取项目介绍，了解项目推进情况，对中共乐山市委、市政府在交通建设工作方面所取得的成效予以肯定。24日，召开全国和省人大代表专题调研汇报会，会上省人大代表、中共乐山市委副书记、市长张彤向人大代表们报告全市交通建设工作情况，与会代表踊跃发言，为乐山交通建设建言献策。

交通战备工作 2017年，乐山市在省交战办、市国动委领导下，开展《中华人民共和国国防交通法》宣讲，突出抓好国防交通基础设施、交通战备保障队伍、正规化、民用运力动员准备四个建设，交通战备各项工作顺利推进。积极协调做好部队进出口通道建设。始终坚持把大交通建设与国防要求结合起来，同步规划、同步实施、同步建成，2017年5月，市交委会同市发展改革委、市财政局将夹江县县道08线双木路列入战备通道向上作专题汇报，省下达基本建设投资计划。完成部队军改换防军事交通保障工作。征集客运车辆22辆，出动警车、路政执法车和交通战备车等保障车辆25辆次，保障人员120余人次。加强交通战备专业保障队伍建设。做好全市民用运力数据更新工作和应急队伍建设工作，抓好应急保障物资储备。市运管局储备客货车辆作为市级应急运力，随时做好突发事件中运输保障；市公路局常年落实储备应急抢通保通救援设备。

交通国企改革 2017年，根据中共乐山市委、市政府“1+N+n”（国投集团+各专业国企集团+各集团控股的各经营实体）国企改革工作要求，推进交通国企改革。以乐山市交通投资开发有限公司为核心，组建交通类国有资本投资集团公司——乐山交通投资发展（集团）有限公司。先后完成交投集团工商登记、党委纪委班子配备、“两会一层”人选、组织机构设置及5家全民所有制企业改制、3家劣势企业清算退出、9家企业股权划转和3家企业股权收购、88个内控制度拟定、资产注入等任务，交投集团组建工作按期完成。2017年底，交投集团资产总额约182亿元，比上年161亿元增长13%，集团融资保障能力进一步提升。

乐山汽车客运中心站搬迁 2017年8月31日，乐山客运枢纽长途客运中心站正式启用运营，原位于黑桥的乐山汽车客运中心站停止使用。乐山客运中心长途客运站于2014年3月开工建设，工程建设地址位于乐山市中区青江新区（成绵乐客运专线乐山站旁），建设用地45 887平方米，按国家一级客运站标准建设，总建筑面积

2017年8月，乐山市新长途客运中心站建成投运

乐山市交委 供稿

31 683平方米。高铁站、公交总站、长途客运站三站无缝接驳，实现旅客“零换乘”。乐山客运中心长途客运站开通发班线路68条，参运车辆450辆，其中固定班365班，滚动班99班。

（本栏目供稿单位：乐山市交委）

南充市交通

NANCHONG SHI JIAOTONG

2017年南充市交通运输能力概况

公路交通运输			
通车里程	总里程（公里）		22 573.9
	其中	高速公路	514.074
		一级公路	149.185
		二级公路	813.964
		三级公路	407.359
		四级公路	19 518.222
		等外公路	1 171.096
公路密度	按国土面积计算：每百平方公里 24.622 公里		
	按人口计算：每万人41. 156 公里		
通达里程	通公路的乡镇 410 个，占乡镇 100 %		
	通公路的村 5 339 个，占村 100 %		
客运站	总 数（个）		548
	其中	一级站	4
		二级站	10
		三级站	4
		四级及以下站	530
营运车辆	总 数（辆）		38 138
	其 中	客车 2 951 辆 78 910 座	
		货车 35 187 辆 337 171.596 吨	
公路运量	客 运	客运量（万人次）	5 610.634
		旅客周转量（万人公里）	381 741.886
	货 运	货运量（万吨）	7 623.652
		货物周转量（万吨公里）	1 007 464.62
内河航运运输			
通航里程	总里程（公里）		1 729.8
	其中	三级航道	
		四级航道	301.3
		五级航道	
		六级航道	
		七级航道	1 428.5
港口（码头）	总 数（个）		1
	吞吐量	旅客吞吐量（万人次）	310.366
		货物吞吐量（万吨）	578.701
水路运量	客 运	客运量（万人次）	641.45
		旅客周转量（万人公里）	5 844
	货 运	货运量（万吨）	1 668.92
		货物周转量（万吨公里）	38 897.8
营运船舶	总 数（艘） 1 153		
	其 中	客船 225 艘 10 427 座	
		货船 898 艘 199 584 吨	
城市公交运输			
营运车辆	1 158 辆		
公交线路	132 条		
公交站	496 个		
运 量	年客运量 21 456.5万 人次		

交通运输概况 2017年，南充市交通运输系统将交通枢纽建设具体化、项目化、工程化，高起点、高规格编制《南充市实施“155发展战略”交通枢纽板块重大工程项目五年实施意见（2017—2021年）》和《南充市实施155发展战略交通枢纽板块重大工程项目2017年行动方案》，并以中共南充市委、市政府名义下发9县（市、区）及市级相关部门。大力实施“155发展战略

2017年12月，南充下中坝嘉陵江大桥　　南充市交通运输局 供稿

交通枢纽板块”2017年行动方案，加快推进“南推”项目实施，主要在建成投运一批、加快推进一批、开工建设一批、前期准备一批“四个一批”上着力，全年有序实施高速公路、国省干线、农村公路、内河水运、运输站场、公路养护设施等重点项目115个，完成交通投资137.6亿元、比上年增长38.9%。建设项目数量多、规模大、投资强，创造了南充交通项目建设的新高度，交通投资、客货运周转量、“五大行动”、行政执法等多项指标位居全省第一方阵。

高速公路建设 2017年，南充市建成国道42线沪蓉（成南、南广）、国道75线兰海（南渝、广南）、省高速网环线56绕城、省道2线成巴（成德南、巴南）、国道5515线张南（南大梁）、省道17线遂西、国道85线银昆（巴南广）等高速公路7条512公里，居全省第二位，实现县县通高速公路。绵西高速公路、营达高速公路建设加快推进，南潼、南充二绕、阆仪营等高速公路即将开工，规划建设绵南达高速公路、德南高速公路、营平万高速公路。这些高速公路建成后，全市高速公路将形成两环、两纵、两横、两射、五联（两环指绕城高速公路、南充二绕高速公路，两纵指国道75线兰海高速公路、国道85线银昆高速公路，两横指国道42线沪蓉高速公路、省道2线成巴高速公路，两射指国道5515线张南高速公路、南潼高速公路，五联指省道17线遂西高速公路、绵西高速公路、绵南达高速公路、德南高速公路、营平万高速公路）。

2017年5月，南充绕城高速公路、广南高速公路互通立交 南充市交通运输局 供稿

“南推”项目实施情况 截至2017年底，“南推”方案项目开工“2+22+N”个（包括完工及储备项目），累计完成投资207亿元，占规划期计划投资的59.1%。高速公路开工建设2个项目，累计完成投资35.3亿元；分别为：绵阳至南充高速公路、营山至达州高速公路。国省干线公路开工建设22个项目（含3个储备项目），累计完成投资116.6亿元。其中，中法农业合作科技园连接线（储备项目）、国道244线营山县城绕城段、国道245线南部河东至仪陇界段路面改造工程、国道347线阆中三庙至厚子铺段等项目建成通车，国道212线阆中至苍溪界公路、省道305线南部县城过境段、省道305线南部定水至升钟至思依、省道205线仪陇永乐至营山法堂公路等项目按计划推进。农村公路、内河水运、运输站场、养护设施等项目，开工农村公路项目49个、内河水运3个、客运站19个、公路养护设施31个，累计完成投资55.1亿元。

国省干道整治 2017年，南充市有普通国、省道13条858公里（国道5条、省道8条），在全市形成“六纵六横一联”格局。进一步完善公路养护考核制度，形成市、县、乡三级考核体系，推进公路养护管理科技化、精细化、日常化，全市干线公路使用性能指数（PQI）达88.4，超省上下达年度目标。省道208线青川至九龙嘉陵段、国道347线阆中三庙乡至厚子铺段、国道245线南部河东至仪陇界段路面改造工程等项目完工，助推沿线经济发展。省道206线中法农业科技园连接线是“南推”储备项目，于2月提前开工建设，8月建成，成为法国香槟阿登大区与中国四川南充友好合作的示范。

相关链接

“六纵”：指国道212线（兰州—龙邦）、国道244线（乌海—江津）、省道205线（广元—广安）、省道206线（阆中—武胜）、省道207线（仪陇—安岳）、省道208线（青川—邻水九龙），“六横”指国道245线（巴中—金平）、国道318线

（上海—聂拉木）、国道347线（南京—德令哈）、省道101线（成都—镇巴）、省道304线（通江—南部大坪）、省道305线（开江拔妙—阆中思依），“一联”指省道412线（渠县贵福—营山骆市）。

水路基础设施建设 2017年，南充港都京作业区一期工程后场物流中心码头管理房装修工程、D720天然气管道建设及学校搬迁、物流仓储及设施建设工程等项目完成，南充港河西作业区化工园区专用码头污水管廊、应急救援设备库、码头自动化管理工程、码头用电工程等项目建成，助推南充形成通江达海的运输新格局。

2017年12月，建设中的南充都京港大桥　　南充市交通运输局 供稿

运输市场管理 2017年，南充市出台《南充市深化改革推进出租汽车行业健康发展实施意见》，联合市级7部门出台《南充市网络预约出租汽车经营服务管理实施细则（试行）》，拟订《南充市集中开展市辖城区非法营运专项工作方案》，通过三区同步、部门联合来强力推进，扎实稳步推进出租汽车行业改革。全市531个到期出租车经营权全部实现公司化经营。推进依法治交进程，压缩执法自由裁量权空间，规范执法程序和行为，打造公平公正、阳光透明的交通执法新形象；推进“三基三化”（详见《附录》）建设，完成西充县路政大队试点工作任务，南充成为全省有2个试点单位的市（州）之一（有2个试点的市〈州〉总计3个）。市交通运输执法形象大比武、大提升活动经验在全省推广，《四川日报》进行大篇幅报道。

交通运输“民生工程”建设 2017年，南充市加强交通运输“民生工程”建设。行业扶贫脱贫连战连胜。聚焦民生改善、注重“雪中送炭”，精心编制《南充市交通建设扶贫专项2017年工作计划》，全面加快交通行业扶贫攻坚步伐。2017年度3个摘帽贫困县的131个乡（镇）全部通硬化路，所有脱贫出列的贫困村全部实现通村硬化路。“公交都市”创建有序开展。成功争取全省城市公交“一卡通”互联互通试点，5月全面实现互联互通，发卡10万余张。南充“公交都市”申报资料正式上报交通运输部接受评审。客运服务网络建设不断加快。全市19个三级以上客运站100%建成联网售票服务网络，91辆旅游包车、834辆三类以上班线客车3G视频监控系统安装率100%、上线率100%。“12328”热线平台成功运营。6月30日，“12328”热线平台实现部、省、市、县四级联网运行，运行以来，每月人工接听量1 500余次，接听量居全省交通运输系统前3位，及时答复率、按时办结率、按键满意率分别超出省交通运输厅标准（95%、95%、90%）的4.2%、3%、9%，获交通运输部提名表扬。绕城高速实现免费通行。坚定“为民服务、好事办实”理念，促成南充籍7座（含）以下小型客车通过ETC卡进出绕城高速公路通行费用由市政府统缴，南充成为全省继成都后第二个绕城高速公路本地市民免费通行的市，绕城高速公路效益得到充分发挥，市民出行更加快捷。

交通运输安全稳定 2017年，南充市交通运输系统以开展“平安交通”建设活动为主线，坚持“以人为本、预防为主、综合治理”的方针，抓好春运、“两会”等重点时段的安全工作。开展“安全生产综合整治”“平安交通专项整治”“道路运输平安年”“学校交通安全隐患整治”等专项行动，全市水上交通运输和交通建设施工无安全事故发生。强化矛盾纠纷调处化解，落实稳控措施，办结信访案件65件，信访案件办结率达100%，确保全行业在“五一”和全国、省、市重大活动期间安全稳定。

（本栏目供稿单位：南充市交通运输局）

宜宾市交通

YIBIN SHI JIAOTONG

2017年宜宾市交通运输能力概况

公路交通运输			
通车里程	总里程（公里）		19 871
	其中	高速公路	282
		一级公路	146
		二级公路	1 155
		三级公路	528
		四级公路	15 155
		等外公路	2 605
公路密度	按国土面积计算：每百平方公里 145.7 公里		
	按人口计算：每万人 34.82 公里		
通达里程	通公路的乡镇 185 个，占乡镇 100 %		
	通公路的村 283 个，占村 100 %		
客运站	总 数（个）		121
	其中	一级站	3
		二级站	9
		三级站	3
		四级及以下站	106
营运车辆	总 数（辆）		22 731
	其 中	客车 2 185 辆 58 557 座	
		货车 20 528 辆 139 612 吨	
公路运量	客 运	客运量（万人次）	4 707.9
		旅客周转量（万人公里）	224 271
	货 运	货运量（万吨）	6 378.4
		货物周转量（万吨公里）	619 484
内河航运运输			
通航里程	总里程（公里）		530
	其中	三级航道	100
		四级航道	76
		五级航道	126
		六级航道	
		七级航道	228
港口（码头）	总 数（个）		80
	吞吐量	旅客吞吐量（万人次）	94 900
		货物吞吐量（万吨）	1 392
水路运量	客 运	客运量（万人次）	158 016
		旅客周转量（万人公里）	2 113
	货 运	货运量（万吨）	682.15
		货物周转量（万吨公里）	494 763
营运船舶	总 数（艘）		351
	其 中	客船 129 艘 6 966 座	
		货船 221 艘 230 519 吨	
城市公交运输			
营运车辆	770 辆		
公交线路	39 条		
公交站	453 个		
运 量	1.42亿人次		

交通基础设施投资 2017年，宜宾市交通运输局以“加快建成更具战略地位的区域交通枢纽城市”为奋斗目标，抢抓“十三五”交通发展“黄金期”和“项目年”重大战略机遇，推进重大交通基础设施项目建设。加快高速公路、干线公路、农村公路及水运港口建设，进一步提升交通运输服务水平，提高客货运输效率，全市交通运输各项工作取得新成效。全市全年公路、水运交通基础设施建设完成投资75.4亿元，其中高速公路25.5亿元，市域干线22.3亿元，水运建设4.2亿元，农村公路18.6亿元，养护及站场4.8亿元。

高速公路建设 2017年3月成宜高速公路举行开工动员，10月开工建设，翠屏区和宜宾县完成133.33公顷用地征拆工作，成宜公司加快组织开展便道、路基及桥涵工程实施。2017年6月，仁沐新高速公路宜宾段开工建设，屏山县开展用地征拆工作，控制性工程五指山隧道有序推进。宜宾过境高速公路西段和宜彝高速公路（四川境段），工程进展缓慢，筹集资金加快年底复工建设。宜威高速公路宜宾段，依法依规与原投资人解除投资建设协议，并报省政府同意，加快开展项目路线方案调整、前期专题报批及招商工作。宜新高速公路完成项目工程可行性编制及5个前期要件报批工作，争取纳入

国家高速公路网规划项目。宜宾新市至凉山金阳高速公路落实项目投资人，2017年10月举行开工动员，开展项目初步设计工作。南溪至内江高速公路，开展项目工程可行性研究及路线方案研究等前期工作。

国省干线建设 2017年，宜宾市建成省道436线宜宾姚家嘴至沙河公路、兴文光明新城至宜叙高速公路石海互通，完成宜宾南门大桥、高县柳公岩大桥、长宁县两叉河桥建设任务。加快实施省道212线宜宾至高县庆符快速通道、国道246线筠连至巡司快速通道、兴文太平工业园至纳黔高速公路江门互通及南溪仙源长江大桥、普和金沙江大桥等项目。开工建设江安第二长江公路大桥、国道353线宜南阳泸快速通道江安段、省道436线珙县玉和至观斗公路。完成宜宾县长埂上至青山公路项目前期，按市政府要求移交民政部门实施。推进宜叙高速公路竹海连接线、兴文僰王山镇至石海景区公路项目前期报批及PPP招标工作。强化普通国省干线公路养护管理，保持路面使用性能指数88以上。

农村公路建设 2017年，宜宾市新（改）建农村公路1 360公里。其中农村公路改善提升工程532.8公里，通村水泥路及村道窄路加宽改造827.2公里，实施生命防护工程637公里。2017年180个计划退出贫困村全部通硬化路。全省“四好农村路”建设现场会在宜宾成功召开，江安县获“四好农村路”全国示范县和省级示范县荣誉。江安长江二桥等5座渡改公路桥项目相继开工。

水运建设 2017年，宜宾市完成宜宾港志城作业区重件泊位验收。加快建设3个1 000吨级散货泊位，完成水下桩基承台及前沿框架施工。配合交通运输部长江航务局推进长江宜宾段航道“三升二”（三级航道升为二级航道）和宜宾至水富段航道“四升三”（四级航道升为三级航道）建设前期工作。配合向家坝加快推进升船机建设、调试以及向家坝库区航道复建工作。实施长江非法码头专项治理，按要求取缔非法码头4座，规范提升20座（其中已拆除10座，正规范提升10座）。

2017年3月26日，宜宾港集装箱全景　　宜宾市交通运输局 供稿

客运建设 2017年，宜宾市客运量3 674万人，比上年下降18.41%；旅客周转量175 590万人公里，比上年下降13.66%。货运量4 403万吨，比上年增长4.56%；货物周转量447 090万吨公里，比上年增长7.75%。三级以上客运站实现联网

2017年10月20日，四川省“四好农村路”现场培训会　　宜宾市交通运输局 供稿

售票，完成262个农村建制村客运通村，乡（镇）通车率100%，完成42辆农村客运车辆提档升级工作任务，建成820个村级招呼站（牌）。县级以上汽车客运站、旅游客车、高速直达客车和超长客车WiFi全覆盖，旅游包车、超长客车全部安装使用车载视频监控系统，客运班线投放小型客车47辆，旅游包车15 辆。城市公交新增50辆新能源车，新增设置公交专用车道，完成二级城市首座集中式充电站建设并投入运营，占地5 000平方米，投资约400万元。督导企业严格落实寄递物流“三个100%”工作。道路运输枢纽站、精准扶贫站场建设投资1 527.5万元。开展“打非治违”工作，维护运输市场良好秩序。加快汽维修企业提档升级，改造绿色汽修设备，安装挥发性有机污染物净化处理系统。

货运建设 2017年，宜宾市伟经物流园区（货运站场）列入全省货运站场建设“十三五”项目库，投资1 578万元。宜宾市优配物流信息服务有限公司无车承运人业务接入国家物流信息平台监测平台并纳入监测范围，积极开展业务。印发《宜宾市集中开展道路货运重点车辆专项整治行动实施方案》，开展对全市道路货运重点车辆专项整治行动，排查货运企业146户，发现隐患150起。取缔1户、注销1户，督导其余企业排除隐患。

城市公共交通运输 2017年，宜宾市为满足白酒学院8 000多名师生公交出行需求，新投运力69辆，临港片区公交线网里程220公里，公交线路12条，公交车辆近200辆。公交运行优化调整，会同交警部门优化交通组织，创新设立4.2公里反向公交专用道，安排80辆公交车作为高考考生接送专车，准点运行800余趟次，运送考生2.6万人次，完成高考运输保障工作。组织出租车参加爱心送考公益活动，参与爱心送考出租车约500辆，收集爱心卡近1 000张，运送考生近1 000人次。

路政管理 2017年，宜宾市路政管理持续深入，全市干线公路检测货运车辆489 411辆次，查处超限车辆2 476辆次，卸载2 476辆次，卸载8 042.7吨，卸载率100%，超限率0.5%，完成省交通运输厅下达超限率控制3%以下工作目标。安全生产态势平稳，开展岁末年初安全大检查、安全生产全域全覆盖隐患大排查大整治活动、汛期安全大巡查大检查、平安交通专项整治等活动，未发生因源头管理原因造成的安全生产事故。

运政管理 2017年，宜宾市组织全市运管机构、一、二类汽车维修企业负责人150余人到宜宾安仕吉汽车服务有限公司参观维修企业污染防治工作，督促40辆危货油罐车安装油气回收装置，省环保督察期间，宜宾市交通运输局办理群众来电来信投诉举报案件5件；中央环保督察期间，办理群众来电来信投诉举报案件主办件1件、协办件4件、核查件2件，省运管局要求协查件2件，“12345”服务热线及街道社区交办件若干。建立全市营运货车黄标车台账并制定淘汰计划，对各区（县）进行任务分工。全年累计燃油消耗量检测车辆1 559辆，从源头上防止“黄标车”进入道路运输市场。严格营运车辆道路运输证审验，经审验把关，淘汰客运“黄标车”7辆，货运“黄标车”162辆，城市公交“黄标车”7辆，驾驶教练车和中心城区出租车无“黄标车”。9月，购置50辆纯电动公交车辆并投放使用，投入资金2 537.5万元，全市新能源车辆达318辆，占比40%。中心城区更新CNG清洁能源出租车218辆，投入资金约1 700万元。在环保期间出动执法人员2 160人次，执法车辆540辆次，巡查翠屏区维修企业6 700户，发放《机动车企业环境污染防治工作告知书》870份，特别针对南岸金江铁桥周边非法洗车场，出动执法人员1 260人次，执法车辆420辆次。

道路运输管理 2017年，宜宾市全面落实行业监管责任，对30家道路旅客运输企业、13家危化品运输企业、130户机动车一、二类维修企业和34所机动车驾驶员培训学校进行清理，规范安全生产行为，全年检查道路运输企业近200户次。在重要时段、重要活动和重要节假日期间，宜宾市交通运输局深入重点企业、重点站场认真组织开展安全督查和明察暗访，出动检查人员180余人次、检查车辆50辆次、查处违规违章行为3起，从重处罚1起。从9月开始，联动公安、交警等部门进行为期90天“打非治违”专项整治行动。抽调区县和局科室人员会同公安交警等人员组成6个行动小组，开展“打非治违”工作。立案查处各类违法车辆346次，查获非法营运车150辆，班线旅游车59辆，本市及外籍外县出租车55辆，货车56辆，驾校教练车26辆。

驾驶培训市场管理 2017年，宜宾市推进驾培服务模式改革，引导和推广“先学后付、计时收费”服务模式，满足社会个性化细分需求，提升行业服务能力，提前完成驾校服务模式改革任务，完成率100%，年培训能力11.67万人次。全市运管部门出动稽查车辆423辆次，稽查人员1 810人次；检查教练车134辆，查处教练车55辆次，对58辆未按规定办理道路运输证的教练车进行规范，暂停59辆教练车参与教学，注销4辆教练车道路运输证；检查教练员140名，查处教练员13人次，暂停47名教练员参与教学；取缔非法培训点25个；规范招生点13个，取缔违规招生点20个，拆除违规招生广告牌116张。

（本栏目供稿单位：宜宾市交通运输局）

达州市交通

DAZHOU SHI JIAOTONG

2017年达州市交通运输能力概况

公路交通运输			
通车里程	总里程（公里）		19 571.16
	其中	高速公路	417
		一级公路	45.65
		二级公路	927.01
		三级公路	448.31
		四级公路	15 838.60
		等外公路	1 894.59
公路密度	按国土面积计算：每百平方公里 112.335 公里		
	按人口计算：每万人 27.87 公里		
通达里程	通公路的乡镇 312 个，占乡镇 100 %		
	通公路的村 2 810 个，占村 100%		
客运站	总　数（个）		225
	其中	一级站	3
		二级站	6
		三级站	3
		四级及以下站	213
营运车辆	总　数（辆）		25 330
	其　中	客车 2 190 辆 63 182 座	
		货车 23 140 辆 197 966 吨	
公路运量	客　运	客运量（万人次）	5 365.6
		旅客周转量（万人公里）	281 467
	货　运	货运量（万吨）	11 632.68
		货物周转量（万吨公里）	
内河航运运输			
通航里程	总里程（公里）		866
	其中	三级航道	
		四级航道	152
		五级航道	
		六级航道	
		七级航道	216
港口（码头）	总　数（个）		284
	吞吐量	旅客吞吐量（万人次）	34.43
		货物吞吐量（万吨）	282.69
水路运量	客　运	客运量（万人次）	276.72
		旅客周转量（万人公里）	3 041.92
	货　运	货运量（万吨）	287.1
		货物周转量（万吨公里）	12 492.73
营运船舶	总　数（艘）649		
	其　中	客船 224 艘 8 370 座	
		货船 425 艘 51 026 吨	
城市公交运输			
营运车辆	2 472 辆		
公交线路	77 条		
公交站	625 个		
运　量	2.26 亿人次		

注：1.通公路村较上年减少10个，系撤并村，原数据重复统计；
2.港口码头统计为港口1个，渡口、客运码头284个

交通发展规划　2017年，达州市按照“立足川渝陕、面向全中国”的大交通规划思路，“一环三纵五横”高速公路网和“六纵六横十六联络”干线公路格局加快构建。成南达高铁纳入国家《铁路“十三五”发展规划》，西渝高铁过境达州争取工作取得重大进展。镇巴经渠县至广安、平（昌）宣（汉）开（州）高速和城（口）宣（汉）大（竹）高速公路、绕城高速公路西段等项目前期工作有序推进。《渠江航运发展规划》进入

2017年9月17日，交通运输部副部长戴东昌（右二）调研达川区农村公路建设　　达州市交通运输局 供稿

部省规划，渠江风洞子航运工程、渠江达州至广安航运配套一期工程前期工作进展顺利。《四川达州迁建机场总体规划》获批实施。

交通投融资 2017年，达州市交通建设投资完成93.13亿元，为全市经济发展作出交通贡献。达州市交通运输局在全市目标绩效考核中连续入列先进方阵。同时，发挥交通投融资平台作用，合理搭配项目资源，全年融资到位14.5亿元；推介招商引资近200亿元；完成机场大道、万源至八台快速通道2个PPP项目招商工作，引进资金50亿元。

交通基础设施建设 2017年，营达高速公路建设进度扎实推进，全年完成投资15.85亿元。建成国省干线公路131公里。达宣快速通道、达开快速通道、国道210线达州市过境段二期工程取得阶段性胜利。机场实验段建设全面完成，机场大道成功招商、机场场道工程顺利开标并开工建设。国道65线包茂高速公路达州互通、徐家坝互通改（扩）建工程如期完工并投入使用。徐家坝客运站及公交首末站、肖公庙公交首末站如期建成投运。川东北电商快递分拨中心项目开工建设。

改建后的徐家南高速公路收费站　　达州市交通运输局 供稿

航空方面，新开通海口、珠海、西安航线，达州通航城市达12个。邮政方面，建成达州首个校园快递超市，建成1 349个邮乐购电商服务站，新建村邮站100个，实现建制村通邮率100%。

交通“民生工程” 2017年，达州市达川区成功创建省级“四好农村路”示范县。2017年计划退出贫困村的308个贫困村通村硬化路实现100%畅通；新（改）建农村公路1 561公里，渡改桥项目建成10座；建成乡（镇）客运站14个、村级招呼站248个；新增107个建制村通客车，通客车建制村2 409个，通村率达85.5%。

2017年12月，新建成的达州客运北站样貌　　冉 歆 摄

巴万高速公路开工 2017年4月18日，巴万高速公路（达州段）开工动员大会在达州万源市草坝镇举行。巴万高速公路项目起于巴中市巴州区清江枢纽互通，与建成的巴中至达州高速公路相接，途经巴中市、通江县和万源市3地，全长120.4公里，其中达州段59.9公里。项目设计双向四车道，设计时速80公里，整体路基宽度24.5米。全线设桥梁87座，隧道24座，桥隧占路线总长的64.6%，估算总投资188.2亿元，计划2020年建成投入运营。巴万高速公路是全省高速公路路网规划中新增的5条东西横线之一，是又一北向出川大通道，对完善四川省高速公路网和川东北区域路网意义重大。

水陆运输管理 2017年，达州市新增客运线路11条，新增客车23辆，更新客车237辆；出台实施《关于深化改革推进出租汽车行业健康发展的实施意见》；打击非法营运935辆次，查处违规出租车153起、客货运车辆318起、驾驶员培训85起。

水运方面，达州市开展明月江“河长制”工作，落实“水十条”，责令整改安全隐患15起，完成州河主城

区段22艘客渡船回购处置工作。关转停55处非法采砂作业点，封关停150艘生活污水直排船舶。

城市公交 2017年，达州市交通运输部门牵头完成《达州市城市公共汽车客运条例》起草工作，经达州市人大常委会审议通过、省人大常委会批准，于2017年11月1日施行；出台实施《达州市中心城区公交线网规划》，新规划的35条公交线路实现主城区全覆盖，新购新能源公交车88辆，公交车辆总数453辆，万人拥有量为每万人5.2标辆。完成交通"一卡通"互联互通工作，"达州通"累计发行13万余张。

工程质量监管 2017年，达州市公路（水运）工程质量监督站被评为全省A类监督机构，全市除渠县外均设立县级质量监督机构。在交通运输部颁布新的《公路水运工程质量监督管理规定》之后，宣汉县开出达州市首张交通工程质量监管罚单。

公路养护 2017年，达州市突出国省干线、桥梁养护重点，坚持定期巡查和随机抽查相结合方式，季度督查考核效果持续显现，全市国省干线公路养护质量指数（MQI）达86.3。

2017年10月，宣汉县巴山大峡谷旅游通道漆树段 冉歆 摄

路政执法 2017年，达州市严格路域管控，检测载货车辆76 302辆次，卸载842辆卸货5 964.45吨；强化科技治超站点网络信息建设和监督管控，大竹丝茅坝、宣汉胡家湾、君塘、经开区斌郎、通川区九龙等5个非现场科技治超站高效运转。

智慧交通 2017年，达州市推进"互联网+交通"战略，市交通运行监测及指挥系统工程进入招标阶段。全市11个汽车客运站开通联网售票。运政视频会议系统建成投用。15家危货企业622台车进入电子运单系统，签发电子运单55 173次，使用率100%。

交通安全生产 2017年，达州市交通运输部门强化企业主体责任和行业监管责任的落实，约谈企业3家、纳入"黑名单"驾驶员4人；6 000余名驾驶员参加安全云课堂远程教育培训，组织安全生产知识和管理能力考试16场1 500人次；推进道路营运驾驶员记分管理，记分处理44人次；开展"道路运输平安年""危化品运输综合治理"等系列专项活动，开展安全综合督查28次，发现隐患和问题88处，整改88处，整改率100%。交通运输安全生产形势与2016年相比，实现事故起数和死亡人数"双下降"。

信访维稳 2017年，达州市交通运输部门强化公交、车站等重点部位人防技防物防力度，扩展实名制验票，强化寄递物流渠道清理整顿。直面出租车行业、新公交线网调整、州河城区段船舶回购处置等新矛盾，稳控历史遗留"老大难"信访问题。受理"书记信箱""市长热线"及"12328"服务监督电话，回应群众诉求。中共十九大会议期间，信访维稳工作受到中共达州市委表扬。

交通环保 2017年8月7日，达州市交通运输局在莲花湖宾馆组织召开全市交通运输系统环保工作推进会，进一步传达贯彻中共达州市委、市政府召开的迎接中央环保督察工作动员大会精神，总结环保问题整改"百日攻坚"工作，安排部署全市交通运输系统迎接中央环保督察工作和今后一个时期交通生态文明建设和环境保护工作，推进绿色交通发展再上新台阶。达州市交通运输局承办中央环保督察交办信访件3件，均按期限和要求得到整改。

（本栏目供稿单位：达州市交通运输局）

广安市交通

GUANG'AN SHI JIAOTONG

2017年广安市交通运输能力概况

公路交通运输			
通车里程	总里程（公里）		13 115.79
	其中	高速公路	360
		一级公路	155.569
		二级公路	465.141
		三级公路	398.932
		四级公路	10 682.52
		等外公路	1 053.547
公路密度	按国土面积计算：每百平方公里 206.742 公里		
	按人口计算：每万人 28.145 公里		
通达里程	通公路的乡镇 186 个，占乡镇 100 %		
	通公路的村 2 900 个，占村 100%		
客运站	总　数（个）		38
	其中	一级站	2
		二级站	7
		三级站	1
		四级及以下站	28
营运车辆	总　数（辆）		100 625
	其　中	客车 1 258 辆 33 398 座	
		货车 8 929 辆 67 227 吨	
公路运量	客　运	客运量（万人次）	5 160.186
		旅客周转量（万人公里）	125 133.925
	货　运	货运量（万吨）	3 616.319
		货物周转量（万吨公里）	277 246.033
内河航运运输			
通航里程	总里程（公里）		522.05
	其中	三级航道	70.9
		四级航道	119.8
		五级航道	19
		六级航道	
		七级航道	14.62
港口（码头）	总　数（个）		133
	吞吐量	旅客吞吐量（万人次）	56.99
		货物吞吐量（万吨）	411.22
水路运量	客　运	客运量（万人次）	159.071 3
		旅客周转量（万人公里）	1 279.066 9
	货　运	货运量（万吨）	689.853
		货物周转量（万吨公里）	39 366.168 6
营运船舶	总　数（艘）　477		
	其　中	客船 139 艘 6 524 座	
		货船 338 艘 64 263 吨	
城市公交运输			
营运车辆	419 辆		
公交线路	54 条		
公交站	829 个		
运　量	0.637 99亿人次		

交通建设投资　2017年，广安市交通运输工作围绕加速构建四川东向综合交通枢纽，坚持供给侧结构性改革主线，突出发展和民生主题，深入推进“项目年”活动，建管养运安等各项工作协调发展。全年累计完成公路、水运交通建设投资63.3亿元，争取到位国省补助资金7.24亿元。

2017年9月20日，国道85线银昆高速公路广安至重庆段通车路段
沈仁平　吴德权　摄

交通工程规划编制　2017年，广安市交通运输局编制完成《广安市综合交通运输“十三五”发展规划》

并通过广安市政府常务会审查，“交通+旅游”融合发展策划方案加快编制。镇（巴）广（安）渝（重庆）高速公路通江至广安段工程可行性研究报告编制完成并通过省交通运输厅行业审查，启动投资招商；城（口）宣

2017年10月26日，广安市政府牵头组织巴中市、达州市、广安市三市及三市高速公路指挥部协调办公室，省交通运输厅公路设计院等部门及单位主要负责人在广安召开镇巴至广安高速公路（通江至广安段）项目前期工作推进联席会　吴德权 摄

（汉）大（竹）邻（水）高速公路方案论证编制完成，进入预可行性研究阶段。省道203线公路岳池段、省道204线公路前锋段、省道205线公路广安区段、省道406线公路邻水段等5个省道升级改造项目前期加快推进。华蓥山隧道及引道工程（广安至邻水快速通道公路）、国道350线公路枣山操场坝至武胜宝箴塞改建工程（广安至武胜快速通道公路）工程可行性研究报告编制完成，部分专题报告获批，寻求融资渠道。脱贫攻坚幸福公路项目包一（含：县乡道公路、旅游公路、产业公路及重要村级公路）、包二（含：新农村及易地扶贫搬迁集中建设点公路、重要通组公路、特色集镇综合运输服务中心、片区养护管理站）完成立项。

交通基础设施建设　2017年，广安市过境高速公路东环线（前锋互通到川渝界）拆迁工作完成90%，施工单位进场；重庆段拆迁工作加快启动。干线公路建设加快，国道210线邻水县城西环线、国道350线广（安）华（蓥）大道公路工程建设全面完工；官盛渠江大桥、港前大道、环城公路彭家至港口段、清溪口渠江大桥、省道203线公路广安区段一期工程、省道406线公路华蓥段等6个项目加快建设；大龙大桥、省道406线邻水段、省道407线华蓥段、省道208线岳池段、省道208线邻水段一期工程等5个项目开工建设；国道212线武胜段一期工程、罗渡渠江大桥及引道工程建设、省道202线邻水段、武胜中心嘉陵江大桥等4个项目进入施工招投标阶段。

国道210线公路邻水县城西环线公路通车　国道210线公路邻水县城西环线公路项目为新建一级公路，全长11.2公里，设计时速60公里，路基宽度23米，双向六车道，沥青混凝土路面。项目包含3座中桥和1座大桥，以及西出口跨线桥互通枢纽，总投资概预算3.8亿元；于2015年7月动工建设，2017年10月全面建成通车。

岳广华大道枣山至清溪口大桥段建成通车　岳（池）广（安）华（蓥）大道公路属国道244线公路段，也是岳池县九龙至华蓥市阳和的干线公路，更是广安市市区连接岳池县和华蓥市的快速通道公路，已纳入《四川省干线公路联网畅通工程推进方案》。项目路线全长50.1公里，其中岳池至枣山段17.5公里、枣山至清溪口大桥段17.3公里、华蓥段15.3公里。采用双向四车道一级公路技术标准，设计行车时速60公里，标准路基宽度为23米，市政段路基宽度为40米，项目总投资32.9亿元（含市政部分）。项目按辖区负责制，采用BT模式分段建设。岳池至枣山段由岳池县交通运输局组织实施，于2014年全面建成通车。华蓥市境内段由华蓥市交通运输局组织实施，于2015年12月底全面建成通车。枣山至清溪口大桥段由广安交通投资建设开发集团有限责任公司组织实施，投资建设单位为中国建筑股份有限公司与中建六局联合体；道路部分于2017年5月全面建成通车；至2017年底控制性工程清溪口渠江特大桥高、低塔塔柱封顶，主梁施工完成70%，边跨现浇段支架搭完成90%；引桥完成80%。

2017年5月16日，国道244线广（安）华（蓥）快速通道广安区境内段建成投入使用　吴德权 摄

省道208线公路岳池县境内段升级改造工程开工　省

道208线公路岳池县境内段升级改造工程全长73.144公里。其中白庙镇至石鼓乡路段升级改造工程建设共分为四个标段，路线起于石鼓乡与南充市嘉陵区交界处，途径石鼓乡、镇裕镇、坪滩镇、龙孔镇、白庙镇，止于白庙镇与广（门）高（坪）公路交界处，全长28.9公里，合同金额为1.07亿元。2017年正式开工建设。

2017年8月17日，武胜客运中心站全面建成投入使用
段小燕 邓小娟 吴德权 摄

省道208线公路邻水县境内段开工 该项目路线起点位于高滩镇场镇北侧国道210线公路与在建的高滩镇工业大道交叉口处，经高滩镇、子中乡、御临镇、九龙镇，止点位于邻水县九龙镇境内；在桂花坪川渝界附近与重庆市省道204线公路相接，全长30.223公里，按二级公路标准建设，路基全线宽16米，设计时速60公里，项目概算投资111 330万元。2017年正式开工建设。

省道406线公路邻水县境内段开工 省道406线公路邻水县境内段起于邻水县经济技术开发区，经西天乡、甘坝乡、止于甘坝乡政府，全长12.7公里。按二级公路标准建设，路基宽12米。项目总投资24 069万元，建安费17 558万元。2017年3月开工建设，至年底路基路面施工建设加快推进。

省道407线公路华蓥市境内段新改建工程 省道407线公路华蓥市境内段新（改）建工程起于华蓥市观音溪镇李子垭村邻水县界，经田坝子村，沿庆（华）观（音溪）路，绕高兴场镇，接高（兴）伏（龙）路，止于高兴镇花庙嘴村岳池县界。路线全长39.9公里，设计时速40公里，越岭线段设计时速30公里，全线路基宽为8.5米，项目总投资52 530万元。2017年正式开工建设。

渠江大龙大桥有序施工 渠江大龙大桥为广安市前锋货运站至枣山操场坝干线公路工程小平大道第5合同段。该合同段全长1.844千米，其中渠江大龙大桥桥长940米，引道部分长904米。2017年3月16日，施工单位中国建筑第六工程局有限公司进场清表，至年底桩基施工有序进行。

客运站场建设 2017年，广安市运输站场加快建设。武胜长途客运中心、邻水县客运中心建成投入运营，岳池综合客运枢纽站等4个一级客运站建设加快推进。开工建设特色集镇综合运输服务中心3个、启动建设5个，新（改）建乡（镇）客运站15个、村级招呼站（牌）1 783个。

港口航运建设 2017年，广安市水运工程稳步实施。富流滩船闸改（扩）建工程主体工程完成，设备采购及安装工程完成95%；嘉陵江川境段航运配套工程一期工程（A标段桐子壕库区、B标段利泽库区）疏浚、炸礁、护坝、筑坝工程完成，航标工程启动建设。

交通客货运输 2017年，广安市发展农村客运片区5个、新增和改造客运线路8条、客运车辆54台，调整优化主城区13条公交线路、新增公交线路2条，新投放新能源公交车115辆。现代物流运输加快发展，新发展货运企业8家、新增货运车辆684台，公路货运量达4 074.59万吨，货物周转量达350 851.06万吨公里，增幅排名全省前十位。

绿色交通建设 2017年，广安市绿色交通加快推进。认真落实《关于进一步加快新能源汽车推广应用 促进新能源汽车产业发展的指导意见（试行）》，购买比亚迪纯电动公交车165辆、投放115辆，占公交车总量52.3%；新能源公交车投放比例位居全省前列。以中共

2017年10月29日，广安市城区首批75辆比亚迪新能源纯电动城市公交车投入试运营
吴德权 摄

中央、中共四川省委环保督察为契机，完成761辆老旧客货运输“黄标车”的清理淘汰，整治维修企业9家，解体老旧货船3艘，整治沙石码头1座；探索使用旧路面材料回收利用，回收沥青混凝土路面旧料超过40 000吨，循环利用工业废渣10余万吨，降低工程建设成本，减轻环境污染。

交通精准扶贫 2017年，广安市改善县乡公路321公里，完善村级公路安保设施238公里；巩固提升精准脱贫质量，新（改）建村级公路1 186公里，建成渡改公路桥2座，渡改人行桥1座，改造危（病）桥9座，推动农村交通基础设施向纵深推进。新增77个建制村通硬化路，185个建制村通客车，乡（镇）、建制村硬化路通村率均达100%，乡（镇）及具备条件的建制村通客车率均达100%。内生动力显著增强，围绕“交通+旅游”“交通+特色产业”扶贫，加快建设一批资源路、旅游路、产业路。驻村帮扶扎实有效，落实定点帮扶任务，指导帮助广安枣山镇伍佳村、华蓥市禄市镇东方村进一步改善基础设施条件，发展特色产业增加集体经济收入，助推贫困群众脱贫奔小康。“四好农村路”建设成果丰硕，完成全市650公里农村示范公路建设；岳池县成为四川省“四好农村路”建设首批示范县；邻水县全面完成“四好农村路”建设示范县创建工作，等待省级验收；全市掀起“四好农村路”建设新高潮。

武胜县三溪镇境内建成投入使用的扶贫攻坚“幸福公路” 吴德权 摄

交通信息化建设 2017年，广安市交通运输信息化水平加快提升。“12328”交通运输服务监督电话系统平稳运行，截至年底接投诉件4 698件，按时答复率达95%，群众满意度达100%。全市7个三级以上汽车客运站全部实现联网售票；城市公共交通“一卡通”系统建设完成，实现跨区（市）域公共交通的互联互通；“交通运输监测与应急指挥系统”初步设计完成。

交通运输安全监管 2017年，广安市交通运输系统开展平安交通、地质灾害和防汛安全等五大专项安全隐患排查整治，强化道路运输源头、水上交通、建设工地等重点领域隐患排查及整治，筑牢安全防线。推进公共安全体系建设，健全完善公交车、车站、码头等人员密集场所安检查危工作机制，落实寄递物流业“三个100%”（百分之百收寄验视、百分之百实名寄递、百分之百过安检）制度，反恐防范能力不断提高。围绕中共十九大、重大节假日等敏感时期和群众关心的焦点问题，强化信访矛盾排查化解，全年未发生道路运输源头、水上交通安全和施工安全责任事故，没有出现越级上访事件。

交通运输执法 2017年，广安市交通执法监督力度加强。进一步强化道路运输、公路路政等执法门类的监督，无一例行政诉讼、行政赔偿案件发生。整治交通运输秩序，加大“黑车”等交通违法行为整治力度，打击非法营运车辆694台次；建全完善路政与公安交警联勤联动、联合执法的工作体系，“双超”治理成效得到提升，货运车辆超限率小于3%。

交通运输行业改革 2017年，广安市道路运输服务改革深入推进。深化汽车驾驶培训改革，推行“计时培训、计时收费、先学车后付费”的服务模式，覆盖全市汽车驾驶培训机构17家，覆盖率达100%；改革成果在全省推广并被交通运输部纳入全国汽车驾驶培训改革政策加以运用。推动出租汽车改革，起草完成《广安市深化改革推进出租汽车行业健康发展的实施意见》和《广安市网约车经营服务管理实施细则》。交通综合执法改革不断完善，指导华蓥市深化完善交通运输综合执法改革，通过打破机构设置、合理调配资源、优化执法行为，从体制机制上破解交通运输执法中存在的机构重叠、职能交叉、人员膨胀、趋利执法等问题，有效破解了交通执法工作多头管理、力量分散、效率低下的难题。交通运输行政审批改革更加规范，持续深化“放管服”改革，规范使用行政权力公开运行平台，优化交通运输行政审批流程，对已下放审批事项抓好督促落实；对保留的行政审批事项逐步纳入网上政务大厅，为223项行政权力按类编制内部运行图、填写流程环节详细信息、列举法律文书模板。

（本栏目供稿单位：广安市交通运输局）

巴中市交通

BAZHONG SHI JIAOTONG

2017年巴中市交通运输能力概况

项目			数值
公路交通运输			
通车里程	总里程（公里）		17 206
	其中	高速公路	311
		一级公路	57
		二级公路	688
		三级公路	366
		四级公路	15 607
		等外公路	177
公路密度	按国土面积计算：每百平方公里 140 公里		
	按人口计算：每万人 45 公里		
通达里程	通公路的乡镇 194 个，占乡镇 100 %		
	通公路的村 2 431 个，占村 100 %		
客运站	总　数（个）		244
	其中	一级站	1
		二级站	7
		三级站	9
		四级及以下站	227
营运车辆	总　数（辆）		19 379
	其　中	客车 3 306 辆 40 404 座	
		货车 16 073 辆 84 545.78 吨	
公路运量	客　运	客运量（万人次）	2 656.81
		旅客周转量（万人公里）	194 322.49
	货　运	货运量（万吨）	3 308.09
		货物周转量（万吨公里）	433 543.92
内河航运运输			
通航里程	总里程（公里）		685.41
	其中	三级航道	
		四级航道	
		五级航道	
		六级航道	
		七级航道	194.16
港口（码头）	总　数（个）		97
	吞吐量	旅客吞吐量（万人次）	154.681 4
		货物吞吐量（万吨）	221.676
水路运量	客　运	客运量（万人次）	154.681 4
		旅客周转量（万人公里）	552.556 8
	货　运	货运量（万吨）	221.676
		货物周转量（万吨公里）	1 384.089
营运船舶	总　数（艘）421		
	其　中	客船 144 艘 4 002 座	
		货船 277 艘 16 583 吨	
城市公交运输			
营运车辆	244 辆		
公交线路	18 条		
公交站	248 个		
运　量	0.43 亿人次		

交通运输概述 2017年巴中市完成交通建设投资118亿元，超目标任务2.6%，比上年增长40.37%。其中，高速公路34.2亿元、干线公路46.35亿元、农村公路34.02亿元、站场码头等3.19亿元。巴中市被省政府评为农田水利基本建设（交通项目）二等奖。巴陕高速公路建设、巴中至平昌公路森林长廊登上央视新闻节目。项目建设再结硕果。巴陕高速公路南江至关坝段建成通车，巴万高速公路加快建设。巴城南环线燕飞互通建成通车、桥隧等控制性工程顺利推进，国道542线、省道409线等16个普通国省干线公路改造项目加快实施，改造完成100公里。建成连片扶贫开发道路通畅工程1 030公里，完成县乡道改善提升工程140公里、村道改造224公里。创建“四好农村路”示范路458公里，平昌县被命名为全国、全省“四好农村路”示范县。建成南江关路治超站、1个旅游车站、8个乡（镇）客运站、1 090个农村招呼站（牌），建成渡改公路桥4座、渡改人行桥25座。严格交通工程建设项目规划、质量、造价监管，加强过程抽检，工程质量稳步提升。项目前期有序推进。镇广高速公路通江广纳至广安段完成工程可行性研究报告修编和PPP“两评价一方案”编制；通江广纳至陕西镇巴段完善工程可行性研究报告，对接省界接线方案。苍巴高速公路项目审批要件全面完成。米仓大道完

巴城南环线刘家咀大桥施工现场　　郭　亮　摄

成工程可行性研究报告修编，部分相关专题要件及项目“两评价一方案”初稿编制工作。国道245线巴中至金平公路巴中段等项目前期工作加快推进。项目储备和争取成效突出。全市2 448个农村公路项目进入交通运输部农发行农村公路抵押补充贷款（PSL）项目库。3个高速公路项目、10个普通国省干线公路改造项目、527.2公里县乡道改善提升、2 800公里村道窄路加宽项目纳入《四川省川陕革命老区振兴发展重点项目库》。米仓大道等6个项目列入《四川省普通干线公路“十三五”建设项目清单》。农村公路改善提升工程项目中期调整巴中市新增142.2公里，总规模达1 141.6公里。全年争取到位中央、省交通专项补助资金13.53亿元、第二批政府还贷二级公路新增债务余额化债补助资金47.46亿元。

（李艳梅）

巴中市开展第三轮交通大会战　2017年3月和9月，中共巴中市委、市政府先后召开全市交通运输工作会议和全市交通运输工作现场会，作出举全市之力开展第三轮交通大会战的重大部署，构建以“6631”为骨架的综合交通体系、建成外快内畅便捷高效的川东北综合交通枢纽、实现区域交通节点向区域综合交通枢纽跨越。会后，市委市政府相继出台《巴中市综合交通运输“十三五”发展规划》《关于开展第三轮交通大会战的意见》《巴中市建制村联网路和村内通组路建设实施方案》系列文件，进一步明确未来五年全市交通运输发展目标任务和实践路径。围绕市委市政府决策部署，市、区县交通运输部门制订实施方案，建立工作机制，一大批项目陆续开工。

2017年9月25日，巴中市交通运输工作现场会上确定开展第三轮交通大会战。图为会议现场　　郭亮　摄

9月25日，巴中市召开交通运输工作现场会，总结推广平昌县“四好农村路”示范县成功经验，统一思想，坚定信心，开展新一轮交通大会战，推进交通运输事业再上新台阶。中共巴中市委书记罗增斌出席会议并讲话，巴中市长何平主持会议。会议指出，第三轮交通大会战总体思路是：继续把交通基础设施改善作为决胜脱贫攻坚、同步全面小康的重中之重，坚定不移实施交通先行战略，集中五年时间，把巴中建成外快内畅、便捷高效的川东北综合交通枢纽。主攻方向：加密，新建、新增纵向、横向、环形以及覆盖市县乡村干线支线；联网，融入大动脉、畅通主通道、打通断头路，实现联网可循环；升级，对现有低等级铁路、国省公路、主次干道、农村公路进行升级改造。主要目标：建成以空铁高为骨干、融入全国、综合立体的对外大通道，以国省干道和区县环线为支撑、辐射全域、畅通高效的市域内循环，以通乡到村农村公路为网络、覆盖村组、联网成带的通畅乡村路，形成“6631”综合交通体系。会议要求，实施全市第三轮交通大会战，必须明确时间表和路线图，找准主攻抓手，实施重点突破，务求稳步全胜。科学规划引领。以跳出巴中的眼界规划大通道，以城乡一体的理念规划内循环，以路通业兴的标准布局产业。扭住项目攻坚。要专班专责主推，力促项目落地，挂图作战攻坚。多措并举投入。抢抓机遇争取政策投入，做强平台放大金融投入，创新方法集聚市场投入，群众主体激发自主投入，确保“十三五”期间交通投资规模突破685亿元。深化交通惠民。要大力实施交通扶贫，优化城市公交服务，坚持发展绿色交通，着力构建平安交通。

（郭　亮　李艳梅）

道路运输　2017年，巴中市完成公路运输总周转量452 976万吨公里，比上年增长7.44%。完成2017年公路、水运春运工作，安全疏运旅客455万人次。城市客运方面，推动城市公交优先发展，出台《巴中市巴城

公共交通政府补贴管理暂行办法》，巴城新设置2条公交专用（优先）道，新开2条公交线路，优化调整5条线路，巴恩城际公交实现同城同价。区县新建公交首末站2个、招呼站34个，新增（优化）公交线路3条，新增公交车17辆。有序推进出租汽车新老业态融合发展，规范网络预约出租汽车平台公司4家，规模发展网络预约出租汽车800余辆，春节前投放巡游出租汽车200辆，市民出行难逐步缓解。农村运输一体推进。统筹城乡运输同步发展，实施农村客运村村通工程，全市新增245个建制村通客车，建制村通客车率达80%。平昌县探索农村物流发展，开行农村物流班线13条，初步形成配送一体的物流网络。

（李艳梅）

交通脱贫攻坚　2017年，巴中市需完成2个脱贫摘帽贫困县和215个退出贫困村的通乡通村硬化路建设。截至年底，2个脱贫摘帽贫困县的通乡通村硬化路任务全部完成，建成乡道公路798公里、村道公路3 314公里。其中，巴州区28个乡（镇）通乡油（水泥）路442公里、431个建制村通村公路硬化路1 767公里，恩阳区24个乡（镇）通乡油（水泥）路356公里、416个建制村通村硬化路1 547公里；215个退出贫困村通村公路硬化任务全部完成，建成里程843.51公里。其中，巴州区55个村263.23公里，恩阳区55个村198.5公里，通江县25个村89.78公里，南江县45个村145公里，平昌县35个村147公里。全市建制村通畅率100%。

（李艳梅）

脱贫攻坚道路之平昌县枫香村道路　　郭　亮　摄

公路管养　2017年，巴中市普通国省干线公路路面使用性能指数（PQI）92.7，居全省前列，保持优等路水平。路政管理不断强化。以固定治超站为依托，与公安交警、农业农机等部门联合执法，查处超限运输车辆7 813辆次，卸载车辆5 760辆，卸载（转运）货物8 490吨，超限率下降到3%以下。强化公路路产路权保护和路域环境整治，全年查处路政案件8 708件，结案率99%。养护水平不断提高。加强普通国省干线公路小修保养、预防性养护与桥隧安全管理，实施中修36公里，保障了公路畅通。区县落实农村公路养护管理责任，推行“四级三员”模式，农村公路列养率达100%。平昌县率先引入电子检测智能治超系统，有效提升路政执法效率。南江县将项目打包绿化，探索出建设“绿色长廊和谐公路”新路子。

（李艳梅）

交通安全监管　2017年，巴中市道路运输、水上运输、公路养护、路政管理、交通所属企业死亡人事故为“零”，未发生较大及以上事故和源头管理责任事故。巴中市交通运输局被交通运输部、公安部、安监总局联合表彰为“道路运输平安年”先进单位。基础不断夯实。巴中交通运输应急指挥大厅建成投用，农村公路路侧护栏建成650公里，班线客运车、危货车、教练车、出租车和公交车卫星定位系统车载终端和重点客运车辆3G视频监控安装实现全覆盖。监管持续加强。大力推进“平安交通”创建活动，压责任、治隐患、强整改，开展综合督查和专项检查70余次，治理安全隐患和薄弱环节1 390个，开展应急运输、道路抢通、水上抢险应急演练7次，维护全市交通运输行业平安。

（李艳梅）

巴中市与省交通运输厅工作对接会议召开　2017年2月6日，巴中市与省交通运输厅工作对接会议在成都召开。省交通运输厅厅长汪洋、巴中市市长何平出席会议。双方就巴中交通建设特别是重点交通项目的推进深入交换意见。汪洋指出，省交通运输厅将一如既往支持巴中交通运输发展，帮助完成诺水河至光雾山公路项目相关审批事项，报请省政府批准为收费公路，促成项目尽早开工建设；支持镇巴经巴中至广安高速公路由巴中市牵头，采取PPP模式进行建设；将苍溪至巴中高速公路项目纳入成绵复线工程，与绵阳至苍溪、苍溪至巴中高速公路一起打捆招商；逐年下达普通国省干线公路和农村公路项目计划，更多建设村民聚居点道路和产业道路，夯实脱贫攻坚底部基础。汪洋就交通项目推进提出

2017年2月6日，巴中市与省交通运输厅在成都召开工作对接会议　　郭　亮　摄

具体要求：立足交通稳增长，继续加大投资力度，力争超额完成年度投资任务；加快建设巴陕高速公路，全面开工巴万高速公路，协调解决好苍巴高速公路用地指标问题；加快推进诺水河至光雾山等重点项目前期工作，尽早开工建设；加快建成交通运行监测与应急指挥系统工程、普通国省干线公路应急保通中心，提升交通运行监测和干线公路养护管理能力；全面完成省下达的215个年度脱贫摘帽村通村水泥路建设任务。何平介绍巴中交通建设情况，希望省交通运输厅继续关心支持巴中市交通运输发展，特别是在诺水河至光雾山公路、巴万高速公路、镇广高速公路、苍巴高速公路、普通国省干线和农村公路项目上给予更多支持帮助，从根本上破除交通对区域经济社会发展的瓶颈制约，促成巴中早日告别贫困、圆梦小康。

（张　好　郭　亮）

张松获荣誉称号　2017年3月15日，全国海员建设工会全国委员会对2015年以来在全国交通基础设施重点工程建设劳动竞赛活动中做出重要贡献和突出业绩的单位和个人，授予“全国交通基础设施重点工程建设劳动竞赛优胜单位和先进个人”荣誉称号。巴中市公路建设有限公司机械队队长张松获“全国交通基础设施重点工程劳动竞赛先进个人”荣誉称号。

（张　好）

“打非治违”专项行动　2017年，巴中市查处道路运输违法违规经营行为3 633件。巴城打击非法营运专项整治自7月1日启动以来，交通、公安联合出击，共查扣“黑车”1 774辆（含长线“黑车”53辆）、销毁20辆，对暴力抗法的行政拘留8人、刑事拘留17人，“黑车”存量大幅减少、增量有效遏制，极大震慑“黑车”经营者。此次集中整治，力度之大、持续时间之长、效果之明显为历史之最。开展内河航运秩序专项治理行动，注销客船42艘，停运起岸44艘。

（李艳梅）

交通运输公众服务　2017年，巴中市交通运输公众服务稳步提升。依法依规做好群众信访工作，受理群众来信来访126件次，做到件件有着落、事事有回音。“12328”交通运输服务监督电话与“12345”市民服务热线实现并网运行，受理举报、咨询和建议7 958件，群众满意率99%。市“12345”市民服务热线被省交通运输厅表彰为“四川省12328电话优秀服务中心”。

（李艳梅）

宁夏回族自治区农村公路立法组到巴中市调研　2017年4月19日，宁夏回族自治区交通运输厅总工程师张凌云率自治区人大财经委、法工委和宁夏交通运输厅规划、建管、法规等处室负责人一行10人到巴中市开展农村公路立法调研。调研组沿平昌县驷马、得胜、五木、灵山、元山一线，实地查看农村公路建、管、养、运情况，对农村公路管养机制、职能职责、人员编制、经费保障等情况展开深入调研。调研组认为，平昌县农村公路在路网规划、建设质量、管理养护、公路绿化等方面水平都非常高，其建立的县路政大队、乡交管站、村养护队的管养体制有效解决了农村公路管养缺位问题；探索形成的“农村公路+产业”“农村公路+旅游”发展模式有效提升农村公路的综合效益；作为全国农村公路先进县，平昌县在农村公路发展上的先进做法和典型经验，值得宁夏充分借鉴，并对《宁夏回族自治区农村公路管理条例》的制定产生积极作用。

（郭　亮）

交通运输行业改革　2017年，巴中市稳妥推进全市出租汽车行业改革，出台《关于深化改革推进出租汽车行业健康发展的实施意见》《巴中市网络预约出租汽车经营服务管理实施细则（暂行）》，规范和促进巡游车与网约车新老业态融合发展。与市公安局联合出台《巴中市机动车驾驶人培训考试制度改革实施方案》，促进机动车驾驶人培训考试规范化、便民化。有序推进公路养护市场化改革，出台《巴中市公路养护市场化改革实施意见》，为实现公路养护决策科学化、养护管理制度化、养护作业标准化、养护工程精准化奠定了基础。积极筹备组建市交投集团，参与组建方案制定，协调解决具体问题，划拨交通资产，致力打造交通运输发展的融资载体、投资主体、建设和经营实体。

（李艳梅）

雅安市交通

YAAN SHI JIAOTONG

2017年雅安市交通运输能力概况

公路交通运输			
通车里程	总里程（公里）		6 628.103
	其中	高速公路	340
		一级公路	27.087
		二级公路	593.559
		三级公路	339.381
		四级公路	4 943.166
		等外公路	384.91
公路密度	按国土面积计算：每百平方公里 44.026 公里		
	按人口计算：每万人 42.762 公里		
通达里程	通公路的乡镇 139 个，占乡镇 100％		
	通公路的村 1 015 个，占村 100％		
客运站	总　数（个）		106
	其中	一级站	2
		二级站	3
		三级站	5
		四级及以下站	96
营运车辆	总　数（辆）		22 475
	其　中	客车 1 220 辆 21 272 座	
		货车 20 597 辆 136 623 吨	
公路运量	客　运	客运量（万人次）	2 043.7
		旅客周转量（万人公里）	78 284
	货　运	货运量（万吨）	5 434.7
		货物周转量（万吨公里）	693 280
内河航运运输			
通航里程	总里程（公里）		351
	其中	三级航道	
		四级航道	
		五级航道	
		六级航道	
		七级航道	351
港口（码头）	总　数（个）		
	吞吐量	旅客吞吐量（万人次）	
		货物吞吐量（万吨）	
水路运量	客　运	客运量（万人次）	23.53
		旅客周转量（万人公里）	141.18
	货　运	货运量（万吨）	
		货物周转量（万吨公里）	
营运船舶	总　数（艘）16		
	其　中	客船 16 艘 516 座	
		货船　艘　吨	
城市公交运输			
营运车辆	300 辆		
公交线路	36 条		
公交站	510 个		
运　量	0.37 亿人次		

交通运输规划　2017年，雅安市交通运输工作强化对外交通联系，主动对接《成都平原城市群规划》《四川省城镇体系规划》，以已有的成雅高速公路、邛名高速公路、雅乐高速公路、雅西高速公路，在建的川藏铁路成都（朝阳湖）至雅安段、雅康高速公路，规划建设的天雅（天府新区至邛崃至雅安）高速公路、成雅快速通道、川藏铁路雅安至康定（新都桥）段等重大项目为支撑，构建东、南、西、北方向快速通道，强化雅安与成

2017年12月，雅康高速公路对岩枢纽互通 雅安市交通运输局 供稿

2017年12月，雅康高速公路面貌　　雅安市交通运输局 供稿

都经济区、攀西经济区、川西北经济区和川南经济区的联系。灾区振兴发展时期，全市计划建设高速公路、国省干线公路等重点项目18个，总里程2 125公里，交通基础设施总投资587亿元。力争完成投资223亿元，完成里程1 700公里，其中，高速公路项目完成124亿元，国省干线公路新（改）建项目完成77.2亿元，农村公路项目完成14亿元，国省干线大中修项目完成2.3亿元，运输站场建设完成5.5亿元。

交通建设固定资产投资　2017年，雅安市交通基础设施建设完成投资59.2亿元，为年初计划的101.02%。其中：高速公路完成投资34.52亿元，占计划投资的88.24%；国省干线提档升级项目完成投资17.74亿元，为计划投资的126.7%；农村公路完成投资4.5亿元，为计划投资的150%；站点建设、国省干线大中修等专项工程完成投资2.44亿元，为计划投资的100.4%。

高速公路建设　2017年，雅安市高速公路建设完成投资34.52亿元，其中雅康高速公路25亿元，峨汉高速公路9.52亿元。泸石高速公路前期工作有序开展，力争2018年开工建设。天雅高速（天府新区至邛崃至雅安）公路前期工作加快推进，争取列入省高网规划并尽快启动实施。

雅康高速公路雅安至泸定段试通车运行　2017年12月31日，雅康高速公路雅安至泸定段实现试通车运行。提前试通车路段为雅安草坝枢纽互通至泸定互通段95公里，开通多功、天全、新沟、泸定等4个收费站，ETC同步投入使用。开通服务区1处，即天全服务区。雅康高速公路雅安草坝至泸定段提前试通车运行，结束了四川藏区不通高速公路的历史，为四川芦山地震灾区新增一条生命大通道，同时雅安绕城高速公路正式闭合成环，进入绕城高速公路时代。

2017年12月，雅康高速公路多功收费站　　雅安市交通运输局 供稿

国省干线公路建设　2017年，雅安市国省干线建设完成投资17.74亿元。省重点项目成雅快速通道10月底开工建设。多营青衣江大桥11月开工建设。省道105线雅安至上里至邛崃界段提档升级改造、省道217线石棉至甘洛段改建工程等项目年底开工建设。全力推进省道431线名山百丈至雨城上里至芦山县城新建工程、国道108线石棉县城过境段新建工程、国道549线石棉境内路段改（扩）建等项目前期工作。投入资金12 728.25万元

2017年12月，国道318线雨城区多营绕城段　　雅安市交通运输局 供稿

实施干线公路大中修，完成139.49公里国省干道大中修工程。

农村公路建设 2017年，雅安市农村公路建设完成投资4.5亿元，其中，完成县乡道改造152公里，为目标任务的101.3%；新（改）建通村公路257公里，为目标任务的128.5%；完成农田水利基本建设目标任务；完成农村公路安保工程271.08公里，为目标任务的100.91%。“四好农村公路”建设有序推进。

交通脱贫攻坚 2017年，雅安市以省定脱贫的105个村为重点，投资3.02亿元，完成贫困村组农村公路建设280.99公里，完成23个贫困村通村硬化路整治，实现所有建制村通硬化路。开展2016年脱贫的45个贫困村通村硬化路“回头看”。加大对口联系村脱贫帮扶，建立机关干部联系帮户常态机制，制定一户一策脱贫计划，结对联系贫困户26户，2017年联系的贫困村实现村退出户脱贫。

客运站点建设及农村物流业发展 2017年，雅安市建设综合客运枢纽站1个，完成投资0.6亿元。推进农村客运班车通达率，继续实施农村客运“村村通”专项工程，完成汉源3条通乡（镇）客运任务。建制村客运通村任务完成38个，完成率达100%。发展农村物流网络节点，依托邮政快递业网点优势，实施交邮共建、交农对接，鼓励开行农村货运班车、农村零担货运，鼓励物流企业在主要乡（镇）建立信息服务点和仓储点，采取多种经营模式融合的形式促进农村物流业发展。

公路治超 2017年，雅安市在全市范围内启动“重拳”区域联动治理车辆超限超载行动，24小时联合治超，投入执法人员3 248人次，检测车辆83 918辆，其中超限车辆866辆，卸载货物5 471.75吨，对违法超限超载货车记分1 800分，查处非法改装货车461辆，发出抄告144份，源头治理出动849人次，货运装载源头企业巡查173家，检查维修企业改装车辆617家，被超限抄告从业人员学习24人次。国道318线、108线、351线及各区县货运车辆超限超载违法行为得到有效遏制，货车超限比例由30%下降到1.03%，货车非法改拼装大幅减少，公路沿线货运车辆抛洒滴漏现象明显减少，区域联合治超行动效果显著。

公路养护管理 2017年，雅安市加强公路养护，指导各县（区）及时清除清扫辖区内国省干线路面、桥涵、排水沟的淤泥、杂草杂物等，完善公路沿线设施，筹措落实资金，开展维修小修工程和预防性养护工作。加强检查考核工作，按每月巡查、季度检查、年终全面检查相结合的方式进行。每月由市公路管理部门分管领导带队，分线路巡查各县（区）公路养护段日常养护工作开展具体情况。每季度组织一次检查考核，主要考核各县（区）公路养护段的养护管理工作落实情况。年终全面检查考核各县（区）国省道公路全年养护管理工作开展成效。

2017年12月，国道351线天全多功段　　雅安市交通运输局 供稿

公路地质灾害排查治理 2017年，雅安市公路管理部门加强对公路地质灾害和道路安全隐患排查与治理工作，于4月、6月和10月，先后3次组成工作组对全市各区县国省干线公路地质灾害隐患点排查及治理工作开展情况进行督查和复查，排查全市境内国省干线公路地质灾害安全隐患点78个，督促各县（区）落实相关责任单位、责任人、隐患点监测监控和巡查措施，完善警示标志设置，确保道路安全。逐一分线路、按桩号、灾害类型、规模等级建立2017年地质灾害隐患点台账资料并汇总成册，对2016年处治完成消除隐患的地质灾害点进行销号。

路政管理 2017年，雅安市公路路政管理部门按照巡查制度制定每月巡查计划，开展公路巡查。加大节假日和汛期公路巡查密度，及时查处公路“九乱”现象，确保公路安全畅通。年内，全市公路巡查率达90%以上，发生各种侵占、损坏公路路产和公路设施案件743起，查处732起，查处率98.5%，清障排障2 569起。

公路建筑控制区管理 2017年，雅安市加大公路建筑控制区管理力度，督促各区县加强公路巡查，切实维护路产路权。坚持依法行政，依法管理，坚决制止公路两侧建筑控制区内修建房屋和地面构造物，严格控制非交通标志标牌设置，坚决查处公路沿线设置加水、洗车点和污染公路等行为。年内全市清障排障2 569处，规范交通标志牌101处，清理拆除广告牌、横幅、非交通标志牌1 009处，处理损坏公路设施38处，规范整治加水、洗车、维修摊、占道经营186处，参与处置违章建筑15处。

工程质量监督 2017年，雅安市对全市高速公路、国省干线新（改）建工程进行全覆盖质量安全监督，重点监督工程项目14个（其中，高速公路项目3个、国道项目6个、地方重点经济干线项目4个）。全市在建工程未发生重大质量事故，工程质量通病发生率稳中有降，工程质量处于受控状态，在建工程安全生产事故率锐减，安全生产平稳。

交通安全生产 2017年，雅安市强化交通安全生产源头监管，完善规章制度，加大投入力度，狠抓安全隐患整治。全年安全生产事故死亡1人，占下达7人控制指标的14%，交通运输安全工作形势保持总体平稳。

运输行业概况 2017年，雅安市有道路旅客运输业户32家，其中，从事班车客运的企业有7家，从事出租汽车的有12家，公交客运的有13家。道路货物运输业户10 696家（含个体），其中，普通货运10 200家（含个体），货物专用运输96家，危险货物运输企业6家，其他道路运输相关经营业户1 256家，道路运输从业人员37 892人。有汽车客运站106个，其中，一级客运站2个、二级客运站3个、三级客运站5个、农村客运站96个。全市开通客运线路171条，其中，高速公路客运54条、跨省客运线路2条、跨市客运线路68条、跨县客运线路29条、县内客运线路72条。一级货运站1个（雅安市多营物流中心）。有客运车辆1 220辆，其中，班车客运1 211辆（包括农村客运902辆）、出租汽车486辆、公交车300辆（其中，城区出租车333辆、公交车122辆），货运车辆20 597辆。农村客运通乡（镇）131个，通达率94.24%，通建制村853个，通达率84.04%。驾驶培训学校共23所，其中，1所为一级驾校。维修企业1 019家，其中，一类维修企业14家、二类维修企业165家、三类维修企业723家、摩托车维修102家。

客货运输 2017年，雅安市完成道路客运量2 043.7万人次，旅客周转量78 284万人公里，货运量5 434.7万吨、货物周转量693 280万吨公里。2017年春运历时40天，发15.3万个班次，安全运送旅客162.3万人次，与上年同比上升0.81%。完成2017年秋季征兵运输任务。2017年高考期间，组织蜀通公交、利民公交、众程出租、雨城出租、利民出租等公司，组成“爱心送考”车队，免费接送考生，出动公交车4辆，出租车20辆，免费接送高考学生1 200余人次。

优化运力结构 2017年，雅安市加快客运车辆的结构调整和提档升级，40公里以内的班线和农村短途客运使用CNG双燃料车辆，客运班线实载率低于70%的不得新增运力。加快互联网与道路客运深度融合，通过网络购票、车载WiFi、GPS等信息化手段，进一步提高道路运输效率。积极构建道路客运与民航、铁路等紧密衔接的道路客运集疏运网络，开通雅安到成都双流机场的直达班线，提升综合运输整体效率。

货运物流 2017年，雅安市推动货运产业结构调整，引导企业集约化、专业化发展，完善市场退出机制，淘汰规模较小、管理不善的企业，淘汰老旧车辆，鼓励发展节能型、环保型的运输车辆，提高货运企业的运行质量。继续推广甩挂运输先进经验，扶持货运龙头企业积极推行甩挂运输和集装箱运输，进一步增强货物运输服务社会经济发展的能力。做好依托互联网平台发展的无车承运人发展试点，雅安华峰物流公司作为全省无车承运人发展试点单位之一，按规定办理四川省“增值电信业务经营许可证”，具备开展无车承运人经营的互联网平台。督促危险货物运输企业全面推进和使用电子运单，确保至年底所有危险品运输企业电子运单使用率达到100%。

驾驶培训 2017年，雅安市培训机构培训驾驶初学学员18 362人，新办从业资格证2 199个，换发从业资格证1 932个，超期恢复从业资格证221个，从业资格证转籍204个。全年全市机动车驾驶员培训机构在场地、设备、设施中投入资金2 000多万元，全市有教练车547辆，教练员608人，新增8所驾校。全市23所机动车驾驶员培训机构全部安装计时培训系统，推行“计时收费、先培后付”模式，覆盖率达100%。

汽车维修业 2017年，雅安市实现所有汽车综合检测机构安装使用汽车综合性能检测信息化管理系统，完成检测系统和设备的升级改造。全市从事二级维护作业的汽车维修企业全部安装使用二级维护信息化管理系统，并与省平台对接成功。全市客运车辆和危货车辆全部实施车辆技术电子档案，基本完成全市总重12吨以上货运车车辆技术电子档案的安装使用工作。

汽车维修企业污染防治 2017年，雅安市结合每年

汽车维修企业质量信誉考核工作，要求维修企业规范处置维修废弃物，建立健全污染防治组织机构和制度，定期组织从业人员开展污染防治知识培训，引导企业升级改造绿色汽修设施设备，逐步淘汰效率低、能耗高、污染大的老旧维修设备。全市各级道路运输管理机构出动执法人员1 000余人次，出动执法车辆400余辆次，对199家一、二类汽车维修企业进行全覆盖检查，发现环境污染问题及时督促整改。

新能源汽车发展 2017年，雅安市大力推广天然气汽车和新能源汽车，逐步提高每年新增及更新的营运车辆中新能源和清洁能源车辆比例。全市农村短途客运车辆931辆，其中CNG双燃料汽车285辆，占比31%；公交车284辆，其中电动公交车44辆，占比15%，CNG双燃料130辆，占比46%；出租车469辆，其中CNG双燃料341辆，占比73%。加快淘汰经营年限较长、技术性能较差、污染排放不达标的老旧车辆。全年全市报废更新客运车辆106辆，其中更新大型高二级5辆，大型高三级7辆，中型高二级10辆，中型高一级3辆，中型中级1辆，中型普通级6辆，小型普通级74辆。新增、报废更新货运车辆2 466辆。加快淘汰营运黄标车，全市2 141辆营运“黄标车”退出道路运输市场，基本完成全市营运“黄标车”退出道路运输市场任务。

“打非治违”专项整治 2017年，雅安市各区县运管部门联合公安、城管等部门，分三个片区，以城区旅客集散点、旅游客运线路、高速公路进出口、旅游景区周边、汽车客运站周边等为重点，开展为期5个月的“打非治违”专项行动。全年出动执法人员14 552人次，执法车辆27 550辆次，查获687辆非法违法经营车辆。

川西片区水上应急演练 2017年5月12日，四川川西片区新增共管通航水域水上突发安全事件应急救助演练在雅安市汉源县举行。演练由省地方海事局、雅安市人民政府主办，省交通运输厅航务局、雅安市、乐山市、攀枝花市、凉山州等市（州）地方海事局和汉源县地方海事局、汉源县水上运输企业参加演练。省交通运输厅总工程师陈乐生、省政府应急办副主任雷治严、省地方海事局局长刘孝明、雅安市副市长杨硕以及省安监局、甘孜州交通运输局、成都市、绵阳市、宜宾市、资阳市、南充市、眉山市、广元市、内江市等10余市（州）的地方海事局负责人出席活动并现场观摩。演练通过对“突发阵性大风，转移遇险游客；船舶碰撞，救助落水人员；船舶溢油处置，船舶消防救援；冲锋舟队列展示”等4个科目的演习，检验雅安市水上运输事故应急预案的实用性和操作性，强化雅安、乐山、凉山、攀枝花、甘孜、阿坝等六个市（州）的水上协同联动能力，展示水上应急救援能力，实现锻炼应急队伍、提高省市联动处置水路交通公共安全和应对突发公共事件能力的演练目的。

（本栏目供稿单位：雅安市交通运输局）

2017年5月12日，四川川西片区新增通航水域水上突发安全事件应急救助演练在汉源县举行。图为演练现场

雅安市交通运输局 供稿

眉山市交通

MEISHAN SHI JIAOTONG

2017年眉山市交通运输能力概况

项目			数值
公路交通运输			
通车里程	总里程（公里）		8 040.946
	其中	高速公路	401.6
		一级公路	266.96
		二级公路	387.626
		三级公路	340.786
		四级公路	5 172.975
		等外公路	1 471
公路密度	按国土面积计算：每百平方公里 111.9 公里		
	按人口计算：每万人 26.9 公里		
通达里程	通公路的乡镇 128 个，占乡镇 100 %		
	通公路的村 1 089 个，占村 100 %		
客运站	总　数（个）		180
	其中	一级站	1
		二级站	6
		三级站	2
		四级及以下站	171
营运车辆	总　数（辆）		27 665
	其　中	客车 1 697 辆 38 495 座	
		货车 25 968 辆 180 060 吨	
公路运量	客　运	客运量（万人次）	4 019
		旅客周转量（万人公里）	135 922
	货　运	货运量（万吨）	7 941
		货物周转量（万吨公里）	599 540
内河航运运输			
通航里程	总里程（公里）		280
	其中	三级航道	
		四级航道	
		五级航道	
		六级航道	78.7
		七级航道	11.02
港口（码头）	总　数（个）		80
	吞吐量	旅客吞吐量（万人次）	108
		货物吞吐量（万吨）	
水路运量	客　运	客运量（万人次）	108
		旅客周转量（万人公里）	340
	货　运	货运量（万吨）	
		货物周转量（万吨公里）	
营运船舶	总　数（艘）273		
	其　中	客船 218 艘 3 973 座	
		货船 55 艘 2 796 吨	
城市公交运输			
营运车辆			615 辆
公交线路			55 条
公交站			1 189 个
运　量			0.67 亿人次

成眉交通合作行动计划　2017年4月，眉山市交通运输局与成都市交委签订《成都—眉山协同发展交通合作协议》，12月中共眉山市委提出融入成都行动计划，眉山市交通运输局对未来3年交通融入成都的航空、铁路、公路、水运以及交通运输等综合交通项目进行梳理，开展对接。空运方面在“十三五”期间，眉山市将规划建设丹棱、洪雅2个二类通用机场，其他区县按需规划建设三类通用机场。从2018年起，与成都同步推进通用机场的规划建设。铁路方面在“十三五”期间，力争在全省率先推进市域铁路的规划建设，全力推动市域铁路与成都轨道交通的对接；同时，加快实现成绵乐高铁公交化运营，以发挥高铁的最大价值。2021年，加快建设首条市域铁路（成都地铁39号线眉山支线），实现成绵乐高铁公交化运营进入常态化。公路方面随着成都经济区环线高速公路简蒲段的建成通车，成眉之间将有4条高速公路直接连接，眉山到成都的公路车程缩短为40分钟，高速公路真正实现无缝对接成都。岷东大道、天府大道以及丹棱至蒲江（省道401线）、眉山至新津（国道245线）、仁寿至双流（国道213线）等国省干线的建成通车和改造升级均实现与成都的同标准、高质量的对接。农村公路与成都同步建设，县、乡、村道路达到无落差对接，融入成都深入到交通的毛细血管。2018

年，全市将继续推进成乐高速公路扩容、工业大道、天府仁寿大道、环天府新区快速通道、红星路南延线等项目建设，力争完成投资69.9亿元；新开工建设成宜高速公路、天府大道眉山段、仁寿至成都天府国际机场快速通道（仁简快速通道）、丹蒲快速通道，力争完成投资28.5亿元。至2021年，眉山对接成都的通道将进一步增加并优化，全市将有5条高速公路、9条一级公路，共90个公路车道对接成都。交通运输方面成眉运输通道的多元化发展使客货运输量增速明显，成眉交通互联互通已实现成眉人流物流在多种运输方式、多个运输通道、多个运输方向、多个运输时段进行选择。为抓住成都市将由单中心城市向以“双核共兴、一城多市”网络城市群发展为特征的大都市转型，以公交都市创建为契机，智能公交为特色，依托眉山独特的地理优势，加快公共交通优先发展，推动成眉运输一体化融合发展。2018年至2021年，着力促进成眉公交一体化，联合成都创建公交都市圈，推动成绵乐高铁成眉公交化运营。

眉山市域轨道交通规划 2017年，为促进眉山市轨道交通建设发展，加强综合交通与成都的无缝对接，实现融入成都，全域共进，将眉山打造为成渝经济区现代化工业基地、成都都市圈区域中心城市、成都主枢纽重要组成部分，构建多轮驱动，跨越发展新格局，引导形成“一环、两心、三片、四轴、多组团”空间格局，打造“两区两带”旅游体系，构建以东坡文化为特色的历史文化名城。12月，眉山市交通运输局组织开展《眉山市市域铁路线网规划》编制，同步启动研究成都地铁5号线和39号线延伸至眉山的相关工作。开展成都地铁39号线眉山延伸线建设规划，启动相关前期工作。其中《眉山市市域铁路线网规划》取得初步成果，成都地铁39号线眉山延伸线完成项目建议书编制，成都地铁5号线眉山延伸线正开展方案研究。

交通基础设施建设 2017年，眉山市综合交通建设投资完成137.3亿元，其中公路水路交通建设完成投资106.4亿元，创眉山建区设市以来交通建设投资历史新高。全年新开工成乐高速公路扩容改造试验段28公里，新开工环天府新区快速通道、岷东大道永寿至青神县城段等5条一级公路约160公里；续建连汪燕铁路30公里，续建天府大道松林至仁寿县城段、太和大道、洪雅至峨眉山旅游快速通道、工业大道彭山段等5条一级公路约80公里；建成成昆铁路扩能改造工程眉山段54.5公里，建成成都经济区环线高速公路眉山段、仁沐新高速公路仁寿段两条高速公路约103公里，建成工业大道国道351线至彭山区界段、天府大道成黑快速通道至成都第三绕城高速公路段、洪雅至峨眉山旅游快速通道城区段3条一级公路约22公里。“四好农村路”创建工作全面推进，全年新（改）建农村公路480公里，完成投资5.29亿元。

成昆铁路扩能改造工程眉山段通车 成昆铁路扩能改造工程眉山段全长54.59公里，涉及彭山、东坡两区14个乡（镇），设计时速160公里（预留时速200公里），国家Ⅰ级干线铁路，沿线设青龙、彭山、太和、眉山、鲜滩、思蒙6个车站，总造价35亿元。项目由成昆铁路有限责任公司投资建设，中国中铁二院工程集团有限公司设计，中铁四院监理公司监理，中铁二十四局集团有限公司、中铁二十二局集团有限公司施工。2013年12月开工建设，2017年6月全线建成投运，完成投资3.5亿元，累计完成投资35亿元。

连汪燕铁路仁寿段加快建设 连汪燕铁路是国家铁路网的组成部分，全长约93.4公里（含连界站接轨2.371公里）。其中仁寿段长约30公里，总投资18.5亿元，占地101.17公顷，途经仁寿县识经镇、汪洋镇、天峨镇、涂家乡、四公镇、松峰乡等6个乡（镇）22个建制村，是仁寿县重点交通“5322”重要格局的第一条铁路，也是仁寿县向西南发展、向西南出境的重点基础设施项目。国家II级单线铁路，设计时速120公里，限制坡度6%，最小曲线半径一般为1 200米，困难条件下800米。仁寿境内设天峨、尖山（预留）、汪洋3个车站。项目由仁寿县负责投资建设，中铁二院工程集团有限责任公司设计，北京铁城建设监理有限责任公司监理，四川省铁路建设有限公司施工。2015年10月29日开工建设，2017年道路路基、桥涵和隧道工程建设加快进行，完成投资6.08亿元。

成都经济区环线高速公路简阳至蒲江段建成通车 成都经济区环线高速公路简阳至蒲江段项目是成都经济区环线高速公路的南段，位于成都市、资阳市、眉山市境内，起于简阳市禾丰镇与成安渝高速公路相交对接德阳至简阳段，经眉山市仁寿县、彭山区、东坡区，止于成都市蒲江县天华镇，与蒲江县至都江堰段对接，项目全长126.333公里，预算投资146.675亿元；其中眉山市境内长76.4公里，预算投资91.8亿元。全线有桥梁113座22 267.19延米，隧道2座4 228米，双向六车道，设计时速100公里，沥青混凝土路面，设枢纽互通5座（其中眉山市境内2座，分别为与成自泸高速公路交叉的古佛枢纽互通、与成乐高速公路交叉的永丰枢纽互通），一般互通12座（其中眉山市境内7座，分别为仁寿元通互通、仁寿松林互通、仁寿黑龙滩枢纽互通、东坡土地互通、东坡眉山互通、东坡悦兴互通、东坡多悦互通）。项目经省政府办公厅批准，采用BOT模式建设，授权眉山市牵头，眉山市、成都市、资阳市三市人民政府为项目实施的工作责任主体。2013年11月，通过公开招投标，中

国铁建投资有限公司和中铁二十局集团有限公司组成的联合体为中标投资人，组建项目公司中铁四川简蒲高速公路有限公司负责建设管理，2013年12月26日成都经济区环线高速公路简阳至蒲江段项目建设开工仪式在眉山市仁寿县黑龙滩举行，建设工期三年。2014年4月举行成都经济区环线高速公路眉山段征地拆迁工作协议签订仪式暨征地拆迁动员大会，8月全线开工建设。2015年实施路基、桥涵建设。2016年实施路面工程建设，12月31日简阳至仁寿古佛段61公里主线建成通车。2017年蒲江至仁寿古佛段65公里全面加快施工，12月28日全线126公里建成通车，累计完成投资94.8亿元。

成都经济区环线简蒲高速公路穿行眉山市东坡区土地乡田园美景 张忠苹 摄

成乐高速公路扩容建设工程加快推进 国道0512线成都至乐山高速公路扩容工程位于四川省成都市、眉山市和乐山市境内，是连接成都双流机场与三市的重要快速通道，分为项目主线和乐山城区过境复线两部分，项目主线划分为成都三环路川藏立交至彭山青龙场段新建复线和青龙场至乐山段原路加宽两段。线路起点位于成都市三环路川藏立交，止于乐山张徐坝互通，在张徐坝互通顺接乐宜高速公路并与乐雅高速公路形成十字交叉，里程129.926公里。乐山城区过境复线起于棉竹北枢纽互通跨青衣江大桥西侧桥台，顺接乐自高速公路乐山城区连接线，止于冷山枢纽互通，与乐雅高速公路十字交叉，顺接乐雅高速公路峨眉连接线，里程11.36公里。扩容工程总长141.286公里，总投资估算207亿元，新建、扩建段均为双向八车道，路基宽40.5米，设计时速100公里，沥青混凝土路面。眉山市境内长58.486公里，估算投资49.57亿元。2016年9月，为探索提高通车高速公路扩容改造建设质量和建设期间施工保通经验，成乐高速公路青龙场至眉山试验段经省发展改革委批准立项，建设工期三年，采用PPP模式，项目业主为四川成渝高速公路股份有限公司。2016年12月30日开工建设，2017年项目进度加快推进，完成投资9亿元，累计完成投资10亿元。

成宜高速公路开工建设 成都至宜宾高速公路起于成都经济区环线高速公路，对接成都天府国际机场高速公路南线，经成都、眉山、内江、自贡、宜宾，止于乐宜高速公路中峰寺，是成都至宜宾最快捷的通道，也是通往云南的南向重要高速大通道。路线全长约157公里，全线采用双向六车道高速标准建设，设计时速120公里，路基宽34.5米，沥青混凝土路面。眉山（仁寿）境内长56公里，投资估算65亿元。2016年12月，成都、眉山、内江、自贡、宜宾五市政府与四川省铁路产业投资集团有限责任公司签订《成都至宜宾高速公路合作共建投资协议》。2017年3月工程可行性研究报告经省发展改革委批复，3月15日在宜宾市召开项目开工动员大会，11月20日仁寿县政府启动征地拆迁工作，12月施工单位进场开展驻地建设。

国道351线工业大道至彭山界段建成通车 眉山工业大道路线起于东坡区与乐山市夹江县交界处，顺接省道428线（原省道103线），经东坡区、彭山区，止于彭山新津界接成都大件外绕线，路线全长61.9公里，一级公路技术标准，设计时速80公里，双向六车道，路幅宽度30米，沥青混凝土路面。按照统一规划、统一标准，属地管理、分步实施原则，由东坡区和彭山区负责投资建设。项目由中交远洲交通科技集团有限公司、中交第二公路勘察设计研究院有限公司、安徽省交通规划设计研究总院股份有限公司等单位设计，四川省亚通公路工程监理所等单位监理，四川蜀通股份有限公司、重庆市涪陵路桥工程有限公司、四川志德公路工程有限责任公司等单位建设（施工）。2013年开工建设彭山石化园区段4.8公里，2015年底开工建设东坡区国道351线（原省道106线）至彭山界段13.7公里，同年，彭山石化园区段建成通车，取得省政府一级公路收费立项批复。2016年10月10日开工建设彭山谢家至青龙段9.3公里，

2017年2月开工建设东坡界至谢家段5公里。2017年6月，东坡区国道351线（原省道106线）至彭山界段建成通车，完成投资7.82亿元，累计完成投资25.77亿元。

大峨眉国际旅游西环线洪雅城区段建成通车 眉山大峨眉国际旅游西环线起于国道351线（原省道106线洪雅延伸线），经洪雅洪川、止戈、东岳、花溪、柳江、高庙镇，止于与峨眉山市与洪雅县交界处零公里，全长64.2公里（主线56公里，4条连接线8.2公里），一

建设中的眉山市洪雅县大峨眉国际旅游西环线柳江至零公里段
袁桂林 摄

级公路技术标准，双向四车道，沥青混凝土路面。全线划分为两段设计，起点至柳江段32.15公里，设计时速80公里，路幅宽21.5米；柳江至终点段23.8公里，设计时速60公里，路幅宽20米。项目由四川省交通运输厅公路规划勘察设计研究院和中铁二院工程集团有限公司设计。2013年8月开工建设止戈五龙祠至柳江段22.3公里，其中核工业西南建设集团有限公司承建五龙祠至东岳连接线段8.7公里，四川瑞通工程建设有限公司承建东岳连接线至柳江段13.6公里，成都久久公路工程监理有限公司监理，2016年9月建成通车。2016年8月开工建设西环线洪雅城区段3.4公里，由中国五冶集团有限公司中标承建，四川省众信建设工程监理有限公司监理。2016年8月开工建设柳江至零公里段22公里，由中铁十六局集团有限公司中标承建，四川省亚通公路工程监理所监理；2017年，路基、桥涵、隧道工程施工加快进行。2017年11月20日，西环线洪雅城区段建成通车，完成投资10.8亿元，累计完成投资22.8亿元。

岷黑快速通道建成通车 眉山岷东新区至黑龙滩快速通道起于岷东新区岷东大道与植物园路交汇处，止于黑龙滩镇接黑龙滩快速路，全长7.3公里，按一级城市主干道标准建设，桥涵采用公路I级荷载，沥青混凝土路面，概算总投资5.2亿元，其中岷东新区段3.2公里路幅宽度50米、双向八车道，新华集镇段4.1公里路幅宽度30米、双向六车道。由眉山市岷东开发投资有限公司投资建设，中铁二院工程集团有限公司设计，四川精正建设管理咨询有限公司监理，重庆巨能建设集团有限公司施工，2015年12月开工。2017年12月，项目主线建成通车，附属设施施工加快进行，完成投资2.16亿元，累计完成投资2.86亿元。

奔康大道建成通车 眉山交通脱贫攻坚重点工程丹棱县奔康大道起于老峨山旅游快速通道止点，止于仁洪路，全长34.2公里，总投资1.58亿元，途经万年村、三合村、岐山村、廖店村4个省级贫困村和大木河村、金花村、玉柱村、金峡村、峨山村5个市级贫困村，按四级公路标准建设，设计时速20公里，路基宽6.5米，沥青混凝土路面，项目由中国华西工程设计建设有限公司设计，四川合石工程咨询监理有限公司等单位监理，国基建设集团有限公司、四川欣平建筑工程有限公司等单位建设（施工），2016年5月开工，2017年6月建成通车。丹棱县老峨山区扶贫旅游环线奔康大道贯通，将4个省定贫困村和5个市定贫困村串在一起，在山高路陡的老峨山区建成一条打通“瓶颈”、走出大山的脱贫路。

太和大道加快建设 眉山太和大道起于东坡区东坡大道与科工园三路交叉处，经简蒲高速公路眉山互通立交，止于彭山区彭祖大道南段与凤鸣大道交叉口，全长9.663公里，一级城市主干道，路幅宽80米，双向八车道，设计时速60公里，沥青混凝土路面，预算总投资16亿元，设计工程量为路基挖填方220万立方米、涵洞13道、桥梁1座107米，路面42万平方米，同步建设地下综合管廊、绿化亮化工程。项目划分为2个土建标段，1个地下综合管廊标段9.04公里（东坡区城市规划区7.24公里，彭山区1.8公里），1个绿化亮化标段。业主为眉山市恒信交通投资建设有限公司，由中国市政工程西南设计研究总院有限公司设计，四川精正建设管理咨询有限公司、成都衡泰工程管理有限责任公司等单位监理。2016年8月10日开工建设土建一标段2.5公里，重庆建工

第一市政工程有限责任公司中标承建，2017年路面工程施工加快进行。2016年10月8日开工建设土建二标段7.2公里，陕西建工第六建设集团有限公司中标承建，2017年路基工程施工进展顺利。2017年5月开工建设综合管廊标段，四川欧鹏建筑工程公司中标承建，管廊施工顺利进行。完成投资6亿元，累计完成投资6.71亿元。

岷东大道永寿至青神县城段开工建设 眉山岷东大道永寿至青神县城段起于东坡区永寿镇，止于青神县城，顺接剑南岷东大道东坡段，路线全长约17公里，一级公路技术标准，设计时速80公里，双向六车道，路幅宽30米，沥青混凝土路面。按照统一规划、统一标准，属地管理、分步实施原则，由东坡区和青神县负责投资

眉山市剑南岷东大道 古良驹 摄

建设。项目由中国华西工程设计建设有限公司设计，四川兴华建设咨询监理有限公司、河南同济路桥工程技术有限公司监理，江西省四通路桥建设集团有限公司和长沙路桥集团施工。2017年4月开工建设，年内，路基、桥涵施工加快实施，完成投资6亿元。

天府仁寿大道建设工程 眉山天府仁寿大道起于国道351线（原省道106线）仁寿城东，绕仁寿县城，经大化、清水止于双流界，接成都天府大道，全长53公里，估算总投资70亿元，一级公路技术标准，设计时速80公里，双向八车道，路幅宽80米，沥青混凝土路面。由仁寿县负责投资建设，成都市交通规划勘察设计院等单位设计，河南同济路桥工程技术有限公司等单位监理，四川交投建设工程股份有限公司等单位建设（施工）。2012年12月起分段开工视高段、清水段、仁寿县城至成都经济区环线段、成都经济区环线至成黑快速通道段共26.8公里，2015年12月开工建设天府仁寿大道松林至城区段，建成视高清水段7.6公里；2017年建成成都经济区环线至成黑快速通道段5公里，松林至城区段路基、桥涵施工完成，路面施工加快进行，完成投资11.55亿元。

天府仁寿大道松林至城区段加快推进 眉山天府仁寿大道松林至城区段起于天府仁寿大道一期工程与成黑快速通道路口，止于仁寿县城规划区，全长19.48公里，途经仁寿县清水、黑龙滩、大化、珠嘉、文林等4个乡（镇）。一级公路技术标准，同步完善部分城市配套功能，设计时速80公里，双向八车道，路幅宽80米，沥青混凝土路面。项目采取分期分段实施，由成都市交通规划勘察设计院、中国华西工程设计建设有限公司、中国市政工程西南设计研究总院有限公司等单位设计，四川交投建设工程股份有限公司、仁寿蜀南投资管理有限公司、中交第一公路工程局有限公司、四川发展土地资产运营管理有限公司、中国华西企业股份有限公司等单位投资建设，北京中交安通工程技术咨询有限公司、河南同济路桥工程技术有限公司、四川正信工程监理咨询有限公司、四川康立项目管理有限责任公司等单位监理。2015年12月开工建设天府仁寿大道松林至城区段，2017年11月完成路基、桥涵施工，路面施工加快进行，完成投资9.05亿元。

环天府新区快速通道开工 眉山环天府新区快速通道（国道245线至国道213线连接线）起于彭山区青龙镇接工业大道，经仁寿视高镇、文宫镇，止于仁寿县观寺镇接三岔湖旅游环线，全长48.65公里，采用PPP建设模式，一级公路技术标准，设计时速80公里，路幅宽30米，沥青混凝土路面，估算总投资55.86亿元。其中青龙（起点）至视高段25.9公里，双向六车道，配套市政设施；视高至三岔湖段（终点）22.75公里，双向四车道。按照统一规划、统一标准，属地管理、分步实施原则，由彭山区和仁寿县负责投资建设。项目由上海市政工程设计研究总院（集团）有限公司设计，上海浦桥工程建设有限公司和成都市蓉咨建设监理有限公司监理，上海建工集团股份有限公司施工。2017年9月，开工建设仁寿县境内试验段路基工程，彭山区境内开展征地拆迁，完成投资8亿元。

洪雅至瓦屋山旅游快速通道开工建设 眉山洪雅至瓦屋山旅游快速通道起于洪雅县柳江镇郭山村，接大峨眉国际旅游西环线二标段2K30+360桩号处，经王关、双溪村、瓦屋山镇、沙湾村，止于瓦屋山国家森

林公园，全长37.543公里，总投资19.55亿元，沥青混凝土路面，二级公路技术标准，采用PPP建设模式。其中袁坪至瓦屋山镇段21.523公里，路基宽12米，设计时速60公里，投资10.74亿元；瓦屋山场镇至金花桥段15.72公里，零公里零米处至8公里零米处（瓦屋山镇至富坪段）路基宽度12米，设计时速60公里，8公里零米处至15公里720米处（富坪至终点段）路基宽8.5米，设计时速40公里，投资8.81亿元。2017年12月5日开工建设，袁坪至瓦屋山段由江西省交通设计研究院有限责任公司设计，成都市公路工程监理事务所有限公司监理，中交隧道工程局有限公司施工，征地拆迁加快进行；瓦屋山至金花桥段由中交第二公路勘察设计研究院有限公司设计，中交隧道工程局有限公司施工，两阶段施工图设计进展顺利。累计完成投资2.6亿元。

“四好农村路”建设 2017年，眉山市交通运输局组织召开“四好农村路”（建好、管好、护好、运营好农村公路）工作推进会、培训会，及时传达部、省对“四好农村路”重要工作指示，总结“四好农村路”建设过程中的工作经验，重点研究农村公路建设工程中“管、养、运”等薄弱环节，安排部署各项推进工作。12月10日，眉山市政府出台《眉山市人民政府关于推进“四好农村路”建设的实施意见》，明确政府在农村公路发展中的主体地位和导向作用，制订建立示范县创建的激励机制，落实保障资金，强化监督考核，整体联动，调动市级各部门积极性，促进眉山新农村公路建、管、养、运协调可持续发展。以“四好农村路”建设为抓手，夯实农村公路建设，加快推进农村公路建、管、养、运统筹协调发展，建成100公里“四好农村路”示范路。彭山区通过整改，再次申报2017年度“四好农村路”省级示范县。

眉山岷江一桥改造工程加快建设 眉山岷江一桥改造工程桥梁引道起于老城区二环东路，终点与泡菜园区物流主通道立交，止于水天花月景区大门附近，全长1 800米，其中桥长1 175.5米，桥梁宽34米，道路宽54米，一级公路技术标准，双向六车道，设计时速60公里，桥型采用双孔通航连续刚构桥，结合城市总体规划采用外观装饰方案建设，估算总投资3.4亿元。项目由东坡区负责投资建设，厅公路设计院设计，四川省亚通公路工程监理所监理，陕西建工机械施工集团有限公司施工。2016年10月开工。2017年，河道内上部结构施工和两岸下部结构施工加快进行，完成投资1.3亿元。

汤坝航电枢纽工程开工建设 岷江汤坝航电枢纽工程位于眉山市东坡区境内，是岷江中游8级航电规划自上而下开发的第2个梯级。2009年获省发展改革委、省交通运输厅、省水利厅审查批准建设。2017年5月纳入《四川省公路水路交通运输“十三五”发展规划》《四川省“十三五”内河水运发展规划》《成都至乐山段航运发展规划》《四川省高等级航道达标升级2016-2020年专项工程方案》，是四川省“十三五”期开工的重点项目。由眉山岷江水电开发有限公司开发，以通航为主，发电为辅，兼顾防洪、灌溉、供水、流域综合开发，按照四级航道标准设计，坝址位于眉山市主城区岷江一桥下游约1.7公里处，水库正常蓄水位414.80米，电站装机容量6.9万千瓦，年均发电量2.83亿千瓦时，船闸按四级航道通行2×500吨级船队进行设计，渠化航道14公里，工程概算总投资21.06亿元。2017年2月20日取得移民安置规划大纲批复，5月9日取得水资源论证报告和取水申请批复，9月29日取得移民安置规划报告批复，11月20日取得初步设计批复，12月11日取得项目环评批复，项目35项前期专题报告全部完成并取得批复。由四川省水利水电勘测设计研究院、厅交通设计研究院设计，四川省水利电力工程局、四川一沙兴蓉建设工程有限公司施工，四川大桥水电咨询监理有限责任公司、成都交大工程建设集团有限公司监理。2017年12月12日开工建设，开展“一枯”围堰施工，完成右岸约4公里防洪堤施工，闸坝石方开挖3万立方米，砂卵石开挖4.5万立方米，自来水管道的改建，河道疏浚等工程，完成投资3.6亿元。

眉山市交通及社会事业建设项目（PPP模式）签约 2017年3月21日，眉山市交通及社会事业建设项目（PPP模式）成功签约，投资113.7亿元（其中交通约

2017年3月21日，眉山市举行交通及社会事业建设项目（PPP模式）签约仪式

眉山市交通运输局 供稿

80亿元），项目覆盖东坡区、彭山区、仁寿县、洪雅县、岷东新区，是眉山市第一个且规模最大的综合PPP项目，由上海建工集团投资建设，其中交通80亿元投资重点是建设眉山环天府新区快速通道和仁简快速通道；洪雅至峨眉山旅游快速通道获农发行总行贷款20亿元；工业大道人保资金融资20亿元全部到位。

丹棱县汽车客运站提升改造建设 2017年1月，眉山市交通运输局按照《四川省汽车客运站提升改造工程项目管理办法（试行）》要求，对丹棱县汽车客运站进行站务功能竣工验收。丹棱县汽车客运站位于丹棱县城齐乐大道，是二级客运站，占地面积9 900平方米，其中站房面积1 900平方米，站前广场面积5 547平方米，由厅交通设计院设计，丹棱县华夏建筑工程有限公司建设，配有普通旅客候车厅、重点旅客候车室、母婴候车室、男女厕所、残疾人厕所、客运值班室、驾乘休息室、驻站办公室、治安室、广播室、客运办公室、行李托运处、检票处、综合服务台、智能化系统办公用房、汽车客检处、出站验票处等站务和管理设施，有发车站台10个，设计日发班150余班次，日均客流量1 600人次，客运班线10条，主要经营成都、乐山、眉山、洪雅等周边县市及县内农村旅客运输。

道路交通安全综合治理 2017年，眉山市建立道路交通安全综合治理长效机制，开展源头治理和路面管控，加强公路安保工程建设，在全市主要国省干线、固定治超点等重要地点设置治超宣传标语，发放宣传资料，充分利用广告牌、告示牌、LED显示屏、车载电视等宣传道路交通安全。严把维修企业改装源头关，整治道路运输维修企业安全隐患，杜绝非法改装、拼装行为。严把营运车辆准入关，严格危险品运输车辆入户程序，杜绝“小马拉大车、大罐小车”等源头本质超载。开展源头专项治理，对全市15个重点砂石料场实行驻点监管，驻点人员对进出砂石场的非法拼改装货车进行查处，监督每台货车出场前计重，并在货运单上签字，确保所监管料场无超限货车出场上路。对存在超限装载的重点砂石料场，一经发现，由行业主管部门立即责令停业整顿，由运政部门依法处罚。凡未纳入驻点监管的砂石料场，由运政部门牵头，交警、砂管办参加，每月至少巡查2次，对存在超限装载违法行为的砂石料场，由行业主管部门责令停业整顿，由交通运政部门依法处罚。建立重点机动车信息共享平台，按照“谁审批、谁负责”的原则，对货运车辆年度审验。组织检查组2 815个，参加检查12 818人次，检查企业3 984家，检查营运车辆25 588辆次。加强路面管控，在固定检测站派驻执法人员坚持24小时执勤，协调、配合公安交警部门对货车超限超载等违法行为进行联合整治，严格按规定和标准对货运车辆进行称重检测，对经检测认定为超限运输的车辆由路政部门组织卸载，交警部门处罚、记分。强化流动巡查，联合公路养护等部门开展流动巡查，整治路障、路面碎石、路边违章小广告等安全隐患2 618处。路警联合开展治超“雷霆行动”、货运车辆超限超载治理、防范和遏制重特大道路交通事故“百日行动”专项整治，全年检测货运车辆1 261 634辆次，查处超限货车5 401辆次，卸载超限货物42 966吨，货车超限率控制在0.5%以内。

超限超载治理 2017年，眉山市开展道路交通安全综合治理行动，在固定检测站派驻执法人员坚持24小时执勤，强化路面管控，协调、配合公安交警部门对货车超限超载等违法行为进行联合整治，严格按规定和标准对货运车辆进行称重检测，对经检测认定为超限运输的车辆由路政部门组织卸载，交警部门处罚、记分，联合公路养护管理部门加强流动巡查。整治路障、路面碎石、路边违章小广告等安全隐患2 618处，检测货运车辆1 261 634辆次，查处超限货车5 401辆次，卸载超限货物429 66吨。4月1日，联合公安交警开展治超“雷霆行动”，从源头治理、路面管控、流动治超三个方面强化对货车超限运输的打击力度。6月1日启动为期半年的全市货运车辆超限超载专项治理。9月1日启动防范和遏制重特大道路交通事故“百日行动”专项整治。交警部门对超限车辆实施记分、处罚，对非法改拼装车辆一律切割货箱恢复原状后放行。全市国省干线及主要的县道超限车辆明显减少，货车超限率控制在0.5%以内。

公路安保路侧护栏建设 2017年，眉山市交通运输局联合市公安局、市安监局、市发展改革委及市财政局组成联合核查组对东坡区、彭山区、丹棱县、青神县2016年度农村公路安保工程（路侧护栏）建设项目开展市级复核工作，全市完成安全路侧护栏建设54.49公里，为厅公路局下达目标任务的126.72%；完成投资1 513.45万元，为厅公路局下达目标任务的151.34%。

交通运输安全形势 2017年，眉山市开展“平安交通”建设，认真落实“一岗双责”、行业归口、属地管理责任，健全制度，完善安全生产责任机制，加强交通运输安全管理。道路运输强化源头管理，督促企业落实安全生产主体责任，加强驾驶员安全生产教育培训，提高驾乘人员安全生产意识和应急处理能力，严把驾驶员资质和车辆安全技术状况关；加强参营车辆技术状况的检查检测，确保客运车辆技术状况良好运行正常；加强GPS监控，严格执行长途客车凌晨2~5时停车休息制度，防止驾驶员超速、超载、超疲劳驾驶等违规行为发

生。按照道路运输“三把关一监督”（详见《附录》）要求，严格落实客运车站“三不进站、六不出站”（详见《附录》）管理规定，加强对车辆的“例检例查”和“三品”（详见《附录》，下同）检查工作，全市“六不出站”共检查车辆69.5万辆次，安检不合格418辆次，气候恶劣停班79辆次，“例保例检”车辆45.8万辆次，发现问题656辆次，全部责令整改，复检合格再放行；“三品”检查545.15件次，发现“三品”909件次，劝其离站或收缴。加强出租汽车市场监管，抓安全，重服务，以快捷安全、方便舒适的优质服务满足群众的乘车需求。加强渡口码头的安全管理，开展专项整治，落实安全管理责任，严把船舶适航关、船员适任关、安全航行关，对重点船舶、重点时段、重点水域和重要环节加强监管，采取多种形式，集中开展水上交通安全隐患治理，确保水上运输安全，在14个渡口码头和94艘客渡船安装视频监控。全年排查整治安全隐患24处，指导区县海事部门对5艘违反汛期禁采规定的采运砂船舶实施强制吊离上岸，收缴“三无”快艇17艘和自用船擅自加装的动力装置12台集中销毁。注销不具备水路旅客运输经营资质条件的洪雅县神龙航运有限公司“水路运输经营许可证”，清理取缔挂靠经营的30艘客船。加强交通在建工程安全监管，以“平安工地”建设为载体，对安全生产管理人员和特种作业人员持证上岗、岗前教育培训、台账管理等情况开展专项检查；对安全生产费用落实情况、特种设备维修保养情况、桥梁和隧道工程隐蔽工程验收情况开展专项检查。对各类“非法违法、违规违章行为”进行集中打击和整治，保障施工作业安全。加强对国道、省道等重点公路的巡查，清除路障，确保公路安全通畅。加强安全隐患排查、专项整治、安全大检查等安全生产专项行动，组织开展明察暗访，由局党组成员带队组成7个安全工作督查组督查72次，排查出地质灾害隐患点38处，彻底整治3处，水上黄色风险源9处、蓝色风险源25处，市级排查安全隐患63处，区县共排查隐患1 026处，全部整改到位。全年接受省政府安委会和省交通运输厅安全检查12次并及时整改落实。全市水上交通未发生安全责任事故，连续20年保持“三为零”（零事故、零伤害、零损失）；道路运输未发生源头管理责任事故和较大以上安全事故，公路安全畅通，安全控制指标保持在省市下达的目标范围内，交通运输安全形势持续稳定。

眉山市入选全国公交都市创建城市 2017年2月，眉山市启动创建公交都市申报工作。按照交通运输部《关于全面推进公交都市建设等有关事项的通知》要求，完成《眉山市创建公交都市实施方案（2017—2020）》编制，通过省交通运输厅省级评估会，推荐上报交通运输部，8月成功入选全国公交都市创建城市（全国50个城市，其中四川省4个城市）。根据《眉山市创建公交都市实施方案（2017—2020）》，创建区包含东坡区和彭山区，考核时间为2020年。创建内容主要包括完善政策规范制定、打造公交服务体系、保障基础设施支撑、构建智能公交系统、实施交通综合治理等9部分28条任务44项具体工作。创建指标有34项，包括20项考核指标、10项参考指标、4项特色指标，其中核心指标有公共交通机动化出行分担率达到40%、公共汽电车进场率达到45%、万人拥有率达到12标台、公交专用道设置比率达到10%等。创建任务主要是制定公交配套政策和规划，编制出台与公共交通相关的管理办法7项、专项规划5项，建设公交场站场，新建9.8公顷的岷东新区、城南、甘眉园区、彭山4宗枢纽站和东坡岛、

行驶在滨江大道上对接彭山与东坡两区的20路新能源电动公交车
眉山市交通运输局 供稿

金象化工2处首末站；建设公交专用道3条以上，专用道长度39.2公里；购置公交车344辆；实施公交智能化建设，重点开展《眉山市互联网+城市公交专项规划》、公交APP和线路查询系统建设、电子站牌建设、“一卡通”跨省市的互联互通等工作。2018年工作重点是按照创建时限，分轻重缓急，不同程度涉及创建实施的9部分36项工作；完善规划和配套政策，突出规划引领作用，配套相关发展政策，开展12项公共交通有关政策制定和规划编制工作，确立工作方向和目标，指导后续工作有序开展；编制出台与公共交通相关的管理办法7项、专项规划5项；保障基础设施支撑，开展3宗枢纽站（甘眉园区、彭山区、岷东新区）前期工作，按照相关程序，力争开工建设；对中心城区公交简易站牌进行改造，配套建设港湾式公交停靠站，对影响公交车辆进出的停靠站点标线实施改造等，提高公交运行效率；开展公交专用道前期规划工作，力争开工建设1条公交专用

道，出台《眉山市公交专用道通行管理规定》，实施交叉口公交信号优先等；构建智能公交体系，开展《眉山市互联网+城市公交专项规划》编制工作，建设智慧交通系统，完善智能调度中心，推进掌上公交APP系统建设，推广普及城市公共交通“一卡通”；推广新能源公交车辆，加快配套实施建设等；打造公交服务体系，开展快速公交（BRT）前期工作，由中心城区连接彭山区、岷东新区，完成“一横一纵”十字布局；规划调整11条公交干线，20条公交支线，完成彭山区公交运力初期配置，投放公交车60辆，规划公交线路8条等；实施交通综合治理，完善中心城区分区域、分时段、分标准的差异化停车收费政策，完善主城区重要交通走廊实施客货分离和限时通行等措施，缓解交通压力，开展重点区域、路段、交叉道路交通秩序集中整治等工作。

出租汽车行业改革 2017年2月，按照国家、省、市有关出租汽车行业改革要求，完成《眉山市出租汽车行业改革实施意见》和《网约车实施细则》的起草、征求意见、修改完善、风险评估、上报、备案等工作。《眉山市出租汽车行业改革实施意见》明确出租汽车行业定位，理顺出租汽车价格形成机制，改革巡游车经营权管理制度，规范发展网约车，规范私人小客车合乘等行为。《网约车实施细则》对网约车平台公司，网约车车辆和驾驶员，网约车经营行为，监督检查，法律责任进行规范。《眉山市出租汽车行业改革实施意见》和《网约车实施细则》的颁布实施，有效规范全市出租汽车行业经营行为，行业发展稳定。

“打非治违”专项治理 2017年，眉山市开展打击非法营运专项整治，制定打击非法营运工作方案，明确工作责任和工作目标，采取部门联动配合，公安交警、特巡警、辖区派出所治安民警等多警种参与，利用公安机关技术侦查优势，突破非法营运团伙组织；交通运管、交警联动执法，利用区位优势和区县联动配合开展异地布控，异地查扣打击非法营运活跃车辆；突出打击重点，利用收费站、治超点开展设点联合执法，管控城市重点道路进出口，形成执法威慑。全市设立12个固定检查点，15处流动检查点，出动运政执法人员3 939人次、公安交警1 499人次、执法车辆1 103辆次，开展督查12次，发布督查通报4期，发放宣传单17 370余份，查扣非法营运车辆188辆，刑拘5名非法营运组织者，拘留冲关逃费驾驶人员3人次、警告处理7人次、强制10倍补费11人次，处理冲关逃费车辆32辆，吊销7家租赁公司经营许可。通过整治道路运输，客运量大幅回升，仅眉山至仁寿线路由整治前平均每天载客1 400余人次，回升到2 000余人次，实载率由40%上升到75%，市客运中心站、仁寿客运站在中秋、“黄金周”期间连续多天客流量突破每天1.2万人次。冲关逃费现象锐减，卓家收费站冲关逃费车辆由每天400余辆次减少到每天20余辆次。

市级行政职能事业单位改革试点 2017年眉山市开展行政职能事业单位改革试点。7月10日印发《眉山市市本级承担行政职能事业单位改革试点实施方案》，明确眉山市交通运输局开展承担行政职能事业单位改革试点工作。改革试点涉及市公路管理局、市交通重点工程建设推进办公室、市道路运输管理处、市地方海事局、市交通建设工程质量安全监督站、市公路路政管理支队及相关职能划分涉及的机关科室。改革试点需划转职能279项（行政权利219项，其他行政职能60项）。8月1日市交通运输局按要求完成改革实施方案上报。9月21日，中共眉山市委机构编制委员会办公室批复改革试点实施方案，同意整合市公路管理局、市重点工程建设推进办公室，设置市交通建设中心，为市交通运输局管理的正县级公益一类事业单位。不再保留市公路管理局、市重点工程建设推进办公室，明确市交通建设中心职能职责。更名眉山市道路运输管理处为眉山市交通运输中心，为市交通运输局管理的副县级公益一类事业单位，明确市交通运输中心职能职责。更名眉山市地方海事局（市航务管理处、市船舶检验局）为眉山市地方海事中心（眉山市航务服务中心），为市交通运输局管理副县级公益一类事业单位，明确眉山市地方海事中心（眉山市航务服务中心）职能职责。同时，在市交通运输局行政许可科挂增眉山市船舶检验局牌子。撤销正科级参公事业单位市交通建设工程质量安全监督站，组建眉山市交通行政执法支队，机构级别按副县级设置。重新核定市交通建设中心事业编制40名（参公25名，事业15名），重新核定市交通运输中心事业编制25名，重新核定市地方海事中心事业编制7名，市交通建设工程质量安全监督站11名人员编制（含3名科级领导职数，9名在编人员）划入市公路路政管理支队，核定眉山市交通行政执法支队事业编制52名，增核市交通运输局行政编制10名，核减市公路管理局（3名）、市道路运输管理处（5名）、市地方海事局（2名）参公管理事业编制10名。设立眉山市交通建设中心、眉山市交通运输中心、眉山市地方海事中心（市航务服务中心）、撤销眉山市交通建设工程质量安全监督站。将城市公交指导科（撤销）与运输管理科（保留）职能合并，综合调剂单立行政许可科，将划分到市交通运输局的行政许可等职能纳入行政许可科职能；将信访科（撤销）与监察内审科（保留）职能合并，综合调剂设立公路水路科（将市公路管理局划转到市交通运输局的行政职能划分到公路水路科）。至12月底改革工作顺利实施，全面完成编制置换、人员划转、涉改单位资产清算划转、机关单位更名等工作。

（本栏目撰稿人：魏 平）

资阳市交通

ZIYANG SHI JIAOTONG

2017年资阳市交通运输能力概况

项目			数值
公路交通运输			
通车里程	总里程（公里）		12 060.407
通车里程	其中	高速公路	278.5
通车里程	其中	一级公路	16.258
通车里程	其中	二级公路	330.686
通车里程	其中	三级公路	178.882
通车里程	其中	四级公路	10 718.663
通车里程	其中	等外公路	815.918
公路密度	按国土面积计算：每百平方公里 209.892 公里		
公路密度	按人口计算：每万人 33.973 公里		
通达里程	通公路的乡镇 116 个，占乡镇 100 %		
通达里程	通公路的村 2 010 个，占村 100 %		
客运站	总数（个）		58
客运站	其中	一级站	1
客运站	其中	二级站	5
客运站	其中	三级站	2
客运站	其中	四级及以下站	50
营运车辆	总数（辆）		8 155
营运车辆	其中	客车 1 132 辆 3 090 座	
营运车辆	其中	货车 7 023 辆 44 523 吨	
公路运量	客运	客运量（万人次）	2 900
公路运量	客运	旅客周转量（万人公里）	142 145
公路运量	货运	货运量（万吨）	4 018
公路运量	货运	货物周转量（万吨公里）	355 229
内河航运运输			
通航里程	总里程（公里）		351
通航里程	其中	三级航道	
通航里程	其中	四级航道	
通航里程	其中	五级航道	
通航里程	其中	六级航道	
通航里程	其中	七级航道	74
港口（码头）	总数（个）		1
港口（码头）	吞吐量	旅客吞吐量（万人次）	
港口（码头）	吞吐量	货物吞吐量（万吨）	208
水路运量	客运	客运量（万人次）	3.4
水路运量	客运	旅客周转量（万人公里）	8
水路运量	货运	货运量（万吨）	208
水路运量	货运	货物周转量（万吨公里）	1 241
营运船舶	总数（艘）115		
营运船舶	其中	客船 7 艘 340 座	
营运船舶	其中	货船 108 艘 9 082 吨	
城市公交运输			
营运车辆	331 辆		
公交线路	32 条		
公交站	698 个		
运量	0.3亿人次		

注：除七级航道外为等外航道

交通运输概况 2017年，资阳交通运输工作围绕“打通三大通道、构建五大网络”着力重点，全市交通运输事业保持良好发展局面，完成交通投资62亿元。高速公路建设取得突破。9月30日渝蓉（成安渝）高速公路主线全部开通；成资渝（资潼）高速公路完成开工准备工作，完成投资25亿元；成渝高速公路资阳城南大道连接线工程通过交工验收并正式通车。省道106线红泉至墨盘坡段、省道206线资阳段公路养护科学决策示范工程完成，省道207线安岳县卧佛镇至石羊镇段、陈毅故居快速通道实现控制性工程开工，省道102线资阳至安岳公路获省发展改革委立项，资三快速通道等项目按计划推进。完成县乡道改造170公里，通村硬化路、通社公路503公里，全市2 010个建制村100%通达通畅。开展脱贫攻坚交通工程建设专项督查，向有关部门移交违纪线索，切实保护群众利益。12月底，召集全市81个退出贫困村举办专题培训提升贫困村硬化路建设能力，启动2018年交通脱贫攻坚工程建设工作。完善日常管理、细分管养类别、创新管养模式、规范桥梁管理。省道206线资阳段养护科学决策示范工程作为全省唯一养护示范工程于2016年初落户资阳，2017年12月26

日全面完成并完成交工检测，进入科研阶段。主动应对天府国际机场开工建设对全市公路管养可能带来的巨大挑战，持续保持高压态势，加强路政巡查，联合公安治理双超，寻求区域联合治超，对重点货运企业逐一造册建档纳入重点监管，签订承诺书，做好源头管控。重点稳定运输增量。全年重点节假日运力组织有序，被省交通运输厅评为2017年道路水路春运工作成效显著单位。针对高铁开通运营造成公路客运大幅下降，简阳区划调整，水路运输总量缩小，全力稳定运输增量，引导企业积极探索转型发展途径，大力发展旅游包车、专车服务，加强货运能力建设，实现公路、水路运输总周转量增速7.5%、14.5%。调整优化公交线路6条。坚持公交惠民，办理免费乘车优惠卡2 810张，推进资阳城区公交国有化改革、规范出租汽车行业改革。开展交通综合执法调研，行政权力公开上网运行91件次，建立市场主体名录库、执法检查人员名录库及“双随机”抽查事项清单。实现26项行政审批事项集中到位，全年受理行政许可及服务事项8 242件，按时办结率100%。全力做好节假日、汛期、岁末年初等重点时段安全生产工作，扎实开展“安全生产月”“道路运输平安年”“地质灾害和汛期安全隐患整治”等专项活动。全年投入1 615万元整改安全隐患290余处。利用“科技兴安”远程在线视频综合监控平台，落实人员值守确保监管到位。2017年，资阳市水上交通应急救援演练为确保水上安全再加上一把锁。做好原成安渝遗留问题稳控工作，保障民工工资支付。办结省环保督察组交办事项2件。运用《局长信箱》、政务微博、“12328”话务中心等平台，交通网信和走访大幅下降。推进政风行风建设“五大行动”，切实解决突出问题，全市交通运输工作满意度显著提升，服务能力建设显著增强，在全市党建工作年度考核中，取得第二名。

交通发展规划 “十三五”期间，资阳市构建“7高9轨16快1枢纽”综合交通网络体系。推进境内5条国道292公里、8条省道423公里提档升级，实现沱江渠化复航，畅通市域路网，强化与周边地区联系；提升县、乡道路技术等级，新（改）建县、乡道2 200公里，推进村社道、入户路建设，建设村社道9 500公里，入户路4 250公里；建成蓉昆高铁及资阳北支线、京蓉高铁、成资渝中线4条高速铁路，成资渝、三台—大英—乐至、乐至—资中—南溪3条高速公路，成资大道、资安、临空经济区至机场北等16条快速路；建成轨道交通资阳线、绵遂资内铁路、雅眉资遂铁路、成都城际外环线铁路，建成雁江区、安岳县、乐至县3个通用机场，资阳北站、资阳西站2个客运综合枢纽以及临江寺铁公水联运中心，通过枢纽快速转换，形成内外一体、无缝衔接区域综合交通枢纽。

相关链接

“7高9轨16快1枢纽”：“7高”即成渝高速公路、成安渝高速公路、成资渝高速公路、内遂高速公路、遂资眉高速公路、乐三高速公路、乐资南高速公路；“9轨”即成渝高铁、成渝客运专线、绵遂资内宜铁路、轨道交通18号线资阳段、蓉昆铁路、蓉昆铁路北支线、雅眉资遂铁路、成渝铁路中线、成都经济区环线铁路；“16快”即成资大道、资安快速通道、资简快速通道、资阳临空经济区至机场北快速通道、成渝高速至成宜高速联络线、乐金快速通道、乐简快速通道、陈毅故居旅游快速通道、省道207线安岳卧佛至石羊快速通道、乐至至大英快速通道、安岳国道247线绕县城段、国道351线雁江紫薇互通至城东新区快速通道、雁江中和至花溪谷快速通道、乐至至雁江快速通道、乐至旅游环线快速通道、安岳毛家至元坝快速通道；“1枢纽”指建成雁江区、安岳县、乐至县3个通用机场，资阳北站、资阳西站2个客运综合枢纽以及临江寺铁公水联运中心，通过枢纽快速转换，形成区域综合交通枢纽。

高速公路建设 2017年，资阳市高速公路通车里程278.5公里，在建高速公路103.11公里，拟规划高速公路69.2公里。随着成安渝高速公路全线通车与成资渝高速公路开工建设，资阳市形成高速公路路网，既有连接成渝两大经济体的成安渝、成资渝高速公路（在建），又有连接周边市（州）的遂资眉、内遂、成渝高速公路，实现从“县县通高速”到“县县双高速” 跨越式发展，为资阳市作为成渝经济圈之间核心纽带搭建良好交通平台。

地方公路建设 2017年，资阳市改造县、乡道185.93

2017年6月7日，安岳县建成的大埝乡长庆村道路 资阳市交通运输局 供稿

公里，建成村社道路503.41公里，完成农村公路安保工程（路侧护栏）227.3公里，2017年，80个退出贫困村通村、通组硬化路全部建成，实现全市2 010个建制村100%通硬化路目标。

城市公共交通 2017年，资阳市继续推进“公交优先”战略。为全市70岁以上老年人办理免费公交卡7 453张，为924名市民办理爱心卡，特殊群体乘坐公交优待政策惠及19 700余人。资阳市新增新能源公交车26辆，优化公交线路6条。资阳城区公交国有化工作取得阶段性突破，双方签订国有化协议，开展资产移交工作。

水上交通安全 2017年，资阳市强化巡查监督。全市出动海事执法人员804人次、执法车247辆次、执法艇22艘次，检查船舶415艘次，整改安全隐患18项，查堵“三品”5件，储备应急车辆6辆、应急船舶3艘、救生圈71个、成人救生衣440件、儿童救生衣30件、救生浮具40个，发送安全警示短信3 000余条。提升应急保障，修订完善《2017年防洪抢险应急预案》，建立安全应急物资储备库。落实24小时值班制度、信息报告制度和应急待命反应制度，组织开展“水上交通应急救援技能培训”1次，应急抢险集结拉练3次，成功处置多起水上交通突发事件。

2017年4月27日，资阳市开展水上交通应急救援演练　　资阳市交通运输局 供稿

道路运输管理 2017年，资阳市公路旅客运输2 694万人，比上年减少19.6%；旅客周转量132 131万人公里，比上年减少25.1%；公路货运量3 637万吨，比上年增长12.7%；货运周转量323 629万吨公里，比上年增长9.6%。公路运输总周转量336 842万吨公里，增速7.6%。全市三级以上汽车客运站基本建成联网售票系统，实现三级以上客运站站务系统数据与省级联网售票系统道路客运数据中心互联互通，并按标准要求上传关键数据；6个二级以上客运站实行进站客运班线网上售票，旅客通过关注微信公众号购买车票，安岳2个客运站实现电子客票服务。加快推进车辆卫星定位装置安装工作，全市所有公交、旅游包车和三类以上客运车辆全部安装3G视频，实现重点营运车辆（包括旅游包车、三类以上班线客运和危险货运车辆）联网联控系统全覆盖，车辆入网率100%，在线率95%以上。有序推进驾驶培训行业改革，全市11家驾驶培训机构实现计时培训，按学时收费，先培训后付费服务模式，覆盖率100%，教练车终端安装覆盖率81%。

路政管理 2017年，资阳市加大重点桥梁、隧道巡查监管力度，公路巡查每月不少于22天，每月1次巡查全覆盖。上路巡查9 000余公里，查处损害公路及设施98处、违章建筑2处、侵占公路及用地45处，清障排障960处。与公安联合执法，依法从

2017年5月26日，路政宣传进校园活动　　资阳市交通运输局 供稿

严处理“8·29”冲站事故，安岳县法院对肇事者择日宣判。加强源头监管，对36家重点货运单位逐一造册建档，纳入重点监管。全年检查车辆5.6万辆次，卸载车辆1 159辆，卸载重量1.8万吨，处罚车辆23辆。全市出动法治宣传执法车20车次，出动宣传人员150人次，印制发放宣传资料5 000余份，发放路政环保手提袋8 000余个，发放出行雨伞1 000余把，张贴通告500余份，滚动播放LED电子显示屏宣传标语20余条，进砂石料场宣传4次，进校园活动1次，进乡（镇）宣传3次，进站点宣传3次，解答现场群众咨询400余人次。

公路养护管理 2017年，资阳市引入专业机构开展桥梁定期检查及技术状况评定工作，普通国省干线公路路面使用性能指数90。开展“省道206线资阳段公路养护科学决策示范工程”，项目全长71.6公里，总投资9 700万元，于2017年年底完成项目主体工程。该项目在全市养护工程中首次进行标准化建设、信息化管理，引入设计单位进行技术监控模式，并首次采用微表处、同步碎石封层、热再生等预防性养护措施，实现平整度（IRI值）1.73，沥青路面材料回收率9%，循环利用率90%。通过该项目实现公路养护科学决策、养护工程设计、养护技术（设备、材料、工艺、技术手段）、养护工程过程监管、养护效果“五个示范”。

2017年11月5日，省道206线资阳段养护科学决策示范工程进行沥青上面层铺筑

资阳市交通运输局 供稿

交通运输安全监管 2017年，资阳市坚持“安全第一、预防为主、综合治理”方针，开展系统安全隐患排查治理行动、“安全生产月”“道路运输平安年”等活动。全市路政系统依托超限检测站持续开展“双超”联合治理行动，投入执法人员15 435人次，检查车辆59 476辆次。全市运管部门组织149次检查，对369企（事）业单位进行检查，打击非法违法行为91起，整治违规违章行为28起。全年实际完成公路路侧护栏建设215.28公里，超额完成年度目标任务。

交通行政执法 2017年，资阳市坚持一窗进出、并联审批、全程代办，服务项目审批。全年受理行政许可及服务事项8 242件，现场办结率97%，满意率98%。行政权力公开上网运行91件次，建立市场主体名录库、执法检查人员名录库及“双随机”抽查事项清单。办理人大代表和政协提案2件，务实办理、按时回复。全市“12328”交通运输服务监督电话处理答复群众来电3 556件，按时办结率98%。

重点保障节假日运输服务 2017年春运期间，资阳市运送旅客305.44万人次，日均投入营运班车1 290辆，开行总班次131 869次，增开客运加班车930班次，运送旅客283.2万人次，同比下降7.2%；日均投入公交车331辆，开行总班次107 618次，运送旅客396.17万人次，同比上升1.9%；日均投入出租车667辆，运送旅客434.1万人次，同比上升4.7%。国庆、中秋节客运累计发班25 027班次，运送旅客60.44万人次。资阳市交通运输局被省交通运输厅评为2017年道路水路春运工作成效显著单位。

交通环保工作 2017年，资阳市加强全市汽车维修企业污染防治和危险废物污染防治整改工作，对各县（区）运管所、客货运输企业、维修企业、客运站环保检查84家次，全市176辆“黄标车”全部清退、注销出营运市场。加大对境内337公里国省干线公路清扫保洁力度，治理施工扬尘，对工程材料、土方、临时堆放场等易产生扬尘物质进行遮盖处理，做到随用随清。高标准规划设计省道102线资阳至安岳一级公路，创建“绿色环保优质示范工程”。推进全市通道绿化专项工作，完成高速公路、国省道通道绿化214公里，高速公路连接线、县乡道绿化382公里。配合开展沱江水污染防治工作，72艘未安装油水分离器船舶全部限期整改。全市渡口集中配备垃圾桶173个、污水桶81个、垃圾告示牌151个、垃圾记录薄56本，安装油水分离器及污油水柜72套，拆解老旧船舶8艘，依法取缔“水上茶园”茶船和“水上渔家”餐饮船。

（本栏目供稿单位：资阳市交通运输局）

阿坝藏族羌族自治州交通

ABA ZANGZU QIANGZU ZIZHIZHOU JIAOTONG

2017年阿坝州交通运输能力概况

项目			数值
公路交通运输			
通车里程	总里程（公里）		13 297.728
	其中	高速公路	50.922
		一级公路	6.475
		二级公路	1 515.126
		三级公路	562.415
		四级公路	10 735.569
		等外公路	427.221
公路密度	按国土面积计算：每百平方公里 16.194 公里		
	按人口计算：每万人 147.072 公里		
通达里程	通公路的乡镇 225 个，占乡镇 100 %		
	通公路的村 1 355 个，占村 100 %		
客运站	总 数（个）		206
	其中	一级站	
		二级站	10
		三级站	8
		四级及以下站	188
营运车辆	总 数（辆）		19 964
	其 中	客车 3 486 辆 342 165 座	
		货车 16 478 辆 65 912 吨	
公路运量	客 运	客运量（万人次）	1 427.486
		旅客周转量（万人公里）	204 596.691
	货 运	货运量（万吨）	2 428.852
		货物周转量（万吨公里）	600 953.503 3
内河航运运输			
通航里程	总里程（公里）		27.08
	其中	三级航道	
		四级航道	
		五级航道	
		六级航道	
		七级航道	
港口（码头）	总 数（个）		20
	吞吐量	旅客吞吐量（万人次）	4.2
		货物吞吐量（万吨）	
水路运量	客 运	客运量（万人次）	4.2
		旅客周转量（万人公里）	10.1
	货 运	货运量（万吨）	
		货物周转量（万吨公里）	
营运船舶	总 数（艘）509		
	其中	客船 509 艘 1 450 座	
		货船 艘 吨	
城市公交运输			
营运车辆	158 辆		
公交线路	68 条		
公交站	1 033个		
运 量	0.050 89亿人次		

交通固定资产投资 2017年，阿坝州交通公路项目计划完成投资106.06亿元，实际完成交通建设投资107亿元。其中，铁路完成16亿元、公路完成91亿元。

2017年12月，在建的汶马高速公路马尔康段
阿坝州交通运输局 供稿

高速公路建设 2017年，汶马高速公路及绵九高速公路稳步推进，计划2018年底通车105公里。绵九高速公路全面进场，开展征地拆迁、临时设施和驻地建设工作。久马（青海省久治县至四川省阿坝州马尔康县）高

速公路前期工作加快推进，力争2018年实现控制性工程开工。

2017年12月，汶马高速公路理县段建设场景

阿坝州交通运输局 供稿

国省干线公路建设 2017年，黄龙雪山梁隧道、黄土梁隧道、国道317线狮子坪电站还建路建成通车；国道213线映秀至汶川段公路、唐热路、省道452线阿坝县至壤塘县公路等项目建设加快推进；开工建设理小路、麦唐路、省道220线马尔康日部至热脚段公路、省道217线卓克基至小金公路等项目，为2018年全面开工建设奠定基础。全面启动绵九高速公路支线、国道345线迭玛路等国省干线公路改造提升项目前期工作。

国道213线映汶公路连山村隧道贯通 国道213线映秀至汶川段公路连山村隧道为“7·9”山洪泥石流灾害恢复重建工程B1合同段项目，于2015年9月18日开工建设。隧道全长2 570米，经过665天努力，2017年7月14日13时50分，连山村隧道掌子面顺利贯通。

国道317线狮子坪电站还建路建成通车 2017年9月18日，国道317线狮子坪电站还建路建成通车。该路段全长13.767公里，总投资15亿余元。其中，大桥2座455.27延米、中桥4座224延米、隧道3座1 799延米。

国道350线四姑娘山镇过境段公路改线工程 2017年9月14日至16日，国道350线四姑娘山镇过境段公路改线工程项目工程可行性研究报告通过交通运输部行业审查，项目全长9.33公里，概算投资2.127亿元。该项目的建成，将对解决国道350线四姑娘山镇场镇段交通不畅、人车混挤现象，以及提高公路运输效率、降低安全隐患、提升四姑娘山旅游集镇品质发挥重要作用。

雪山梁隧道建成完工 2017年12月底，雪山梁隧道建成完工。雪山梁隧道工程为阿坝州县道120线平武至松潘公路川黄段的高海拔特长隧道，地处阿坝州松潘县黄龙自然保护区，是著名旅游环线——九环线（成都至九寨沟环线）上的交通要道，隧道所在地黄龙景区是保护完好的高原湿地，与九寨沟相距100多公里。该项目于2012年9月开工建设，总投资12.12亿元。路线全长17.5公里，其中隧道长7.966公里（平导长8.086公里），洞外新修引道9.626公里。路线采用二级公路技术标准，

2017年9月12日，建成后的松潘县雪山梁隧道　秦玥嘉 摄

隧道设计时速60公里，主洞净空10×5米。建成后的雪山梁隧道是连接九寨沟和黄龙两大景区的重要公路，沟通黄龙核心景区与川主寺后勤基地的便捷通道。

黄土梁隧道建成通车 2017年底，省道205线黄土梁九寨沟县段建成通车。该项目于2010年4月开工建设，全长4 910米，九寨沟县段隧道路线长2 772.5米，隧道工程长2 458米；按二级公路标准建设，设计时速40公里，于2017年7月主体工程完工，年底实现通车。

“交通+旅游”融合发展 2017年，按照部、省关于“交通+旅游”融合发展的新要求，阿坝州交通运输部门编制完成《全域旅游公路专项规划（2016—2025）》《全域旅游公路指引类标志设计导则》《全域旅游国省干线公路服务设施规划》，在全省先行先试，积极推进旅游公路建设。组织实施九红草地风光路项目建设，并启动中国熊猫大道（即国道350线映秀至小金段）前期工作。

国省干线大中修工程 2017年，阿坝州完成国省干线大中修工程122.304公里。国道213线若尔盖境内路段完成3.2公里，国道213线川主寺至尕里台自主实施大修

20公里，完成国道317线马尔康市迎宾大道入口至马尔康市汽车站段大修2公里和国道317线马尔康市松岗至金川县观音桥镇39公里沥青混凝土铺筑，完成国道347线阿青路（阿坝县到青海久治县）自主实施大修41公里；完成省道209线红原县龙日坝乡二道桥至红原县龙日坝乡岔口段10公里，省道209线红原县壤口乡367桥至红原县刷经寺镇段7.104公里。国省干线公路路面使用性能指数（PQI）达82.1。

农村公路管养 2017年，阿坝州纳入国家养护计划的里程基数共计9 184.379公里（其中县道1 764.572公里、乡道1 039.750公里、村道6 380.057公里），按照国家“7351”补助标准全州农村公路养护费上级补助资金为2 237.12万元（县道1 235.20万元、乡道363.91万元、村道638.01万元）。农村公路养护人员采用公益性岗位配置2 258人作为日常性养护，按照各县（市）养护资金情况每人每月500至2 000元的工资。

农村公路建设 2017年，阿坝州县乡道改造工程建成93.33公里；通村硬化路建成1 332.4公里；县乡、村道安全防护工程完成39.02公里，提前全面完成农村公路“通乡通畅、通村通达、通村硬化路”三个100%目标。

2017年12月，小金县大水沟村农村公路面貌
阿坝州交通运输局 供稿

交通定点扶贫项目 2017年，根据4县（小金县、壤塘县、黑水县、色达县）扶贫工作实际，交通运输部安排了定点扶贫建设项目51个，部省安排补助资金2.6亿元，涉及公路32条共286.8公里，桥梁19座944延米。至年底，完工项目17个，在建项目26个。

汶川县漩口镇群益村产业道路 阿坝州交通运输局 供稿

客运站点建设 2017年，阿坝州道路运输站场建设完成投资2.12亿元，完成四姑娘山旅游客运站、耿达旅游客运中心建设，新建乡（镇）客运站项目12个，新建村级招呼站（牌）113个，新开工建设茂县枢纽站、川青甘物流园区汶川高原物流中心。

道路运输 2017年，阿坝州有客运车辆3 486辆，其中班线车487辆，旅游车1 478辆（市际旅游车570辆，县际旅游车486辆，景区观光车422辆），农村客运车辆535辆，出租车828辆，公交车158辆。有营运性货物运输车辆16 478辆，危险品车辆130辆。有跨省线路13条、跨市（州）线路92条、跨县线路112条（含跨县、跨市农村客运班线）。乡（镇）和具备客车通行条件的建制村客车通达率分别为88.76%和83.67%。1月—12月，全州累计完成公路客运量1 427.486万人、公路旅客周转量204 596.691万人公里；完成公路货运2 428.852万吨、公路货物周转量600 953.503 3万吨公里。客运量和旅客周转量与上年相比分别下降22.43%和22.91%，货运量比上年增长2.14%，货物周转量比上年下降5.79%。客货运总周转量621 413.172 4万吨公里，比上年下降6.47%。

交通运输安全生产 2017年阿坝州发生道路运输行车事故1起（理县“7·5”事故，货运车辆），事故造成8人死亡、2人受伤。与上年同期相比事故起数下降2起，下降66.7%，死亡人数持平；未发生因源头管理责任造成的道路运输责任事故，未发生水上交通运输事故。年内，阿坝州交通运输管理部门对公路、桥梁、隧道、施工建设项目进行安全隐患排查，查处安全隐患879处。

交通应急管理 阿坝州地处青藏高原东南缘高山峡谷地带，地震、洪水、泥石流等自然灾害频发，2017年阿坝州交通运输局积极开展防汛应急演练，把汛期养护和水毁抢修落到实处，调整充实完善防汛抢险预案，成立防汛领导小组，设立24小时防汛值班电话，储备各类防汛抢险物资，先后完成“6·15”洪涝灾害、“6·24”

茂县新磨村高位坍塌、“8·6”茂县石大关地灾、薛城隧道维护等抢险救灾和抢通保通任务。“8·8”九寨沟地震后，投入抢险机械1 315个台班、人员2 685人次，在四川路桥、中铁一局等单位配合下，争取省补助1 200万元实施九寨沟灾毁恢复重建，完成挡墙砌筑、边沟浇筑，预计2017年12月中旬完工，保障了国道544线九寨沟至弓杠岭全线应急通行。完成抢通国省干线断道63次，处置坍塌1 600余万立方米；实施126处4.5万立方米水毁路基缺口整修。

2017年6月16日，小金县两河镇“6·15”洪涝灾害抢险现场
秦玥嘉 摄

交通抢险救灾 2017年6月24日，阿坝州茂县叠溪镇新磨村新村组富贵山山体突发高位垮塌。滑坡体积约800万立方米，掩埋62户农房，堵塞河道约2公里，松叠公路1 600余米被掩埋。6月24日22时30分，在现场交通抢险队伍的共同努力下，受灾抢险作业便道（2.4公里）初步打通；25日17:30，在省现场指挥部统一指挥和交通运输厅专家组指导下，经省铁投集团、交投集团，交通武警、水电武警部队共同努力，灾害现场可供越野车通行便道（2.4公里）基本形成。

8月6日上午，茂县公路分局养护职工在开展日常道路巡查时，发现国道213线769公里加700米处（茂县石大关乡旧关楼）路段连续发生异常落石现象，立即将情况上报，阿坝州公路管理局立即启动应急预案，安排石大关养护站职工及超限站路政人员对此路段进行实时监控，对过往车辆实施指挥通行，并将情况上报当地政府。8月6日下午15时45分，该路段突发山体高位垮塌灾害，造成交通严重阻断驻守在附近养护站的职工、石大关超限站、茂县公路分局立即出动人员473人次，装载机86台次、挖掘机30台次对受灾路段进行抢修。8月9日凌晨3点，抢通便道。此次山体高位垮塌灾害，由于阿坝州公路管理局反应迅速，监测预警到位，未发生任何人员车辆损伤情况。

8月8日，九寨沟县发生7.0级强烈地震，造成九寨沟县及周边国道544线、国道247线、农村公路、公路服务设施和景区公路严重受损，尤其是国道544（原省道301线）线川九路多处交通中断。根据九寨沟地震抗震救灾指挥部安排，结合道路灾害现场情况，阿坝州交通运输局全力开展抢通保通工作。8月9日凌晨，松潘分局成立21名抢险保通党员突击队，携带4台指挥车、4台装载机、2台挖掘机直奔九寨沟地震灾区，吃干粮、睡车辆，开辟救援疏散通道；若尔盖公路分局于8月9日凌晨组建3个抢险保通党员突击队，从3个点同时向九寨沟进发开展抢险救援工作。同时，在确认无人员伤亡和二次塌方迹象的情况下，对国道213线茂县境内769公里加700米（石大关旧关楼）处抢险救援应急便道进行加宽、平整，利用洒水车对其实施洒水降尘，将老国道213（现为村道）作为一级保护平台，逐步开展排危（挖掘清理松散坍塌土石），8月11日全面打通国道213线受阻路段，为抗震救灾社会各界力量进驻九寨沟开辟了“生命通道”。

截至年底，陆续展开各项灾后重建项目前期工作。

运输安全隐患专项整治 2017年，阿坝州交通运输部门排查各类隐患609处，建立台账，制作隐患排查清单。抓车辆源头安全监管，强化车辆运行监控，全州12吨及以上重型货运车辆安装卫星定位系统2 742辆，道路旅客运输车辆安装使用3G视频监控系统1 413辆，更换应急锤5 623个。抓驾驶员源头教育管理，开展形式多样的管理人员、驾驶员安全教育活动。

路政执法 2017年，阿坝州依法加强公路和道路运输管理，加大对超限超载执法力度，开展专项整治9次，清理整治砂石场、洗车场、加水点61处，清理占道经营294处，规范运输车辆1 726辆次，规范涉路施工327次。完善“1+X+2”（由地方政府主导，行业主管部门监管，交通运输、公安部门联合巡查）的联合执法治超模式，检测车辆68万余辆，查处超限车辆15 949辆，卸载转运车辆1 717辆，卸载转运货物2 646.04吨，抄告833辆，超限率2.33%。

水运建设管理 2017年，阿坝州进一步厘清政府及各涉水部门水上交通安全职责，落实安全管理主体责任，持续深入开展船舶、打非治违专项整治活动，辖区漂流艇、游船运营秩序进一步改善。组织梳理本辖区内的码头等水运基础设施项目，掌握是否位于风景名胜区、自然保护区等环境保护范围，并按照相关法律法规上报、整改。修订《水上交通应急预案》，完善防范机制、应急预案，落实整治和预防措施，参加省交通运输厅航务局各种培训活动，落实水上交通安全暗访督查等制度，建立健全预警预控机制和水上安全预警信息的传递和共享机制；全年未发生水上交通安全事故。

（本栏目供稿单位：阿坝州交通运输局）

甘孜藏族自治州交通

GANZI ZANGZU ZIZHIZHOU JIAOTONG

2017年甘孜州交通运输能力概况

公路交通运输			
通车里程	总里程（公里）		29 584.013
	其中	高速公路	
		一级公路	
		二级公路	301.986
		三级公路	2 129.064
		四级公路	33 984.747
		等外公路	2 073.499
公路密度	按国土面积计算：每百平方公里 25.66 公里		
	按人口计算：每万人352.36 公里		
通达里程	通公路的乡镇 276 个，占乡镇 85 %		
	通公路的村 1 840 个，占村 67 %		
客运站	总　数（个）		1 312
	其中	一级站	
		二级站	2
		三级站	20
		四级及以下站	1 290
营运车辆	总　数（辆）		6 225
	其　中	客车 1 601 辆 38 864 座	
		货车 4 624 辆 51 475 吨	
公路运量	客　运	客运量（万人次）	768.542
		旅客周转量（万人公里）	144 765.097
	货　运	货运量（万吨）	933.814
		货物周转量（万吨公里）	206 948.061
内河航运运输			
通航里程	总里程（公里）		
	其中	三级航道	
		四级航道	
		五级航道	
		六级航道	
		七级航道	
港口（码头）	总　数（个）		
	吞吐量	旅客吞吐量（万人次）	
		货物吞吐量（万吨）	
水路运量	客　运	客运量（万人次）	
		旅客周转量（万人公里）	
	货　运	货运量（万吨）	
		货物周转量（万吨公里）	
营运船舶	总　数（艘）		
	其中	客船　艘　座	
		货船　艘　吨	
城市公交运输			
营运车辆	182 辆		
公交线路	63 条		
公交站	582 个		
运　量	516 万人次		

交通运输概况　2017年，甘孜州交通建设新开工项目13个，11个续建交通重点项目新增完成路面工程200公里，建成通乡油路1 009公里、通村硬化路6 344公里，新增775个村通硬化路，确保366个脱贫退出建制村全部通硬化路。开工建设县级客运站4个、续建县级客运站

省道303线丹巴至八美段　　甘孜州交通运输局 供稿

4个，开工建设乡（镇）客运站38个、农村招呼站882个，新增通客车建制村840个，建制村通客车率67%；交通基础设施不断改善，运输网络不断健全，“四纵四横

多联和三大枢纽”的甘孜综合交通大网络初见雏形。

交通固定资产投资 2017年底，甘孜州交通建设完成投资137.18亿元（其中，高速公路17.3亿元、国省干线48.47亿元、农村公路66.42亿元、养护大中修及路侧护栏4.99亿元），较2016年增加20亿元，为目标任务100亿的137.2%，是实施“甘推”方案和交通攻坚以来完成投资最多的一年。

泸定至石棉高速公路项目获批 2017年11月13日，泸定至石棉高速公路项目获省发展改革委正式核准批复，项目估算总投资160.73亿元。该项目为政府和社会资本合作（PPP）项目。为完善四川省高速公路网，优化区域公路骨架网，促进民族地区脱贫攻坚，改善民族地区发展条件，推动区域经济社会快速发展具有重要意义。

“两隧一桥”工程建设 2017年9月26日，甘孜州“两隧一桥”工程建设取得重大突破：雅康高速公路二郎山特长隧道双幅贯通，世界海拔最高公路隧道——雀儿山隧道正式通车，“川藏第一桥”兴康特大桥首梁成功吊装。二郎山隧道是雅康高速公路的控制性工程，全长13.4公里，为全国第四、全省在建第二长高速公路隧道。二郎山隧道的贯通使天堑二郎山的通行时间从1小时缩短至15分钟。雀儿山隧道作为目前在建公路世界第一高海拔特长公路隧道，历经5年多的艰苦建设后通车，过往车辆只需10多分钟即可穿越雀儿山，不必再绕行长达2个多小时的危险山路。“翻越雀儿山，犹过鬼门关”的历史一去不返。被誉为“川藏第一桥”的兴康特大桥，是雅康高速公路又一重要控制性工程。首梁成功吊装，标志着雅康高速公路建设取得重大进展。

国省道新开工项目 2017年，国道215线竹二路斯闸至二龙桥段、国道227线稻木路、国道549线乡得路、国道215线竹二路苏洼龙至斯闸段、国道248/350线道孚县八美过境段、国道318线康定折多山隧道、国道345线石渠宜牛至达日四川境段、国道549线九石路试验段、国道215线石渠满真至洛须试验段、国道248线刷丹路、省道434线康定市塔公至康定市区段等11个年内计划开工项目全部开工。同时，目标外新增开工省道220线道孚至二嘎里段、省道217线甘孜到理塘君坝路新龙电站过坝段2个项目。

续建项目关键节点工程 2017年，雅康高速公路等11个续建交通重点项目新增完成路面工程200公里（含雀儿山隧道工程12公里），为目标任务190公里的105%。雅康高速公路二郎山隧道9月贯通，12月底通车至泸定，结束甘孜州无高速公路的历史。国道317线雀儿山隧道、老折山隧道，省道455线甘白路卓达拉山隧道、阿色隧道等关键性控制节点全面完工通车。

交通重点项目前期工作 2017年，甘孜州采取专人负责与各要件审批单位对接，加快推进国道318线康定折多山隧道等11个新开工项目前期工作，年内全部获得工程可行性批复。国道318线康定市过境段工程可行性研究报告修编完成，并报省发展改革委、省交通运输厅审查；国道215线白玉县城至巴塘县城和215线石渠洛须至德格柯洛洞段工程可行性研究报告通过交通部审查，待出具行业审查意见。省道457线石渠至洛须段工程可行性研究批复；省道458线白玉县城至赠科段和省道314线道孚扎拖至新龙县城段工程可行性研究报告通过州发展改革委、交通部门联合审查。

交通脱贫攻坚 2017年，甘孜州建成通乡油路1 009公里，为年度目标任务800公里的126.1%；新增32个乡（镇）通油路，实现除由国省干线、电站还建覆盖的17个乡（镇）外，其余乡通油路目标。建成通村硬化路7 500公里，为年度目标任务5 000公里的150%；新增672个村通硬化路，其中366个脱贫摘帽村通硬化路建设任务全面完成。

2017年，甘孜州得荣县溜索改桥　　甘孜州交通运输局 供稿

道路客货运输 2017年，甘孜州发展客货运输，完成客运量646.548万人次，旅客周转量 120 081.870万人公里；完成货运量705.821万吨、货物周转量157 812.443万

吨公里，客货运周转量比上年增长6.53%。有序开展全州营运“黄标车”淘汰工作，清理111辆退出道路运输市场。完成提升改造县级站13个，开工建设乡（镇）客运站38个、农村招呼站882个。全州新增通客车建制村840个，建制村通客车率67%，农牧民群众出行条件进一步改善。

工程质量监管　2017年，甘孜州对在建高速公路、国省干线、县乡道在内的16个项目1 000余公里实施监管，综合检查、巡查和专项检查45次，检查施工、监理、检测约150个合同段，监督覆盖率100%，实施实体抽检约40 000组（次），总体合格率90%以上，发现各类隐患145处，下发整改通知20份，完成雅康高速公路（C2标段）主体工程、国道317线俄岗路、省道216线/217线理亚路等18个建设项目的交（竣）工验收质量检测工作。高度重视环保工作，督促雅康高速公司和理塘县积极整改环境影响问题。

平安交通　2017年，甘孜州围绕平安交通建设主线，落实行业监管和企业主体两个责任，统筹推进安全隐患排查治理、企业安全生产诚信管理、行业安全监管标准化、行业职业健康工作体系建设、安全保障基础设施建设五项任务，紧盯薄弱环节和重点领域，强化跟踪督查，实现交通运输行业“三个零发生”（即道路运输较大以上事故“零发生”，普通公路货车因违法超限超载引发的较大以上事故“零发生”，交通建设较大事故“零发生”）。

智慧交通　2017年，甘孜州坚持创新引领、科技支撑，智慧交通建设取得新成果。“12328”交通运输电话服务系统投入使用；646辆旅游客运车辆（包含景区旅游车辆），261辆跨省、市（州）、县际班线车辆，60辆危险品运输车辆，均安装使用3G视屏卫星定位装置，安装率100%；重点营运车辆联网联控上线率93.2%、入网率100%，运政数据互联互通提前完成。10所驾培机构安装使用计时培训系统，驾培服务新模式改革完成80%。

路政管理　2017年，甘孜州加大国省干线巡查力度。开展路政巡查4 856次，投入巡查人员17 131人次，巡查里程47.5万公里，清理路障815余处，拆除非公路标志标牌573处，拆除违章建筑186处，制止占道经营141起，清理不规范加水洗车点256处，清理不规范砂石料场203处，处理未经许可涉路施工60处、涉路施工现场监管106处，巡查率85.31%。全州发生路政案件1 879起，查处1 801起，结案1 688起，查处率95.8%，结案率93.7%。加强超限超载治理，投入治超执法人员14 038人次，累计检测货运车辆214 593辆，超限超载车辆1 173辆，实施卸载1 173辆4 065吨，寄送超限超载抄告函959份，超限率控制在0.54%，路产路权得到有效保护。

春运运输　春运期间，甘孜州交通运输部门加强运输组织协调，全州投入车辆1 189辆，开行班次1 258车次，其中旅游车次150车次；客运量18 890人次，其中旅游客运量3 200人次。客运量同比上升1.92%，旅游客运量同比上升5.9%。总开行班次39 088车次，其中旅游车次6 630车次；客运量534 314人次，其中旅游客运量201 166人次。期间未发生旅客滞留事件，无信访、无投诉、未发生道路运输安全责任事故。

“打非治违”专项整治　2017年，甘孜州交通运输部门持续推进“黑车”治理，建立“运管+公安+安监”联动执法常态机制，强化部门联动，重点查处未取得道路旅客运输经营许可、擅自从事旅客运输经营的车辆、伪造运营证照的小客车、异地经营的出租车等。截至年底出动执法人员1 910人次，抽查车辆14 460辆，查处违规经营车辆599辆，查获“黑车”194辆、处理194辆，处理率达100%。落实“运管+公安+安监”联动执法常态机制，推进“打非治违”工作制度化、规范化、常态化建设，始终保持高压严管态势，防止非法营运车反弹，促进客运市场秩序健康发展。

联合开展交通安全大检查　2017年2月20日—3月25日期间，甘孜州交通、公安、安监组成联合工作组分赴东、南、北三路对道路运输企业、汽车客运站、危险品运输企业的安全生产情况进行大检查、大整治。检查组采取暗访与明察相结合的形式，深入生产一线、经营一线，对长途客运、旅游客运车辆安全技术管理、驾驶员及一线操作员安全教育、客运车辆GPS动态监控以及“六严禁”执行落实、危货物安全源头监管、“三品”查堵制度落实等方面情况进行检查，查阅内业资料，涉及内业资料不完善、安全例检不到位、垮塌路面杂物清理不及时、安保设施及农村公路警示标牌不完善等各类问题23处，当场整改12处。

“放管服”改革　2017年，甘孜州交通运输部门全面落实“放管服”改革事宜，全面清理行政权力，由2013年的436项减至现在的250项，精简率42.7%。交通政务窗口受理审批服务事项181件，办结181件，接待咨询人员106人（次），所接审批事项95%以上当场办结，与承诺时限相比加快50%，保证了按时办结率、群众满意率、限时办结率、现场办结率“四个100%”，所办事项中没有一件延期办理的审批项目。

（本栏目供稿单位：甘孜州交通运输局）

凉山彝族自治州交通

LIANGSHAN YIZU ZIZHIZHOU JIAOTONG

2017年凉山州交通运输能力概况

项目			数值
公路交通运输			
通车里程	总里程（公里）		27 625.555
	其中	高速公路	228
		一级公路	46
		二级公路	845.59
		三级公路	1 307.334
		四级公路	21 452.545
		等外公路	3 746.086
公路密度	按国土面积计算：每百平方公里 45.788 公里		
	按人口计算：每万人 54.799 公里		
通达里程	通公路的乡镇 612 个，占乡镇100 %		
	通公路的村 3 747 个，占村100%		
客运站	总　数（个）		944
	其中	一级站	2
		二级站	10
		三级站	14
		四级及以下站	918
营运车辆	总　数（辆）		43 341
	其　中	客车 3 222 辆 47 454 座	
		货车 40 119 辆 217 857 吨	
公路运量	客　运	客运量（万人次）	6 031
		旅客周转量（万人公里）	297 744
	货　运	货运量（万吨）	10 995
		货物周转量（万吨公里）	1 069 607
内河航运运输			
通航里程	总里程（公里）		860.76
	其中	四级航道	
		五级航道	156.05
		六级航道	164.83
		七级航道	76.83
		等外级航道	463.05
港口（码头）	总　数（个）		2
	吞吐量	旅客吞吐量（万人次）	112.54
		货物吞吐量（万吨）	41.99
水路运量	客　运	客运量（万人次）	118.462 7
		旅客周转量（万人公里）	1 870.266 9
	货　运	货运量（万吨）	49.4
		货物周转量（万吨公里）	3 458
营运船舶	总　数（艘）		196
	其　中	客船 162 艘 2 187 座	
		货船 34 艘 984 吨	
城市公交运输			
营运车辆			1 186 辆
公交线路			174 条
公交站			1 330 个
运　量			0.956 亿人次

交通基础设施建设　2017年，凉山州全年完成交通投资77.98亿元（其中高速公路11.5亿元、国省干线20.5亿元、农村公路43.6亿元、客运站点0.31亿元、养护大中修及其他专项2.07亿元）。国道5线京昆高速公路泸黄段改（扩）建工程全线、峨汉高速公路甘洛段开工建设，宜攀高速公路、乐西高速公路举行开工动员，德会、西昭、西巧高速公路前期工作加紧推进，西香高速公路纳入国家推进长江经济带高速公路省际待贯通路

2017年1月20日，凉山州2017年脱贫攻坚农村公路建设工作会召开
凉山州交通运输局 供稿

段项目推进计划。16个普通国省道续建项目加快建设，新开工普通国省道项目5个，新建成路面413公里。新（改）建农村公路5 900公里（其中通乡油路1 174.4公里、通村通畅4 266.5公里、通村通达115.4公里、县乡道改造103.5公里、改善提升86.6公里、村道完善49.6公里、地方自建104公里）；新增868个建制村、500个退出贫困村通硬化路；布拖、金阳2座溜索改桥主体工程基本完工；渡改桥工程实现省定开工目标；建成安保工程1 106.7公里，会理、宁南、德昌、西昌实现100%村通硬化路。5个客运综合交通枢纽站前期工作加快推进，县级客运站建成3个、在建8个，建成乡（镇）客运站8个、村级招呼站115个。

交通运输发展规划 2017年，凉山州坚持规划引领，《凉山州综合交通运输“十三五”发展规划》获得州政府批复并实施，其他专项规划配套跟进，17县市“十三五”交通运输综合发展规划全部编制完成，为争取上级支持提供项目支撑。“十三五”期间，凉山州综合交通建设规划投资1 489亿元，规划建设高速公路项目8个803公里、普通国省道2 678公里、重要经济干线837公里、农村公路15 027公里、各类运输站点约2 900个、县级机械化养护中心10个、固定超限检测站13个、铁路340公里、金沙江航道港口及客运码头、通用机场6个，有序推进平安交通、智慧交通、绿色交通建设，努力实现运输服务提质增效，稳步增强行业管理水平和治理能力。

全省第三批交通重点项目集中开工动员举行 2017年10月11日，全省第三批交通重点项目集中开工动员活动在凉山州雷波县境内国道4216线宜宾新市至攀枝花高

2017年10月11日，全省第三批交通重点项目集中开工动员活动在凉山州雷波县举行。省政府和省交通运输厅相关领导出席主会场活动 凉山州交通运输局 供稿

速公路施工现场隆重举行。省政府副省长杨洪波出席主会场活动并宣布开工。省政府副秘书长黄小平主持开工仪式。省交通运输厅厅长汪洋介绍全省第三批集中开工交通重点项目情况。该次集中开工动员活动有全省第三批交通重点项目计划的“5+11+1”共17个项目，总投资1 507亿元，涉及5大经济区、4大城市群的13个市（州），其中涉及凉山州的有国道4216线宜宾新市至攀枝花沿江高速公路、乐山至西昌高速公路马边至昭觉段、国道227线巴亨垭口至桃巴段等三个项目。

相关链接

“5+11+1”：“5个高速公路项目”指国道4216线屏山新市至金阳段高速公路、国道4216线金阳至宁南段高速公路、国道4216线宁南至攀枝花段高速公路、乐山至西昌高速公路马边至昭觉段、广元至平武高速公路。“11个国省干线公路项目”指国道248线、国道350线道孚县八美过境段，国道345线石渠宜牛至达日四川境段，省道220线道孚至二嘎里（阿坝界），国道227线巴亨垭口至桃巴段，省道304线阆中城区至天官段，国道348荣县至竹园段，省道208线（岳池境）升级改造，省道438线兴隆乡巴毛田至贵州界段，省道103线青神至五通桥段，省道215线乐山过境公路夹江甘江至市中区安谷段，万源—八台快速通道项目。“1个水运项目”指岷江汤坝航电枢纽工程。

宜攀高速公路项目投资协议签约仪式举行 2017年5月12日，宜宾新市至攀枝花高速公路项目投资协议签约仪式在成都举行。省政府，省交通运输厅、省交投集团、省铁投集团，凉山州、宜宾市、攀枝花市相关领导出席仪式。省政府副秘书长黄小平主持签约仪式。凉山州副州长朱学雷与宜宾市副市长廖文彬、攀枝花市副市长邓斌、省铁投集团董事长孙云、川高公司董事长唐勇共同签署投资协议。该项目分为屏山新市至金阳、金阳至宁南、宁南至攀枝花3个路段，总里程452公里，总投资886亿元，是截至目前全国投资规模最高的单体高速公路项目，是《国家公路网规划（2013—2030年）》中国道4216线成都至丽江高速公路的组成路段，已纳入国家《长江经济带综合立体交通走廊规划》，在国家和区域路网中居重要地位。项目建设对完善国家和四川省高速公路网，构建长江经济带综合立体交通走廊，促进扶贫攻坚等具有重要作用。项目采用PPP方式，由四川高速公路建设开发总公司和四川铁路产业投资集团公司组成的联合体投资建设。

乐西高速公路投资合作协议签约仪式举行 2017年4月19日，乐西高速公路投资合作协议签约仪式在成都举行。省交通运输厅、省交投集团、凉山州、乐山市相关领导出席仪式。省交投集团总经理冯文生主持签约仪式，中共凉山州委副书记、州长苏嘎尔布与乐山市政府副市长罗新礼、川高公司董事长唐勇共同签署合作协议。该项目由乐山、凉山两市（州）人民政府与省交投

2017年4月19日，乐西高速公路投资合作协议签约仪式在成都举行　凉山州交通运输局 供稿

集团共同组建项目业主，由省交投集团授权川高公司作为投资人，以政府还贷方式建设，计划2017年开工、2022年完工。项目是《四川省高速公路网规划（2014—2030年）》中规划连接成都平原经济区与攀西经济区联系的重要经济通道，也是乌蒙山集中连片特困地区和大小凉山彝族聚居地区脱贫致富的重要扶贫通道。路线起于乐山市马边县城东侧，顺接仁沐新高速公路马边支线，经雷波县、美姑县，止于昭觉县南侧，接国道7611线昭通至西昌段高速公路，路线长约170公里。全线采用双向四车道高速公路标准，设计行车时速80公里，路基宽25.5米。项目估算总投资约327亿元，建设工期5年。项目建设对于进一步完善全省高速公路网，带动乌蒙山集中连片特困地区和大小凉山彝族聚居地区扶贫开发，促进区域社会经济快速发展具有重要意义。

国道5线京昆高速公路泸黄段加宽改造工程开工　2017年9月20日，国道5线京昆高速公路泸黄段加宽改造工程全线开工仪式在西昌举行。该项目路线起于泸沽，经漫水湾、礼州、西宁、太和，止于黄联关，路线全长69.8公里，估算总投资38.4亿元，建设总工期3年。项目由两部分构成，其中泸沽至漫水湾试验段已于2016年3月开工。项目建成后将有效缓解当前交通压力，优化路网布局，对推动和促进攀西经济区经济社会发展起到更加重要的作用。

鱼鲊金沙江大桥通过交工验收　2017年1月18日，会理县国道108线会理县鱼鲊金沙江大桥工程通过交工验收。该工程于2010年5月开工建设，2015年5月完工，历时5年。大桥全长1 026米，桥面宽18.5米，项目投资1.9亿元。大桥上跨金沙江和成昆铁路，东岸连接会理县鱼鲊乡鱼鲊村，西岸连接攀枝花市仁和区大龙潭乡拉鲊村。大桥的建成，结束了国道108线金沙江轮渡的历史，成为凉山州又一出省大通道。

金东大桥合龙　2017年1月8日，国内首座在高温干热河谷、亚热带季风区、小江地震断裂带等恶劣自然环境下建设的金沙江上跨径最大的悬索桥——金东大桥成功合龙。该桥连接凉山州会东县和昆明市东川区，设计承受十级大风、九级地震，创新采用将主缆索安装、材料运输和钢桁梁吊装集于一体的“三塔合一”新工艺进行建设，主体跨度730米，总长914.1米，桥面宽20米，概算总投资4.09亿元。建成后将成为凉山州出川入滇的便捷通道之一，届时成都—攀枝花—永仁—昆明将比现有道路缩短100公里以上。

雷波箐口山隧道贯通　2017年11月3日，雷波县城通往马湖景区的咽喉——箐口山隧道贯通，为国道353全线通车奠定坚实基础。雷波县城到马湖景区的公路里程减少约10公里，避开冰雪路段，提高道路的安全性能。箐口山隧道项目于2016年4月开工，路线全长5 855米，其中隧道长2 281米，设计行车时速40公里，路基宽8.5米，路面为沥青混凝土，总概算投资2.09亿元。

交通运输部赴凉山开展精准扶贫调研　2017年9月23日—24日，交通运输部调研工作组赴凉山州昭觉县

2017年1月22日，建成后的国道108线会理县鱼鲊金沙江大桥
凉山州交通运输局 供稿

开展部分深度贫困县交通精准扶贫调研工作。调研组一行通过查阅相关资料、实地调查研究等方式，深入昭觉县尼地乡洼里洛村、解放乡彬土（火普）村、谷曲乡乃托觉莫村、特布洛乡海列瓦曲村和谷莫村、大坝乡等地实地调研农村公路建设，并与昭觉县、布拖县、金阳县召开座谈会。调研组指出要紧紧围绕2019年全国所有乡（镇）、建制村100%通硬化路目标，进一步加大对已通畅和已下达目标完成情况的核查，全力推进脱贫攻坚农村公路建设，坚决确保如期完成兜底性目标任务，交通运输部将进一步加大对全国深度贫困地区交通精准扶贫工作的支持力度。

道路运输 2017年，凉山州公路总周转量比上年增长6.67%，高于全省平均水平；水上运输总周转量比上年增长138%，超过年度目标103个百分点。加强城乡道路客运服务体系建设，客运班线线网布局进一步优化，启用“四川省道路客运包车管理信息系统”，新增372个建制村通客运班车，推行“公交先行”战略，西昌市公交正式加入全国交通“一卡通”联网运营。完成春晚凉山分会场、春运、马拉松赛事、中高考等重大活动、旅游高峰期运输保障任务。

公路养护管理 2017年，凉山州交通运输部门实行“国省干线州级负责、农村公路县（市）负责”公路管养机制，对784.4公里普通国省干线路段实施提前介入养护，实施预防性养护68公里、大中修工程41.5公里、危（病）桥整治7座、灾毁恢复和地质灾害整治工程58处，296处断道全部及时恢复抢通，确保汛期道路通畅，普通国省干线公路PQI达到89.4。完成会理县应急保通中心建设，启动美姑县应急保通中心和10个养护站前期工作，2个普通国省干线公路服务设施建设加快推进。

路政管理 2017年，凉山州交通运输部门强化“三基三化”（详见《附录》）建设，开展超载超限治理、公路建筑控制区清理整治、公路路域环境综合整治等专项行动。实行超限站交警、交通驻站联合执法，出动路政执法人员27 580人次、车辆7 212辆次对路产路权清理进行集中清理整治，查处超限车辆468辆次、卸载1 240吨，超限率为2%；查处损害公路及附属设施路政案件189件，纠正违法及发出违法通知书389次；清理非交通标志牌11 623起、摆摊设点659处、建筑垃圾和加水洗车点53处，清除路障1 894处，全州道路交通环境进一步改善。

道路运输管理 2017年，凉山州交通运输部门加强道路运输市场服务监管，实行道路客运实名制管理，班车客运价格定价工作稳妥推进，重拳整治出租汽车市场乱象和驾驶教练员“吃拿卡要”行为，驾驶培训机构“计时培训、按学时收费、先培训后付费”模式实现100%覆盖，阳光维修服务平台建设进一步加强，三类以上班线车辆3G视频卫星定位监控终端安装率达100%。

智慧交通信息化 2017年，凉山州交通运行监测与应急指挥系统（二期）工程、普通公路治超信息化管理（一期）工程、水上交通安全监管系统工程、攀西凉山水上应急救助基地等4个项目前期工作加快推进，雅砻江官地库区库尾航道整治基本完成。受理“12328”服务监督热线电话4 600余通，对州交通运输局网站进行改版，并开通微信公众号。

交通运输环保建设 2017年，凉山州推动交通运输环保建设，落实环保大督察、“河长制”等各项任务要求，推进交通运输环境污染防治“三大战役”。新增新能源公交车63辆，淘汰“黄标车”1 773辆，整治运输、汽车维修企业3家，协助取缔网箱养殖16 292口，对官地库区航道漂浮物进行常态化清理。

工程质量监管 2017年，凉山州实行项目质量监督组责任制和不合格检测结果通报制度，采取重点抽查与专项督查相结合，受理普通国省道质量监督项目75个，开展在建公路工程质量安全综合检查125次，下发整改通知68份，17县市质监机构建设和农村公路质量监督工作进一步强化。

安全生产监管 2017年，凉山州落实安全生产“一岗双责”和“两个主体责任”，强化“平安交通”建设，坚持防治结合，开展交通运输安全宣传和“打非治违”系列行动，强化公路水路交通运输安全大检查和隐患大整治，累计检查企事业单位621家（次）、排查整治一般隐患1 676项、打击违法违规违章行为525起（次），全年未发生因源头管理而负主要责任的重大及以上道路和水上交通安全事故。

邛海水上交通安全督查 2017年4月14日，由国家安监总局副局长孙华山带队的国家地震应急准备及汛期安全生产工作督查组深入西昌邛海督查汛期水上交通安全工作。孙华山对凉山州连续26年没有发生水上交通安全责任事故给予充分肯定，强调要时刻绷紧水上交通安全这根弦，清醒地认识到水上交通安全形势的严峻性和紧迫性，切实履行监管职责，严格落实企业安全生产主体责任，严格执行安全生产制度，全方位确保水上交通安全工作。

交通运输政策争取 2017年，凉山州争取到交通运输部对州国家高速公路按项目建安费50%安排、普通国

道按项目概算建安费100%安排、建制村通村硬化路就高执行每公里70万元补助的优惠政策，到2020年在原有基础上可多争取到补助资金200亿元以上；省级层面将从省高速路网、省道、公路养护、安保工程等方面给予凉山政策倾斜；普通国省干线延期付款施工总承包建设模式获州政府批准，将在全州推行。

2017年8月27日，建成后的会理县铜厂村通村硬化路　　凉山州交通运输局 供稿

交通运输行业改革试点　2017年，凉山州事业单位分类改革成为全州试点，路政大队管理权限下放至县市改革工作有序开展，州公路局等事业单位分类改革工作稳妥推进，撤销局机关行政审批科和审计科，新成立高管科和信息科；坚持依法行政，落实依法治州决策部署，推进交通法治部门建设，结合“放管服”（详见《附录》）改革，推进行政权力依法规范公开运行，将局本级行权事项由原来的399项调整为281项，完成政务一体化平台上线运行和26项行政许可事项办事指南编制工作，办理行政审批事项15 209项，现场办结率和按时办结率均为100%；出台《凉山州州级财政交通专项资金管理办法》，实现局属各单位所有财政专项资金由州局统筹管理；推进人事制度改革，清理、清退借用、聘用人员50余人，选拔任用干部40名，考调机关工作人员5名，安排10人挂职交流锻炼，引进选调生3名、重庆交通大学研究生实习生10名、招聘14名待业青年进入系统内工作；开展废旧塑料改性沥青推广应用科技项目、交通与旅游融合发展等课题研究。

交通开放合作　2017年，凉山州坚持在开放共赢中促进发展，调动各类市场主体的积极性，汇聚全社会资源力量推动凉山交通发展。与重庆交通大学、厅公路设计院建立战略合作伙伴关系，成立凉山州重庆交通大学研究生实习实践基地和厅公路设计院凉山分院，各项合作务实推进；先后与上海海事局、广东省海事局展开东西扶贫协作，与昆明市签订共管水域与安全工作框架协议，取得阶段性成果；组团到上海、重庆、云南、贵州和四川省内其他市（州）等地相关单位和企业考察学习，进一步巩固与交通运输部和省交通运输厅的良好工作关系、与省交投集团和省铁投集团等大型企业的良好合作关系。

凉山州与省交通运输厅举行工作座谈会　2017年1月19日，凉山州与省交通运输厅在成都举行工作座谈会。中共凉山州委书记林书成，省交通运输厅党组书记、厅长汪洋，州委副书记、州政府代理州长苏嘎尔布出席。林书成、苏嘎尔布表示凉山州将全力以赴改善交通运输条件，为如期打赢凉山脱贫攻坚决胜之战提供坚实保障。希望省交通运输厅在高速公路、国省干线、农村公路、内河水运的建设项目、政策、资金等方面一如既往给予特殊关心和支持。汪洋对凉山州交通运输工作取得的成绩给予充分肯定，指出凉山州是四川省交通基础设施建设的主战场，也是全省交通建设和交通脱贫攻坚任务最重的地区，省交通运输厅将进一步加大对凉山交通运输事业建设与发展的支持力度，进一步加快相关工作，突出重点推进高速公路项目，加快普通国省干线项目前期工作，

2017年1月19日，凉山州与省交通运输厅在成都举行工作座谈会
凉山州交通运输局 供稿

全力以赴支持通乡油路和通村硬化路建设，支持水运发展，推进养护管理体制机制改革，让交通建设成果更好、更长时间惠及人民。

（本栏目供稿单位：凉山州交通运输局）

荣誉榜
RONGYU BANG

2018

四川交通年鉴

先进名录

XIANJIN MINGLU

2017年交通运输部 中华全国总工会表彰的 “2016年感动交通年度人物”

（四川交通部门）

牟廷敏 四川省交通运输厅公路规划勘察设计研究院副总工程师

（厅史志总编室）

2017年交通运输部授予的“全国交通技术能手”称号

（四川交通部门）

李树斌 四川凉山州会理县公路管理局公路养护工

杨店超 四川宜宾市公路局高县公路养护段公路养护工

（省交通运输工会）

2017年中华全国总工会表彰的 2017年“全国工人先锋号”先进集体

（四川交通部门）

四川川交路桥有限责任公司隧道分公司桃园至巴中高速公路LJ2项目

四川南充汽车运输（集团）有限公司南充汽车客运站“匡红艳爱心班”

西昌市汇通运输有限公司西昌长安汽车站

四川成渝高速公路股份有限公司成仁分公司成都收费站

（省交通运输工会）

2017年中央精神文明建设指导委员会表彰的第五届全国文明单位

（四川交通部门）

四川路桥华东建设有限责任公司

四川省交通运输厅航务管理局

（厅航务局）

2017年交通运输部海事局表彰的
全国海事调查工作先进单位、先进个人

（四川交通部门）

先进单位

四川省地方海事局

先进个人

胡高利 四川省地方海事局中级海事调查官

（厅航务局）

2017年全国“安康杯”竞赛组委会表彰的2017年度
全国“安康杯”竞赛安全文化宣传工作先进单位、先进个人

（四川交通部门）

先进单位

四川省交通运输工会

四川南渝高速公路有限公司

四川公路桥梁建设集团有限公司

南充市公路管理局

四川川西高速公路有限责任公司

四川成渝高速公路股份有限公司成渝分公司

先进个人

陈光华 四川省交通运输工会

康 萍 四川南渝高速公路有限公司

张建强 四川公路桥梁建设集团有限公司

蒋爱民 蓬安县公路管理局

何 雁 四川川西高速公路有限责任公司

孙 淳 四川成渝高速公路股份有限公司成渝分公司

（省交通运输工会）

2017年全国“安康杯”竞赛组委会表彰的
全国职工公共安全卫生应急避险知识普及竞赛活动
优秀组织单位、组织优秀个人

（四川交通部门）

优秀组织单位

四川高速公路建设开发总公司工会委员会

四川省广安市公路管理处工会

四川省交通运输厅交通勘察设计研究院工会委员会

组织优秀个人

韩德兰 德阳市交通运输局工会

邵 涵 四川省交通运输厅交通勘察设计研究院

（省交通运输工会）

2017年四川省总工会授予的2017年四川省五一劳动奖章

（交通部门）

满道书 四川省交通运输厅高速公路交通执法第四支队一大队队长

（省交通运输工会）

2017年四川省总工会表彰的2017年“四川省工人先锋号”先进集体

（交通部门）

都江堰市城市公共交通有限责任公司四路行车队

四川省泸州兴运客运中心站有限公司安全例检班组

德阳裕兴公共交通有限责任公司公交28路线

广元市公共交通公司27路公交线

四川省交通运输厅公路规划勘察设计研究院隧道与地下工程分院

（省交通运输工会）

人物选介

RENWU XUANJIE

牟廷敏

四川省交通运输厅公路规划勘察设计研究院总工程师

“除了桥，没别的爱好，不喜欢‘耍’，话不多。”这是熟识的人对四川省交通运输厅公路规划勘察设计研究院总工程师牟廷敏的一致印象，但是只要他跟别人聊起桥，几个小时都不会停下。从业20多年来，牟廷敏牵头攻克了现代桥梁建设面临的高地震烈度、高海拔、高寒和地形地质特别复杂等一系列世界性技术难题，特别是在钢管混凝土桥梁、拱桥和高性能水泥混凝土材料等领域科技成绩突出，其科研成果得到广泛推广应用。他带领的团队成就了“钢管混凝土桥建设，世界看中国，中国看四川”的美名。

蜀道自古艰难，在川西高原上开路架桥更是不易。雅西高速公路从四川盆地边缘出发，由中国陆地地势的第二阶梯向第一阶梯爬升，穿越横断山脉的高山峡谷地带，被国内外专家学者公认为“国内乃至全世界自然环境最恶劣、工程难度最大、科技含量最高的山区高速公路之一”。这也意味着传统惯用的混凝土桥，由于技术指标差、工程造价高、材料耗费大，已不能适应建设需要，通过反复验证，牟廷敏带领设计团队提出了采用全钢管混凝土桁架梁桥这一新方案。雅西高速公路干海子特大桥的设计由全钢管混凝土桥代替传统的简支T梁桥，不仅抗地震烈度可高达9度，而且非常节省投资。著名的“双螺旋隧道”连起海拔2 500米、总长1 811米的干海子特大桥，蔚为壮观。腊八斤特大桥高墩所采用的“钢管混凝土组合柱”结构在桥梁建设上是第一次，钢管柱内采用的C80混凝土强度为普通混凝土的2到3倍，这种新型的技术让桥的自重减少了33%左右，大大提高了抗震性。10号桥墩高182.5米，加上基座和桥面部分，整体高度达到207米，成就了“亚洲第一高墩”的美名。这两座桥梁成为雅西高速公路上的两个世界之最，也筑就了“云端上的高速”的美誉。

牟廷敏先后获得全国五一劳动奖章、交通运输部“交通运输行业科技特殊贡献奖”和首届“四川杰出人才奖”，被评为“十佳全国公路优秀科技工作者”和“交通运输行业科技创新领军人才”。先后被评选为“2016年感动交通年度人物”和“2017年感动交通十大年度人物”。在“2017年感动交通十大年度人物”视频报告会上对牟廷敏的致敬词简短却又浓墨重彩：“都说蜀道难，难于上青天。而跨江河沟壑，飞津济渡；踞危崖深谷，坦途行空。是你坚守宏愿初心，着意为桥；是你挥洒鬼斧神工，巧思天成。智慧通蜀道，高速入云端，大国工匠，修远担当。”

（厅史志总编室）

范志强

遂宁市地方海事局射洪县地方海事处处长

2002年，范志强被任命为射洪县地方海事处处长。15年来，他带领射洪海事人坚守在梓涪两江水上交通安全第一线，走遍了125公里辖区水域的所有渡口码头、船只、沿江村社和沿江学校。范志强始终坚持“强化海事监管、服务人民群众、构建和谐平安交通水运”的原则，建立了射洪县水路交通运输安全协会，把船员和业主紧密联系在一起，在行业管理中形成自律约束。他起草《射洪县水上交通安全管理办法》，成为全省首个县级地方水上交通安全规范性文件，被省交通运输厅转发全省各地学习借鉴。他时刻关注水上安全动态，每天早晚询问辖区情况，恶劣天气和重大汛情坚持在单位值守已成为工作习惯。白天驾车艇到渡口码头、船只或村社巡查调研，晚上查找资料撰写方案，最终形成包括船员乘员自救、船舶互救、社会村民救助、专业救援等内容的乡镇船舶自救互救机制工作方案，拓展了内河水上应急救援渠道。2010年11月，全省船舶自救互救机制建设现场会在射洪召开，乡镇船舶自救互救机制工作方案在全省推广，形成“射洪模式”。范志强组织开展辖区内船舶安全技改工作，在渡口码头、船舶和航道危险区安设监控系统和报警预警系统，在应急救援中引进无人机和无人船。建起全省首个水上应急救援中心。发起建立涪江流域海事机构水上交通安全联席会议机制，让同江流域的川、渝海事机构实现了水情汛情信息、安全监管、防汛抢险和应急救援等资源的共享。

2009年3月11日绵阳龙门山发生输油管道原油泄漏事故，范志强组织涪江射洪段油污防控清理打捞工作，保证了饮用水安全；2010年“7·25”特大洪水中，他救助两名落水群众，并成功拦截梓江上游冲下的油罐；2012年9月10日，射洪县遭受空前暴雨袭击，他带领海事人员驾驶冲锋舟和橡皮艇在1天内安全转移150余户居民和受困群众200余人。15年来，他组织参与水上应急救援、船舶抢险和沉船打捞60余次，协调应急救援和防汛抢险船舶100余艘次。2011年，射洪县地方海事处被交通运输部授予“交通运输系统海（水）上搜救先进集体”荣誉称号。2016年，范志强被中共交通运输部海事局党组、交通运输部海事局授予“全国海事系统‘庆文式标兵’”荣誉称号。

（厅史志总编室）

周　斌

四川省交通运输厅综合规划处主任科员 乐山市金口河区共安彝族乡新建村驻村扶贫干部

乐山市金口河区是四川省交通运输厅牵头的对口帮扶区县，2016年8月，厅综合规划处主任科员周斌担任了金口河区共安彝族乡新建村驻村扶贫干部。“请组织放心，保证不辱使命，圆满完成任务！”面对工作安排，周斌毫不犹豫地回答，然而许多人并不知道，当时他家中的孩子刚满半岁。新建村面积14.5平方公里，共104户、424人，其中，彝族人口198人，占47%。地势山高坡陡，仅有耕地25.6公顷，经济发展水平低，属于省定贫困村，全村共有建档立卡贫困户34户88人，贫困发生率约21%。

在担任新建村驻村扶贫干部不到一年的时间里，周斌修编了《新建村脱贫攻坚规划》，研究制订了包括精准扶贫、组织建设、为民办事、集体经济和村级治理等5项内容的具体实施方案，并分别建立台账。他协助推进村组道路拓宽、集中安置点建设等7个基础建设项目，以“合作社+贫困户”的模式因地制宜推动中华蜂养殖、魔芋种植等4个优势扶贫产业发展。共安彝族乡副乡长曾应元说：“他为我们带来了很多先进的思路和方案，对我们的支持力度很大，不仅在新建村，他对我们整个乡的贡献都很大。”周斌对全村贫困户进行全面走访调研和精准识别，掌握了所有贫困户的家庭情况、致贫原因和困难需求。即使在村组道路施工断道的2个月内，他仍然坚持进组入户，最多的一天走了近30公里山路，被乡亲们亲切地称为“泥腿子书记”。他还创办了金口河区乃至小凉山地区首个村级刊物《新建奔康报》，真实记录下新建村脱贫攻坚的历程和取得的成绩。

对于扶贫，周斌既有着“拼命三郎”的干劲，又有着“绣花功夫”的精细。村民饲养的跑山鸡出现了滞销，周斌亲自跑市场、找客户。终于有一家机构一口气订了200余只鸡，但是要求脱毛去内脏清洗后使用真空包装和速冻运输。金口河区没有大规模的屠宰点，为了能把新鲜的鸡以最快的速度送到客户手中，周斌帮忙清洗、包装和冷冻处理，从中午到晚上，那天整整在菜市场连续工作了9个小时。周斌以“急群众所急、想群众所想”的工作态度，共为贫困群众办实事100余件，获得了当地干部和村民的高度赞扬。谈到成绩，周斌说：“我们所代表的全省11 501名‘第一书记’，应庆幸于能在扶贫事业中勇立潮头、击浪青春，增长才干、提炼自我；应荣耀于能冲锋陷阵、阵地插旗，扎根基层、造福群众。”

（厅史志总编室）

戴利林

绵阳九龙汽车服务公司车间主管兼汽车维修质量检验员

戴利林是绵阳九龙汽车服务公司的车间主管兼汽车维修质量检验员，从业以来在工作中一直努力做好每一个细节，严格按照操作规范完成车辆的质量检验和维修，从未发生过一次质量事故，以热情的服务态度和娴熟的专业技能赢得了广大客户的认可和好评。作为公司的生产技术骨干，戴利林多次被外派执行科研保障试验任务，并担任车辆维护和运输分队长。他凭借过硬的业务技能和高度的责任心在时间紧、任务重的情况下迎难而上，排除掉参加试验车辆存在的诸多疑难故障，确保车辆安全高效运行。在一次科研保障试验任务中，一辆行驶中的越野车突然出现踩刹车挂档时发动机熄火的故障，凭借多年的工作经验，戴利林冷静分析后判定导致出现故障的原因在电路上。由于试验外场在戈壁滩上，检验及维修设备有限，没有电脑解码器和其他辅助工具协助，只有一个简易的试灯和万用表，为了不影响科研试验任务的完成，他硬是用仅有的单一工具，对全车的保险片和传感器线路进行了检查。在检查中，他发现有几个保险片出现了氧化层，他将保险片与底座以及变速箱上的传感器接触点仔细清理干净，用最短的时间让车辆恢复正常，确保了此次科研保障任务顺利完成，受到了领导和同事们的赞扬。他撰写的《双燃料汽车后遗症的分析与改造》获得了中国工程物理研究院优秀论文奖。

作为一名共产党员，戴利林充分发扬党员的先锋模范带头作用，在工作中顾全大局、服从分配、勇挑重担，认真履行自己的职责，做好自己的工作，时刻牢记“一个党员就是一面旗帜”的使命。“5·12”汶川特大地震发生后，他得知家乡北川是重灾区，但却无暇顾及家人的安危，依然坚守在自己的工作岗位上。多年来，戴利林不断加强理论知识和专业技能的学习，与时俱进，勇于创新，不断提高业务水平，同时，还用自己积累多年的汽车维修经验指导培养新员工，为公司培养储备后备技术力量。他多次获得交通运输部“生产标兵”“先进生产者”称号，2015年又获得交通运输部、全国总工会“爱岗敬业汽修工楷模”称号。

（厅史志总编室）

蔡剑平

四川亚细亚运业有限公司驾驶员

从事客运驾驶15年，四川亚细亚运业有限公司的驾驶员蔡剑平已记不清跑了多少班次，搭载了多少乘客平安回家，但他始终牢记行车安全的重要性，从业以来没有发生过一起责任事故，安全行驶超过160万公里。为了确保行车安全，每次发车之前，他都会提前20分钟到岗，仔细检查机箱、水箱、轮胎、灯光等，排除一切潜在风险。在行车过程中，他严格做到“四不”：不开“英雄车”、不酒后驾车、不强行超车、不超员。他常说：“几十条人命掌握在我手里，我要对他们的生命财产负责。”他还在客车上准备了一个“百宝箱”，里面放着针线包、雨伞、常备药等便民用品，甚至还有一副老花镜，“有些年龄大的乘客，眼神不太好。”多年来，蔡剑平就是这样全心全意为乘客提供帮助和服务。

蔡剑平曾多次参加各种救援运输任务。2010年8月7日，甘肃省甘南藏族自治州舟曲县发生特大泥石流灾害。当天下午17时30分，公司接到成都市人民政府通知，要求立即调配10~13辆客车赶往成都应急救援大队，运送成都市民兵预备役官兵前往舟曲执行抢险救灾任务。正在休假的他得知消息主动请缨参与救援。8月10日车队到达后，他请求继续留在舟曲，整整6天，他在暴雨中和官兵们一起开展救援。

15年来，每个春节蔡剑平都在路途中度过，没有回家过过一个完整的年。春运期间，车站客运班次密集，路上车流增多，客运压力增大，“别人大年三十、初一回家团年吃饭的时候，我们还在路上跑。这是没得办法的，客运驾驶员就是这样，别人放假、耍的时候，就是我们最忙的时候。”虽然工作十分辛苦，但蔡剑平总说：“一年下来，只要顺顺利利、平平安安，不出任何安全事故，就是我最大的成就。”朴实的话语中体现出对工作的责任与担当。2017年，蔡剑平被评为2017年度全国道路运输安全行车百万公里先进驾驶员。

（厅史志总编室）

附录

FU LU

2018

四川交通年鉴

政策法规选编

ZHENGCE FAGUI XUANBIAN

四川省农村公路条例

（四川省第十二届人民代表大会常务委员会公告第89号）

《四川省农村公路条例》已由四川省第十二届人民代表大会常务委员会第三十五次会议于二〇一七年七月二十七日通过，现予公布，自二〇一七年十月一日起施行。

四川省人民代表大会常务委员会

二〇一七年七月二十七日

四川省农村公路条例

第一章 总 则

第一条 为了促进农村公路事业的发展，适应农村经济社会发展和人民群众生产生活的需要，根据《中华人民共和国公路法》《中华人民共和国道路运输条例》《公路安全保护条例》等有关法律、法规，结合四川省实际，制定本条例。

第二条 四川省行政区域内农村公路的规划、建设、管理、养护和运输等活动，适用本条例。

本条例所称农村公路，是指纳入农村公路规划，按照国家、交通运输部和省制定的公路建设有关标准修建的县道、乡道、村道及其附属设施。

第三条 农村公路的发展应当遵循统筹规划、因地制宜、保护环境、建管养运并重的原则，实行政府主导、部门协作、社会参与和分级负责、分类管理。

第四条 县级以上地方人民政府应当将农村公路发展纳入国民经济和社会发展规划，加强农村公路工作的组织领导和监督考核，促进农村公路持续健康发展。

县（市、区）人民政府是本行政区域内农村公路规划、建设、管理、养护和运输的责任主体，应当健全农村公路县、乡、村三级建设、管理和养护体系，完善农村公路工作机制，组织协调有关部门做好农村公路工作。

乡（镇）人民政府在县（市、区）人民政府确定的职责范围内做好农村公路工作，明确相应的机构和人员具体负责本行政区域内乡道、村道的建设、养护及村道管理工作。

第五条 村民委员会在乡（镇）人民政府和县（市、区）交通运输主管部门指导下按照村民自愿、民主决策原则，组织村民做好本区域内村道的日常养护工作，配合乡（镇）人民政府和县（市、区）人民政府交通运输主管部门做好本区域内村道的建设和管理工作。

第六条 省人民政府交通运输主管部门负责编制全省农村公路发展规划，执行中央和省农村公路投资计划，指导、监督全省农村公路工作。

市（州）人民政府交通运输主管部门负责本行政区域内农村公路相关工作的监督和管理。

县（市、区）人民政府交通运输主管部门负责组织实施本行政区域内农村公路规划、建设、管理、养护和运输工作。

县级以上地方人民政府交通运输主管部门所属的公路管理机构、道路运输管理机构和质量监督机构具体负责相关工作。

第七条 县级以上地方人民政府发展改革、财政、公安、国土资源、环境保护、城乡规划建设、农业、扶贫等有关部门，按照本条例和各自职责做好农村公路相关工作。

第八条 县级以上地方人民政府应当将农村公路规划、建设、养护、管理和运输所需经费列入本级财政预算，经费应当随着农村公路里程的增加和地方财力的增长逐步增加。

第九条 县级以上地方人民政府应当在政策、资金、物资等方面，帮助和扶持贫困地区、少数民族地区、边远地区和革命老区推进农村公路事业的发展。

鼓励社会各界通过多种方式参与推进农村公路事业

发展。

第十条 农村公路受法律保护，任何单位和个人不得破坏、损坏或者非法占用农村公路、公路用地及公路附属设施。

任何单位和个人有权制止、检举和控告影响农村公路安全的违法行为。

第二章 规划与建设

第十一条 县级以上地方人民政府交通运输主管部门应当编制农村公路规划，并根据农村公路建设规划、资金规模等因素，编制农村公路建设规划项目库。

农村公路规划应当符合国民经济和社会发展规划、土地利用总体规划、城乡规划和生态环境保护规划，与交通运输发展规划相协调，与农村客货运输需求相适应。

第十二条 县道规划及其项目库由县（市、区）人民政府交通运输主管部门会同有关部门编制，经本级人民政府审定后，报上一级人民政府批准。

乡道、村道规划及其项目库由县（市、区）人民政府交通运输主管部门协助乡（镇）人民政府编制，报县（市、区）人民政府批准。

依照第一款、第二款规定的县道、乡道、村道规划及其项目库，应当报批准机关的上一级人民政府交通运输主管部门备案。

经批准的农村公路规划及其项目库需要修改的，应当按照原程序报批和备案。

第十三条 县道、乡道的命名和编号，由省人民政府交通运输主管部门按照国务院交通运输主管部门的规定确定。

村道的命名和编号，由县（市、区）人民政府交通运输主管部门按照省人民政府交通运输主管部门的规定确定。

新建、改建农村公路应当按照国家标准和规范设置交通标志标牌。

第十四条 农村公路的建设应当根据经济社会发展、自然地理条件和公路功能需求等实际情况，合理确定技术标准。

新建、改建县道、乡道应当执行国家、交通运输部和省有关标准。新建、改建村道路面宽度不少于4.5米，受地形、地质等自然条件限制的路段，路面宽度不得少于3.5米，并按照规定设置错车道。

第十五条 县道、乡道建设使用土地由县级以上地方人民政府国土资源部门依照有关法律、法规的规定办理。

村道建设使用土地由项目所在地村民委员会召开村民会议或者村民代表会议协商解决，法律、法规另有规定的，从其规定。

第十六条 县道、乡道建设项目应当报县级以上地方人民政府发展改革部门按照有关规定批准，工程可行性研究报告应当由具有相应资质的单位编制。

纳入农村公路建设规划项目库的村道建设项目可以简化程序，具体办法由省人民政府制定。

第十七条 农村公路建设项目应当由具有相应资质的单位设计，设计文件报县级以上地方人民政府交通运输主管部门批准。规模较小、技术简单的村道建设项目可以由县（市、区）人民政府交通运输主管部门无偿提供设计文件。

新建、改建县道、乡道和通客运的村道交通安全等设施应当与主体工程同步设计、同步建设、同步使用，已建成的县道、乡道和通客运的村道应当逐步完善。

第十八条 农村公路建设项目应当依法进行招投标。社会捐资、群众投劳为主的村道建设项目，可以不进行招投标，由村民会议或者村民代表会议自主决定。

第十九条 农村公路建设项目施工许可应当按照有关规定报县（市、区）人民政府交通运输主管部门批准。

第二十条 农村公路设计、建设、施工、监理等单位应当建立安全生产责任制度和工程质量责任追究制度。

农村公路建设项目按照国家有关规定实行质量缺陷责任期制度和质量保证金制度。

第二十一条 县级以上地方人民政府交通运输主管部门应当建立健全农村公路质量安全监督管理机制，加强对农村公路建设质量安全的监督管理。

县级以上人民政府交通运输主管部门所属的质量监督机构具体负责农村公路建设质量安全的监督工作，可以委托具有相应资质的监测单位进行质量检测。

第二十二条 农村公路建设实行工程监理制度，鼓励社会化监理。

农村公路社会化监理应当由具备相应资质的监理单位实行。建设规模较小、技术简单的村道建设项目可以由县（市、区）人民政府交通运输主管部门进行监管。

第二十三条 农村公路建设项目应当按照国家和省有关规定进行验收；涉及交通安全的，应当征求公安机关交通管理部门的意见。未经验收或者验收不合格的，不得交付使用。

第二十四条 农村公路建设单位应当按照档案管理有关规定，收集、整理、保存工程资料，建立工程档案，验收合格后移交县（市、区）人民政府交通运输主管部门保存。

县级以上地方人民政府交通运输主管部门应当按照规定核查、更新本行政区域内农村公路基础数据库、电子地图等信息，确保数据真实准确。

第三章 路政管理

第二十五条 县（市、区）人民政府交通运输主管部门公路管理机构负责县道、乡道的路政管理工作，指导和监督本行政区域内村道的路政管理工作。

乡（镇）人民政府负责做好本行政区域内村道的路政管理工作，协助县（市、区）人民政府交通运输主管部门公路管理机构做好县道、乡道的路政管理工作。

第二十六条 县（市、区）人民政府应当确定农村公路两侧自边沟、截水沟、坡脚护坡道外缘起不少于一米的范围为公路用地，自公路用地外缘起，按照县道不少于十米、乡道不少于五米、村道不少于三米的标准划定公路建筑控制区，并依法向社会公告。

第二十七条 在农村公路建筑控制区内，除农村公路保护需要外，禁止修建建筑物和地面构筑物。农村公路建筑控制区划定前已经合法修建的不得扩建，因农村公路建设、养护或者保障公路通行安全等原因需要拆除的应当依法给予补偿。

在农村公路建筑控制区外修建的建筑物、地面构筑物以及其他设施不得遮挡公路安全标志、妨碍安全视距。

第二十八条 其他建设工程需要占用、挖掘村道等影响村道畅通安全的行为，应当征求村民委员会的意见，并报乡（镇）人民政府同意，由乡（镇）人民政府报县（市、区）人民政府交通运输主管部门公路管理机构备案。占用、挖掘村道的应当按照不低于该路段原有的技术标准予以修复、改建，或者给予相应的经济补偿。

第二十九条 违法超限运输车辆不得在农村公路上行驶。运载不可解体物品的超限运输车辆确需在农村公路上行驶的，应当经县（市、区）人民政府交通运输主管部门公路管理机构批准，并采取有效防护措施，按照指定的时间、路线、时速行驶，悬挂明显标志；影响交通安全的，应当征求公安机关交通管理部门的意见。

第三十条 建设工程重载车辆确需通过农村公路特定路段的，建设单位应当合理规划行车线路，控制车辆荷载，减少对农村公路质量安全的影响，在工程施工前应当与通行路段农村公路养护责任主体签订修复、补偿等相关协议。

第三十一条 禁止在村道的公路用地外缘起向外五十米、大中型桥梁和渡口周围二百米、隧道上方和洞口外一百米范围内从事采矿、爆破等危及村道安全的活动。

第三十二条 禁止在农村公路及其用地范围内从事下列活动：

（一）设置集贸市场、摆摊设点、堆放物品、设置障碍或者倾倒废弃物；

（二）打场晒粮、种植作物；

（三）挖砂、采石、取土、挖沟引水；

（四）非法设卡、收费；

（五）其他影响农村公路安全的活动。

第三十三条 县（市、区）人民政府交通运输主管部门公路管理机构或者乡（镇）人民政府根据农村公路保护需要，可以在乡道、村道的出入口规范设置必要的限高、限宽设施，但不得影响抢险救灾、消防和卫生急救等应急通行。限高、限宽设施应当有明显标志和夜间反光标志。

第四章 养 护

第三十四条 农村公路养护应当遵循预防为主、防治结合、全面养护、保障畅通的原则，坚持专业养护与群众养护、日常养护与集中养护相结合。

鼓励通过政府购买服务的方式，由专业化养护作业单位承担农村公路养护工作。

第三十五条 县（市、区）人民政府交通运输主管部门公路管理机构具体承担桥梁、隧道的养护工作，县道的日常养护和组织实施县道、乡道大中修工程。

乡（镇）人民政府具体承担乡道的日常养护和组织实施村道大中修工程，可以通过设置公益性岗位或者采取个人、家庭分段承包等方式对乡道、村道进行日常养护。

村民委员会具体承担村道的日常养护工作，在乡（镇）人民政府的指导下，做好村道的小修保养、日常保洁等工作，维护村道的路容路貌。

第三十六条 县道、乡道大中修养护工程年度计划由县（市、区）人民政府交通运输主管部门会同有关部门或者乡（镇）人民政府编制，经县（市、区）人民政府批准后实施；村道大中修养护工程年度计划的编制参照执行。

第三十七条 农村公路大中修养护工程，应当按照有关技术规范和标准设计、施工，完工后按照规定进行验收。

农村公路大中修养护工程按照国家有关规定实行质量缺陷责任期制度。

第三十八条 农村公路养护人员进行养护作业时，应当穿着安全标志服，遵守道路交通安全规定；利用车辆作业时，应当在车辆上设置明显作业标志，其他车辆应当注意避让。

农村公路因养护作业确需中断交通的，养护作业单位应当在作业开始五日前向社会公告，明确绕行路线，设置绕行标志。

第三十九条 因自然灾害或者其他突发事件导致农村公路中断的，县（市、区）人民政府、乡（镇）人民政府应当组织有关部门及时修复公路、恢复交通。

第四十条 县级以上地方人民政府应当建立农村公

路养护质量检查、考核、评定和奖惩机制。

第五章 运 输

第四十一条 县（市、区）人民政府应当积极发展农村客货运输，推进城乡客运一体化和农村物流发展，促进交通运输基本公共服务均等化。

第四十二条 政府投资新建、改建农村公路，应当将农村客货运输站场、招呼站等与农村公路同步规划、同步建设、同步交付使用和同步维护。

第四十三条 县（市、区）人民政府应当编制农村客运和物流发展规划，优化站点布局，拓展站场物流服务功能，促进农村生产生活资料、农副产品流通和农村经济发展。

第四十四条 县（市、区）人民政府应当组织公安、交通运输、安全生产监督等部门对农村公路进行勘验，符合客运车辆通行条件的，按规定开行农村客运；符合公交车辆通行条件的，可以参照城市公交标准开行农村公交；对于出行需求少且相对分散的边远地区，鼓励开展预约、定制客运服务。

第四十五条 县（市、区）人民政府应当建立公安、交通运输、安全生产监督等部门参与的农村公路运输安全监管机制，督促乡（镇）人民政府落实安全监管责任；相关部门按照职责分工加强对运输企业的安全监管，督促企业落实安全生产主体责任。

第六章 资金筹集与管理

第四十六条 省、市（州）人民政府应当安排财政性资金用于对农村公路建设、管理、养护和运输的补助，并加大对贫困地区、少数民族地区、边远地区和革命老区的投入，具体办法由省、市（州）人民政府交通运输主管部门会同本级财政部门另行制定。

农村公路可以由地方自筹资金先行组织建设，待补助资金到位后拨付归垫。

第四十七条 县（市、区）人民政府应当建立以政府公共财政投入为主的资金保障机制，按照财政事权与支出责任相匹配的原则，将农村公路建设、管理、养护和运输资金纳入本级财政预算予以保障，并随农村公路里程和地方财力的增长逐步增加。

第四十八条 农村公路建设、管理、养护和运输资金主要来源：

（一）地方公共财政收入；

（二）中央、省、市等上级补助资金；

（三）地方政府债券资金；

（四）通过以奖代补、以工代赈等方式筹集的资金；

（五）企业投资，企业、个人等社会捐助，或者通过利用农村公路冠名、路域资源开发等方式筹集的资金；

（六）整合各类扶贫、涉农项目中按照规定可用于交通发展的资金；

（七）通过其他方式筹集的资金。

第四十九条 鼓励企业和个人捐款捐物用于农村公路建设和养护；鼓励利用农村公路冠名、路域资源开发等方式筹集资金用于农村公路建设和养护。

第五十条 农村公路建设、管理、养护和运输资金实行专款专用，任何单位和个人不得挤占、挪用和截留。

县级以上地方人民政府交通运输主管部门应当加强农村公路建设、管理、养护和运输资金的监管，提高资金的使用效益。

财政、审计等部门应当依法对农村公路建设、管理、养护和运输资金的使用情况进行监督检查。

第五十一条 村民委员会自行筹集村道建设、养护资金的，应当遵循村民自愿、量力而行的原则，并对资金的使用情况进行公示，接受村民监督。

乡（镇）人民政府应当依法加强对村道建设、管理、养护和运输资金的管理。

第七章 法律责任

第五十二条 违反本条例规定，法律、法规已有规定的，从其规定。

第五十三条 违反本条例规定，造成农村公路及其附属设施损坏的，应当按照不低于原技术标准予以修复，或者按照损毁程度予以补偿。

第五十四条 违反本条例第二十七条规定，在村道建筑控制区内修建、扩建建筑物、地面构筑物，或者在村道建筑控制区外修建的建筑物、地面构筑物以及其他设施遮挡公路安全标志、妨碍安全视距影响交通安全的，由县（市、区）人民政府交通运输主管部门公路管理机构责令限期拆除，可以处二百元以上二千元以下的罚款；情节严重的，处二千元以上五千元以下的罚款。

第五十五条 违反本条例第二十八条规定，实施占用、挖掘村道等影响村道畅通安全的行为，未经乡（镇）人民政府同意的，县（市、区）人民政府交通运输主管部门公路管理机构可以处三万元以下的罚款。

第五十六条 违反本条例第二十九条规定，驾驶违法超限运输车辆在农村公路上行驶的，由县（市、区）人民政府交通运输主管部门公路管理机构责令停止违法行为，可以处三万元以下的罚款。

第五十七条 违反本条例第三十一条规定，实施危及村道安全活动的，由县（市、区）人民政府交通运输主管部门公路管理机构责令改正，可以处二千元以上一万元以下的罚款；情节严重的，可以处一万元以上三万元以下的罚款。

第五十八条 违反本条例第三十二条第一项、第二项、第三项规定，造成村道路面损坏、污染等影响村道安全的，由县（市、区）人民政府交通运输主管部门责令改正，可以处一百元以上五百元以下的罚款；情节严重的，处五百元以上二千元以下的罚款。

违反本条例第三十二条第四项规定，非法设卡、收费的，由县（市、区）人民政府交通运输主管部门责令改正，没收违法所得，可以处一万元以下的罚款。

第五十九条 地方各级人民政府及其有关部门工作人员在农村公路工作中滥用职权、玩忽职守、徇私舞弊的，依法给予行政处分。

第八章 附 则

第六十条 本条例下列用语的含义：

（一）县道是指国道、省道以外的县际间公路以及连接县（市、区）人民政府所在地与乡（镇）人民政府所在地和主要商品生产、集散地的公路；

（二）乡道是指县道及其以上等级公路以外的乡际间公路以及连接乡（镇）人民政府所在地与建制村的公路；

（三）村道是指纳入县（市、区）农村公路规划，乡道及其以上等级公路以外的连接乡（镇）与建制村、建制村与建制村的公路；

（四）农村公路附属设施，是指为保护、养护农村公路和保障农村公路安全畅通所设置的农村公路防护、排水、养护、管理、服务、交通安全、监控、绿化等设施、设备以及专用建筑物、构筑物。

第六十一条 专用公路、农机化生产道路不适用本条例。

第六十二条 本条例自2017年10月1日起施行。

2017年法律和行政法规索引

类 别	颁布时间	名 称	颁布机关及文号
法律	2017-11-04	全国人民代表大会常务委员会关于修改《中华人民共和国会计法》等十一部法律的决定	中华人民共和国主席令第八十一号
行政法规	2017-03-01	国务院关于修改和废止部分行政法规的决定	中华人民共和国国务院令第676号
	2017-10-07	国务院关于修改部分行政法规的决定	中华人民共和国国务院令第687号

2017年地方性法规和部门规章索引

类 别	颁布时间	名 称	颁布机关及文号
地方性法规	2017-07-27	四川省农村公路条例	四川省第十二届人民代表大会常务委员会第三十五次会议通过
部门规章	2017-01-16	航道通航条件影响评价审核管理办法	中华人民共和国交通运输部令2017年第1号

续表

类 别	颁布时间	名 称	颁布机关及文号
部门规章	2017-03-07	交通运输部关于修改《中华人民共和国国际海运条例实施细则》的决定	中华人民共和国交通运输部令2017年第4号
	2017-03-07	城市公共汽车和电车客运管理规定	中华人民共和国交通运输部令2017年第5号
	2017-03-28	交通运输部关于修改《中华人民共和国海船船员适任考试和发证规则》的决定	中华人民共和国交通运输部令2017年第8号
	2017-03-31	交通运输部关于修改《中华人民共和国船员培训管理规则》的决定	中华人民共和国交通运输部令2017年第9号
	2017-05-23	中华人民共和国船舶安全监督规则	中华人民共和国交通运输部令2017年第14号
	2017-05-23	交通运输部关于修改《中华人民共和国船舶及其有关作业活动污染海洋环境防治管理规定》的决定	中华人民共和国交通运输部令2017年第15号
	2017-05-23	交通运输部关于修改《老旧运输船舶管理规定》的决定	中华人民共和国交通运输部令2017年第16号
	2017-05-23	交通运输部关于修改《中华人民共和国高速客船安全管理规则》的决定	中华人民共和国交通运输部令2017年第17号
	2017-05-23	交通运输部关于修改《海上滚装船舶安全监督管理规定》的决定	中华人民共和国交通运输部令2017年第18号
	2017-05-23	交通运输部关于修改《中华人民共和国海事行政许可条件规定》的决定	中华人民共和国交通运输部令2017年第19号
	2017-05-23	交通运输部关于修改《中华人民共和国内河海事行政处罚规定》的决定	中华人民共和国交通运输部令2017年第20号
	2017-05-23	交通运输部关于修改《中华人民共和国海上海事行政处罚规定》的决定	中华人民共和国交通运输部令2017年第21号
	2017-05-23	交通运输部关于废止2件交通运输规章的决定	中华人民共和国交通运输部令2017年第22号
	2017-06-12	公路水运工程安全生产监督管理办法	中华人民共和国交通运输部令2017年第25号
	2017-09-04	港口危险货物安全管理规定	中华人民共和国交通运输部令2017年第27号
	2017-09-04	公路水运工程质量监督管理规定	中华人民共和国交通运输部令2017年第28号
	2017-11-04	长江干线水上交通安全管理特别规定	中华人民共和国交通运输部令2017年第32号

2017年省政府规章和文件索引

类　别	颁布时间	名　称	颁布机关及文号
省政府规章	2017-11-28	四川省人民政府关于修改部分规章的决定	四川省人民政府令第324号
省政府文件	2017-01-09	四川省人民政府办公厅关于印发四川省道路营运驾驶员记分管理办法的通知	四川省人民政府办公厅川办函〔2017〕6号
	2017-02-10	四川省人民政府办公厅关于印发四川省“十三五”部分拟开工高速公路项目招商工作方案的通知	四川省人民政府办公厅川办函〔2017〕28号
	2017-02-28	四川省人民政府办公厅关于加快电动汽车充电基础设施建设的实施意见	四川省人民政府办公厅川办发〔2017〕19号
	2017-03-06	四川省人民政府关于规范高速公路建设项目投资模式有关事宜的通知	四川省人民政府办公厅川办发〔2017〕22号
	2017-03-31	四川省人民政府关于印发四川省“十三五”综合交通运输发展规划的通知	四川省人民政府川府发〔2017〕20号
	2017-05-31	四川省人民政府办公厅关于转发省发展改革委推动交通物流融合发展实施方案的通知	四川省人民政府办公厅川办发〔2017〕52号
	2017-06-29	四川省人民政府办公厅关于加强建制村联网路和村内通组路建设工作的指导意见	四川省人民政府办公厅川办发〔2017〕62号
	2017-08-02	四川省人民政府办公厅关于认定第一批“四好农村路”示范县的通知	四川省人民政府办公厅川办函〔2017〕156号
	2017-09-11	四川省人民政府办公厅关于印发四川省“厕所革命”实施方案（2017—2020年）的通知	四川省人民政府办公厅川办函〔2017〕183号

（本栏目供稿单位：厅法规处）

统计资料
TONGJI ZILIAO

2017年全省公路里程年底达到数（按技术等级分）

单位：公里

指 标	公路里程总计	等级公路				
		合 计	高速公路			
			小 计	四车道	六车道
（一）上年年底达到数	324 137.558	279 199.749	6 523.147	5 875.241	647.906
国 道	22 059.330	21 848.082	4 636.648	4 321.606	315.042
其中：国家高速公路	4 634.260	4 634.260	4 634.260	4 319.218	315.042
省 道	4 695.310	4 695.310	1 839.225	1 529.685	309.540
县 道	37 958.908	35 899.581	47.274	23.950	23.324
乡 道	52 218.535	43 993.178			
专用公路	5 084.451	2 396.231			
村 道	202 121.024	170 367.367			
（二）本年新建数	2 652.863	2 652.863	299.665	230.126	69.539
国 道	272.508	272.508	210.714	141.175	69.539
其中：国家高速公路	210.714	210.714	210.714	141.175	69.539
省 道	88.951	88.951	88.951	88.951	
县 道	2.103	2.103			
乡 道	14.092	14.092			
专用公路					
村 道	2 275.209	2 275.209			
（三）本年改建变更数	3 160.049	12 956.009	−1.826	−1.826	
国 道	−102.996	−102.996	−0.324	−0.324	
其中：国家高速公路	−0.324	−0.324	−0.324	−0.324	
省 道	−1.502	−1.502	−1.502	−1.502	
县 道	45.862	299.205			
乡 道	207.370	2 237.484			
专用公路	−46.845	17.847			
村 道	3 058.160	10 505.971			
（四）本年年底达到数	329 950.470	294 808.621	6 820.986	6 103.541	717.445
国 道	22 228.842	22 017.594	4 847.038	4 462.457	384.581
其中：国家高速公路	4 844.650	4 844.650	4 844.650	4 460.069	384.581
省 道	4 782.759	4 782.759	1 926.674	1 617.134	309.540

续表

指　标	公路里程总计	等级公路			
		合　计	高速公路		
			小　计	四车道	六车道
县　道	38 006.873	36 200.889	47.274	23.950	23.324
乡　道	52 439.997	46 244.754			
专用公路	5 037.606	2 414.078			
村　道	207 454.393	183 148.547			

续表

指　标	等级公路				等外公路
	一　级	二　级	三　级	四　级	
（一）上年年底达到数	3 628.453	14 509.127	13 746.493	240 792.529	44 937.809
国　道	1 908.304	8 224.442	4 037.920	3 040.768	211.248
其中：国家高速公路					
省　道	235.209	1 652.832	648.126	319.918	
县　道	759.365	3 345.526	6 488.850	25 258.566	2 059.327
乡　道	402.250	740.093	1 582.304	41 268.531	8 225.357
专用公路	16.908	86.202	171.844	2 121.277	2 688.220
村　道	306.417	460.032	817.449	168 783.469	31 753.657
（二）本年新建数	13.073	53.806	5.467	2 280.852	
国　道	11.285	50.509			
其中：国家高速公路					
省　道					
县　道				2.103	
乡　道		1.192		12.900	
专用公路					
村　道	1.788	2.105	5.467	2 265.849	
（三）本年改建变更数	27.389	348.792	−119.493	12 701.147	−9 795.960
国　道	22.436	298.747	−239.035	−184.820	
其中：国家高速公路					
省　道					
县　道	3.455	20.185	45.008	230.557	−253.343
乡　道	1.498	18.423	51.190	2 166.373	−2 030.114
专用公路		−0.668		18.515	−64.692
村　道		12.105	23.344	10 470.522	−7 447.811
（四）本年年底达到数	3 668.915	14 911.725	13 632.467	255 774.528	35 141.849
国　道	1 942.025	8 573.698	3 798.885	2 855.948	211.248
其中：国家高速公路					
省　道	235.209	1 652.832	648.126	319.918	0.000
县　道	762.820	3 365.711	6 533.858	25 491.226	1 805.984
乡　道	403.748	759.708	1 633.494	43 447.804	6 195.243
专用公路	16.908	85.534	171.844	2 139.792	2 623.528
村　道	308.205	474.242	846.260	181 519.840	24 305.846

（厅规划处）

2017年全省公路里程年底达到数（按路面类型分）

指 标	公路里程总计	有铺装路面（高级）		
		合 计	沥青混凝土	水泥混凝土
（一）上年年底达到数	324 137.558	207 449.655	38 844.140	168 605.515
国 道	22 059.330	18 853.747	16 521.833	2 331.914
其中：国家高速公路	4 634.260	4 634.260	4 485.671	148.589
省 道	4 695.310	4 436.657	4 022.345	414.312
县 道	37 958.908	26 640.350	9 083.123	17 557.227
乡 道	52 218.535	32 902.625	6 170.723	26 731.902
专用公路	5 084.451	1 310.451	405.388	905.063
村 道	202 121.024	123 305.825	2 640.728	120 665.097
（二）本年新建数	2 652.863	2 620.042	454.715	2 165.327
国 道	272.508	272.508	272.508	
其中：国家高速公路	210.714	210.714	210.714	
省 道	88.951	88.951	88.951	
县 道	2.103	2.103	2.103	
乡 道	14.092	14.092	1.192	12.900
专用公路				
村 道	2 275.209	2 242.388	89.961	2 152.427
（三）本年改建变更数	3 160.049	31 681.157	3 866.726	27 814.431
国 道	-102.996	579.720	711.407	-131.687
其中：国家高速公路	-0.324	-0.324	-0.324	
省 道	-1.502	31.599	31.599	
县 道	45.862	1 469.472	899.007	570.465
乡 道	207.370	4 341.852	1 864.406	2 477.446
专用公路	-46.845	137.791	23.278	114.513
村 道	3 058.160	25 120.723	337.029	24 783.694
（四）本年年底达到数	329 950.470	241 750.854	43 165.581	198 585.273
国 道	22 228.842	19 705.975	17 505.748	2 200.227
其中：国家高速公路	4 844.650	4 844.650	4 696.061	148.589
省 道	4 782.759	4 557.207	4 142.895	414.312
县 道	38 006.873	28 111.925	9 984.233	18 127.692
乡 道	52 439.997	37 258.569	8 036.321	29 222.248
专用公路	5 037.606	1 448.242	428.666	1 019.576
村 道	207 454.393	150 668.936	3 067.718	147 601.218

续表

指　标	简易铺装路面（次高级）	未铺装路面（中级、低级、无路面）	可绿化里程	已绿化里程	养护里程
（一）上年年底达到数	19 931.343	96 756.560	261 669.482	132 971.056	306 310.291
国　道	2 282.511	923.072	19 846.503	18 102.266	22 059.330
其中：国家高速公路			4 457.921	4 457.018	4 634.260
省　道	189.636	69.017	4 347.460	4 197.411	4 695.310
县　道	6 003.387	5 315.171	36 258.943	28 096.364	37 942.362
乡　道	4 560.684	14 755.226	48 065.560	29 545.876	51 104.707
专用公路	281.263	3 492.737	4 349.722	2 101.460	4 816.371
村　道	6 613.862	72 201.337	148 801.294	50 927.679	185 692.211
（二）本年新建数	6.123	26.698	1 781.150	1 056.480	1 836.677
国　道			269.651	262.260	272.508
其中：国家高速公路			210.714	210.714	210.714
省　道			88.951	88.951	88.951
县　道					2.103
乡　道			2.192	2.192	14.092
专用公路					
村　道	6.123	26.698	1 420.356	703.077	1 459.023
（三）本年改建变更数	−2 481.801	−26 039.307	3 433.775	2 246.225	5 583.304
国　道	−626.982	−55.734	−741.030	−724.303	−102.996
其中：国家高速公路			−1.227	−0.324	−0.324
省　道	−33.101		−1.272	−2.271	−1.502
县　道	−672.637	−750.973	54.201	38.584	62.088
乡　道	−238.835	−3 895.647	261.848	222.369	124.275
专用公路	−40.330	−144.306	−32.137	−14.741	−29.988
村　道	−869.916	−21 192.647	3 892.165	2 726.587	5 531.427
（四）本年年底达到数	17 455.665	70 743.951	266 884.407	136 273.761	313 730.272
国　道	1 655.529	867.338	19 375.124	17 640.223	22 228.842
其中：国家高速公路	0.000	0.000	4 667.408	4 667.408	4 844.650
省　道	156.535	69.017	4 435.139	4 284.091	4 782.759
县　道	5 330.750	4 564.198	36 313.144	28 134.948	38 006.553
乡　道	4 321.849	10 859.579	48 329.600	29 770.437	51 243.074
专用公路	240.933	3 348.431	4 317.585	2 086.719	4 786.383
村　道	5 750.069	51 035.388	154 113.815	54 357.343	192 682.661

（厅规划处）

2017年全省公路密度及通达情况

指 标	计算单位	数 量
一、公路密度		
以国土面积算	公里/百平方公里	67.67
以人口数量算	公里/万人	36.25
二、公路通达		
乡镇数量	个	4 483
已通畅	个	4 430
其中：通其他硬化路面	个	1
其中：本年新通畅	个	73
已通达、未通畅	个	53
其中：本年新通达、未通畅	个	53
未通达	个	
建制村数量	个	48 160
已通畅	个	46 780
其中：通其他硬化路面	个	120
其中：本年新通畅	个	2 520
已通达、未通畅	个	1 380
其中：本年新通达、未通畅	个	382
未通达	个	

（厅规划处）

2017年全省高速公路明细表

线路名称	线路编号	起讫地点	高速公路里程合计	高速公路车道里程合计	四车道	六车道	通车时间
合计			6 820.986	28 718.834	6 103.541	717.445	
成乐高速	G0512	成乐高速与成雅高速交界	91.242	364.968	91.242		2010年12月26日
北京—昆明	G108	金鸡关收费站	2.388	9.552	2.388		1999年
沪蓉高速	G42	垫江（川渝界）	356.366	1 478.740	329.728	26.638	2008年
成都绕城高速	G4202	成都市金牛区天回镇	85.000	510.000		85.000	2001年12月1日
蓉遵高速	G4215	成都	296.721	1 241.852	269.237	27.484	2014年6月29日
蓉丽高速	G4216	仁寿枢纽互通	107.688	430.752	107.688		2017年
蓉昌高速	G4217	成灌高速入口	108.679	504.556	73.759	34.920	2012年
雅叶高速	G4218	草坝枢纽互通	72.000	288.000	72.000		2017年
京昆高速	G5	棋盘关（川陕界）	981.483	3 997.932	945.483	36.000	2012年4月30日
恩广高速	G5012	宝石（川渝界）	313.109	1 252.436	313.109		2014年
渝蓉高速	G5013	忠义（川渝界）	174.539	1 047.234		174.539	2017年
张南高速	G5515	石桥铺（川渝界）	142.101	568.404	142.101		2017年
包茂高速	G65	金竹坝（川陕界）	305.014	1 220.056	305.014		2012年4月14日
兰海高速	G75	姚渡（川甘界）	331.078	1 324.312	331.078		2012年4月1日
厦蓉高速	G76	白土岭（川黔界）	420.470	1 681.880	420.470		2012年
银昆高速	G85	南江县关坝乡	440.588	1 762.352	440.588		2017年
广泸高速	G8515	广安区	38.958	155.832	38.958		2015年12月26日
成渝环线高速	G93	绵阳G5与G93接点	579.614	2 318.456	579.614		2013年9月12日
成绵复线高速	S1	彭州	86.191	344.764	86.191		2012年6月30日
成青路	S105	新都区大丰镇	21.317	85.268	21.317		2004年12月31日
川西环线	S106	邛崃	8.960	35.840	8.960		2004年12月1日
遂内高速	S11	遂宁市大英县回马镇	157.758	631.032	157.758		2012年5月12日
遂西高速	S17	遂宁吉祥	67.644	270.576	67.644		2015年12月10日
遂广高速	S18	金桥	63.983	255.932	63.983		2015年12月26日
乐自高速乐山城区连接线	S1L	凌云枢纽互通	23.618	94.472	23.618		2017年

续表

线路名称	线路编号	起讫地点	高速公路里程合计	高速公路车道里程合计	四车道	六车道	通车时间
成巴高速	S2	成都市	308.077	1 232.308	308.077		2014年1月1日
内威荣高速	S21	冷家湾互通	62.761	251.044	62.761		2015年12月31日
宜叙高速	S26	绥庆	96.104	384.416	96.104		2016年6月30日
宜宾绕城高速	S2601	绥庆枢纽互通	17.960	71.840	17.960		2015年12月26日
遂洪高速	S40	罗家湾	237.794	951.176	237.794		2014年11月9日
绵阳绕城高速	S41	绵遂高速	33.675	134.700	33.675		2014年12月30日
成都第二绕城高速	S4202	彭州	222.894	1 337.364		222.894	2015年12月27日
成都经济区环线高速	S4203	禾丰枢纽互通	126.333	627.332	65.333	61.000	2017年
乐峨高速	S44	乐山	10.780	43.120	10.780		2013年9月12日
成都机场高速	S6	人民南路南站立交桥	11.980	47.920	11.980		1999年12月1日
隆乐高速	S66	迎接互通	164.048	656.192	164.048		2015年
广陕广巴连接线	S70	瓷窑铺互通	19.456	77.824	19.456		2015年
成名高速	S8	318尾	109.017	487.360	83.371	25.646	2 010年11月9日
叙古高速	S80	灯盏坪枢纽互通	56.380	225.520	56.380		2016年12月31日
南充绕城高速	SA56	青莲	19.944	79.776	19.944		2007年
成都城北出口高速公路	XA45	青龙场	10.349	62.094		10.349	1997年
成仁高速连接线	XAAA	成都市	1.258	7.548		1.258	2012年
遂洪高速连接线	XAAB	罗家湾	1.300	5.200	1.300		2014年
高速公路泸州连接线	XE29	收费站	8.600	34.400	8.600		1999年9月1日
厦蓉高速渠坝连接线	XE99	渠坝	2.744	10.976	2.744		2000年11月1日
内江连接线	XLL1	冷家湾收费站	0.717	2.868	0.717		2016年
都江堰连接线	XLL2	都汶高速出口	5.519	33.114		5.519	2000年12月30日
乐山连接线	XLS1	国道108	1.433	5.732	1.433		2013年9月12日
成雅路城区连线	XN88	城区	6.198	37.188		6.198	1999年
高速公路连接线	XT28	高速出口	0.245	0.980	0.245		1999年
白塔连接线	XX60	植物油厂	8.911	35.644	8.911		2000年12月1日

（厅规划处）

2017年全省公路桥梁年底达到数（按使用年限分）

指　标	桥梁总计				按建筑材料和使用年限分					
	总　计		危　桥		永久性		半永久性		临时性	
	座	米	座	米	座	米	座	米	座	米
（一）上年年底达到数	40 354	2 688 744.24	1 653	65 590.14	39 390	2 662 579.24	659	17 312.20	305	8 852.80
国　道	10 238	1 496 269.73	80	5 217.97	10 203	1 494 726.73	25	1 325.00	10	218.00
其中：国家高速公路	5 638	1 216 859.48			5 638	1 216 859.48				
省　道	2 572	379 095.58	14	1 558.98	2 568	378 906.98	3	46.00	1	142.60
县　道	7 656	289 759.76	401	16 567.21	7 562	287 692.82	50	1 474.74	44	592.20
乡　道	6 847	202 667.41	471	17 036.16	6 628	197 899.66	141	3 382.85	78	1 384.90
专用公路	444	12 178.85	25	816.60	432	11 914.85	6	158.00	6	106.00
村　道	12 597	308 772.91	662	24 393.22	11 997	291 438.20	434	10 925.61	166	6 409.10
（二）本年新建数	599	141 914.19			597	141 750.19	2	164.00		
国　道	344	106 738.03			344	106 738.03				
其中：国家高速公路	259	100 070.43			259	100 070.43				
省　道	118	28 435.60			118	28 435.60				
县　道	15	858.00			15	858.00				
乡　道	26	1 923.06			26	1 923.06				
专用公路										
村　道	96	3 959.50			94	3 795.50	2	164.00		
（三）本年改建变更数	572	58 636.67	40	−150.95	461	52 226.07	111	6 410.60		
国　道	61	12 360.10	14	391.41	61	12 360.10				
其中：国家高速公路	12	4 971.53			12	4 971.53				
省　道	199	33 407.59	−3	−264.54	199	33 407.59				
县　道	8	938.06	18	736.48	10	962.06	−2	−24.00		
乡　道	−2	−91.38	−23	−1 124.40	4	−126.38	−6	35.00		
专用公路	−5	−490.21	−1	−101.00	−5	−490.21				
村　道	311	12 512.51	35	211.10	192	6 112.91	119	6 399.60		
（四）本年年底达到数	41 525	2 889 295.10	1 693	65 439.19	40 448	2 856 555.50	772	23 886.80	305	8 852.80
国　道	10 643	1 615 367.86	94	5 609.38	10 608	1 613 824.86	25	1 325.00	10	218.00
其中：国家高速公路	5 909	1 321 901.44			5 909	1 321 901.44				
省　道	2 889	440 938.77	11	1 294.44	2 885	440 750.17	3	46.00	1	142.60
县　道	7 679	291 555.82	419	17 303.69	7 587	289 512.88	48	1 450.74	44	592.20
乡　道	6 871	204 499.09	448	15 911.76	6 658	199 696.34	135	3 417.85	78	1 384.90
专用公路	439	11 688.64	24	715.60	427	11 424.64	6	158.00	6	106.00
村　道	13 004	325 244.92	697	24 604.32	12 283	301 346.61	555	17 489.21	166	6 409.10

（厅规划处）

2017年全省公路桥梁、渡口年底达到数（按跨径分）

指 标	桥梁总计			
	总 计		互通式	
	座	米	座	米
（一）上年年底达到数	40 354	2 688 744.24	460	82 307.98
国 道	10 238	1 496 269.73	301	44 798.22
其中：国家高速公路	5 638	1 216 859.48	299	44 736.22
省 道	2 572	379 095.58	158	37 453.70
县 道	7 656	289 759.76	1	56.06
乡 道	6 847	202 667.41		
专用公路	444	12 178.85		
村 道	12 597	308 772.91		
（二）本年新建数	599	141 914.19	28	9 303.64
国 道	344	106 738.03	12	4 292.95
其中：国家高速公路	259	100 070.43	12	4 292.95
省 道	118	28 435.60	16	5 010.69
县 道	15	858.00		
乡 道	26	1 923.06		
专用公路				
村 道	96	3 959.50		
（三）本年改建变更数	572	58 636.67	25	5 984.05
国 道	61	12 360.10	9	2 950.13
其中：国家高速公路	12	4 971.53	9	2 950.13
省 道	199	33 407.59	16	3 033.92
县 道	8	938.06		
乡 道	−2	−91.38		
专用公路	−5	−490.21		
村 道	311	12 512.51		
（四）本年年底达到数	41 525	2 889 295.10	513	97 595.67
国 道	10 643	1 615 367.86	322	52 041.30
其中：国家高速公路	5 909	1 321 901.44	320	51 979.30
省 道	2 889	440 938.77	190	45 498.31
县 道	7 679	291 555.82	1	56.06
乡 道	6 871	204 499.09		
专用公路	439	11 688.64		
村 道	13 004	325 244.92		

续表

指标	按跨径分								渡口总计	机动渡口
	特大桥		大桥		中桥		小桥			
	座	米	座	米	座	米	座	米	处	处
（一）上年年底达到数	228	341 615.01	6 043	1 440 525.12	8 756	457 703.39	25 327	448 900.72	187	108
国　道	168	255 305.13	3 721	1 005 673.29	2 730	162 307.85	3 619	72 983.46	1	1
其中：国家高速公路	143	239 969.69	2 997	860 790.17	1 480	95 556.95	1 018	20 542.67		
省　道	46	72 791.14	992	248 244.71	695	40 807.09	839	17 252.64		
县　道	11	12 228.86	538	91 613.67	1 681	82 593.32	5 426	103 323.91	11	8
乡　道	3	1 289.88	378	49 372.27	1 306	62 562.12	5 160	89 443.14	47	26
专用公路			30	3 656.20	89	3 473.55	325	5 049.10	9	7
村　道			384	41 964.98	2 255	105 959.46	9 958	160 848.47	119	66
（二）本年新建数	25	40 207.97	307	89 739.18	154	9 724.92	113	2 242.12		
国　道	19	31 212.45	228	70 105.46	67	4 692.12	30	728.00		
其中：国家高速公路	19	31 212.45	206	66 066.68	34	2 791.30				
省　道	5	8 564.52	67	17 268.72	41	2 502.96	5	99.40		
县　道			2	267.00	10	517.00	3	74.00		
乡　道	1	431.00	4	773.00	8	461.06	13	258.00		
专用公路										
村　道			6	1 325.00	28	1 551.78	62	1 082.72		
（三）本年改建变更数	7	10 843.71	153	31 346.99	305	15 614.87	107	831.10	-1	
国　道	2	3 871.00	33	5 968.96	65	3 149.18	-39	-629.04		
其中：国家高速公路	2	3 871.00	3	709.07	6	371.46	1	20.00		
省　道	5	6 952.71	86	20 508.83	98	5 686.63	10	259.42		
县　道			-2	470.00	9	592.80	1	-144.74		
乡　道			-4	-573.30	10	647.19	-8	-165.27		
专用公路			-2	-428.80		-20.41	-3	-41.00		
村　道			42	5 401.30	123	5 559.48	146	1 551.73	-1	
（四）本年年底达到数	260	392 666.69	6 503	1 561 611.29	9 215	483 043.18	25 547	451 973.94	186	108
国　道	189	290 388.58	3 982	1 081 747.71	2 862	170 149.15	3 610	73 082.42	1	1
其中：国家高速公路	164	275 053.14	3 206	927 565.92	1 520	98 719.71	1 019	20 562.67		
省　道	56	88 308.37	1 145	286 022.26	834	48 996.68	854	17 611.46		
县　道	11	12 248.86	538	92 350.67	1 700	83 703.12	5 430	103 253.17	11	8
乡　道	4	1 720.88	378	49 571.97	1 324	63 670.37	5 165	89 535.87	47	26
专用公路			28	3 227.40	89	3 453.14	322	5 008.10	9	7
村　道			432	48 691.28	2 406	113 070.72	10 166	163 482.92	118	66

（厅规划处）

2017年全省公路隧道年底达到数

指 标	合 计		特长隧道		长隧道		中隧道		短隧道	
	米	处	米	处	米	处	米	处	米	处
（一）上年年底达到数	1 058 744.38	1 026	315 997.07	73	452 786.65	271	172 635.27	239	117 325.39	443
国 道	883 457.76	769	280 820.07	64	389 392.23	226	125 252.77	175	87 992.69	304
其中：国家高速公路	718 882.06	585	239 508.07	55	311 072.00	181	101 709.77	142	66 592.22	207
省 道	130 586.00	142	32 077.00	8	43 104.00	30	38 917.00	52	16 488.00	52
县 道	25 310.62	46			15 286.42	11	3 608.00	5	6 416.20	30
乡 道	10 254.50	30	3 100.00	1	1 200.00	1	2 788.50	4	3 166.00	24
专用公路	3 459.00	6			2 659.00	2			800.00	4
村 道	5 676.50	33			1 145.00	1	2 069.00	3	2 462.50	29
（二）本年新建数	111 011.00	52	65 081.00	12	36 589.00	20	4 197.00	6	5 144.00	14
国 道	98 819.00	44	65 081.00	12	25 255.00	14	4 197.00	6	4 286.00	12
其中：国家高速公路	80 523.00	37	52 337.00	10	21 367.00	12	2 901.00	4	3 918.00	11
省 道	8 516.00	4			8 516.00	4				
县 道	3 246.00	3			2 818.00	2			428.00	1
乡 道	430.00	1							430.00	1
专用公路										
村 道										
（三）本年改建变更数	11 935.00	11			8 148.00	4	3 083.00	5	704.00	2
国 道	10 020.00	8			6 843.00	3	2 523.00	4	654.00	1
其中：国家高速公路										
省 道										
县 道										
乡 道										
专用公路										
村 道	1 915.00	3			1 305.00	1	560.00	1	50.00	1
（四）本年年底达到数	1 181 690.38	1 089	381 078.07	85	497 523.65	295	179 915.27	250	123 173.39	459
国 道	992 296.76	821	345 901.07	76	421 490.23	243	131 972.77	185	92 932.69	317
其中：国家高速公路	799 405.06	622	291 845.07	65	332 439.00	193	104 610.77	146	70 510.22	218
省 道	139 102.00	146	32 077.00	8	51 620.00	34	38 917.00	52	16 488.00	52
县 道	28 556.62	49			18 104.42	13	3 608.00	5	6 844.20	31
乡 道	10 684.50	31	3 100.00	1	1 200.00	1	2 788.50	4	3 596.00	25
专用公路	3 459.00	6			2 659.00	2			800.00	4
村 道	7 591.50	36			2 450.00	2	2 629.00	4	2 512.50	30

2017年全省公路货物营运车辆拥有量

指 标	计量单位	总 计		按标记吨位分		
			个 体	大 型	重 型	个 体
总 计	辆	557 245	245 145	—	—	—
	吨位	3 868 376	899 388	—	—	—
(一)载货汽车	辆	550 945	240 339	217 849	178 640	34 816
	吨位	3 862 801	895 068	3 440 445	3 208 416	524 419
1. 货 车	辆	474 499	235 003	177 662	138 514	31 802
	吨位	2 598 240	797 602	2 175 974	1 944 275	430 069
(1)按车型结构分						
栏板货车	辆	406 079	210 879	148 489	115 448	28 771
	吨位	2 171 086	727 339	1 803 987	1 609 341	392 645
厢式车	辆	49 973	22 300	11 481	6 478	1 291
	吨位	165 431	47 650	112 274	82 355	15 448
其中:冷藏保温车	辆	493	5	170	115	1
	吨位	2 438	20	1 833	1 448	8
集装箱车	辆	1 939		1 939	1 939	
	吨位	60 833		60 833	60 833	
	标箱	3 506		3 506	3 506	
罐 车	辆	16 508	1 824	15 753	14 649	1 740
	吨位	200 890	22 613	198 880	191 746	21 976
(2)按经营范围分						
普通载货汽车	辆	450 378	230 970	160 111	123 143	30 498
	吨位	2 311 126	771 756	1 900 784	1 682 047	412 188
专用载货汽车	辆	24 121	4 033	17 551	15 371	1 304
	吨位	287 114	25 846	275 190	262 228	17 881
其中:商品汽车运输车	辆	35		35	35	
	吨位	503		503	503	
大型物件运输车	辆	508		505	399	
	吨位	8 741		8 737	8 178	
危险货物运输车	辆	10 616		8 036	6 146	
	吨位	129 946		125 113	112 383	

续表

指 标	计量单位	总 计		按标记吨位分		
			个 体	大 型		
					重 型	
						个 体
（3）按燃料类型分						
汽油车	辆	65 196.00	46 811.00			
柴油车	辆	404 802.00	187 575.00			
液化石油汽车	辆					
天然气车	辆	146.00	5.00			
双燃料车	辆	663.00	464.00			
纯电动车	辆	988.00	3.00			
混合动力车	辆	8.00	2.00			
其他燃料车	辆	2 696.00	143.00			
2. 牵引车	辆	36 231.00	2 201.00			
按燃料类型分						
汽油车	辆	251.00	2.00			
柴油车	辆	35 636.00	2 192.00			
液化石油汽车	辆	1.00				
天然气车	辆	223.00	4.00			
双燃料车	辆	10.00				
纯电动车	辆	1.00				
混合动力车	辆	1.00				
其他燃料车	辆	108.00	3.00			
3. 挂 车	辆	40 215	3 135	40 187	40 126	3 014
	吨位	1 264 561	97 466	1 264 471	1 264 141	94 350
（1）按车型结构分						
栏板式挂车	辆	34 596	3 064	34 575	34 516	2 956
	吨位	1 089 381	95 248	1 089 316	1 088 995	92 492
厢式挂车	辆	292	32	292	291	19
	吨位	8 335	1 042	8 335	8 331	682
其中：冷藏保温式挂车	辆	2		2	2	
	吨位	69		69	69	
集装箱式挂车	辆	673	5	673	673	5
	吨位	22 431	155	22 431	22 431	155
	标箱	1 303	9	1 303	1 303	9
罐式挂车	辆	4 654	34	4 647	4 646	34
	吨位	144 414	1 021	144 389	144 384	1 021
（2）按经营范围分						
普通载货汽车	辆	32 166	2 871	32 146	32 105	2 821

续表

指　标	计量单位	总　计	个　体	按标记吨位分		
				大　型	重　型	个　体
	吨位	1 024 146	89 006	1 024 083	1 023 845	87 975
专用载货汽车	辆	8 049	264	8 041	8 021	193
	吨位	240 415	8 460	240 388	240 296	6 375
其中：商品汽车运输	辆	28	5	28	27	5
	吨位	856	157	856	851	157
大型物件运输	辆	838		838	838	
	吨位	25 924		25 924	25 924	
危险货物运输	辆	2 756		2 749	2 738	
	吨位	83 423		83 399	83 351	
（二）其他载货机动车	辆					
	吨位					
（三）轮胎式拖拉机	辆	6 300	4 806			
	吨位	5 575	4 320			

续表

指　标	按标记吨位分					安装卫星定位车载终端
	个　体	中　型	个　体	小　型	个　体	
总　计						
（一）载货汽车	52 847	13 164	6 728	283 701	178 563	130 874
	639 496	42 023	21 850	380 333	233 722	1 177 004
1. 货　车	49 712	13 138	6 728	283 699	178 563	116 195
	542 030	41 936	21 850	380 330	233 722	1 177 004
（1）按车型结构分						
栏板货车	45 508	10 368	6 078	247 222	159 293	99 830
	497 424	33 045	19 669	334 054	210 246	964 585
厢式车	2 399	2 272	638	36 220	19 263	5 383
	22 046	7 238	2 140	45 919	23 464	41 329
其中：冷藏保温车	1	73	3	250	1	70
	8	252	11	353	1	790

续表

指 标	按标记吨位分					安装卫星定位车载终端
	个 体	中 型		小 型		
			个 体		个 体	
集装箱车						1 915
						60 003
						2 732
罐 车	1 805	498	12	257	7	9 067
	22 560	1 653	41	357	12	111 087
（2）按经营范围分						
普通载货汽车	48 056	11 824	6 503	278 443	176 411	102 532
	520 502	37 602	21 011	372 740	230 243	1 012 781
专用载货汽车	1 656	1 314	225	5 256	2 152	13 663
	21 528	4 334	839	7 590	3 479	164 223
其中：商品汽车运输车						35
						503
大型物件运输车				3		405
				4		7 095
危险货物运输车		828		1 752		10 616
		2 660		2 173		129 946
（3）按燃料类型分						
汽油车						
柴油车						
液化石油汽车						
天然气车						
双燃料车						
纯电动车						
混合动力车						
其他燃料车						
2. 牵引车						14 679
按燃料类型分						
汽油车						
柴油车						
双燃料车						

续表

指标	按标记吨位分					安装卫星定位车载终端
	个体	中型		小型		
			个体		个体	
纯电动车						
混合动力车						
其他燃料车						
3. 挂车	3 135	26		2		
	97 466	87		3		
（1）按车型结构分						
栏板式挂车	3 064	19		2		
	95 248	62		3		
厢式挂车	32					
	1 042					
其中：冷藏保温式挂车						
集装箱式挂车	5					
	155					
	9					
罐式挂车	34	7				
	1 021	25				
（2）按经营范围分						
普通货物运输	2 871	18		2		
	89 006	60		3		
专用货物运输	264	8				
	8 460	27				
其中：商品汽车运输	5					
	157					
大型物件运输						
危险货物运输		7				
		24				
（二）其他载货机动车						
（三）轮胎式拖拉机						

（厅规划处）

2017年全省水路运输工具拥有量

单位：艘

指 标	计算单位	总 计	个 体	内 河	个 体
（一）机动船	艘	5 525	4 061	5 525	4 061
总吨	吨位				
总载重量	吨位	1 380 895	377 814	1 380 895	377 814
净载重量	吨位	1 318 554	350 480	1 318 554	350 480
载客量	客位	61 559	40 809	61 559	40 809
标准箱位	标箱	4 541		4 541	
功率	千瓦	590 819	301 018	590 819	301 018
1．客　船	艘	1 988	1 077	1 988	1 077
总吨	吨位				
总载重量	吨位				
净载重量	吨位				
载客量	客位	61 559	40 809	61 559	40 809
功率	千瓦	70 671	27 264	70 671	27 264
2．客货船	艘				
总吨	吨位				
总载重量	吨位				
净载重量	吨位				
载客量	客位				
标准箱位	标箱				
功率	千瓦				
3．货　船	艘	3 349	2 816	3 349	2 816
总吨	吨位				
总载重量	吨位	1 380 895	377 814	1 380 895	377 814
净载重量	吨位	1 318 554	350 480	1 318 554	350 480
标准箱位	标箱	4 541		4 541	
功率	千瓦	504 323	260 075	504 323	260 075
内：油船	艘	32	1	32	1
总吨	吨位				
总载重量	吨位	43 029	63	43 029	63
净载重量	吨位	40 962	42	40 962	42
功率	千瓦	22 380	60	22 380	60
集装箱船	艘	19		19	
总吨	吨位				
总载重量	吨位	57 346		57 346	
净载重量	吨位	55 762		55 762	
标准箱位	标箱	2 620		2 620	
功率	千瓦	12 888		12 888	
4．拖　船	艘	188	168	188	168
总吨	吨位				
功率	千瓦	15 825	13 679	15 825	13 679
（二）驳　船	艘	941	842	941	842
净载重量	吨位	57 578	50 358	57 578	50 358
载客量	客位				
标准箱位	标箱				

（厅规划处）

2017年全省公路旅客营运车辆拥有量

指　标	计算单位	总　计		按标记客位分					
			个　体	大　型	个　体	中　型	个　体	小　型	个　体
总　计	辆	49 296	329						
	客位	1 169 599	2 530						
（一）载客汽车	辆	49 296	329	13 179		18 939	5	17 178	324
	客位	1 169 599	2 530	528 868		483 735	112	156 996	2 418
其中：卧铺客车	辆	413		203		125		85	
	客位	12 107		8 885		2 789		433	
1.按经营范围分									
班车客运客车	辆	40 909	329	9 387		17 441	5	14 081	324
	客位	955 483	2 530	372 715		447 040	112	135 728	2 418
旅游客车	辆	4 259		2 521		1 225		513	
	客位	135 299		101 368		29 774		4 157	
包车客车	辆	1 707		1 271		273		163	
	客位	62 812		54 785		6 921		1 106	
其他客车	辆	2 421						2 421	
	客位	16 005						16 005	
2.按燃料类型分									
汽油车	辆	11 491	313						
柴油车	辆	27 891	11						
液化石油汽车	辆	218							
天然气车	辆	3 526							
双燃料车	辆	5 371	5						
纯电动车	辆	456							
混合动力车	辆	3							
其他燃料车	辆	340							
（二）其他载客机动车	辆								
	客位								

续表

指标	计算单位	按车长分				按等级分			安装卫星定位车载终端
		特大型	大 型	中 型	小 型	高 级	中 级	普 通	
客运车辆总计	辆								
	客位								
（一）载客汽车	辆	209	9 270	21 075	18 742	14 571	13 563	21 162	40 057
	客位	8 707	366 041	583 308	211 543	500 786	351 698	317 115	981 520
其中：卧铺客车	辆		204	124	85	202	126	85	412
	客位		8 915	2 759	433	8 846	2 828	433	12 068
1. 按经营范围分									
班车客运客车	辆	174	6 622	18 606	15 507	9 620	12 075	19 214	32 855
	客位	7 238	254 166	507 894	186 185	331 343	321 336	302 804	802 633
旅游客车	辆	35	1 444	2 123	657	3 760	333	166	3 260
	客位	1 469	59 659	65 887	8 284	125 400	8 015	1 884	101 307
包车客车	辆		1 204	340	163	1 071	615	21	1 701
	客位		52 216	9 480	1 116	43 301	18 975	536	62 582
其他客车	辆			6	2 415	120	540	1 761	2 241
	客位			47	15 958	742	3 372	11 891	14 998
2. 按燃料类型分									
汽油车	辆								
柴油车	辆								
液化石油汽车	辆								
天然气车	辆								
双燃料车	辆								
纯电动车	辆								
混合动力车	辆								
其他燃料车	辆								
（二）其他载客机动车	辆								
	客位								

（厅规划处）

2017年全省公路运力及客货运输量

指　标	计算单位	总　计	
			个　体
（一）载客汽车	辆	49 296	329
	客位	1 169 599	2 530
（二）载货汽车	辆	550 945	240 339
	吨位	3 862 801	895 068
其中：牵引车	辆	36 231	2 201
（三）客运量	万人	94 098.0000	558.893 0
（四）旅客周转量	万人公里	5 212 904.0000	29 842.729 0
（五）货运量	万吨	158 190.0000	41 666.439 0
（六）货物周转量	万吨公里	16 768 098.0000	4 368 876.830 0

（厅规划处）

2017年全省水路运力及客货运输量

指 标	计算单位	总 计		内 河		沿 海		远 洋
			个 体		个 体		个 体	
（一）轮驳船总计	艘	6 466	4 903	6 466	4 903			
净载重量	吨	1 376 132	400 838	1 376 132	400 838			
（二）客运量	万人	2 364.084 5	1 739.762 5	2 364.084 5	1 739.762 5			
（三）旅客周转量	万人公里	22 295.164 0	15 790.181 7	22 295.164 0	15 790.181 7			
（四）货运量	万吨	7750.052 3	5 782.436 3	7 750.052 3	5 782.436 3			
（五）货物周转量	万吨公里	2 555 693.000 3	553 373.968 8	2 555 693.000 3	553 373.968 8			

补 充 资 料： 内河货物运输量中：
长江水系 7 749.902 3 万吨； 2 555 692.900 3 万吨公里
珠江水系 万吨； 万吨公里
黑龙江水系 万吨； 万吨公里
京杭运河 万吨； 万吨公里

（厅规划处）

2017年全省公路、水路集装箱运输量

指标	箱运量（个）	货运量（吨）
公路标准集装箱合计（标箱）	**790 642**	**15 788 363**
45英尺	13 637	758 012
40英尺	260 864	10 717 305
35英尺	108 694	3 377 894
20英尺	48 016	935 152
10英尺		
水路标准集装箱合计（标箱）	**25 614**	**675 020**
45英尺		
40英尺		
35英尺		
20英尺	25 614	675 020
10英尺		

（厅规划处）

2017年交通固定资产投资完成情况

指 标	代 码	数 量	指 标	代 码	数 量
计划总投资	01	97 845 957.8	改、扩建	29	7 618 979.7
其中：中央投资	02	9 982 839	单纯购置	30	208 778
自开始建设至当年底 累计完成投资	03	36 555 752	其 他	31	27 151
建筑工程	04	26 966 107.5	3. 按构成分	32	10 958 172.8
安装工程	05	163 590.4	安装工程	33	38 417.6
设备工器具购置	06	494 669	设备工器具购置	34	258 935
其 他	07	8 931 385.1	其 他	35	3 737 046.5
累计新增固定资产	08	7 842 755.5	当年新增固定资产	36	4 348 452.4
当年计划投资	09	19 286 847	当年资金来源合计	37	13 662 080.1
其中：中央投资	10	1 846 407.7	上年末结余资金	38	2 867 270.1
当年完成投资	11	14 992 571.9	其中：国家预算资金	39	110 874.9
1. 按交通行业分			部专项资金	40	96 370.6
水上运输业	12	572 047.9	当年资金来源小计	41	10 794 810.0
航 道	13	470 324.9	国家预算	42	2 136 188.1
出海航道	14	257 186.0	中央预算	43	23 667.0
内河航道	15	470 324.9	中央国债	44	0.0
港 口	16	14 342	地方预算	45	2 099 559.7
沿海港口	17		其中：燃油税返还	46	11 085.0
内河港口	18	14 342	通行费	47	0.0
水上运输业其他	19	87 381	地方政府债券	48	12 961.4
公路运输业	20	14 396 699	部专项资金	49	1 145 285.8
线 路	21	13 828 132	车购税	50	1 095 535.8
其中：国家高速公路	22	2 759 608	港建费	51	49 750.0
地方高速公路	23	3 723 920.3	国内贷款	52	2 397 837.0
场 站	24	359 789	其中：中央专项建设基金	53	341 500.0
公路运输业其他	25	208 778	利用外资	54	34 000.0
支持系统	26	23 825	企事业单位自筹资金	55	2 554 966.2
交通部门其他	27		交通发展基金	56	105 650.0
2. 按建设性质分			其他资金	57	2 420 882.9
新 建	28	7 137 663.2			

（厅建管处）

2017年全省交通运输生产安全事故统计表

地 区	道路运输		水上交通		建设施工	
	事故数（起）	死亡人数（人）	事故数（起）	死亡人数（人）	事故数（起）	死亡人数（人）
合 计	192	238	2	2	11	17
成 都	62	75			1	1
自 贡	6	6				
攀枝花	4	4			2	2
泸 州	8	13				
绵 阳	13	17			1	1
广 元	7	7				
遂 宁	5	5				
德 阳	14	21				
内 江	3	3				
资 阳	1	1				
乐 山	7	7				
眉 山	12	13			1	5
南 充	17	21				
宜 宾	8	9				
广 安	4	4				
达 州	9	12	1	1		
巴 中			1	1	2	2
雅 安	6	6			1	1
凉 山	2	3			1	2
阿 坝	1	8			2	3
甘 孜	3	3				

（厅安全处）

专 文

2017年全省交通运输经济运行情况分析报告

厅规划处

2017年，在中共四川省委、省政府、交通运输部的坚强领导下，全省交通运输系统以习近平新时代中国特色社会主义思想为指导，认真践行新发展理念，坚持稳中求进工作总基调，持续深化供给侧结构性改革，始终围绕构建畅通安全高效的现代综合交通运输体系发展目标，强化规划引领作用，加快推进项目建设，努力推动全省交通运输持续快速转型发展，交通运输经济运行总体平稳有序。

一、交通建设投资高位高增长

（一）投资完成情况

分类投资完成情况。2017年1月—12月，全省交通建设完成投资1 499.21亿元（另外，养护工程完成投资84.4亿元），比上年增长14.4%，为年度力争目标1300亿元的115.3%。其中，高速公路建设完成投资648.4亿元，比上年增长32.5%，为年度目标550亿元的117.9%；国省干线公路建设完成投资445.4亿元，比上年增长3.8%，为年度目标400亿元的111.3%；农村公路建设完成投资268.5亿元，比上年减少7.9%，为年度目标200亿元的134.2%；运输站场完成投资56.9亿元，比上年增长19.3%，为年度目标35亿元的148%；内河水运建设完成投资57.2亿元，比上年增长3.2%，为年度目标55亿元的104%；养护和智慧交通及其他专项建设完成投资107.3亿元，比上年增长30.1%，为年度目标60亿元的178.8%。

从上述统计数据看，2017年度全省公路水路交通建设投资完成情况总体好于上年同期，除农村公路外，高速公路等其他5项完成投资均较上年同期有所增长。其中，高速公路建设在2016年完成投资489.5亿元的基础上，实现较大增长，充分体现高速公路建设对于稳定支撑全省交通建设投资高位运行的“主力军”作用；国省干线公路建设、内河水运建设完成投资在2016年的基础上略有增长，主要得益于普通国省道提档升级的稳步实施和岷江航电枢纽等重大项目的有序推进；农村公路建设投资较2016年呈下降趋势，主要是随着通乡油路、通村硬化路建设的全面推进，农村公路建设规模正在逐步缩小；运输站场建设完成投资增幅较大，主要是县级以上客运站及货运枢纽建设的加快实施；其他专项等完成投资增幅较大，主要是2017年全省进一步加大普通国省干线公路大中修、智慧交通等专项工程的督导力度，加快了项目建设进度。

分地区投资完成情况。一是年度目标完成情况（见表1）。全省21个市（州）中，除宜宾、凉山、内江等3个市（州）外，其余18个市（州）均已完成年度目标任务。其中，资阳、泸州、巴中、自贡、攀枝花、广元、眉山等7个市（州）完成投资为年度目标任务的130%及以上；宜宾、凉山、内江等3个市（州）完成投资分别占年度目标任务99%、95%、84%。二是投资贡献率情况（见表2）。全省21个市（州）中，成都、乐山、甘孜、绵阳、广元、阿坝、巴中、南充、达州、凉山等10个市（州）对全省完成投资贡献率达到或超过5%，其中成都市投资贡献率最大，达12%。眉山等其余11个市（州）投资贡献率低于5%，其中遂宁、内江等2个市（州）投资贡献率仅为1%。

表1　2017年全省公路、水路交通建设分地区投资完成情况表

完成进度排序	1	2	3	4	5		6	7	8	9	10
市（州）名	资阳市	泸州市	巴中市	自贡市	攀枝花市		广元市	眉山市	甘孜州	德阳市	遂宁市
完成百分比（%）	253	181	177	164	145		144	135	130	130	129
完成进度排序	11	12	13	14	15	16	17	18	19	20	21
市（州）名	绵阳市	广安市	雅安市	乐山市	成都市	达州市	南充市	阿坝州	宜宾市	凉山州	内江市
完成百分比（%）	128	122	113	113	113	108	102	100	99	95	84

表2 2017年全省公路、水路交通建设分地区投资贡献率情况表

按贡献率排序	1	2	3	4	5	6	7	8	9	10	11
市（州）名	成都市	乐山市	甘孜州	绵阳市	广元市	阿坝州	巴中市	南充市	达州市	凉山州	眉山市
贡献率（%）	12	9	9	7	7	6	5	5	5	5	4
按贡献率排序	12	13	14	15	16	17	18	19		20	21
市（州）名	雅安市	德阳市	泸州市	广安市	宜宾市	资阳市	自贡市	攀枝花市		遂宁市	内江市
贡献率（%）	4	4	4	3	3	3	2	2		1	1

与其他省份对比情况。2017年1月—12月，全国完成公路水路交通固定资产投资23 141亿元，为年度投资目标的129%，比上年增长16.4%，增速较上年提高8.4个百分点。其中，四川省完成1499.2亿元，比上年增长14.4%，增速较上年提高14个百分点，完成投资额占全国的7%，居全国第五（见图1）。全国排名前四位的省份分别为新疆1 872.1亿元、贵州省1 650.5亿元、云南省1 603.5亿元、浙江省1 568.3亿元。从统计数据看，全国公路水路交通固定资产投资排名前五位的省份，公路建设投资贡献率最大，分别占总投资的100%（新疆）、98%（贵州）、99%（云南）、88%（浙江）、95%（四川）。其中，新疆普通国省干线等其他公路完成投资843亿元、占公路建设投资的46%，高速公路、农村公路完成投资占比相对较小，分别为377亿元、592亿元；云南省和贵州省高速公路完成投资规模较大，分别为1 185亿元、901亿元，占公路建设投资的74%、55%；浙江省高速公路投资为595亿元、占公路建设投资的44%，农村公路、普通国省干线等其他公路完成投资分别为345亿元、418亿元。

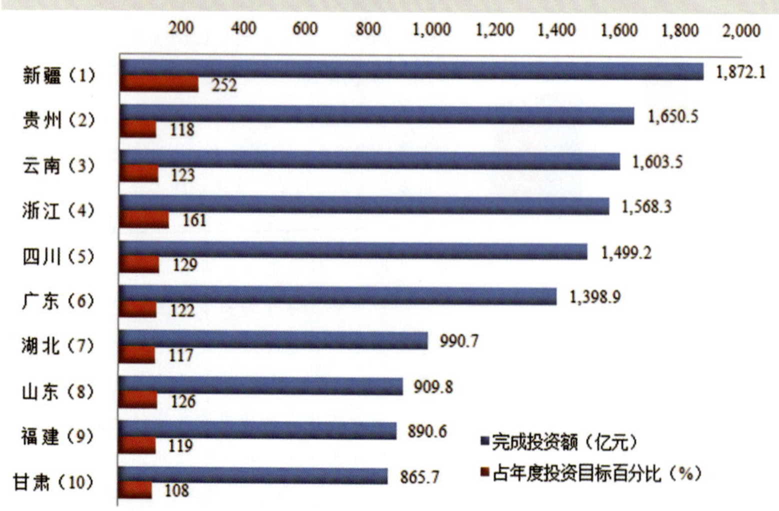

图1 2017年度公路水路交通固定资产投资（不含养护）排名全国前10的省份

（二）资金保障情况

2017年全省累计落实到位中央资金185亿元（车购税171亿元、中央预算内投资14亿元），位居全国前列。围绕年度中心工作，及时编报和下达2017年交通建设投资计划，全年累计下达部省资金311亿元，其中交通运输部资金171亿元、省资金140亿元。

二、交通基础设施建设持续加快推进

（一）高速公路：叙古高速公路古蔺城区至太平互通段（31公里）、成都经济区环线简阳至蒲江段（127公里）、南大梁高速公路剩余段（6公里）、成安渝高速公路剩余路段（25公里）、巴陕高速公路南江至川陕界（16公里）、雅康高速公路（72公里）、乐山绕城高速公路（24公里）等7个项目（路段）建成通车，新增高速公路通车里程301公里，全省高速公路通车总里程达到6 820公里；成都至宜宾（157公里）、巴中至万源（120公里）、荣昌至泸州（42公里）、德阳至都江堰（109公里）、叙永至威信（36公里）、资阳至潼南（110公里）、成乐高速扩容（110公里）、广元至平武（90公里）、乐西高速马边至昭觉段（170公里）、国道4216线新市至金阳段（178公里）、国道4216线金阳至宁南段（106公里）、国道4216线宁南至攀枝花段（168公里）等12个高速公路项目、1 396公里已实现开工动员，全省

建成和在建高速公路总里程达到9 785公里（不包括原路扩容改造175公里）。

（二）普通公路：全面推进通乡油路、通村硬化路等农村公路建设，持续实施《四川省普通国道提档升级建设推进方案》等专项方案，“超级工程”——世界海拔最高的特长公路隧道国道317线雀儿山隧道等一系列项目建成通车，全省普通公路发展取得显著成效。2017年1月—12月，全省新（改）建国省干线公路1 996公里，为年度目标1 800公里的110.9%；农村公路新（改）建里程2.7万公里，为年度目标2万公里的135.5%；完成普通国省干线大中修1 537公里，为年度目标1 500公里的102.5%。减少不通硬化路乡镇71个，占年度目标的71%；减少不通硬化路建制村2 547个，为年度目标的127.4%；建成渡改桥110座、为年度目标的104.8%。

（三）内河水运：2017年，全省交通运输系统以《高等级航道达标升级2016—2020年专项工程方案》为重点，加快推进内河水运项目建设。岷江港航电犍为枢纽实现右岸截流，龙溪口等4个航电枢纽开工建设。嘉陵江亭子口枢纽以下达到四级航道标准。

（四）运输场站及信息化：2017年，全省交通运输系统以《道路客运枢纽全覆盖工程2016—2020年建设方案》《“互联网+交通运输”2016—2018年专项行动计划推进方案》为重点，加快推进道路客运枢纽及交通信息化项目建设。综合客运枢纽建成和在建项目达到39个，覆盖90%的高铁站；纳入部规划的9个货运枢纽（物流园区）已建成3个，其余6个全部开工建设。

三、运输生产总体呈增长趋势

2017年，全省公路、水路、铁路、民航运输共完成旅客运输量11.39亿人次，比上年减少11.1%（全国比上年减少2.7%），占全国的6.2%；旅客周转量1 698.27亿人公里，比上年增长0.7%（全国比上年增长5%），占全国的5.2%；货运量17.15亿吨，比上年增长7.3%（全国比上年增长9.5%），占全国的3.6%；货物周转量2 580.8亿吨公里，比上年增长7.4%（全国比上年增长5.6%），占全国的1.3%。

（一）客运情况

2017年全省公路完成客运量94 098万人次、比上年减少14.2%（全国比上年减少5.6%），完成旅客周转量521.3亿人公里、比上年减少12.8%（全国比上年减少4.5%）；2017年全省水路完成客运量 2 364万人次、比上年减少8.1%（全国比上年增长3.9%），完成旅客周转量2.2亿人公里、比上年减少8.4%（全国比上年增长7.4%）；2017年全省铁路完成客运量12 498万人次、比上年增长10.4%（全国比上年增长9.6%），完成旅客周转量318.5亿人公里，比上年增长5.2%（全国比上年增长7%）；2017年全省民航完成客运量4 976万人次、比上年增长8%（全国比上年增长13%），完成旅客周转量318.5亿人公里，比上年增长9.2%（全国比上年增长13.5%）。

根据统计数据，2017年全省客运量大幅减少，降幅高于全国水平，公路、水路客运量降幅较大，铁路、民航客运量继续保持增长。全省旅客周转量略有增长，增速低于全国水平，公路、水路旅客周转量延续下降趋势，铁路、民航旅客周转量有较大增长。从上述数据分析，由于公众出行方式发生改变，群众远距离出行更多地选择铁路、民航等公共交通方式，导致公路、水路客运量下降幅度较大。

（二）货运情况

2017年全省公路完成货运量158 190万吨、比上年增长8.3%（全国比上年增长10.3%），完成货物周转量1 676.8亿吨公里、比上年增长7.1%（全国比上年增长9.3%）；2017年全省水路完成货运量7 750万吨、比上年减少4.7%（全国比上年增长4.6%），完成货物周转量255.6亿吨公里、比上年增长14.8%（全国比上年增长1.3%）。全省规模以上港口货物吞吐量6 426万吨、集装箱吞吐量93万标箱，比上年分别减少1.6%（全国比上年增长6.6%）和增长15.9%（全国比上年增长8.3%）。2017年全省铁路完成货运量5 557万吨、比上年减少1.1%（全国比上年增长10.7%），完成货物周转量637亿吨公里、比上年增长5.2%（全国比上年增长13.3%）；2017年全省民航完成货运量50万吨、比上年增长2%（全国比上年增长5.7%），完成货物周转量11.4亿吨公里、比上年增长8.9%（全国比上年增长9.5%）。

根据统计数据，全省货运量及货物周转量呈增长态势，增速均高于全国水平。公路货运量及货物周转量继续保持稳定增长，水路货运量、规模以上港口货物吞吐量呈下降趋势，水路货物周转量、集装箱吞吐量继续保持较快增长；除铁路货运量有所下降外，铁路货物周转量、民航货运量及货物周转量均有所增长。

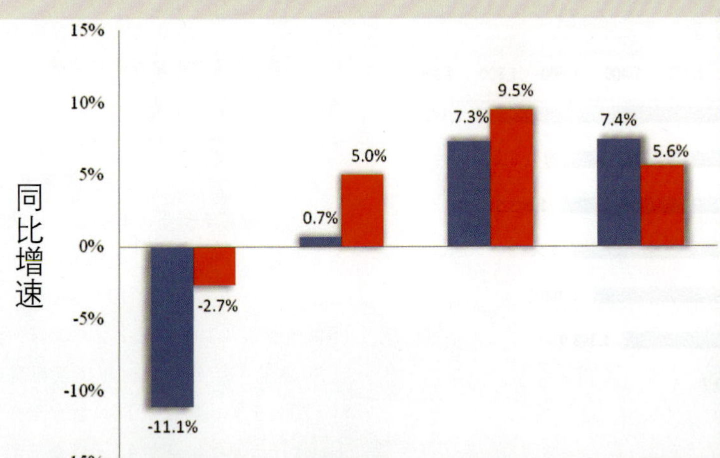

	旅客运输量	旅客周转量	货运量	货物周转量
■我省增长率	-11.1%	0.7%	7.3%	7.4%
■全国增长率	-2.7%	5.0%	9.5%	5.6%

图2 四川省和全国运输量同比增长情况

表3　2017年度分地区公路货物周转量情况表

货物周转量增速排序	1	2	3	4	5	6	7	8	9	10	11
市（州）名	资阳市	宜宾市	泸州市	绵阳市	广安市	自贡市	广元市	南充市	巴中市	遂宁市	眉山市
完成百分比（%）	9.4	8.7	8.6	8.5	8.5	8.4	8.4	8.4	8.3	8.3	8.0
货物周转量增速排序	12	13	14	15		16	17	18	19	20	21
市（州）名	德阳市	达州市	乐山市	攀枝花市		雅安市	内江市	甘孜州	凉山州	成都市	阿坝州
完成百分比（%）	7.9	7.8	7.7	7.5		7.4	7.1	7.1	6.8	6.0	-5.9

注：2017年，全省21个市（州）中，除阿坝州、成都市以外，其余19个市（州）均达到省政府年初确定的总周转量目标。

全省分地区公路货物周转量情况：2017年，全省除阿坝州外，全省其余20个市（州）公路货物周转量均保持增长态势（见表3）。其中，阿坝州公路货物周转量比上年增速为-5.9%，呈较大负增长趋势。

（三）四种运输方式对比

旅客运输：2017年，与铁路、民航两种主要运输方式相比，全省公路、水路旅客运输周转量下降较为明显。随着高铁、航空运输的快速发展，铁路、民航的客运周转量快速增长，分别比上年同期增长5.2%、9.2%。据统计数据显示（见表4），公路运输完成旅客周转量占四种主要运输方式的30.7%，仅次于民航运输，表明公路运输在公共出行方式中仍占有重要地位。

货物运输：2017年，全省公路、水路、铁路、民航等4种主要运输方式货物周转量均呈上升态势。其中，水路运输增幅最大，达到14.8%，但其货物周转量仅占四种主要运输方式的9.9%；公路运输增幅基本保持稳定，其货物周转量占四种主要运输方式的64.97%，仍是全省货物运输的主要途径。

表4　2017年全省公路、水路、铁路和民航运输周转量情况表

运输方式	旅客运输			货物运输		
	周转量（亿人公里）	同比增速（%）	占比（%）	周转量（亿吨公里）	同比增速（%）	占比（%）
公　路	521.3	-12.8	30.70	1 676.8	7.1	64.97
水　路	2.2	-8.4	0.13	255.6	14.8	9.90
铁　路	318.5	5.2	18.75	637.0	5.2	24.68
航　空	856.3	9.2	50.42	11.4	8.9	0.44

四、2018年走势预判

从国内看，全国经济结构调整加快，经济增长新动力不断积聚，但外部经济波动的重现、结构性改革的全面实施等因素，决定了经济下行压力依然较大。经国家统计局初步核算，2017年度国内生产总值比上年增长6.9%，增速比上年提高0.2个百分点；固定资产投资（不含农户）增速7.2%，增速较上年同期下降0.9个百分点。从省内看，中共四川省委、省政府陆续出台的“稳增长、促改革、调结构、惠民生、防风险”各项政策措施持续发力、作用凸显。2017年1月—12月，四川省实现地区生产总值36 980.2亿元，按可比价格计算，比上年增长8.1%，增速比全国平均水平高1.2个百分点；固定资产投资（不含农户）31235.9亿元，比上年增长10.6%，增速比全国平均水平高3.4个百分点。

结合国内外和省内经济形势分析，全省2018年交通运输经济运行总体将继续保持平稳发展，公路水路交通建设投资继续保持高位运行，客货运输量增长基本稳定。

参考资料

2017年全国公路基本情况排名（一）

名次	总里程		高速公路里程		二级及以上里程		二级及以上比例	
	省份	公里	省份	公里	省份	公里	省份	百分比
	总计	47 733 469	总计	136 449	总计	622 153	总计	13.03
1	四川	329 950	广东	8 347	江苏	42 006	上海	37.07
2	河南	270 590	四川	6 821	山东	40 987	天津	33.79
3	山东	269 484	河北	6 531	广东	39 184	北京	29.01
4	湖北	267 805	河南	6 523	河南	36 233	江苏	26.51
5	湖南	242 546	湖北	6 419	湖北	34 837	辽宁	21.61
6	云南	239 724	湖南	6 320	河北	32 933	宁夏	21.05
7	广东	219 580	江西	6 252	内蒙古	30 612	广东	17.85
8	安徽	203 285	山东	5 916	辽宁	26 519	浙江	17.64
9	内蒙古	199 423	贵州	5 835	四川	25 402	河北	17.18
10	贵州	194 379	山西	5 821	山西	23 665	山西	16.57
11	河北	191 693	陕西	5 335	新疆	22 695	山东	15.75
12	新疆	185 338	内蒙古	5 279	湖南	21 952	福建	15.62
13	陕西	174 395	福建	5 259	浙江	21 182	广西	15.35
14	黑龙江	165 989	甘肃	5 039	江西	19 702	内蒙古	15.15
15	江西	162 285	江苏	5 022	安徽	19 670	吉林	14.22
16	江苏	158 475	广西	4 688	黑龙江	19 416	青海	14.12
17	甘肃	147 881	安徽	4 673	广西	18 966	河南	13.53
18	重庆	142 855	新疆	4 578	云南	18 317	湖北	12.93
19	山西	142 252	黑龙江	4 512	福建	16 868	江西	12.25
20	辽宁	123 259	辽宁	4 212	陕西	16 247	新疆	12.12
21	广西	122 705	云南	4 154	吉林	14 771	黑龙江	11.43
22	浙江	120 101	浙江	4 016	甘肃	14 615	海南	9.69
23	福建	108 012	吉林	3 223	贵州	13 339	甘肃	9.61
24	吉林	103 896	青海	3 119	重庆	11 759	安徽	9.38
25	西藏	89 343	重庆	3 023	青海	11 425	陕西	9.32
26	青海	80 595	宁夏	1 609	宁夏	7 274	湖南	9.16
27	宁夏	34 561	天津	1 248	北京	6 448	重庆	7.95
28	海南	30 684	北京	1 013	天津	5 586	四川	7.70
29	北京	22 226	上海	829	上海	4 939	云南	7.55
30	天津	16 532	海南	795	海南	2 950	贵州	7.52
31	上海	13 322	西藏	38	西藏	1 654	西藏	1.85

（厅规划处）

2017年全国公路基本情况排名（二）

名次	国省干线中二级及以上比例		等级公路里程		等级公路比例		水泥、沥青路面里程	
	省份	百分比	省份	公里	省份	百分比	省份	公里
	总计	79.50	总计	90.89	总计	49.72	总计	34.34
1	北京	100.00	北京	100.00	上海	210.09	西藏	270.29
2	天津	100.00	天津	100.00	重庆	179.47	青海	139.56
3	上海	100.00	上海	100.00	山东	172.68	内蒙古	80.67
4	浙江	98.74	山东	99.67	河南	160.36	新疆	77.29
5	海南	98.25	宁夏	99.63	安徽	156.37	贵州	54.85
6	江苏	97.69	浙江	98.96	江苏	154.46	甘肃	54.51
7	山东	94.06	安徽	98.92	湖北	144.96	宁夏	51.74
8	湖南	90.25	海南	98.53	天津	138.93	云南	51.14
9	河北	90.24	江苏	98.31	北京	135.43	重庆	49.84
10	湖北	89.36	山西	98.14	广东	123.43	陕西	46.20
11	安徽	89.06	河北	97.17	浙江	117.98	湖北	44.71
12	山西	88.68	内蒙古	96.39	湖南	113.18	黑龙江	43.29
13	宁夏	85.59	湖北	96.33	贵州	110.38	吉林	39.27
14	福建	83.95	吉林	95.20	河北	102.13	山西	38.80
15	河南	83.42	广东	94.03	江西	97.23	四川	36.25
16	吉林	82.72	广西	91.37	山西	91.40	江西	35.34
17	广西	81.39	陕西	91.19	海南	90.51	湖南	35.34
18	江西	79.18	辽宁	90.75	福建	88.97	海南	33.46
19	陕西	78.78	湖南	90.63	陕西	84.82	辽宁	28.99
20	四川	78.56	四川	89.35	辽宁	84.10	安徽	28.93
21	内蒙古	75.82	甘肃	87.72	四川	67.67	山东	28.22
22	广东	74.44	西藏	87.20	云南	61.56	福建	27.88
23	黑龙江	72.76	河南	86.93	吉林	55.44	河北	27.30
24	甘肃	71.58	云南	85.97	广西	52.07	河南	24.98
25	重庆	71.24	黑龙江	84.76	宁夏	52.05	浙江	24.46
26	辽宁	70.69	青海	84.64	黑龙江	36.56	广西	22.09
27	新疆	69.82	福建	84.53	甘肃	31.31	广东	19.96
28	贵州	67.21	江西	83.10	内蒙古	16.86	江苏	19.81
29	云南	58.20	重庆	81.76	新疆	11.22	北京	11.01
30	青海	49.16	新疆	80.15	青海	11.16	天津	10.58
31	西藏	24.01	贵州	76.57	西藏	7.27	上海	5.51

（厅规划处）

2017年全国公路基本情况排名（三）

名次	乡镇通达率		乡镇通畅率		建制村通达率		建制村通畅率	
	省份	百分比	省份	百分比	省份	百分比	省份	百分比
	总计	99.99	总计	99.39	总计	99.98	总计	96.69
1	北京	100.00	北京	100.00	北京	100.00	北京	100.00
2	天津	100.00	天津	100.00	天津	100.00	天津	100.00
3	河北	100.00	河北	100.00	河北	100.00	河北	100.00
4	山西	100.00	山西	100.00	辽宁	100.00	辽宁	100.00
5	内蒙古	100.00	内蒙古	100.00	吉林	100.00	吉林	100.00
6	辽宁	100.00	辽宁	100.00	黑龙江	100.00	上海	100.00
7	吉林	100.00	吉林	100.00	上海	100.00	江苏	100.00
8	黑龙江	100.00	黑龙江	100.00	江苏	100.00	福建	100.00
9	上海	100.00	上海	100.00	福建	100.00	江西	100.00
10	江苏	100.00	江苏	100.00	江西	100.00	河南	100.00
11	浙江	100.00	浙江	100.00	山东	100.00	湖北	100.00
12	安徽	100.00	安徽	100.00	河南	100.00	广东	100.00
13	福建	100.00	福建	100.00	湖北	100.00	山东	100.00
14	江西	100.00	江西	100.00	广东	100.00	安徽	100.00
15	山东	100.00	山东	100.00	重庆	100.00	黑龙江	99.99
16	河南	100.00	河南	100.00	贵州	100.00	湖南	99.98
17	湖北	100.00	湖北	100.00	陕西	100.00	海南	99.97
18	湖南	100.00	湖南	100.00	甘肃	100.00	浙江	99.90
19	广东	100.00	广东	100.00	青海	100.00	山西	99.89
20	广西	100.00	广西	100.00	宁夏	100.00	新疆	99.85
21	海南	100.00	海南	100.00	安徽	100.00	内蒙古	99.83
22	重庆	100.00	重庆	100.00	内蒙古	100.00	广西	99.32
23	四川	100.00	贵州	100.00	广西	100.00	宁夏	99.17
24	贵州	100.00	云南	100.00	海南	99.99	陕西	97.63
25	云南	100.00	陕西	100.00	湖南	99.97	青海	97.23
26	陕西	100.00	甘肃	100.00	山西	99.97	四川	97.13
27	甘肃	100.00	宁夏	100.00	云南	99.96	云南	95.70
28	青海	100.00	新疆	99.33	浙江	99.93	甘肃	95.34
29	宁夏	100.00	青海	98.82	四川	99.91	重庆	92.87
30	新疆	100.00	四川	98.37	西藏	99.55	贵州	90.77
31	西藏	99.71	西藏	77.62	新疆	99.45	西藏	38.12

（厅规划处）

2017年全国国省干线公路基本情况排名

名次	国省干线里程		二级及以上比例		水泥、沥青路面铺装率	
	省份	公里	省份	百分比	省份	百分比
	总计	692 171	总计	66.69	总计	94.72
1	云南	43 382	江苏	99.22	北京	100.00
2	内蒙古	39 175	上海	98.35	天津	100.00
3	湖南	37 626	山东	96.98	河北	100.00
4	河南	37 198	天津	96.93	上海	100.00
5	广东	36 427	辽宁	93.02	江苏	100.00
6	湖北	33 472	安徽	92.53	浙江	100.00
7	贵州	32 066	浙江	91.42	安徽	100.00
8	甘肃	29 593	北京	91.35	山东	100.00
9	西藏	28 922	河北	90.98	海南	100.00
10	新疆	28 831	山西	90.43	福建	99.97
11	黑龙江	27 889	湖北	82.93	山西	99.96
12	四川	27 012	吉林	81.44	宁夏	99.92
13	河北	25 543	福建	80.35	陕西	99.81
14	山东	25 414	海南	78.66	辽宁	99.62
15	广西	24 960	广东	73.33	江西	99.43
16	江西	24 497	江西	72.77	广西	99.10
17	青海	21 613	陕西	72.20	湖北	99.09
18	辽宁	21 010	河南	71.74	广东	98.88
19	重庆	18 126	宁夏	71.04	河南	98.64
20	山西	17 884	四川	71.00	吉林	98.29
21	陕西	17 499	广西	70.88	重庆	97.94
22	江苏	16 444	新疆	65.71	湖南	97.56
23	福建	15 965	内蒙古	65.71	四川	96.53
24	安徽	15 496	黑龙江	60.83	贵州	95.21
25	吉林	14 533	重庆	58.24	新疆	94.27
26	浙江	12 009	湖南	51.50	内蒙古	94.02
27	宁夏	6 570	青海	51.37	黑龙江	93.91
28	天津	3 855	贵州	44.05	甘肃	92.45
29	北京	3 842	甘肃	42.18	云南	90.10
30	海南	3 558	云南	39.39	青海	80.52
31	上海	1 760	西藏	5.70	西藏	50.23

（厅规划处）

机构及领导名录

JIGOU JI LINGDAO MINGLU

2017年四川省交通运输厅厅领导名录

党组书记、厅长 汪　洋
党组副书记、副厅长（正厅级） 周道平
党组成员、副厅长 张晓燕
党组成员、副厅长 黄英权
党组成员、副厅长 张　琪
党组成员、副厅长（挂职） 赵长利
党组成员、机关党委书记 张　勇
省纪委派驻厅纪检组组长、党组成员 杜世相
党组成员、总工程师 陈乐生
党组成员、安全总监 胡大昌
（2017年12月晋升为一级巡视员，免党组成员、安全总监）

省交战办主任 胡洪波
巡视员 赵家栋
（2017年5月退休）
副巡视员 寇小兵
（2017年11月套改为二级巡视员）
副巡视员 蒲宜仙
（2017年5月退休）
原厅巡视员 杨占昌
（2017年3月由政协委员退休）
（厅人教处）

2017年四川省交通运输厅内设机构及领导名录

厅办公室（精神文明建设办公室）

主　任 屈洪斌
（2017年1月任职）
主　任 李永亮
（2017年1月任厅公路局局长、党委书记，免办公室主任）
副主任 朱　江
（2017年3月任厅安全监督处处长，免办公室副主任）
副主任 屈争真
副主任 丁　杨
（2017年1月任职）

厅政策法规处

处　长 罗　廷
副处长 孙秋明
（2017年8月任厅后勤服务中心主任、党委书记，免厅政策法规处副处长）

厅综合规划处

处　长 许　磊
副处长 苏林军
副处长 胡厚池
副处长 胡　旭

（2017年1月任厅公路管理处处长，免厅综合规划处副处长）

副处长 黄朱林

（2017年3月任职）

厅财务处

处 长 陈亚莉

（2017年3月任职）

处 长 周利容

（2017年3月调出，免厅财务处处长）

副处长 刘 烽

副处长 丁 敏

（2017年7月任职）

调研员 周翠琼

（2017年5月任厅审计处处长，免厅财务处调研员）

厅人事教育处（2017年1月由厅人事劳动处更名为厅人事教育处）

处 长 冯书明

副处长 王小元

副处长 李阆阆

（2017年2月任职）

厅建设管理处

处 长 王茂奎

副处长 马海燕

副处长 赵 刚

厅公路管理处（2017年1月成立）

处 长 胡 旭

（2017年1月任职）

副处长 蒋 军

（2017年3月任职）

厅行政审批处

处 长 吴 波

（2017年2月任职）

处 长 屈洪斌

（2017年1月任厅办公室主任，免厅行政审批处处长）

副处长 潘玉华

厅运输管理处

处 长 彭 涛

（2017年2月任职）

处 长 吴 波

（2017年2月任厅行政审批处处长，免厅运输管理处处长）

副处长 黄静兰

厅安全监督处（应急办公室）

处 长 朱 江

（2017年3月任职）

处 长 彭 涛

（2017年2月任厅运输管理处处长，免厅安全监督处〈应急办公室〉处长）

副处长 周 翔

厅审计处

处 长 周翠琼

（2017年5月任职）

处 长 陈亚莉

（2017年3月任厅财务处处长，免厅审计处处长）

副处长 吴晓清

（2017年3月任职）

厅科技和信息化处（2017年1月由厅科技教育处更名为厅科技和信息化处）

处 长 但 伦

副处长 曾祥亮

（2017年3月任交通运输职业学校党委书记，免厅科技和信息化处副处长）

副处长 钟映梅

（2017年2月任职）

副处长 舒泽亮

（2017年10月挂职）

厅外经外事处

处 长 颜晓平

副处长 徐 林

（2017年1月任交职学院党委副书记、纪委书记，免厅外经外事处副处长）

省纪委驻厅纪检组

副组长 涂孝忠

综合处处长 刘 芳

（2017年6月任职）

厅公安处

处 长 何志远

（2017年5月任职）

处 长 李欣荣

（2017年3月任省交通战备办公室副主任〈保留正处级〉，免厅公安处处长）

副处长 何志远

（2017年5月任厅公安处处长，免厅公安处调研员）

副处长 刘翔宇

（2017年11月任职）

厅信访处

处 长 姜洪武

副处长 李天洲

厅离退休人员工作处

处 长 李宏琳

副处长 涂 蕻

厅机关党委

专职副书记（正处级） 李 可

副书记（副处级） 廖迎春

（2017年2月任职）

省交通战备办公室

副主任（正处级） 王子开

副主任 廖兴国

（2017年3月任省交通战备办公室调研员，免省交通战备办公室副主任〈副处级〉）

副主任（保留正处级） 李欣荣

（2017年3月任职）

（厅人教处）

2017年四川省交通运输厅直属单位领导名录

省交通运输工会

主　席　陈光华
副厅级干部　邱小发
（2017年1月退休）
副主席　刘念江
（2017年3月提前退休）
副主席　林　彩
（2017年7月调出，免省交通运输工会副主席）
副主席　唐蓉华
（2017年8月任职）
副主席　敬川平
（2017年10月任职）

四川省交通运输厅公路局

党委书记、局长　李永亮
（2017年1月任职，2017年12月按副厅级配备）
党委副书记、副局长　李武强
（正处级）
副局长　钱育锋
（正处级）
副局长　柯　勇
（2017年10月任厅公路设计院副院长、党委副书记〈保留正处级〉，免厅公路局副局长）
副局长　刘　涛
（2017年1月任职，正处级）
副局长　蒲朝勇
（2017年7月任职，正处级）
纪委书记、工会主席　刘　芳
（2017年3月任职，副处级）
纪委书记、工会主席　赵旭东
（2017年3月任厅航务局副局长〈保留正处级〉，免厅公路局纪委书记、工会主席）
总工程师　梁正钦
（按正处级配备）

四川省交通运输厅航务管理局（四川省地方海事局、四川省船舶检验局）

党委书记、局长　刘孝明
副局长　杨小宁
（2017年2月任厅交通设计院纪委书记〈保留正处级〉，免厅航务局副局长）
纪委书记、副局长　任胜平
（正处级）
副局长　赵旭东
（2017年3月任职，保留正处级）
副局长　肖体育
（保留正处级待遇）
副局长　陈春梅
监督长　张晓川

四川省交通运输厅道路运输管理局

党委书记、局长　王　波
（副厅级）
党委副书记、副局长　刘　剑
（正处级）
副局长　张　洪
（正处级）
副局长　曹驰宇
（正处级）
党委副书记、纪委书记　左思英
（正处级）
安全总监　周继斌
（副处级）

四川省交通运输厅高速公路管理局（四川省交通运输厅高速公路交通执法总队）

党委书记、局长（总队长）　刘洁梅
副局长（副总队长）　刘　刚
（2017年11月退休）
副局长（副总队长）　张　钧
（正处级）
副局长（副总队长）、纪委书记　雷　健
（正处级）
副局长　邓　洪
（2017年12月任职，保留正处级）
副局长（副总队长）　张　敏
（副处级）

四川省交通运输厅高速公路交通执法第一支队

党委书记、支队长　黄　健
纪委书记、副支队长　赵　刚
副支队长　卢　敏
副支队长、工会主席　聂红峰

四川省交通运输厅高速公路交通执法第二支队

党委书记、支队长　吕　军
纪委书记、副支队长　李俊国
副支队长　王　庆
副支队长、工会主席　颜　敏

四川省交通运输厅高速公路交通执法第三支队

党委书记、支队长　李宏军
纪委书记、副支队长、工会主席　陈　岗
副支队长　何清华
副支队长　杨森林

四川省交通运输厅高速公路交通执法第四支队

党委书记、支队长　黄　健（女）
纪委书记、副支队长　王　翌
（2017年4月任调研员，免副支队长、纪委书记）
副支队长　唐南彬
副支队长、工会主席　吴　晨
纪委书记、副支队长　余　良
（2017年4月任职）

四川省交通运输厅高速公路交通执法第五支队

党委书记、支队长　龚文春
副支队长　姜学宏
（保留正处级待遇）
纪委书记、副支队长　杨建刚
副支队长、工会主席　陈其勇

四川省交通运输厅高速公路交通执法第六支队

党委书记、支队长　胡　刚
副支队长、工会主席　吉后马布
纪委书记、副支队长　董　清
副支队长　高洪贵
（2017年3月任职）

四川省交通运输厅高速公路交通执法第七支队

党委书记、支队长　李威明
纪委书记、副支队长、工会主席　刘　坚
副支队长　寇　伟
副支队长　曾衍家

四川交通职业技术学院

党委书记　王东平
党委副书记、院长　蒋永林
副院长　李全文
副院长　李玉文
（2017年1月任职）
副院长　唐　涌
（2017年1月免交职学院副院长）
副院长　彭　谦
副院长、工会主席　任康秀
（2017年1月任厅交通设计院副院长、党委副书记〈保留正处级〉，免交职学院副院长、工会主席）
副院长　权　全
副院长　鞠　敬
（2017年1月任职）
副院长　陈　斌
党委副书记、纪委书记　徐　林
（2017年1月任职）
党委副书记、纪委书记　孙永辉
（2017年1月保留正处级待遇，免交职学院党委副书记、纪委书记）

四川省交通管理学校

党委书记　李　红
校　长　鞠友才
（2017年1月任职）
校　长　黄先琪
（2017年1月免交通管理学校校长）
副校长　穆树林
副校长　赵　明
副校长　瞿　勇
党委副书记、纪委书记、工会主席　王志荣
（2017年10月免党委副书记）

四川交通运输职业学校（四川交通技师学院）

党委副书记、校长　王永莲
（2017年10月兼任四川交通技师学院院长、党委副书记）
党委书记　曾祥亮
（2017年3月任职，2017年10月兼任四川交通技师学院党委书记）
党委书记　李　毅
（2017年3月保留交职学院正处级待遇，免交通运输职业学校党委书记）
纪委书记、副校长　周　萍
（2017年8月兼任纪委书记、工会主席候选人，2017年10月兼任四川交通技师学院副院长、纪委书记、工会主席候选人）
副校长　廖鸿茜
副校长　龚文安
（2017年10月任职，兼任四川交通技师学院副院长）
副校长　刘新江
（2017年10月任职，兼任四川交通技师学院副院长）
纪委书记、工会主席　孙家刚
（2017年8月免交通运输学校纪委书记、工会主席）

四川省交通运输厅工程质量监督局

党委书记、局长　曾　宇
纪委书记、副局长　谭举鸿
（2017年9月任厅造价站站长，免厅质监局副局长、纪委书记）
纪委书记、副局长、工会主席　高艳龙
（2017年7月兼任工会主席，2017年9月兼任纪委书记）
副局长　邹　南
（2017年9月任职）
副局长　陆曹蓉
（2017年10月挂职）

四川省交通运输厅公路规划勘察设计研究院

党委书记、院长　罗玉宏
党委副书记、副院长　王　玮
（2016年10月免党委副书记、副院长）
副院长　李玉文
（2017年1月任交职学院副院长，免公路设计院副院长）
副院长、总工程师　庄卫林
（2017年4月任厅交通设计院副院长、总工程师，免厅公路设计院副院长、总工程师）
副院长　蒋自强
副院长　柯　勇
（2017年10月任职，保留正处级）
副院长　余　强
副院长　陈　强
副院长　蒋劲松
（2017年12月任职）
总工程师　牟廷敏
（2017年5月任职）
党委副书记、纪委书记　王　毅
工会主席　杨　芳

四川省交通运输厅交通勘察设计研究院

党委书记、院长　刘四昌
副院长　曾　林
（2017年4月调出，免厅交通设计院副院长）
副院长、党委副书记　任康秀
（2017年1月任职，保留正处级）
副院长、总工程师　庄卫林
（2017年4月任职）
副院长　刘云辉
副院长　蹇　依
副院长　张世慧
党委副书记、纪委书记　杨小宁
（2017年2月任职）
总工程师　李崇明
（2017年2月任兴蜀公司监事会主席，免厅交通设计院总工程师）

四川省交通运输厅高速公路监控结算中心（四川省交通科学研究所、四川智能交通系统管理有限责任公司）

主　任（所长、总经理）　易　术
监控结算中心副主任　周　敏
监控结算中心副主任、纪委书记、工会主席　龚文安
（2017年10月任交通运输职业学校〈交通技师学院〉副校长〈副院长〉，免副主任、纪委书记、工会主席）
监控结算中心副主任　李晓春
（2017年3月任职）
监控结算中心副主任　李世洪
（2017年7月任职）

科研所副所长 戴　元
科研所副所长 罗　强
科研所副所长 刘晓东

四川省交通运输厅交通建设工程造价管理站

站　长 谭举鸿
（2017年9月任职）
站　长 于天才
（2017年9月调出，免厅造价站站长）
副站长 李世洪
（2017年7月任监控结算中心副主任，免厅造价站副站长）
副站长 张　德
（2017年9月任职）

四川省重点公路工程监理处（四川公路工程咨询监理公司）

四川省重点公路工程监理处2017年9月批准撤销

党委书记、处长、董事长 吉随旺
（2017年12月免监理处处长）
副处长 唐元华
（2017年12月免监理处副处长，任咨询监理公司副总经理）
副处长、工会主席 李新江
（2017年12月免监理处副处长）
总经理 陈　谋
监事会主席 袁　泉
副总经理 范洪成
副总经理 盛兴富
（2017年4月任职）
公司党委副书记、纪委书记 卢夏琼

四川省大件公路管理处

处长、党总支书记 谢能剑
副处长 余　波
副处长 何　伟

四川省交通宣传中心

主　任 吴　丹
副主任 周显仁
副主任 徐　航

四川省交通运输厅信息中心

主　任 柏吉琼
副主任 钟映梅
（2017年2月任厅科技和信息化处副处长，免厅信息中心副主任）
副主任 周志彬
副主任 许长枫
（2017年5月任职）

四川省路网监测与应急处置中心

主　任 范双成
副主任 马华卫
副主任 任吉剑
副主任 王卓伟
（2017年3月任职）

四川省公路交通应急装备物资储备中心

党委书记、主任 王雪飞
（2017年9月兼任党委书记）
党委副书记、副主任 刘　健
（2017年9月兼任党委副书记）
纪委书记、副主任 毛　林
（2017年5月任职，2017年9月兼任纪委书记）
副主任 袁顺山
（2017年6月任职）

四川省交通运输厅交通史志总编室

总编辑 黄　丽
副总编辑 陈建萍
（2017年10月退休）
副总编辑 岑　松
（2017年12月任职）

四川省交通运输厅机关后勤服务中心

党委书记、主任 孙秋明
（2017年8月任职）
党委书记、主任 李光德
（2017年6月退休）
副主任 李　明
（2017年4月任职业资格中心主任，免厅机关后勤服务中心副主任）
副主任 周德树
纪委书记、副主任 唐蓉华
（2017年8月任省交通运输工会副主席，免厅机关后勤服务中心纪委书记、副主任）
纪委书记、副主任 李建荣
（2017年7月任副主任，2017年8月兼任纪委书记）
副主任 陈　斌

四川交通运输职业资格中心

主　任 李　明
（2017年4月任职）
主　任 孙　建
（2017年4月退休）
副主任 何天茂

四川兴蜀公路建设发展有限责任公司

党委书记、董事长、总经理 王　屹
（2017年12月任党委书记、董事长）
党委书记、董事长 刘万春
（2017年4月调出，免兴蜀公司党委书记、董事长）
监事会主席 刘　涛
（2017年1月任厅公路局副局长，免兴蜀公司监事会主席）
监事会主席 李崇明
（2017年2月任职）
党委副书记、董事、副总经理、纪委书记 鞠友才
（2017年1月任交通管理学校校长、党委副书记，免兴蜀公司党委副书记、董事、副总经理、纪委书记）
董事、副总经理 晏大蓉
（2017年6月提名为工会主席候选人）
董事、副总经理 刘　臻
董事、副总经理 潘　华
董事、总工程师 樊增彬
（2017年1月任职）

四川省交通运输厅公路局医院

院　长 甘华山
（2017年8月免院长，保留副处级待遇）
党委书记 隆泽均

四川省公路职工疗养院

院　长 张炳文
（2017年7月任职）

（厅人教处）

2017年四川省市（州）交通运输局（委）领导名录

成都市交通运输委员会

党组书记、主任　王翼刚
（2017年8月任职）
党组书记、主任　刘　兵
（2017年8月免职）
党组副书记、副主任（正局级）　涂　智
（2017年9月调离）
党组成员、副主任　易传斌
党组成员、副主任　金大中
（2017年10月任职）
党组成员、市纪委派驻市交委纪检组组长　郭海涛
党组成员、副主任　杜进有
（2017年8月调离）
党组成员、副主任　田贵文
党组成员、机关党委书记　王　宏
成都市邮政管理局党组书记、局长兼任市交委党组成员、副主任　陈　敬
总工程师　聂　斌
（2017年7月任职）
巡视员　江　河
（2017年5月退休）
巡视员　张子祥
（2017年7月任职，12月退休）
巡视员　祝年贵
（2017年9月任职）
副巡视员　王增勇

自贡市交通运输局

局党组书记、局长　谭如剑
（2017年11月离任）
局党组书记、局长　黄如贝
（2017年11月任职）
局党组成员、副局长，邮政管理局局长　黄贵明
局党组成员、副局长　陈　鹏
局党组成员、副局长　王　平
局党组成员、副局长　王行富
局党组成员、副局长　李慎康
（2017年7月任职）
局党组成员、市纪委驻交通运输局纪检组长　颜　锐
（2017年8月免职）
局党组成员、市纪委驻交通运输局纪检组长　蒲友明
（2017年8月任职）
局党组成员、机关党委书记　魏旭春
局党组成员、安全总监　卢天禄
局党组成员、总工程师　张代江
局党组成员、公路局局长　高建军

攀枝花市交通运输委员会

党委书记、局长　唐成斌
党委副书记　朱　斌
党委委员、副局长　付朴忠
党委委员、副局长　刘应贵
党委委员、副局长　温　洮
党委委员、纪委书记　尹锡军
党委委员、总工程师　刘彦锋
邮政管理局局长兼交通运输局副局长　雷云平
党委委员　郭　杰
（2017年12月任职）

泸州市交通运输局

党组书记、局长　黄玉林
（2017年1月—8月任职，8月调市发展改革委）
党组书记、局长　沈昭平
（2017年8月任职）
党组成员、副局长　李子辉
党组成员、副局长　曾志刚
党组成员、副局长、市邮政局长　虞卫国
党组成员、纪检组长　许　亮
（2017年1月—11月任职，11月调市发展改革委）
党组成员、纪检组长　杨玲兰
（2017年11月任职）
党组成员、机关党委书记　肖云贵
党组成员、副局长　曾兴宇
副局长　陆曹蓉
党组成员、总工程师　王顺蓉
党组成员、交战办主任兼安全总监　陈曲平
（2017年12月免安全总监）
安全总监　徐　伟
（2017年12月任职）

德阳市交通运输局

党委书记、局长　廖立新
（兼公路局党委书记）
党委委员、副局长　郑国伟
副局长　汪国华
（2017年6月21日免去副局长职务）
党委委员、纪委书记　高　云
党委委员、副局长　李　明
（2017年2月21日任局党委委员，2017年3月6日任副局长）
党委委员、副局长　杨庆富
党委委员、总工程师　李　争
党委委员、机关党委书记　陈　林
（2017年6月9日任局党委委员、机关党委书记）

绵阳市交通运输局

局党委书记、局长　寇子胜
局党委副书记、二级调研员　练才伟
局党委委员、副局长　王明庚
局党委委员、副局长（兼）　景　炜
局党委委员、纪委书记　姜　文
（2017年12月4日，任市纪委驻市交通运输局纪检组组长，免去局纪委书记）
局党委委员、副局长　康孝先
局党委委员、副局长　淳道松
局党委委员、安全总监　何　俊
局党委委员、机关党委书记　张　玲
市交通战备办公室主任　余　群
市交通运输局总工程师　赵朝晖

广元市交通运输局

党组书记、局长　田刚富

党组成员、副局长 吴文斌
党组成员、副局长，市交战办主任 夏长万
（2017年11月1日离任副局长）
党组成员、副局长 王　强
党组成员、副局长 韩顺东
（2017年11月1日调离）
党组成员、副局长、市邮政管理局局长 李茂泉
党组成员、市纪委派驻市交通运输局纪检组组长 吕广林
（2017年6月27日离职）
党组成员、直属机关党委书记 马　军
党组成员、总工程师 陈代平
安全总监 赵　华
广元市交通工会主席 牟春华
（2017年7月28日调离）

遂宁市交通运输局

局党组书记、局长 夏海荣
局党组成员，机关党委书记 舒兆康
（2017年2月免党委委员、党委书记，任党组成员、机关党委书记）
局党组成员、市公路管理局局长 袁仕平
（2017年2月免党委委员，任党组成员）
局党组成员、副局长 杨务荣
（2017年2月免党委委员，任党组成员）
局党组成员、副局长 余礼军
（2017年2月免党委委员，任党组成员）
局党组成员、副局长 黄火平
（2017年2月免党委委员，任党组成员）
局总工程师 肖　伟
（2017年1月任职）
局安全总监 谢春容
副局长 刘红军

内江市交通运输局

局党委书记、局长 陈代兵
局党委委员、副局长 刘　波
局党委委员、副局长 王　亮
局党委委员、副局长 朱　鹏
局党委委员、市路政支队长 肖忠祥
局党委委员、总工程师 徐洪友
局党委委员、机关党委书记 龙　岗
副县级干部 刘晓泉
副调研员 陈跃冬
副调研员 刘　毅
副调研员 杨沛剑

乐山市交通运输委员会

市交委党组书记、主任 何金文
市交委党组成员、副主任 吴礼刚
市交委党组成员、副主任 彭治中
（2017年12月离职）
市交委党组成员、副主任 罗文智
市交委党组成员、副主任 涂泽江
市交委党组成员、直属机关党委书记 刘　陈
（2017年3月离职）
市交委党组成员、直属机关党委书记 宋剑如
（2017年3月任职）
市交委党组成员、纪检组长 袁　彦
（2017年8月离职）
市交委党组成员、纪检组长 范明亮
（2017年8月任职）
市交战办主任 朱明友
市交委安全总监 李　锦
市交委总工程师 刘俊学
市交委调研员 张开立
市交委调研员 李永生
市交委副调研员 祝秀华
市交委副调研员 秦怀丰
市公路局局长 赵　星
市航务（海事）局局长 刘　敏
市运管局局长 邓世龙
市路政支队支队长 先劲松

南充市交通运输局

局党委书记、局长 刘本良
局党委委员、副局长 黄　伟
局党委委员、副局长 蒲五才
局党委委员、副局长、市邮政管理局局长 罗通明
局党委委员、纪委书记、监察室主任 张学明
（2017年12月免职）
局党委委员、总工程师 谭晓斌
（2017年12月免职）
局党委委员、安全总监 杨淮森
局党委委员、市交战办主任 薛加双
局党委委员、市公路局党委书记、局长 苏　彬
局党委委员、市航务管理局党委书记、局长 李　平
（2017年4月免职）
局党委委员、市航务管理局党委书记、局长 梁　超
局党委委员、市道路运输管理局局长 曾　颖

宜宾市交通运输局

党委书记、局长 张　琦
党委委员、党委副书记 李果伟
党委委员、高速公路协调办主任 蔡锦川
党委委员、运管局局长 刘　炯
党委委员、纪检组长 常　军
党委委员、副局长 黄　斌
党委委员、副局长 罗　昕
党委委员、邮政管理局局长 赖　勇
党委委员、总工程师 游鹏飞
副局长 李兴岷
副局长 陈　广
交战办副主任 杨万明
高速公路协调办副主任 何　涛

达州市交通运输局

党组书记、局长 淳永奉
党组成员、纪检组长 杜泽权
（2017年12月免职）
党组成员、市邮政管理局长（正县级） 何　峰
党组成员、副局长 岳万刚
党组成员、市公路管理局副局长（主持工作） 李祝荣
（2017年8月任职）
党组成员、副局长 荆　林
党组成员、副局长 彭　铸
党组成员、副局长 蒋　波
党组成员、交通工会主席 张显文
党组成员、市运管处长 曾　俊
党组成员、机关党委书记 万玉霞
（2017年6月任职）
局总工程师 冷中海
（2017年7月任职）
局安全总监 薛奉荣
（2017年7月任职）
市交通战备办主任 张建军
（2017年9月任职）

广安市交通运输局

党党组书记、局长 王晓明
党组成员、调研员 张德坤
党组成员、副局长 李兴华

党组成员、副局长（兼）、市邮政管理局局长 陈武林
党组成员、副局长 郑永锋
党组成员、总工程师 杨 航
党组成员、纪检组长 谭 平
党组成员、机关党委书记 程财军
党组成员、市公路处处长 刘 伟
党组成员、市运管处处长 柳维波
党组成员、市航务（海事）局局长 黄光军

巴中市交通运输局

党委书记、局长 李本勇
党委委员、副局长 杨述兰
党委委员、副局长 何清元
党委委员、副局长 周照森
党委委员、局纪检组长 杨天斌
（2017年12月任职）
党委委员、机关党委书记 黄 慧
党委委员、市运管局长 李 勇
党委委员、副局长 李建民
党委委员、正县级干部 杨培静

雅安市交通运输局

局党委书记、局长 刘 平
（2017年3月离职）
局党委书记、局长 胡 雷
（2017年3月任职，2017年10月离职）
局党委书记、局长 李景峰
（2017年12月任职）
局党委委员、副局长 王 翔
局党委委员、副局长 叶其林
局党委委员、副局长 马永强
局党委委员、副局长 赵飞勇
局党委委员、纪委书记 彭勇强
（2017年12月离职）
局党委委员、机关党委书记 文 平
安全总监、总工程师 程 宜
（2017年10月免去安全总监同时任总工程师）
安全总监 张 华
（2017年10月任职）
总工程师 罗伦全
（2017年5月离职）

眉山市交通运输局

局党组书记、局长 江昌淆
局党组成员、市公路管理局局长 刘小伶
（2017年9月市公路管理局更名为市交通建设中心）
局党组成员、副局长 汪文毅
局党组成员、副局长、市邮政管理局局长 覃建伟
局党组成员、副局长 韩顺江
局党组成员、副局长 牟德明
局党组成员、机关党委书记 崔秀丽
局党组成员、总工程师 何永列
局党组成员、纪检组长 文万红

资阳市交通运输局

局党委书记、局长 曾洪光
（2017年2月任职）
局党委委员、副局长 施 毅
局党委委员、副局长 周向阳
局党委委员、副局长 魏 鲲
（2017年6月任职）
局党委委员、机关党委书记 宋晓星
局党委委员、总工程师 张祖德
局副局长 郑 勇
局党委委员、副局长 张学问
局党委委员、纪检组长 李世彬
（2017年8月任职）

阿坝州交通运输局

局党组书记、局长 龚 明
局党组成员、副局长 益 英
（兼州公路局党委书记、局长）
局党组成员、副局长 刘显辉
（2017年12月任局机关党委书记）
局党组成员、总工程师、副局长 詹永康
（2017年11月—12月任副局长）
局党组成员、安全总监 尹 忠
局党组成员、交通战备办公室专职主任 杨太平
局党组成员、副局长 王志武
局党组成员、副局长 张 巍
（交通运输部挂职干部，2017年7月—12月）
局党组成员、副局长 林 伟
（交通运输部挂职干部，2017年10月—12月）
局党组成员、副局长 何良通
（省交通运输厅挂职干部）
局党组成员、州运管处处长 马兴明

甘孜州交通运输局

局党委书记、局长 王 强
局党委委员、副局长 丁 虹
局党委委员、副局长 康秀英
局党委委员、副局长 肖星义
局党委委员、副局长 张 斌
局党委委员、安全总监 高宝寿
局党委委员、政治部主任 根秋泽仁
副局长 闻 琼
总工程师 刘军儒
副局长 潘 华

凉山州交通运输局

局党组书记、局长 周大海
局党组成员、副局长 阿扎留牛
（2017年4月任职副局长，5月任职局党组成员）
局党组成员、州纪委派驻纪检组组长 刘舒云
（2017年9月离任纪检组长职务）
州纪委派驻纪检组组长 张春秋
（2017年9月任职）
局党组成员、专职机关党委书记 杨 勇
（2017年5月离任）
局党组成员、专职机关党委书记 阿木古合
（2017年5月任职）
局党组成员、安全总监 李 波
（2017年7月离任）
局党组成员、副局长 林 芳
（2017年7月离任）
局党组成员、州交战办主任 雷 鸣
局党组成员、州交投公司董事长 张 毅
副局长、总工程师 陈兵文
（2017年7月免去副局长同时任职总工程师）
总工程师、副局长 龚 平
（2017年7月免去总工程师同时任职副局长）
州交通运输行业工委主任 伙补尔曲
局党组成员、副局长 蒋海飞
（挂职干部，2017年6月任职局党组成员、副局长）
副局长 易 雷
副局长、州邮政局局长 邵建洲

（各市〈州〉交通局〈委〉）

常用缩略语注释

治理公路“三乱”：乱设站卡、乱罚款、乱收费。

运输管理“三把关，一监督”：严把运输经营者市场准入关，严把营运车辆技术关，严把驾驶员资格关；强化源头管理，完善动态监督。

汽车客运站管理“三不进站，五不出站”：易燃、易爆、易腐蚀物品不进站，无关人员不进站，无关车辆不进站；行驶证、驾驶证、从业资格证、道路运输证、客运线路标志牌、超长客运派车通知单不全或不符合规定的，报班车辆安检不合格的，驾驶员酒后和不按规定配备驾驶员的，车辆超载、超高的，天气恶劣不宜行车等情况不能出站。

超长客运管理“五统一”：建立超长客运管理中心、客运站、代办点三级售票网络，将车票代售网点建到每一个乡镇，实行统一售票；实行政府指导价，统一超长客运票价；根据售票情况，统一运力调度；对客车线路牌收发、运行费用报销、单车服务质量实施统一管理；实行单车趟次结算、按座位系数结算的分配方式，统一营收分配。

严禁旅客携带“三品”：易燃品、易爆品、危险品。

安全管理“一岗双责”：主要负责人对安全工作负总责，其他副职领导既对各自分管的业务和部门负责，又对分管业务范围内的安全生产工作负责。

行政审批管理“两集中，两到位”：部门的行政审批职能向一个内设机构相对集中，该内设机构向政务服务中心集中；部门将行业审批权向政务服务中心窗口授权到位，行政审批事项在政务服务中心办理到位。

四江六港：四江即长江、岷江、嘉陵江、渠江，六港即宜宾港、泸州港、乐山港、广元港、南充港、广安港。

两客一危：指从事旅游的包车、三类以上班线客车和运输危险化学品、烟花爆竹、民用爆炸物品的道路专用车辆。两客是指单次运营里程超过800公里的客运车辆和高速公路客运车辆；一危是指危险品运输车辆。

交通行政执法形象“四统一”：统一执法标识标志、统一执法证件、统一执法服装、统一执法场所外观。

农村公路建设项目“七公开”：①建设计划。省（区、市）、市（地、州、盟）、县（市、区）、乡镇、村农村公路建设计划按层级公开。②补助政策。公开农村公路建设资金补助政策，包括县、乡、村道及危桥改造、安保工程等的补助标准和资金。③招投标。符合招标条件的农村公路建设项目，应公开建设规模、技术标准、招标方式、标段划分、评标方法、中标结果、监督机构等。④施工管理。公开工程概况、施工许可（以年度计划替代施工许可的小型项目除外）、参建单位（建设单位、设计、施工、监理等）、岗位职责、质量安全控制、进度计划、主要原材料等信息。⑤质量监管。公开质量管理单位或监督机构、主要职责、质监负责人、联系方式、检查内容及方法、检查结果等。聘请村民监督员的，相关信息也同时公开。⑥资金使用。公开建设资金筹措、资金来源、资金到位、拨付情况等。⑦工程验收。公开工程验收方式、评定结果、竣（交）工验收鉴定书等。

三严三实：指严以修身、严以用权、严以律己，谋事要实、创业要实、做人要实。严以修身，就是要加强党性修养，坚定理想信念，提升道德境界，追求高尚情操，自觉远离低级趣味，自觉抵制歪风邪气。严以用权，就是要坚持用权为民，按三严三实规则、按制度行使权力，把权力关进制度的笼子里，任何时候都不搞特权、不以权谋私。严

以律己，就是要心存敬畏、手握戒尺，慎独慎微、勤于自省，遵守党纪国法，做到为政清廉。谋事要实，就是要从实际出发谋划事业和工作，使点子、政策、方案符合实际情况、符合客观规律、符合科学精神，不好高骛远，不脱离实际。创业要实，就是要脚踏实地、真抓实干，敢于担当责任，勇于直面矛盾，善于解决问题，努力创造经得起实践、人民、历史检验的实绩。做人要实，就是要对党、对组织、对人民、对同志忠诚老实，做老实人、说老实话、干老实事，襟怀坦白，公道正派。要发扬钉钉子精神，保持力度、保持韧劲，善始善终、善作善成，不断取得作风建设新成效。

党员干部六项承诺：坚定信念、对党忠诚，坚决维护党章权威;牢记宗旨、为民服务，切实践行群众路线;坚持原则、秉公执纪，依纪依法严惩腐败;艰苦奋斗、实事求是，大力弘扬优良作风;改革创新、敢于担当，始终保持昂扬锐气;清正廉洁、严于律已，自觉接受人民监督。

三基三化：基层执法队伍的职业化建设、基层执法站所的标准化建设、基础管理制度的规范化建设，全面推进交通运输依法行政。

六打六治：打击矿山企业无证开采、超越批准的矿区范围采矿行为，整治图纸造假、图实不符问题；打击破坏损害油气管道行为，整治管道周边乱建乱挖乱钻问题；打击危化品非法运输行为，整治无证经营、充装、运输，非法改装、认证，违法挂靠、外包，违规装载等问题；打击无资质施工行为，整治层层转包、违法分包问题；打击客车客船非法营运行为，整治无证经营、超范围经营、挂靠经营及超速、超员、疲劳驾驶和长途客车夜间违规行驶等问题；打击“三合一”“多合一”场所违法生产经营行为，整治违规住人、消防设施缺失损坏、安全出口疏散通道堵塞封闭等问题。

一带一路：“丝绸之路经济带”和“21世纪海上丝绸之路”的简称。它将充分依靠中国与有关国家既有的双多边机制，借助既有的、行之有效的区域合作平台。“一带一路”战略是目前中国最高的国家级顶层战略。

四川省道路旅客运输安全生产“六严禁”： 严禁营运客车超速行驶，严禁营运客车超员运行，严禁营运客车驾驶员疲劳驾驶，严禁不按规定时间运行，严禁站外揽客、私拉乱跑，严禁故意损毁、屏蔽GPS监控系统。

六不发航：证照不齐不发航、超载不发航、船况不良不发航、停航封渡不发航、气候不良不发航、乘客不穿救生衣不发航。

监督执纪的“四种形态”：指党内关系要正常化，批评和自我批评要经常开展，让咬耳扯袖、红脸出汗成为常态；党纪轻处分和组织处理要成为大多数；对严重违纪的重处分、作出重大职务调整应当是少数；而严重违纪涉嫌违法立案审查的只能是极极少数。

新四大专项工程：2015溜索改桥方案、 安保工程全覆盖、 国道提档升级2015-2020 、农村公路改善2015-2017。

法律七进：法律进机关、进学校、进乡村、进社区、进寺庙、进企业、进单位。

八大专项工程：干线公路联网畅通工程、甘孜藏族自治州2013—2015年公路建设推进工程（甘推）、凉山彝族自治州2013—2015年公路水路交通建设推进工程（凉推）、2013—2015年农村公路改善工程、普通国省干线大中修工程、2013—2015年汽车客运站提升改造工程、2013—2015年公路安保工程、2013—2017年农村渡口渡改桥工程。

PPP：指政府和社会资本合资，是公共基础设施建设中一种项目融资模式。

三大发展战略：实施多点多极支撑发展战略，构建全省竞相发展新格局；实施“两化”互动、城乡统筹发展战略，形成“四化”同步发展新态势；实施创新驱动发展战略，增强转型发展、跨越提升新动力。

放管服：“放”即简政放权，降低准入门槛；“管”即公正监管，促进公平竞争；“服”即高效服务，营造便利环境

“四好农村路”:是中共中央总书记、国家主席、中国共产党中央军事委员会主席习近平于2014年3月4日提出的。习近平指出“要求农村公路建设要因地制宜、以人为本，与优化村镇布局、农村经济发展和广大农民安全便捷出行相适应，要进一步把农村公路建好、管好、护好、运营好，逐步消除制约农村发展的交通瓶颈，为广大农民脱贫致富奔小康提供更好的保障。”

寄递物流“三个100%”：100%做到先验视，后封箱。100%寄递物流实名制。100%通过X光机安检制度。

“四个一律”：对非法生产经营建设和经停产整顿仍未达到要求的，一律关闭取缔；对非法违法生产经营建设的有关单位和责任人，一律按规定上限予以经济处罚；对存在违法生产经营建设行为的单位，一律责令停产整顿，并严格落实监管措施；对触犯法律的有关单位和人员，一律依法严格追究法律责任。

（厅史志总编室）

索引

SUOYIN

一、本索引按汉语拼音字母顺序排列。内文中包含的表格、内文插图、专文、资料在其款目后括号内分别注明“表”“图”“专”“资”，彩色插页标识注明“插”。

二、索引款目后的数字表示内容所在的页码，数字后的字母（a、b）表示栏别（即版面的左、右栏）。

A

B

C

D

E

F

G

H

I

J

K

L

M

N

O

P

Q

R

S

T

W

X

Y

Z